“十一五”国家重点图书

● 数学天元基金资助项目

俄罗斯数学教材选译

理论力学习题集

(第 50 版)

□ И.В.密歇尔斯基 著

В.А.帕利莫夫 Д.Р.麦尔金 校订

□ 李俊峰 译

高等教育出版社·北京

图字：01-2011-5160 号

Scientific editors: Palmov V. A., Merkin D. R.
Translation from the Russian language edition:
Problems of the theoretical mechanics, 50th *ed. By Meschershkiy Ivan Vsevolodovich*

图书在版编目（CIP）数据

理论力学习题集：第 50 版 /（俄罗斯）密歇尔斯基著；李俊峰译．-- 北京：高等教育出版社，2013. 5（2019. 10 重印）

ISBN 978-7-04-034820-0

Ⅰ. ①理… Ⅱ. ①密… ②李… Ⅲ. ①理论力学－习题集 Ⅳ. ① O31-44

中国版本图书馆 CIP 数据核字（2013）第 053958 号

策划编辑 李 鹏　　责任编辑 李 鹏　　封面设计 赵 阳　　版式设计 余 杨
责任校对 杨雪莲　　责任印制 刁 毅

出版发行	高等教育出版社	咨询电话	400-810-0598
社　　址	北京市西城区德外大街 4 号	网　　址	http://www.hep.edu.cn
邮政编码	100120		http://www.hep.com.cn
印　　刷	中农印务有限公司	网上订购	http://www.landraco.com
开　　本	787mm×1092mm 1/16		http://www.landraco.com.cn
印　　张	26	版　　次	2013 年 5 月第 1 版
字　　数	530 千字	印　　次	2019 年 10 月第 2 次印刷
购书热线	010-58581118	定　　价	59.00 元

物 料 号　34820-00

《俄罗斯数学教材选译》序

从 20 世纪 50 年代初起, 在当时全面学习苏联的大背景下, 国内的高等学校大量采用了翻译过来的苏联数学教材. 这些教材体系严密, 论证严谨, 有效地帮助了青年学子打好扎实的数学基础, 培养了一大批优秀的数学人才. 到了 60 年代, 国内开始编纂出版的大学数学教材逐步代替了原先采用的苏联教材, 但还在很大程度上保留着苏联教材的影响, 同时, 一些苏联教材仍被广大教师和学生作为主要参考书或课外读物继续发挥着作用. 客观地说, 从解放初一直到 "文化大革命" 前夕, 苏联数学教材在培养我国高级专门人才中发挥了重要的作用, 起了不可忽略的影响, 是功不可没的.

改革开放以来, 通过接触并引进在体系及风格上各有特色的欧美数学教材, 大家眼界为之一新, 并得到了很大的启发和教益. 但在很长一段时间中, 尽管苏联的数学教学也在进行积极的探索与改革, 引进却基本中断, 更没有及时地进行跟踪, 能看懂俄文数学教材原著的人也越来越少, 事实上已造成了很大的隔膜, 不能不说是一个很大的缺憾.

事情终于出现了一个转折的契机. 今年初, 在由中国数学会、中国工业与应用数学学会及国家自然科学基金委员会数学天元基金联合组织的迎春茶话会上, 有数学家提出, 莫斯科大学为庆祝成立 250 周年计划推出一批优秀教材, 建议将其中的一些数学教材组织翻译出版. 这一建议在会上得到广泛支持, 并得到高等教育出版社的高度重视. 会后高等教育出版社和数学天元基金一起邀请熟悉俄罗斯数学教材情况的专家座谈讨论, 大家一致认为: 在当前着力引进俄罗斯的数学教材, 有助于扩大视野, 开拓思路, 对提高数学教学质量、促进数学教材改革均十分必要. 《俄罗斯数学教材选译》系列正是在这样的情况下, 经数学天元基金资助, 由高等教育出版社组织出版的.

经过认真选题并精心翻译校订, 本系列中所列入的教材, 以莫斯科大学的教材为主, 也包括俄罗斯其他一些著名大学的教材. 有大学基础课程的教材, 也有适合大学高年级学生及研究生使用的教学用书. 有些教材虽曾翻译出版, 但经多次修订重版, 面目已有较大变化, 至今仍广泛采用、深受欢迎, 反射出俄罗斯在出版经典教材方面所作的不懈努力, 对我们也是一个有益的借鉴. 这一教材系列的出版, 将中俄数学教学之间中断多年的链条重新连接起来, 对推动我国数学课程设置和教学内容的改革, 对提高数学素养、培养更多优秀的数学人才, 可望发挥积极的作用, 并起着深远的影响, 无疑值得庆贺, 特为之序.

李大潜

2005 年 10 月

译者序

密歇尔斯基《理论力学习题集》是在苏联/俄罗斯以及其他很多国家被广泛采用的经典力学教学参考书. 该书第 18 版 (1952 年) 、第 36 版 (1986 年) 的中译本分别由人民教育出版社、高等教育出版社出版. 从 1914 年该书第 1 版问世以来, 在近百年中, 苏联/俄罗斯的几代力学家、几十位理论力学教师先后参与编写、增补、修订工作, 至今已出了 50 版. 该书挑选习题的指导思想自始至终都是：培养学生应用力学原理和方法解决实际问题的能力. 版本更新的主要动因是及时反映科学技术新发展, 以及扩大习题对经典力学内容的覆盖面.

这本书的近 2000 道题覆盖了理论力学的所有教学内容, 可以作为任何理论力学教科书的习题集. 这也是它能广为流传的原因之一. 苏联/俄罗斯的理论力学教科书一般都不包含习题, 学生无论按照什么样的理论力学教科书学习, 习题课和课后练习都需要很多习题. 密歇尔斯基《理论力学习题集》往往成为首选. 我国经过 20 多年的教学改革, 出现了数百种不同版本的理论力学教材, 其中不少教材的部分习题都选自这本密歇尔斯基《理论力学习题集》.

第 35 版序

这一版继续尝试在习题中反映新的技术问题，更全面地覆盖早期版本体现不充分的力学内容. 此外，习题中所有物理量都改用国际单位制. 在书后还给出了国际单位制的几何量、运动学量、静力学量和动力学量的基本单位、辅助单位和导出单位的列表.[①]

新内容的撰写人有 M. I. 巴齐 (点的复合运动与刚体复合运动综合题, §25), N. A. 弗法耶夫 (滚动系统、非完整约束, §50), I. B. 契尔班诺夫 (理论力学的概率问题, 第十四章). 同时, 差不多其他所有章节都补充了新习题, 特别是引入了与控制器有关的习题. 当然, 也删减了部分习题.

作者群体遭受了沉痛的损失. 领衔作者和主编之一, 苏联科学院通讯院士阿那托里·伊萨科维奇·路里叶 (A. I. Lurie) 教授, 在长期重病之后, 于 1980 年去世. 他从 1935 年起一直领导这个作者群体.

参与筹备本习题集出版并编写新习题的有: M. I. 巴齐, N. V. 布捷宁, A. S. 科里宗, A. I. 路里叶, D. R. 麦尔金. 此外, 参与本版新习题编写的还有: E. G. 别尔戈尔, Y. G. 伊斯巴洛夫, M. V. 米罗诺夫, Z. B. 谢噶尔, V. B. 斯达罗谢里斯基, I. B. 契尔班诺夫, N. A. 弗法耶夫.

习题编号: 第 1 个数字是各章的编号, 第 2 个数字是这一章内习题的编号.

---

① 这些列表在第 50 版中被删去. —— 译者注

第 32 版序

密歇尔斯基《理论力学习题集》最早由密歇尔斯基按照自己的思路, 领导圣彼得堡工学院理论力学教研室编写完成. 开始是作为该校力学教学参考书, 后来逐渐在我国和国外广为流传. 从 1914 年第 1 版问世以来, 仅在我国就已经再版了 31 次. 在第 1 版正式出版之前, 还有一些石印讲义.

这本书成功的原因之一是, 挑选的习题不抽象, 非常具体, 有助于学生掌握用一般定理、方法解决实际问题的技巧.

本习题集多次被重新编写过.

在 1914 年的第 1 版中, 参加习题编写的有: L. V. 阿苏尔, B. A. 巴诃米奇耶夫, I. I. 宾特果夫斯基, A. A. 果列夫, K. M. 杜比亚戈, A. M. 拉里奥诺夫, I. V. 密歇尔斯基, V. F. 米特基维奇, E. L. 尼古拉, K. E. 列里赫, D. L. 塔戈耶夫, V. V. 塔科林斯基, S. P. 季莫先科, A. I. 图朵罗夫斯基, A. P. 范德尔-佛里特, A. K. 费德尔曼, V. D. 沙特洛夫, 等等. 参加之后版本工作的有: E. K. 米特罗鲍里斯基, M. L. 弗兰克.

参加第 11 版开始编写工作的有: M. I. 阿基莫夫, M. I. 巴齐, B. A. 别尔戈, N. K. 果尔钦, Y. V. 多尔果林科, A. S. 科里宗, Y. G. 科尔尼洛夫, A. I. 路里叶, K. V. 米里科夫, N. N. 那乌果里娜娅, P. I. 涅柳宾, N. P. 涅洛诺夫, E. L. 尼古拉, V. F. 贝京, P. N. 谢苗诺夫, A. A. 斯米尔诺夫, S. A. 索拉科夫, K. I. 斯特拉霍维奇, A. I. 契克马列夫, F. G. 史密特.

两次最重要的修订是第 14 版和第 16 版. 这两次修订工作由列宁格勒 (圣彼得堡) 工学院理论力学教研室集体完成. 分工如下: 静力学部分由 S. A. 索拉科夫编写, 运动学部分由 N. N. 那乌果里娜娅和 A. S. 科里宗编写, 质点动力学由 A. S. 科里宗编写, 质点系动力学由 M. I. 巴齐编写, 拉格朗日方程与振动理论由 G. Y. 扎涅里捷编写. 主编是 A. I. 路里叶. 此外, 第 14 版参编人员还有: N. S. 瓦比谢维奇, N. I. 伊捷里松, V. L. 卡尼, A. I. 霍洛德尼雅克, A. I. 秦姆洛夫, N. A. 达枯恰耶夫.

近 50 年的科技发展促使我们必须再次重新改版 (前一次大幅修订是在 1949 年, 第 16 版) .

在不超出理论力学框架的前提下, 第 32 版尝试在一定程度上反映新的技术问题, 更全面地覆盖至今为止体现不充分的经典力学内容. 在这一版中新增加的内容包括: 三维姿态运动、宇宙飞行动力学、非线性振动、质量几何、分析力学. 同时, 增加较多新习题的部分有: 点的运动学、相对运动、刚体的平面运动、质点动力学、变质量系统动力学、运动的稳定性. 差不多在所有其他部分也都增加了大量新习题, 也有一些习题被删减. 这一版对内容的编写顺序也做了大量调整. 在书后作为附录还给出了国际单位.

第 32 版的编写工作由列宁格勒 (圣彼得堡) 市的高校教师们完成. 分工如下: 静力学部分由 D. R. 麦尔金编写, 运动学部分由 M. I. 巴齐、A. S. 科里宗和 D. R. 麦尔金编写, 质点动力学部分由 A. S. 科里宗编写, 质点系动力学由 M. I. 巴齐和 N. V. 布捷宁编写, 分析力学部分由 M. I. 巴齐和 D. R. 麦尔金编写, 宇宙飞行动力学部分由 D. R. 麦尔金编写, 振动理论和运动稳定性部分由 N. V. 布捷宁编写. 此外, 参加编写工作的还有: M. Z. 克罗夫斯基, I. E. 栗弗席兹, B. A. 斯莫尔尼科夫.

特别感谢 G. Y. 斯捷潘诺夫教授、V. N. 谢尔卡契夫教授以及他们领导的教研室的同事们, 他们有价值的建议有助于改善本习题集的质量.

目　录

第一部分

刚体静力学

第一章　平面力系

§1. 共线力

1.1　分别重 10 N 和 5 N 的两个重锤, 挂在同一绳子的不同位置上, 较重的挂在下面, 较轻的挂在上面. 假设绳子的顶端固定不动, 绳子的张力是多少?

答　10 N 和 15 N.

1.2　一艘拖轮拉着三条驳船, 前后排成一列. 某瞬时拖轮螺旋推进器的牵引力为 18 kN. 水对拖轮的阻力为 6 kN; 水对第一条驳船的阻力为 6 kN, 对第二条驳船的阻力为 4 kN, 对第三条驳船的阻力为 2 kN. 所用的缆绳可以承受的张力为 2 kN. 如果所有船都是匀速直线运动, 求拖轮拉第一条驳船、第一条驳船拉第二条驳船、第二条驳船拉第三条驳船分别需要几根缆绳?

答　分别需要 6, 3, 1 根.

1.3　重 640 N 的人站在矿井底, 借助于一根绕过定滑轮的绳索拉住 480 N 的重物, 求: 1) 人对井底的压力, 2) 人能拉住的最大重量.

答　1) 160 N, 2) 640 N.

1.4　列车沿水平直线轨道匀速行驶. 电气机车除外, 列车重 12×10^3 kN. 如果列车运动的阻力等于列车对铁轨压力的 0.005 倍, 求电气机车的牵引力.

答　60 kN.

1.5　旅客列车包含一节电气机车、一节重为 400 kN 的行李车厢和十节重均为 500 kN 的旅客车厢. 如果列车运动阻力等于列车重量的 0.005 倍, 在计算中可以假定阻力按重量分布于每节车厢上, 且列车运动是匀速的, 求各个车厢挂钩的拉力以及电气机车的牵引力.

答 电气机车的拉力为 27 kN, $T_{11} = 2.5$ kN, $T_{10} = 2 \times 2.5$ kN, $\cdots$, 等等 (下标表示车厢的号码, 从电气机车开始算起).

§2. 汇交力

2.1 在正六边形的中心作用着大小分别为 1 N, 3 N, 5 N, 7 N, 9 N 和 11 N 的力, 各力分别指向六边形的顶点. 试求合力大小和方向.

答 12 N, 合力方向与所给 9 N 力相反.

2.2 试将 8 N 的力分解为两个 5 N 的力. 又问: 可否将这个 8 N 的力分解为两个各等于 10 N, 15 N, 20 N, 100 N 的力?

答 如果不限定分解方向, 都是可以的.

2.3 人字屋顶的斜梁与水平线夹角为 $\alpha = 45°$, 沿着斜梁作用一个力 $Q = 2.5$ kN. 求水平梁的内力 S 和作用于墙上的铅垂力 N.

答 $S = N = 1.77$ kN.

2.4 两台拖拉机沿平直河岸匀速行进, 并用两根缆绳拉着一条驳船. 两根缆绳的张力分别为 0.8 kN 和 0.96 kN, 缆绳之间的夹角为 60°. 设驳船平行于河岸运动, 求驳船受到水的阻力 P, 两根缆绳与河岸的夹角 α 和 β.

答 $P = 1.53$ kN, $\alpha = 33°$, $\beta = 27°$.

2.5 三个弹簧秤的吊环 A, B, C 固定在水平木板上. 弹簧秤的钩子上各系着一条绳子. 将三条绳子拉紧, 并将自由端在 D 点联结. 已知弹簧秤上的读数分别为 8 N, 7 N 和 13 N, 试求绳子之间的夹角 α 和 β.

答 $\alpha = 27.8°$, $\beta = 32.2°$.

2.6 杆 AC 和 BC 用铰链 C 相连, 同时以铰链 A 和 B 联结于铅垂墙上. 在铰链 C 的螺钉上作用着铅垂力 $P = 1000$ N. 设杆与墙的夹角为 $\alpha = 30°, \beta = 60°$. 求两杆在铰链 C 螺钉处的反力.

答 866 N, 500 N.

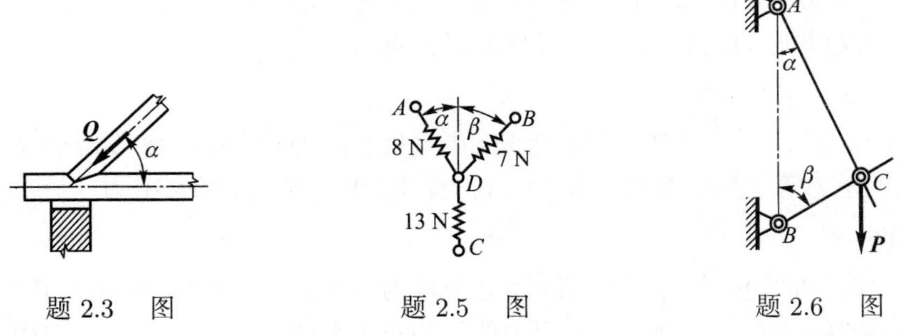

题 2.3 图　　题 2.5 图　　题 2.6 图

2.7 图 a, b 和 c 中各杆以铰链彼此联结并联结于天花板或墙上. 在铰链 B, F 和 K 的螺钉上各挂着重物 $Q = 1000$ N.

在下列情况下求杆的内力:

a) $\alpha=\beta=45°$;

b) $\alpha=30°,\beta=60°$;

c) $\alpha=60°,\beta=30°$.

答 a) $S_1=S_2=707$ N;

b) $S_1=577$ N, $S_2=-1154$ N (负号表示杆受压力);

c) $S_1=-577$ N, $S_2=1154$ N.

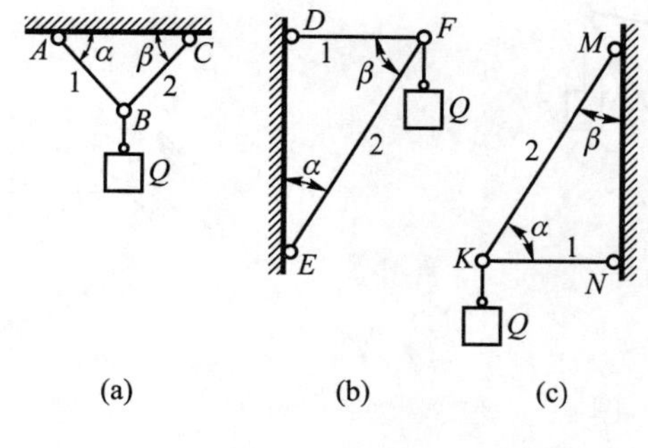

题 2.7 图

2.8 街灯悬挂在绳索 ABC 的中点 B 处, 绳索两端挂在同一水平线上的钩子 A 与 C 上. 设灯重 150 N, 绳索 ABC 全长 20 m, 灯的悬挂点到水平线的距离 $BD=0.1$ m, 绳索重量可不计. 求绳索 AB 与 BC 部分的张力 T_1 与 T_2.

答 $T_1=T_2=7.5$ kN.

2.9 街灯重 300 N, 用水平杆与斜杆悬挂在铅垂柱子上, 水平杆 $AC=1.2$ m, 斜杆 $BC=1.5$ m. 设在 A, B 和 C 处用铰链联结, 求杆 AC 与 BC 的内力 S_1 与 S_2.

答 $S_1=400$ N, $S_2=-500$ N.

2.10 电灯重 20 N, 用电线 AB 挂在天花板下, 绳子 BC 将电灯拉向墙的一边. 已知 $\alpha=60°,\beta=135°$, 电线和绳子的重量忽略不计, 求电线 AB 的张力 T_A 以及绳子 BC 的张力 T_C.

答 $T_A=14.6$ N, $T_C=10.4$ N.

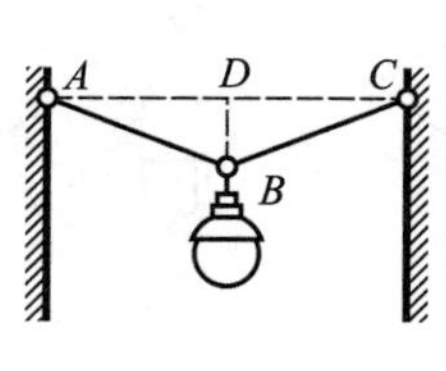

题 2.8 图

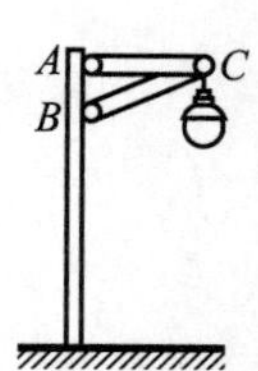

题 2.9 图

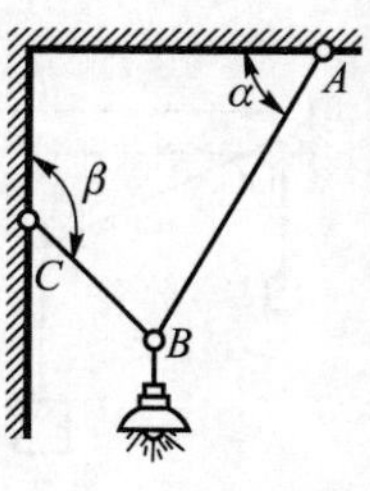

题 2.10 图

2.11 柱式起重机由臂 AB 与链索 CB 构成, AB 用铰链固定在柱子的 A 点, B 端挂有重物 $P = 2$ kN. 已知 $\angle BAC = 15°, \angle ACB = 135°$. 求 CB 的张力 T 和 AB 的内力 Q.

答 $T = 1.04$ kN, $Q = 2.83$ kN.

2.12 铁路通过山区, 它在山谷中的一段如图所示. 假设悬杆 AB 的承载力为 $P = 500$ kN, 求杆 AC 和 AD 的内力.

答 杆 AC 和 AD 承受相同的压力 539 kN.

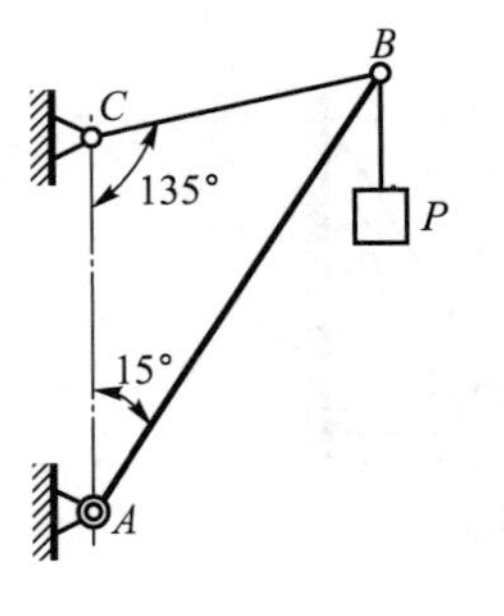

题 2.11 图

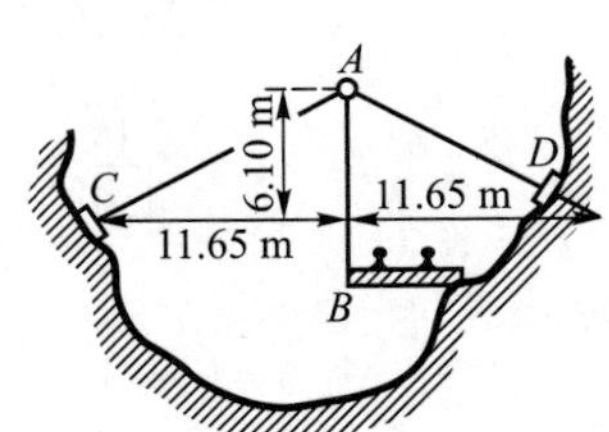

题 2.12 图

2.13 滑轮 A, B 位于同一水平线上, 距离 $AB = l$, 绳 $CAEBD$ 绕过滑轮, 绳的两端 C, D 上分别挂着重为 p 的砝码, 在 E 点挂着重为 P 的砝码. 不计滑轮摩擦, 忽略滑轮尺寸和绳子重量, 求平衡状态下 E 点到直线 AB 的距离 x.

答 $x = \dfrac{Pl}{2\sqrt{4p^2 - P^2}}$.

2.14 用两根绳子维持 25 N 重锤的平衡, 两绳又分别跨过滑轮并挂有重物. 第一根绳子的末端挂着 20 N 的重物, 该绳与铅垂线夹角的正弦等于 0.6. 不计滑轮的摩擦和绳子重量, 求第二根绳子末端重物的重量 p, 该绳子与铅垂线的夹角 α.

答 $p = 15$ N, $\sin\alpha = 0.8$.

2.15 绳 AB 的一端固定在 A 点, 在 B 点系有重物 P 和绳子 BCD, 绳子 BCD 跨过滑轮, 并在 D 端挂着重为 100 N 的砝码 Q. 不计滑轮的摩擦, 已知平衡时绳子与铅垂线 BE 的夹角为 $\alpha = 45°$ 和 $\beta = 60°$, 求绳子 AB 的张力 T 和重物 P 的重量.

答 $T = 122$ N, $P = 137$ N.

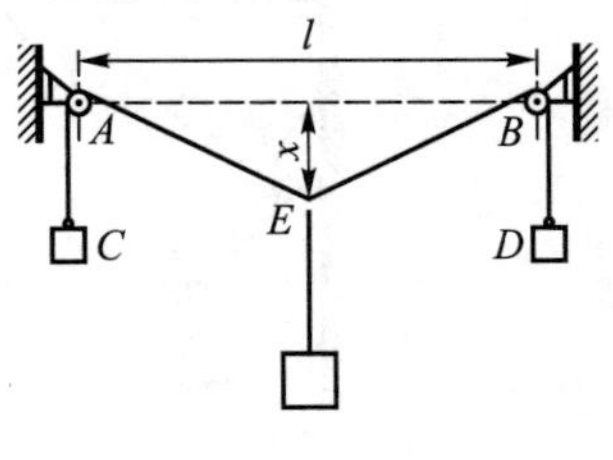

题 2.13 图

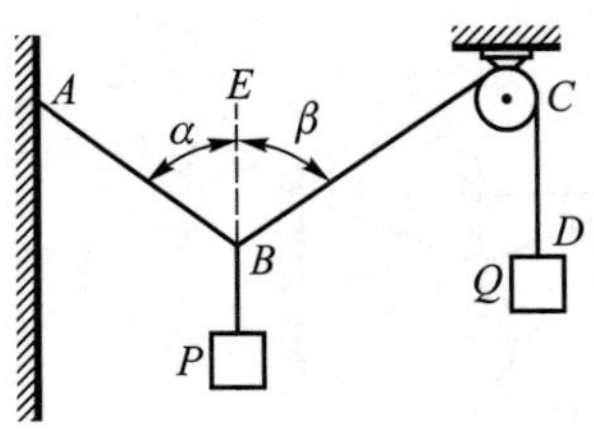

题 2.15 图

2.16　商店用起重机 BAC 借助于跨过滑轮 A 和 D 的链子吊起重物 $P = 20\,\text{kN}$. 滑轮 D 固定在墙上, $\angle CAD = 30°$, 起重机各杆之间的夹角 $\angle ABC = 60°, \angle ACB = 30°$. 求杆 AB 和 AC 的内力 Q_1 和 Q_2.

答　$Q_1 = 0,\ Q_2 = -34.6\ \text{kN}$.

2.17　两个重均为 P 的相同圆柱 I 分别用绳子悬挂于 O 点. 在两圆柱体之间又放着重为 Q 的圆柱体 II. 整个系统处于平衡. 两圆柱 I 彼此不接触. 两绳与铅垂线的夹角均为 α, 通过圆柱体 I, II 轴心的直线与铅垂线的夹角为 β. 求 α 与 β 的关系.

答　$\tan\beta = \left(\dfrac{2P}{Q} + 1\right)\tan\alpha$.

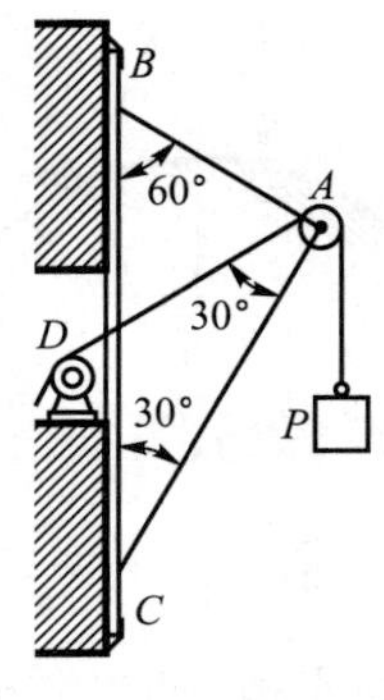

题 2.16　图

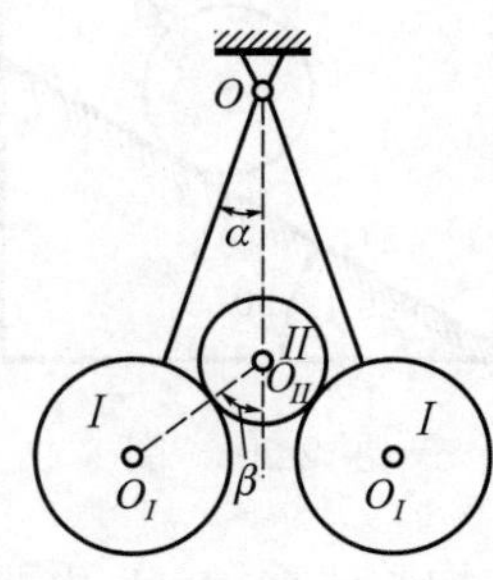

题 2.17　图

2.18　重 60 N 的均质球 O 放置在相互垂直的光滑斜面 AB 和 BC 上. 设斜面 BC 和水平线的夹角为 60°, 求球对斜面的压力.

答　$N_D = 52\ \text{N},\ N_E = 30\ \text{N}$.

2.19　均质球 O 挂在绳子 AC 上, 并靠在光滑的铅垂墙 AB 上. 绳子与墙的夹角为 α, 球重为 P. 求绳子的张力 T 和球对墙的压力 Q.

答　$T = \dfrac{P}{\cos\alpha},\ Q = P\tan\alpha$.

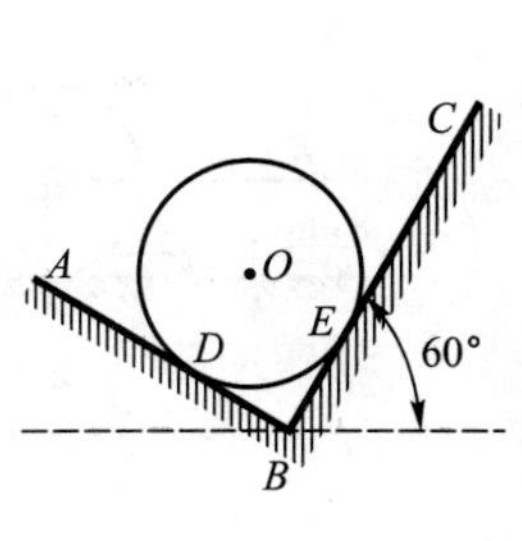

题 2.18　图

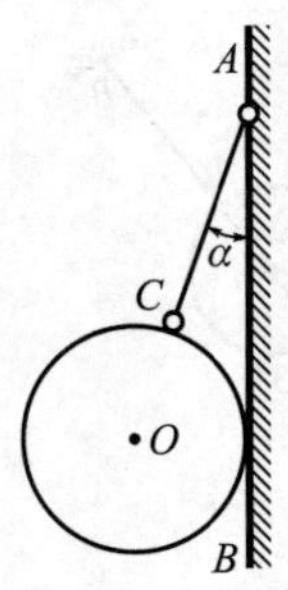

题 2.19　图

2.20　重 20 N 的均质球搁置在光滑斜面上, 同时悬挂在固定于斜面上方的弹簧秤上. 弹簧秤读数为 10 N, 斜面与水平线的夹角为 30°. 不计弹簧重量, 求绳子和铅垂线的夹角 α 以及球对斜面的压力 Q.

答　$\alpha = 60°$, $Q = 17.3$ N.

2.21　小球 B 重为 P, 用绳子 AB 挂在固定点 A, 并放置在半径为 r 的光滑球面上. A 点到球面的距离 $AC = d$, 绳长 $AB = l$, 直线 AO 沿铅垂方向. 不计小球的半径, 求绳子的张力 T 和球面的反作用力 Q.

答　$T = P\dfrac{l}{d+r}$, $Q = P\dfrac{r}{d+r}$.

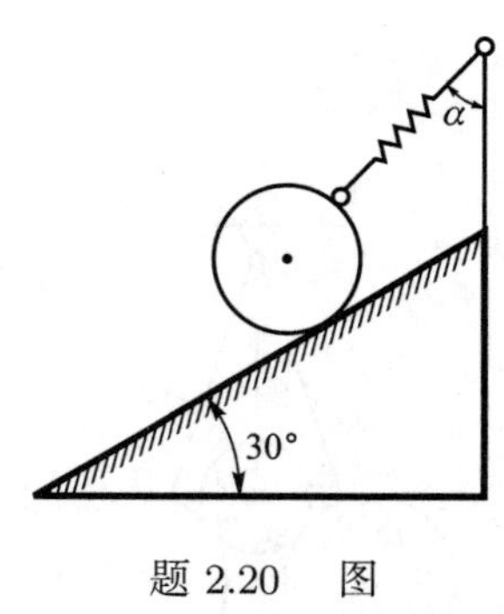

题 2.20　图

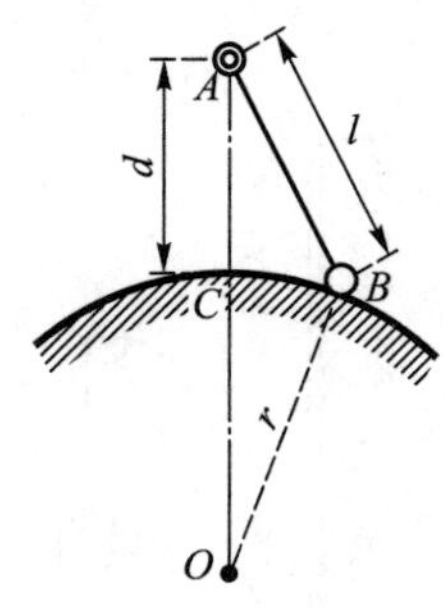

题 2.21　图

2.22　均质球重 10 N, 由两根绳子 AB 和 CD 维持平衡. 两根绳子位于同一铅垂面内, 夹角为 150°. 绳子 AB 与水平面夹角为 45°. 求两绳子的张力.

答　$T_B = 19.3$ N, $T_C = 14.1$ N.

2.23　均质锅炉放置在石砌的灶上, 其半径 $R = 1$ m, 重 $P = 40$ kN. 灶的两墙间距离为 $l = 1.6$ m. 不计摩擦, 求锅炉在 A 点与 B 点处对灶墙的压力.

答　$N_A = N_B = 33.3$ kN.

2.24　均质压路机碾子重 20 kN, 半径为 60 cm. 求在图示位置使碾子翻过高 8 cm 的石块所需要的水平力 P.

答　$P = 11.5$ kN.

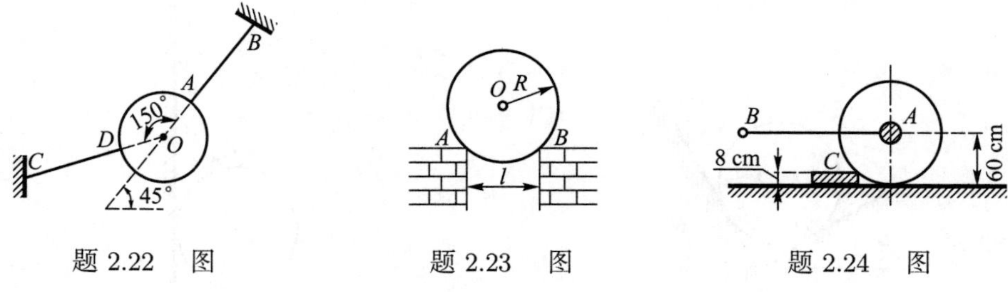

题 2.22　图　　题 2.23　图　　题 2.24　图

2.25　均质杆 AB 重 160 N, 长 1.2 m, 用长度均为 1 m 的绳子 AC 与 CB 挂在

C 点, 试求绳子的张力.

答 两根绳子的张力都等于 100 N.

2.26 均质杆 AB 用铰链 A 固定在铅垂墙上, 并用绳子 BC 吊住, 杆与铅垂线的夹角为 60°, 绳子与杆的夹角为 30°. 已知杆重为 20 N, 求铰链的反力 R 的大小和方向.

答 $R = 10$ N, 与 AC 夹角为 60°.

2.27 均质杆 AB 长 2 m, 重 50 N, A 端搁置在光滑的铅垂墙上, B 端用绳 BC 吊起, 绳子另一端 C 固定在墙上. 当杆处于平衡时, $\angle BAD = 45°$, 求距离 AC, 并求绳子的张力 T 和墙的反力 R.

答 $AC = AD = 1.41$ m, $T = 56$ N, $R = 25$ N.

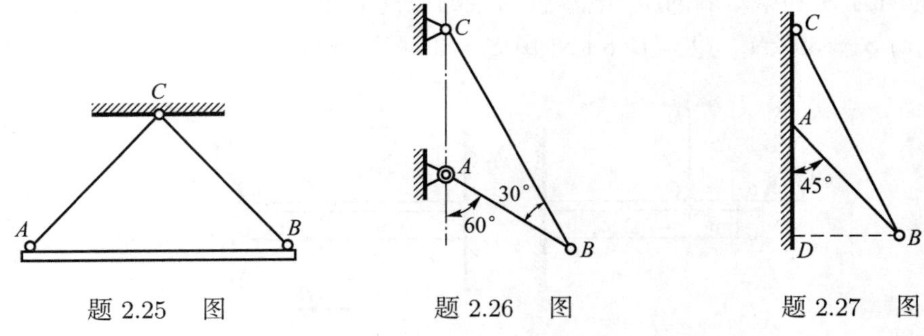

题 2.25 图 题 2.26 图 题 2.27 图

2.28 图示的窗框 AB 可绕铰链 A 的水平轴转动. 窗框的下端 B 自由地搁置在台阶上. 已知窗框重 89 N, 且重力作用在窗框的中点 C, 又 $AD = BD$. 求两个支点的反力.

答 $R_A = 70.4$ N, $R_B = 31.5$ N.

2.29 梁 AB 用杆 CD 支持于水平位置, 在 A, C 与 D 点均用铰链连接. 铅垂力 $F = 5$ kN 作用在梁的端点 B, 求支点 A, D 的反力. 梁重不计, 尺寸如图所示.

答 $R_A = 7.9$ kN, $R_D = 10.6$ kN.

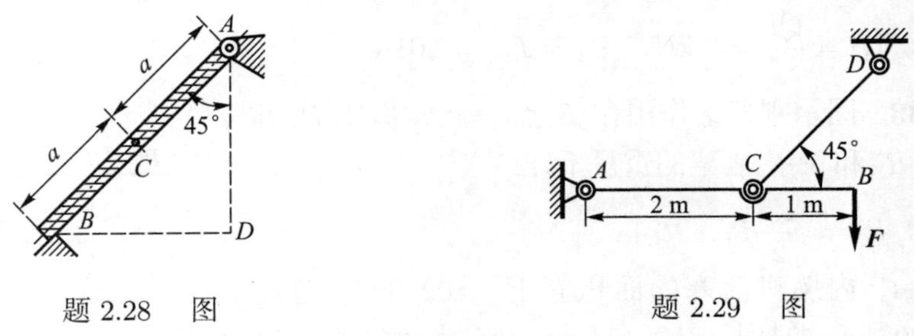

题 2.28 图 题 2.29 图

2.30 梁 AB 一端用铰链固定在支座 A 上, B 端搁置在滚子支座上. 在梁的中点作用着力 $P = 2$ kN, 此力和梁的轴线成 45° 角, 梁重不计. 按图示尺寸, 求 a 和 b 两种情况下的支座反力.

答　a) $R_A = 1.58$ kN, $R_B = 0.71$ kN; b) $R_A = 2.24$ kN, $R_B = 1$ kN.

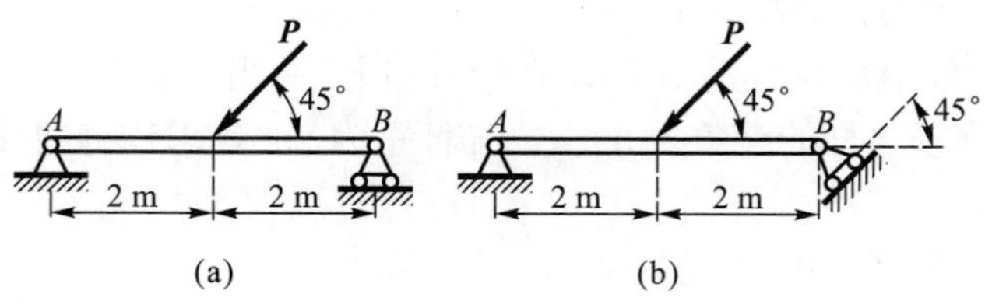

题 2.30　图

2.31　图示梁 AB 由铅垂杆 CD 支持于水平位置. 梁的一端作用的力 $F = 30$ kN 与水平线成 60° 角. 在 A, C 与 D 各点的连接均为铰链连接, 按图示尺寸求杆 CD 的内力 S 和梁对墙的压力 Q. 杆与梁的重量不计.

答　a) $S = 39$ kN,　$Q = 19.8$ kN; b) $S = 39$ kN,　$Q = 19.8$ kN.

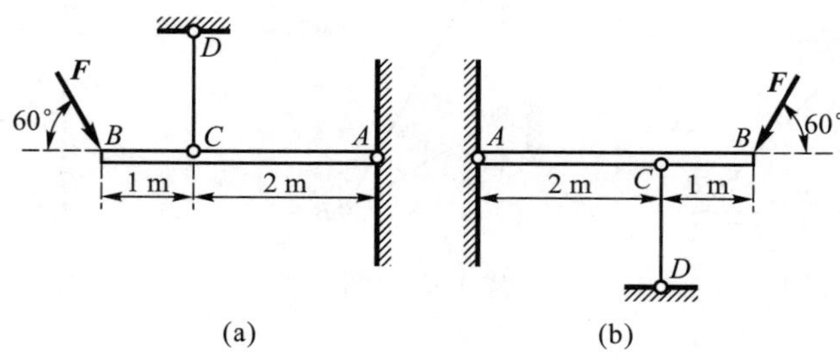

题 2.31　图

2.32　输电线 ACB 架在两电线杆之间, 形成下垂的曲线, 其下垂距离 $CD = f = 1$ m. 电线杆间的距离 $AB = l = 40$ m, 电线重 $Q = 0.4$ kN, 假定每一半电线的重量都作用在与较近电线杆相距为 $\dfrac{l}{4}$ 处. 求电线中点的张力 T_C, 以及两端的张力 T_A 和 T_B.

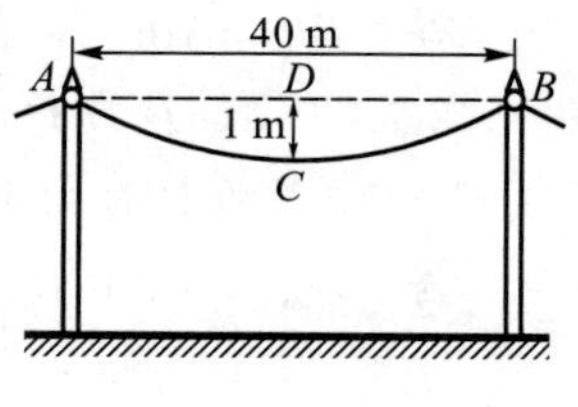

题 2.32　图

答　$T_C = \dfrac{Ql}{8f} = 2$ kN,　$T_A = T_B = 2.01$ kN.

2.33　图示刚架上作用在 B 点一个水平力 $\boldsymbol{P}$, 求支座反力 R_A和 R_D. 刚架的重量不计.

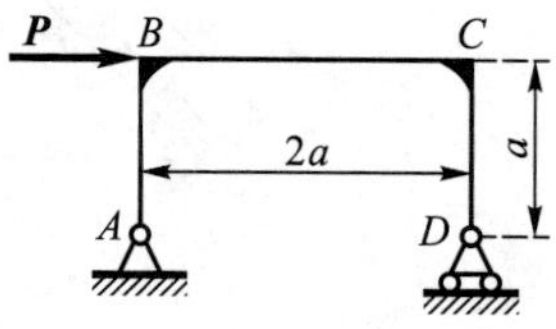

题 2.33　图

答　$R_A = \dfrac{\sqrt{5}}{2}P$,　$R_D = \dfrac{P}{2}$.

2.34　内燃机活塞的面积等于 0.02 m^2, 连杆长 $AB = 30$ cm, 曲柄长 $BC = 6$ cm. 在图示瞬时, 气体在活塞上面的压强 $P_1 = 1000$ kPa, 活塞下面的压强 $P_2 = 200$ kPa. 此时 $\angle ABC = 90°$, 求连杆 AB 作用在曲柄 BC 上的力 T. 活塞和气缸间的摩擦不计.

答 16 kN.

2.35 重 G 的气球用绳子 BC 维持平衡. 在球上作用着升力 $\boldsymbol{Q}$ 和水平的风压力 $\boldsymbol{P}$. 求绳子在 B 点的张力和角 α.

答 $T=\sqrt{P^2+(Q-G)^2}$, $\alpha=\arctan\dfrac{P}{Q-G}$.

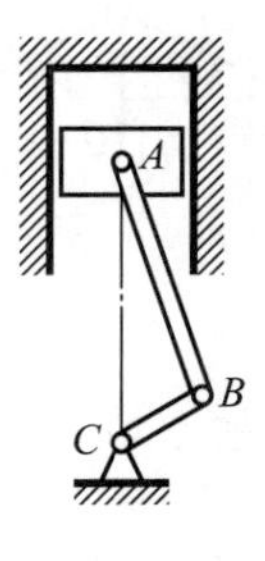

题 2.34 图

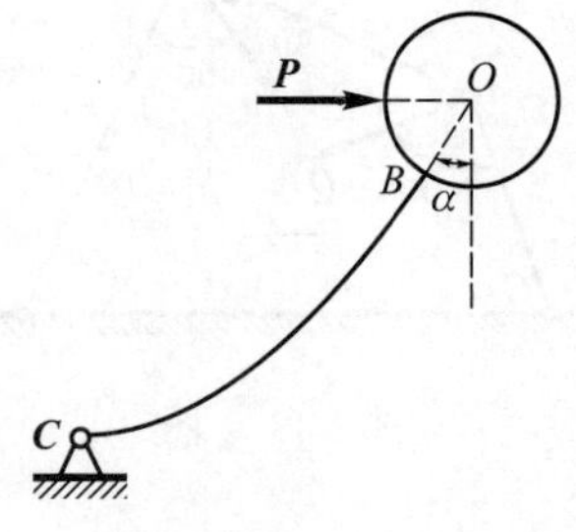

题 2.35 图

2.36 如图所示, 利用铰链机构从四面挤压水泥立方块 M, 其中杆 AB, BC 和 CD 分别与正方形 $ABCD$ 的三边重合, 杆 1, 2, 3, 4 完全相同, 分别沿着正方形的对角线. 大小相等、方向相反的一对力 $\boldsymbol{P}$ 分别加在 A, D 两点上. 设 $P=50$ kN, 求加在立方块的压力 N_1, N_2, N_3, N_4 以及杆 AB, BC 和 CD 的内力 S_1, S_2, S_3.

答 $N_1=N_2=N_3=N_4=70.7$ kN, 各杆内力均为拉力; $S_1=S_2=S_3=50$ kN.

2.37 电车的两根导线挂在横缆上, 每一横缆都系结在两根电线杆上. 电线杆沿轨道布置, 间隔为 40 m. 对于每一横缆, $AK=KL=LB=5$ m; $KC=LD=0.5$ m. 横缆重量不计. 设每米电线重 7.5 N, 求横缆 AC 段、CD 段与 DB 段的张力.

答 $T_1=T_3=3.015$ kN, $T_2=3$ kN.

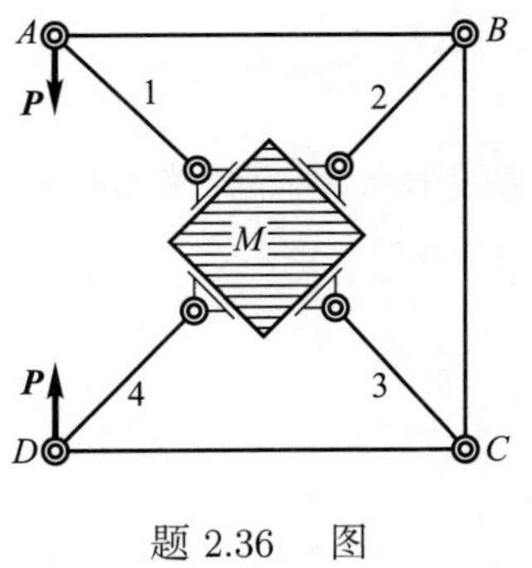

题 2.36 图

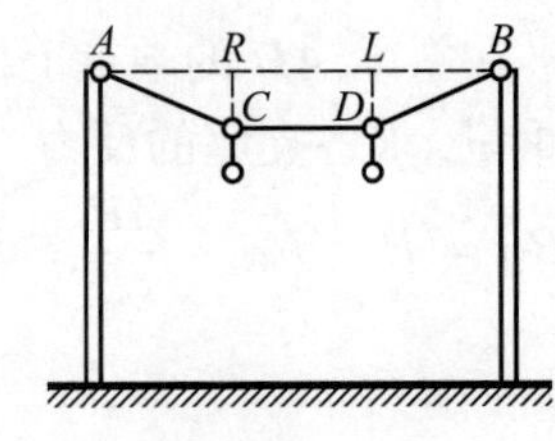

题 2.37 图

2.38 铰链连杆四边形 $ABDC$ 的 CD 边固定, 在铰链 A 上作用着力 $Q=100$ N, $\angle BAQ=45^\circ$. 在铰链 B 上作用着力 $\boldsymbol{R}$, $\angle ABR=30^\circ$. 已知 $\angle CAQ=90^\circ$, $\angle DBR=60^\circ$, 四边形 $ABDC$ 处于平衡状态, 求力 $\boldsymbol{R}$ 的大小.

答 $R=163$ N.

2.39 铰链连杆多边形由四条等长杆构成: A 与 E 为固定铰链; B, C 与 D 各节点上加有相同的铅垂载荷 $\boldsymbol{Q}$. 平衡时两边杆与水平线夹角为 $\alpha = 60°$. 求中间两杆与水平线的夹角 β.

答 $\beta = 30°$.

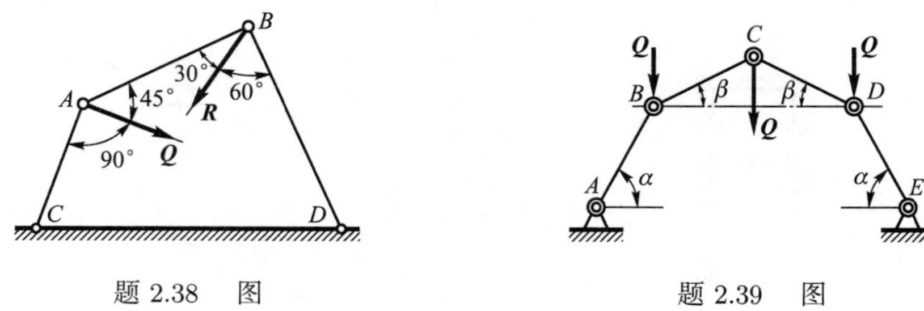

题 2.38 图

题 2.39 图

2.40 图示三铰拱受水平力 $\boldsymbol{P}$ 作用, 求支座 A 与 B 的反力. 拱架重量不计.

答 $R_A = R_B = \dfrac{\sqrt{2}}{2}P$.

2.41 重为 P 的均质直杆 AB 和无重量且弯成任意形状的杆 BC 用铰链联结于 B 点. 同时, A 点和 C 点也用铰链联结固定在支座上, 两支座位于同一水平线上. 直线 AB 和 BC 与直线 AC 的夹角均为 $\alpha = 45°$. 求支座 A 与 C 的反力.

答 $R_A = \dfrac{\sqrt{10}}{4}P, \quad R_C = \dfrac{\sqrt{2}}{4}P$.

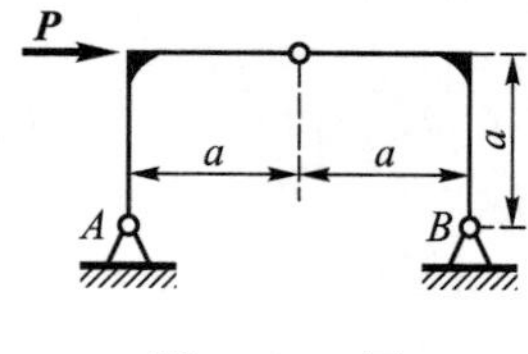

题 2.40 图

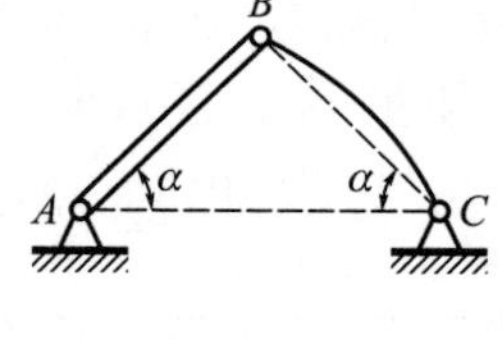

题 2.41 图

2.42 在斜梁 AB 的端点上作用着力 $\boldsymbol{P}$, 斜梁的中点 B_1靠在梁 CD 的一端. 不计两梁的重量, 求各支座的反力.

答 $R_A = P, \quad R_C = \dfrac{4P}{\sqrt{3}}, \quad R_D = \dfrac{2P}{\sqrt{3}}$.

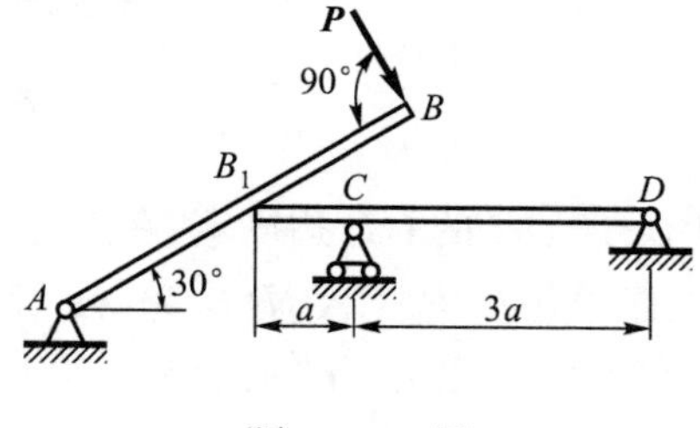

题 2.42 图

2.43 拱架组含有四个拱架, 尺寸如图所示. 求水平力 $\boldsymbol{P}$ 作用下支座 A, B, C, D 的反力.

答 $R_A = \dfrac{\sqrt{2}}{2}P,\quad R_B = P,\quad R_C = P,\quad R_D = \dfrac{\sqrt{2}}{2}P.$

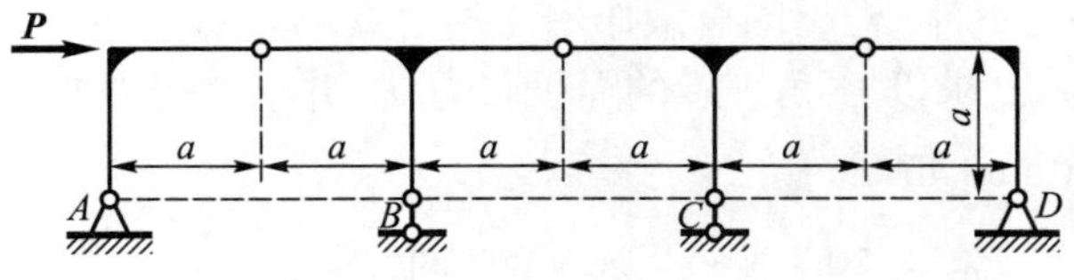

题 2.43　图

2.44 起重机由固定塔 AC 与活动桁架 BC 组成, 桁架 BC 用铰链连接于 C 点, 并由钢索 AB 维持平衡. 重物 $Q = 40$ kN 悬挂在索上, 索绕过 B 点的滑轮, 并沿直线 BC 引向绞盘. 长度 $AC = BC$. 不计桁架重量和滑轮摩擦, 试用角 $\varphi = \angle ACB$ 的函数来表示钢索 AB 的张力 T 以及桁架上沿直线 BC 的压力 P.

答 $T = 80\sin\dfrac{\varphi}{2}$ kN, $\quad P = 80$ kN, 与角 φ 无关.

2.45 滑轮 C 连同重物 $P = 18$ N 可以沿软钢索 ACB 滑动, 钢索的两端固定在两墙上. 两墙间的距离为 4 m, 钢索长 5 m. 不计钢索重量和滑轮与钢索间的摩擦, 当滑轮与重物处于平衡时, 求钢索的张力.

提示: 钢索 AC 与 CB 两段的张力相等. 欲求张力的大小, 可作一个等腰三角形, 以直线 BCE 为腰, 底边位于铅垂线 BD 上. 通过这个等腰三角形和力三角形之间的相似关系即可求出张力的大小.

答 15 N, 与高 BF 无关.

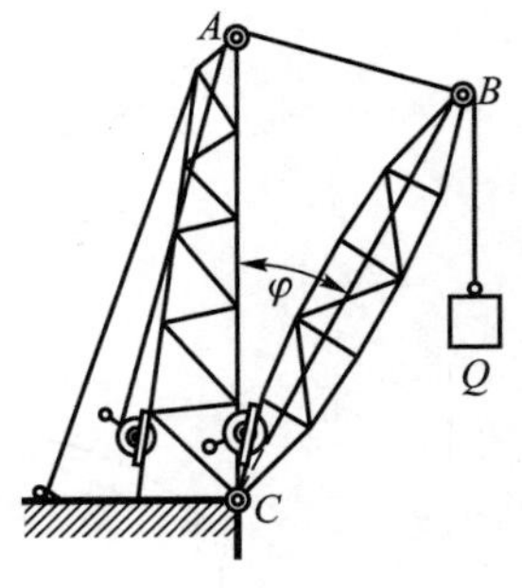

题 2.44　图

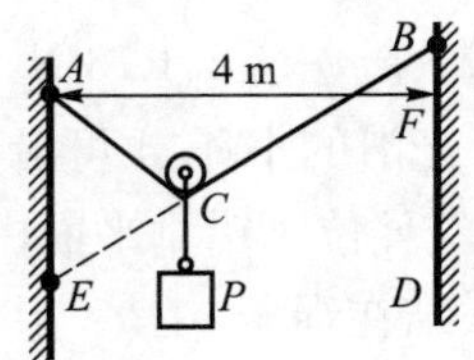

题 2.45　图

2.46 用吊车 L 送货过河, 此吊车用小滑轮 C 挂在钢丝 AB 上, 钢丝的两端固定在塔顶 A 和 B 上. 用一条跨过滑轮 A 并绕在绞盘 D 上的绳索 CAD, 将滑轮 C 拉向左岸. 同一绳索也能将滑轮 C 拉向右岸. A, B 两点在同一水平线上, 相距 $AB = 100$ m, 绳索 ACB 长 102 m, 吊车重 50 kN. 不计钢丝和绳索的重量以及滑轮 C 与钢丝间的摩擦, 当 $AC = 20$ m 时, 求钢丝 ACB 的张力和绳索 CAD 的张力.

答　$S_{CAD} = 7.5$ kN,　$S_{CB} = S_{CA} = 95.6$ kN.

2.47　窗框 AB 重 100 N, 其截面如图所示. 框架 AB 可绕水平轴 A 转动. 拉动跨过滑轮 C 和 D 的绳子 BCD 可以把窗子打开. 滑轮 C 和 A 在同一铅垂线上, 滑轮的大小和摩擦均不计, 框架的重量作用在其中点. 设 $AB = AC$, 框架 AB 与水平线 AH 的夹角为 φ, 求以 φ 角表示的绳子张力 T, 并求这张力的极大值和极小值.

答　$T = 100\sin\left(45° - \dfrac{\varphi}{2}\right)$ N;

当 $\varphi = 0$ 时, $T_{\max} = 70.7$ N; 当 $\varphi = 90°$ 时, $T_{\min} = 0$.

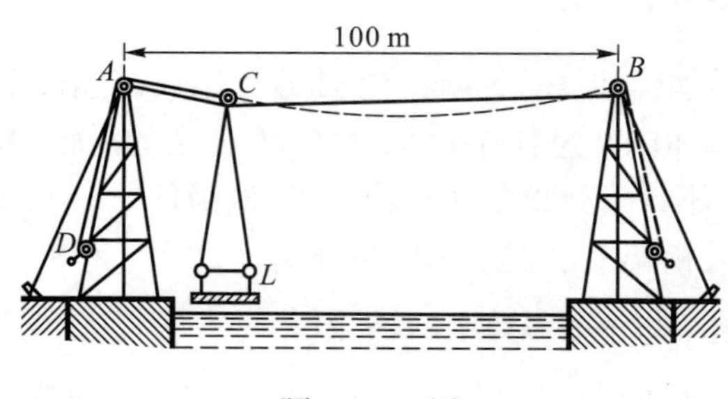

题 2.46　图

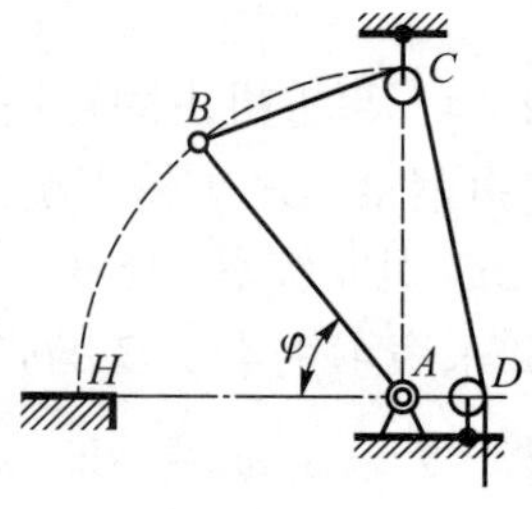

题 2.47　图

2.48　两个小球 A, B 放置在光滑圆柱面上, 用长 0.2 m 的线联结两小球. 圆柱的轴线水平, 半径 $OA = 0.1$ m. 球 A 重为 1 N, 球 B 重为 2 N. 求小球在平衡时 OA 与 OB 分别与铅直线的夹角 φ_1 和 φ_2, 并求在 A 点和 B 点小球对圆柱的压力 N_1 和 N_2. 小球的尺寸不计.

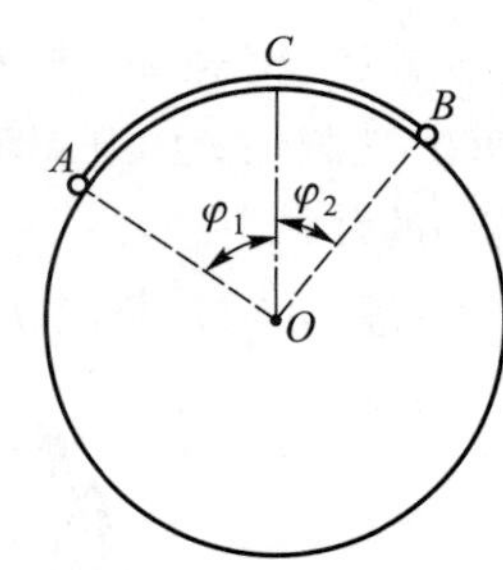

题 2.48　图

答　$\varphi_1 = 2 - \varphi_2$,　$\tan\varphi_2 = \dfrac{\sin 2}{2 + \cos 2}$,

$\varphi_1 = 84°45'$,　$\varphi_2 = 29°50'$,

$N_1 = \cos\varphi_1$ N $= 0.092$ N,

$N_2 = 2\cos\varphi_2$ N $= 1.73$ N.

2.49　光滑的小环 A 可沿弯成圆形的铁丝环无摩擦地滑动. 铁丝环位于铅垂平面内. 小环上挂有砝码 P, 同时小环又联结在绳子 ABC 上. 绳子 ABC 跨过圆环最高点的滑轮 B, 砝码 Q 挂在绳子的终端 C. 忽略滑轮尺寸、摩擦以及小环重量. 求平衡位置时弧 AB 对应的中心角 φ, 并指出在什么条件下才可能平衡.

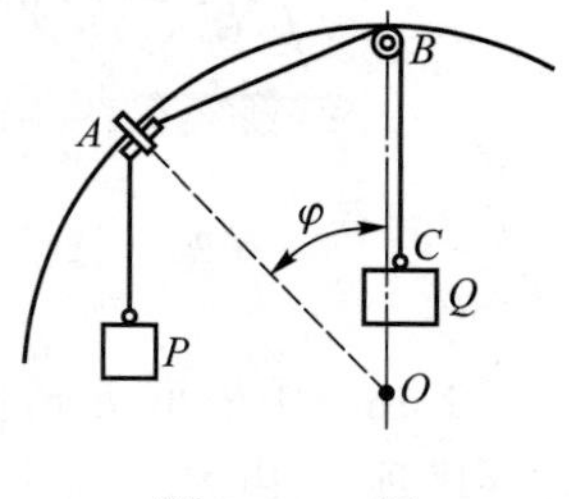

题 2.49　图

答　$\sin\dfrac{\varphi_1}{2} = \dfrac{Q}{2P}$,　$\varphi_2 = \pi$; 第一种平衡位置只有在 $Q < 2P$ 时才可能; 第二种平衡位置当 Q 和 P 为任何数值时均可能.

2.50 在铅垂面内半径为 R 的固定铁丝环 ABC 上套着光滑小环 B, 重为 p, 尺寸可略去不计. 小环用弹性绳 AB 与铁丝环的最高点 A 相连. 设此绳的张力 T 与伸长量成正比, 比例常数为 k, 求平衡位置的 φ 角.

提示: 如果用 L 和 l 表示弹性绳的伸长状态的长度和原长, 则 $T = k\dfrac{L-l}{l}$.

答 当 $k \geqslant \dfrac{2pl}{2R-l}$时, $\cos\varphi = \dfrac{1}{2}\dfrac{kl}{kR-pl}$; 否则, $\varphi = 0$.

2.51 质点 M 受到三个固定点 $M_1(x_1,y_1)$, $M_2(x_2,y_2)$与 $M_3(x_3,y_3)$ 处的引力作用, 引力大小与距离成正比: $F_1 = k_1r_1, F_2 = k_2r_2, F_3 = k_3r_3$, 式中 $r_1 = MM_1, r_2 = MM_2, r_3 = MM_3$, 而 k_1,k_2,k_3 为比例常数. 求在平衡位置时质点 M 的坐标.

答 $x = \dfrac{k_1x_1 + k_2x_2 + k_3x_3}{k_1 + k_2 + k_3}$, $y = \dfrac{k_1y_1 + k_2y_2 + k_3y_3}{k_1 + k_2 + k_3}$.

2.52 重 50 N 的均匀长方形薄板被悬挂起来, 可以绕一条水平边自由转动. 等速吹来的风使薄板保持与铅垂平面成 18° 角, 求风产生的垂直于薄板的压力.

答 $50\sin 18^\circ = 15.5$ N.

2.53 悬索桥两端的悬索埋在立方体石基内, 中间断面为 $ABDC$, 边 $AB = AC = 5$ m, 石基材料的重度为 25 kN/m^3, 悬索沿着对角线 BC 埋设. 设悬索的张力 $T = 1000$ kN, 求立方体第三棱边 D 应有的长度 a.

提示: 按石基绕棱边 D 翻倒的情况计算, 不计土壤的阻力.

答 $a > 2.26$ m.

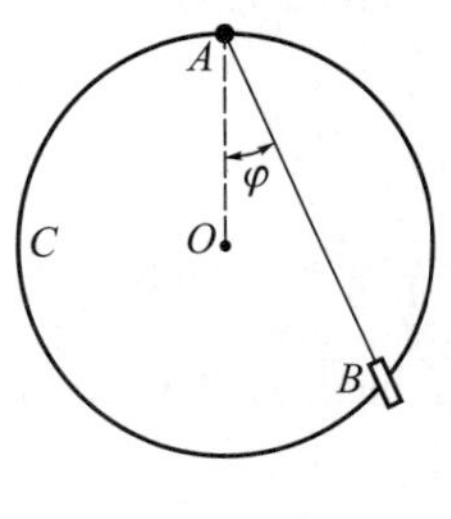

题 2.50 图

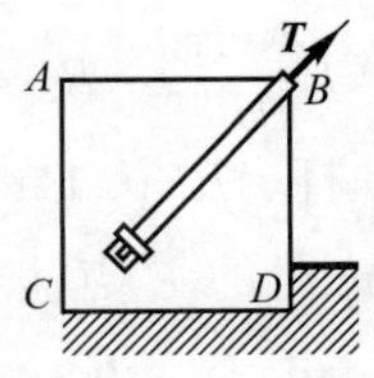

题 2.53 图

2.54 填土由铅垂石墙 AB 挡住. 假设土壤对墙的压力沿水平方向, 作用在 1/3 墙高处, 并等于 60 kN/m (每 1 m 墙上的压力); 墙体材料的重度为 20 kN/m^3, 求墙应有的厚度 a.

提示: 按墙绕棱边 A 翻倒的情况计算.

答 $a \geqslant 1.42$ m.

2.55 高 6 m、直径 4 m 的水箱固定在对称安放的四个斜柱上, 水箱底面高出支座平面 17 m, 整个水塔重 80 kN, 风压力按水箱垂直风向的平面投影面积计算, 风的压强取为 1.25 kPa, 求柱基之间应有的距离 AB.

提示: 按水塔在水平风向时翻倒的情况计算距离 AB.

答 $AB \geqslant 15$ m.

题 2.54 图

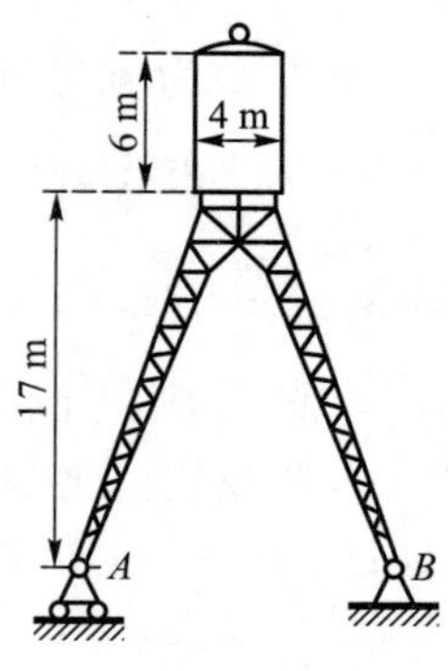

题 2.55 图

§3. 平行力

3.1 水平梁长 l, 单位长度上承受均布载荷 p. 梁的两端自由搁置在两个支座上, 求这两支座的铅直反力. 梁本身的重量已计算在均布荷载中.

答 $R_1 = R_2 = \frac{1}{2}pl$.

3.2 水平梁的跨度为 l, 重物 P 放在梁上与第一支座相距为 x 处, 求两个支座的铅直反力.

答 $R_1 = P\frac{l-x}{l}$, $R_2 = P\frac{x}{l}$.

3.3 均质杆 AB, 长 1 m, 重 20 N, 水平悬挂在平行绳子 AC 和 BD 上. 在杆上距离 $AE = \frac{1}{4}$m 处的 E 点挂着重物 $P = 120$ N. 求绳子的张力 T_C 和 T_D.

答 $T_C = 100$ N, $T_D = 40$ N.

3.4 水平梁搁在相距 4 m 的两个支座上, 梁上放着两个重物 C, D. 其中 C 重 2 kN, D 重 1 kN; 两重物之间的距离等于 1 m. 不计梁重, 欲使支座 A 的反力是支座 B 的反力的两倍, 求重物 C 到支座 A 的距离 x.

答 $x = 1$ m.

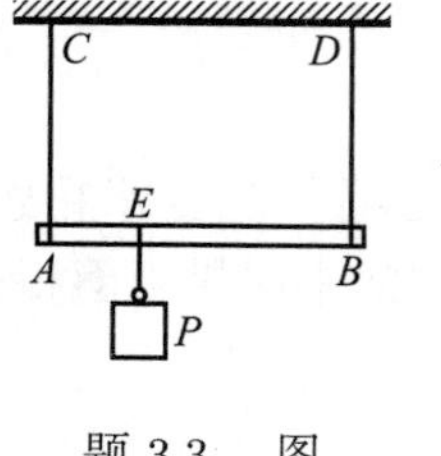

题 3.3 图

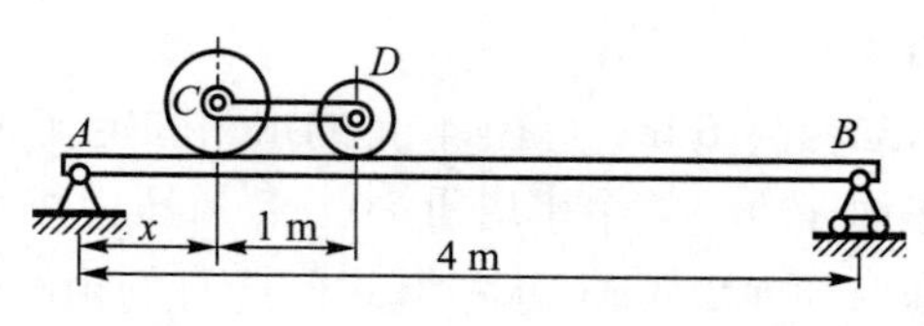

题 3.4 图

3.5 传动轴 AB 上装有三个轮, 重分别为 $P_1 = 3$ kN, $P_2 = 5$ kN, $P_3 = 2$ kN, 尺寸如图所示. 欲使轴承 A 的反力与轴承 B 的反力相等, 求重为 P_2 的轮到轴承 B 的距离 x. 轴的重量不计.

答　$x = 139$ cm.

3.6 桥式吊车 AB 上小车 C 装有绞车. 桥重 $P = 60$ kN, 小车连同所吊起重物共重 $P_1 = 40$ kN. 小车 C 的位置用它的中心到左边轨道的距离占桥长的比例表示. 试按小车 C 的位置来确定桥 AB 对轨道的压力.

答　$F_A = (7 - 4n)10$ kN, $F_B = (3 + 4n)10$ kN, 式中 $n = AC/AB$.

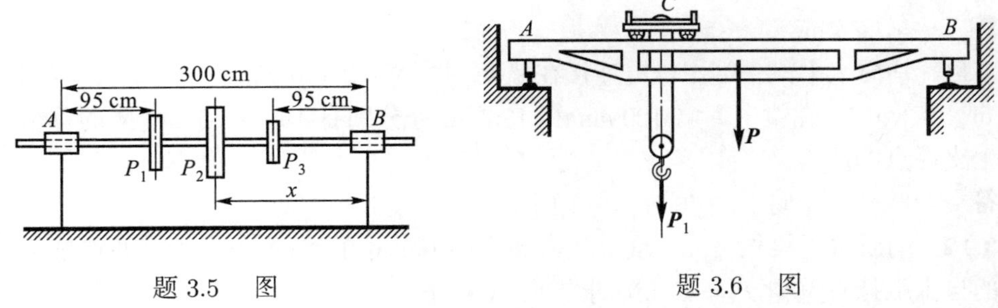

题 3.5　图　　　　题 3.6　图

3.7 梁 AB 长 10 m、重 2 kN, 放在两支座 C 和 D 上. 支座 C 距 A 端 2 m, 支座 D 距 B 端 3 m. 梁的 A 端由跨过滑轮的绳子铅直向上拉住, 绳子另一端挂有重 3 kN 的重物 Q. 在梁上距 A 端 3 m 处挂着重物 $P = 8$ kN. 不计滑轮的摩擦, 求两支座的反力.

答　$R_C = 3$ kN,　$R_D = 4$ kN.

3.8 水平杆 AB 重 100 N, 可绕固定点 A 转动. B 端用重物 $P = 150$ N 和跨过滑轮的绳子吊起. 在距 B 端 20 cm 处挂着重物 $Q = 500$ N. 杆 AB 处于平衡, 求杆的长度 x.

答　$x = 25$ cm.

题 3.7　图　　　　题 3.8　图

3.9 水平梁 AB 重 20 N、长 5 m, A 端由挂有 10 N 的重物并绕过滑轮的绳子提起. B 端也类似地由挂有 20 N 重物的绳子同样提起. C, D, E 和 F 各点之间距离为 1 m, C, F 两点分别到 A, B 的距离均为 1 m. 在 C, D, E 和 F 点分别挂着 5 N, 10 N, 15 N 和 20 N 的重物. 应在何处支持此梁才能平衡?

答　在中点.

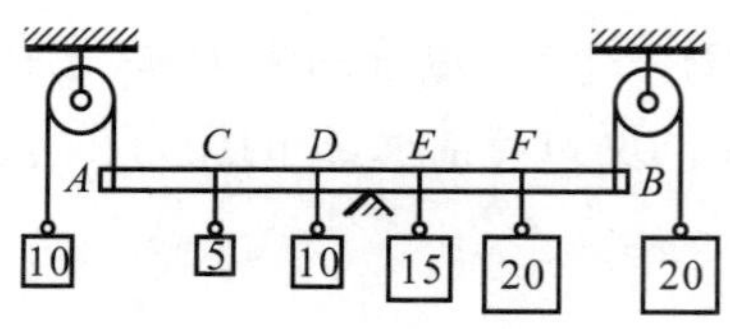

题 3.9 图

3.10 均质杆长 3 m、重 6 N, 在它上面等距离地挂着四个重物, 靠外边的两个重物挂在杆的两端. 从左数起第一个重物为 2 N, 以后各重物依次递增 1 N. 在距左端多远距离 x 处悬挂此杆才能平衡?

答 $x = 1.75$ m.

3.11 均质水平梁一端用铰链连接在墙上, 并在离墙 160 cm 的一点支撑. 梁长 400 cm、重 320 N. 在梁上离墙 120 cm 和 180 cm 处分别有 160 N 和 240 N 的重物. 求两个支撑点的反力.

答 790 N —— 向上, 70 N —— 向下.

3.12 均质水平梁长 4 m、重 5 kN, 插入厚 0.5 m 的墙内, 在 A, B 两点抵住. 在梁的自由端挂着重物 $P = 40$ kN. 求支点 A 和 B 的反力.

答 $R_A = 340$ kN —— 向上, $R_B = 295$ kN —— 向下.

3.13 水平梁的一端插入墙内, 另一端支承着轧辊的轴承. 由于轧辊、皮带轮和轴承的重量, 使梁承受铅垂载荷 $Q = 1.2$ kN. 不计梁的重量, 并设载荷 Q 作用在离墙 $a = 0.75$ m 处, 求插入端的反力.

答 反力 $R = 1.2$ kN, 约束力矩 $M = 0.9$ kN · m.

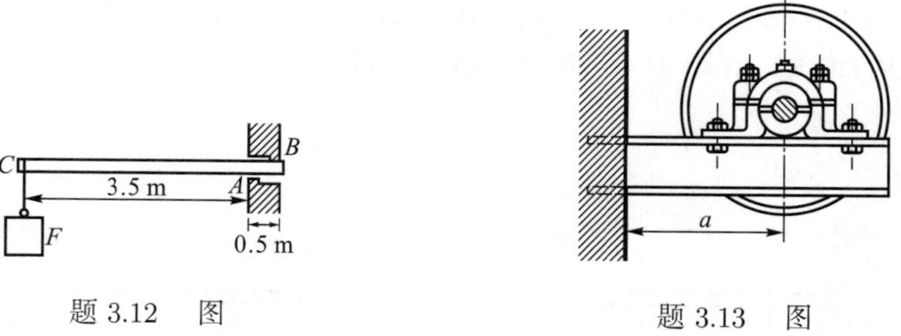

题 3.12 图

题 3.13 图

3.14 支持阳台的水平梁承受集度为 $q = 2$ kN/m 的均布载荷. 在梁的自由端承受从圆柱传下的载荷 $P = 2$ kN. 圆柱的轴线到墙的距离 $l = 1.5$ m. 求插入端的反力.

答 $R = 5$ kN, $M = 5.25$ kN · m.

3.15 在水平梁上作用着力偶矩 $M = 6$ kN · m, 在 C 点作用着铅垂载荷 $P = 2$ kN. 梁的跨度 $AB = 3.5$ m, 伸臂 $BC = 0.5$ m. 求支点的反力.

答 $R_A = 2$ kN —— 向下, $R_B = 4$ kN —— 向上.

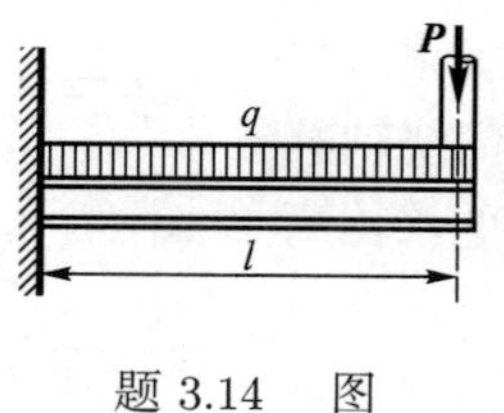

题 3.14 图

题 3.15 图

3.16 在水平梁上作用力偶 ($\boldsymbol{P}, \boldsymbol{P}$), 在左伸臂上作用集度为 q 的均布载荷, 在右伸臂的 D 点上作用铅垂载荷 $\boldsymbol{Q}$. 如果 $P = 1$ kN, $Q = 2$ kN, $q = 2$ kN/m, $a = 0.8$ m, 求支点的反力.

答 $R_A = 1.5$ kN, $R_B = 2.1$ kN.

3.17 梁 AB 长 10 m, 梁上铺着起重机的轨道. 起重机重 50 kN, 重心在轴线 CD 上. 重物 $P = 10$ kN, 梁 AB 重 30 kN, 起重机的伸臂长 $KL = 4$ m, 距离 $AC = 3$ m. 起重机的伸臂 DL 和梁 AB 在同一铅垂平面内, 求支座 A 和 B 的反力.

答 $R_A = 53$ kN, $R_B = 37$ kN.

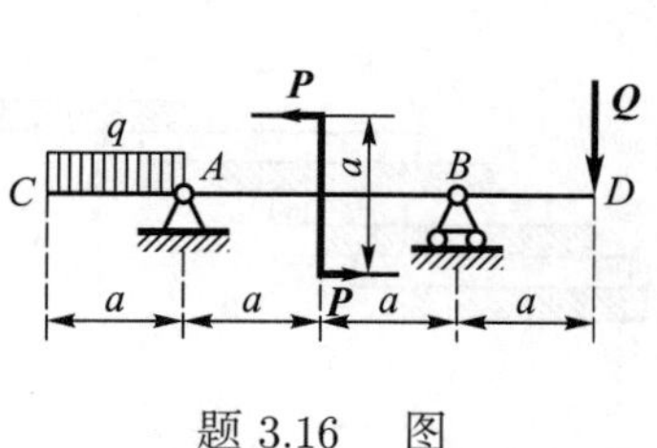

题 3.16 图

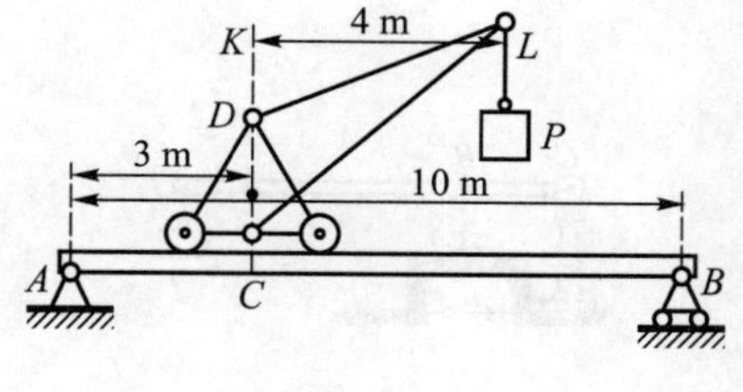

题 3.17 图

3.18 梁 AB 长 l, 承受分布载荷, 如图所示. 载荷集度在梁的 A 端和 B 端为 q, 在梁的中点为 $2q$. 不计梁的重量, 求支座 D 和 B 的反力.

答 $R_D = ql$, $R_B = 0.5ql$.

3.19 水平梁 AC 支承在 B, C 两点, 在支点 B 和 C 之间承受集度为 q 的均布载荷. 在 AB 段载荷集度按线性规律减少到零. 求支座 B 和 C 的反力. 梁的重量不计.

答 $R_B = \dfrac{q}{6}\left(3a + 3b + \dfrac{a^2}{b}\right)$, $R_C = \dfrac{q}{6}\left(3b - \dfrac{a^2}{b}\right)$.

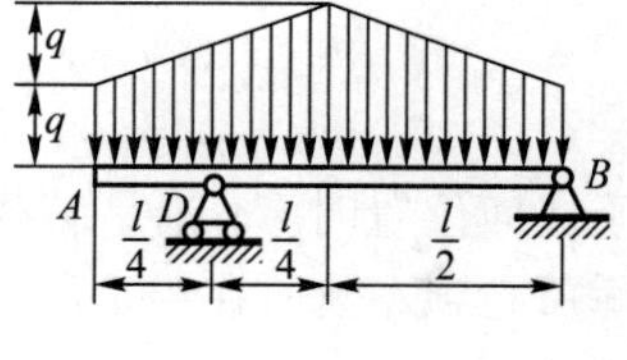

题 3.18 图

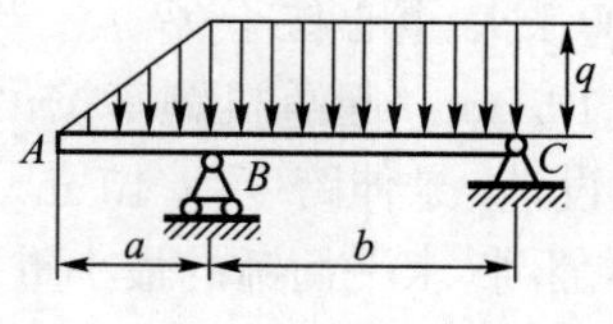

题 3.19 图

3.20 灌渠的长方形闸门 AB 可绕轴 O 转动. 如果水位不高, 闸门就关闭. 当水位达到一定高度 H 时, 闸门绕轴翻转, 打开水渠. 不计摩擦和闸门重量, 求闸门打开时的水位高度 H.

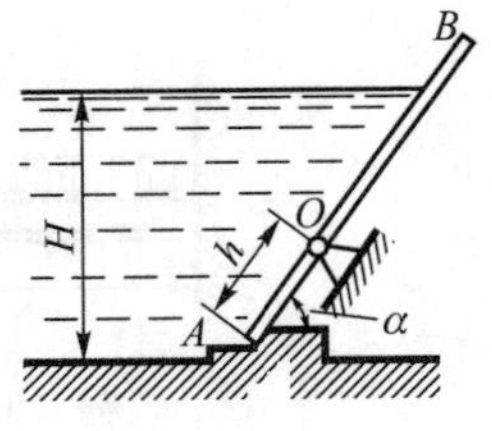

题 3.20 图

答 $H = 3h\sin\alpha$.

3.21 蒸汽锅炉的安全阀 A 用杆 AB 连接在均质杠杆 CD 上. CD 长 50 cm、重 10 N, 可绕固定点 C 转动. 阀的直径 $d = 6$ cm, 臂 $BC = 7$ cm. 锅炉内气压为 1100 kPa 时汽阀自动开启, 求杠杆 D 端的配重 Q.

答 $Q = 430$ N.

3.22 相同的均质板彼此堆叠, 每一块板都比下面的一块伸出一段. 在这些板处于平衡条件下, 求各伸出段的极限长度.

提示: 在解题时, 从上开始逐一把各板重量相加.

答 $l, \frac{l}{2}, \frac{l}{3}, \frac{l}{4}, \frac{l}{5}, \cdots$, 依次类推.

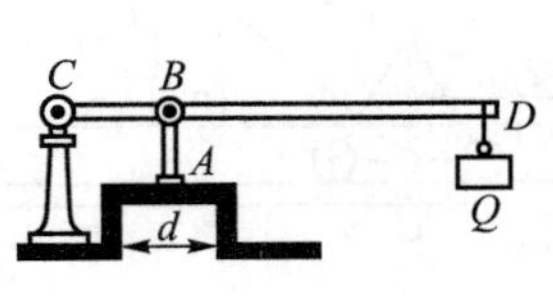

题 3.21 图

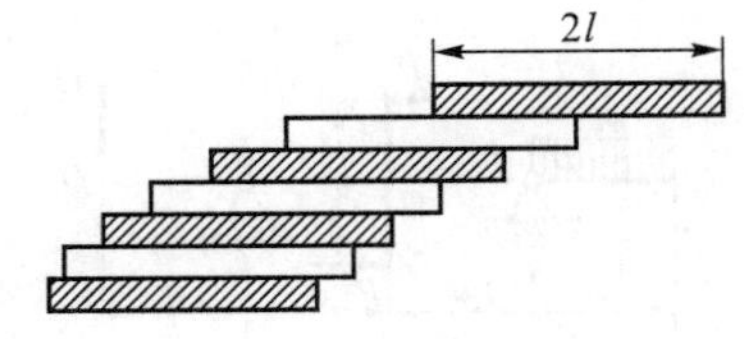

题 3.22 图

3.23 铁路起重机支撑在铁轨上, 两铁轨间距离为 1.5 m. 起重机座车重 30 kN, 重心 A 位于座车对称平面与图面的交线 KL 上. 起重机绞车 B 重 10 kN, 重心 C 离 KL 为 0.1 m. 平衡锤 D 重 20 kN, 重心 E 离 KL 为 1 m. 伸臂 FG 重 5 kN, 重心 H 离 KL 为 1 m. 伸臂伸出 $LM = 2$ m. 求不致使起重机翻倒的最大载荷 Q.

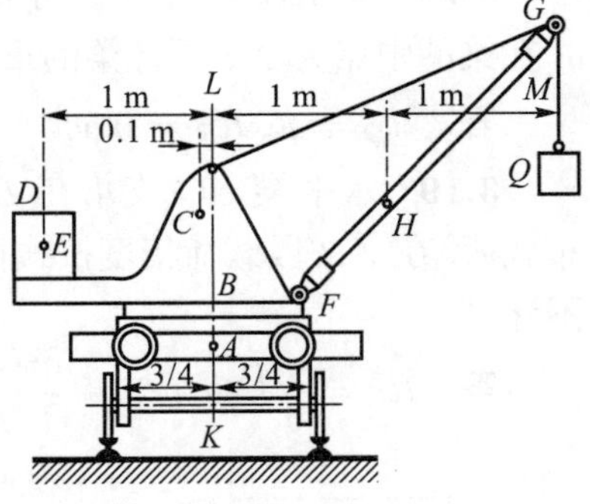

题 3.23 图

答 $Q = 51.8$ kN.

3.24 移动式起重机 (不带平衡锤时) 重 $P_1 = 500$ kN, 重心位于 C 点, 与右轨所在铅垂面相距 1.5 m. 起重机跑车按吊起载荷 $P_2 = 250$ kN 设计, 悬伸跨度为 10 m. 起重机跑车处于任何位置时, 不论是满载或是空载, 均不翻倒. 求平衡锤的最小重量 Q, 以及平衡锤重心到左轨所在铅垂面的最大距离 x. 不计跑车重量.

答 $Q = 333$ kN, $x = 6.75$ m.

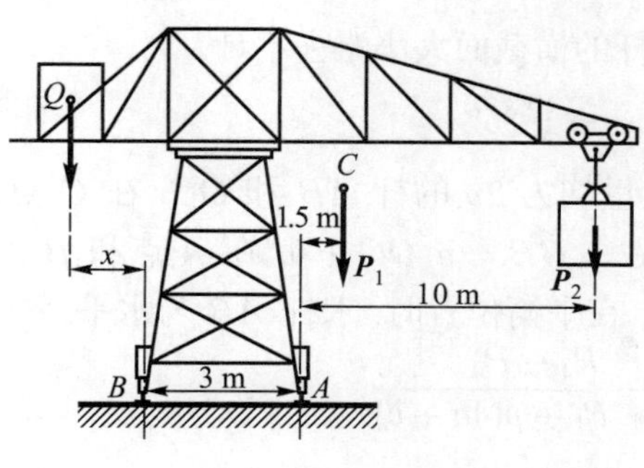

题 3.24 图

3.25 马丁炉填送矿石的起重机由卷扬机 A 和移动的桥 B 构成, 卷扬机装有轮子, 可沿轨道移动, 轨道装在移动的桥 B 上. 卷扬机下部有一个倾覆操纵杆 D, 用来安装送料铲 C. 铲中料重 $Q = 15$ kN, 与卷扬机铅垂轴线 OA 相距 5 m. 欲使卷扬机不倾翻, 卷扬机连同操纵杆的重量 P 应为多少? 假定卷扬机的重心在轴线 OA 上, 每个轮子到 OA 轴的距离均为 1 m.

答 $P \geqslant 60$ kN.

3.26 起重机装在石基座上. 机身重 $Q = 25$ kN, 重心 A 与起重机轴线的距离为 $AB = 0.8$ m, 起重机外伸跨度 $CD = 4$ m. 基座的底面为正方形, $EF = 2$ m, 基座材料的重度为 20 kN/m^3. 假定起重机预定的最大起重力为 30 kN, 按照基座绕棱边 F 倾翻计算, 求基座的最小高度.

答 1.06 m.

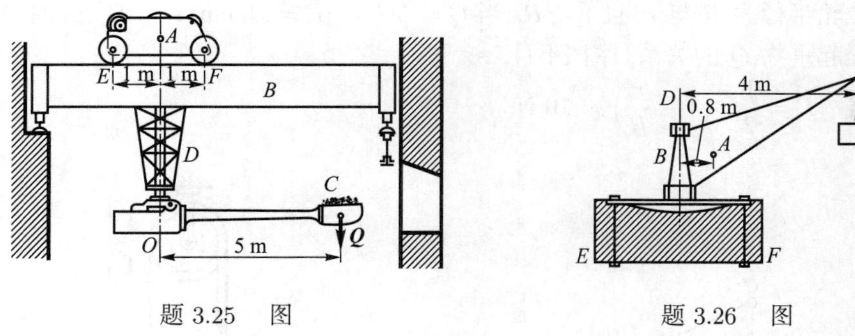

题 3.25 图　　　　题 3.26 图

3.27 磁针用细丝水平挂在磁子午面内, 地磁两极作用在磁针两极上的水平分力方向相反, 大小都等于 0.02 mN, 磁针两极相距 10 cm. 已知扭转细丝 1° 需要力偶矩为 0.05 mN·cm. 使磁针与磁子午面成 30° 角, 需将细丝扭转几度?

提示: 扭转力偶矩与扭转角成正比.

答 32°.

3.28 两均质杆 AB 和 BC 的截面相等, AB 长度为 BC 的一半. 两杆在一端固接成 60° 角, 形成折杆 ABC. 折杆的 A 端挂在细绳 AD 上. 当折杆平衡时, 求 BC

段与水平线的夹角 α. 杆的横截面大小略去不计.

答 $\tan\alpha = \dfrac{1}{5}\sqrt{3},\ \alpha = 19°5'$.

3.29 单位长度重量均为 $2p$ 的杆 AB 和 OC, 在 C 点固接成直角. 杆 OC 可绕水平轴线 O 转动. $AC = CB = a, OC = b$. 在 A 点和 B 点分别挂有重量为 P_1 和 P_2 的砝码, 且 $P_2 > P_1$. 在平衡位置时, 求杆 AB 与水平线的夹角 α.

答 $\tan\alpha = \dfrac{a}{b}\dfrac{P_2 - P_1}{P_2 + P_1 + p(4a + b)}$.

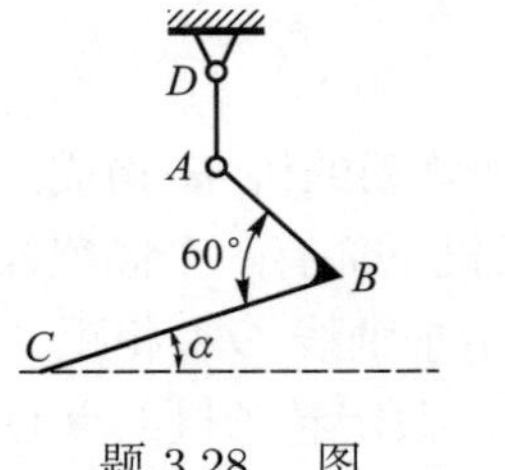

题 3.28 图

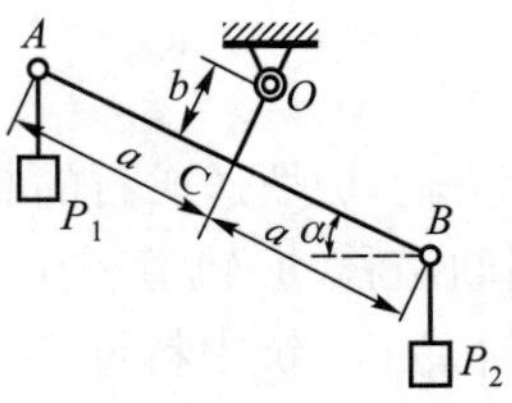

题 3.29 图

3.30 吊桥 AB 用两根各长 8 m、重 4 kN 的杆 CD 吊起. 桥长 $AB = CE = 5$ m, 链条长 $AC = BE$, 桥重 30 kN, 重心在 AB 的中点. 求平衡配重 P.

答 $P = 13.83$ kN.

3.31 差动滑轮的主要部分为两个固结在一起的滑轮 A, 其轴悬挂在固定钩子上. 滑轮缘上的槽内有齿, 和一条链条相啮合. 此链条绕成两圈, 一圈内放着动滑轮 B. 在动滑轮上挂着重物 Q, 链条空圈上, 在较大滑轮悬垂的一边作用着力 $\boldsymbol{P}$. 滑轮 A 两个轮半径为 R 与 r, 且 $r < R$. 当 $Q = 500$ N, $R = 25$ cm, $r = 24$ cm 时, 求力 P 和被提起重物 Q 的关系. 摩擦不计.

答 $P = \dfrac{1}{2}Q\left(1 - \dfrac{r}{R}\right) = 10$ N.

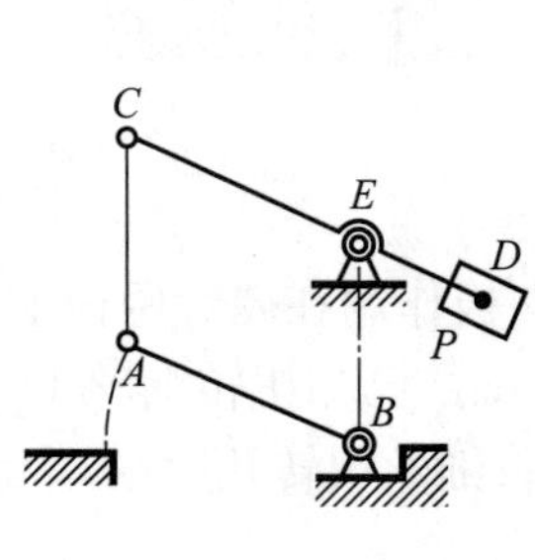

题 3.30 图

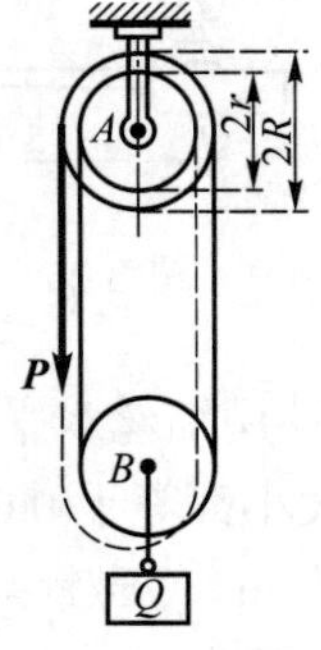

题 3.31 图

3.32 微差杠杆由杆 AB 和横杆 DE 组成. 杆 AB 在 C 点有固定三棱支座. 横杆 DE 用铰接杆 AD, EF 与杠杆 AB 相连. 重物 $Q = 1$ kN, 用三棱刀口挂在横杆

的 G 点. 过 C 点和 G 点的两铅垂线距离为 1 mm. 用来平衡重物 Q 的秤锤 P 在杠杆 AB 的 H 点, $CH = 1$ m. 求秤锤 P 的重量. 摩擦略去不计.

答　$P = 10$ N.

3.33　在铰链四连杆机构中, 杆 BC 平行于不动杆 AD. 杆 $AB = h$ 垂直于 AD. 水平力 $\boldsymbol{P}$ 作用在 AB 的中点. 如果 $CE = CD/4$, 为使机构处于平衡, 在杆 CD 上 E 点应作用多大的水平力 $\boldsymbol{Q}$? 又求铰链 D 的反力. 各杆重量不计.

答　$Q = \dfrac{2}{3}P, R_D = \dfrac{1}{6}P$, 沿 AD 向右.

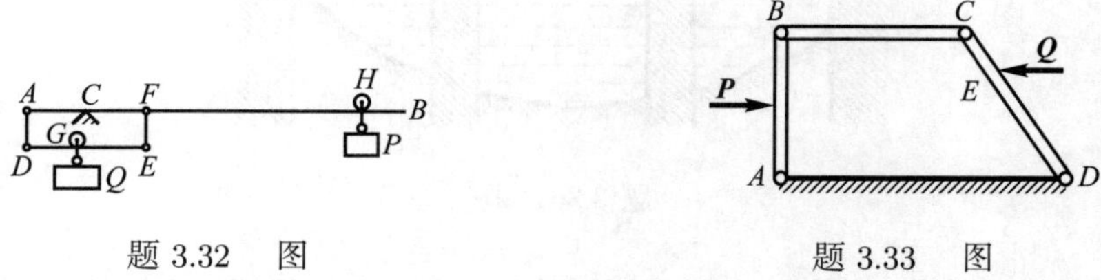

题 3.32　图　　　　题 3.33　图

3.34　为了测量较大的力 Q, 把两根不等臂杠杆 ABC 和 EDF 用拉杆 CD 连成一个系统. B 点和 E 点为固定点. 重 125 N 的 P 可沿杠杆 EDF 移动. 作用在 A 点的力 Q 平衡该重物. 已知 P 到 D 点的距离为 l. 当力 Q 增加到 10 kN 时, 需要将重物 P 移出多大距离 x, 才能保持平衡? 图示尺寸为: $a = 3.3$ mm, $b = 660$ mm, $c = 50$ mm.

答　$x = 2$ cm.

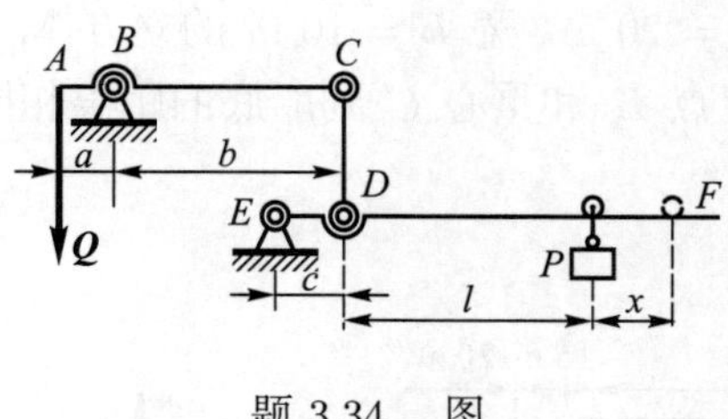

题 3.34　图

3.35　梁 AB 长 4 m、重 2 kN, 可绕水平轴 A 转动, B 端搁在另一梁 CD 上, 梁 CD 长 3 m、重 1.6 kN, 在 E 点支撑, 用铰链 D 与墙连接. 在 M 点和 N 点各有 0.8 kN 的重物. 图中 $AM = 3$ m, $ED = 2$ m, $ND =$ 1 m. 求支座反力.

答　$R_A = 1.2$ kN, $R_B = 1.6$ kN, $R_E = 4$ kN, $R_D = 0$.

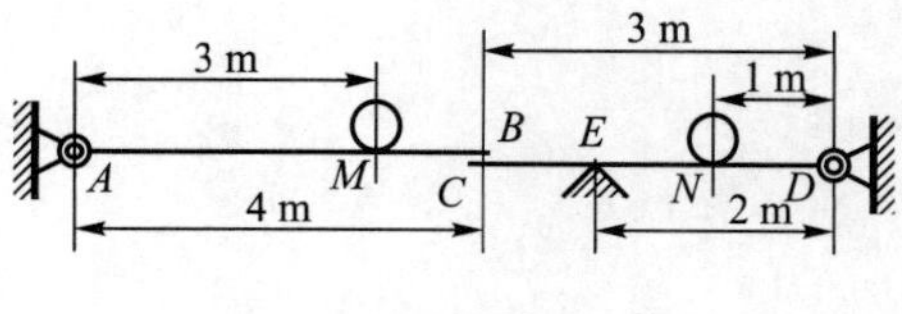

题 3.35　图

3.36 悬伸桥由 AC, CD, DF 三部分组成, 桥两边的部分各有两支座. 尺寸为: $AC = DF = 70$ m, $CD = 20$ m, $AB = EF = 50$ m. 桥单位长度上的载荷等于 60 kN/m. 求此载荷引起的支座 A 和 B 上的压力.

答 $N_A = 1020$ kN, $N_B = 3780$ kN.

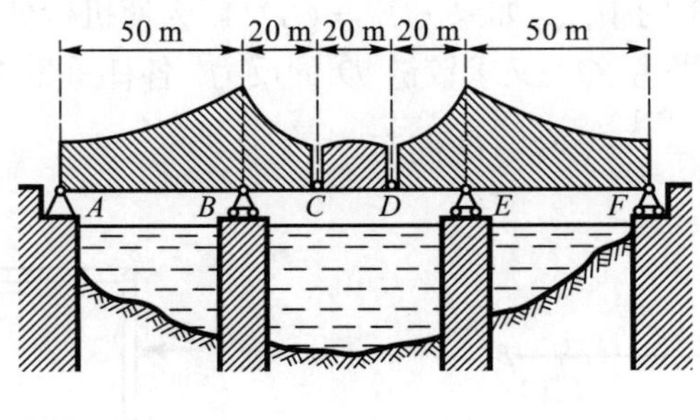

题 3.36 图

3.37 悬伸桥由主桁架 AB 和两个侧桁架 AC, BD 组成. 主桁架 AB 每米重 15 kN, 桁架 AC 和 BD 每米重 10 kN. 求当右端跨度 FD 上载有每米重 30 kN 的列车时各支座的反力. 尺寸分别为: $AC = BD = 20$ m; $AE = FB = 15$ m, $EF = 50$ m.

答 $R_C = 100$ kN, $R_D = 400$ kN, $R_E = 542.5$ kN, $R_F = 1607.5$ kN.

3.38 为了观察排水量 $D = 2000$ kN 的浮桥船的浮动情况, 由提升能力为 $P = 750$ kN 的起重机把船头吊起. 设水的重度 $\gamma = 10\ \text{kN/m}^3$, 求船底浮出水平面的最大高度 h. 船的形状是长 $L = 20$ m、宽 $B = 10$ m 的立方体. 船重心 C 位于其纵长的中心. 起重机钢索的固定点 K 和重心 C 到船底的距离相同 (认定船的排水量等于它的重量).

答 $h = 1.36$ m.

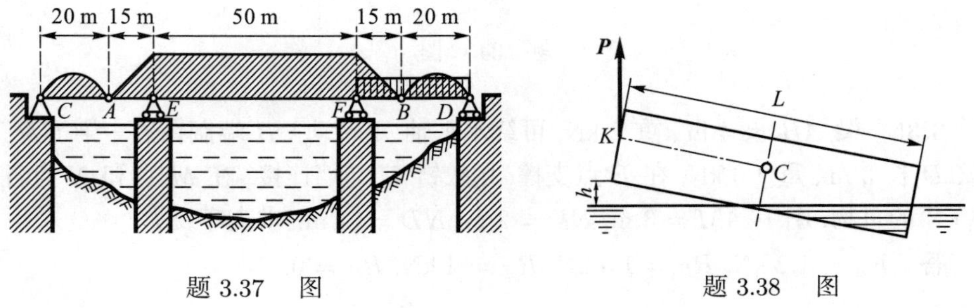

题 3.37 图 题 3.38 图

§4. 平面任意力系

4.1 均质杆 AB 可绕铰链 A 转动, 在 B 点用绳挂着 10 N 的砝码 C. 系在杆

的端点 B 的绳子跨过滑轮 D 挂着 20 N 的砝码. 已知 $AB = AD$, 杆重 20 N. 当杆处于平衡位置时, 求 $\angle BAD = \alpha$ 的大小. 滑轮的摩擦不计.

答 $\alpha = 120°$.

4.2 起重机的水平梁长为 l, 一端以铰链固定, 另一端用杆 BC 拉住. 杆 BC 与水平梁的夹角为 α. 重物 $\boldsymbol{P}$ 可在梁上移动, 重物的位置由 $AP = x$ 确定. 不计梁的重量, 试将拉杆 BC 的张力 T 用 x 表示.

答 $T = \dfrac{Px}{l \sin\alpha}$.

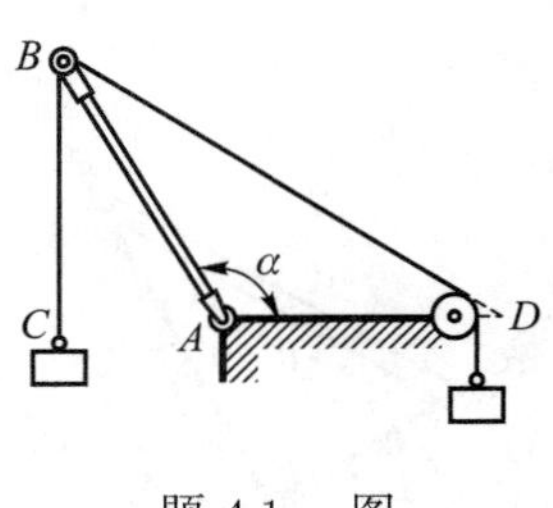

题 4.1 图

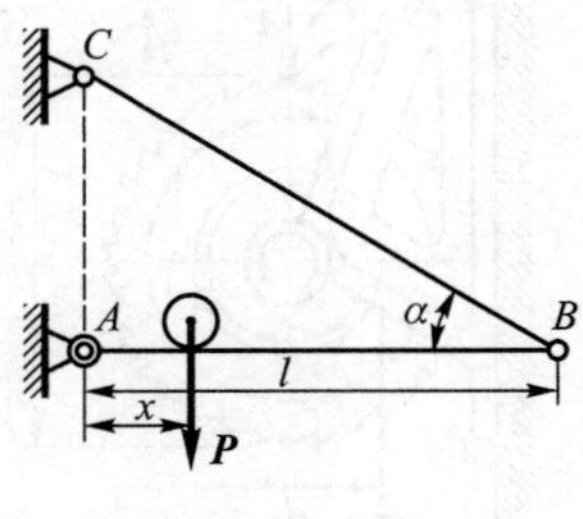

题 4.2 图

4.3 一个均质球的重量为 Q, 半径为 a. 此球与重量为 P 的砝码一起用绳子挂在 O 点, 如图所示. $OM = b$. 求平衡时直线 OM 与铅垂线的夹角 φ.

答 $\sin\varphi = \dfrac{a}{b}\dfrac{P}{P+Q}$.

4.4 曲杆 ABC 重 80 N, 具有固定轴 B, 臂长 $AB = 0.4$ m, $BC = 1$ m. 曲杆的重心与铅垂线 BD 相距 0.212 m. 在 A 点和 C 点分别系着跨过滑轮 E 和 F 的绳子, 两绳分别挂有砝码 $P_1 = 310$ N 和 $P_2 = 100$ N. 若 $\angle BAE = 135°$, 并设滑轮的摩擦可以不计, 求曲杆平衡时 $\angle BCF = \varphi$ 的大小.

答 $\varphi_1 = 45°, \varphi_2 = 135°$.

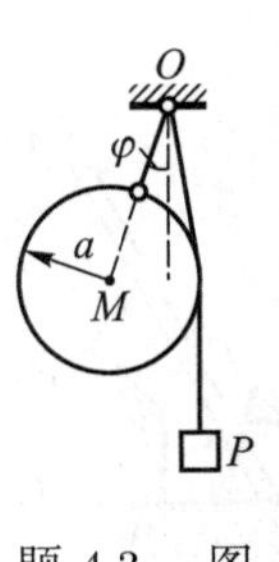

题 4.3 图

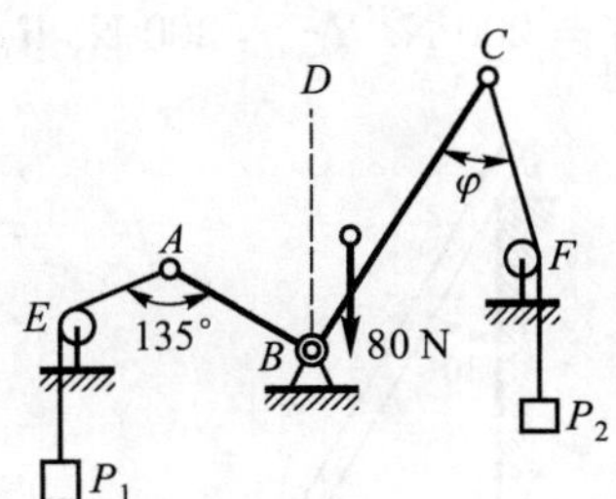

题 4.4 图

4.5 绞车的棘轮直径为 d_1 并带有棘爪 A. 绞车与直径为 d_2 的鼓轮固连, 轮上绕着绳子, 绳上挂着重物 Q. 已知 $Q = 50$ N, $d_1 = 420$ mm, $d_2 = 240$ mm, $h = 50$ mm, $a = 120$ mm. 求棘爪轴 B 上所受的压力 R. 棘爪的重量不计.

答　$R = Q\dfrac{d_2}{d_1}\dfrac{\sqrt{a^2+h^2}}{a} = 31\ \text{N}.$

4.6　均质梁 AB 重为 P, 放在同一铅垂面内的两条光滑斜轴 CD 和 DE 上, CD 与水平线的夹角为 α, DE 与水平线的夹角为 $90^\circ-\alpha$. 求平衡时梁与水平线的夹角 θ, 以及梁对斜轴的压力.

答　$N_A = P\cos\alpha, N_B = P\sin\alpha, \tan\theta = \cot 2\alpha$, 当 $\alpha \leqslant 45^\circ$ 时 $\theta = 90^\circ - 2\alpha$.

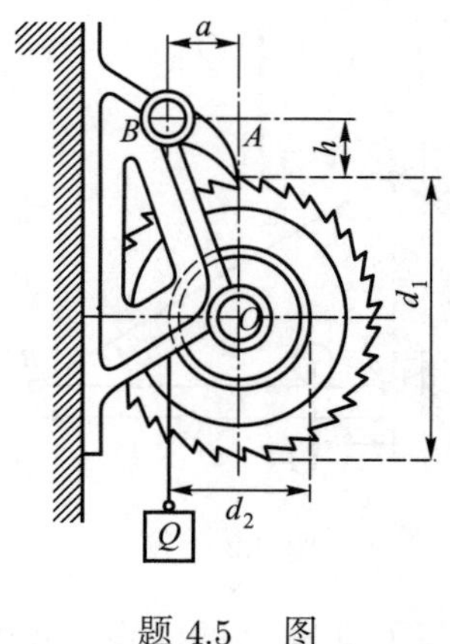

题 4.5　图

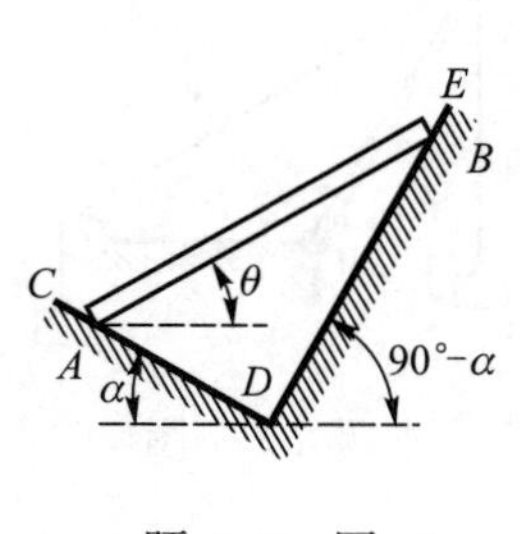

题 4.6　图

4.7　均质梁重 600 N、长 4 m, 一端搁在光滑地板上, 中间点 B 搁在高 3 m 的台角上, 且梁与铅垂线成 30° 角. 一根沿地板拉紧的绳子 AC 保持梁平衡. 不计摩擦, 求绳子的张力 T、地板的反力 R_C 和柱的反力 R_B.

答　$T = 150$ N, $R_B = 173$ N, $R_C = 513$ N.

4.8　均质梁 AB 重 200 N, B 点搁在光滑的水平地板上, 并与地板成 60° 角, 此外, 梁又被支点 C 和 D 抵住. 设长度 $AB = 3$ m, $CB = 0.5$ m, $BD = 1$ m, 求 B, C, D 各支点的反力.

答　$R_B = 200$ N, $R_C = 300$ N, $R_D = 300$ N.

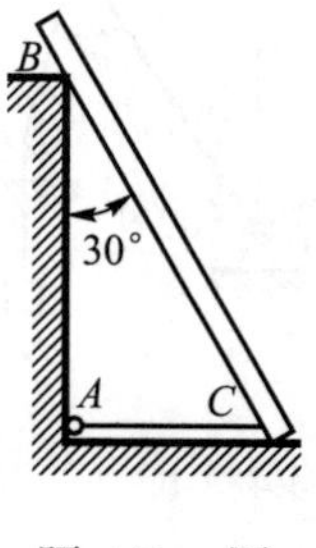

题 4.7　图

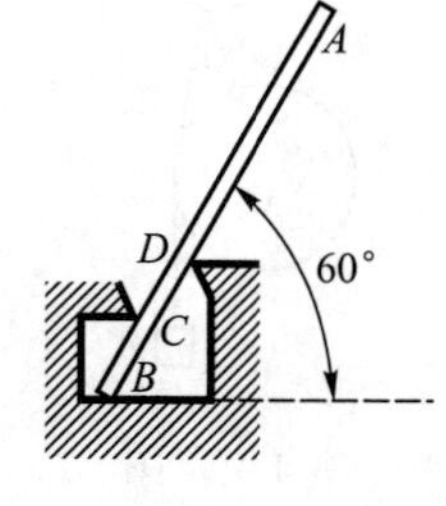

题 4.8　图

4.9　均质板条 AB 重 $P = 100$ N, 一端自由地搁在 A 点, 另一端与杆 BC 和 BD 连接, 板条与水平线成 45° 角. BCD 为等边三角形. C 点与 D 点位于同一铅垂线上. 不计两杆的重量, 并设 B, C, D 各处均为铰链, 求支点 A 处的反力与两杆的内力.

答 $R_A = 35.4$ N, $S_C = 89.5$ N, $S_D = -60.6$ N.

4.10 均质杆 AB 重为 100 N, 一端搁在光滑水平地板上, 另一端搁在光滑斜面上. 斜面和水平面成 30° 角. 跨过滑轮 C 的绳子拉着杆的 B 端, 绳上挂有重物 P; 绳子的 BC 段与斜面平行. 不计滑轮的摩擦, 求 P 的重量及其对地板和斜面的压力.

答 $P = 25$ N, $N_A = 50$ N, $N_B = 43.3$ N.

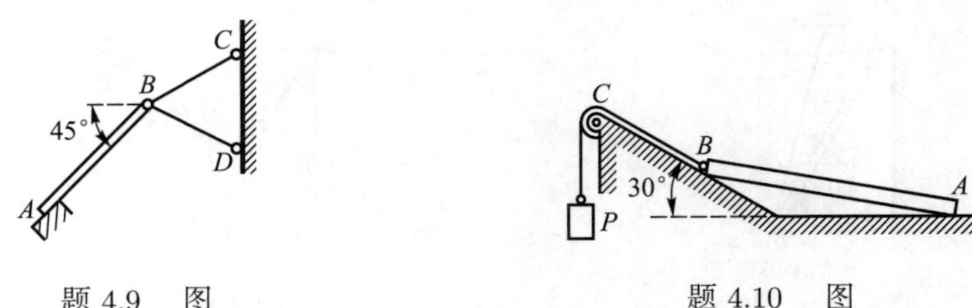

题 4.9 图　　题 4.10 图

4.11 在架桥时必须将桥梁的一部分 ABC 用三根绳子吊起, 绳子位置如图所示. 这部分桥梁重为 42 kN, 重心在 D 点. $AD = 4$ m, $DB = 2$ m, $BF = 1$ m. 设直线 AC 是水平的, 求绳的张力.

答 $T_A = 18$ kN, $T_B = 17.57$ kN, $T_C = 12.43$ kN.

4.12 单斜屋顶梁由梁木 AB 构成, 上端 B 自由地搁在光滑的支座上, 下端 A 固定在墙上. 屋顶斜度 $\tan\alpha = 0.5$. AB 梁中部承受铅垂负荷 9 kN, 求 A 点和 B 点的支座反力.

答 $X_A = 1.8$ kN, $Y_A = 5.4$ kN, $R_B = 4.02$ kN.

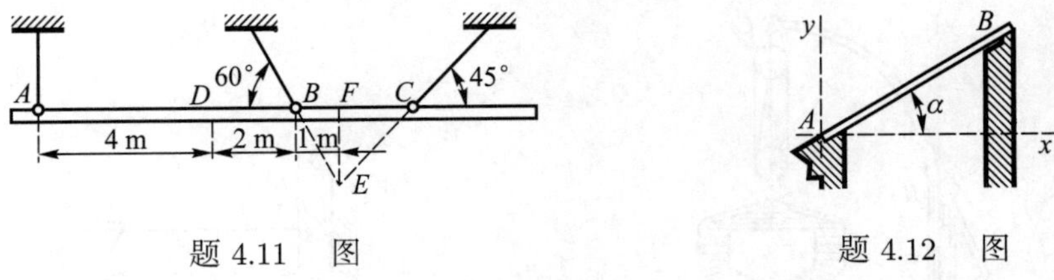

题 4.11 图　　题 4.12 图

4.13 均质梯子 AB 靠在光滑墙上, 与水平面成 45° 角, 梯子重为 200 N. 重为 600 N 的人站在梯子的 D 点, D 点到梯子下端的距离等于梯长的 $\frac{1}{3}$. 求梯子对支点 A 及对墙的压力.

答 $X_A = 300$ N, $Y_A = -800$ N, $X_B = -300$ N.

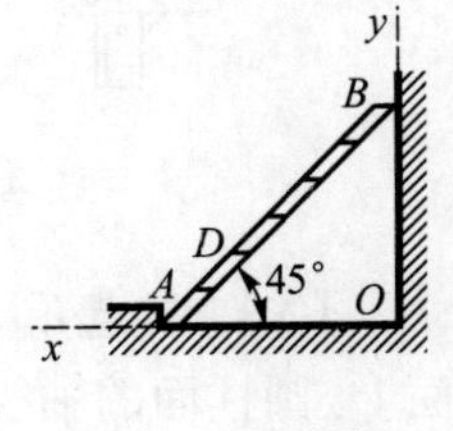

题 4.13 图

4.14 均质吊梯长 6 m、重 2.4 kN, 可绕水平轴 A 转动, 并在端点 B 用绳索 BC 拉住. 吊梯与水平线成 60° 角, 绳索与水平线成 75° 角. 有一个重 0.8 kN 的人站在吊梯上距 B 端 2 m 的 D 点, 求绳索的张力 T 与轴 A 的反力.

答　$T = 3.35$ kN, $X_A = 0.867$ kN, $Y_A = -0.0344$ kN.

4.15　均质梁 AB 重为 100 N, 用铰链 A 连接在墙上, 另一端用跨过滑轮并挂有重物 G 的绳子来提起, 使梁与铅垂线成 45° 角. 绳子的 BC 段与铅垂线成 30° 角. 在梁上 D 点挂重物 $Q = 200$ N. 设 $BD = \dfrac{1}{4}AB$, 不计滑轮上的摩擦, 求 G 的重量和铰链 A 的反力.

答　$G = 146$ N, $X_A = 73$ N, $Y_A = 173$ N.

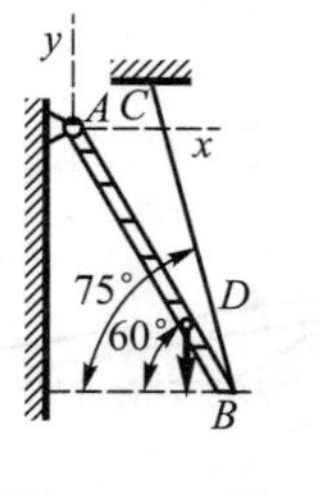

题 4.14　图

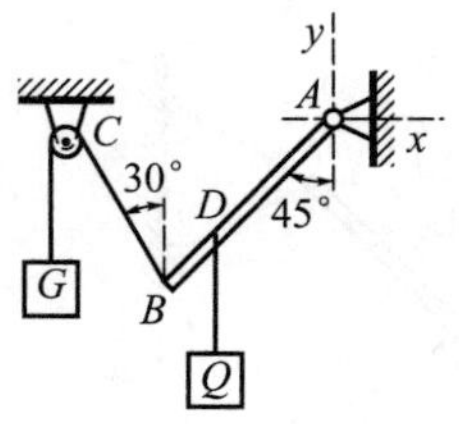

题 4.15　图

4.16　重 9.6 kN 的船被挂在两根吊杆上, 船的重量在两杆上平均分配. 吊杆 ABC 的末端置于止推轴承 A, 并在 1.8 m 高度处穿过轴承 B. 吊杆的悬伸跨度为 2.4 m. 不计吊杆重量, 求它对支点 A 和 B 的压力.

答　$X_A = -6.4$ kN, $Y_A = -4.8$ kN, $X_B = 6.4$ kN.

4.17　铸造用起重机 ABC 具有铅垂转动轴 MN. 距离 $MN = 5$ m, $AC = 5$ m. 起重机重 20 kN, 重心 D 到转动轴的距离为 2 m. 在 C 点挂重 30 kN 的载荷. 求轴承 M 和止推轴承 N 的反力.

答　$X_M = -38$ kN, $X_N = 38$ kN, $Y_N = 50$ kN.

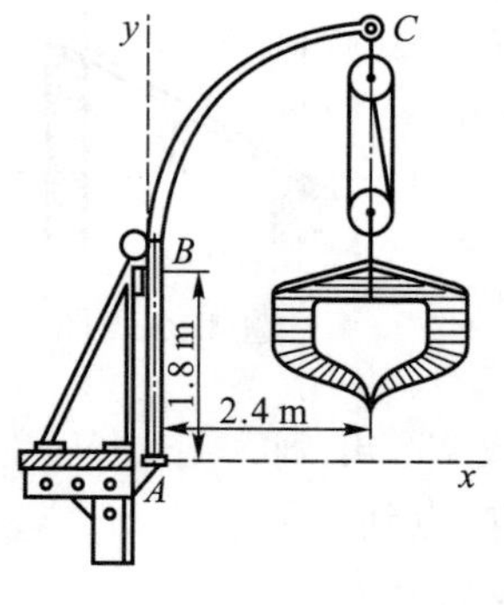

题 4.16　图

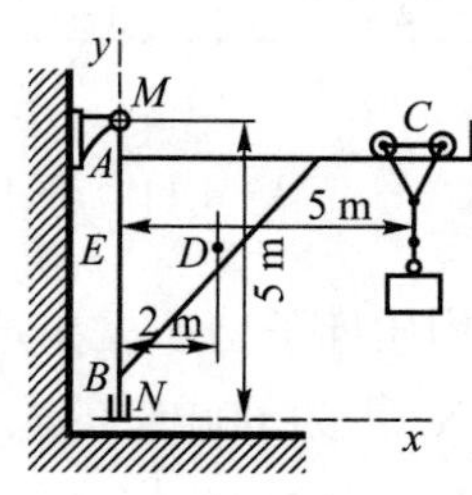

题 4.17　图

4.18　提起重 $P = 40$ kN 的矿山起重机具有止推轴承 A, B 处靠在光滑的圆柱面上, 圆柱面的轴线 Ay 是铅垂的. 起重机尾部 $AB = 2$ m, 悬伸跨度 $DE = 5$ m, 起重机重 20 kN, 作用在与铅垂线 Ay 相距 2 m 处. 求支点 A 和 B 的反力.

答　$X_A = 120$ kN, $Y_A = 60$ kN, $X_B = -120$ kN.

4.19 起重机由梁 AB 构成, 梁下端用铰链 A 连在墙上, 上端用水平方向的绳 BC 拉住. 已知重物 $P = 2$ kN, 梁 AB 重 1 kN, 重心在梁的中点, 角 $\alpha = 45°$. 求绳索 BC 的张力 T, 以及支点 A 上压力的铅垂投影 Y_A.

答 $T = 2.5$ kN, $X_A = -2.5$ kN, $Y_A = -3$ kN.

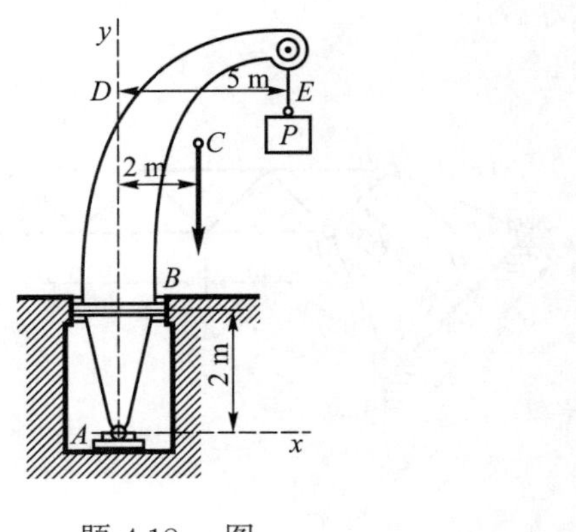

题 4.18 图

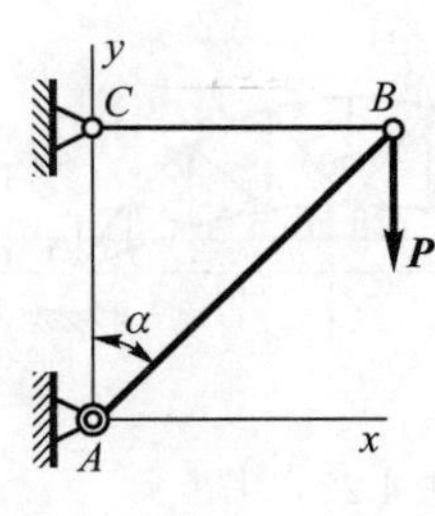

题 4.19 图

4.20 起重机在 A, B, D 点有铰链, 并且 $AB = AD = BD = 8$ m. 起重机桁架的重心 C 与过 A 点的铅垂线相距 5 m. 起重机的悬伸跨度从 A 点算起为 15 m. 被吊起的重物为 200 kN, 桁架重 $P = 120$ kN. 在图示位置, 求起重机支座的反力和杆 BD 的张力.

答 $X_A = 260$ kN, $Y_A = 770$ kN, $T = 520$ kN.

4.21 对称屋顶桁架 ABC 的一端用铰链连 A 固定, 另一端用滚子支撑在光滑水平面上. 屋架重 100 kN. AC 边承受均匀风的压力垂直于 AC. 总风压力等于 8 kN. 长度 $AB = 6$ m, $\angle CAB = 30°$. 求两支座的反力.

答 $X_A = -4$ kN, $Y_A = 54.6$ kN, $Y_B = 52.3$ kN.

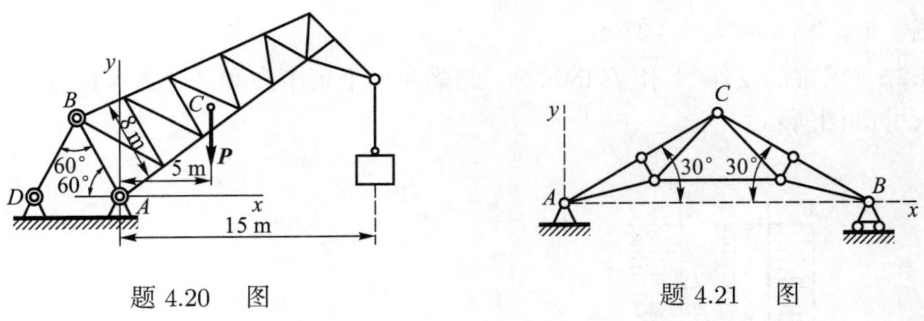

题 4.20 图　　题 4.21 图

4.22 拱形桁架的 A 端具有固定铰链支座, B 端为活动光滑支座, 支座 B 的支撑面与水平面夹角为 30°. 跨度 $AB = 20$ m. 桁架重为 100 kN, 重心位于 AB 的中点 C. 风压的合力 F 等于 20 kN, 平行于 AB 且作用线与 AB 相距 4 m. 求两支座的反力.

答　$X_A = -11.2\ \text{kN}, Y_A = 46\ \text{kN}, R_B = 62.4\ \text{kN}.$

4.23　桁架 $ABCD$ 的 D 点搁在滚子上, A 点和 B 点分别用斜杆 AE 和 BF 支持, 点 E 和 F 为铰链. 桁架各斜杆以及连线 EF 都与水平面成 45° 角. $BC = 3\ \text{m}$, 杆 AE 和 BF 等长, 距离 $EF = 3\sqrt{2}\ \text{m}, AH = 2.25\sqrt{2}\ \text{m}$. 假设桁架连同载荷重 75 kN, 沿直线 CG 作用. 求滚子的反力 R_D.

答　$R_D = 15\ \text{kN}.$

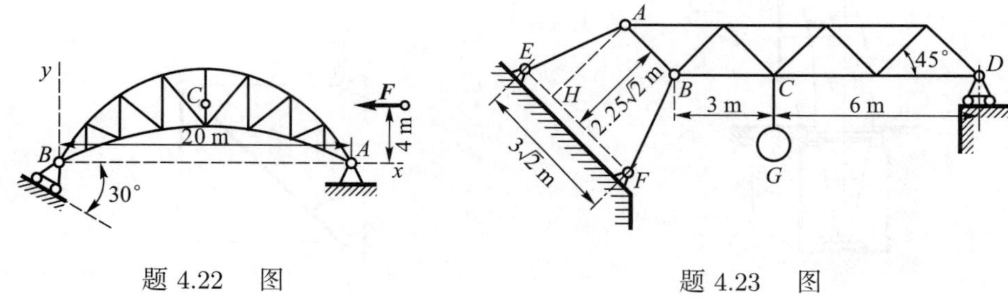

题 4.22　图　　　　题 4.23　图

4.24　水对水坝上小块面积的压力随水深成比例增加. 如果取一水柱, 高度等于这个深度, 底面积等于所取的小面积, 则压力的大小等于该水柱的重量. 在下列两种情形下, 求坝的底部厚度:

1) 坝的横断面为矩形. 2) 坝的横断面为三角形.

按照水坝在水压力作用下绕棱 B 倾倒来计算, 且稳定系数取 2. 坝的高度 h 和水的深度一致, 均等于 5 m. 水的重度为 $\gamma = 10\ \text{kN/m}^3$, 坝体材料的重度为 $\gamma_1 = 22\ \text{kN/m}^3$.

注释: 稳定系数是坝的重力矩和翻倒力矩之比. 水对长 1 m、高 $\mathrm{d}y$ 的坝面微元的压力为 $\gamma(h-y)\,\mathrm{d}y$, 其中 y 为此微元在水下的深度, 以 m 计. 此压力对 B 点之矩为 $\gamma(h-y)y\,\mathrm{d}y$. 翻倒力矩等于 $\displaystyle\int_0^h \gamma(h-y)y\,\mathrm{d}y$.

答　$a = 2.75\ \text{m}, b = 3.37\ \text{m}.$

4.25　求梁的支座 A 和 B 的反力. 此梁在一个集中力和一个力偶的作用下, 载荷和尺寸如图所示.

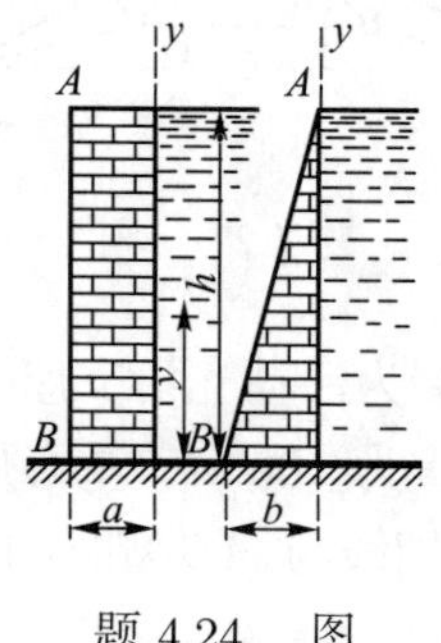

题 4.24　图

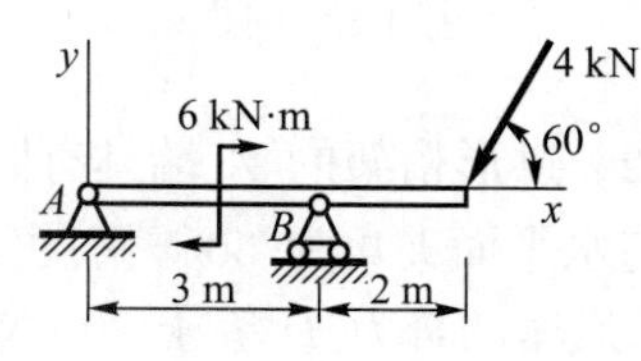

题 4.25　图

答　$X_A = 2\ \mathrm{kN}, Y_A = -4.32\ \mathrm{kN}, Y_B = 7.78\ \mathrm{kN}.$

4.26　求梁的支座 A 和 B 的反力. 此梁在两个集中力和一个均布载荷的作用下. 均布载荷集度、力的大小和尺寸如图所示.

答　$X_A = 2.6\ \mathrm{kN}, Y_A = 4.2\ \mathrm{kN}, Y_B = 15.6\ \mathrm{kN}.$

4.27　求图示悬臂梁固定端的反力. 此梁在一个集中力和一个力偶的作用下.

答　$X = 1\ \mathrm{kN}, Y = 1.73\ \mathrm{kN}, M = 0.47\ \mathrm{kN \cdot m}.$

4.28　求图示悬臂梁固定端的反力. 此梁在均布载荷、集中力和力偶的作用下.

答　$X = 2.8\ \mathrm{kN}, Y = 1.7\ \mathrm{kN}, M = -5.35\ \mathrm{kN \cdot m}.$

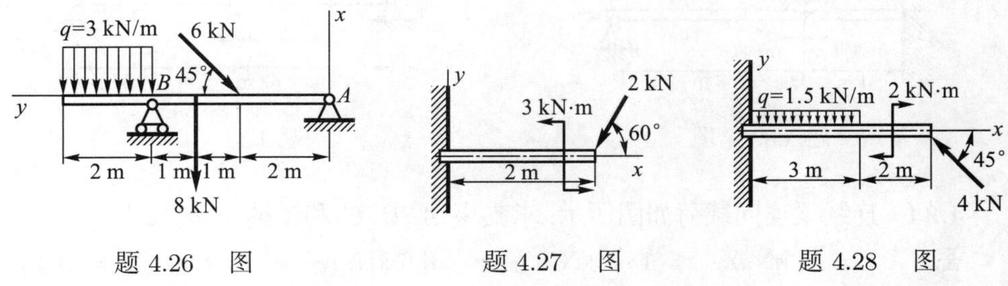

题 4.26　图　　题 4.27　图　　题 4.28　图

4.29　求图示悬臂梁固定端的反力. 此梁在均布载荷、一个集中力和两个力偶的作用下.

答　$X = 11.8\ \mathrm{kN}, Y = -2.8\ \mathrm{kN}, M = -86.8\ \mathrm{kN \cdot m}.$

4.30　求图示悬臂梁固定端的反力.　此梁在一个力偶和三角形分布载荷的作用下.

答　$X = -9\ \mathrm{kN}, Y = 0, M = 40\ \mathrm{kN \cdot m}.$

4.31　求图示悬臂梁固定端的反力. 此梁在集中力偶、三角形和梯形分布载荷的作用下.

答　$X = 137\ \mathrm{kN}, Y = 25\ \mathrm{kN}, M = -270\ \mathrm{kN \cdot m}.$

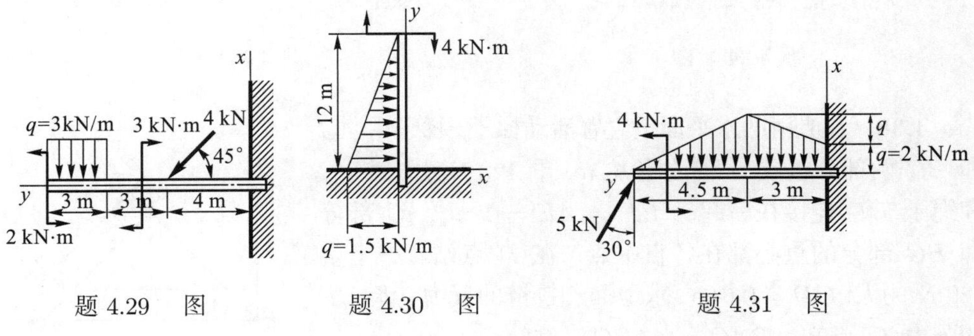

题 4.29　图　　题 4.30　图　　题 4.31　图

4.32　水平连续梁 ACB 的 A 端固定在墙中, B 端为活支座, C 点是铰链. 梁上有重 $Q = 50\ \mathrm{kN}$ 的起重机, 起重机上带有荷载 P, 伸臂跨度 $KL = 4\ \mathrm{m}$, 载荷 $P =$

10 kN,起重机的重心在铅线 CD 上. 尺寸如图所示. 设起重机和梁 AB 位于同一铅垂平面, 求支座 A, B 的反力. 梁的重量不计.

答 $R_A = 53.75\ \text{kN}, R_B = 6.25\ \text{kN}, M_A = 205\ \text{kN} \cdot \text{m}$.

4.33 求连续梁的支座 A, B, C 和铰链 D 的反力. 梁与载荷如图所示.

答 $X_A = -2.8\ \text{kN}, Y_A = -4.4\ \text{kN}, Y_B = 22.2\ \text{kN}, Y_C = 5\ \text{kN}, X_D = 0, Y_D = \pm 5\ \text{kN}$.

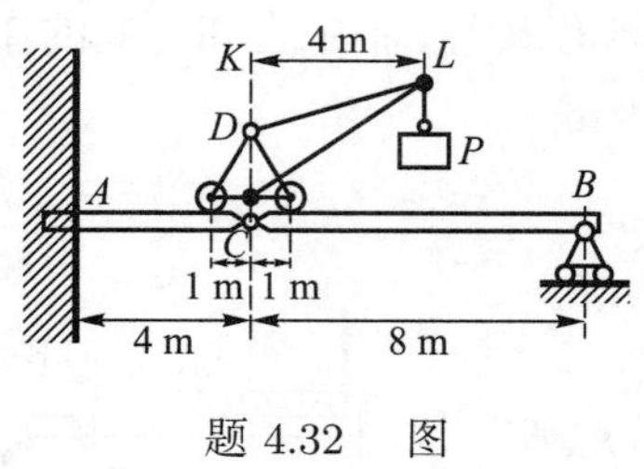

题 4.32 图

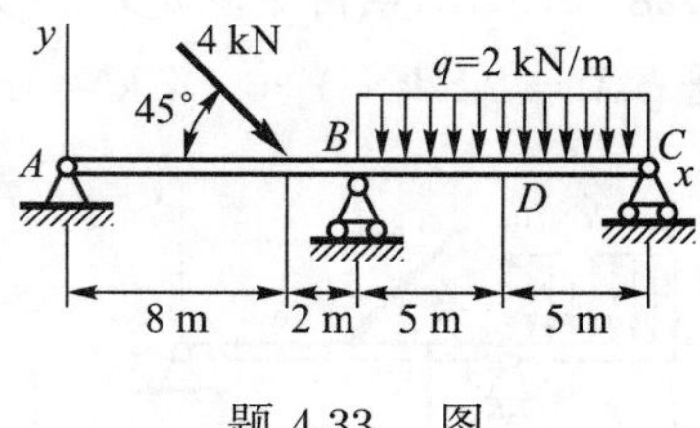

题 4.33 图

4.34 连续梁连同载荷如图所示, 求支座 A, B, C 和铰链 D 的反力.

答 $X_A = 3\ \text{kN}, Y_A = 13.8\ \text{kN}, Y_B = -6.6\ \text{kN}, Y_C = 10\ \text{kN}, X_D = 0, Y_D = \pm 5\ \text{kN}$.

4.35 桥由两部分组成, 彼此用铰链 A 连接, 两部分又各自用铰链 B, C 分别固定在岸边的支座上. 桥的每部分重 40 kN, 重心分别是 D 和 E. 桥上有载荷 $P = 20\ \text{kN}$. 尺寸如图所示. 求铰链 A 中的压力和 B, C 两点的反力.

答 $X_A = \pm 20\ \text{kN}, Y_A = \pm 8\ \text{kN}, X_B = -X_C = 20\ \text{kN}, Y_B = 52\ \text{kN}, Y_C = 48\ \text{kN}$.

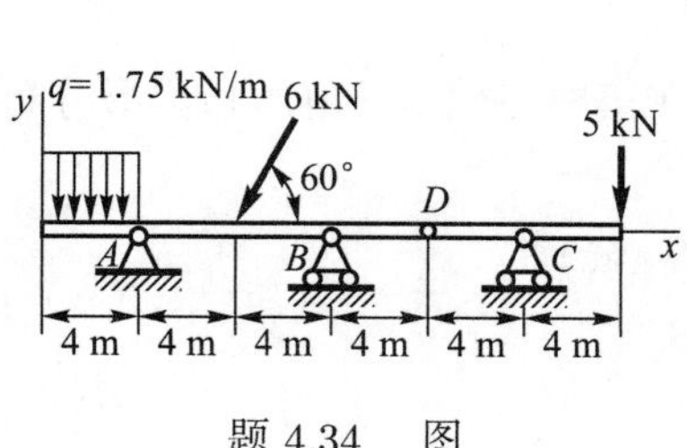

题 4.34 图

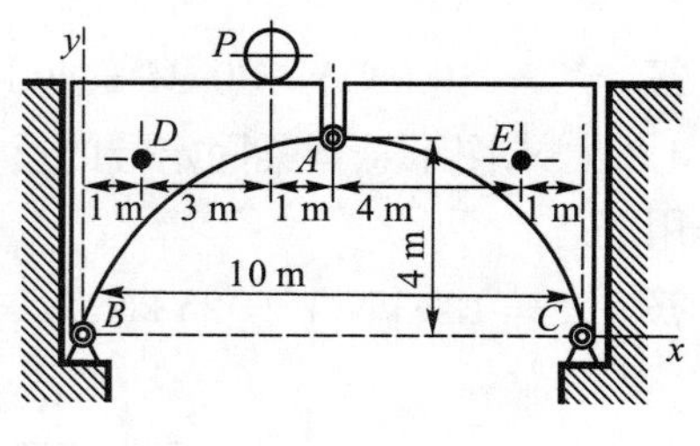

题 4.35 图

4.36 在光滑的水平面上立着活动梯子. 梯子由 AC 和 BC 两部分组成, 每部分长 3 m, 重 120 N, 用铰链 C 和绳子 EF 连接在一起. $BF = AE = 1\ \text{m}$, AC 部分和 BC 部分的重心都在各自中点. 在 D 点站着一个重 720 N 的人, $CD = 0.6\ \text{m}$. 求地面和铰链的反力、绳 EF 的张力 T. 已知 $\angle BAC = \angle ABC = 45°$.

答 $R_A = 408\ \text{N}, R_B = 552\ \text{N}, X_C = \pm 522\ \text{N}, Y_C = \pm 288\ \text{N}, T = 522\ \text{N}$.

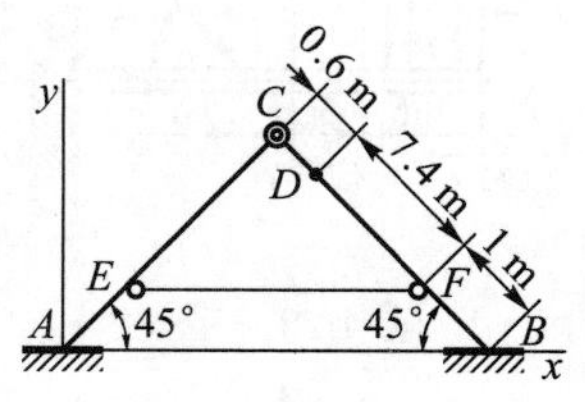

题 4.36 图

4.37 桥由相同的两部分 M 和 N 组成, 这两部分彼此间以及和支座之间共用六根杆相连. 各杆与水平面夹角都是 45°, 每个杆的两端都有铰链. 尺寸如图所示. 在 G 点有载荷 P. 求各杆的内力.

答 $R_A = 0, R_B = \dfrac{\sqrt{2}}{3}P, R_C = 0, R_D = \dfrac{\sqrt{2}}{3}P, R_E = \dfrac{\sqrt{2}}{2}P, R_F = \dfrac{\sqrt{2}}{6}P.$

4.38 桥由两相同的水平梁构成, 用铰链 A 相互连接, 并用刚杆 1, 2 和 3, 4 铰接在基础上. 外面两杆是铅垂的, 中间两杆都与水平面成 $\alpha = 60°$ 角. 尺寸 $BC = 6$ m, $AB = 8$ m. 设桥承受载荷 $P = 15$ kN, 此载荷到 B 点的距离 $a = 4$ m, 求各杆的内力和铰链 A 的反力.

答 $S_1 = -6.25$ kN, $S_2 = S_3 = -5.77$ kN, $S_4 = 1.25$ kN, $X_A = \pm 2.89$ kN, $Y_A = \mp 3.75$ kN.

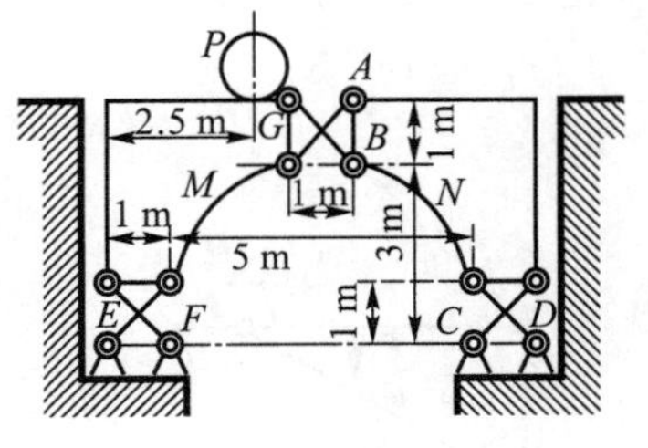

题 4.37 图

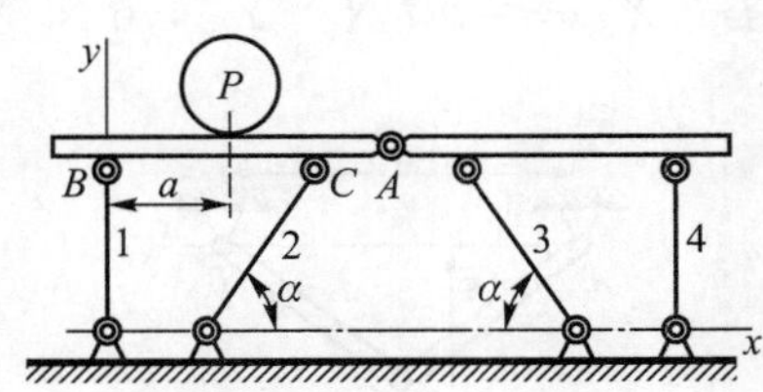

题 4.38 图

4.39 厂房由三铰拱架支承. 桥式吊车沿轨道顺着厂房运动. 沿轨道移动的横梁重 12 kN, 吊车重 8 kN (空载), 吊车重心到左边轨道的距离等于横梁长度的四分之一. 半个拱架重 60 kN, 重心与支座 A, B 两处的铅垂线相距都是 2 m. 桥式吊车的轨道支座与支座 A, B 两处的铅垂线相距均为 1.8 m. 厂房高 12 m, 宽 16 m. 风压的合力等于 12 kN, 平行于 AB 且作用线与 AB 相距 5 m. 求铰链 A 和 B 的反力, 以及在铰链 C 内的压力.

答 $X_A = 2$ kN, $Y_A = 67.8$ kN, $X_B = -14$ kN, $Y_B = 72.2$ kN, $X_C = \pm 14$ kN, $Y_C = \mp 4.2$ kN.

4.40 重物 $P = 25$ N 挂在水平梁 AB 的一端. 梁重 $Q = 10$ N, 重心在 E 点.

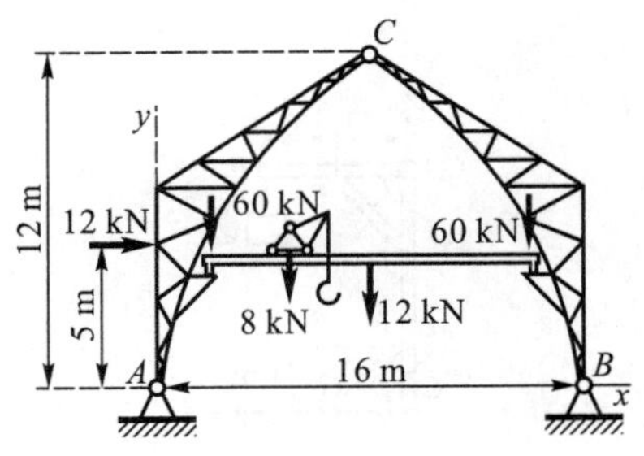

题 4.39 图

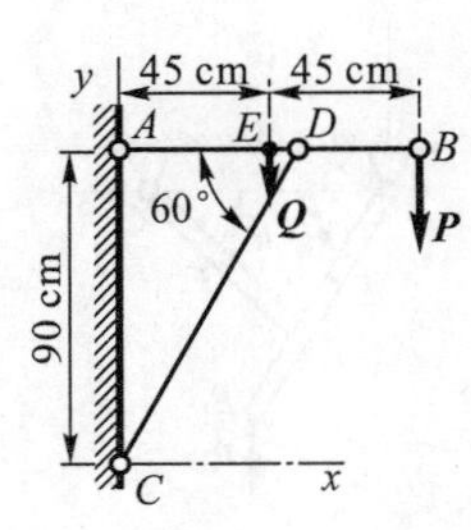

题 4.40 图

梁用铰链 A 联结于墙, 并用杆 CD 支撑, 梁与此杆也用铰链连接. 杆 CD 的重量可忽略不计. 尺寸如图所示. 求铰链 A 和 C 的反力.

答 $X_A=-30\text{ N}, Y_A=-17\text{ N}, R_C=60\text{ N}.$

4.41 两根等长度的均质梁铰接于 C 点, 同时在 A 点和 B 点铰接于支座. 每根梁的重量为 P. 重物 Q 挂在 C 点. 距离 $AB=d$. C 点到水平线 AB 的距离为 b. 求铰链 A 和 B 的反力.

答 $-X_A=X_B=\dfrac{d}{4b}(P+Q), Y_A=Y_B=P+\dfrac{Q}{2}.$

4.42 两根等长杆 AC 和 BD 铰接于 D 点, 并分别在 A 点和 B 点用铰链连接于铅垂墙. 杆 AC 是水平的, 杆 BD 与铅垂墙成 60° 角. 杆 AC 在 E 点承受铅垂力 $P_1=40\text{ N}$, 并在 C 点承受与水平线成 45°角的力 $Q=100\text{ N}$. 杆 BD 在 F 点承受铅垂力 $P_2=40\text{ N}$. 已知 $AE=EC, BF=FD$. 求铰链 A 和 B 的反力.

答 $X_A=-287\text{ N},\quad Y_A=6\text{ N}, X_B=216\text{ N},\quad Y_B=145\text{ N}.$

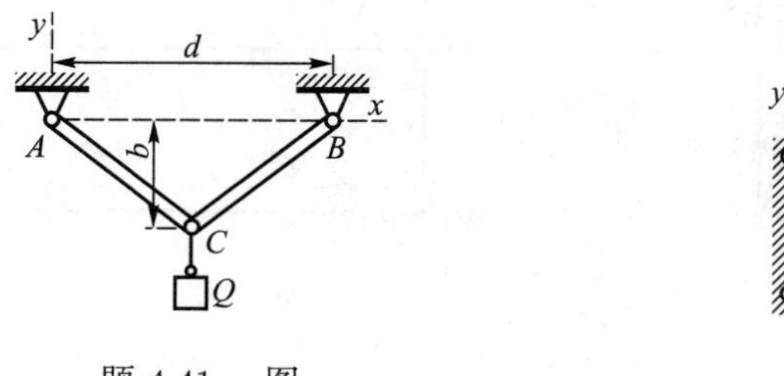

题 4.41 图

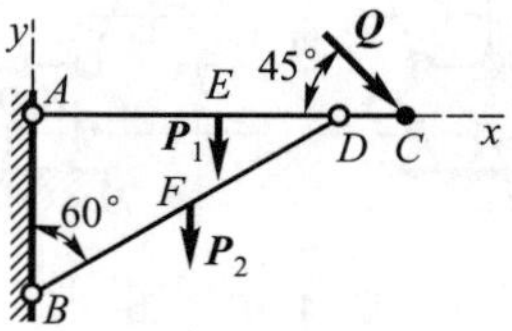

题 4.42 图

4.43 挂物的架子由梁 AB 和 CD 构成. 这两根梁铰接于 D 点, 并分别用铰链 A 和 C 联结于天花板. 梁 AB 重 60 N, 作用在 E 点. 梁 CD 重 50 N, 作用在 F 点. 铅垂力 $P=200\text{ N}$ 作用在梁 AB 的 B 点. 已知下列尺寸: $AB=1\text{ m}, CD=0.8\text{ m}, AE=0.4\text{ m}, CF=0.4\text{ m}$. 梁 AB 和 CD 与水平面的夹角分别是 $\alpha=60°, \beta=45°$. 求 A 点和 C 点的反力.

答 $-X_A=X_C=135\text{ N}, Y_A=150\text{ N}, Y_C=160\text{ N}.$

4.44 水平梁 AB 长 2 m, 在 A 点连接于立柱 AC, 并用斜柱 DE 支撑. 梁的自由端承受载荷 $Q=500\text{ N}$. 立柱 AC 又用斜柱 FG 支撑, $AE=CG=1\text{ m}$. 斜柱 DE

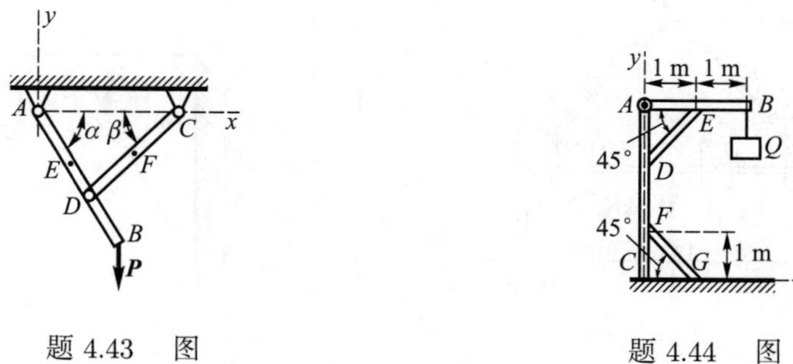

题 4.43 图

题 4.44 图

和 FG 都与水平面成 45° 角. 设各处连接都用铰链, 并可不计梁、立柱和斜柱的重量. 求斜柱 DE 和 FG 的内力 S_E 和 S_F, 并求 C 点地基的反力.

答 $S_E = -1410\ \mathrm{N}, S_F = -1410\ \mathrm{N}, X_C = 1000\ N, Y_C = -500\ \mathrm{N}$.

4.45 在图示桥梁桁架的节点 C 和 D 上各有相等的铅垂载荷 $P = 100\ \mathrm{kN}$. 各斜杆与水平线成 45° 角. 求杆 1, 2, 3, 4, 5 和 6 的内力.

答 $S_1 = -141\ \mathrm{kN}, S_2 = 100\ \mathrm{kN}, S_3 = 141\ \mathrm{kN}, S_A = -200\ \mathrm{kN}, S_5 = 0, S_6 = 200\ \mathrm{kN}$.

4.46 在图示桥梁桁架的节点 C, D 和 E 上各有相等的铅垂载荷 $P = 100\ \mathrm{kN}$. 各斜杆与水平面都成 45° 角. 求杆 1, 2, 3, 4, 5, 6, 7, 8 和 9 的内力.

答 $S_1 = -150\ \mathrm{kN}, S_2 = 0, S_3 = 212\ \mathrm{kN}, S_4 = -150\ \mathrm{kN}, S_5 = -50\ \mathrm{kN}, S_6 = 150\ \mathrm{kN}, S_7 = 71\ \mathrm{kN}, S_8 = -200\ \mathrm{kN}, S_9 = 0$.

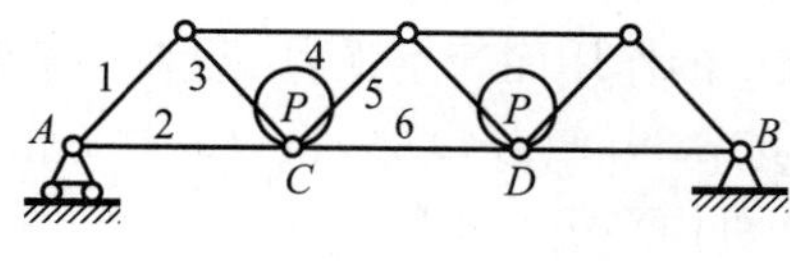

题 4.45 图

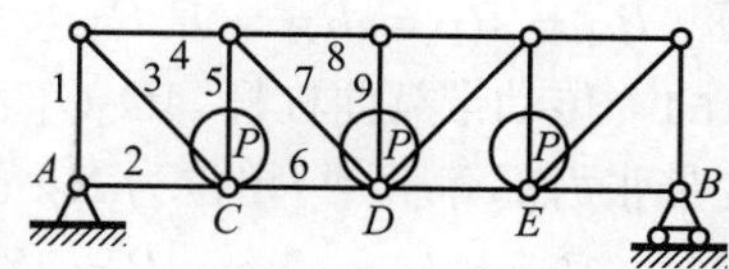

题 4.46 图

4.47 建桥时架设了临时的木质起重机. 起重机装有轮子, 可沿轨道 A 和 B 移动. 起重机桁架下弦 DE 的中点 C 上挂有滑轮用来提起挂在索链上的重物. 从临时材料架上提起的物料重 $P = 50\ \mathrm{kN}$, 假设当此重物离开临时材料架时, 索链与铅垂线成 $\alpha = 20°$ 角.

为了避免重物摆动, 又用绳索 GH 拉住重物. 设索链拉力的水平分量仅由右轨道 B 来承受, 求重物离开临时材料架时水平杆 CF 的内力 S_1, 并将此结果与 $\alpha = 0°$ 时此杆内力 S_2 相比较. 尺寸如图所示.

答 $S_1 = 104.6\ \mathrm{kN}, S_2 = 50\ \mathrm{kN}$.

4.48 求在下述条件下压榨机对工作物 M 压力的大小. $P = 0.2\ \mathrm{kN}$, 方向垂直于具有固定轴 O 的杠杆 OA. 在图示位置上, 拉杆 BC 垂直于 OB, 并且等分角

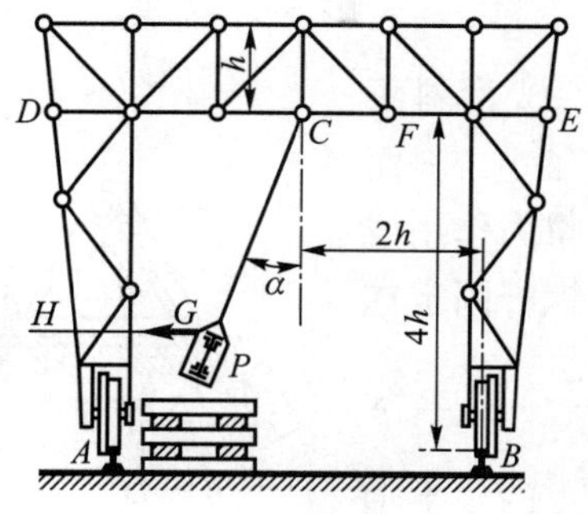

题 4.47 图

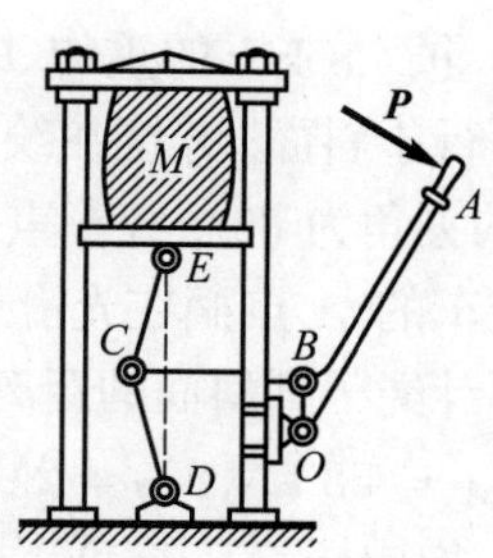

题 4.48 图

$\angle ECD$. 设角 $\angle CED = \arctan 0.2 = 11°20'$, 长度 $OA = 1$ m, $OB = 10$ cm.

答 5 kN.

4.49 自动夹物装置的索链 OO_1 用铰链 O 连接于长为 $OC = OD = 60$ cm 的两杆. 这两根杆又分别用铰链连接于弯杆 CAE 和 DBF. 这两个弯杆可绕连接杆 GH 上的 A 点和 B 点转动. 在铰链 E 和 F 上各有特殊的闸块, 利用摩擦来支持重物 $Q = 10$ kN. 从 E 点到 GH 杆的距离为 $EL = 50$ cm, 从 E 点到 OC 杆的距离为 $EN = 1$ m. 三角形 COD 的高为 $OK = 10$ cm. 不计机构各部分的重量, 求连杆 GH 所受的拉力.

答 60 kN.

4.50 求图示杆系中铰链 A, C, D, E 和 H 的反力. 设 $CE = EH = HD$, 并且 $AC = CB$.

答 $R_A = R_D = R_H = P, R_E = 2P, R_C = \sqrt{2}P$. 杆 EG 受拉, 杆 HK 受压.

4.51 传动带靠曲杠杆 AO_2O_1 和小抵轮 O_1 的作用而产生张力. 设在小抵轮两边的皮带张力都等于 P (单位为 N). 已知 $\angle AO_2O_1 = 90°, D = 55$ cm$, d = 15$ cm$, l_1 = 35$ cm$, l_2 = 15$ cm$, l_3 = 45$ cm$, P = 18$ N, 求整个机构平衡时重物 Q 的大小.

答 $Q = 12$ N.

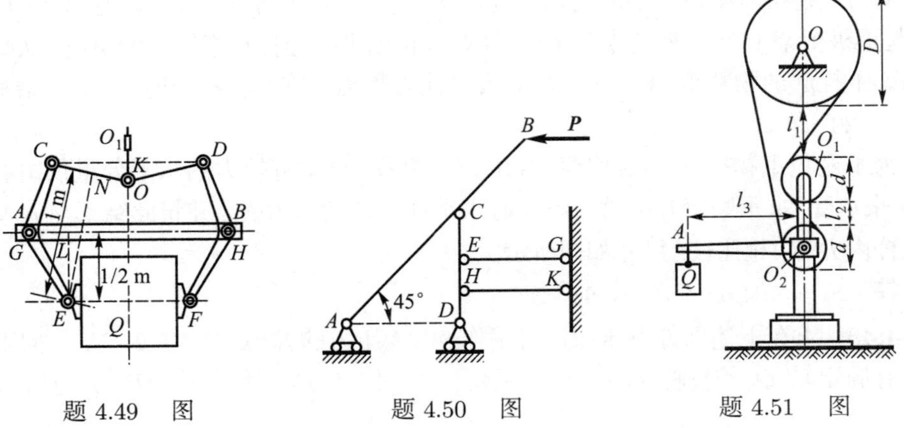

题 4.49 图 题 4.50 图 题 4.51 图

4.52 重 4.8 kN 的重物 P 用绳子维持在一光滑斜面上, 绳子平行于斜面, 并绕在绞车 ABC 的固定轴上. 斜面与水平面的夹角为 60°. 绞车重为 $Q = 2.4$ kN, 重力作用线沿 CO. 绞车的 A 点搁在光滑地板上, B 点用螺杆固定在地板上. 不计绳子到斜面的距离, 求支点的反力.

答 $Y_A = 4.8$ kN$, X_B = 2.08$ kN$, Y_B = 1.2$ kN.

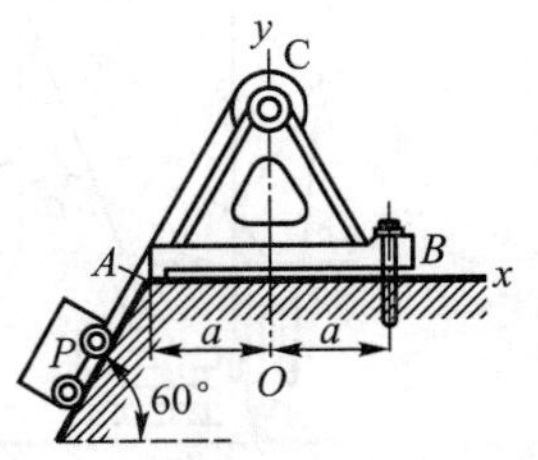

题 4.52 图

4.53 均质杆 AB 长 $2l$、重 P, 可绕端点 A 的水平轴转动. 此杆靠在长为 $2l$ 的另一均质杆 CD 上, 后者可绕通

过中点 E 的水平轴转动. A 点和 E 点在同一铅垂线上, 两点间距离 $AE=l$. 在端点 D 上挂有重物 $Q=2P$. 不计摩擦, 求平衡时杆 AB 与铅垂线的夹角 φ.

答 $\varphi=\arccos\dfrac{1}{8}=82°49'$.

4.54 两根均质杆 AB 和 AC 都以 A 端搁在光滑水平地板上, 且彼此以光滑的铅垂端面相接触. 两杆的 B 端和 C 端分别依靠在两个光滑的铅垂墙上. 设两杆之间夹角为 90°, 问: 两墙之间的距离应为多少才能使这两杆平衡? 已知长度 $AB=a, AC=b$, 又杆 AB 的重量为 P_1, 杆 AC 的重量为 P_2.

答 $DE=\dfrac{a\sqrt{P_2}+b\sqrt{P_1}}{\sqrt{P_1+P_2}}$.

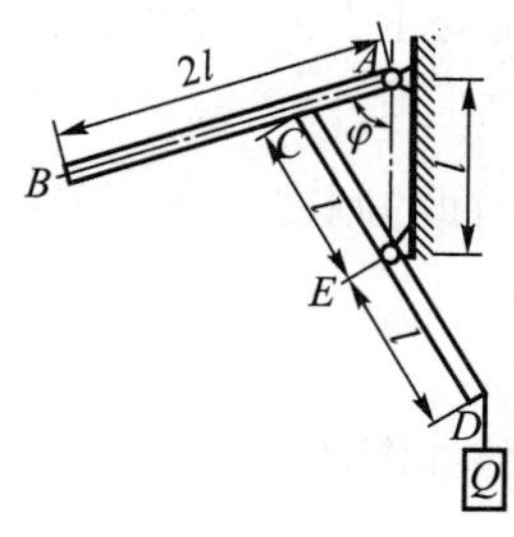

题 4.53 图

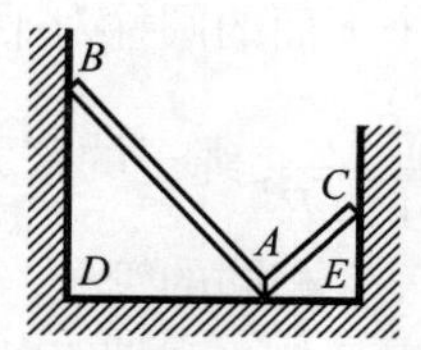

题 4.54 图

4.55 均质杆 AB 可绕水平轴 A 转动, 并搁在半径为 r 的光滑圆柱上. 圆柱放在光滑的水平面上, 用不可伸长的绳子 AC 拉住. 杆重 16 N, $AB=3r, AC=2r$. 求绳子的张力 T 和杆对铰链 A 的压力.

答 $T=6.9\ \text{N}, X_A=-6\ \text{N}, Y_A=-12.5\ \text{N}$.

4.56 在两光滑斜面 OA 和 OB 之间放置两个相互接触的光滑均质圆柱. 中心为 C_1 的圆柱重 $P_1=10$ N, 中心为 C_2 的圆柱重 $P_2=30$ N. 设 $\angle AOx_1=60°, \angle BOx=30°$, 求直线 C_1C_2 与水平线 xOx_1 的夹角 φ、两圆柱对斜面的压力 N_1和 N_2, 以及两圆柱之间的压力 N.

答 $\varphi=0, N_1=20\ \text{N}, N_2=34.6\ \text{N}, N=17.3\ \text{N}$.

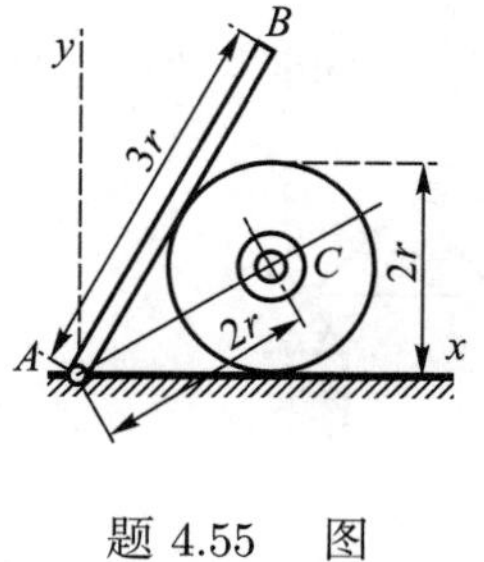

题 4.55 图

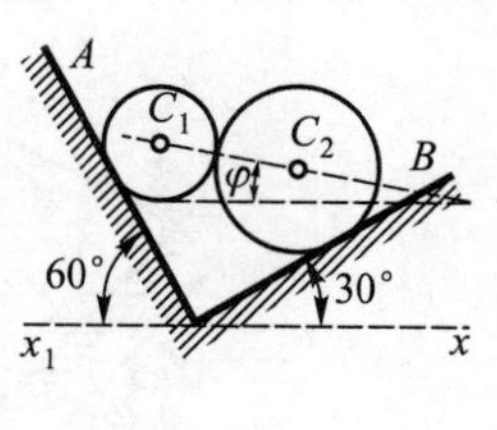

题 4.56 图

4.57 两个光滑均质球 C_1 和 C_2 的半径分别为 R_1 和 R_2, 重量分别为 P_1 和 P_2.

这两球用绳子 AB 和 AD 挂在 A 点, 且 $AB=l_1, AD=l_2, l_1+R_1=l_2+R_2, \angle BAD=\alpha$. 求绳子 AD 与水平面 AE 的夹角 θ、绳子的张力 T_1 和 T_2, 以及两球之间的压力.

答 $\tan\theta=-\dfrac{P_2+P_1\cos\alpha}{P_1\sin\alpha}, T_1=P_1=\dfrac{\sin\left(\theta-\dfrac{\alpha}{2}\right)}{\cos\dfrac{\alpha}{2}}$,

$$T_2=P_2\frac{\sin\left(\theta-\dfrac{\alpha}{2}\right)}{\cos\dfrac{\alpha}{2}}, N=P_2\frac{|\cos\theta|}{\cos\dfrac{\alpha}{2}}.$$

4.58 两个相同的均质圆柱体, 半径均为 r, 重量均为 P. 这两圆柱放在水平面上, 轴心用不可伸长的绳子连在一起, 绳长为 $2r$. 在这两个圆柱上放着半径为 R、重为 Q 的第三个均质圆柱. 求绳子的张力、圆柱对平面的压力, 以及圆柱之间的压力. 摩擦不计.

答 每个下面的圆柱对平面的压力为 $P+\dfrac{Q}{2}$, 上面的圆柱与下面的圆柱间的压力为 $\dfrac{Q(R+r)}{2\sqrt{R^2+2rR}}$, 绳子的张力为 $\dfrac{Qr}{2\sqrt{R^2+2rR}}$.

4.59 三个相同的管子, 每个重 $M=120$ N, 安放如图所示. 求下面的管子对地面的压力和对两侧光滑墙面的压力. 摩擦不计.

答 对地面的压力等于 180 N, 对每一墙面的压力等于 34.6 N.

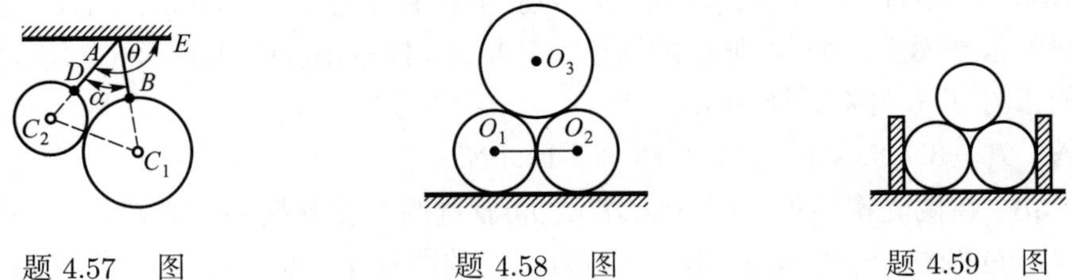

题 4.57 图　　题 4.58 图　　题 4.59 图

4.60 桁架 $ABCD$ 以 D 点搁置在滚子上, A 点和 B 点与斜杆 AE 和 BF 铰接, 这两个斜杆分别铰接于 E 点和 F 点. 桁架上的各斜杆和直线 EF 与水平面的夹角均为 45°, $BC=3$ m, 杆 AE 和 BF 长度相等, $EF=3\sqrt{2}$ m, $AH=2.25\sqrt{2}$ m, 桁架重 25 kN, 重力作用线经过 C 点. 载荷重 112.5 kN. 试确定能使支座 D 的反力

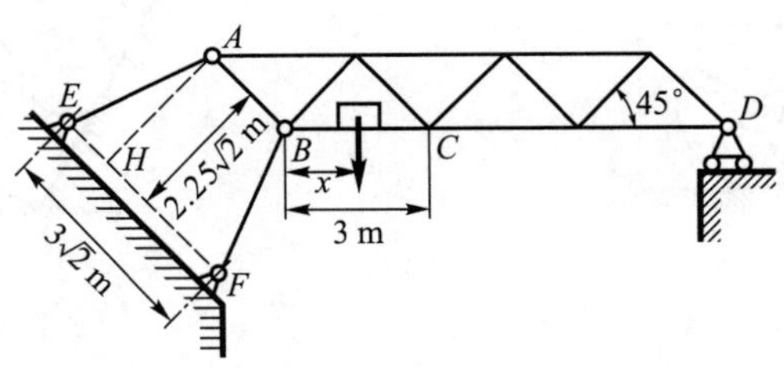

题 4.60 图

等于零的载荷到 B 点的距离 x.

答 $x = 0.25$ m.

4.61 机械手操纵器的机构是一个铰接三杆机构, 所有杆都在铅垂平面内转动. 问: 为使机构中所有杆都维持水平, 在铰链 A 和 B 中必须施加多大的力矩? 操纵对象的质量 $m_C = 15$ kg, 杆长 $l_1 = 0.7$ m, $l_2 = 0.5$ m. 所有杆都是均质的, 质量分别为 $m_1 = 35$ kg, $m_2 = 25$ kg.

答 $M_A = 530\ \mathrm{N\cdot m}, M_B = 135\ \mathrm{N\cdot m}$.

题 4.61—4.64 的附注: 机构各铰链的力矩, 图上均未画出.

4.62 求图示机械手操纵器的机构中各铰链的力矩, 此时第二杆与水平线成 30° 角, 机构处于平衡. 操纵对象的质量 $m_C = 15$ kg. 各杆长度: $l_1 = 0.7$ m, $l_2 = 0.5$ m. 各杆质量: $m_1 = 35$ kg, $m_2 = 25$ kg.

答 $M_A = 510\ \mathrm{N\cdot m}, M_B = 117\ \mathrm{N\cdot m}$.

题 4.61 图　　　　题 4.62 图

4.63 机械手操纵器的机构在铅垂平面内处于平衡. 各杆长度为: $l_1 = 0.8$ m, $l_2 = 0.5$ m, $l_3 = 0.3$ m. 各杆质量为: $m_1 = 40$ kg, $m_2 = 25$ kg, $m_3 = 15$ kg. 求各铰链中的力矩. 设操纵器的抓手 CD 携带着质量为 $m_D = 15$ kg 的载荷. 各杆均可视为均质.

答 $M_A = 665\ \mathrm{N\cdot m}, M_B = 248\ \mathrm{N\cdot m}, M_C = 46.7\ \mathrm{N\cdot m}$.

4.64 机械手操纵器机构处于平衡时, 抓手携带质量为 $m_D = 15$ kg 的载荷. 为减轻载荷, 安装了卸载机构. 弹簧作用在第一杆上的力 $F = 3000$ N, 力的作用点到铰链 A 的距离为 $AE = 0.2$ m. 求各铰链中的力矩. 各杆长度: $l_1 = 0.8$ m, $l_2 = 0.5$ m, $l_3 = 0.3$ m. 各杆质量: $m_1 = 40$ kg, $m_2 = 25$ kg, $m_3 = 15$ kg, 且可视为均质的.

答 $M_A = 502\ \mathrm{N\cdot m}, M_B = 214\ \mathrm{N\cdot m}, M_C = 33\ \mathrm{N\cdot m}$.

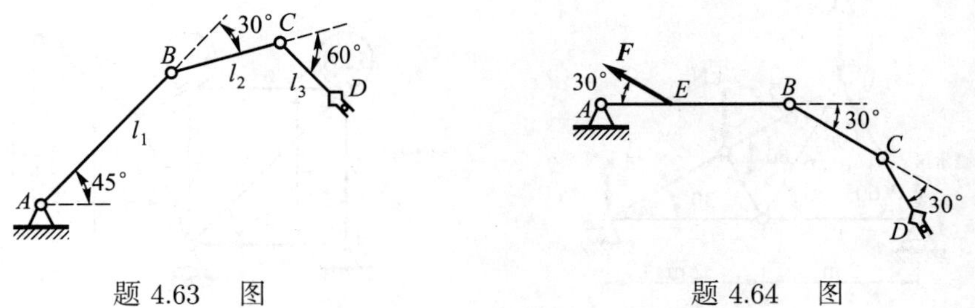

题 4.63 图　　　　题 4.64 图

4.65 当图示起重机承载 8 kN 时, 求各支座反力和各杆内力. 各杆的重量不计.

答 $R_A = 26$ kN, $R_B = 18$ kN —— 向下.

杆号	1	2	3	4	5
内力 (kN)	−16.4	+11.5	−14.3	−1	+19

4.66 屋架及其所受各力如图所示. 求各支座反力和各杆内力.

答 $R_A = 3.4\ \text{kN}, R_B = 2.6\ \text{kN}.$

杆号	1	2	3	4	5	6	7	8	9
内力 (kN)	−7.3	+5.8	−2.44	−4.7	−4.7	+3.9	−0.81	−5.5	+4.4

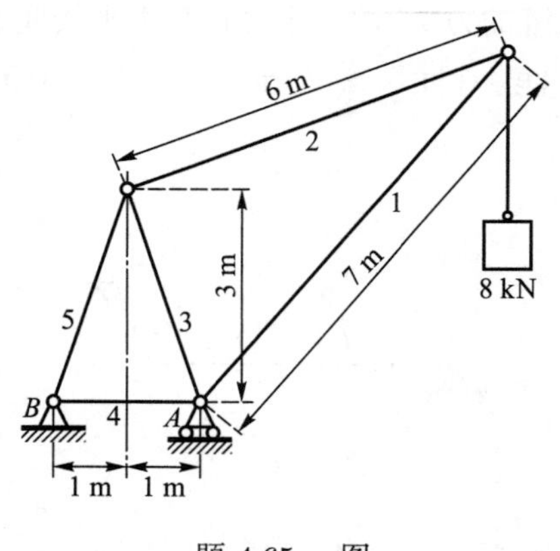

题 4.65 图

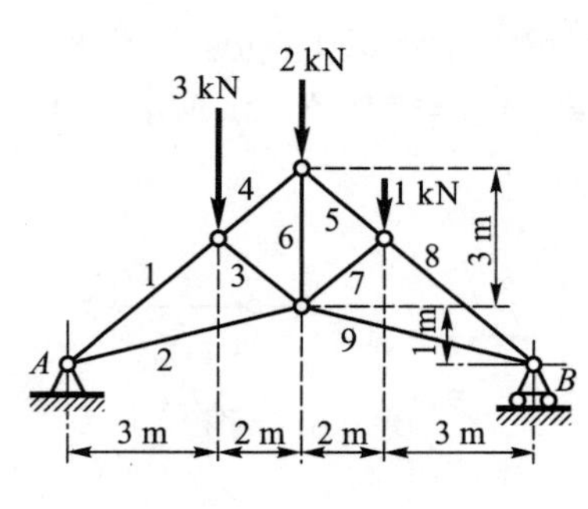

题 4.66 图

4.67 锯齿形桁架及其受力如图所示. 求各支座反力和各杆内力.

答 $R_A = 3.25\ \text{kN}, R_B = 2.75\ \text{kN}.$

杆号	1	2	3	4	5	6	7
内力 (kN)	+1.3	+3.03	−3.5	−2.5	−2.6	+1.73	−1.73

4.68 起重机架及其受力如图所示. 求各支座反力和各杆内力.

答 $R_A = 3\ \text{kN}, R_B = 9\ \text{kN}.$

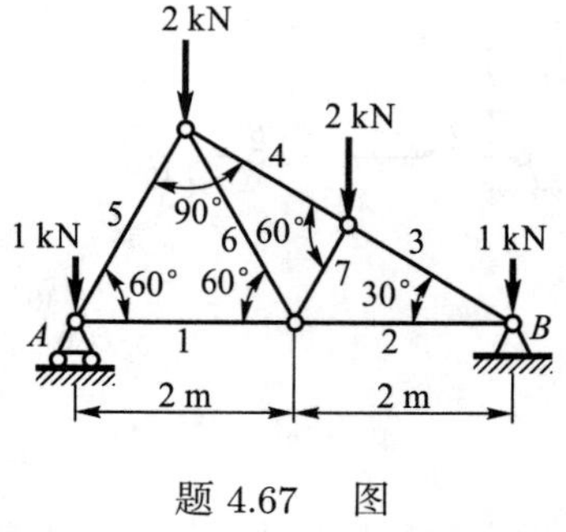

题 4.67 图

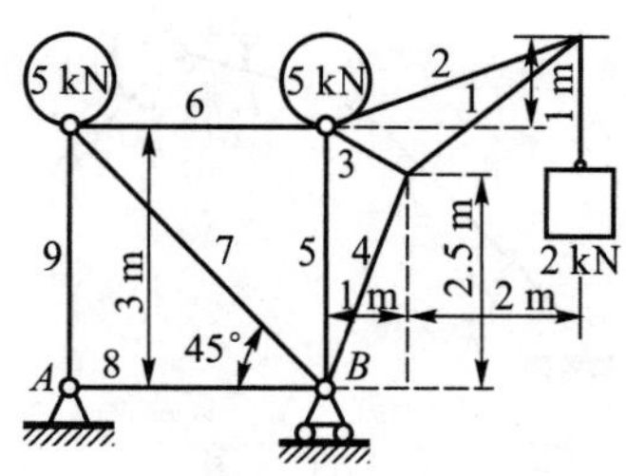

题 4.68 图

杆号	1	2	3	4	5	6	7	8	9
内力 (kN)	−0.6	+5.1	−3.13	−5.4	−2.0	+2.0	−2.83	0	−3.0

4.69 桁架及其受力如图所示. 求各支座反力和各杆内力.

在此题以及以后的各题中, 轴 Ox 沿直线 AB 水平向右, 轴 Oy 铅直向上.

答 $X_A = -2$ kN, $Y_A = 1.4$ kN, $Y_B = 2.6$ kN.

杆号	1	2	3	4	5	6	7	8	9
内力 (kN)	+4.5	−4.5	+2	−2.44	+2.44	+2	0	−2.6	−1.4

4.70 拉杆式桁架及其载荷如图所示, 求各支座反力和各杆内力.

答 $X_A = -1$ kN, $Y_A = 3$ kN, $Y_B = 1$ kN.

杆号	1	2	3	4	5	6	7	8	9
内力 (kN)	−2	−2	−1	+1.41	+2	+4.24	−4	+1.41	−1

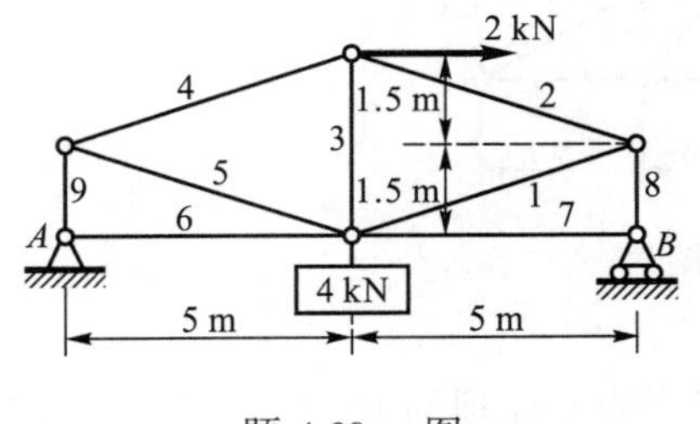

题 4.69 图

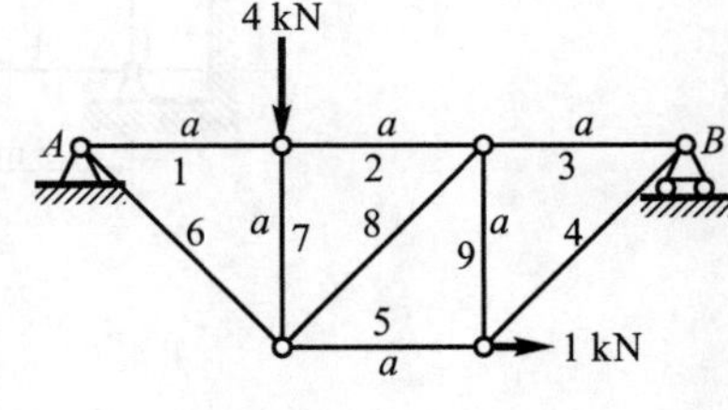

题 4.70 图

4.71 桥梁桁架及其受力如图所示, 求各支座反力和各杆内力.

答 $Y_A = 2.1$ kN, $X_B = -2$ kN, $Y_B = 2.9$ kN.

杆号	1	2	3	4	5	6	7	8	9
内力 (kN)	−2.97	+2.1	+2.1	−2.1	+1.5	+0.9	0	−4.1	+0.9

4.72 桁架及其受力如图所示, 求各支座反力和各杆内力. 杆 3 和杆 4 交点处没有用铰链连接.

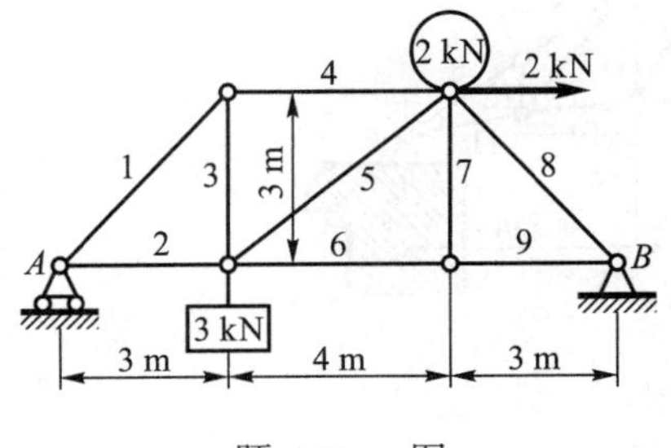

题 4.71 图

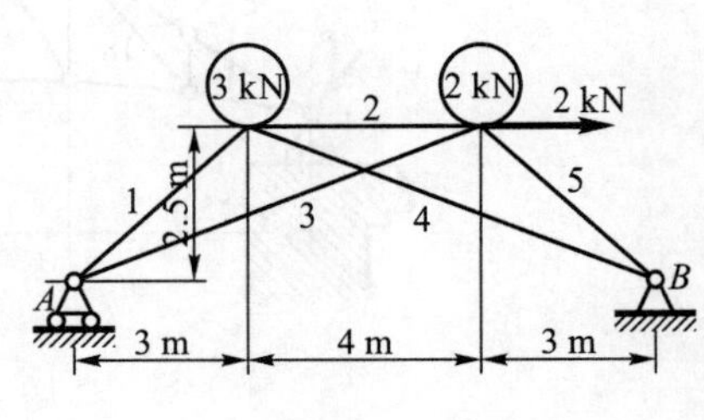

题 4.72 图

答 $Y_A = 2.2$ kN, $Y_B = -2$ kN, $Y_B = 2.8$ kN.

杆号	1	2	3	4	5
内力 (kN)	−6	−7	+4.9	+2.53	−5.7

4.73 披屋桁架及其受力如图所示, 求各支座反力和各杆内力.

答 $X_A = 5.4$ kN, $Y_A = 6$ kN, $X_B = -5.4$ kN.

杆号	1	2	3	4	5	6	7	8	9	10	11
内力 (kN)	−5.4	−3.6	−1.8	+2.06	+2.06	+4.1	−6	+3.5	−3	+2.7	−2

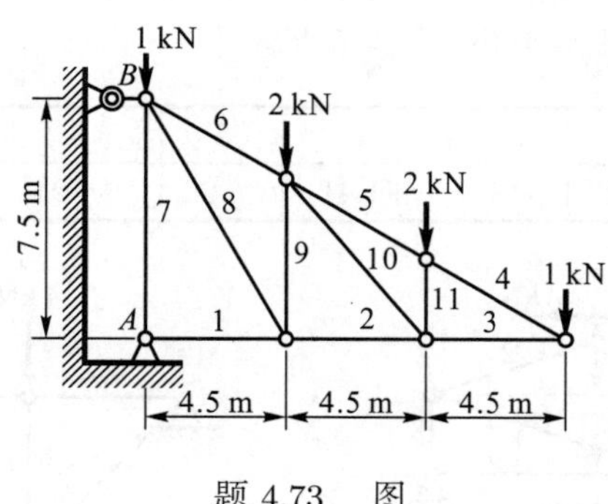

题 4.73 图

4.74 在等格屋架节点上由于风压产生了垂直于屋顶的力: $P_1 = P_4 = 312.5$ N, $P_2 = P_3 = 625$ N. 求风压引起的各支座反力和各杆内力. 桁架尺寸如图.

答 $Y_A = 997$ N, $X_B = 1040$ N, $Y_B = 563$ N; $S_1 = -1525$ N, $S_2 = -1940$ N, $S_3 = -1560$ N, $S_4 = S_5 = S_6 = -970$ N, $S_7 = +1100$ N, $S_8 = 440$ N, $S_9 = -215$ N, $S_{10} = S_{11} = -230$ N, $S_{12} = S_{13} = S_{14} = 0$, $S_{15} = -26$ N, $S_{16} = +1340$ N, $S_{17} = -1130$ N, $S_{18} = +1050$ N, $S_{19} = -750$ N.

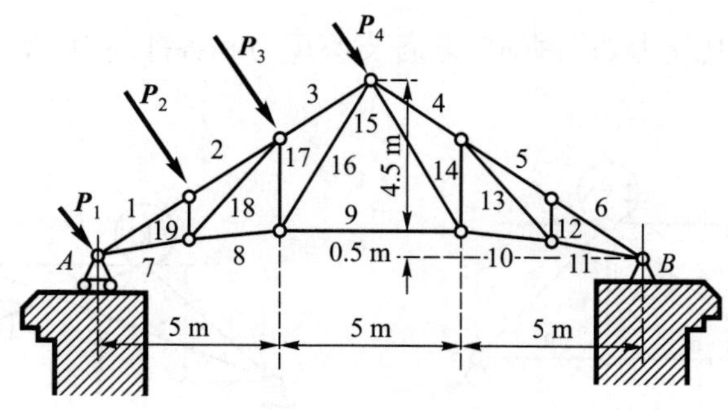

题 4.74 图

§5. 摩擦力

5.1 两钢板用螺栓连接, 承受拉力 $P = 2$ kN. 螺栓周围有空隙, 不应承受剪力. 钢板间的摩擦系数是 0.2, 求螺栓所需的夹紧力.

提示: 螺栓应不受剪力, 因此必须拧紧螺母, 使钢板间产生的摩擦力足以防止钢板的相对滑动. 待求的夹紧力就是沿螺栓轴线压紧钢板的力.

答 10 kN.

5.2 一叠纸片按图示形状堆叠, 露出的自由端用纸粘连, 成为两叠彼此独立的纸本 A 和 B. 每张纸片重 0.06 N, 纸片总数有 200张, 纸与纸之间以及纸与桌面之间的摩擦系数都是 0.2. 假设其中一叠纸是固定的, 求拉出另一叠纸所需的水平力 P.

答 将 A 从 B 中拉出时, $P = 241.2$ N; 将 B 从 A 中拉出时, $P = 238.8$ N.

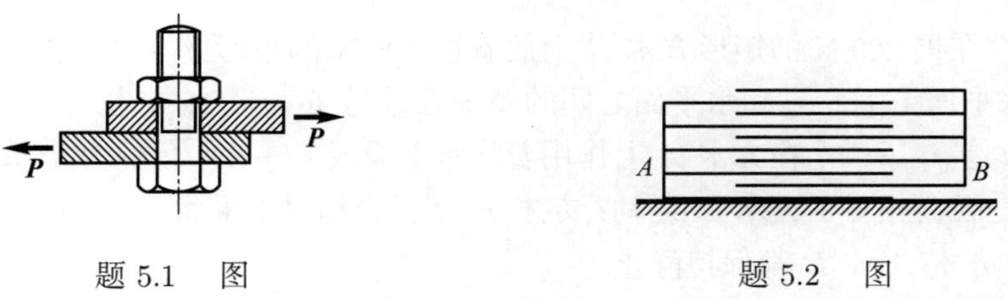

题 5.1 图　　题 5.2 图

5.3 车厢沿斜率是 0.008 的斜坡下降, 达到一定速度后, 作匀速运动. 如果车厢重 500 kN, 求车厢在此速度下受到阻力 R.

道路的斜率, 就是道路与水平面夹角的正切. 因为角度很小, 所以该角的正切可近似等于其正弦.

答 $R = 4$ kN.

5.4 列车沿斜率是 0.008 的倾斜直线轨道匀速上坡. 不计电气机车在内, 列车重 12000 kN. 设列车运动所受的阻力等于列车对轨道压力的 0.005 倍, 求此电气机车的牵引力.

答 $P = 156$ kN.

5.5 粗糙的斜面与水平面的夹角是 α. 设重物在此斜面上匀速滑下, 求摩擦系数 f.

答 $f = \tan\alpha$.

5.6 设已知土壤的摩擦系数是 $f = 0.8$, 求土壤的自然倾角.

自然倾角是指土壤颗粒在斜面上平衡时斜面与水平面的最大夹角.

答 38°40′.

5.7 重 P 的箱子放在粗糙的水平面上, 摩擦系数是 f. 想用最小的力 $\boldsymbol{Q}$ 移动箱子, 试问力 $\boldsymbol{Q}$ 应该按怎样的角度 β 作用? 试求力 $\boldsymbol{Q}$ 的大小.

答 $\beta = \arctan f, Q_{\min} = \dfrac{fP}{\sqrt{1+f^2}}$.

5.8 分别重 10 N, 30 N 和 60 N 的三个重物 A, B, C 放在倾角为 α 的粗糙斜面上. 重物之间用绳子连接. 如图所示. 各重物与斜面之间的摩擦系数分别是 $f_A = 0.1$, $f_B = 0.25$ 和 $f_C = 0.5$. 当重物沿斜面向下匀速运动时, 求倾角 α, 以及绳子中的张力 T_{AB} 和 T_{BC}.

答 $\alpha = \arctan 0.38, T_{AB} = 2.7\ \text{N}, T_{BC} = 6.5\ \text{N}$.

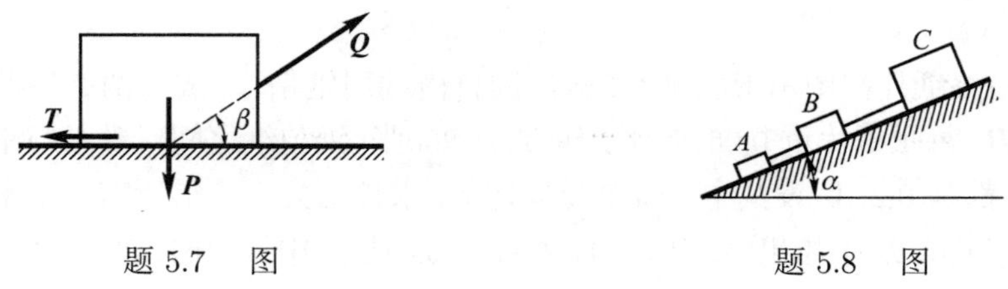

题 5.7 图　　题 5.8 图

5.9 在重 200 N 的矩形方木 B 上放着重 100 N 的矩形方木 A. 方木 B 的底面放置在水平面 C 上, 它和水平面之间的摩擦系数是 $f_2 = 0.2$. 方木 A 和 B 之间的摩擦系数是 $f_1 = 0.5$. 在方木 A 上作用着与水平面成 $\alpha = 30°$ 角的力 $P = 60$ N. 问: 方木 A 是否会相对于方木 B 运动? 方木 B 是否会相对于平面 C 运动?

答 方木 A 和 B 都保持静止.

5.10 两物体 A 和 B 放在斜面上, 如图所示. 物体 A 重 100 N, 物体 B 重 200 N. A 和 B 之间的摩擦系数是 $f_1 = 0.6$, B 和 C 之间的摩擦系数是 $f_2 = 0.2$. 平行于斜面的力 $\boldsymbol{P}$ 作用在物体 A 上. 当 P 取不同数值时, 求系统的运动状态.

答 当 $P < 98$ N 时, 两物体向下运动, A, B 之间没有相对位移; 当 $98\ \text{N} \leqslant P \leqslant 102\ \text{N}$ 时, 两物体保持静止; 当 $P > 102$ N 时, 物体 B 不动, 而物体 A 沿物体 B 向上滑动.

5.11 重 400 N 的矩形方木 B 放在斜面上. 重 200 N 的矩形方木 A 用绳子同它连在一起, 且方木 A 沿斜面滑动而拉紧绳子. 方木与斜面之间的摩擦系数是 $f_A = 0.5$, $f_B = \dfrac{2}{3}$. 问: 该系统能否继续保持静止? 试求绳子的张力 T 和作用在每个物体上的摩擦力的大小. 绳重不计.

答 系统保持静止. $F_A = 86.6$ N, $F_B = 213.4$ N, $T = 13.4$ N.

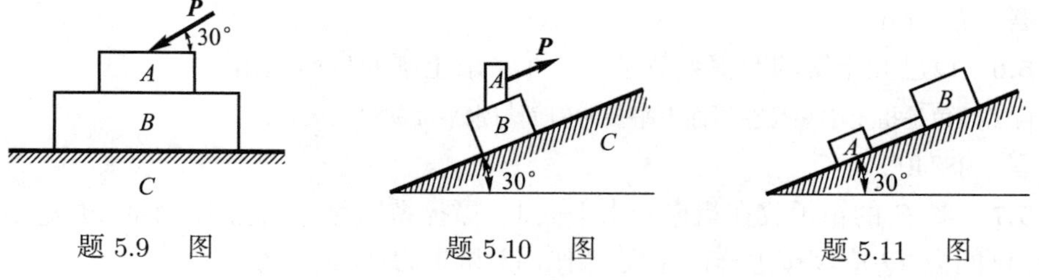

题 5.9 图　　题 5.10 图　　题 5.11 图

5.12 楔块 C 嵌在两物块 A 和 B 之间, A, B 放在不光滑的水平面上. 楔块的一面是铅直的, 另一面与铅直面成角 $\alpha=\arctan\dfrac{1}{3}$.

物块 A 重 400 N, 物块 B 重 300 N. 各面之间的摩擦系数如图所示. 问: 当作用力 $\boldsymbol{Q}$ 多大时才能使其中一个物块运动, 并求此时水平面作用在保持静止的那个物块上的摩擦力 $\boldsymbol{F}$ 的大小.

答　$Q=70$ N, 此时物块 A 开始运动; $F_B=83$ N.

5.13　圆柱体 A 放在导轨 B 中, 导轨的横截面是顶角为 θ 的对称楔形. 圆柱 A 和导轨 B 之间的摩擦系数是 f. 圆柱的重量等于 Q. 问: 当力 P 为何值时, 圆柱开始水平运动? 又当力 P 等于圆柱重量 Q 时, 角 θ 应为何值才能使圆柱开始运动?

答　$P=\dfrac{Qf}{\sin\dfrac{\theta}{2}}, \theta=2\arcsin f$.

5.14　重 Q 的圆柱放在支座 A 和 B 上, 这两支座关于圆柱中垂线对称. 圆柱与支座之间的摩擦系数等于 f. 问: 当切向力 T 多大时, 圆柱开始转动? 又当角 θ 多大时该装置自锁?

答　$T=\dfrac{fQ}{(1+f)^2\cos\theta-f}, \theta\leqslant\arccos\dfrac{f}{1+f^2}$.

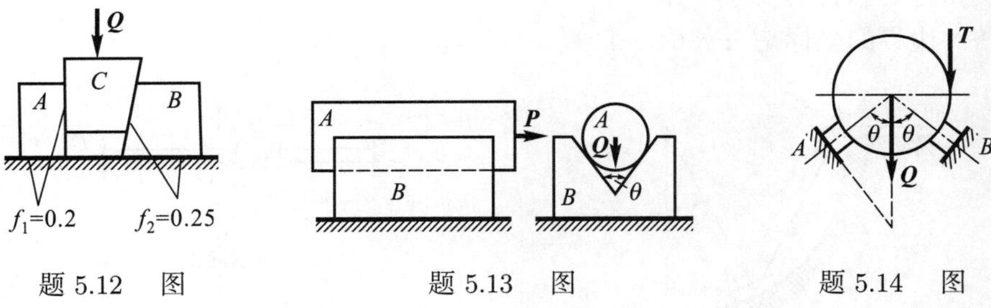

题 5.12　图　　　题 5.13　图　　　题 5.14　图

5.15　不计曲柄机构的滑块 A 和导轨之间的摩擦, 也不计机构上所有铰链和轴承的摩擦, 机构在图示位置能提起重物 Q, 试求力 $\boldsymbol{P}$ 的大小. 如果滑块 A 和导轨之间的摩擦系数是 f, 为使重物 Q 不动, 求力 P 最大值和最小值.

答　$P=\dfrac{Qa\cos\varphi}{r\sin(\varphi+\theta)}$; $P_{\min}=\dfrac{Qa}{r}\cdot\dfrac{\cos\varphi-f\sin\varphi}{\sin(\varphi+\theta)}$, $P_{\max}=\dfrac{Qa}{r}\cdot\dfrac{\cos\varphi+f\sin\varphi}{\sin(\varphi+\theta)}$.

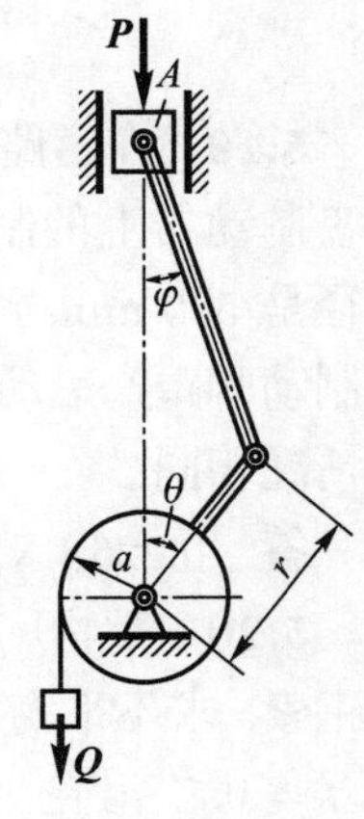

题 5.15　图

5.16　沿不光滑曲面提升重为 P 的物体 B 过程中, 依靠绳索 BAD 保持平衡. 该曲面是四分之一圆柱面. 曲面和重物间的摩擦系数是 $f=\tan\varphi$, 其中 φ 是摩擦角. 试以角 α 的函数表示出绳索的张力 S, 为使绳索中的张力取极值, 角 α 必须满足什么条件? 重物和滑轮的尺寸不计.

答 $S=P\dfrac{\sin(\varphi+\alpha)}{\sin\left(45^\circ+\dfrac{\alpha}{2}+\varphi\right)}$. 当 $\dfrac{\tan(\varphi+\alpha)}{\tan\left(45^\circ+\dfrac{\alpha}{2}+\varphi\right)}=2$ 时, 张力 S 取极值.

5.17 重为 P 的物体 B 沿不光滑曲面下降过程中, 依靠绳索 BAD 保持平衡. 该曲面是四分之一圆柱面. 曲面和重物间的摩擦系数是 $f=\tan\varphi$, 其中 φ 是摩擦角. 试以角 α 的函数表示出绳索的张力 S, 并求当重物 B 平衡时绳索中张力的变化范围. 重物和滑轮的尺寸不计.

答 $S=P\dfrac{\sin(\alpha-\varphi)}{\sin\left(45^\circ+\dfrac{\alpha}{2}-\varphi\right)}$. 当绳索中的张力在区间

$$P\frac{\sin(\alpha+\varphi)}{\sin\left(45^\circ+\dfrac{\alpha}{2}+\varphi\right)}\geqslant S\geqslant P\frac{\sin(\alpha-\varphi)}{\sin\left(45^\circ+\dfrac{\alpha}{2}-\varphi\right)}$$

内变化时该重物处于平衡. 即使没有绳索时, 只要 $\alpha<\varphi$, 重物 B 也能平衡.

5.18 在沿粗糙水平导轨 CD 滑动的重物 Q 上系有绳子, 该绳穿过光滑小孔 A 悬挂重物 P. 导轨和重物之间的摩擦系数是 $f=0.1$. 两重物分别重 $Q=100$ N, $P=50$ N. 孔 A 到导轨轴的距离是 $OA=15$ cm. 求停滞区的边界 (重物平衡时的几何位置). 重物和孔的尺寸不计.

答 边界的坐标是 $\pm$ 4.64 cm.

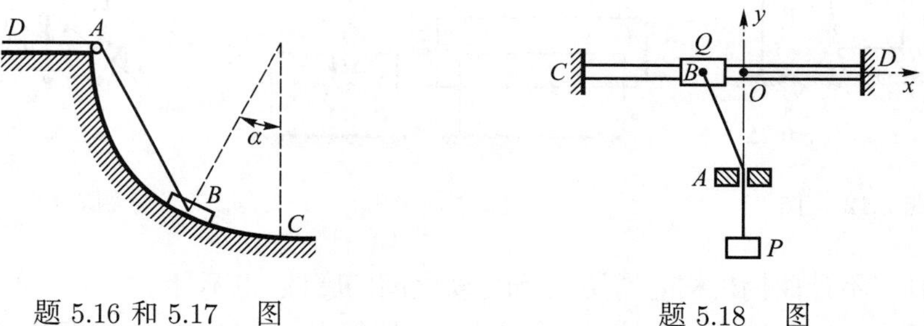

题 5.16 和 5.17 图

题 5.18 图

5.19 在道路的倾斜段汽车借助于制动器维持平衡. 当制动脚蹬移动 2 cm 时, 圆盘制动器上的制动块移动 0.2 mm. 圆盘工作部分的直径是 220 mm, 轮子的加载直径是 520 mm, 汽车重 14 kN. 设道路的倾角是 20°, 问: 驾驶员要用多大的力来压住制动脚蹬? 滚动摩擦不计. 制动块和圆盘间的摩擦系数是 $f=0.5$. 各轮制动的工作情况相同.

答 0.226 kN.

5.20 重物 Q 可沿粗糙水平导轨 AB 滑动. 在该重物上系有一根携带重物 P 的钢索. 求不平衡区的边界. 设两重物分别重 $Q=100$ N, $P=45$ N, 滑动摩擦系数是 $f=0.5$. 滑轮 D 的中心到导轨轴线的距离是 $h=15$ cm. 滑轮 D 和重物 Q 的大小不计.

答 有两个不平衡区, 其边界的坐标分别是 (– 39.6 cm, – 23.8 cm) 和 (23.8 cm, 39.6 cm).

5.21 在轴上作用一个力偶, 力偶矩是 $M = 100\ \mathrm{N\cdot m}$. 此轴固连有半径是 $r = 25$ cm 的制动轮. 设制动轮和制动块间的静摩擦系数是 $f = 0.25$. 欲使制动轮静止, 求制动块对制动轮的压力 Q.

答 $Q = 800$ N.

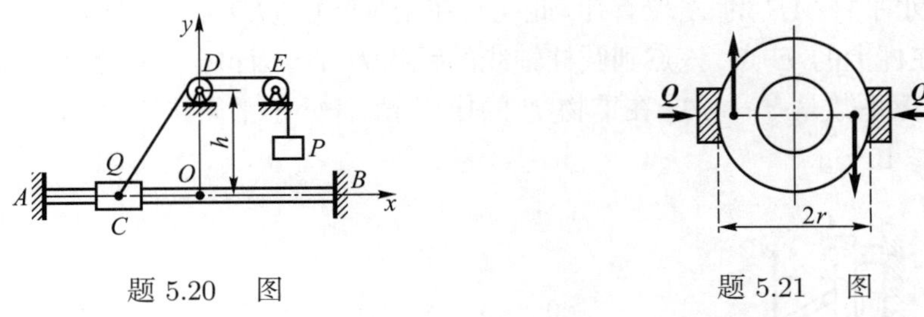

题 5.20 图 题 5.21 图

5.22 电车门被推开时受到门下凹槽的摩擦作用. 摩擦系数 f 不大于 0.5. 为使门在推开时不翻倒, 求把手装在门上的最大高度 h. 门宽 $L = 0.8$ m. 门的重心处在门的铅垂对称轴上.

答 $h = \dfrac{L}{2f} = 0.8$ m.

5.23 重 Q、半径是 R 的柱轴由挂在绳子上、重量是 P 的重物驱动. 轴销的半径 $r = \dfrac{R}{2}$. 轴承的摩擦系数等于 0.05. 为使重物 P 匀速下降, 求 Q 与 P 的比值.

答 $\dfrac{Q}{P} = 39$.

5.24 受铅垂力 $P = 600$ N 作用的三角支架用两螺栓固定在墙上. 为了更加安全, 在计算时假设螺栓不应受剪力, 因此两螺栓周围留有空隙, 且只有上面的螺栓被压紧. 已知支架与墙间的摩擦系数是 $f = 0.3$, 又 $\dfrac{b}{a} > f$. 试求将支架固定在墙上所需的螺栓夹紧力.

夹紧力是指沿螺栓轴线作用的力. 上面螺栓的总夹紧力由两部分组成: 第一部分防止支架脱离墙壁绕下面螺栓翻转, 第二部分保证支架上部对墙的压力, 靠这压力产生摩擦力.

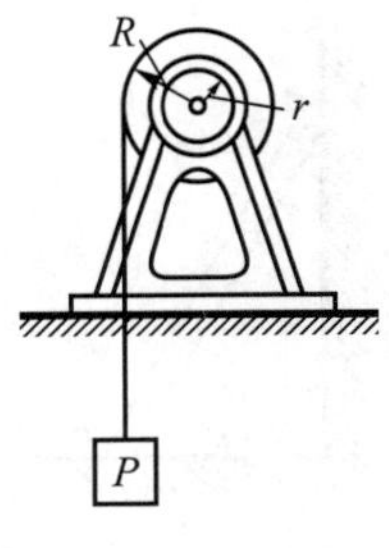

题 5.23 图

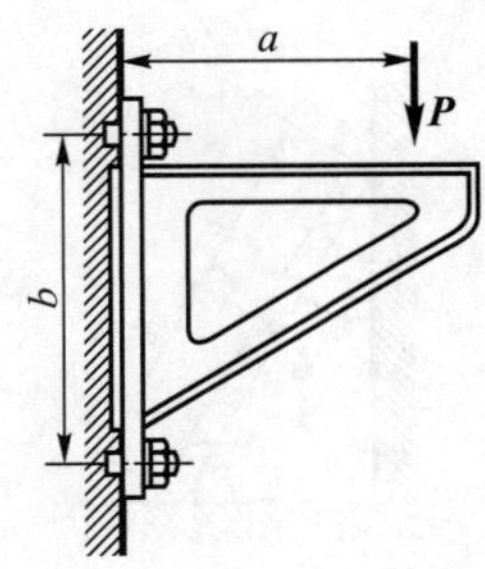

题 5.24 图

答　2 kN.

5.25　舂杵 AB 由安装在轴上的拨板 M 推动. 杵重 180 N. 两导板 C 和 D 的距离是 $b = 1.5$ m. 拨板 M 与突角的接触点到杵的轴线的距离是 $a = 0.15$ m. 计算时必须考虑导板 C, D 和杵之间的摩擦力, 设此摩擦力等于两接触部分之间压力的 0.15 倍, 求提起舂杵所需的力 P.

答　$P = 186$ N.

5.26　水平杆 AB 的 A 端有孔, 此孔套在铅垂圆柱 CD 上. 套筒长 $b =$ 2 cm, 重物 P 挂在杆上的 E 点, 该点到圆柱轴线的距离为 a. 不计杆 AB 的重量, 假设杆与柱间的摩擦系数是 $f = 0.1$. 在重物 P 的作用下, 杆处于平衡状态, 求 a.

答　$a \geqslant 10$ cm.

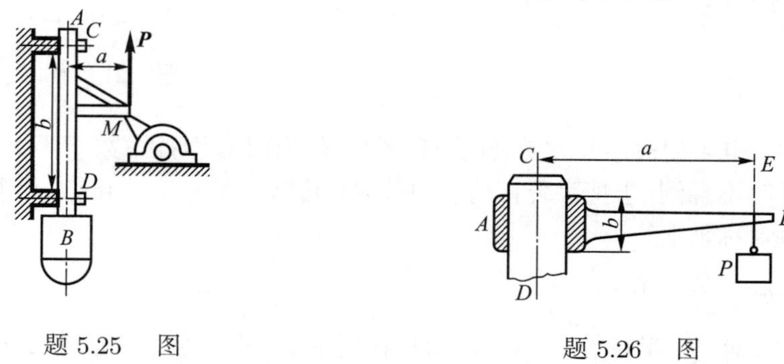

题 5.25　图　　　　题 5.26　图

5.27　梯子 AB 靠在铅直墙上, 下端搁在水平地板上. 梯子与墙、地板之间的摩擦系数分别是 f_1 和 f_2. 梯子连同站在上边的人共重 P, 重力的作用点 C 按比值 $m : n$ 两分梯子的长度. 在平衡状态下, 求梯子与墙间的最大夹角 α, 并求当 α 等于这个数值时墙和地板反力的法向分量 N_A 和 N_B.

答　$\tan\alpha = \dfrac{(m+n)f_2}{m - nf_1 f_2}, N_A = \dfrac{Pf_2}{1 + f_1 f_2}, N_B = \dfrac{P}{1 + f_1 f_2}.$

5.28　重 P 的梯子 AB 靠在光滑的墙上, 并搁置在不光滑的水平地板上. 梯子与地板的摩擦系数等于 f. 为使重 p 的人能沿梯子爬到顶端, 求梯子与地板的夹角 α.

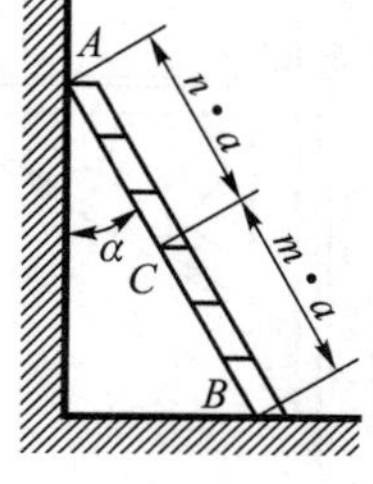

题 5.27　图

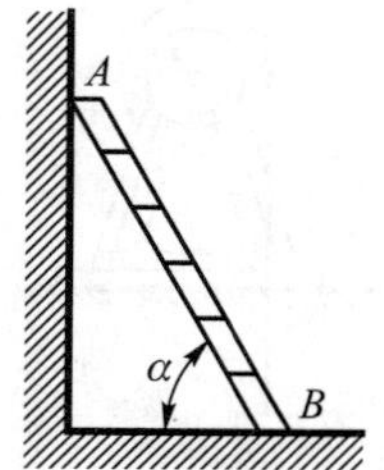

题 5.28　图

答 $\tan\alpha \geqslant \dfrac{P+2p}{2f(P+p)}$.

5.29 梯子 AB 靠在不光滑的墙上, 并放在不光滑的地板上, 与地板成 60° 角. 在梯子上放有重物 P. 不计梯子重量, 试用图解法求出梯子能保持静止的最大距离 BP. 梯子与墙、地板的摩擦角都是 15°.

答 $BP = \dfrac{1}{2}AB$.

5.30 均质重杆 AB 搁在两支点 C 和 D 上, 这两支点间的距离是 $CD = a$, 且 $AC = b$. 杆与支点的摩擦系数是 f. 杆与水平面的夹角是 α. 不计杆的厚度. 杆长 $2l$ 应满足什么条件, 才能使此杆平衡?

答 $2l \geqslant 2b + a + \dfrac{a}{f}\tan\alpha, l > a + b$. 当 $\alpha > \varphi$ 时, 第一个条件已包括第二个条件, 其中 $\varphi = \arctan f$ 就是摩擦角; 当 $\alpha < \varphi$ 时, 只要满足第二个条件就够了; 当 $l < a + b$ 时, 如仍采用图中所示支点 C 的位置, 则不可能平衡.

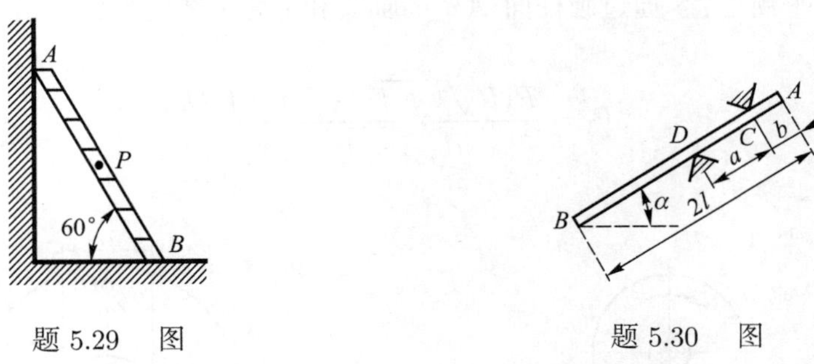

题 5.29 图　　题 5.30 图

5.31 均质杆的 A 点搁在不光滑的水平地板上, B 点用绳子提起. 杆与地板的摩擦系数是 f. 杆与地板的夹角是 $\alpha = 45^\circ$. 当绳子与水平面的夹角 φ 多大时杆开始滑动?

答 $\tan\varphi = 2 + \dfrac{1}{f}$.

5.32 均质杆两端 A 和 B 可沿粗糙的圆周滑动. 圆周在铅垂平面内, 半径是 a. 杆到圆心的距离是 $OC = b$. 杆与圆周间的摩擦系数是 f. 当杆平衡时, 求直线 OC 与圆周的铅垂直径的夹角 φ.

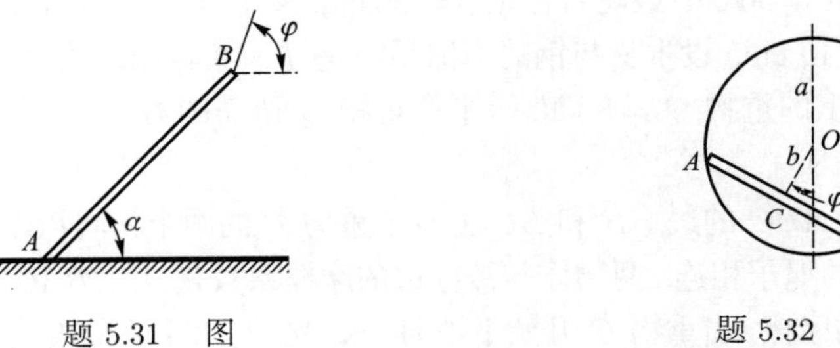

题 5.31 图　　题 5.32 图

答　$\cot\varphi \geqslant \dfrac{b^2(1+f^2)}{a^2 f} - f.$

5.33　压延机由两根直径是 $d = 50$ cm 的轴构成. 这两轴按相反方向转动, 如图中箭头所示. 两轴间的距离是 $a = 0.5$ cm. 已知烧红的铁板与两轴之间的摩擦系数是 $f = 0.1$, 试问能在该机上压延的铁板厚度 b 是多少?

为了使压延机能工作, 铁板由旋转的两轴挤送, 则作用在铁板上 A, B 两点的正压力和摩擦力的合力方向必须水平向右.

答　$b \leqslant 0.75$ cm.

5.34　半径是 R 的滑轮装有两个半径都是 r 的轴颈, 这两轴颈对于滑轮的中间截面呈对称分布. 两轴颈搁在具有水平母线的圆柱面 AB 上. 挂有重物 P 和 P_1 的绳子绕在滑轮上, 且 $P > P_1$. 设轴颈和圆柱面 AB 间的摩擦系数都是 f, 滑轮连同轴颈的重量是 Q, 在滑轮平衡的条件下, 求重物 P_1 的最小值.

在图示位置系统不能平衡, 必须先求出平衡位置.

答　在平衡位置, 通过圆柱面 AB 的轴线和滑轮轴线的平面与铅垂线所成的角等于摩擦角,

$$P_1 = \frac{P(R\sqrt{1+f^2} - fr) - frQ}{R\sqrt{1+f^2} + fr}.$$

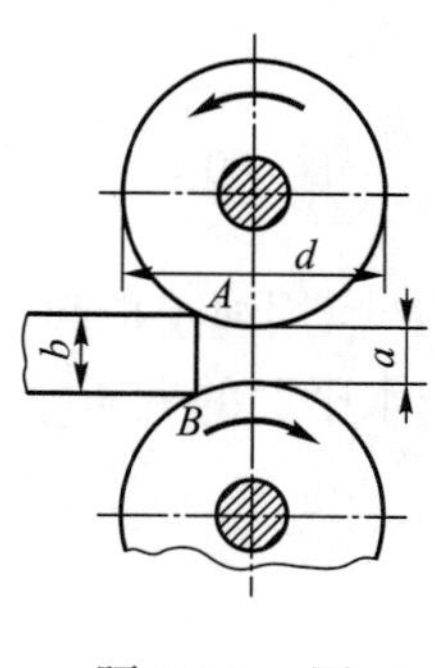

题 5.33　图

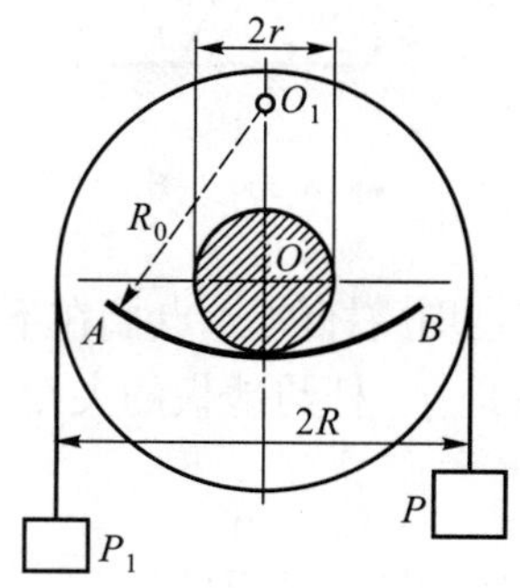

题 5.34　图

5.35　采用图示带制动器的绞车来放下重物. 在绕有链条的鼓轮上固连着同心木轮. 杠杆 AB 用链条 CD 与制动杠杆 ED 的 D 端相连. 在 A 端加压力即能制动木轮. 木轮直径是 $a = 50$ cm, 鼓轮直径是 $b = 20$ cm, 又 $ED = 120$ cm, $FE = 60$ cm, $AB = 1$ m, $BC = 10$ cm. 设木材与钢的摩擦系数是 $f = 0.4$, 制动块 F 的尺寸可以忽略, 挂在动滑轮上的重物 $Q = 8$ kN, 求平衡重物 Q 所需的力 P.

答　$P = 0.2$ kN.

5.36　在棱柱 ABC 的边 AB 和 BC 上放了重为 P 的两个相同物体 G 和 H, 它们用跨过滑轮 B 的绳子相连. 两物体与棱柱边的摩擦系数是 f. $\angle BAC = \angle BCA = 45°$. 不计滑轮上的摩擦, 当重物 G 开始下滑时, 求 AC 与水平面的夹角 α.

答 $\tan\alpha = f$.

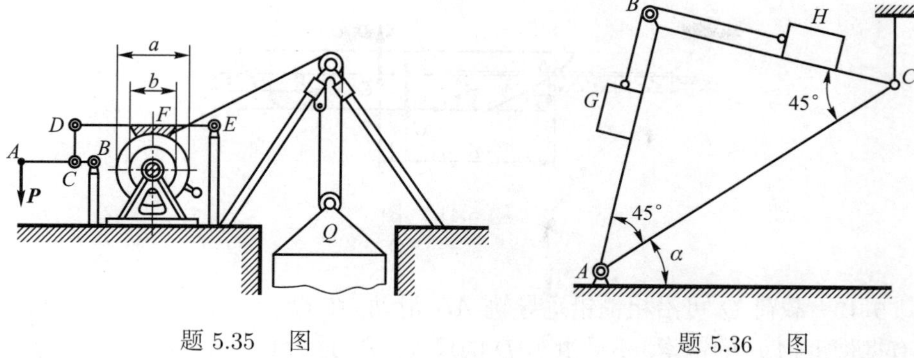

题 5.35 图　　题 5.36 图

5.37 跨河铁路桥的桥墩埋入深度按下述假设计算: 桥墩连同载荷应为土壤对桥墩底部的压力和对桥墩侧面的摩擦力所平衡. 土壤是浸透水的细砂, 可以看成液态的. 设该桥墩上的载荷是 1500 kN, 桥墩每米高度重 80 kN, 桥墩高出河底 9 m, 水面高出河底 6 m, 桥墩底面积是 3.5 m^2, 桥墩每米高度的侧面积是 7 m^2, 每立方米浸透水的砂子重 18 kN, 每立方米水重 10 kN, 桥墩是石质的, 装在钢制盒子中, 与砂子的摩擦系数是 0.18. 试计算桥墩的埋入深度 h.

在计算摩擦力时, 可取每平方米的平均侧压力等于 10 (6+0.9 h) kN.

答 $h = 11$ m.

5.38 半径是 $r = 50$ mm 的小轮沿斜面匀速滚动, 接触物体的材料是钢质的, 滚动摩阻系数是 $k = 0.05$ mm, 求此斜面的倾角 α.

由于角度 α 甚小, 可认为 $\alpha = \tan\alpha$.

答 $\alpha = 3'26''$.

5.39 重 300 N、直径是 60 cm 的圆柱滚子在力 P 的作用下沿水平面匀速滚动. 设滚动摩阻系数是 $k = 0.5$ cm, 力 $\boldsymbol{P}$ 与水平面的夹角是 $\alpha = 30°$, 试求力 P 的大小.

答 $P = 5.72$ N.

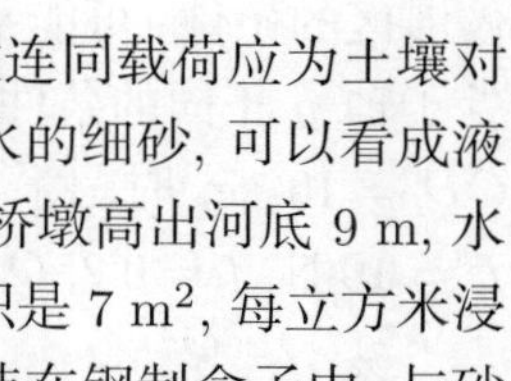

题 5.39 图

5.40 重 Q、半径是 R 的球放在水平面上. 球与平面的滑摩擦系数是 f, 滚动摩阻系数是 k. 在什么条件下, 作于球心的水平力 $\boldsymbol{P}$ 能使球匀速滚动?

答 $\dfrac{k}{R} < f, P = \dfrac{Qk}{R}$.

5.41 破冰船在破冰时在下述各力作用下平衡: 船的重力 $\boldsymbol{G}$、水的浮力 $\boldsymbol{D}$、螺旋桨的推进力 $\boldsymbol{R}$, 以及艏柱 K 点所受的冰层作用力, 包括正压力 $\boldsymbol{N}$ 和最大摩擦力 $\boldsymbol{F}$. 艏柱的仰角是 $\varphi = 30°$, 摩擦系数是 $f = 0.2$. 已知: $G = 6000$ kN, $R = 200$ kN, $a = 20$ m, $b = 2$ m, $e = 1$ m. 不计船的倾斜, 求船加在冰层上的铅垂压力 P、浮力 D 及其到船重心的距离 l.

答 $P = R\dfrac{1 + f\tan\varphi}{f + \tan\varphi} = 230$ kN, $D = 5770$ kN, $l = 0.83$ m.

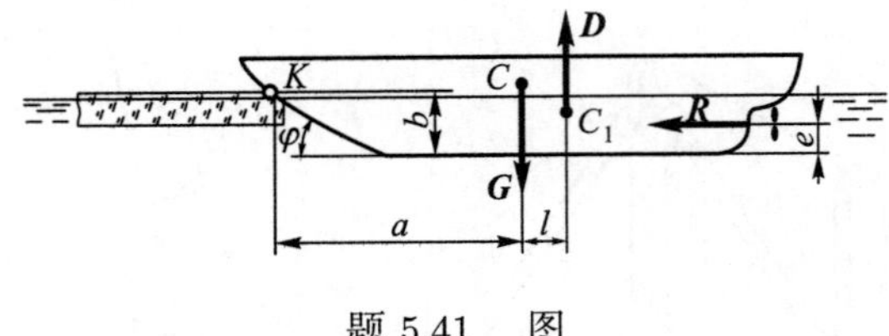

题 5.41 图

5.42 载荷 Q 可沿粗糙铅垂导轨 AB 滑动. 在 Q 上系有携带重物 P 的钢索. 不计滑车 D 的尺寸, 求: 1) 存在停滞区的条件 (可能平衡的几何位置), 2) 停滞区的上边界处于轴 y 正向的条件, 3) 当 $Q = 5$ N, $P = 10$ N, $f = 0.2$, $OD = 10$ cm 时, 停滞区边界的纵坐标, 4) 当 $Q = 1.5$ N, $P = 10$ N, $f = 0.2$, $OD = 10$ cm 时, 停滞区边界的纵坐标.

答 1) $\dfrac{Q^2}{P^2} \leqslant 1+f^2$. 2) $\dfrac{Q}{P} < f$. 3) $Y_1 = -3.26$ cm, $Y_2 = -8.6$ cm. 4) $Y_1 = 0.5$ cm, $Y_2 = -3.59$ cm.

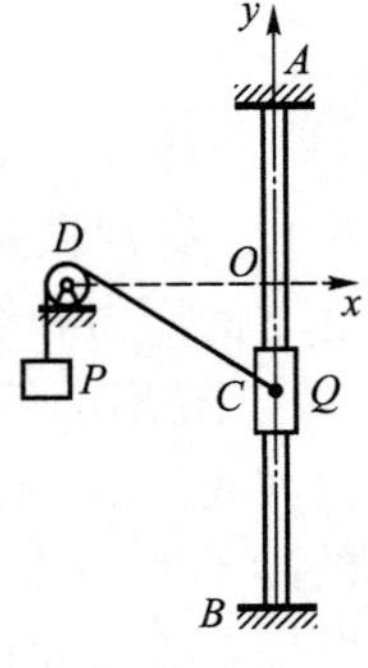

题 5.42 图

第二章　空间力系

§6. 汇交力

6.1　两根相同的斜杆 AB 和 AC 在顶点铰接, 构成一个角柱. $\angle BAC = 30°$. 角柱支持着两条相互垂直的水平电线 AD 和 AE. 每条电线的张力都等于 1 kN. 设平面 BAC 恰好等分 $\angle DAE$, 角柱重量不计, 求两根斜杆的内力.

答　$S_B = -S_C = 2.73$ kN.

6.2　两条水平电线的夹角 $DAE = 90°$, 挂在具有撑杆 AC 的电线杆 AB 上. 电线 AD 和 AE 的张力分别是 120 N 和 160 N. 点 A 是铰链. 设撑杆与地面成 60° 角, 不计电杆与撑杆的重量, 为使电杆 AB 不受侧面弯曲, 平面 BAC 和平面 BAE 的夹角 α 应为多少? 又求撑杆的内力 S.

答　$\alpha = \arcsin(3/5) = 36°50', S = -400$ N.

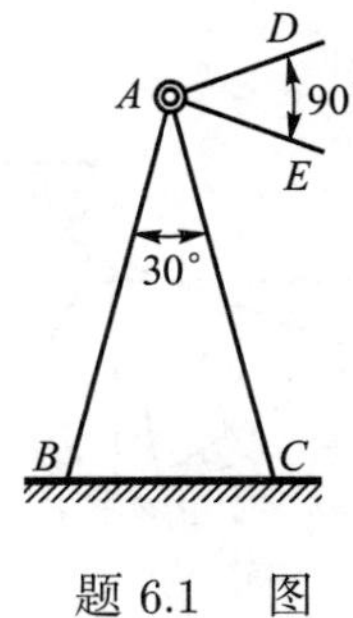

题 6.1　图

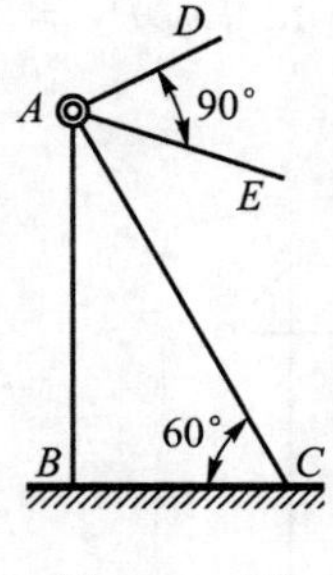

题 6.2　图

6.3　重物 $Q = 100$ N 由杆 AO 和等长的两条水平钢索 BO, CO 支撑. 杆 AO 铰接于点 A, 并与水平面成 45°角, 且 $\angle CBO = \angle BCO = 45°$. 求杆的内力 S 和钢

索的张力 T.

答　$S = -141$ N, $T = 71$ N.

6.4　求杆 AB, AC 的内力 S_1, S_2 和钢索 AD 的张力 T, 已知 $\angle CBA = \angle BCA = 60°$, $\angle EAD = 30°$. 重物 P 重 300 N. 平面 ABC 是水平的. 各个杆分别在点 A, B, C 铰接.

答　$S_1 = S_2 = -300$ N, $T = 600$ N.

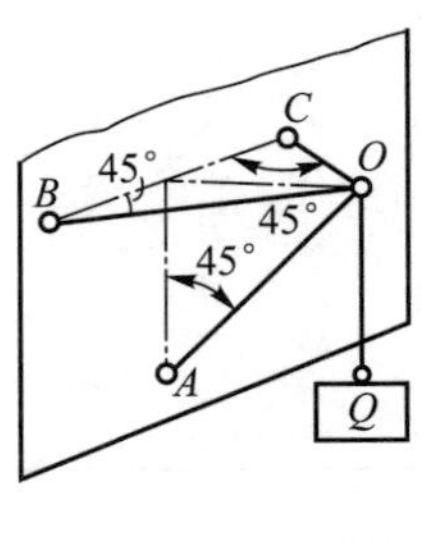

题 6.3　图

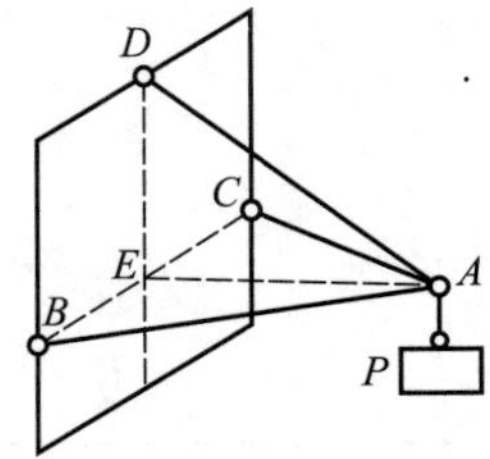

题 6.4　图

6.5　重 420 N 的重物 Q 由撑杆 AB 和钢索 AC, AD 支撑. 已知 $AB = 145$ cm, $AC = 80$ cm, $AD = 60$ cm, 矩形平面 $CADE$ 是水平的, 平面 V 和 W 是铅垂的, 点 B 是铰链, 求杆 AB 和钢索 AC, AD 的内力.

答　$T_C = 320$ N, $T_D = 240$ N, $T_B = -580$ N.

6.6　重 180 N 的重物 Q 由绳 AB、杆 AC 和 AD 支撑. 已知 $AB = 170$ cm, $AC = AD = 100$ cm, $CD = 120$ cm, $CK = KD$, 且三角形 CDA 是水平的. A, C, D 各点都是铰接. 求绳 AB, 杆 AC 和 AD 的内力.

答　204 N, −60 N.

6.7　搬运式起重机吊起重 20 kN 的重物 Q, 如图所示. $AB = AE = AF = 2$ m, $\angle EAF = 90°$, 起重机平面 ABC 等分直二面角 $EABF$. 求铅垂支柱 AB 承受的压力 P_1, 以及吊索 BC 、拉索 BE, BF 的张力 P_2, P_3, P_4.

答　$P_1 = 42$ kN, $P_2 = 58$ kN, $P_3 = P_4 = 50$ kN.

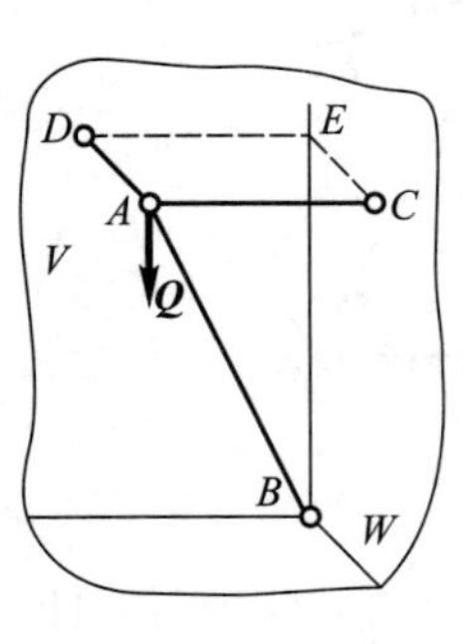

题 6.5　图

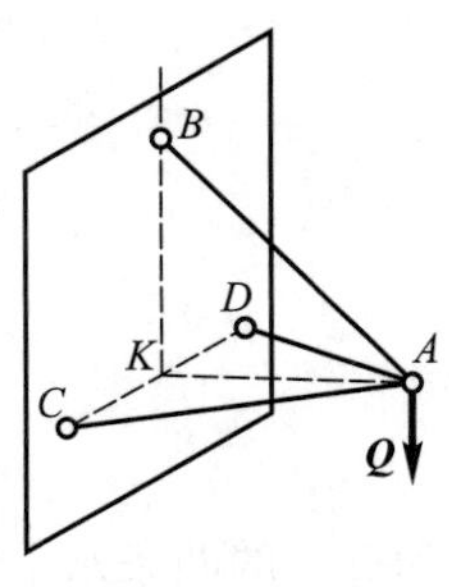

题 6.6　图

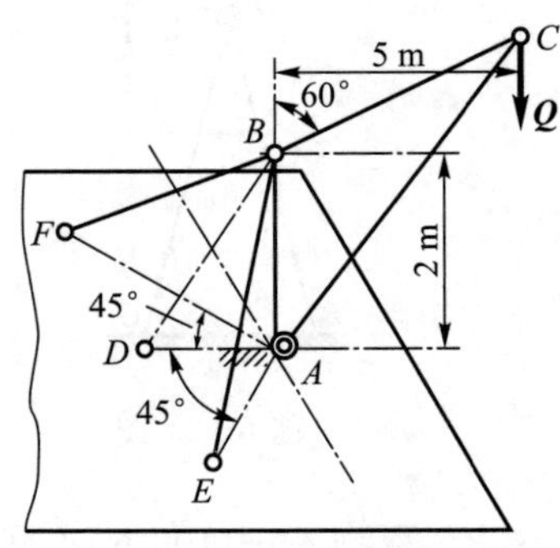

题 6.7　图

6.8 重 1 kN 的重物 Q 悬挂在点 D, 如图所示. 各杆在 A, B, D 三点铰接, 求支座 A, B, C 的反力.

答 $R_A = R_B = 2.64$ kN, $R_C = 3.35$ kN.

6.9 在风力作用下的气球用两根绳牵住. 这两根绳相互垂直, 且它们构成的平面与水平面成 60° 角. 风力方向与这两个平面的交线垂直, 且平行于地面. 气球连带其中的气体共重 2.5 kN. 气球体积是 215.4 m^3, 每立方米空气重 13 N. 假定所有作用在气球上的力都通过气球中心, 求绳的张力 T_1, T_2, 以及风压力在气球上的合力 P.

答 $T_1 = T_2 = 245$ N, $P = 173$ N.

6.10 图示空间桁架由六根杆 1, 2, 3, 4, 5, 6 构成. 力 $\boldsymbol{P}$ 作用在节点 A 上, 并位于矩形 $ABCD$ 平面内, 与铅垂线 CA 成 45° 角. $\triangle EAK = \triangle FBM$. 等腰三角形 EAK, FBM, NDB 的顶角 A, B, D 都是直角. 如果 $P = 1$ kN, 求各杆的内力.

答 $S_1 = -0.5$ kN, $S_2 = -0.5$ kN, $S_3 = -0.707$ kN, $S_4 = +0.5$ kN, $S_5 = +0.5$ kN, $S_6 = -1$ kN.

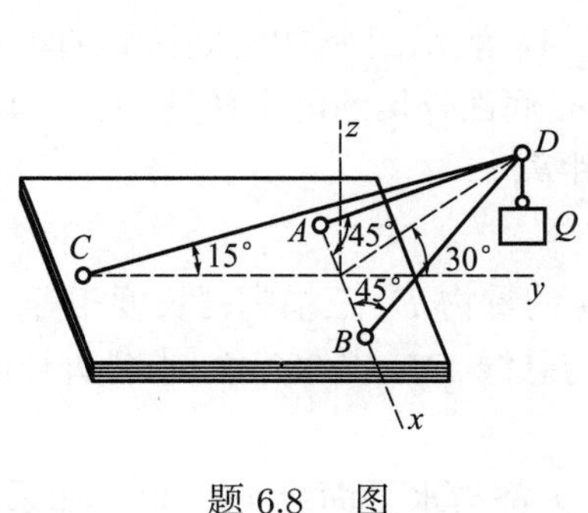

题 6.8 图

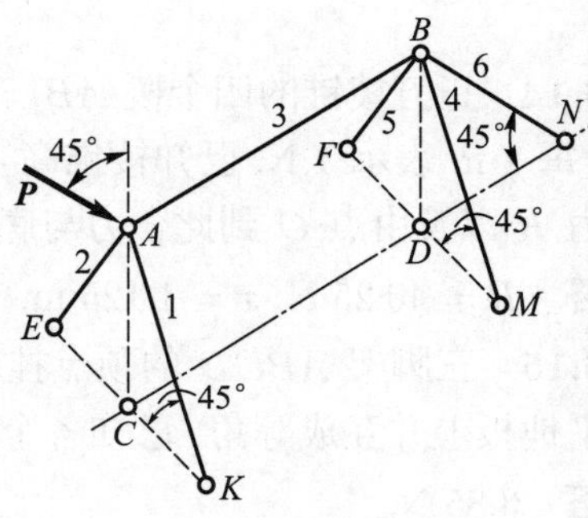

题 6.10 图

6.11 求图示起重机的铅直立柱、各脚杆的内力与角 α 的关系. 已知 $AB = BC = AD = AE$. 点 A, B, D 和 E 都是铰链.

答 $S_{BD} = P(\cos\alpha - \sin\alpha)$, $S_{BE} = P(\cos\alpha + \sin\alpha)$, $S_{AB} = -P\sqrt{2}\cos\alpha$.

6.12 架空电缆的角柱 AB 由两条拉索 AC, AD 支撑, 且 $\angle CBD = 90°$. 两电缆都水平且交成直角, 电缆的张力相同, 都等于 T. 其中一根电缆与平面 CBA 的夹角为 φ, 求角柱的内力、两根拉索的张力与角 φ 的关系.

答 $S_{AC} = 2T(\sin\varphi - \cos\varphi)$, $S_{AD} = 2T(\sin\varphi + \cos\varphi)$, $S_{AB} = -2\sqrt{3}T\sin\varphi$.

当 $\dfrac{\pi}{4} < \varphi < \dfrac{3\pi}{4}$ 时, 两根拉索都受张力, 当 $\varphi < \dfrac{\pi}{4}$ 或

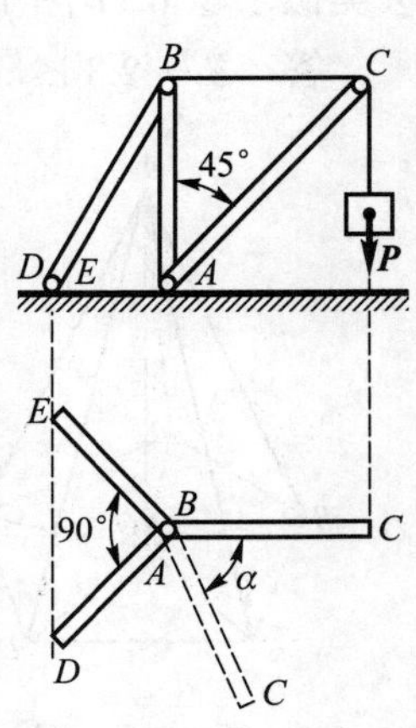

题 6.11 图

$\varphi > \dfrac{3\pi}{4}$ 时, 拉索中的一根必须换成柱子.

6.13 桅杆 AB 靠四根对称分布的拉索维持在铅垂位置. 相邻的两根拉索都交成 60° 角. 假定每根拉索的张力都是 1 kN, 桅杆重 2 kN, 求桅杆对地面的压力.

答 4.83 kN.

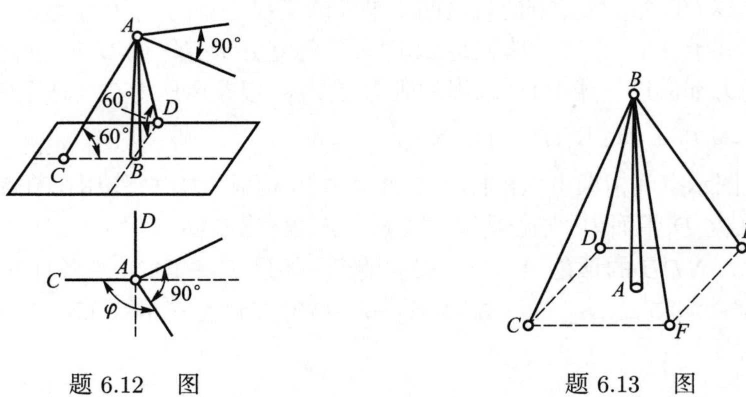

题 6.12 图 题 6.13 图

6.14 正五棱锥的四个棱 AB, AC, AD 和 AE 表示四个力的大小和方向, 比例尺为: 每 1 m 表示 1 N. 已知棱锥高 $AO = 10$ m, 底面外接圆的半径是 $OC = 4.5$ m, 求合力 R 以及由点 O 到此合力与底面交点的距离 x.

答 $R = 40.25$ N, $x = 1.125$ m.

6.15 三脚架 $ABCD$ 的顶点挂着重 100 N 的重物 E. 三根脚杆长度相等, 固定在水平地板上并互成等角. 已知各个脚杆分别与悬线 BE 成 30° 角, 求各脚杆内力.

答 3.85 N.

6.16 三脚架的三根脚杆 AD, BD 和 CD 都与水平面成 60° 角. 如果重物 $P = 3$ kN 被匀速提升, 且 $AB = BC = AC$, 求各个脚杆的内力 S. (该图从顶端看下去类似于题 6.17 图.)

答 $S = 2.3$ kN.

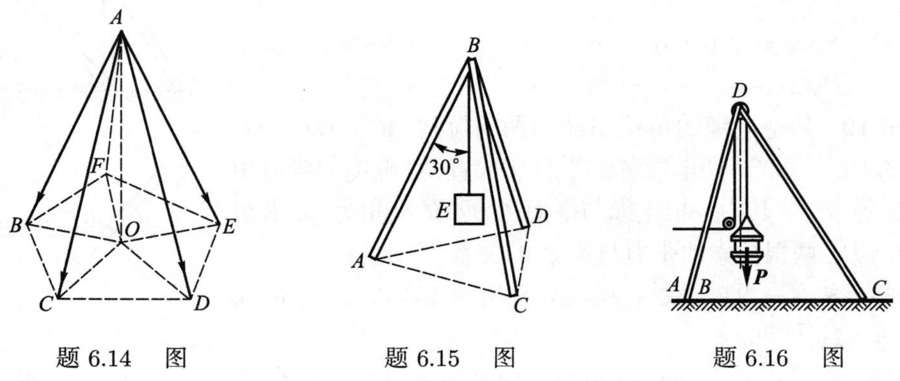

题 6.14 图 题 6.15 图 题 6.16 图

6.17 用三脚架 $ABCD$ 和绞车 E 从矿井吊起重 30 kN 的重物 P. 设 ABC 是等边三角形, 脚杆以及绳索 DE 都与水平面成 60° 角. 当重物被匀速吊起时, 求各脚杆的内力. 绞车和三脚架的相对位置如图所示.

答 $S_A = S_B = 31.5$ kN, $S_C = 1.55$ kN.

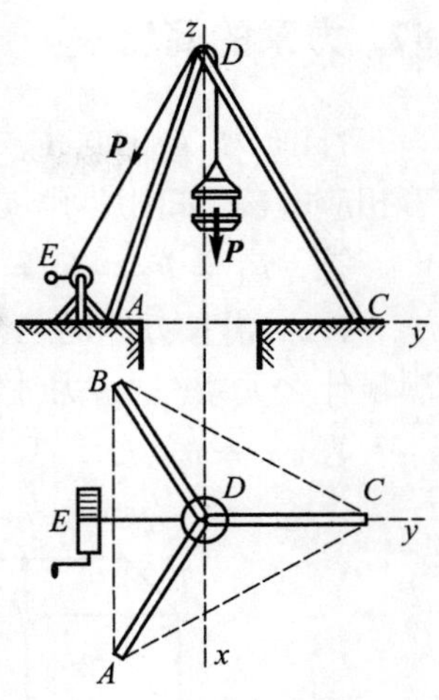

题 6.17 图

6.18 三脚架竖立在光滑地板上, 脚杆的下端被绳索连接构成正四面体. 重物 P 悬挂在三脚架的顶点. 求地板的反力 R 和绳子的张力 T. 所求各个量都用 P 表示.

答 $R = \frac{1}{3}P$, $T = \frac{P}{3\sqrt{6}}$.

6.19 设前题中绳索不是在脚杆的下端, 而是连在脚杆的中点, 同时每根脚杆的重量都是 p, 各个脚杆的重心都位于中点. 求地板的反力 R 和绳子的张力 T.

答 $R = \frac{1}{3}P + p$, $T = \frac{2P + 3p}{18}\sqrt{6}$.

6.20 半径相等的三个均质圆球 A, B, C 放在光滑水平面上, 相互接触, 并在赤道平面内用绳子缚住. 第四个同样半径的均质圆球 O 重 10 N, 放在这三个球的上面. 求绳子张力 T. 球与球之间、球和水平面间的摩擦都忽略不计.

答 $T = 1.36$ N.

6.21 在直角坐标轴上离原点 O 为 l 的 A, B, C 三点各自系有细绳 $AD = BD = CD = L$, 这三根细绳的另一端结在点 D, 其坐标为:

$$x = y = z = \frac{1}{3}(l - \sqrt{3L^2 - 2l^2}).$$

在点 D 挂有重物 Q. 设 $\sqrt{\frac{2}{3}}l < L < l$, 求三根细绳的张力 T_A, T_B 和 T_C.

答 $T_A = T_B = \frac{l - \sqrt{3L^2 - 2l^2}}{3l\sqrt{3L^2 - 2l^2}}LQ$, $T_C = \frac{l + 2\sqrt{3L^2 - 2l^2}}{3l\sqrt{3L^2 - 2l^2}}LQ$.

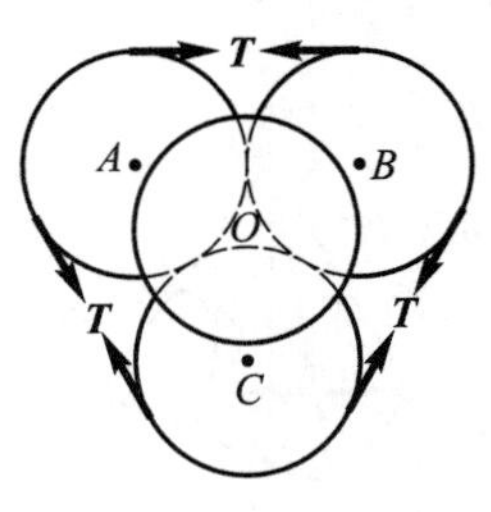

题 6.20 图

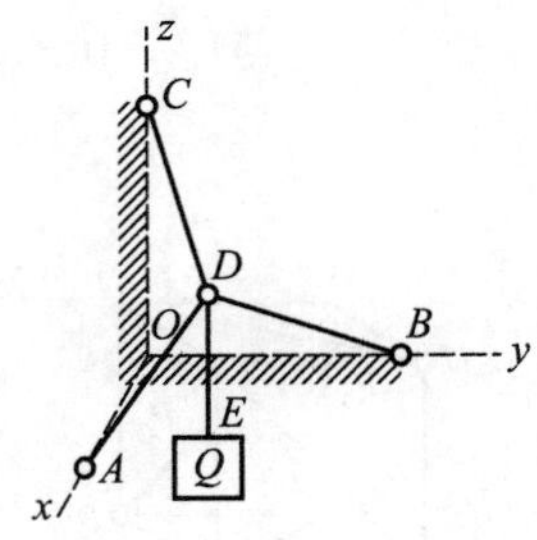

题 6.21 图

§7. 力系的简化

7.1 力 $\boldsymbol{F}_1, \boldsymbol{F}_2, \boldsymbol{F}_3, \boldsymbol{F}_4, \boldsymbol{F}_5$ 及 $\boldsymbol{F}_6$ 分别作用在立方体的各个顶点, 方向分别沿着相应的棱, 如图所示. 求这些力平衡的条件.

答 $F_1 = F_2 = F_3 = F_4 = F_5 = F_6$.

7.2 沿长方体的三个既不相交也不平行的棱作用相等的三个力 P. 棱长 a, b, c 满足什么关系, 这些力才能简化成合力?

答 $a = b - c$.

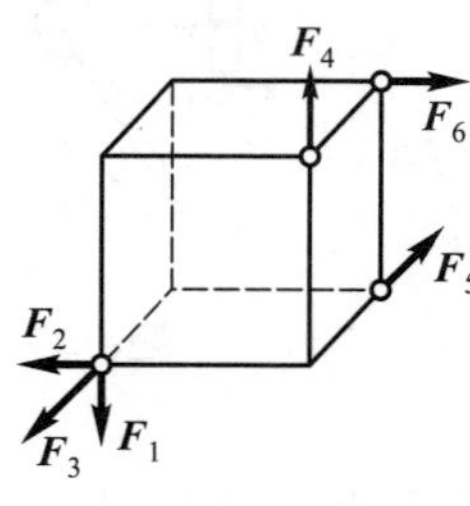

题 7.1 图

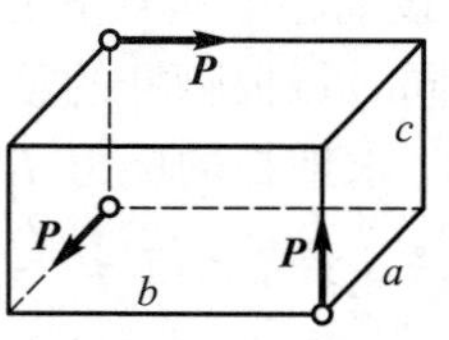

题 7.2 图

7.3 在立方体的顶点 A, H, B, D 上分别作用四个力: $P_1 = P_2 = P_3 = P_4 = P$. 其中 $\boldsymbol{P}_1$ 沿 AC, $\boldsymbol{P}_2$ 沿 HF, $\boldsymbol{P}_3$ 沿 BE, $\boldsymbol{P}_4$ 沿 DG. 试将该力系简化.

答 合力等于 $2P$, 沿对角线 DG.

7.4 在棱长为 a 的正四面体 $ABCD$ 上作用如下几个力: $\boldsymbol{F}_1$ 沿棱 AB, $\boldsymbol{F}_2$ 沿棱 CD, $\boldsymbol{F}_3$ 作用在棱 BD 的中点. 力 $\boldsymbol{F}_1$ 和 $\boldsymbol{F}_2$ 的值可任取, 而力 $\boldsymbol{F}_3$ 在 x, y 和 z 轴上的投影分别是 $+\dfrac{5\sqrt{3}}{6}F_2$, $-\dfrac{F_2}{2}$, $-\sqrt{\dfrac{2}{3}}F_2$.

问: 该力系能否简化成合力? 如能, 求出合力与平面 Oxz 交点的坐标 x 和 z.

答 可简化成合力, 因为主矢和主矩在各坐标轴上的投影分别是

$$V_x = \frac{\sqrt{3}}{2}F_2,\ V_y = F_1 - 0.5F_2,\ V_z = 0;$$

$$M_x = 0, M_y = 0, M_z = -\frac{\sqrt{3}}{6}a(F_1 + F_2).$$

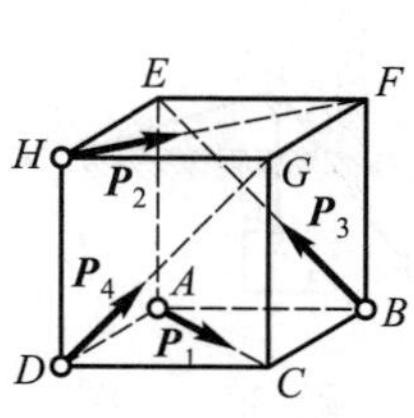

题 7.3 图

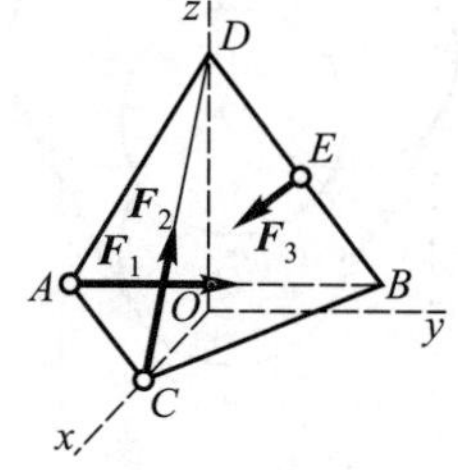

题 7.4 图

所求的坐标是 $x=\dfrac{M_z}{V_y}=-\dfrac{\sqrt{3}a(F_1+F_2)}{6F_1-3F_2}, z=0$.

7.5 大小都是 2 N 的六个力作用在棱长是 5 cm 的立方体顶点, 如图所示. 试将该力系简化.

答 该力系简化为力偶, 力偶矩是 $20\sqrt{3}$ N·cm, 并与各坐标轴成如下角度: $\cos\alpha=-\cos\beta=\cos\gamma=\dfrac{\sqrt{3}}{3}$.

7.6 已知力系: $P_1=8$ N, 方向沿 Oz; $P_2=12$ N, 方向平行于 Oy, 如图所示, 其中 $OA=1.3$ m. 求这个力系的主矢量 $\boldsymbol{V}$ 的大小, 以及该力系对于中心螺旋轴上任一点的主矩 $\boldsymbol{M}$ 的大小. 再简化成标准形式, 并求中心螺旋轴和坐标轴的夹角 α, β, γ, 及其与 Oxy 平面交点的坐标 x 和 y.

答 $V=14.4$ N, $M=8.65$ N·m; $\alpha=90^\circ$, $\beta=\arctan\dfrac{2}{3}$, $\gamma=\arctan\dfrac{3}{2}$; $x=0.9$ m, $y=0$.

7.7 三力 $\boldsymbol{P}_1$, $\boldsymbol{P}_2$ 和 $\boldsymbol{P}_3$ 分别在三个坐标平面内, 分别与三坐标轴平行, 但指向可正、可负. 三个力的作用点 A, B, C 与坐标原点的距离 a, b, c 都是已知的, 问: 这三个力的大小应满足什么关系, 它们才能简化成合力? 又问这些力的大小应满足什么关系, 它们才能有通过坐标原点的中心螺旋轴?

答 $\dfrac{a}{P_1}+\dfrac{b}{P_2}+\dfrac{c}{P_3}=0$, $\dfrac{P_1}{bP_3}=\dfrac{P_2}{cP_1}=\dfrac{P_3}{aP_2}$.

在第一个答案中, P_1, P_2 和 P_3 是这三力的投影 (可正、可负).

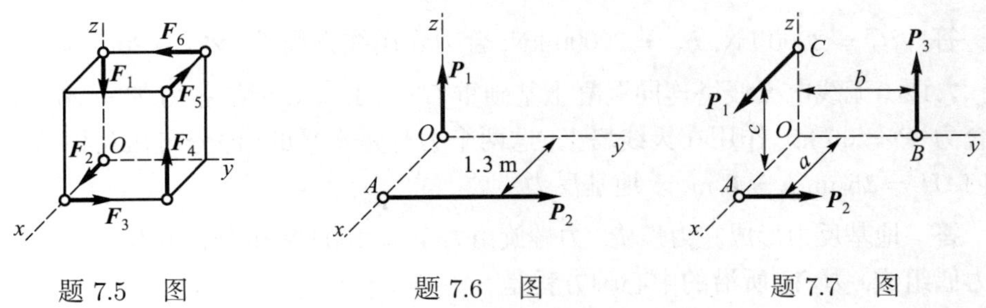

题 7.5 图 题 7.6 图 题 7.7 图

7.8 在棱长是 a 的正四面体上, 沿棱 AB 作用着力 $\boldsymbol{F}_1$, 沿棱 CD 作用着力 $\boldsymbol{F}_2$, 求中心螺旋轴和平面 Oxy 交点的坐标.

答 $x=\dfrac{\sqrt{3}a}{6}\dfrac{2F_2^2-F_1^2}{F_1^2+F_2^2}, y=-\dfrac{a}{2}\dfrac{F_1F_2}{F_1^2+F_2^2}$.

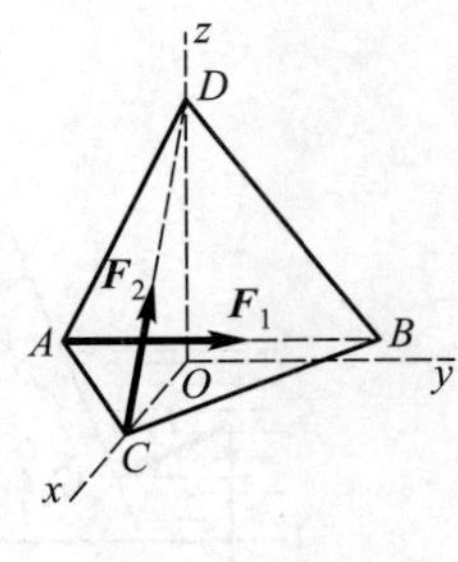

题 7.8 图

7.9 沿棱长是 a 的立方体的各个棱作用 12 个大小相等的力 $\boldsymbol{P}$, 如图所示. 试将该力系简化成标准形式, 并求中心螺旋轴和平面 Oxy 交点的坐标 x 和 y.

答 $V=2\sqrt{6}P, M=\dfrac{2}{3}\sqrt{6}Pa, \cos\alpha=-\cos\beta=-\dfrac{1}{2}\cos\gamma=-\dfrac{1}{6}\sqrt{6},\ x=y=\dfrac{2}{3}a$.

7.10 正六面体的棱长分别是 10 m, 4 m, 5 m, 沿各棱作用着六个力, 如图所示. $P_1 = 4$ N, $P_2 = 6$ N, $P_3 = 3$ N, $P_4 = 2$ N, $P_5 = 6$ N, $P_6 = 8$ N. 试将该力系简化成标准形式, 并求中心螺旋轴和平面 Oxy 交点坐标 x 和 y.

答 $V = 5.4$ N, $M = -47.3$ N · m, $\cos\alpha = 0$, $\cos\beta = 0.37$, $\cos\gamma = 0.93$, $x = -11.9$ m, $y = -10$ m.

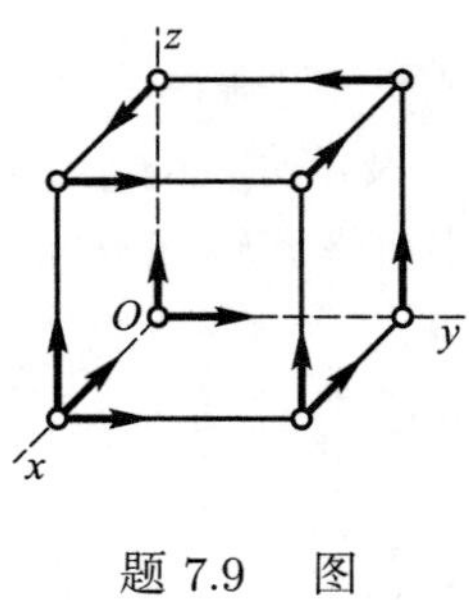

题 7.9 图

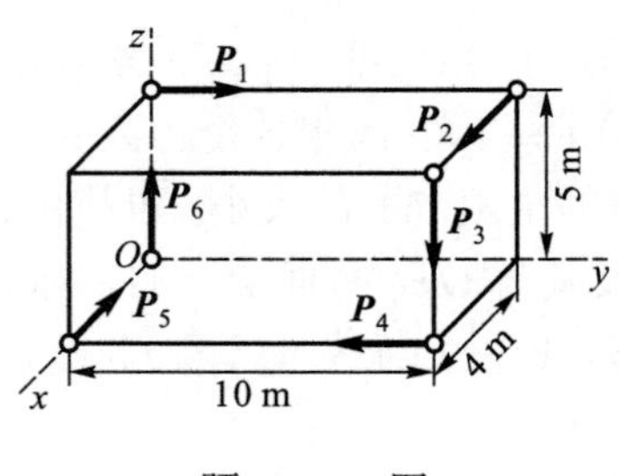

题 7.10 图

7.11 水对坝体前后压力的合力分别是 $P = 8000$ kN 和 $F = 5200$ kN, 都作用在坝体的中垂面内, 且分别垂直于相应的坝面, 与坝底的距离分别是 $H = 4$ m 和 $h = 2.4$ m. 坝体矩形部分的重力是 $G_1 = 12000$ kN, 作用在矩形的中心, 三角形部分的重力是 $G_2 = 6000$ kN, 作用在三角形重心, 离底部的高度是三角形高度的 $\dfrac{1}{3}$. 坝底宽 $b = 10$ m, 坝顶宽 $a = 5$ m, 又 $\tan\alpha = \dfrac{5}{12}$. 求地基分布反力的合力.

答 $R_x = 3200$ kN, $R_y = 20000$ kN; 合力作用线方程是 $125x - 20y + 53 = 0$.

7.12 无线电天线塔连同混凝土基础重 $G = 140$ kN, 天线张力 $F = 20$ kN 和风压合力 $P = 50$ kN 作用在天线塔上, 这两个力都是水平的, 但分布在互相垂直的平面内, $H = 15$ m, $h = 6$ m, 求地基反力.

答 地基反力形成左力螺旋. 力螺旋由力 $V = 150$ kN 和力偶矩为 $M = 60$ kN·m 的力偶组成. 力 $\boldsymbol{V}$ 所沿的中心轴方程是

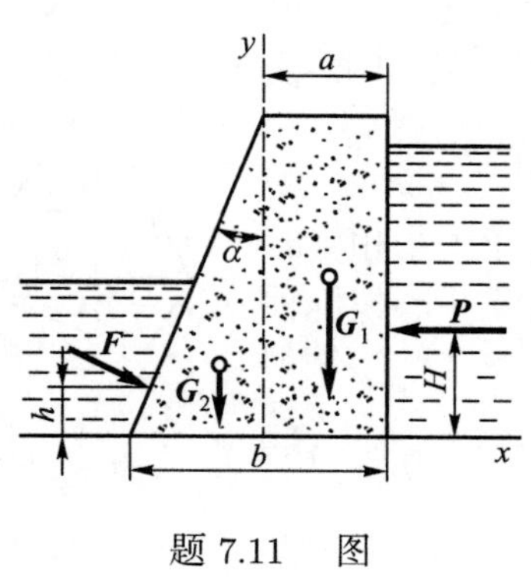

题 7.11 图

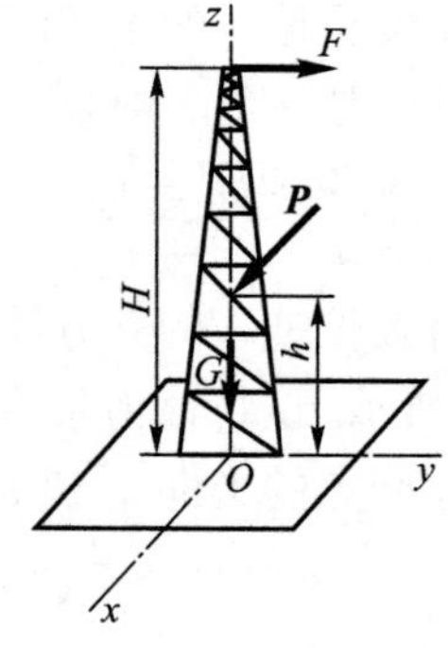

题 7.12 图

$$\frac{-30+14y+2z}{5}=\frac{30-5z-14x}{2}=\frac{-2x+5y}{-14};$$

力螺旋的轴和基础平面交点坐标为 $x = 2.2$ m, $y = 2$ m, $z = 0$.

§8. 任意力系的平衡

8.1 圆形斜台的轴 ACD 与铅垂线的夹角是 20°, 重 400 N 的物体固定在斜台上 B 点. 如果半径 $CB = 3$ m 是水平的, 求物体重力对轴 AD 的矩.

答 410 N · m.

8.2 风车有四个翼, 每个翼与垂直转轴的平面的夹角都是 $\alpha = 15° = \arcsin 0.259$, 风压力沿各个翼面的垂线, 每个翼上风压力的合力都是 1 kN, 且均作用在离转动轴 3 m 处, 求转动力偶矩.

答 31.1 kN · m.

8.3 安装在有轨电车轮轴 O 上的电动机使轮轴按逆时针方向转动, 转动力偶 $(\boldsymbol{P}, \boldsymbol{P}')$ 的力矩大小为 6 kN · m, 车轮的半径是 60 cm. 求轮轴的牵引力 Q, 设轮轴是在水平轨道上的, 滚动摩阻不计.

先计算各个力对轴 O 的矩, 求得车轮与轨道之间摩擦力之和. 然后将作用在轮轴上所有力投影在水平方向.

答 $Q = 10$ kN.

8.4 三圆盘 A, B, C 的半径分别是 15 cm, 10 cm, 15 cm, 在这三个圆盘的边缘上都作用着力偶, 构成这些力偶的力的大小分别为 $P_1 = 10$ N, $P_2 = 20$ N 以及 P. 轴 OA, OB 和 OC 在同一平面内, $\angle AOB$ 为直角. 这三个圆盘构成的系统完全是自由的. 求能使系统平衡的力 P 和 $\angle BOC = \alpha$ 的大小.

答 $P = 50$ N, $\alpha = \arctan(-0.75) = 143°10'$.

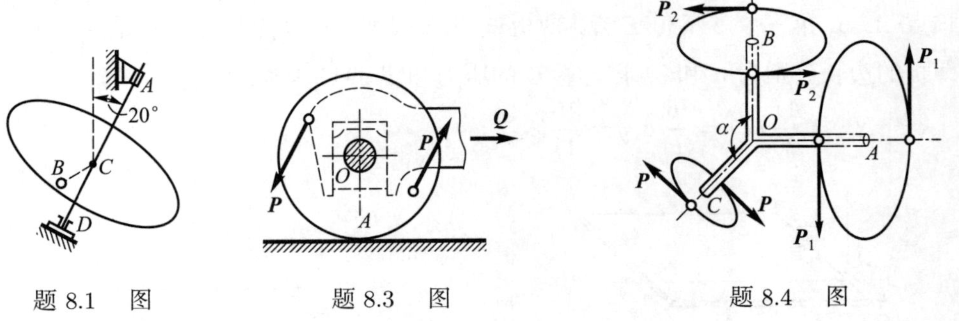

题 8.1 图　　题 8.3 图　　题 8.4 图

8.5 起重机装在三轮小车 ABC 上. 已知起重机的尺寸: $AD = DB = 1$ m, $CD = 1.5$ m, $CM = 1$ m, $KL = 4$ m. 起重机用平衡锤 F 来平衡. 机身连同平衡锤重 $P = 100$ kN, 并作用在平面 $LMNF$ 上的 G 点, 它到机身轴线 MN 的距离

$GH = 0.5$ m, 所提重物是 $Q = 30$ kN. 求当起重机平面 LMN 平行于 AB 时车轮对轨道的压力.

答 $N_A = 8.33$ kN, $N_B = 78.33$ kN, $N_C = 43.33$ kN.

8.6 临时起重机形状似如棱锥体: 水平底座为等边三角形 ABC, 铅垂侧面为等腰三角形 ADB. 起重机的铅垂轴用铰链安装在点 O 和 D, 悬臂 OE 连带重物 P 可绕该轴转动. 底座 ABC 用蝶形铰链 A, B 以及铅垂螺杆 C 固定在基础上. 设重物 $P = 12$ kN, 机身重 $Q = 6$ kN, 且它的重心 S 到轴 OD 的距离是 $h = 1$ m, 又 $a = 4$ m, $b = 4$ m. 当悬臂处在起重机对称平面内时, 求支座的反力.

答 $Z_A = Z_B = 15.06$ kN, $Z_C = -12.12$ kN, $X_A = X_B = 0$.

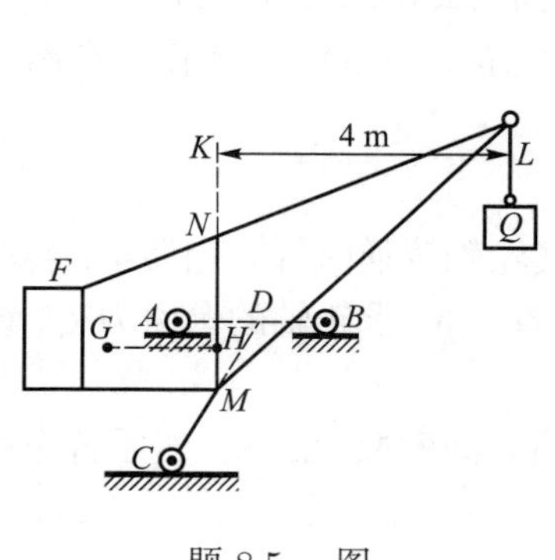

题 8.5 图

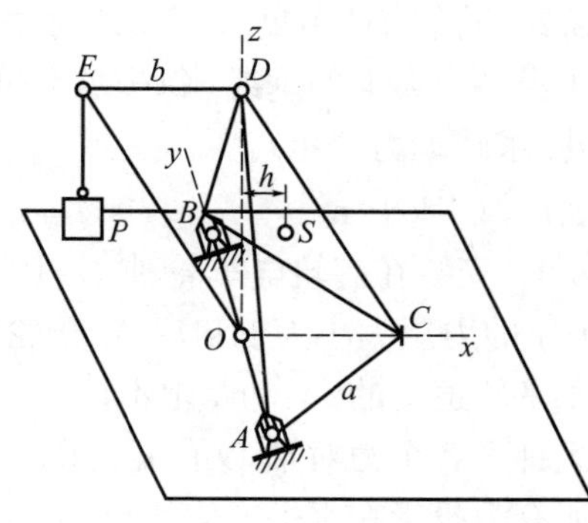

题 8.6 图

8.7 机器房的天窗盖靠支柱 FG 支撑在水平位置上, 支撑点 F 到窗盖轴的距离是 $EF = 1.5$ m. 窗盖重 $P = 180$ N, 长 $CD = 2.3$ m, 宽 $CE = 0.75$ m, 铰链 A, B 到盖边的距离 $AE = BC = 0.15$ m. 求铰链 A, B 的反力和支柱 FG 的内力 S.

答 $Z_A = -94$ N, $Z_B = 136$ N, $Y_A = Y_B = 0, S = 138$ N.

8.8 均匀矩形薄板 $ABCD$ 由三个点状支座支撑在水平位置, 两个支座在矩形的顶点 A, B, 第三个支座在 E 点. 薄板重 P, 在支座 A, B 上压力分别是 $\dfrac{P}{4}$ 和 $\dfrac{P}{5}$. 设薄板的边长分别为 a 和 b, 求支座 E 的压力和 E 点的坐标.

答 $N_E = \dfrac{11}{20}P, x = \dfrac{6}{11}a, y = \dfrac{10}{11}b$.

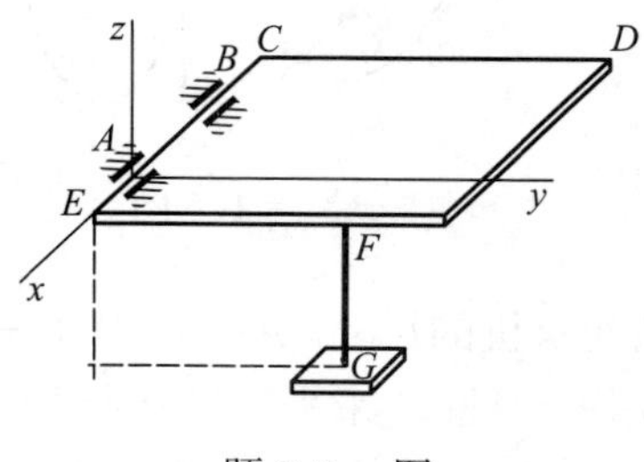

题 8.7 图

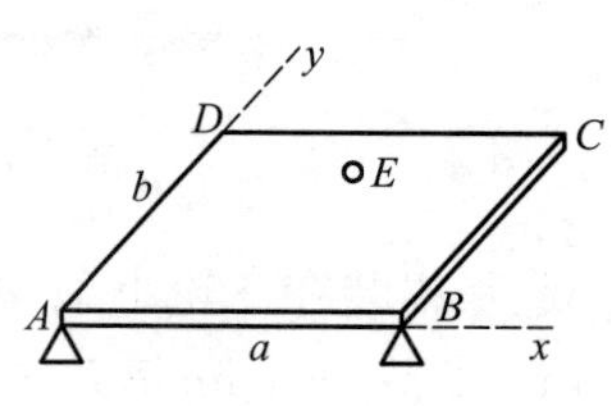

题 8.8 图

8.9 桌子有三条腿, 端点 A, B, C 形成边长是 a 的等边三角形. 桌重 P 的作用线通过三角形 ABC 的中心 O_1. 在桌上 M 点放有重物 p, 点 M 的坐标为 (x,y), 且 Oy 平行于 AB. 求每条桌腿对地板的压力.

答 $N_A=\dfrac{P+p}{3}+\left(\dfrac{\sqrt{3}}{3}x-y\right)\dfrac{P}{a}$, $N_B=\dfrac{P+p}{3}+\left(y+\dfrac{\sqrt{3}}{3}x\right)\dfrac{P}{a}$,

$N_C=\dfrac{P+p}{3}-\dfrac{2\sqrt{3}}{3}\dfrac{x}{a}p.$

8.10 圆桌立在三条腿 A_1, A_2, A_3 上, 在圆桌中心 O 放有重物. 为使桌腿 A_1, A_2, A_3的压力大小成比例 $1:2:\sqrt{3}$. 圆心角 φ_1, φ_2, φ_3 应满足什么条件?

解题时可对 OA_1, OA_2, OA_3 中的任意两个轴取矩.

答 $\varphi_1=150^\circ, \varphi_2=90^\circ, \varphi_3=120^\circ$.

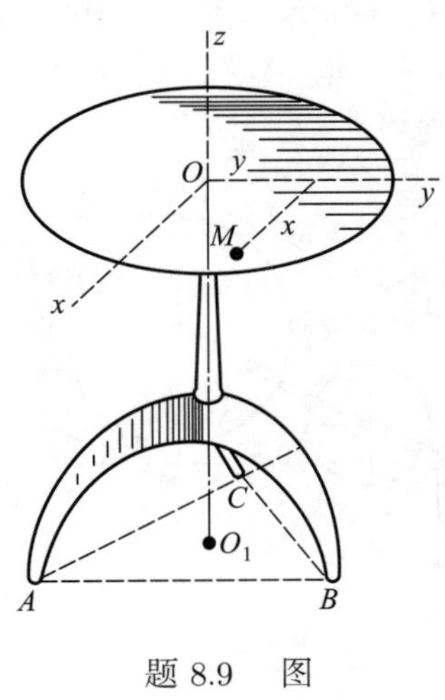

题 8.9 图

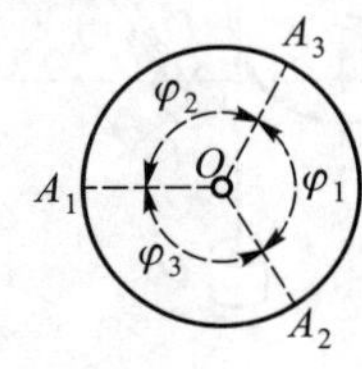

题 8.10 图

8.11 无质量的圆板中心搁在尖端 O 上, 静止在水平位置. 现在沿板的圆周放上三个重物: P_1 重 1.5 N, P_2 重 1 N, P_3 重 2 N, 圆板仍保持平衡. 求角 α 和 β.

答 $\alpha=75^\circ30', \beta=151^\circ$.

8.12 发电机皮带轮 CD 的半径是 10 cm, 轴 AB 的尺寸如图所示. 皮带主动

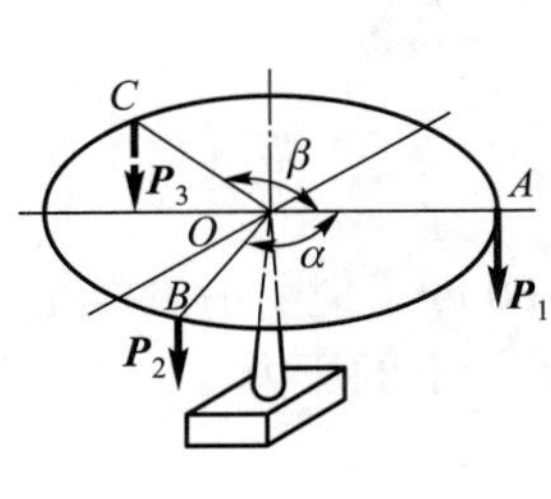

题 8.11 图

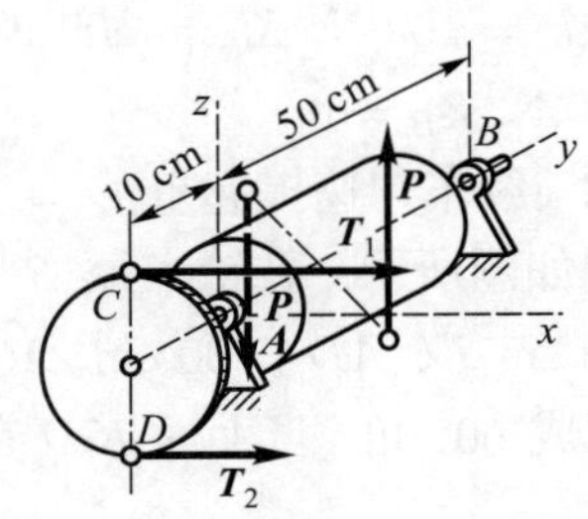

题 8.12 图

边的张力是 $T_1 = 100$ N, 从动边的张力是 $T_2 = 50$ N. 求匀速转动情况下的转动力偶矩 M 和轴承 A, B 的反力. 机器各部分的重量都不计, $(\boldsymbol{P}, \boldsymbol{P}')$ 是阻力形成的力偶.

答 $M = 5\ \text{N}\cdot\text{m},\ X_A = -180\ \text{N},\ X_B = 30\ \text{N},\ Z_A = Z_B = 0.$

8.13 水平轴放在轴承 A, B 上, 轴的一边有重锤用细绳系在圆盘上, 重物重 $Q = 250$ N, 圆盘的半径是 20 cm, 轴的另一边在杆 DE 上套着一个重为 $P = 1$ kN 的重锤. 杆 DE 垂直固定在轴 AB 上. 已知距离 $AC = 20$ cm, $CD = 70$ cm, $BD = 10$ cm. 平衡时, 杆 DE 与铅垂线的夹角为 30°. 求重锤 P 的重心到轴 AB 的距离 l, 以及轴承 A 和 B 的反力.

答 $l = 10$ cm, $Z_A = 300$ N, $Z_B = 950$ N, $X_A = X_B = 0$.

8.14 在水平轴 AB 上装有半径 1 m 的大齿轮 C 和半径 10 cm 的小齿轮 D, 其他尺寸如图所示. 在齿轮 C 上沿切线方向作用着水平力 $P = 100$ N, 在小齿轮 D 上沿切线方向作用着铅垂力 Q. 求平衡时的力 Q, 以及轴承 A 和 B 的反力.

答 $Q = 1$ kN, $X_A = -10$ N, $X_B = -90$ N, $Z_A = -900$ N, $Z_B = -100$ N.

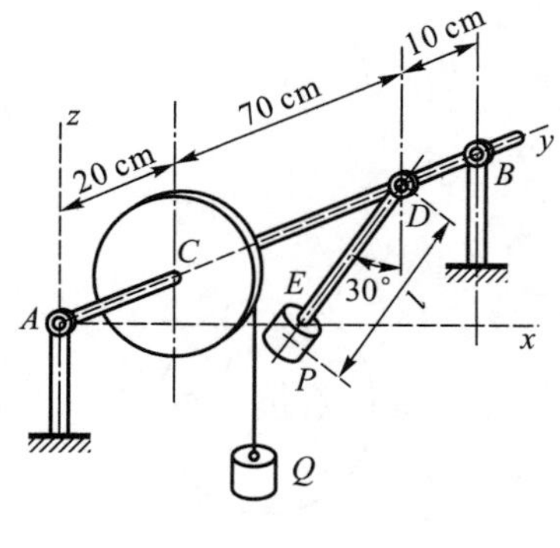

题 8.13 图

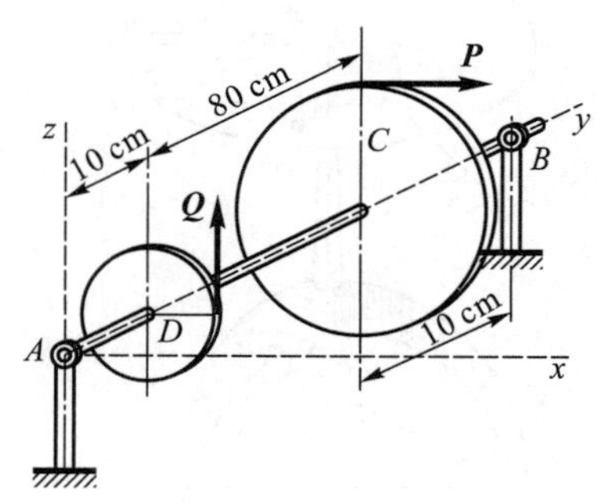

题 8.14 图

8.15 工人利用绞车匀速提起重物 $Q = 800$ N, 绞车的简图如图所示. 鼓轮半径 $R = 5$ cm, 手柄长 $AK = 40$ cm, 又 $AC = CB = 50$ cm. 当手柄 AK 水平时, 手柄上的压力 P 是铅垂的. 求此时手柄上的压力 P 和绞车轴对支座 A, B 的压力.

答 $P = 100$ N, $X_A = 400$ N, $Z_A = -100$ N, $X_B = 400$ N, $Z_B = 0$.

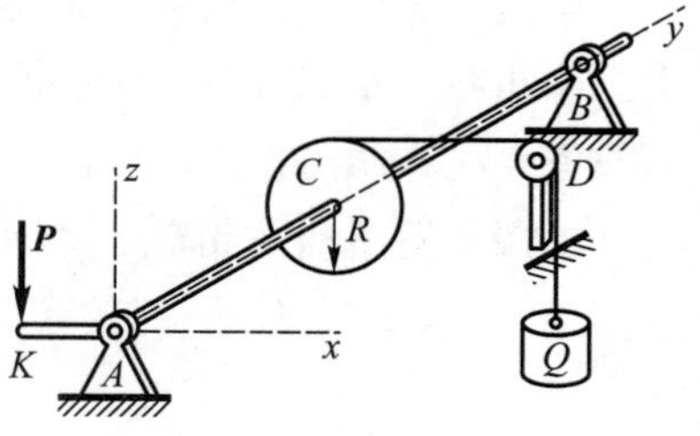

题 8.15 图

8.16 绞车匀速提起重 $Q = 1$ kN 的重物, 绞车的简图如图所示. 鼓轮半径 $R = 5$ cm, 手柄长 $KD = 40$ cm, 又 $AD = 30$ cm, $AC = 40$ cm, $CB = 60$ cm. 绳子沿着鼓轮切线引出, 与水平面成 60° 角. 当手柄 KD 在水平位置时, 求手柄上的压力 P, 以及支座 A, B 的反力.

答 $P = 125$ N, $X_A = -300$ N, $Z_A = -357$ N, $X_B = -200$ N, $Z_B = -384$ N.

8.17 绞车轴 AB 上绕有绳子, 绳上挂有重物 Q. 轮子 C 装在轴上, 轮子半径是轴半径的 6 倍, 其他尺寸如图所示. 绕在轮子上的绳子沿着切线引出, 与水平面成 $\alpha = 30°$ 角, 重物 $P = 60$ N 挂在绳子上. 当绞车平衡时, 求重物 Q 重多少, 以及轴承 A, B 的反力. 不计轴重和滑车 D 的摩擦.

答 $Q = 360$ N, $X_A = -69.3$ N, $Z_A = 160$ N, $X_B = 17.3$ N, $Z_B = 230$ N.

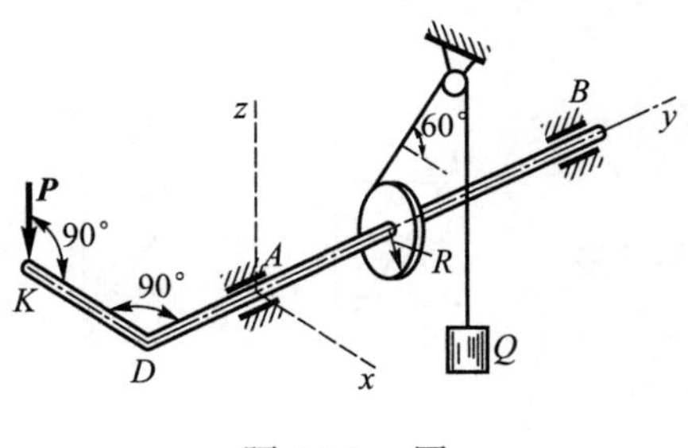

题 8.16 图

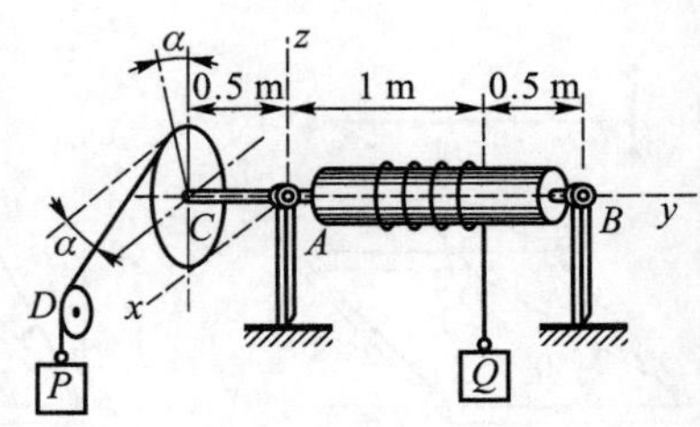

题 8.17 图

8.18 均匀矩形板 $ABCD$ 重 G, 用钢索 EH 悬挂在水平位置上. 钢索与板平面的夹角是 α. 求钢索的张力 T (钢索重量不计) 和蝶形铰链 A, B 的反力. 设 $AK = KB = DE = EC$, 并且 HK 垂直于 AB.

答 $T = \dfrac{G}{2\sin\alpha}$, $X_A = X_B = \dfrac{G}{4}\cot\alpha, Z_A = Z_B = \dfrac{G}{4}$.

8.19 将重 $P = 400$ N 的均质矩形盒盖打开, 使它与水平面成 60° 角, 并用配重 Q 吊着. 设滑轮 D 被固定于过 A 点的铅垂线上, $AD = AC$, 不计滑轮 D 的摩擦, 求重 Q 和铰链 A, B 的反力.

答 $Q = 104$ N, $X_A = 100$ N, $Z_A = 173$ N, $X_B = 0$, $Z_B = 200$ N.

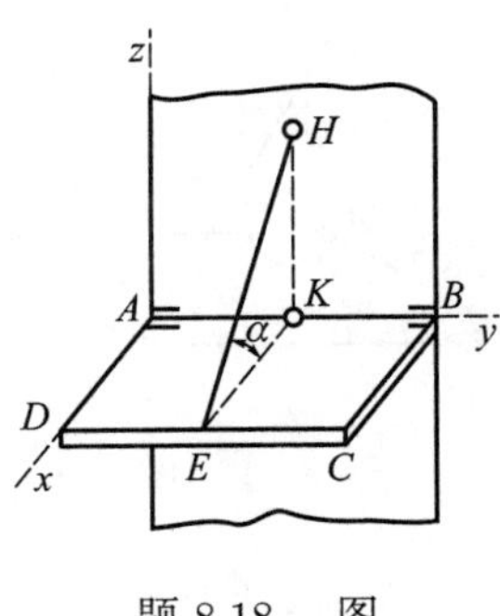

题 8.18 图

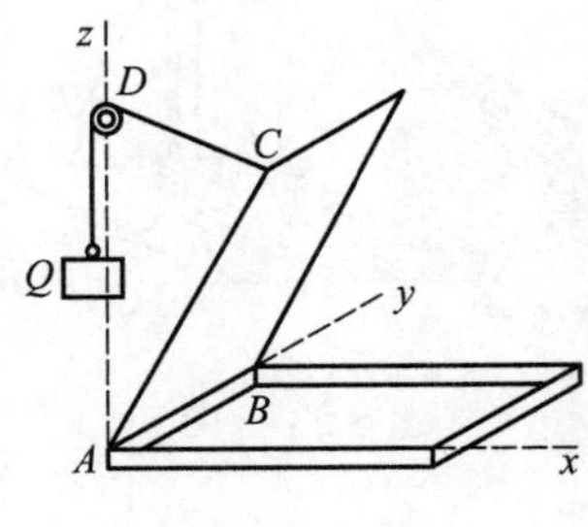

题 8.19 图

8.20 均质长方形盒盖 $ABCD$ 可绕通过 A, B 两点的蝶形铰链的水平轴转动. 用平行于 Ax 的水平绳子 CE 将盒盖维持成角 $\angle DAx = 30°$. 设盒盖重 20 N, 求蝶形铰链的反力.

答 $X_A = 0$, $Z_A = 10$ N, $X_B = 17.3$ N, $Z_B = 10$ N.

8.21 矩形抽屉盖 $ABCD$ 的一边被杆 DE 撑住. 盖重 120 N, 又 $AD = AE$, $\angle DAE = 60°$. 不计杆重, 求铰链 A, B 的反力以及杆的内力 S.

答　$X_A = 17.3$ N, $Z_A = 30$ N, $X_B = 0$, $Z_B = 60$ N, $S = 34.5$ N.

8.22 重 $Q = 100$ N 的气窗被打开角度 $\alpha = 60°$. 已知 $BD = BH$, $CE = ED$, 绳子 EF 平行于直线 DH. 求维持气窗平衡的力 P, 以及蝶形铰链 A, B 的反力.

答　$P = 50$ N, $X_A = X_B = 21.7$ N, $Z_A = Z_B = 37.5$ N.

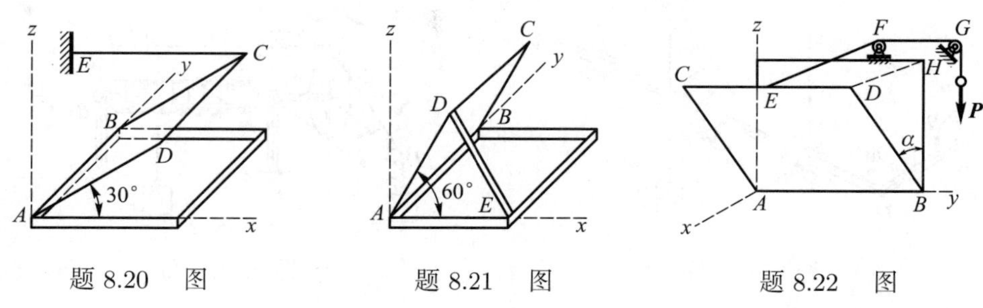

题 8.20　图　　题 8.21　图　　题 8.22　图

8.23 重 15 kN 的吊桥 $ABCD$ 用缆索 CE 吊起, 缆索 CB 跨过滑轮 E 引向绞车 K. 点 E 在铅垂平面 CBy 内. 求在图示位置缆索 CE 的张力, 以及点 A 和 B 的反力. 吊桥重心与矩形 $ABCD$ 的重心重合.

答　$T = 3.75$ kN, $Y_A = 0$, $Z_A = 7.5$ kN, $Y_B = -3.25$ kN, $Z_B = 5.625$ kN.

8.24 用球铰链 A 和蝶形铰链 B 将重 200 N 的均质矩形框架固定在墙上, 并用绳 CE 将它维持在水平位置, 绳 CE 缚在框架的 C 点并挂在墙上的钉子 E 上, $\angle ECA = \angle BAC = 30°$. 求绳子的张力和支点的反力.

答　$T = 200$ N, $X_A = 86.6$ N, $Y_A = 150$ N, $Z_A = 100$ N, $X_B = Z_B = 0$.

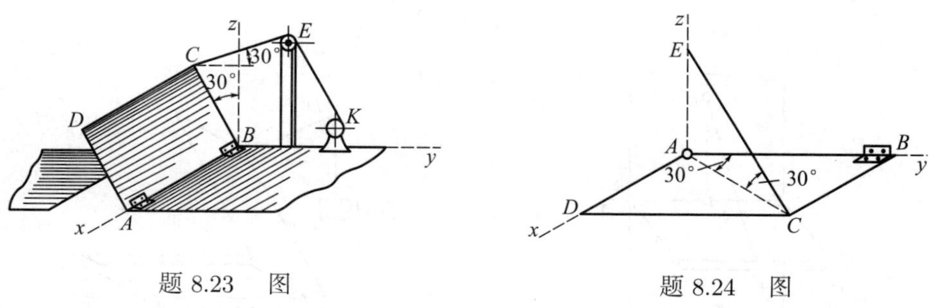

题 8.23　图　　题 8.24　图

8.25 车厢的搁板 $ABCD$ 可绕轴 AB 转动, 杆 ED 将其支撑在水平位置上. 杆 ED 用铰链 E 联结在铅垂墙面 BAE 上. 搁板连同其上重物重 $P = 800$ N, 且作用在矩形 $ABCD$ 的对角线交点上. 已知尺寸: $AB = 150$ cm, $AD = 60$ cm, $AK = BH = 25$ cm, $ED = 75$ cm. 杆 ED 的重量不计, 求杆的内力 S, 以及蝶形铰链 K 和 H 的反力.

答　$S = 666.7$ N, $X_K = -666.7$ N, $Z_K = -100$ N, $X_H = 133.3$ N, $Z_H =$

500 N.

8.26 均质正方形薄板 $ABCD$ 每边长 $a = 30$ cm, P 重 5 N, 在点 A 用球铰链固定, 在点 B 用柱铰链固定, 而 E 点搁在一尖端上. 边 AB 是水平的. 在 H 点作用着一个平行于 AB 的力 $\boldsymbol{F}$. 如果 $CE = ED, BH = 10$ cm, $F = 10$ N, 板与水平面夹角 $\alpha = 30°$. 求点 A, B 和 E 的反力.

答 $X_A = 10$ N, $Y_A = 2.35$ N, $Z_A = -0.11$ N, $Y_B = -3.43$ N, $Z_B = 3.23$ N, $R_E = 2.17$ N.

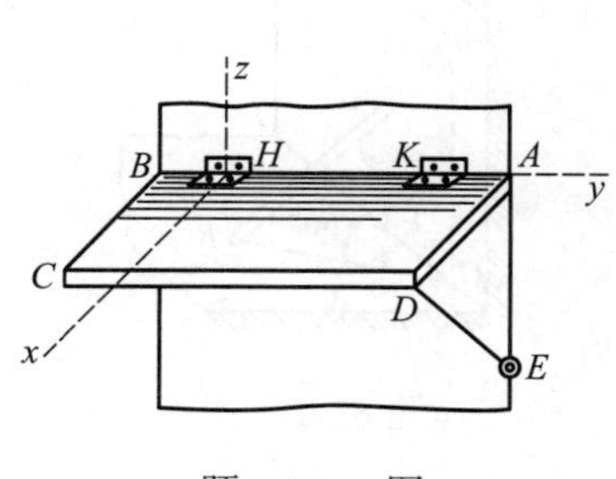

题 8.25 图

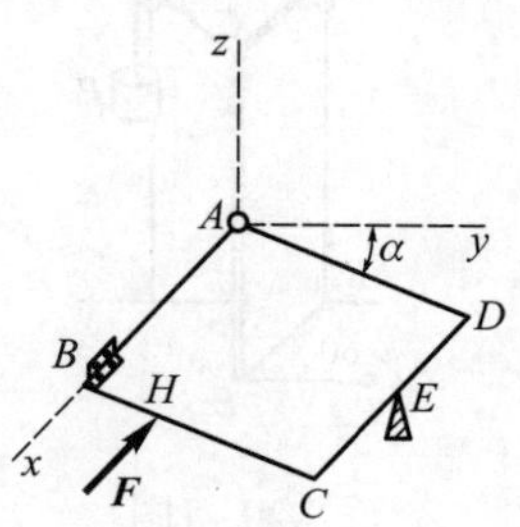

题 8.26 图

8.27 水平均质板重 P, 用六根直杆固定在地面上, 形成一个正六面体. 设直杆两端都用球铰链同板和固定支座相连, 求各直杆的内力.

答 $S_1 = S_3 = S_4 = S_5 = 0, S_2 = S_6 = -\dfrac{P}{2}$.

8.28 正方形板 $ABCD$ 由六根直杆支撑, 受到沿 AD 边的水平力 $\boldsymbol{P}$ 作用, 求各直杆的内力. 尺寸如图所示.

答 $S_1 = P, S_2 = -\sqrt{2}P, S_3 = -P, S_4 = \sqrt{2}P, S_5 = \sqrt{2}P, S_6 = -P$.

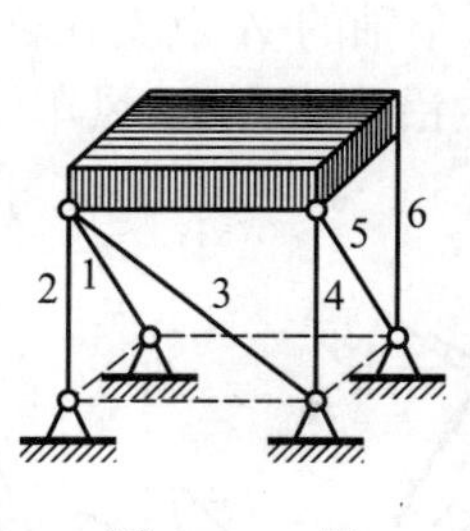

题 8.27 图

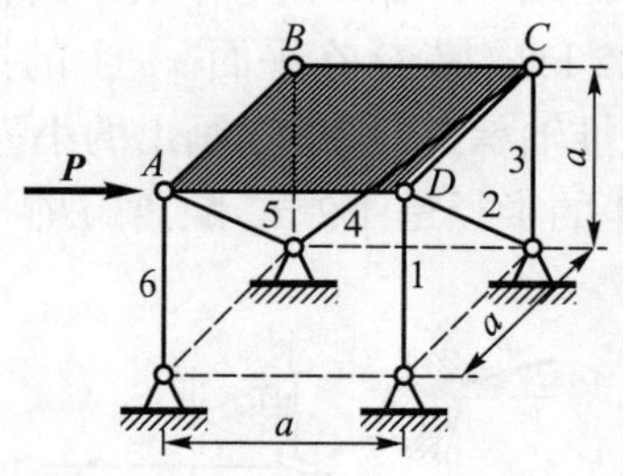

题 8.28 图

8.29 矩形门的转动轴 AB 是铅垂的, 将门打开成角 $CAD = 60°$, 并用两条绳子将它维持在这个位置上. 其中绳子 CD 跨过滑轮并挂着重物 $P = 320$ N, 另一绳子 EF 系在地板上的点 F. 门重 640 N, 宽 $AD = AC = 1.8$ m, 高 $AB = 2.4$ m. 不计滑轮摩擦, 求绳子 EF 的张力 T, 以及点 A 处圆柱铰链反力和点 B 处门枢的反力.

答 $T = 320$ N, $X_A = 69$ N, $Y_A = -280$ N, $X_B = 208$ N, $Y_B = 440$ N, $Z_B = 640$ N.

8.30 杆 AB 用两根水平绳子 AD 和 BC 维持在倾斜位置. 杆上的点 A 搁在铅垂墙面上, 点 D 也在墙上, 点 C 在水平地面上. A 和 C 两点在同一铅垂线上. 杆重 8 N. 不计 A 和 B 处的摩擦, 设 $\angle ABC = \angle BCE = 60°$, 此杆能否平衡? 并求绳子的张力 T_A 和 T_B, 以及支承平面的反力.

答 $T_A = 1.15$ N, $T_B = 2.3$ N, $R_A = 2$ N, $R_B = 8$ N.

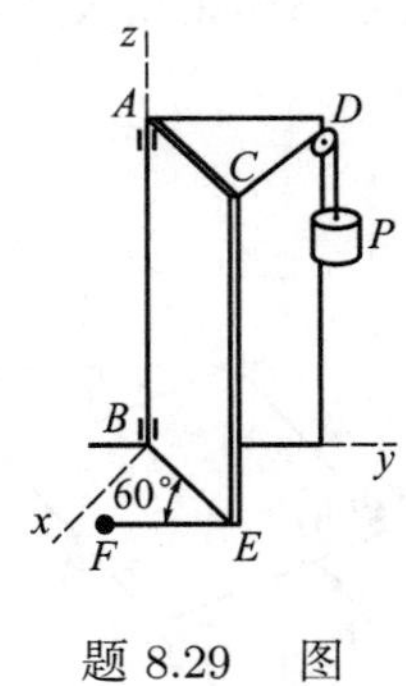

题 8.29 图

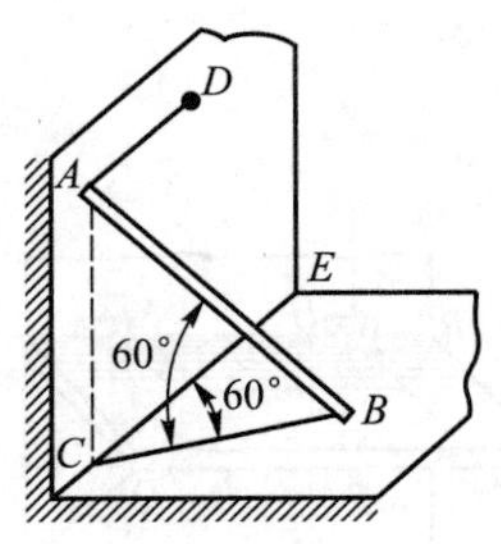

题 8.30 图

8.31 使水涡轮 T 转动的力偶矩是 1.2 kN · m, 该力偶与作用在锥齿轮 OB 的齿 B 上压力和支座的反力平衡. 齿 B 所受的压力垂直于半径 $OB = 0.6$ m, 并与水平面成角 $\alpha = 15° = \arctan 0.268$. 设水涡轮连同轴和大齿轮的总重 12 kN, 重力作用线沿轴 OC, 距离 $AC = 3$ m, $AO = 1$ m, 求止推轴承 C 和轴承 A 的反力.

答 $X_A = 2.667$ kN, $X_C = -0.667$ kN, $Y_A = -Y_C = 0.107$ kN, $Z_C = 12.54$ kN.

8.32 风车的轴 AC 水平, 此风车具有四个对称分布的翼, 翼面与垂直于轴 AC 的铅垂面成 30° 角. 在每个翼上离轴 2 m 处都作用了垂直于翼面的风压合力, 大小都是 1.2 kN (翼 D 在平面 xy 上的投影单独画出). 风车轴的 A 点支在轴承上, C 点支在止推轴承上. 图中未画出的小齿轮对齿轮 B 产生铅垂压力 P, 风车轴处于静止. 齿轮 B 的半径是 1.2 m, 距离: $BC = 0.5$ m, $AB = 1$ m, $AF = 0.5$ m. 求压力 P 和

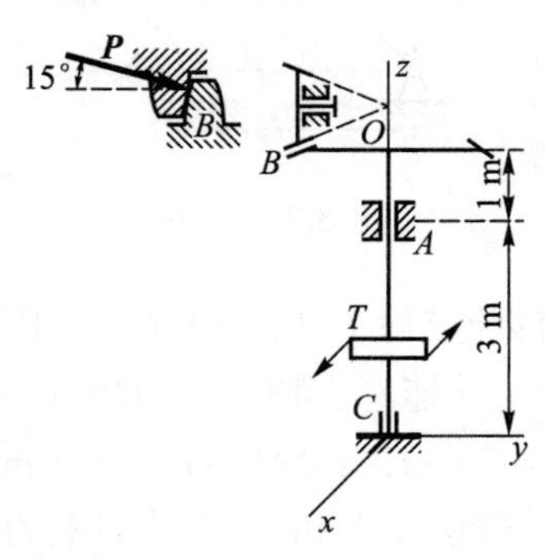

题 8.31 图

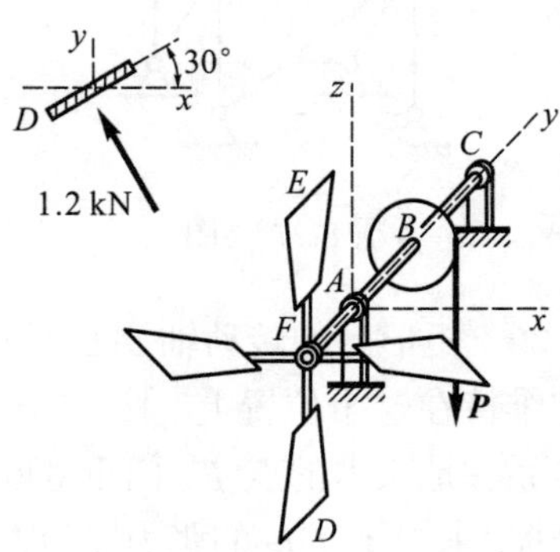

题 8.32 图

支点的反力.

答 $P = 4$ kN, $Z_A = 1.333$ kN, $Y_C = -0.416$ kN, $Z_C = 2.667$ kN, $X_A = X_C = 0$.

8.33 重物 Q 用电动机通过链条传动匀速提起. 链条与水平面成 30° 角 (轴 O_1x_1 平行于轴 Ax). 已知 $r = 10$ cm, $R = 20$ cm, $Q = 10$ kN, 链条主动边的张力是从动边张力的两倍, 即 $T_1 = 2T_2$. 求支座 A 和 B 的反力以及链条的张力.

答 $T_1 = 10$ kN, $T_2 = 5$ kN, $X_A = -5.2$ kN, $Z_A = 6$ kN, $X_B = -7.8$ kN, $Z_B = 1.5$ kN.

8.34 重 $P = 3$ kN 的桩槌由直立式的绞车提起. 绞车轴半径是 $r = 20$ cm, 下端放在止推轴承 A 内, 上端在轴承 B 内. 绞车轴由电动机驱动. 已知: $h_1 = 1$ m, $h = 30$ cm, 绞车转动部分的重 $P_1 = 1$ kN. 求将桩槌匀速提起所需的电动机力矩, 以及止推轴承 A 和轴承 B 的反力.

答 $M = 0.6$ kN·m, $X_A = 0$, $Y_A = -2.1$ kN, $Z_A = 1$ kN, $X_B = 0$, $Y_B = -0.9$ kN.

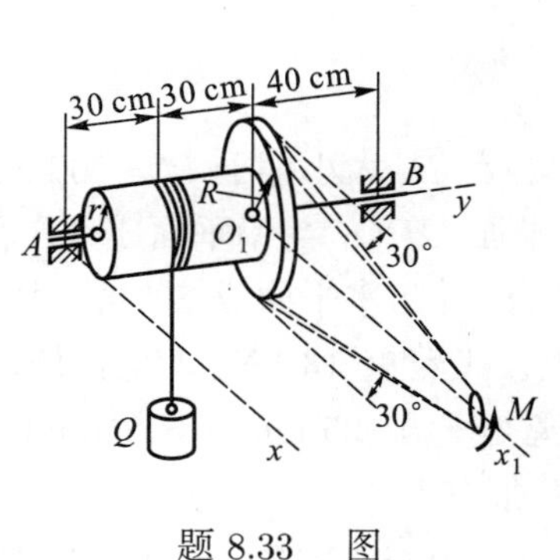

题 8.33 图

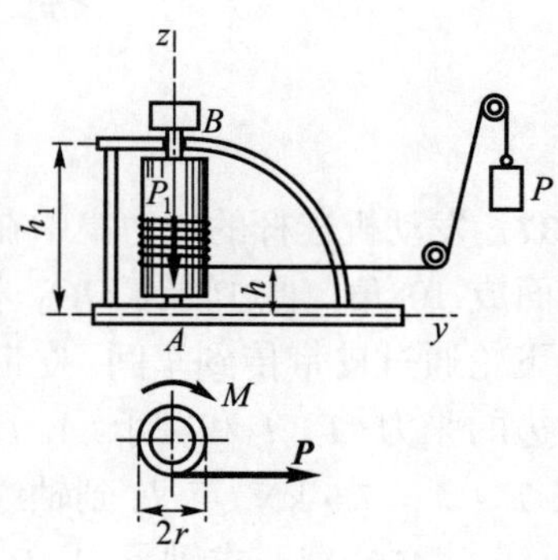

题 8.34 图

8.35 用绞车将岩石从斜坑内运出. 绞车轴的半径为 0.25 m, 长度为 1.5 m, 由电动机 (图上没有画出) 驱动. 求支座的反力和电动机的力矩. 设轴重 0.8 kN, 载荷重 4 kN, 载荷与坑面的摩擦系数是 0.5, 坑道与水平面的夹角是 30°, 绳从轴上引出的位置离轴承 B 为50 cm. 轴的转动认为是匀速的.

答 $M = 0.93$ kN·m, $X_A = -1.08$ kN, $Z_A = 1.02$ kN, $X_B = -2.15$ kN, $Z_B = 1.65$ kN.

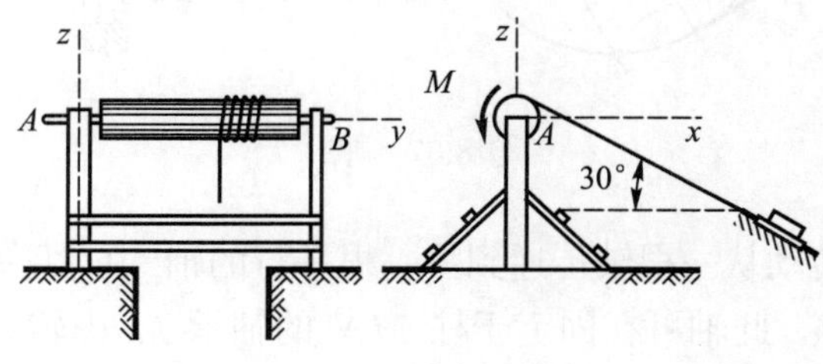

题 8.35 图

8.36 水平传动轴上装有皮带轮 C, D, 在轴承 A, B 内转动. 皮带轮半径是 $r_C = 20$ cm 与 $r_D = 25$ cm. 两个皮带轮到两轴承的距离分别是 $a = b = 50$ cm, 两皮带轮的距离是 $c = 100$ cm. 套在皮带轮 C 上的皮带是水平的, 皮带两边的张力分别为 T_1 和 t_1, 且 $T_1 = 2t_1 = 5$ kN, 套在皮带轮 D 上的皮带与铅垂线成角 $\alpha = 30°$, 此皮带两边的张力分别是 T_2 和 t_2, 且 $T_2 = 2t_2$. 求平衡时张力 T_2 和 t_2, 以及轴承反力.

答 $T_2 = 4$ kN, $t_2 = 2$ kN, $X_A = -6.375$ kN, $Z_A = 13$ kN, $X_B = -4.125$ kN, $Z_B = 3.9$ kN.

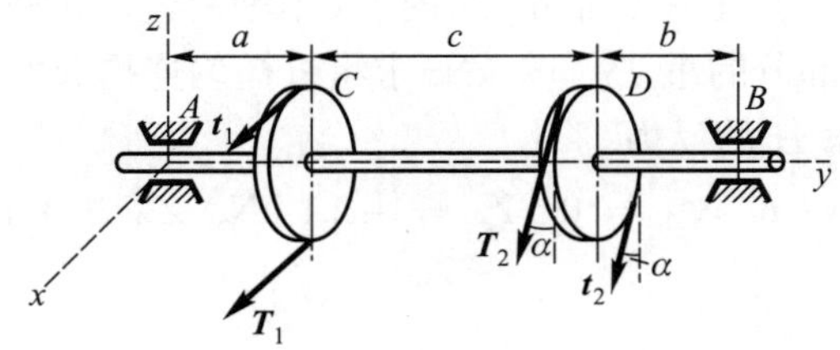

题 8.36　图

8.37 发动机连杆的压力集中在曲柄销的中心点 D, 大小等于 $P = 20$ kN, 方向与水平面成 10°角. 通过轴线 OO_1 和销轴 D 的平面 ODO_1 与铅垂面成 30° 角. 主动力自飞轮通过皮带传到车间, 皮带两边互相平行, 并与水平面成 30°角. 力 $\boldsymbol{P}$ 与皮带两边的张力 $\boldsymbol{T}$, $\boldsymbol{t}$ 和轴承 A, B 的反力平衡. 飞轮重 13 kN, 飞轮直径是 $d = 2$ m, 又 $T + t = 7.5$ kN, 点 D 到轴线 OO_1 的距离是 $r = 125$ mm, $l = 250$ mm, $m = 300$ mm, $n = 450$ mm. 求轴承 A, B 的反力, 以及张力 t, T.

答 $X_A = -5.7\ \text{kN}, Z_A = -4.47\ \text{kN}, X_B = -20.48\ \text{kN}, Z_B = 10.25\ \text{kN}, T = 4.92\ \text{kN}, t = 2.58\ \text{kN}$.

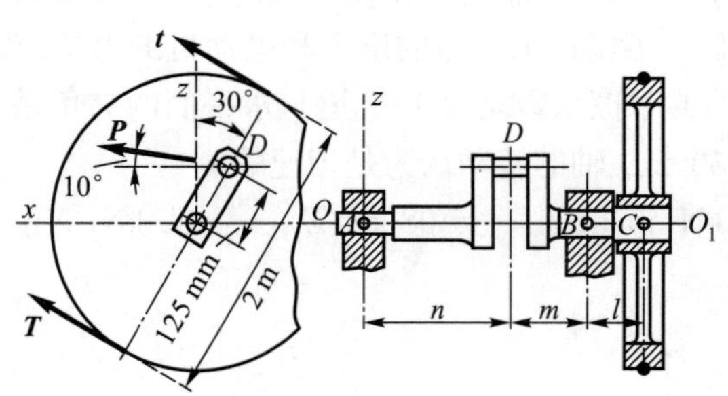

题 8.37　图

8.38 为了把转动从一根轴传递到另一根平行的轴, 在水平轴 KL 上固装了相同的两个辅助皮带轮. 此轴可在固定于柱 MN 的轴承 M 内转动. 柱的等边三角形底座用两根螺栓 A, B 固定于地板, 底座的点 C 自由地搁在地板上. 螺栓 A 穿过底座的圆孔, 螺栓 B 穿过沿 AB 方向的长孔. 柱的轴线通过三角形 ABC 的中心.

设轴线 KL 到地板的距离是 1 m, 两皮带轮的中心到柱轴线的距离都是 0.5 m, 皮带四条边的张力认为相同, 都等于 600 N. 右轮两侧的皮带是水平的, 左轮两侧的皮带与水平面成 30° 角. 整个装置重 3 kN, 且作用在柱的轴线上. 已知尺寸分别为: $AB = BC = CA = 50$ cm. 求 A, B, C 的反力.

答 $X_A = 960$ N, $Y_A = 0$, $Z_A = -2.39$ kN; $X_B = 1.28$ kN, $Z_B = -1.19$ kN, $Z_C = 5.97$ kN.

8.39 皮带轮 D 的悬架在 A, C 两点用轴承固定于光滑水平天花板 MN上, 而 B 点靠在天花板上. 这三个点位于边长为 30 cm 的等边三角形的顶点. 皮带轮 D 的中心位置可以用三角形 ABC 中心 E 的铅垂距离 $EF =$ 40 cm 和平行于 AC 边的水平距离 $FD = 50$ cm 来确定. 轮子平面垂直于直线 FD. 皮带两边的张力是 $P = 1200$ N, 方向与铅垂线成 30° 角. 不计各部分的重量. 求支点 A, B, C 的反力.

答 $Y_A = 1.4$ kN, $Z_A = 1.85$ kN, $Z_B = 1.15$ kN, $Y_C = -2.6$ kN, $Z_C = -5.08$ kN.

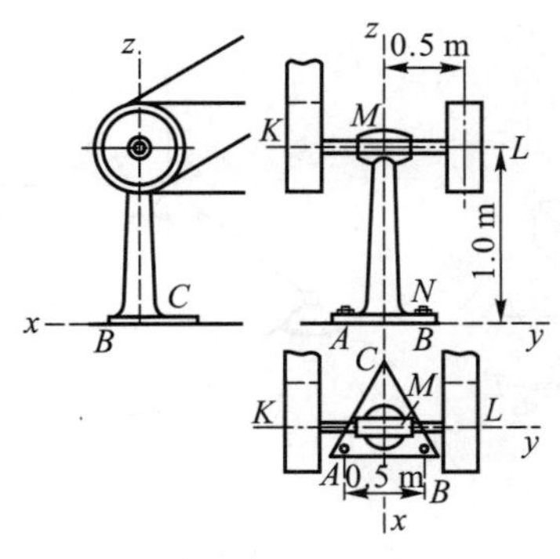

题 8.38 图

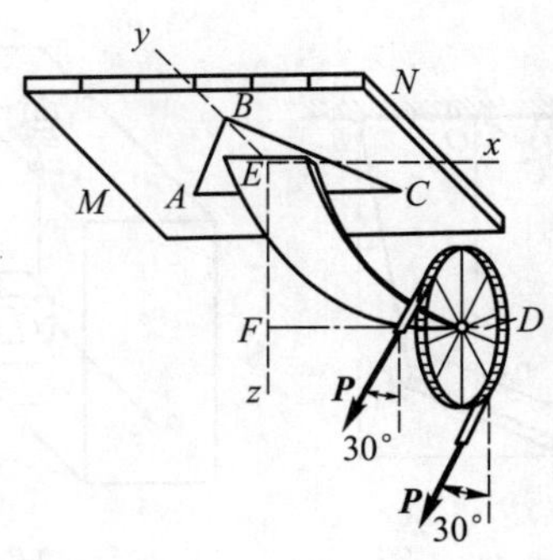

题 8.39 图

8.40 矩形镜框 $ABCD$ 用细绳 EKF 挂在墙钩 K 上. 框边 AB 水平, E, F 两点分别为 AD, BC 的中点. 镜框与墙夹角 $\alpha = \arctan\dfrac{3}{4}$, 并且靠在钉子 L, M 上, $AL = MB$. 尺寸: $AB = 60$ cm, $AD = 75$ cm, 镜框重 200 N, 重心位于矩形 $ABCD$ 的中心. 绳长 85 cm. 求绳的张力 T, 以及钉子 L, M 上的压力.

答 $T = 85$ N, $Y_L = Y_M = -45$ N, $Z_L = Z_M = -60$ N.

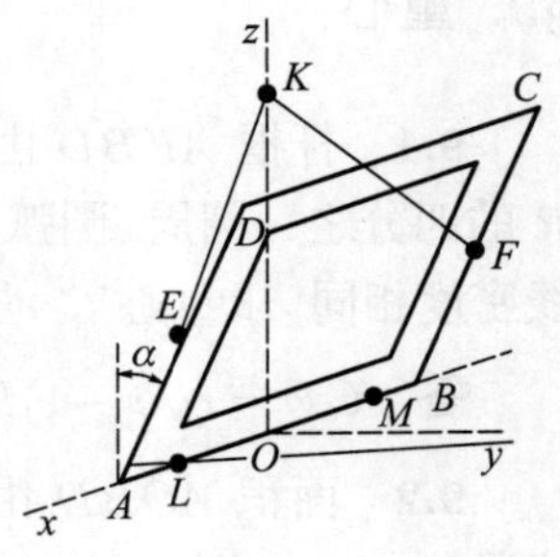

题 8.40 图

8.41 均质杆 AA_1 的两端被长 l 的不可伸长的绳子吊住, 绳的另一端分别系在 B, B_1 点上. 杆长 $AA_1 = BB_1 = 2r$, 杆重 P. 现将杆绕铅垂轴转过角 α, 求能使杆在此位置保持平衡所需的力偶矩 M 以及绳的张力 T.

答　$M=\dfrac{Pr^2\sin\alpha}{\sqrt{l^2-4r^2\sin^2\dfrac{\alpha}{2}}}$, $T=\dfrac{lP}{2\sqrt{l^2-4r^2\sin^2\dfrac{\alpha}{2}}}$.

8.42　具有正棱锥形状的三脚架 $ABDE$ 铰接在两个悬臂梁上. 钢索通过安装在三脚架顶点 E 的滑轮, 借助于绞盘匀速提起重量为 P 的载荷. 从滑轮到绞盘的拉紧钢索平行于悬臂梁. 求第一个悬臂梁固定端的反力. 设立脚架高 $l/2$, 悬臂梁和三脚架的重量都不计.

答　$X_O=-\dfrac{\sqrt{3}}{9}P, Y_O=P, Z_O=\dfrac{2}{3}P, M_x=-\dfrac{9}{15}Pl, M_y=-\dfrac{\sqrt{3}}{90}Pl, M_z=-\dfrac{\sqrt{3}}{36}Pl.$

8.43　自动机械手的四连杆机构处在水平面 Oxy 内. 各杆长度相同, 都等于 l, 各杆的质量都等于 m. 被操作对象的质量是 $2\,m$. 求重力对各坐标轴的力矩. 设各杆都是均质的.

答　$M_x=-4.98\,mgl, M_y=6.98\,mgl, M_z=0.$

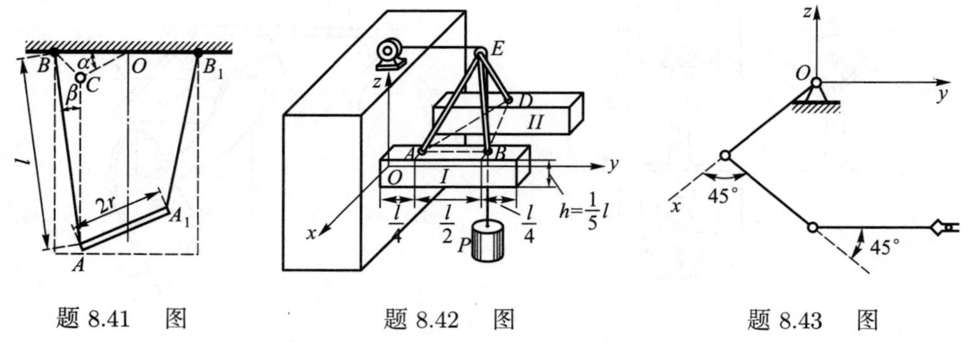

题 8.41　图　　题 8.42　图　　题 8.43　图

§9. 重心

9.1　杆框 $AFBD$ 由两个圆弧组成: 圆弧 ADB 是半径为 $FD=R$ 的四分之一圆周, 圆弧 AFB 是以弦 AB 为直径的半圆周. 各杆的线密度相同, 求重心 C 的位置.

答　$CF=(\sqrt{2}-1)R+\dfrac{2}{\pi}(3-2\sqrt{2})R=0.524R.$

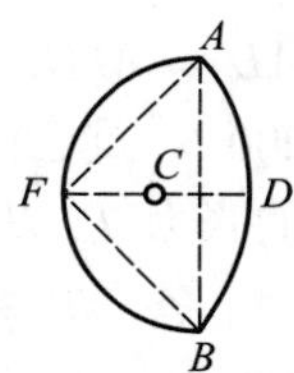

题 9.1　图

9.2　面积 $AOBD$ 由半径为 R 的半圆周 AOB 与两条等长的直线段 AD, DB 围成, 且 $OD=3R$, 试求该面积的重心.

答　$OC=\dfrac{3\pi+16}{3\pi+12}R=1.19R.$

9.3　已知弓形 ADB 的半径是 $AO=30$ cm, $\angle AOB=60^\circ$, 求重心 C 的位置.

答　$OC=27.7$ cm.

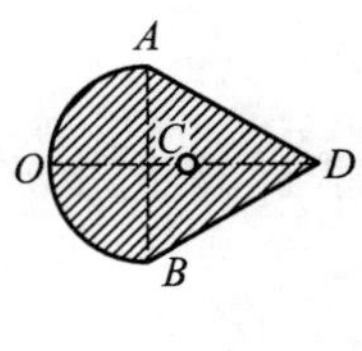

题 9.2　图

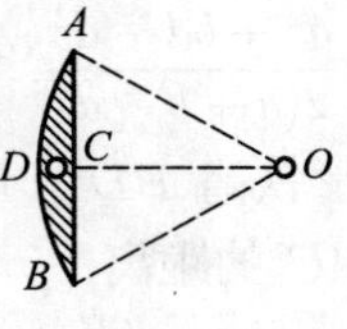

题 9.3　图

9.4　半径为 r_1 的均质圆盘内有一个半径为 r_2 的圆孔, 两圆的中心相距 $\frac{r_1}{2}$, 求该圆盘重心的位置.

答　$x_C = -\dfrac{r_1 r_2^2}{2(r_1^2 - r_2^2)}$.

9.5　求图示四分之一圆环重心的坐标.

答　$x_C = y_C = 1.38$ cm.

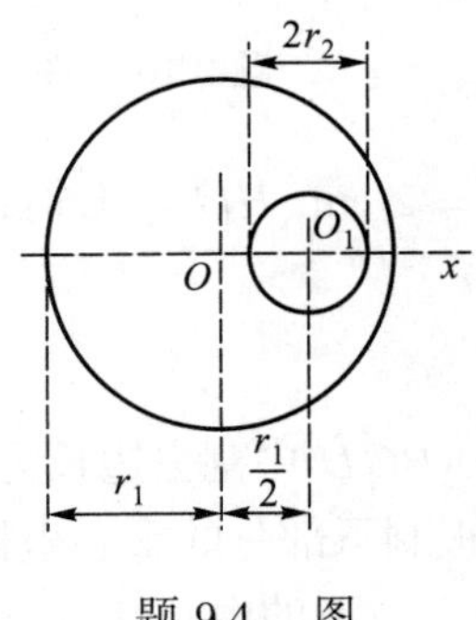

题 9.4　图

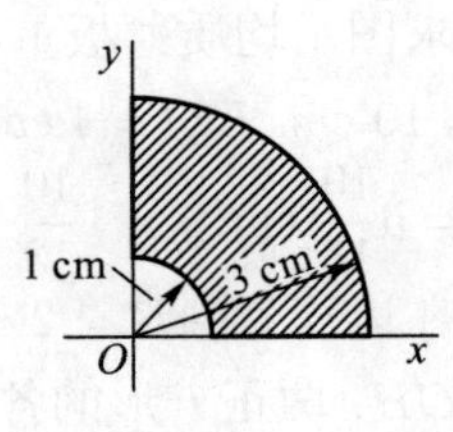

题 9.5　图

9.6　求图示图形重心的坐标.

答　$x_C = 0.61a$.

9.7　求图示堤坝横截面的重心.　混凝土密度取 24 kN/m³, 土壤密度取 16 kN/m³.

答　$x_C = 8.19$ m, $y_C = 1.9$ m.

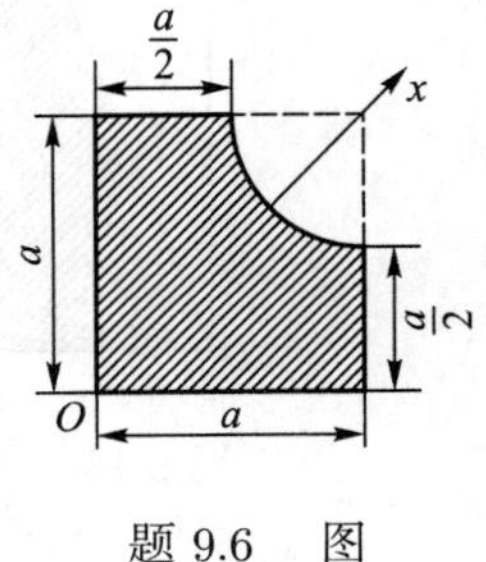

题 9.6　图

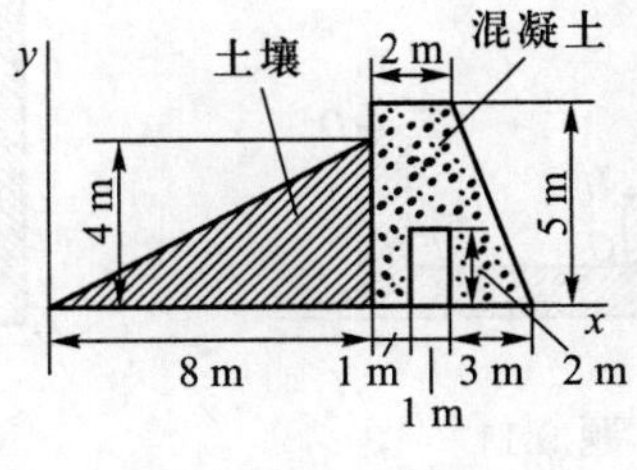

题 9.7　图

9.8　角铁宽 $OA = a, OB = b$, 厚 $AC = BD = d$, 求其横截面重心的坐标.

答 $x=\dfrac{a^2+bd-d^2}{2(a+b-d)}$, $y=\dfrac{b^2+ad-d^2}{2(b+a-d)}$.

9.9 T 形铁高 $BD=h$, 底宽 $AC=a$, 底厚 d, 肋厚 b. 求此 T 形截面 $ABCD$ 重心到底边 AC 的距离.

答 $\dfrac{ad^2+bh^2-bd^2}{2(ad+bh-bd)}$.

9.10 求工字钢截面的重心位置 (x_C 的长度), 其尺寸如图所示.

答 $x_C=9$ cm.

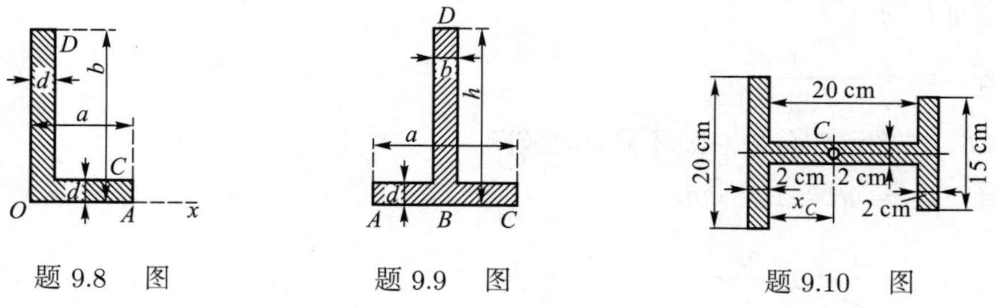

题 9.8 图　　题 9.9 图　　题 9.10 图

9.11 求图示均质薄板重心的坐标. 已知: $AH=2$ cm, $HG=1.5$ cm, $AB=3$ cm, $BC=10$ cm, $EF=4$ cm, $ED=2$ cm.

答 $x=5\dfrac{10}{13}$ cm, $y=1\dfrac{10}{13}$ cm.

9.12 在边长为 $AB=2$ m 的均质正方形木板 $ABCD$ 中割去边长为 0.7 m 的正方形 $EFGH$, 两正方形的各个对应边平行. 求木板剩下部分的重心坐标 x 和 y. 已知 $OK=O_1K=0.5$ m, 其中 O 和 O_1 分别是两个正方形的中心. OK 和 OK_1 恰好平行于正方形的边.

答 $x=y=-0.07$ m.

9.13 试由均质长方形 $ABCD$ 的顶点 D 作直线 DE, 使沿此直线割下的梯形 $ABED$ 悬挂于顶点 E 时, 边 $AD=a$ 保持水平.

答 $BE=0.366a$.

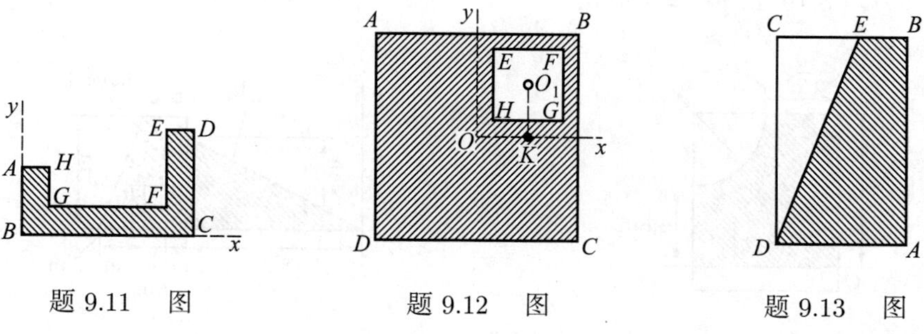

题 9.11 图　　题 9.12 图　　题 9.13 图

9.14 已知正方形 $ABDC$ 的边长为 a. 试在其中找出一点 E, 使此正方形在截去等腰三角形 AEB 后, 点 E 成为剩余面积的重心.

答　$x_E = \dfrac{a}{2}, y_E = 0.634a.$

9.15　四人抬一块均质三角形平板. 两人抬住三角形的两顶点, 其余两人抬住第三顶点的两条邻边. 后两人应抬在离第三顶点多远处, 才能使每人负担板重的四分之一?

答　距离为相应边的 $\dfrac{1}{3}$ 长度.

9.16　长方体的棱边分别为: $AB = 20$ cm, $AC = 10$ cm, $AD = 5$ cm. 在各顶点分别放有重物: 在顶点 A, B, C, D, E, F, G, H 上相应重物的重分别是 1 N, 2 N, 3 N, 4 N, 5 N, 3 N, 4 N, 3 N. 求该系统重心的坐标.

答　$x = 3.2$ cm, $y = 9.6$ cm, $z = 6$ cm.

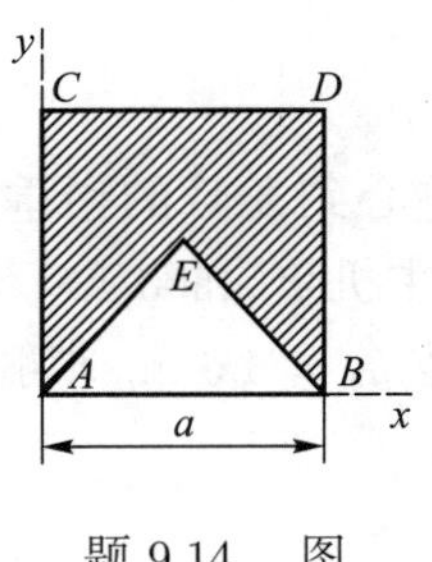

题 9.14　图

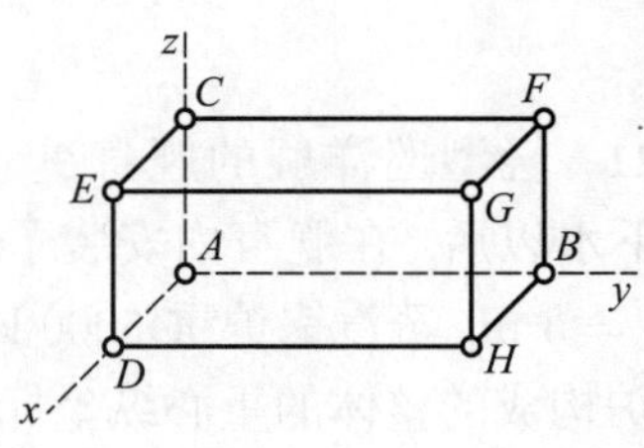

题 9.16　图

9.17　长方体的棱都是均质木棒, 长度分别是 $OA = 0.8$ m, $OB = 0.4$ m, $OC = 0.6$ m, OA 的重为 250 N, OB, OC 和 CD 的重均为 75 N, CG 的重为 200 N, AF 的重为 125 N, AG 和 GE 的重均为 50 N, BD, BF, DE 和 EF的重均为 25 N. 求该长方体重心的坐标.

答　$x = 0.263$ m, $y = 0.4$ m, $z = 0.105$ m.

9.18　具有椅子形状的物体由等长、等重的杆构成, 杆长 44 cm. 求重心的坐标.

答　$x = -22$ cm, $y = 16$ cm, $z = 0$.

9.19　平面桁架由七根杆构成, 杆长如图所示. 设杆的每米重量相同, 求该桁架重心的坐标.

答　$x = 1.47$ m, $y = 0.94$ m.

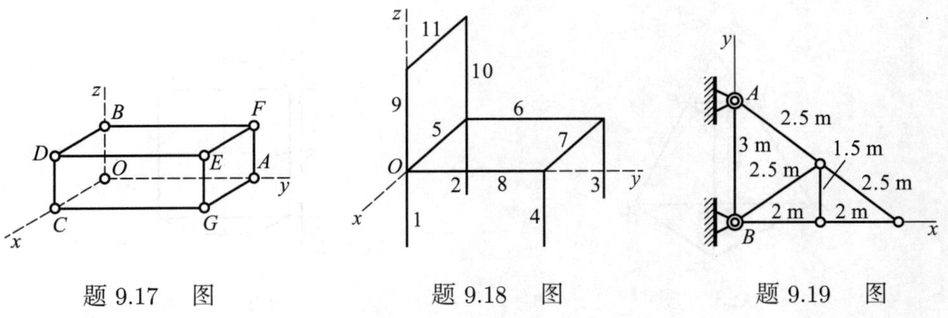

题 9.17　图　　题 9.18　图　　题 9.19　图

9.20 木槌由一个长方体和具有正方形截面的手柄构成. 已知: $a = 10$ cm, $b = 8$ cm, $c = 18$ cm, $d = 40$ cm, $l = 3$ cm. 求此木槌重心的坐标.

答 $x = 0, y = 8.8$ cm, $z = 0$.

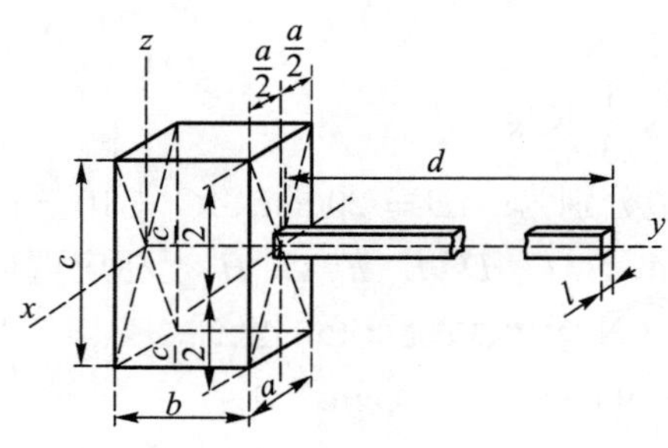

题 9.20 图

9.21 轻型巡洋舰的舰身重 19000 kN. 舰身重心到龙骨的铅垂距离 $y_1 = 6$ m. 下水以后, 在舰身内安装了主机和蒸汽锅炉, 主机重 4500 kN, 重心的纵坐标是 $y_2 = 3$ m. 蒸汽锅炉重 5000 kN, 重心的纵坐标是 $y_3 = 4.6$ m. 求舰身、主机和蒸汽锅炉构成的整体的重心纵坐标.

答 $y_C = 5.28$ m.

9.22 在排水量是 45000 kN 的船上, 把重 300 kN 的货物从船头移到离船尾 60 m 处. 船和货物整体的重心移动了多少?

答 0.4 m.

9.23 在均质四面体上, 平行于底面切去一块. 已知: 三角形 ABC 的面积为 a, 三角形 DEF 的面积为 b, 这两个平面之间距离是 h. 求此截头四面体重心到底面 ABC 的距离 z.

答 $z = \dfrac{1}{4}\dfrac{a + 2\sqrt{ab} + 3b}{a + \sqrt{ab} + b}h.$

9.24 水雷外壳的形状是一个两端有冠形盖的圆筒. 圆筒部分的半径是 $r = 0.4$ m, 侧面高 $h = 2r$. 两端球冠的高度分别是 $f_1 = 0.5r, f_2 = 0.2r$. 求水雷壳的重心.

答 $x_C = y_C = 0, z_C = 1.267r = 0.507$ m.

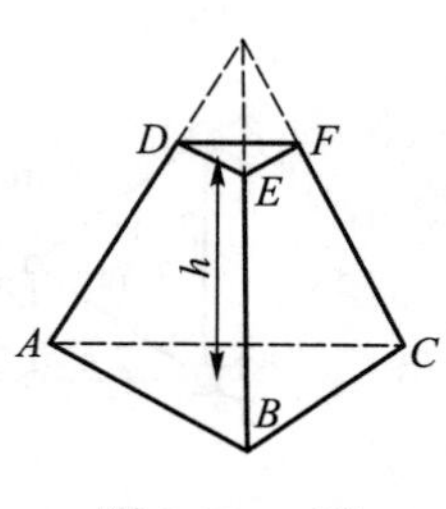

题 9.23 图

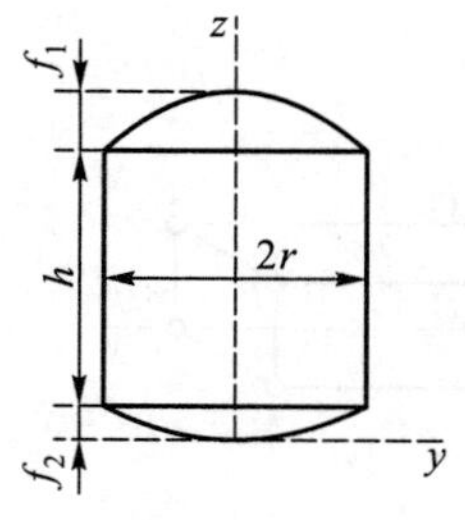

题 9.24 图

9.25 一个物体由密度相同并且半径都是 r 的圆柱和半圆球构成, 半圆球的球面放在光滑水平面上. 求保持稳定平衡的圆柱高度极限.

整个物体的重心必须与半圆球的中心重合, 均质半圆球的重心到底面的距离是 $\frac{3}{8}r$.

答　$h = \frac{r}{\sqrt{2}}$.

9.26 一个物体由密度相同并且半径都是 r 的圆锥和半圆球构成, 其他条件与上题相同, 求保持稳定平衡的圆锥高度极限.

答　$h = \sqrt{3}r$.

9.27 均匀薄板弯成如图所示的两个三角形和一个矩形. 其中的等腰三角形 OAB 在平面 xy 内, 直角三角形 ODE 在平面 yz 内 (直角顶点在 E), 矩形 $OBKE$ 在水平面内. 求此曲板重心的坐标.

答　$x_C = 3.33$ m, $y_C = 0.44$ cm, $z_C = 3.55$ cm.

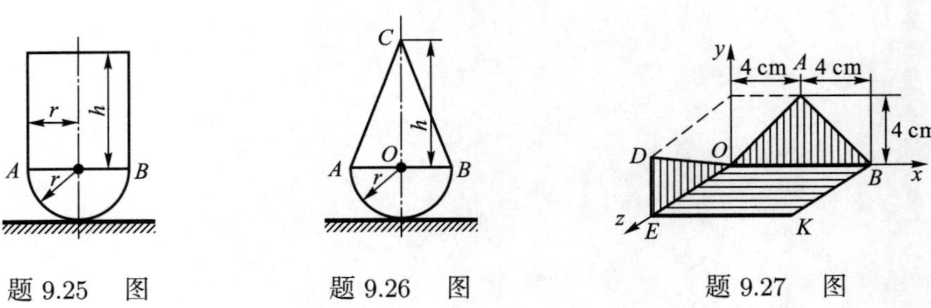

题 9.25　图　　题 9.26　图　　题 9.27　图

第二部分

运　动　学

第三章　点的运动学

§10. 点的轨迹与运动方程

10.1　试根据点沿着给定轨迹的运动方程, 描出该点每经相同时间间隔的 6 个位置, 并求出轨迹上由参考点到末位置的距离 s, 以及在给定的时间间隔内该点走过的路程 σ (s 与 σ 以 cm　为单位, t 以 s 为单位).

1) $s = 5 - 4t + t^2, 0 \leqslant t \leqslant 5$.

答　$s = 10$ cm, $\sigma = 13$ cm.

2) $s = 1 + 2t - t^2, 0 \leqslant t \leqslant 2.5$.

答　$s = -0.25$ cm, $\sigma = 3.25$ cm.

3) $s = 4\sin 10t, \dfrac{\pi}{20} \leqslant t \leqslant \dfrac{3\pi}{10}$.

答　$s = 0, \sigma = 20$ cm.

10.2　试根据点的已知运动方程, 求坐标形式的轨迹方程, 并在图上画出运动方向.

1) $x = 3t - 5,\ y = 4 - 2t$.

答　射线 $2x + 3y - 2 = 0$, 起点在 $x = -5, y = 4$.

2) $x = 2t, y = 8t^2$.

答　抛物线 $y = 2x^2$ 的右半支, 起点在 $x = 0, y = 0$.

3) $x = 5\sin 10t,\ y = 3\cos 10t$.

答　椭圆 $\dfrac{x^2}{25} + \dfrac{y^2}{9} = 1$, 起点在 $x = 0, y = 3$.

4) $x = 2 - 3\cos 5t,\ y = 4\sin 5t - 1$.

答　椭圆 $\dfrac{(x-2)^2}{9}+\dfrac{(y+1)^2}{16}=1$, 起点在 $x=-1, y=-1$.

5) $x=\cosh t=\dfrac{1}{2}(\mathrm{e}^t+\mathrm{e}^{-t}),\ y=\sinh t=\dfrac{1}{2}(\mathrm{e}^t-\mathrm{e}^{-t})$.

答　双曲线 $x^2-y^2=1$ 的右支的上半部分, 起点在 $x=1, y=0$.

10.3　试作出矢径按下列各方程变化的点的轨迹 ($\boldsymbol{r}_0$ 和 $\boldsymbol{e}$ 是常矢量, $\boldsymbol{i}$ 和 $\boldsymbol{j}$ 是坐标轴单位矢量).

1) $\boldsymbol{r}=\boldsymbol{r}_0+t\cdot\boldsymbol{e}$.

答　射线, 过起点 $M(\boldsymbol{r}_0)$ 且平行于矢量 $\boldsymbol{e}$.

2) $\boldsymbol{r}=\boldsymbol{r}_0+\cos t\cdot\boldsymbol{e}$.

答　直线段 M_0M_1, 经过点 $M\ (\boldsymbol{r}_0)$ 且平行于矢量 $\boldsymbol{e}$, 起点是 $M_0(\boldsymbol{r}_0+\boldsymbol{e})$, 另一端点是 $M_1(\boldsymbol{r}_0-\boldsymbol{e})$. 当 t 增加到 ∞ 时, 矢径的端点无数次经过轨迹的每一点.

3) $\boldsymbol{r}=a\cos\dfrac{\pi}{1+t^2}\boldsymbol{i}+b\sin\dfrac{\pi}{1+t^2}\boldsymbol{j}$.

答　椭圆 $\dfrac{x^2}{a^2}+\dfrac{y^2}{b^2}=1$ 的上半部分. 点从椭圆左顶点开始运动, 单调地接近右顶点.

10.4　试根据点的已知运动方程, 求轨迹方程, 从初始位置出发计算距离, 求沿轨迹的运动规律.

1) $x=3t^2, y=4t^2$.

答　射线 $4x-3y=0, s=5t^2$.

2) $x=3\sin t, y=3\cos t$.

答　圆 $x^2+y^2=9, s=3t$.

3) $x=a\cos^2 t, y=a\sin^2 t$.

答　直线段 $x+y-a=0$, 且 $0\leqslant x\leqslant a, s=a\sqrt{2}\sin^2 t$.

4) $x=5\cos 5t^2, y=5\sin 5t^2$.

答　圆 $x^2+y^2=25, s=25t^2$.

10.5　桥式起重机按方程 $x=t$ 沿车间运动, 跑车按方程 $y=1.5t$ 沿起重机的桥作横向运动 (x 和 y 以 m 为单位, t 以 s 为单位)、链条以速度 $v=0.5$ m/s 收缩. 求重物重心的轨迹. 设开始时重物重心的位置在水平面 Oxy 内, 轴 Oz 铅直向上.

答　轨迹是直线: $y=1.5x, z=0.5x$.

10.6　点在运动时画出李沙茹图, 运动由方程 $x=3\sin t,\ y=2\cos 2t$ 给定 (t 以 s 为单位). 求轨迹方程并画出轨迹, 指出该点在不同瞬时的运动方向. 又求开始运动后轨迹第一次与轴 Ox 相交的时间 t_1.

答　抛物线 $4x^2+9y=18$ 的一段, 在这段上 $|x|\leqslant 3, |y|\leqslant 2, t_1=\dfrac{\pi}{4}$ s.

10.7　在适当选取的坐标系中, 电子在均匀磁场内的运动方程可用等式 $x=a\sin kt, y=a\cos kt, z=\nu t$ 表示, 其中 a, k 和 ν 都是常数并依赖于磁场强度以及电子的质量、电荷和速度. 求该电子的轨迹及沿轨迹的运动规律.

答 电子沿螺旋线运动. 起点在 $x=0, y=a, z=0$, 螺距是 $h=\dfrac{2\pi}{k}\nu$. 电子沿螺旋线的运动规律是 $s=\sqrt{a^2k^2+\nu^2}t$.

10.8 点的简谐运动由 $x=a\sin(kt+\varepsilon)$ 给定, 其中 $a>0$ 是振幅, $k>0$ 是圆频率, $\varepsilon(-\pi\leqslant\varepsilon\leqslant\pi)$ 是初相角.

试根据下表的运动方程求振动中心 a_0、振幅、圆频率、周期 T、频率 f (以 H 为单位) 和初相角 (x 以 cm 为单位, t 以 s 为单位):

运动方程	答案					
	a_0(cm)	a(cm)	k(rad/s)	T(s)	f(H)	ε
1. $x=-7\cos 12t$	0	7	12	$\pi/6$	$6/\pi$	$-\pi/2$
2. $x=4\sin(\pi t/20)-3\cos(\pi t/20)$	0	5	$\pi/20$	40	0.025	$-\arctan(3/4)$
3. $x=2-4\sin 140t$	2	4	140	$\pi/70$	$70/\pi$	π
4. $x=6\sin^2 18t$	3	3	36	$\pi/18$	$18/\pi$	$-\pi/2$
5. $x=1-4\cos^2\dfrac{\pi}{60}t$	-1	2	$\pi/30$	60	1/60	$-\pi/2$

10.9 挂在弹性绳上的重物按方程 $x=a\sin(kt+3\pi/2)$ 振动. 设振动周期等于 0.4 s, 初位移 $x_0=-4$ cm. 求振幅和圆频率, 并作出距离随时间变化的曲线.

答 $a=4$ cm, $k=5\pi$ rad/s.

10.10 一个点同时作两个简谐运动, 且频率相同, 但振幅、相位都不相同. 设这两个振动分别沿相互垂直的两轴以 $x=a\sin(kt+\alpha)$, $y=b\sin(kt+\beta)$ 进行, 求该点的轨迹.

答 椭圆 $\dfrac{x^2}{a^2}+\dfrac{y^2}{b^2}-\dfrac{2xy}{ab}\cos(\alpha-\beta)=\sin^2(\alpha-\beta)$.

10.11 设点同时在两个相互垂直的方向作下列不同频率的振动:

1) $x=a\sin 2\omega t$, $y=a\sin\omega t$,

2) $x=a\cos 2\omega t$, $y=a\cos\omega t$.

求该点的轨迹方程.

答 1) $x^2a^2=4y^2(a^2-y^2)$. 2) $2y^2-ax-a^2=0$, 且 $|x|\leqslant a$, $|y|\leqslant a$.

10.12 曲柄 OA 以匀角速度 $\omega=10$ rad/s 转动, 已知长度 $OA=AB=80$ cm. 设初瞬时滑块在最右端, 坐标轴如图所示, 求连杆中点 M 的运动方程及其轨迹, 并求滑块 B 的运动方程.

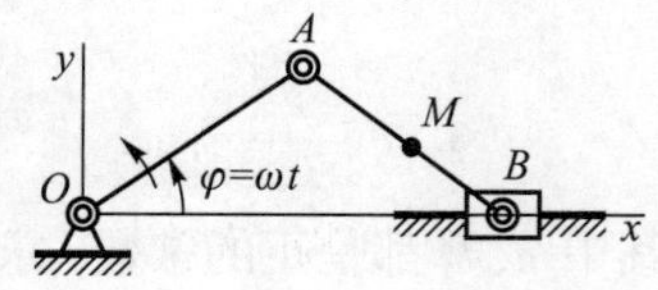

题 10.12 图

答 1) $x_M=120\cos 10t$, $y_M=40\sin 10t$.

2) 点 M 的轨迹是椭圆 $\dfrac{x^2}{120^2}+\dfrac{y^2}{40^2}=1$.

3) 滑块 B 的运动方程是 $x=160\cos 10t$.

10.13 汽车沿直线轨道以 20 m/s 匀速行驶, 车轮的半径 $R = 1$ m. 设车轮作纯滚动(即只滚动、不滑动), 求轮缘上一点的运动方程及其轨迹. 以轨道为轴 Ox, 将该点在轨道上的初位置取作坐标轴的原点.

答 运动方程是 $x = 20t - \sin 20t$, $y = 1 - \cos 20t$. 轨迹是摆线.

10.14 已知炮弹的运动方程是

$$x = v_0 \cos\alpha \cdot t, \quad y = v_0 \sin\alpha \cdot t - \frac{1}{2}gt^2,$$

其中 v_0 是炮弹的初速度, α 是 $\boldsymbol{v}_0$ 与水平轴 x 间的夹角, g 是重力加速度. 求炮弹的运动轨迹以及炮弹飞行的高度 H、射程 L 和时间 T.

答 轨迹是抛物线 $y = \tan\alpha \cdot x - \dfrac{g}{2v_0^2 \cos^2\alpha}x^2$, 高度是 $H = \dfrac{v_0^2}{2g}\sin^2\alpha$, 射程是 $L = \dfrac{v_0^2}{g}\sin 2\alpha$, 时间是 $T = 2\dfrac{v_0}{g}\sin\alpha$.

10.15 试在上题的条件下确定射程 L 最大时的抛射角 α, 并求出相应的飞行高度和时间.

答 $\alpha = 45°$, $L_{\max} = \dfrac{v_0^2}{g}$, $H = \dfrac{v_0^2}{4g}$, $T = \sqrt{2}\dfrac{v_0}{g}$.

10.16 试在题 10.14 的条件下确定炮弹落在坐标为 x, y 的 A 点所需的抛射角 α.

答 $\tan\alpha = \dfrac{v_0^2 \pm \sqrt{v_0^4 - 2v_0^2 gy - g^2x^2}}{gx}$.

10.17 试确定安全抛物线 (位于该抛物线以外的所有点都不会被初速度为 v_0、抛射角为 α 的炮弹击中).

答 $y = \dfrac{v_0^2}{2g} - \dfrac{g}{2v_0^2}x^2$.

10.18 一点沿螺旋线运动

$$x = a\cos kt,\ y = a\sin kt,\ z = vt.$$

试用柱坐标表示该点的运动方程.

答 $r = a$, $\varphi = kt$, $z = vt$.

10.19 一点的运动方程为:

$$x = 2a\cos^2(kt/2),\ y = a\sin kt,$$

其中 a, k 都是正的常数. 求该点的轨迹. 从该点初始位置开始计算距离, 求该点沿轨迹的运动规律.

答 圆 $(x-a)^2 + y^2 = a^2$, $s = akt$.

10.20 试在上题的条件下, 用极坐标确定该点的运动方程.

答 $r = 2a\cos(kt/2), \quad \varphi = kt/2$.

10.21 试根据一点的笛卡儿坐标运动方程

$$x = R\cos^2(kt/2),\ y = (R/2)\sin kt,\ z = R\sin(kt/2),$$

求轨迹和球坐标形式的运动方程.

答 轨迹是球面 $x^2 + y^2 + z^2 = R^2$ 与柱面 $\left(x - \frac{R}{4}\right)^2 + y^2 = \frac{R^2}{4}$ 的交线. 球坐标形式的运动方程是: $r = R, \varphi = kt/2, \theta = kt/2$.

10.22 一点同时在两个相互垂直的方向作衰减振动, 运动方程是

$$x = A\mathrm{e}^{-ht}\cos(kt + \varepsilon), y = A\mathrm{e}^{-ht}\sin(kt + \varepsilon),$$

其中 $A > 0$, $h > 0$, $k > 0$ 和 ε 都是常数. 求极坐标形式运动方程以及轨迹.

答 $r = A\mathrm{e}^{-ht}, \varphi = kt + \varepsilon$; 轨迹是对数螺线 $r = A\mathrm{e}^{-\frac{h}{k}(\varphi - \varepsilon)}$.

10.23 平面机械手机构将重物沿着爪钳 C 的轨迹从一个位置移到另一位置, 已知爪钳中心 C 的极坐标为 $r_C = r_C(t), \varphi_C = \varphi_C(t)$.

1) 为保证爪钳 C 按给定规律运动, 求 ψ_1 和 ψ_2 的变化规律.

2) 设重物沿着与 y 轴相距为 a 的直线按规律 $y = s(t)$ 移动, 其中 s 是时间的已知函数, 求 ψ_1 和 ψ_2 的变化规律.

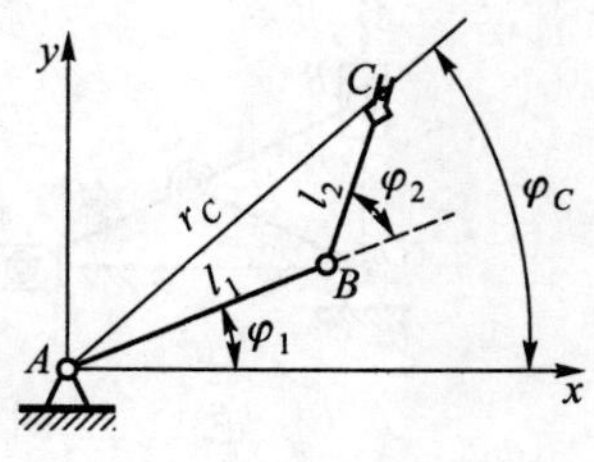

题 10.23 图

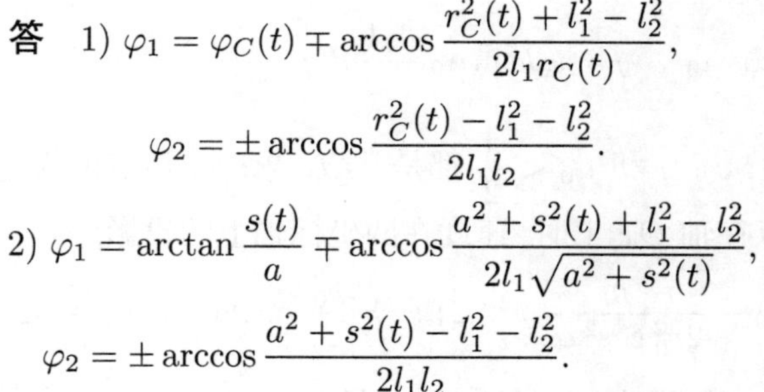

答 1) $\varphi_1 = \varphi_C(t) \mp \arccos\dfrac{r_C^2(t) + l_1^2 - l_2^2}{2l_1 r_C(t)}$,

$$\varphi_2 = \pm\arccos\frac{r_C^2(t) - l_1^2 - l_2^2}{2l_1 l_2}.$$

2) $\varphi_1 = \arctan\dfrac{s(t)}{a} \mp \arccos\dfrac{a^2 + s^2(t) + l_1^2 - l_2^2}{2l_1\sqrt{a^2 + s^2(t)}}$,

$$\varphi_2 = \pm\arccos\frac{a^2 + s^2(t) - l_1^2 - l_2^2}{2l_1 l_2}.$$

§11. 点的速度

11.1 一点按规律 $x = a\sin kt$ 作简谐振动. 设当 $x = x_1$ 时, 速度 $v = v_1$, 当 $x = x_2$ 时, 速度 $v = v_2$, 求振动的振幅 a 和圆频率 k.

答 $a = \sqrt{\dfrac{v_1^2 x_2^2 - v_2^2 x_1^2}{v_1^2 - v_2^2}}, \quad k = \sqrt{\dfrac{v_1^2 - v_2^2}{x_2^2 - x_1^2}}$.

11.2　椭圆规尺长 $AB = 40$ cm, 曲柄长 $OC = 20$ cm, $AC = CB$. 曲柄以匀角速度 ω 绕轴 O 转动. 求规尺上 M 点的轨迹方程及其速度矢端的方程. 点 M 到 A 的距离是 $AM = 10$ cm.

答　$\dfrac{x^2}{900} + \dfrac{y^2}{100} = 1,\ \dfrac{x_1^2}{900\omega^2} + \dfrac{y_1^2}{100\omega^2} = 1.$

11.3　一点按下列方程画出李沙茹图:

$$x = 2\cos t, y = 4\cos 2t$$

(x, y 以 cm 为单位, t 以 s 为单位). 求该点在轴 Oy 上时的速度大小和方向.

答　1) $v = 2$ cm/s, $\cos(v, x) = -1$. 2) $v = 2$ cm/s, $\cos(v, x) = 1$.

11.4　题 10.12 图中的曲柄连杆机构, 曲柄 OA 以匀角速度 ω 转动, 求此机构的连杆中点 M 和滑块 B 的速度随时间的变化规律. 已知长度 $OA = AB = a$.

答　1) $v_M = \dfrac{a}{2}\omega\sqrt{8\sin^2\omega t + 1}$. 2) $v_B = 2a\omega\sin\omega t$.

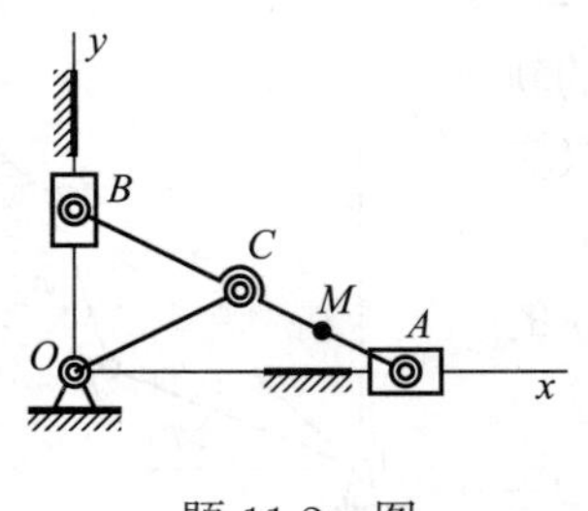

题 11.2　图

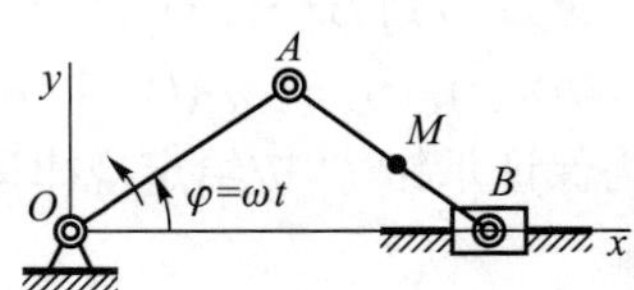

题 11.4　图 (图题 10.12 图)

11.5　已知一点的运动方程为

$$x = v_0 t\cos\alpha_0,\quad y = v_0 t\sin\alpha_0 - \frac{1}{2}gt^2,$$

且轴 Ox 水平, 轴 Oy 铅直向上, v_0, g 和 $\alpha_0 < \dfrac{\pi}{2}$ 都是常数. 求: 1) 该点的轨迹, 2) 该点最高位置的坐标, 3) 当该点在轴 Ox 上时, 速度在两坐标轴上的投影.

答　1) 抛物线 $y = x\tan\alpha_0 - \dfrac{g}{2v_0^2\cos^2\alpha_0}x^2$. 2) $x = \dfrac{v_0^2}{2g}\sin 2\alpha_0$, $y = \dfrac{v_0^2}{2g}\sin^2\alpha_0$. 3) $v_x = v_0\cos\alpha_0$, $v_y = \pm v_0\sin\alpha_0$, 正号对应初始瞬时, 负号对应时刻 $t = \dfrac{2v_0\sin\alpha_0}{g}$.

11.6　点 A 的运动由上题方程给定, $v_0 = 20$ m/s, $\alpha_0 = 60°$, $g = 9.81$ m/s^2. 还有另一点 B, 在时刻 $t = 0$ 离开原点沿 x 轴作匀速运动. 问: 该点的速度 v_1 等于多大时, 才能击中点 A? 并求两点相遇的距离 x_1.

答　$v_1 = 10$ m/s, $x_1 = 35.3$ m.

11.7　三颗子弹从铅直海岸上的三处分别以水平速度 50 m/s, 75 m/s, 100 m/s 射出, 同时落入水中. 已知第一颗子弹的落水点到海岸的距离是 100 m, 假设重力加

速度 $g=9.81\ \mathrm{m/s^2}$, 求这三颗子弹的发射点分别离水平面的高度 h_1, h_2 和 h_3, 并求各颗子弹的飞行时间 T, 以及落水时速度 v_1, v_2 和 v_3.

答 $h_1=h_2=h_3=19.62\ \mathrm{m}$, $T=2\ \mathrm{s}$, $v_1=53.71\ \mathrm{m/s}$, $v_2=77.52\ \mathrm{m/s}$, $v_3=101.95\ \mathrm{m/s}$.

11.8 炮筒与水平面成 30° 仰角, 炮弹以 500 m/s 的速度自炮筒射出. 假设重力加速度 $g=9.81\ \mathrm{m/s^2}$, 求炮弹的速度矢端图以及矢端点的速度.

答 速度矢端图是与坐标原点相距为 432 m 的铅垂线, $v_1=9.81\ \mathrm{m/s^2}$.

11.9 半径是 $R=1$ m 的电动机车的车轮沿水平直线轨道纯滚动(即只滚动、不滑动), 轮轴的速度是 $v=10\ \mathrm{m/s}$. 求距轮轴 0.5 m 处一点的运动方程及其轨迹. 取轴 Ox 与轨道重合, 轴 Oy 与该点初始最低位置所在的半径重合. 又求该半径依次处在水平位置和铅直位置时该点的速度.

答 缩短型摆线: $x=10t-0.5\sin 10t$, $y=1-0.5\cos 10t$. 速度: 1) 11 m/s, 18 m/s; 2) 5 m/s, 15 m/s.

11.10 电动机车的速度是 $v_0=72\ \mathrm{km/h}$, 车轮的半径是 $R=1$ m, 车轮沿直线轨道纯滚动.

1) 当轮缘上点 M 所在半径与速度 $\boldsymbol{v}_0$ 方向成 $\left(\dfrac{\pi}{2}+\alpha\right)$ 角时, 求该点速度 $\boldsymbol{v}$ 的大小和方向.

2) 作出点 M 的速度矢端图, 并求矢端点的速度 v_1.

答 1) 速度 $v=40\cos(\alpha/2)\ \mathrm{m/s}$, 方向沿直线 MA.

2) 圆周 $\rho=2v_0\cos\theta$, 其中 $\theta=\dfrac{\alpha}{2}$, 半径 $r=v_0$ (见图), $v_1=v_0^2/R=400\ \mathrm{m/s^2}$.

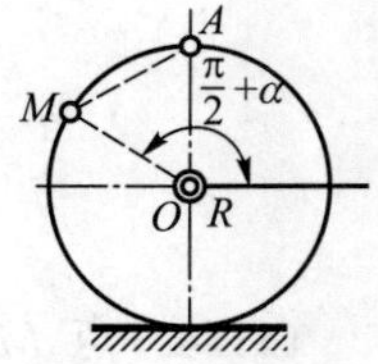

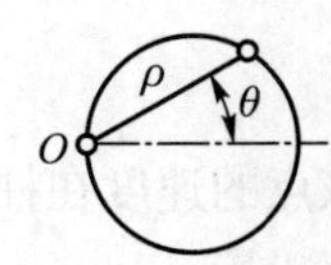

题 11.10 图

11.11 列车沿直线轨道以速度 $v=10\ \mathrm{m/s}$ 运动, 车轮半径是 $R=0.5$ m. 车轮上距轮轴 0.6 m 的一点 M, 初瞬时在轨道下 0.1 m 处. 求该点的运动方程及其轨迹, 并求该点经过最低和最高位置的时刻, 以及该点相应的速度在 Ox 轴和 Oy 轴上的投影. 取轴 Ox 与轨道重合, 轴 Oy 通过该点的初始最低位置.

答 伸长型摆线:

$$x=10t-0.6\sin 20t,\quad y=0.5-0.6\cos 20t.$$

当 $t=\dfrac{\pi k}{10}$ s 时, 该点在最低位置, $v_x=-2\ \mathrm{m/s}$, $v_y=0$; 当 $t=\dfrac{\pi}{20}(1+2k)$ s 时, 该点在最高位置, $v_x=22\ \mathrm{m/s}$, $v_y=0$, 其中 $k=0, 1, 2, 3, \cdots$.

11.12 一点同时在两个相互垂直的方向按下列方程作衰减振动:

$$x=A\mathrm{e}^{-ht}\cos(kt+\varepsilon),\quad y=A\mathrm{e}^{-ht}\sin(kt+\varepsilon).$$

求该点的速度在笛卡儿坐标轴和极坐标轴上的投影, 并求该点速度的大小.

答 1) $v_x = -A\mathrm{e}^{-ht}[h\cos(kt+\varepsilon) + k\sin(kt+\varepsilon)]$,

$v_y = -A\mathrm{e}^{-ht}[h\sin(kt+\varepsilon) - k\cos(kt+\varepsilon)]$.

2) $v_r = -Ah\mathrm{e}^{-ht}$, $v_\varphi = Ak\mathrm{e}^{-ht}$.

3) $v = A\sqrt{h^2+k^2}\mathrm{e}^{-ht} = \sqrt{h^2+k^2}r$.

11.13 当海船与地理子午线成恒定航向角 α 航行时, 船将描绘出怎样的曲线? 船可看作沿地球表面运动的点.

提示: 采用球坐标 r, λ, φ.

答 $\tan\left(\frac{\pi}{4}+\frac{\varphi}{2}\right) = \tan\left(\frac{\pi}{4}+\frac{\varphi_0}{2}\right)\mathrm{e}^{(\lambda-\lambda_0)\cot\alpha}$, 其中 φ 和 λ 分别是船所在位置的纬度和经度 (这个曲线称为斜航线).

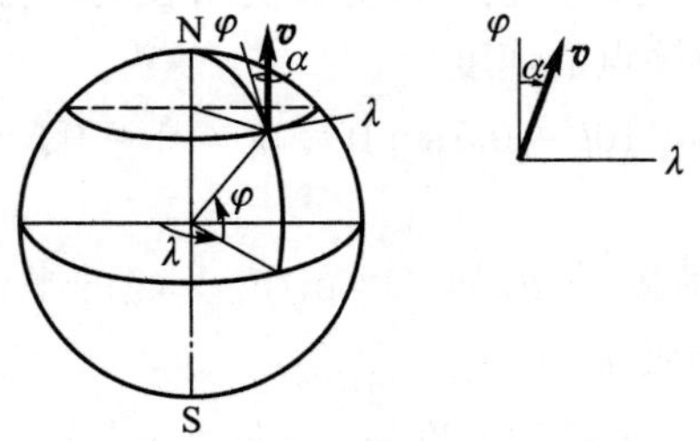

题 11.13 图

11.14 点 M 的柱坐标形式运动方程为 (见题 10.8)

$$r = a, \quad \varphi = kt, \quad z = \nu t.$$

求该点的速度在柱坐标系上的投影, 又求速度矢端点 M_1 的运动方程, 以及 M_1 点的速度投影.

答 1) $v_r = 0, v_\varphi = ak, v_z = \nu$. 2) $r_1 = ak, \varphi_1 = \frac{\pi}{2} + kt, z_1 = \nu$. 3) $v_{r_1} = 0, v_{\varphi_1} = ak^2, v_{z_1} = 0$.

11.15 点 M 按下列方程沿圆周运动:

$$r = 2a\cos(kt/2), \quad \varphi = kt/2$$

(r, φ 是极坐标). 求该点的速度在极坐标轴上的投影, 又求速度矢端点 M_1 的运动方程, 以及点 M_1 的速度投影.

答 1) $v_r = -ak\sin(kt/2)$, $v_\varphi = ak\cos(kt/2)$. 2) $r_1 = ak, \varphi_1 = \frac{\pi}{2} + kt$. 3) $v_{r_1} = 0, v_{\varphi_1} = ak^2$.

11.16 一点沿球面与柱面的交线按下列方程运动:

$$r = R, \quad \varphi = kt/2, \quad \theta = kt/2$$

(r, φ, θ 是球坐标, 见题 10.21). 求该点的速度大小及其在球坐标轴上的投影.

答 $v_r = 0$, $v_\varphi = (Rk/2)\cos(kt/2)$, $v_\theta = Rk/2$, $v = (Rk/2)\sqrt{1+\cos^2(kt/2)}$.

11.17 一条海船相对于某固定点保持不变的方位角 α (船的速度方向与指向该固定点方向之间的夹角), 已知 α 和 $r_{\varphi=0} = r_0$, 求该船行经曲线的极坐标方程. 海船可看作在平面上运动的点, 极点可取在此平面上任意固定点. 讨论当 $\alpha = 0, \dfrac{\pi}{2}$ 和 π 时的特殊情形.

答 对数螺线 $r = r_0 \mathrm{e}^{-\varphi\cot\alpha}$. 当 $\alpha = \dfrac{\pi}{2}$ 时是圆周 $r = r_0$, 当 $\alpha = 0$ 和 π 时都是直线.

§12. 点的加速度

12.1 列车以 72 km/h 的速度行驶. 制动时, 列车具有 0.4 m/s^2 的与速度方向相反的加速度. 求列车的制动时间和制动距离.

答 50 s, 500 m.

12.2 锤子打击柱桩后, 即与柱桩一起运动, 经过 0.02 s 停止, 此时柱桩下陷了 6 cm. 假设该运动是匀减速的, 求柱桩的初速度.

答 6 m/s.

12.3 水珠自铅垂管的孔中滴出, 每 0.1 s 滴出一滴, 并以加速度 9.81 m/s^2 下落. 当第一滴水珠滴出 1 s 时, 求第一滴与第二滴水珠的距离.

答 0.932 m.

12.4 飞机的着陆速度是 400 km/h, 着陆后滑行的路程是 $s = 1200$ m, 设其加速度是常数, 求此加速度.

答 $w = 5.15$ m/s^2.

12.5 锤子自 2.5 m 的高度落下, 将它举到原来高度所需时间是下落时间的 3 倍. 设锤子自由落下的加速度是 9.81 m/s^2, 这个锤子在 1 min 内能打几下?

答 21 下.

12.6 滑块以加速度 $w_x = -\pi^2 \sin\dfrac{\pi}{2}t$ m/s^2 沿直线导轨运动. 设滑块的初速度是 $v_{0x} = 2\pi$ m/s, 初始位置与其平均位置相重合, 并取为坐标原点, 求滑块的运动方程, 并作出距离、速度和加速度曲线.

答 $x = 4\sin\dfrac{\pi}{2}t$ (x 以 m 为单位).

12.7 列车的初速度是 54 km/h, 在最初的 30 s 内走了 600 m. 设列车的运动是匀变速的, 并且在半径为 $R = 1$ km 的弯道上运动, 求第 30 s 末列车的速度和加速度.

答 $v = 25$ m/s, $w = 0.708$ m/s^2.

12.8 列车从车站出发后速度均匀增大, 3 min 后到达 72 km/h, 轨道铺在半径为 800 m 的圆弧上. 求从车站出发 2 min 时列车的加速度, 以及切向加速度、法向加速度.

答 $w = 0.25\ \mathrm{m/s^2}$, $w_t = 1/9\ \mathrm{m/s^2}$, $w_n = 2/9\ \mathrm{m/s^2}$.

12.9 列车沿半径为 $R = 800$ m 的圆弧轨道匀减速行驶, 走过路程 $s = 800$ m, 初速度是 $v_0 = 54$ km/h, 末速度是 $v = 18$ km/h. 求列车在起点和终点的加速度, 以及行驶的时间.

答 $w_0 = 0.308\ \mathrm{m/s^2}$, $w = 0.129\ \mathrm{m/s^2}$, $T = 80$ s.

12.10 电车轨道弯曲段分别由半径是 $\rho_1 = 300$ m 和 $\rho_2 = 400$ m 的两个圆弧组成, 圆弧的中心角分别是 $\alpha_1 = \alpha_2 = 60°$. 电车车厢在弯曲段以速度 $v = 36$ km/h 行驶, 试作出车厢的法向加速度图.

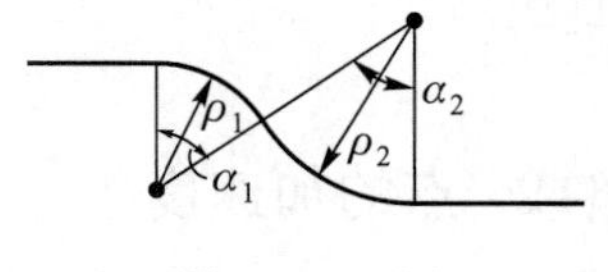

题 12.10 图

12.11 一点沿半径为 $R = 20$ cm 的圆弧运动, 该点的运动规律是: $s = 20 \sin \pi t$ (t 以 s 为单位, s 以 cm 为单位). 当 $t = 5$ s 时, 求该点速度的大小和方向, 以及加速度、切向加速度、法向加速度, 并作出速度图、切向加速度图和法向加速度图.

答 速度的大小等于 20π cm/s, 方向与弧长 s 的计算方向相反; $w_t = 0$, $w = w_n = 20\pi^2\ \mathrm{cm/s^2}$.

12.12 一点按规律 $s = \dfrac{g}{a^2}(at + \mathrm{e}^{-at})$ 作直线运动, 其中 a, g 都是常数. 求该点的初速度并以速度的函数表示其加速度.

答 $v_0 = 0$, $w = g - av$.

12.13 一点的运动由下列方程给定:

$$x = 10 \cos(2\pi t/5), \quad y = 10 \sin(2\pi t/5)$$

(x, y 以 cm 为单位, t 以 s 为单位). 求该点的轨迹、速度的大小和方向, 以及加速度的大小和方向.

答 半径是 10 cm 的圆周; 速度的大小是 $v = 4\pi$ cm/s, 方向沿圆周的切线, 与轴 Ox 转到轴 Oy 的方向一致; 加速度的大小是 $w = 1.6\pi^2\ \mathrm{cm/s^2}$, 方向指向圆心.

12.14 柴油内燃机开动时, 曲柄销的运动方程为:

$$x = 75 \cos 4t^2, \quad y = 75 \sin 4t^2$$

(x, y 以 cm 为单位, t 以 s 为单位). 求曲柄销的速度、切向加速度和法向加速度.

答 $v = 600t$ cm/s, $w_t = 600\ \mathrm{cm/s^2}$, $w_n = 4800t^2\ \mathrm{cm/s^2}$.

12.15 一点的运动由下列方程给定:

$$x = a(\mathrm{e}^{kt} + \mathrm{e}^{-kt}), \quad y = a(\mathrm{e}^{kt} - \mathrm{e}^{-kt}),$$

其中 a, k 都是已知常数.

求该点的轨迹方程, 并以矢径 $r=\sqrt{x^2+y^2}$ 的函数表示点的速度和加速度.

答 双曲线 $x^2-y^2=4a^2$, $v=kr$, $w=k^2r$.

12.16 一点按方程

$$x=-a\sin 2wt,\quad y=-a\sin wt$$

描出李沙茹图. 求出 $x=0$, $y=0$ 瞬时, 该点轨迹的曲率半径.

答 $\rho=\infty$.

12.17 轮子沿水平轴 Ox 滚动, 轮缘上一点按方程

$$x=20t-\sin 20t,\quad y=1-\cos 20t$$

(t 以 s 为单位, x, y 以 m 为单位) 描出摆线轨迹. 求该点加速度的大小、方向及轨迹的曲率半径, 并求当 $t=0$ 瞬时的曲率半径 ρ 的值.

答 加速度 $w=400\ \text{m/s}^2$, 方向沿 MC 并指向滚轮的中心 C, $\rho=2MA$, $\rho_0=0$.

12.18 在曲柄连杆机构中, 如 $r=l=60$ cm, $MB=\dfrac{l}{3}$, $\varphi=4\pi t$ (t 以 s 为单位), 求连杆上一点 M 的轨迹, 并求当 $\varphi=0$ 时该点的速度、加速度及其轨迹的曲率半径.

答 椭圆 $\dfrac{x^2}{100^2}+\dfrac{y^2}{20^2}=1$, $v=80\pi$ cm/s, $w=1600\pi^2\ \text{cm/s}^2$, $\rho=4$ cm.

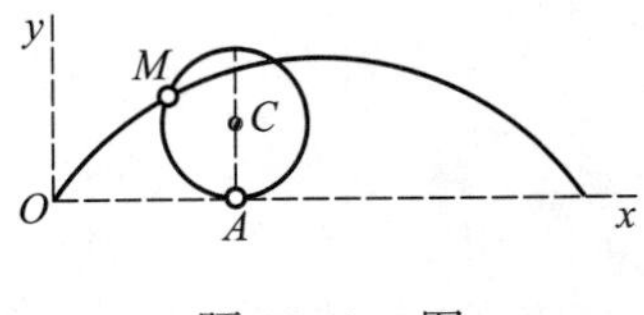

题 12.17 图

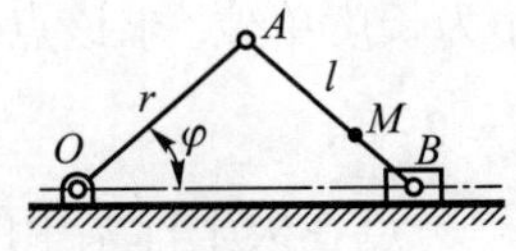

题 12.18 图

12.19 在半径是 10 cm 的铁丝圈上套有一个小环 M, 杆 OA 穿过小环并绕铁丝圈上的点 O 匀速转动, 按照 5 s 内转 90° 计算. 求小环 M 的速度 v 和加速度 w.

答 $v=2\pi$ cm/s, $w=0.44\pi^2\ \text{cm/s}^2$.

12.20 设在上题条件下, 杆 OA 的角加速度等于 $k\cos\varphi$ ($k=$ 常数), 在初瞬时 $t=0$ 角度 φ 和角速度都等于零, 铁丝圈的半径是 r, 且 $0\leqslant\varphi\leqslant\pi$. 试用角度 φ 的函数表示小环 M 的速度和加速度.

答 $v=2r\sqrt{2k\sin\varphi}$, $w=2kr\sqrt{1+15\sin^2\varphi}$.

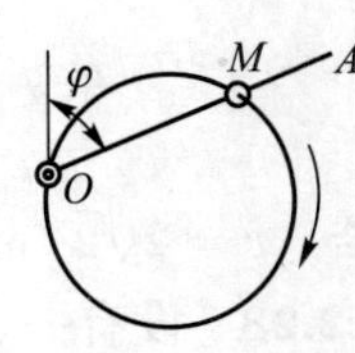

题 12.19 和 12.20 图

12.21 炮弹的运动由下列方程给定:

$$x=v_0t\cos\alpha_0,\quad y=v_0t\sin\alpha_0-\frac{1}{2}gt^2,$$

其中 v_0, α_0 都是常数. 求当 $t=0$ 瞬时、着地瞬时炮弹轨迹的曲率半径.

答　都是 $\rho = v_0^2/(g\cos\alpha_0)$.

12.22　炮弹在铅垂面内按方程 $x = 300t, y = 400t - 5t^2$ (t 以 s 为单位, x, y 以 m 为单位) 运动. 求: 1) 炮弹在初瞬时的速度和加速度, 2) 射击的高度和射程, 3) 轨迹的起始点和最高点的曲率半径.

答　$v_0 = 500\ \mathrm{m/s}, w_0 = 10\ \mathrm{m/s^2}, h = 8\ \mathrm{km}, s = 24\ \mathrm{km}, \rho_0 = 41.67\ \mathrm{km}, \rho = 9\ \mathrm{km}$.

12.23　海岸炮在离海平面高度是 $h = 30$ m 处以初速度 $v_0 = 1000$ m/s 按照与水平成 $\alpha = 45°$ 角的方向发射炮弹. 求在海平面上被炮弹击中的目标到炮口的距离. 空气阻力可以不计.

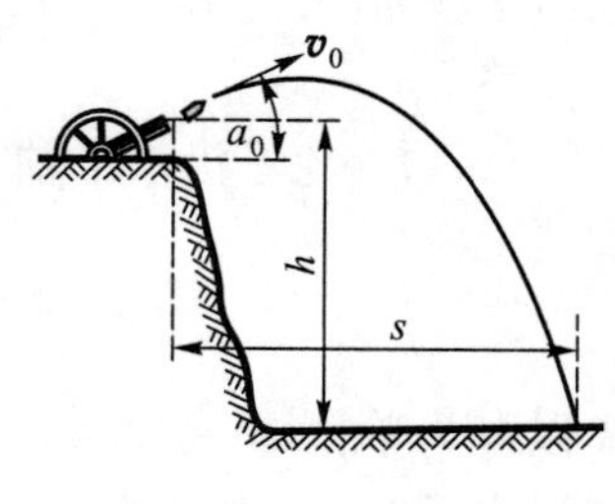

题 12.23　图

答　102 km.

12.24　一点的运动由下列方程表示:

$$x = \alpha t, \quad y = \beta t - \frac{1}{2}gt^2,$$

求该点的切向加速度和法向加速度.

答　$w_t = -\dfrac{g(\beta - gt)}{v}, w_n = \dfrac{g\alpha}{v}$, 其中 v 是该点的速度.

12.25　一点沿螺旋线按方程

$$x = 2\cos 4t, \quad y = 2\sin 4t, \quad z = 2t$$

运动, 以 m 为长度单位. 求该点轨迹的曲率半径.

答　$\rho = 2\dfrac{1}{8}\mathrm{m}$.

12.26　一点在极坐标系中的运动由方程 $r = a\mathrm{e}^{kt}$ 和 $\varphi = kt$ 给定, 其中 a, k 都是已知常数. 求极径 r 的函数表示的该点轨迹方程、速度、加速度和曲率半径.

答　$r = a\mathrm{e}^{\varphi}$ (对数螺线), $v = \sqrt{2}kr$, $w = 2k^2r$, $\rho = \sqrt{2}r$.

12.27　一点的运动由下列方程给定:

$$x = 2t, \quad y = t^2$$

(t 以 s 为单位, x, y 以 cm 为单位). 当 $t = 1$ s 时, 求该点速度、加速度的大小和方向.

答　$v = 2\sqrt{2}$ cm/s, $w = 2\ \mathrm{cm/s^2}$, $\widehat{(\boldsymbol{v}, x)} = 45°$, $\widehat{(\boldsymbol{w}, x)} = 90°$.

12.28　设有一点按照方程

$$x = 4t, \quad y = t^2$$

(t 以 s 为单位, x, y 以 cm 为单位) 运动, 试作出点的运动轨迹和速度矢端图, 并求轨迹在初瞬时的曲率半径.

答 轨迹方程是 $y=\dfrac{x^3}{64}$, 轨迹是三次抛物线, 速度矢端图是平行于轴 v_y 的直线, $\rho_0=\infty$ (轨迹的初始点是拐点).

12.29 长为 $a/2$ 的曲柄 O_1C 以匀角速度 ω 绕轴 O_1 转动. 曲柄在 C 点与规尺 AB 铰接, 此规尺始终穿过一个与轴 O_1 相距 $\dfrac{a}{2}$ 的可转动套筒 O. 规尺上点 M 至铰链 C 的距离是 a. 以 O 为极点, 求点 M 的极坐标运动方程及其轨迹、速度和加速度 (初瞬时角 $\varphi=\angle COO_1=0$).

答 1) $r=a[1+\cos(\omega t/2)]$, $\varphi=\omega t/2$.

2) $r=a(1+\cos\varphi)$(心脏线).

3) $v=a\omega\cos(\omega t/4)$.

4) $w=\dfrac{a\omega^2}{4}\sqrt{5+4\cos\dfrac{\omega t}{2}}$.

12.30 试在题 12.29 的条件下, 当 $r=2a$, $\varphi=0$ 时, 求心脏线的曲率半径.

答 $\rho_0=\dfrac{4}{3}a$.

12.31 杆 AB 的一端 A 以匀速 v_A 沿直线导轨 CD 移动, 杆 AB 始终穿过一个与导轨 CD 相距为 a 的可转动套筒 O. 杆 AB 上点 M 至滑块 A 的距离是 b. 取 O 为极点, 试用极坐标 r、φ 表示点 M 的速度和加速度.

答 $v=\dfrac{v_A}{a}\sqrt{a^2\sin^2\varphi+r^2\cos^4\varphi}$, $w=\dfrac{v_A^2 b}{a^2}\cos^3\varphi\sqrt{1+3\sin^2\varphi}$, 其中 $r=\sqrt{a^2+v_A^2t^2}-b, \varphi=\arctan(v_At/a)$.

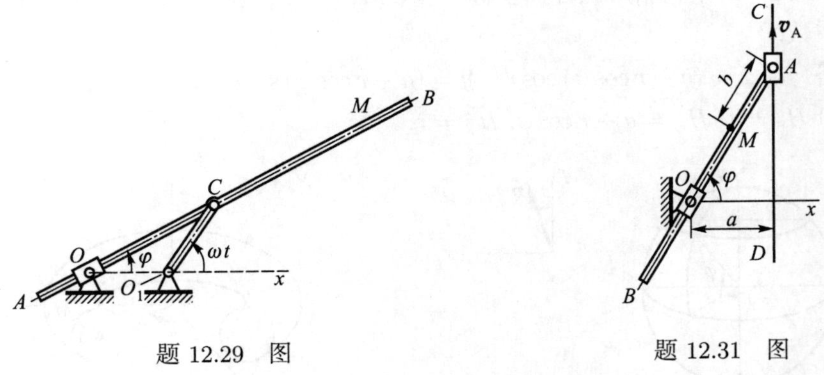

题 12.29 图

题 12.31 图

12.32 点 M 沿螺旋线运动. 它的柱坐标形式运动方程为:

$$r=a,\quad \varphi=kt,\quad z=\nu t.$$

求该点的加速度在柱坐标轴上的投影、加速度的切向和法向分量, 以及螺旋线的曲率半径.

答 1) $w_r=-ak^2$, $w_\varphi=0$, $w_z=0$.

2) $w_r = 0, w_n = ak^2$.

3) $\rho = (a^2k^2 + \nu^2)/(ak^2)$.

12.33 点 M 沿球面 $x^2 + y^2 + z^2 = R^2$ 与柱面 $(x - R/2)^2 + y^2 = R^2/4$ 的交线运动. 该点的球坐标形式运动方程为 (见题 10.21)

$$r = R, \quad \varphi = kt/2, \quad \theta = kt/2.$$

求该点的加速度在球坐标轴上的投影和加速度的大小.

答 $w_r = -\dfrac{Rk^2}{4}(1 + \cos^2\theta), w_\varphi = -\dfrac{Rk^2}{2}\sin\theta,$

$w_\theta = \dfrac{Rk^2}{4}\sin\theta\cos\theta, w = \dfrac{Rk^2}{4}\sqrt{4 + \sin^2\theta}.$

12.34 海船沿着与地理子午线成不变航向角 α 航行, 描出斜航线 (见题 11.13). 假定船的速度 $\boldsymbol{v}$ 的大小不变, 求船的加速度在球坐标 r, λ, φ 各轴上的投影 (λ 和 φ 分别是当地的经度和纬度), 并求加速度的大小和斜航线的曲率半径.

答 $w_r = -\dfrac{v^2}{R}, w_\lambda = -\dfrac{v^2}{R}\sin\alpha\cos\alpha\tan\varphi,$

$w_\varphi = -\dfrac{v^2}{R}\sin^2\alpha\tan\varphi, w = \dfrac{v^2}{R}\sqrt{1 + \sin^2\alpha\tan^2\varphi},$

$\rho = \dfrac{R}{\sqrt{1 + \sin^2\alpha\tan^2\varphi}},$

其中, R 是地球半径, $\varphi = \varphi_0 + \dfrac{v\sin\alpha}{R}t$.

12.35 试用轮胎形圆环面坐标 $r = CM$, ψ 和 φ 表示点的笛卡儿坐标, 并求出拉梅系数.

答 1) $x = (a + r\cos\varphi)\cos\psi, \ \ y = (a + r\cos\varphi)\sin\psi, \ \ z = r\sin\varphi$.

2) $H_r = 1, H_\psi = a + r\cos\varphi, H_\varphi = r$.

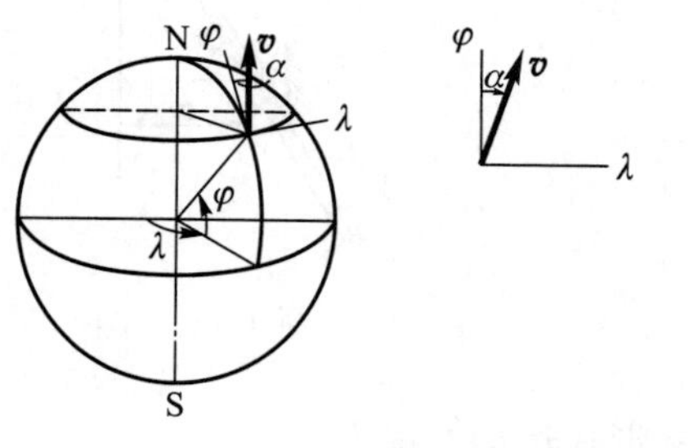

题 12.34 图 (同题 11.13 图)

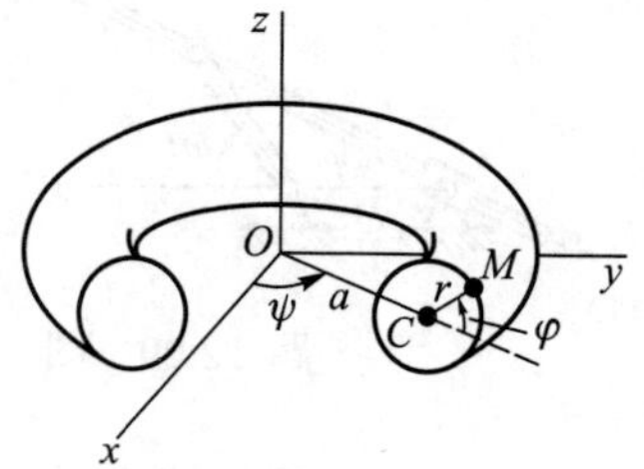

题 12.35—12.37 图

12.36 一点的运动用轮胎形圆环面坐标系 r, ψ, φ 给定. 求出该点的速度和加速度在各坐标轴上的投影.

答 1) $v_r = \dot{r}, v_\psi = (a + r\cos\varphi)\dot{\psi}, v_\varphi = r\dot{\varphi}$.

2) $w_r = \ddot{r} - (a + r\cos\varphi)\cos\varphi\dot{\psi}^2 - r\dot{\varphi}^2,$

$w_\psi = (a + r\cos\varphi)\ddot{\psi} + 2\cos\varphi\dot{r}\dot{\psi} - 2r\sin\varphi\dot{\psi}\dot{\varphi}$,

$w_\varphi = r\ddot{\varphi} + 2\dot{r}\dot{\varphi} + (a + r\cos\varphi)\sin\varphi\dot{\psi}^2$.

*译者注: 原文 w_ψ 答案的第一项误为 $(a + r\sin\varphi)\psi$.

12.37 一点沿着缠在轮胎形圆环面上的螺旋线按如下规律运动:

$$r = R = \text{常数}, \quad \psi = \omega t, \quad \varphi = kt.$$

求该点的速度和加速度在圆环面坐标系各轴上的投影 ($\omega =$ 常数, $k =$ 常数).

答 $v_r = 0$, $v_\psi = (a + R\cos\varphi)\omega$, $v_\varphi = Rk$,

$w_r = -[(a + R\cos\varphi)\omega^2\cos\varphi + Rk^2]$,

$w_\psi = -2R\omega k\sin\varphi$, $w_\varphi = \omega^2(a + R\cos\varphi)\sin\varphi$.

12.38 机械手操作器的机构由转动构件 1、铅直移动的立柱 2 和带爪钳的可伸手臂 3 构成. 已知 $\varphi(t)$, $z(t)$, $r(t)$, 求爪钳中心的速度和加速度.

答 $v = \sqrt{\dot{r}^2 + r^2\dot{\varphi}^2 + \dot{z}^2}$, $w = \sqrt{(\ddot{r} - r\dot{\varphi}^2)^2 + (r\ddot{\varphi} + 2\dot{r}\dot{\varphi})^2 + \ddot{z}^2}$.

12.39 带机械操作手臂的立柱转过了角 φ, 带爪钳的手臂转过了角 θ, 爪钳移动了距离 r, 求爪钳中心的速度和加速度.

答 $v = \sqrt{\dot{r}^2 + r^2\dot{\theta}^2 + r^2\sin^2\theta\dot{\varphi}^2}$,

$w = [(\ddot{r} - r\dot{\theta}^2 - r\dot{\varphi}^2\sin^2\theta)^2 + (r\ddot{\theta} + 2\dot{r}\dot{\theta} - r\dot{\varphi}^2\sin\theta\cos\theta)^2$
$+(r\ddot{\varphi}\sin\theta + 2\dot{r}\dot{\varphi}\sin\theta + 2r\dot{\varphi}\dot{\theta}\cos\theta)^2]^{\frac{1}{2}}$.

12.40 机械操作手臂的机构由绕铅直轴转动 (转角 φ) 的构件和铅直平面内的两个关节 (转角分别是 θ_1 和 θ_2) 组成, 求搬动重物时爪钳中心的速度.

答 $v = \{l_1^2\dot{\theta}_1^2 + l_2^2(\dot{\theta}_1 + \dot{\theta}_2)^2 + 2l_1l_2\dot{\theta}_1(\dot{\theta}_1 + \dot{\theta}_2)\cos\theta_2 + [l_1\sin\theta_1 + l_2\sin(\theta_1 + \theta_2)]^2\dot{\varphi}^2\}^{\frac{1}{2}}$.

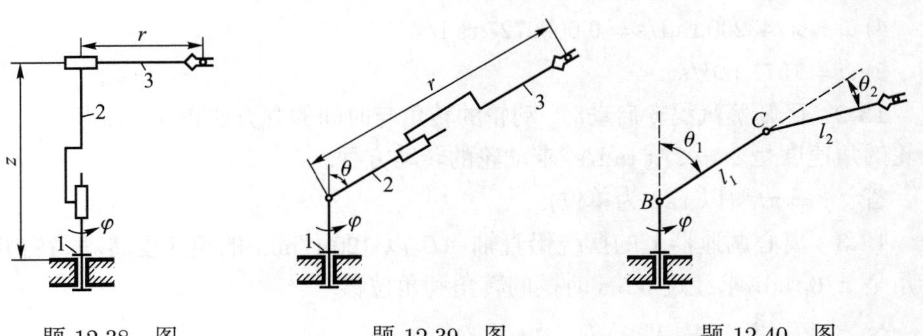

题 12.38 图　　题 12.39 图　　题 12.40 图

第四章　刚体的简单运动

§13. 刚体的定轴转动

13.1　求下列各物体的角速度: 1) 钟表的秒针, 2) 钟表分针, 3) 钟表的时针, 4) 地球自转, 假定地球每 24 小时转一周, 5) 每分钟 1500 转的拉瓦尔蒸汽涡轮.

答　1) $\omega = \pi/30\ \text{rad/s} = 0.1047\ \text{rad/s}$.

2) $\omega = \pi/1800\ \text{rad/s} = 0.001745\ \text{rad/s}$.

3) $\omega = \pi/21600\ \text{rad/s} = 0.0001455\ \text{rad/s}$.

4) $\omega = \pi/43200\ \text{rad/s} = 0.0000727\ \text{rad/s}$.

5) $\omega = 1571\ \text{rad/s}$.

13.2　已知蒸汽涡轮启动时, 动轮的转角与时间的立方成正比, 且当 $t = 3$ s 时动轮的角速度是 $\omega = 27\pi\ \text{rad/s}$, 求动轮的转动方程.

答　$\varphi = \pi t^3$ (以 rad 为单位).

13.3　离心调速器上的摆绕铅直轴 AB 以 120 r/min 的角速度转动, 在初瞬时转角是 $\pi/6$ rad. 求经过 0.5 s 时摆的转角和角位移.

答　$\varphi = \dfrac{13}{6}\pi\ \text{rad}$, $\Delta\varphi = 2\pi\ \text{rad}$.

13.4　一物体以匀角加速度从静止状态开始运动, 在最初 2 min 转了 3600 转, 求角加速度.

答　$\varepsilon = \pi\ \text{rad/s}^2$.

13.5　一根轴以匀角加速度从静止状态开始转动, 在最初 5 s 内转过了 12.5 转. 试问该轴在 5 s 末的角速度为多少?

答　$\omega = 10\pi\ \text{rad/s}$.

13.6 飞轮以匀角加速度从静止状态开始转动, 经过 10 min 后达到 4π rad/s 的角速度. 在这 10 min 内飞轮转过了多少转?

答 600 r.

13.7 具有固定轴的轮子获得了 2π rad/s 的初速度, 因轴承的摩擦, 转过 10 转后停止. 求该轮的角加速度 ε, 假定 ε 是常数.

答 $\varepsilon = 0.1\pi\ \mathrm{rad/s^2}$, 减速转动.

13.8 螺旋桨式飞机的发动机在停车时, 开始以 40π rad/s 的角速度转动, 转了 80 转后停止. 假设螺旋桨的转动为匀减速, 求发动机从停车开始到停止转动所用的时间.

答 8 s.

13.9 一物体绕固定轴摆动, 转角由方程

$$\varphi = 20^\circ \sin\psi$$

表示, $\psi = 2t$ (ψ 以度为单位, t 以 s 为单位). 当 $t = 0$ 时, 求此物体的角速度, 并求最初两次改变转动方向的时刻 t_1, t_2, 以及振动的周期 T.

答 $\omega = \dfrac{\pi^2}{810}$ rad/s, $t_1 = 45$ s, $t_2 = 135$ s, $T = 180$ s.

13.10 钟表的摆盘作周期为 $T = \dfrac{1}{2}$ s 的简谐扭转振动. 摆盘边缘的点偏离平衡位置的最大角度是 $\alpha = \dfrac{\pi}{2}$ rad. 求摆盘由平衡位置出发经过 2 s 的瞬时角速度和角加速度.

答 $\omega = 2\pi^2$ rad/s, $\varepsilon = 0$.

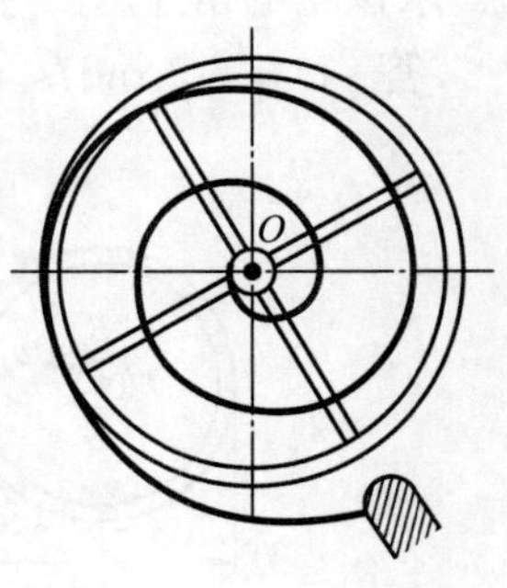

题 13.10 图

13.11 一个摆在铅直面内绕水平固定轴 O 摆动. 在初瞬时摆离开平衡位置, 经过 2/3 s 达到最大偏角 $\alpha = \pi/16$ rad.

1) 假定摆作简谐运动, 求其运动规律.

2) 摆在什么位置具有最大角速度? 数值是多少?

答 1) $\varphi = \dfrac{\pi}{16}\sin\dfrac{3}{4}\pi t$ (单位为 rad).

2) 在铅直位置, $\omega_{\max} = \dfrac{3}{64}\pi^2$ (单位为 rad/s).

13.12 只考虑地球绕自身轴的转动, 求列宁格勒(圣彼得堡)地面上一点的速度 v 和加速度 w. 列宁格勒(圣彼得堡)的纬度是 60°, 地球半径是 6370 km.

答 $v = 232$ m/s, $w = 0.0169\ \mathrm{m/s^2}$.

13.13 半径为 0.5 m 的飞轮绕自身轴作匀速转动, 轮缘一点的速度等于 2 m/s, 求飞轮的转速.

答 $n = 38.2$ r/min.

13.14　皮带轮边缘点 A 以 50 cm/s 的速度运动, 与 A 在同一半径上的点 B 以 10 cm/s 的速度运动, $AB = 20$ cm. 求皮带轮的角速度及其直径.

答　$\omega = 2$ rad/s, $d = 50$ cm.

13.15　半径为 $R = 2$ m 的飞轮以匀加速由静止状态开始转动, 经过 10 s 轮缘一点具有线速度 $v = 100$ m/s. 当 $t = 15$ s 时, 求飞轮边缘点的速度, 以及法向和切向加速度.

答　$v = 150$ m/s, $w_n = 11250$ m/s^2, $w_\tau = 10$ m/s^2.

13.16　赤道上有一物体在特殊的导轨中沿赤道绕地球作匀速运动. 欲使该物体具有自由落体的加速度, 必须给它的水平速度 v 有多大? 并求该物体返回原位置所需的时间 T. 地球半径是 $R = 637 \times 10^6$ cm, 在赤道上的重力加速度是 $g = 978$ cm/s^2.

答　$v = 7.9$ km/s, $T = 1.4$ h.

13.17　飞轮边缘一点的加速度与该点所在半径成 60° 角. 在此瞬时该点的切向加速度是 $w_\tau = 10\sqrt{3}$ m/s^2. 求与转轴相距 $r = 0.5$ m 的点的法向加速度. 飞轮半径是 $R = 1$ m.

答　$w_n = 5$ m/s^2.

13.18　半径为 $R = 10$ cm 的圆轮被细绳所悬挂的重物 P 带动. 重物的运动方程为 $x = 100t^2$, 其中 x 是重物到该轮水平直径的距离, 以 cm 为单位, t 以 s 为单位. 求该轮的角速度 ω 和角加速度 ε, 并求轮缘一点 t 瞬时的加速度大小.

答　$\omega = 20t$ rad/s, $\varepsilon = 20$ rad/s^2, $w = 200\sqrt{1 + 400t^4}$ cm/s^2.

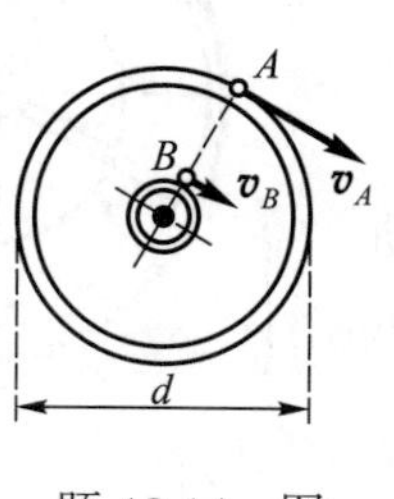

题 13.14　图

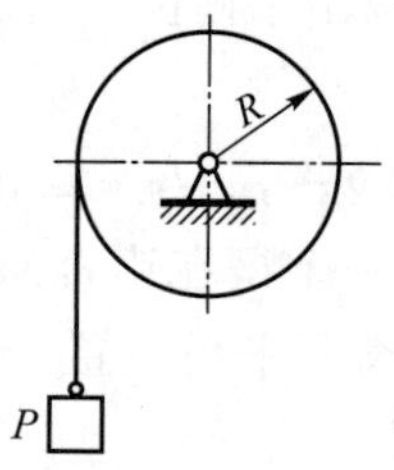

题 13.18　图

13.19　试按一般形式求解上题: 用重物走过的距离 x、轮子的半径 R 与重物的加速度 $\ddot{x}(= w_0 =$ 常数$)$ 表示轮缘一点的加速度大小.

答　$w = w_0\sqrt{1 + 4x^2/R^2}$.

13.20　电流计的指针长为 3 cm, 绕固定轴按规律 $\varphi = \varphi_0 \sin kt$ 振动. 已知振动周期等于 0.4 s, 角振幅是 $\varphi_0 = \pi/30$ rad, 求指针在中间位置和极限位置时针端的加速度, 又求当指针角速度 ω 和角加速度 ε 依次为零的时刻.

答　1) 当指针在中间位置时, $w = 8.1$ cm/s^2.

2) 当指针在极限位置时, $w = 77.5$ cm/s^2.

3) $\omega = 0$ 的时刻是 $t = (0.1 + 0.2n)\quad (n = 0, 1, 2, \cdots)$ (t 以 s 为单位).

4) $\varepsilon = 0$ 的时刻是 $t = 0.2n \quad (n = 0, 1, 2, \cdots)$ (t 以 s 为单位).

§14. 刚体简单运动的变换

14.1 齿轮 I 的直径 $D_1 = 360$ mm, 角速度等于 10π/3 rad/s. 车轮 II 与齿轮 I 作内啮合, 设齿轮 II 的角速度是齿轮 I 的 3 倍, 求齿轮 II 的直径.

答　$D_2 = 120$ mm.

14.2 减速器把轴 I 的转动减速地传递到轴 II. 减速器由 4 个齿轮组成, 它们的齿数分别是: $z_1 = 10$, $z_2 = 60$, $z_3 = 12$, $z_4 = 70$. 求该机构的传动比.

答　$i_{III} = \omega_I / \omega_{II} = 35$.

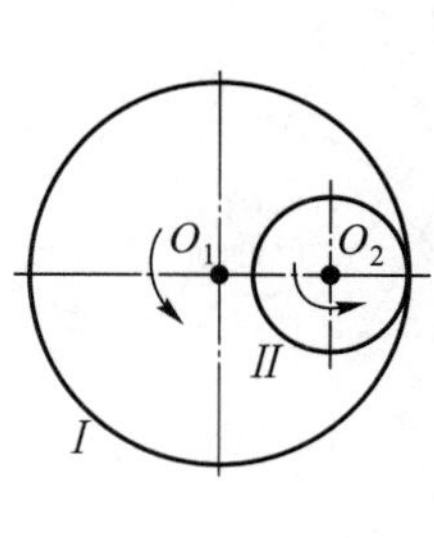

题 14.1　图

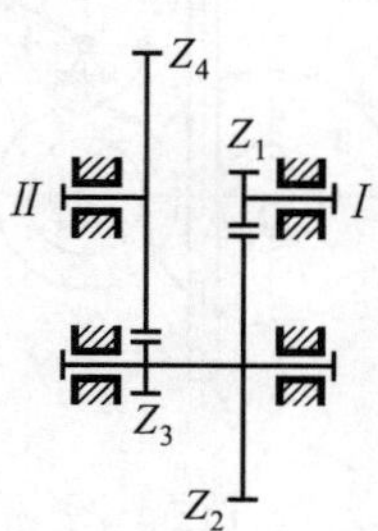

题 14.2　图

14.3 具有皮带轮 A 的机床, 由电机皮带轮 B 带动从静止开始运动. 两个皮带轮的半径分别是: $r_1 = 75$ cm, $r_2 = 30$ cm. 电机启动后的角加速度是 0.4π rad/s². 忽略皮带轮与皮带间的滑动, 求机床的角速度达到 10π rad/s 所需的时间.

答　10 s.

14.4 在指针式指示器机构中, 齿条 1 带动齿轮 2, 在齿轮 2 的轴上装有与齿轮 4 相啮合的齿轮 3, 齿轮 4 上带有指针. 已知齿条的运动方程是 $x = a\sin kt$, 各齿轮的半径分别是 r_2, r_3 和 r_4, 求指针的角速度.

答　$\omega_4 = \dfrac{r_3}{r_2 r_4} ak\cos kt$.

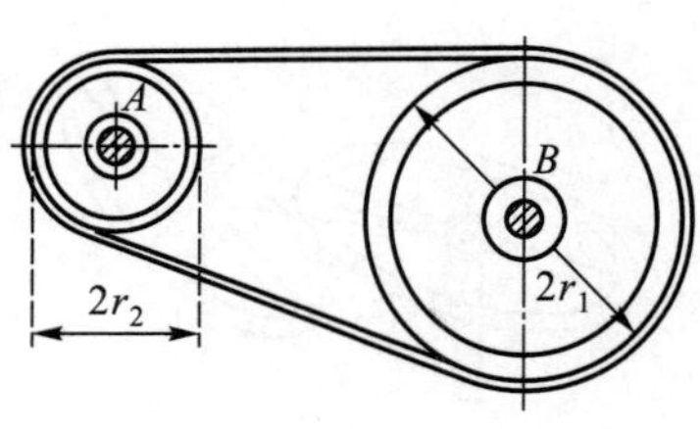

题 14.3　图

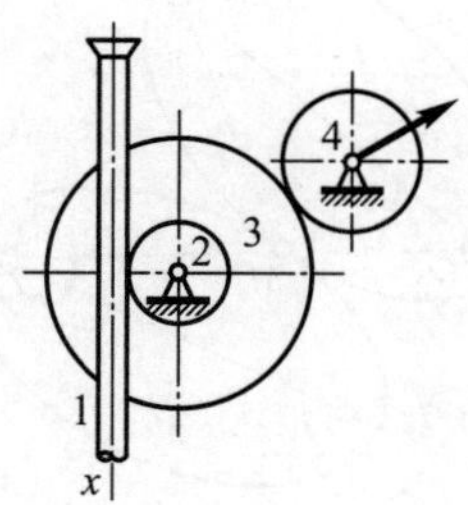

题 14.4　图

14.5 在千斤顶机构中, 摇把 A 转动时, 齿轮 1, 2, 3, 4 与 5 开始转动, 并带动千斤顶的齿条 B. 各齿轮的齿数分别是: $z_1 = 6$, $z_2 = 24$, $z_3 = 8$, $z_4 = 32$, 第 5 个齿轮的半径是 $r_5 = 4$ cm. 已知摇柄 A 以角速度 π rad/s 转动, 求齿条的速度.

答 $v_B = 7.8$ mm/s.

14.6 为了获得周期变化的角速度, 将两个相同的椭圆齿轮啮合在一起, 其中一个齿轮以 9π rad/s 的角速度绕轴 O 匀速转动, 另一齿轮由第一个齿轮带动绕轴 O_1 转动. 轴 O 与 O_1 相互平行并各自通过椭圆的焦点. 距离 OO_1 等于 50 cm, 椭圆半长轴和半短轴分别为 25 cm 和 15 cm. 求齿轮 O_1 的最小角速度和最大角速度.

答 $\omega_{\min} = \pi$ rad/s, $\omega_{\max} = 81\pi$ rad/s.

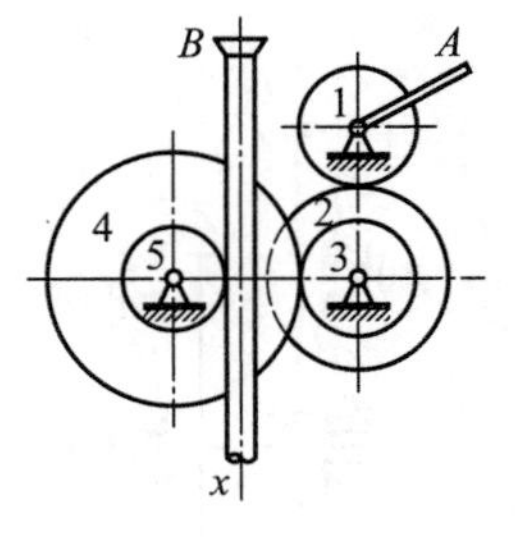

题 14.5　图

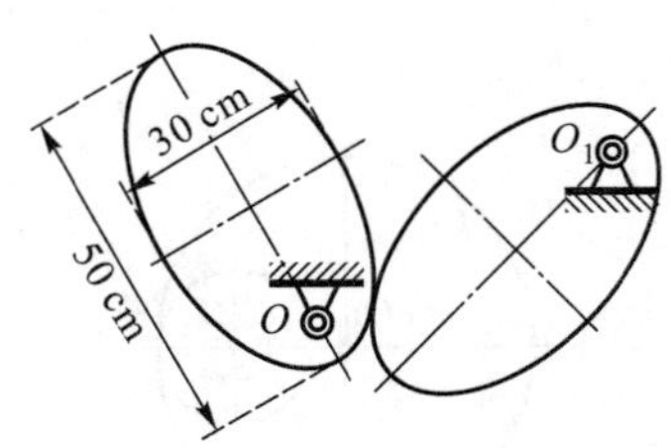

题 14.6　图

14.7 半长轴和半短轴分别为 a 和 b 的椭圆齿轮副中, 齿轮 I 的角速度 $\omega_1 =$ 常数, 求此椭圆齿轮副的传动规律. 已知两齿轮轴间的距离是 $O_1O_2 = 2a$, φ 是两转动轴的连线与椭圆齿轮 I 的长轴之间夹角. 两转动轴各自通过椭圆的一个焦点.

答 $\omega_2 = \dfrac{a^2 - c^2}{a^2 - 2ac\cos\varphi + c^2}\omega_1$, 其中 c 是椭圆的焦距: $c = \sqrt{a^2 - b^2}$.

14.8 椭圆齿轮 O_1 与 O_2 啮合, 两轮的转轴通过椭圆中心, 两轴间的距离等于 50 cm, 椭圆半长轴和半短轴分别等于 40 cm 和 10 cm. 已知轮 O_1 的角速度为 8π rad/s, 求轮 O_2 的最大角速度和最小角速度.

答 $\omega_{\min} = 2\pi$ rad/s, $\omega_{\max} = 32\pi$ rad/s.

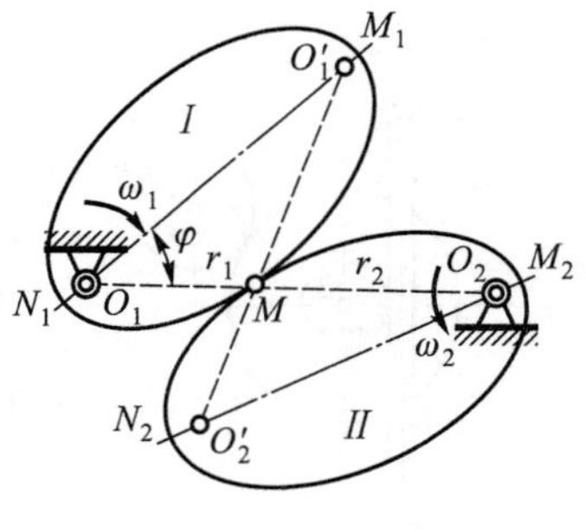

题 14.7　图

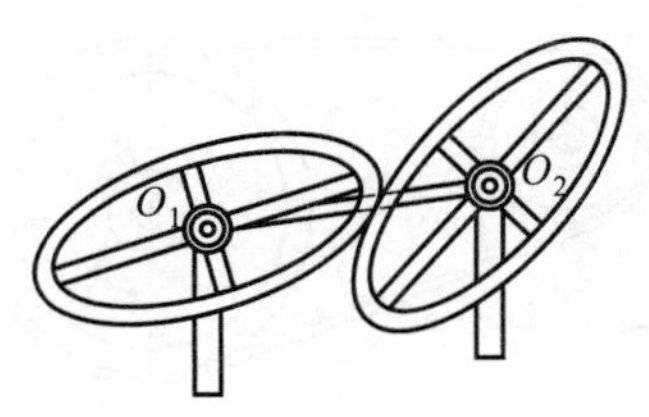

题 14.8　图

14.9 半径为 $r_1 = 10$ cm 的锥齿轮 O_1 由半径为 $r_2 = 15$ cm 的锥齿轮 O_2 带动. 齿轮 O_2 从静止开始以匀角加速度 4π rad/s^2 转动. 求锥齿轮 O_1 的角速度达到 144π rad/s 所需的时间.

答 $t = 24$ s.

14.10 摩擦传动副的主动轴 I 以角速度 $\omega = 20\pi$ rad/s 转动, 接触点按箭头所示的方向移动, 移动的距离按规律 $d = (10 - 0.5t)$ 变化 (t 以 s 为单位, d 以 cm 为单位). 两个摩擦轮的半径分别是: $r = 5$ cm, $R = 15$ cm.

求: 1) 用距离 d 的函数表示轴 II 的角加速度.

2) 当 $d = r$ 时, 轮 B 边缘上一点的加速度.

答 1) $\varepsilon = \dfrac{50\pi}{d^2}$ (单位是 rad/s^2).

2) $w = 30\pi\sqrt{40000\pi^2 + 1}$ cm/s^2.

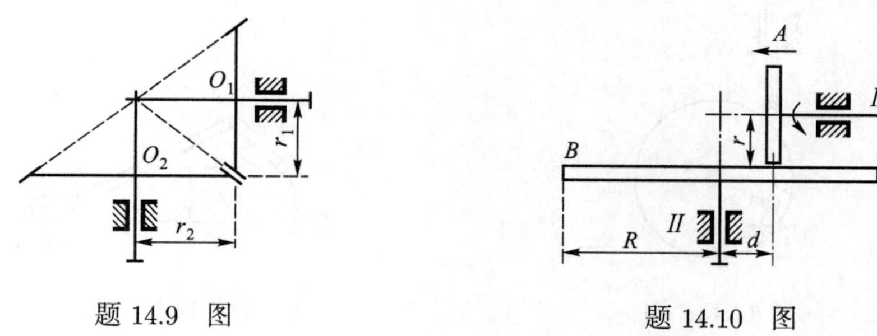

题 14.9 图　　题 14.10 图

14.11 在曲柄滑块机构 OAB 中, 曲柄和连杆等长: $AB = OA = r$, 曲柄绕轴 O 转动的角速度不变, $\omega = \omega_0$. 轴 Ox 的方向沿滑块的轨道, 距离的参考原点位于曲柄的中心 O 上. 求滑块 B 的运动规律、速度和加速度.

答 $x = 2r\cos\omega_0 t,\ v_x = -2r\omega_0\sin\omega_0 t,\ w_x = -\omega_0^2 x.$

14.12 在曲柄滑块机构中, 曲柄 OA 以匀角速度 ω_0 转动. 曲柄长 $OA = r$, 连杆长 $AB = l$. 求滑块 B 的运动规律、速度和加速度.

轴 Ox 沿滑块的导轨方向, 参考原点位于曲柄中心 O, 比值 $r/l = \lambda$ 可认为很小 $(\lambda \ll 1)$; $\alpha = \omega_0 t$.

答 $x = r\left(\cos\omega_0 t + \dfrac{\lambda}{4}\cos 2\omega_0 t\right) + l - \dfrac{\lambda}{4}r,$

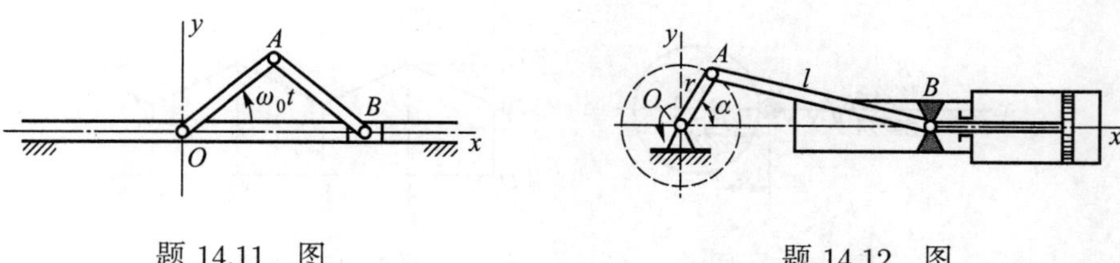

题 14.11 图　　题 14.12 图

$$v_x = -r\omega_0\left(\sin\omega_0 t + \frac{\lambda}{2}\sin 2\omega_0 t\right),$$
$$w_x = -r\omega_0^2(\cos\omega_0 t + \lambda\cos 2\omega_0 t).$$

14.13 偏心轮的直径 $d = 2r$, 转轴 O 到轮心 C 的距离 $OC = a$. 轴 Ox 沿着推杆的方向, 参考原点在转轴 O 上, $\dfrac{a}{r} = \lambda$. 求推杆的运动规律.

答 $x = a\cos\varphi + r\sqrt{1-\lambda^2\sin^2\varphi}$.

14.14 偏置式的曲柄滑块机构中, 曲柄的转轴到导轨的距离为 h, 曲柄长 r, 连杆长 l. 轴 Ox 沿滑块的导轨方向, 原点在滑块的最右位置, $l/r = \lambda, h/r = k, \varphi = \omega_0 t$. 试写出滑块的运动方程.

答 $x = r[\sqrt{(\lambda+1)^2-k^2} - \sqrt{\lambda^2-(\sin\varphi+k)^2} - \cos\varphi]$.

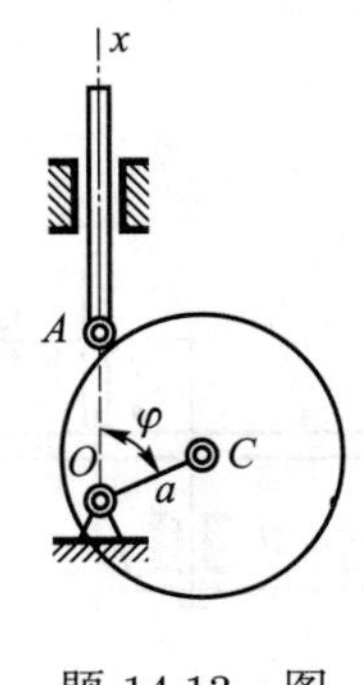

题 14.13 图

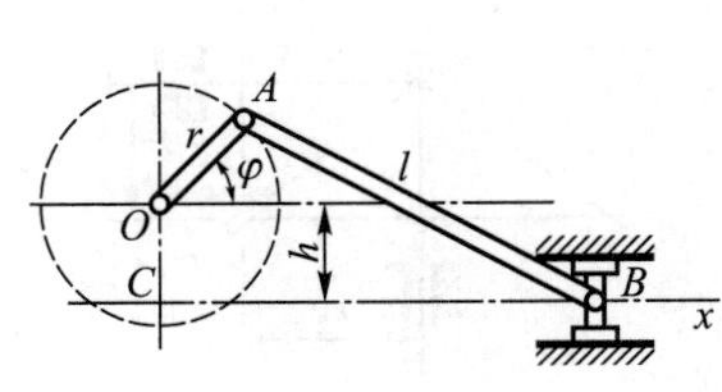

题 14.14 图

14.15 绕轴 O 匀速转动的凸轮带动推杆 AB 作匀速往复运动, 凸轮每 8 s 转一圈, 在这段时间内杆的运动方程为

$$x = \begin{cases} 30 + 5t, & 0 \leqslant t \leqslant 4, \\ 70 - 5t, & 4 \leqslant t \leqslant 8 \end{cases}$$

(x 以 cm 为单位, t 以 s 为单位). 求凸轮轮廓线的方程, 并作出杆的运动图.

答

$$r = \begin{cases} 30 + \dfrac{20}{\pi}\varphi, & 0 \leqslant \varphi \leqslant \pi, \\ 70 - \dfrac{20}{\pi}\varphi, & 0 \leqslant \varphi \leqslant 2\pi. \end{cases}$$

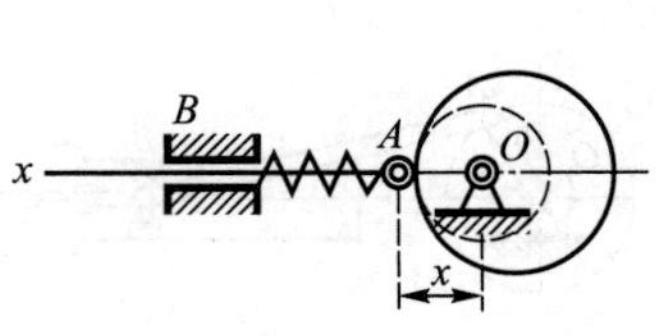

题 14.15 图

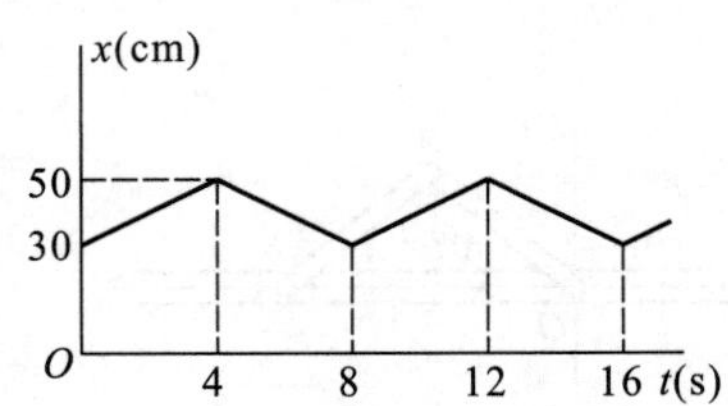

题 14.15 答案

14.16 已知凸轮的轮廓线方程为:

$$r=\left(20+\frac{15}{\pi}\varphi\right),\quad 0<\varphi<2\pi$$

(以 cm 为单位). 凸轮以角速度 $\frac{2}{3}\pi$ rad/s 匀速转动, 求杆 AB 的运动规律, 并作出其往复运动的图像.

答 在 3 s 内, 凸轮转一圈的过程中 $x=20+10t$, 此后将周期重复这种运动.

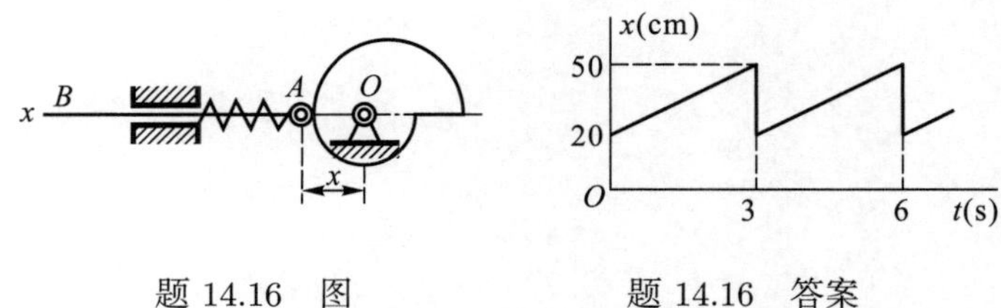

题 14.16 图　　题 14.16 答案

14.17 试写出凸轮的轮廓线方程. 已知推杆的全冲程 $h=20$ cm 与凸轮的第一个 $\frac{1}{3}$ 转相对应, 并且在这段时间内推杆的位移与转角成正比; 在凸轮第二个 $\frac{1}{3}$ 转的时间内, 推杆不动; 在凸轮最后 $\frac{1}{3}$ 转的时间内, 推杆完成与第一个 $\frac{1}{3}$ 转对应的反冲程. 设推杆顶点到凸轮中心的最小距离是 70 cm.

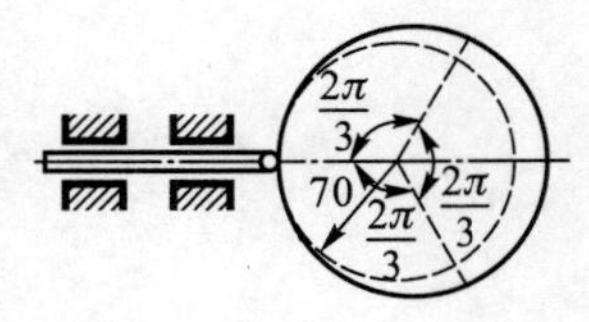

题 14.17 图

答 对应于第一个 $\frac{1}{3}$ 转, 凸轮的轮廓线是阿基米德螺线:

$$r=\left(\frac{30}{\pi}\varphi+70\right).$$

与第二个 $\frac{1}{3}$ 转相对应的是半径 $r=90$ cm 的圆. 对于最后 $\frac{1}{3}$ 转, 凸轮的轮廓线仍是阿基米德螺线, 但参数不同:

$$r=\left(90-\frac{30}{\pi}\varphi\right).$$

14.18 推杆的末端搁在半径为 $r=30$ cm 的圆形凸轮上, 凸轮以速度 $v=5$ cm/s 作往复移动. 已知推杆降落的时间是 $t=3$ s, 且初始瞬时处于最高位置, 求推杆下落的距离.

答 $h=4.020$ cm.

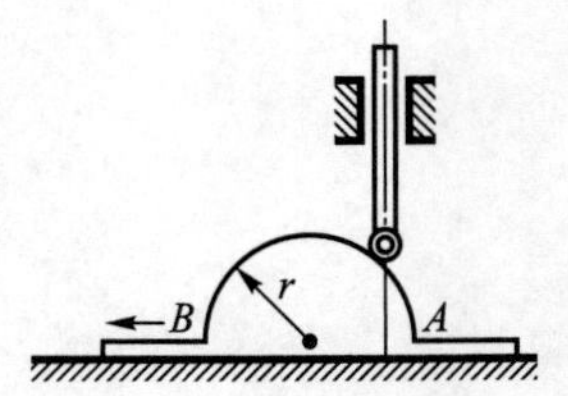

题 14.18 图

14.19 当圆形凸轮由零初速开始作匀加速移动时,

推杆在 4 s 内从最高位置下降了 $h = 4$ cm. 凸轮轮廓圆的半径是 $r = 10$ cm, 求凸轮移动的加速度 (见题 14.18 图).

答 $w = 1\ \text{cm/s}^2$.

第五章　刚体的平面运动

§15. 平面图形的运动方程

15.1　椭圆规尺由曲柄 OC 带动, 曲柄以匀角速度 ω_0 绕轴 O 转动. 已知 $OC = BC = AC = r$. 初始瞬时规尺 AB 在水平位置, 试以滑块 B 为基点写出椭圆规尺的平面运动方程.

答　$x_B = 2r\cos\omega_0 t,\ y_B = 0,\ \varphi_B = -\omega_0 t.$

15.2　半径为 R 的车轮沿水平直线纯滚动, 车轮中心 C 的速度不变且等于 v. 已知初始瞬时与车轮固连的 y' 轴是铅直的, 并且固定轴 y 此时通过车轮中心 C, 求以 C 为基点的车轮运动方程.

答　$x_C = vt, y_C = R, \varphi = \dfrac{v}{R}t.$

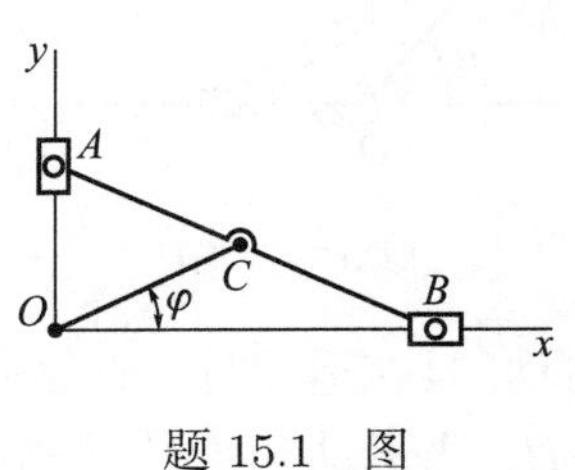

题 15.1　图

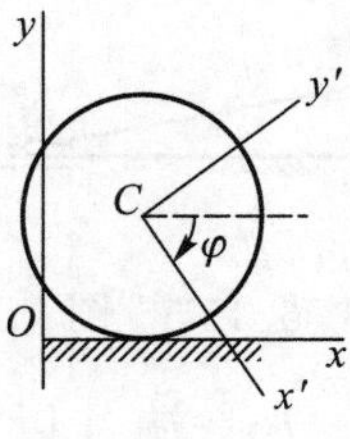

题 15.2　图

15.3　半径为 r 的齿轮由曲柄 OA 带动, 沿着半径为 R 的定齿轮滚动, 曲柄以匀角加速度 ε_0 绕定齿轮的轴 O 转动. 设当 $t = 0$ 时, 曲柄的角速度 $\omega_0 = 0$, 初始转角 $\varphi_0 = 0$. 试以动齿轮的中心 A 为基点, 求该齿轮的运动方程.

答　$x_A=(R+r)\cos\dfrac{\varepsilon_0t^2}{2}$, $y_A=(R+r)\sin\dfrac{\varepsilon_0t^2}{2}$, $\varphi_1=\left(\dfrac{R}{r}+1\right)\dfrac{\varepsilon_0t^2}{2}$, 其中 φ_1 是动齿轮的转角.

15.4　半径为 r 的齿轮由曲柄 OA 带动, 沿着半径为 R 的固定内齿轮滚动, 曲柄 OA 以匀角速度 ω_0 绕定齿轮的轴 O 转动. 当 $t=0$ 时, $\varphi_0=0$. 试以动齿轮中心 A 为基点, 求此动齿轮的运动方程.

答　$x_A=(R-r)\cos\omega_0t$, $y_A=(R-r)\sin\omega_0t$, $\varphi_1=-(R/r-1)\omega_0t$, 其中 φ_1 是动齿轮的转角, 负号表示齿轮的转向与曲柄的转向相反.

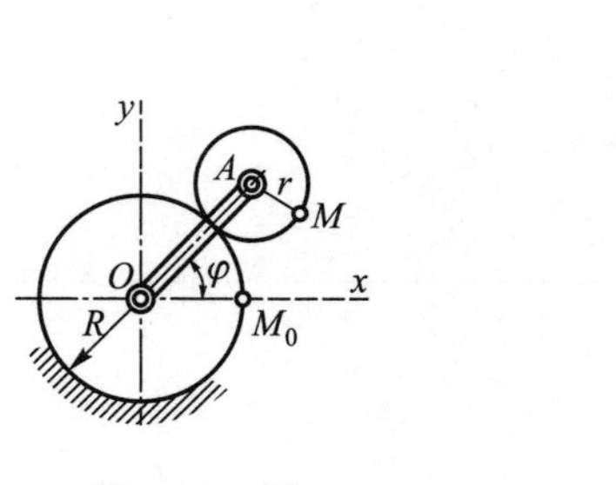

题 15.3　图

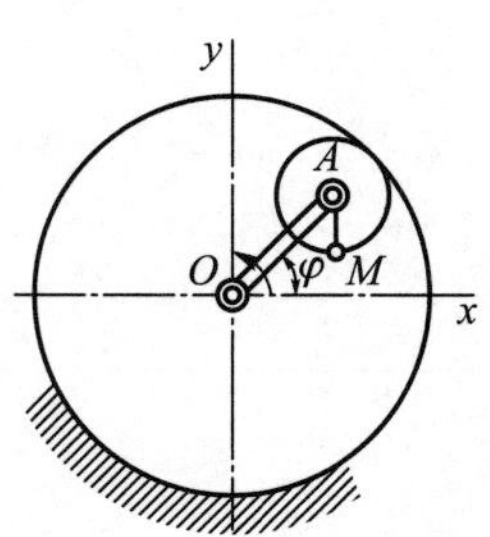

题 15.4　图

15.5　已知曲柄作匀速转动, 曲柄长 r, 连杆长为 l, 曲柄的角速度为 ω_0, 当 $t=0$ 时, $\alpha=0$. 试以曲柄的铰链 A 的基点, 求连杆的运动方程.

答　$x=r\cos\omega_0t$, $y=r\sin\omega_0t$, $\varphi=-\arcsin\left(\dfrac{r}{l}\sin\omega_0t\right)$.

15.6　沿直线导轨滑动的套筒 A 和 B 与长为 l 的连杆 AB 连接, 套筒 A 以匀速 v_A 运动. 设套筒 A 是从点 O 开始运动的, 试以 A 为基点, 写出杆 AB 的运动方程. 又 $\angle BOA=\pi-\alpha$.

答　$x_A=-v_At\cos\alpha$, $y_A=v_At\sin\alpha$, $\varphi=\arcsin\left(\dfrac{v_At}{l}\sin\alpha\right)$.

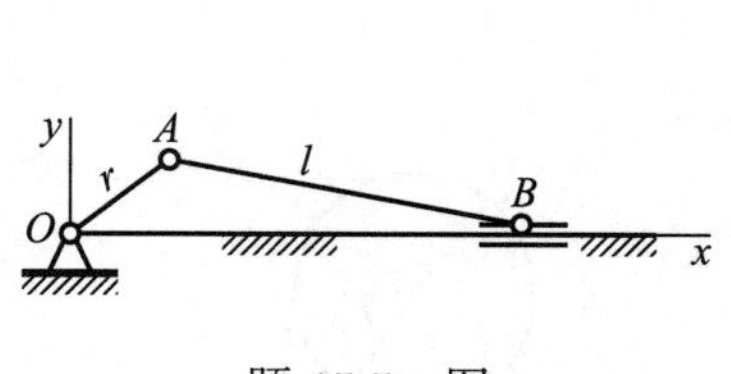

题 15.5　图

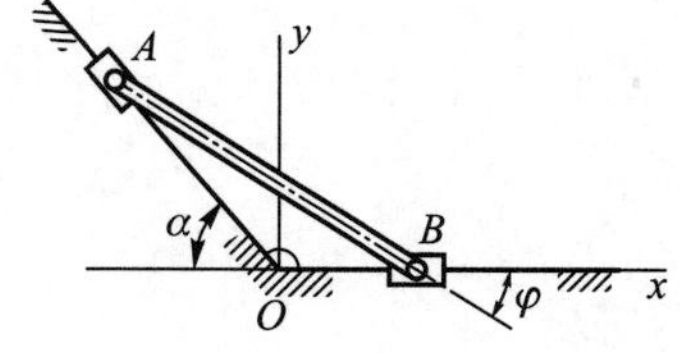

题 15.6　图

15.7　杆 AB 一端 A 以匀速度 v 沿直线导轨滑动, 且在运动时一直靠在销钉 D 上. 已知杆长是 l, 销钉 D 超过水平导轨的高度是 H. 当运动开始时, 杆端 A 与固定坐标系的原点 O 重合, $OM=a$. 试以点 A 为基点, 写出杆 AB 及其端点 B 的运动方程.

答　$x_A=vt$, $y_A=0$, $\varphi=\arctan\dfrac{H}{a-vt}$,

$$x_B = vt + l\frac{a - vt}{\sqrt{H^2 + (a - vt)^2}},\ y_B = \frac{Hl}{\sqrt{H^2 + (a - vt)^2}}.$$

15.8 长为 $a/2$ 的曲柄 O_1A 以匀角速度 ω 转动, 杆 AB 在点 A 用铰链与曲柄连接, 且始终穿过可转动的套筒 O, $OO_1 = a/2$. 试取点 A 为基点, 求杆 AB 的运动方程, 以及杆上与铰链 A 相距为 a 的 M 点的轨迹 (分别用极坐标和直角坐标表示).

答 1) $x_A = \dfrac{a}{2}(1 + \cos\omega t)$, $y_A = \dfrac{a}{2}\sin\omega t$, $\varphi = \dfrac{\omega t}{2}$.

2) 心脏线: $\rho = a(\cos\varphi - 1)$, $x^2 + y^2 = a(x - \sqrt{x^2 + y^2})$.

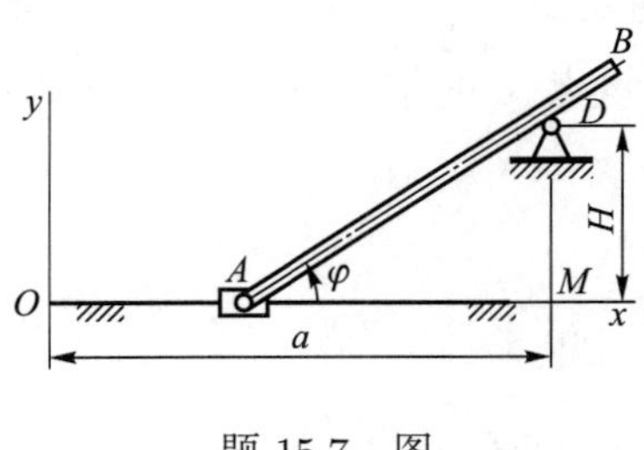

题 15.7 图

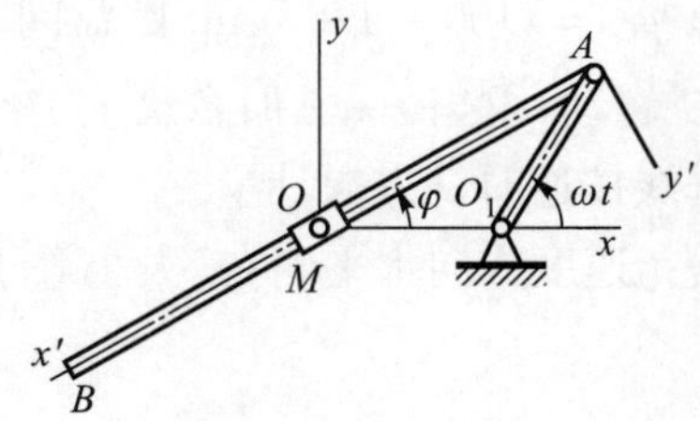

题 15.8 图

15.9 反平行四边形 $OABO_1$ 固定在长边 OO_1 上, 曲柄 OA 以匀角速度 ω 转动. 已知 $OA = O_1B = a$, $OO_1 = AB = b$ $(a < b)$, 初始瞬时曲柄 OA 沿 OO_1 方向. 试以点 A 为基点, 求 AB 边的运动方程.

答 $x_A = a\cos\omega t$, $y_A = a\sin\omega t$, $\varphi = 2\arctan\dfrac{a\sin\omega t}{b - a\cos\omega t}$.

15.10 反平行四边形 $OABO_1$ 固定在短边 OO_1 上, 曲柄 OA 以匀角速度 ω 转动. 已知 $OA = O_1B = a$, $OO_1 = AB = b$ $(a > b)$, 初始瞬时曲柄 OA 沿 OO_1 方向. 试以点 A 为基点, 求 AB 的运动方程.

答 $x_A = a\cos\omega t$, $y_A = a\sin\omega t$, $\varphi = 2\text{arccot}\dfrac{\cos\omega t - b/a}{\sin\omega t}$.

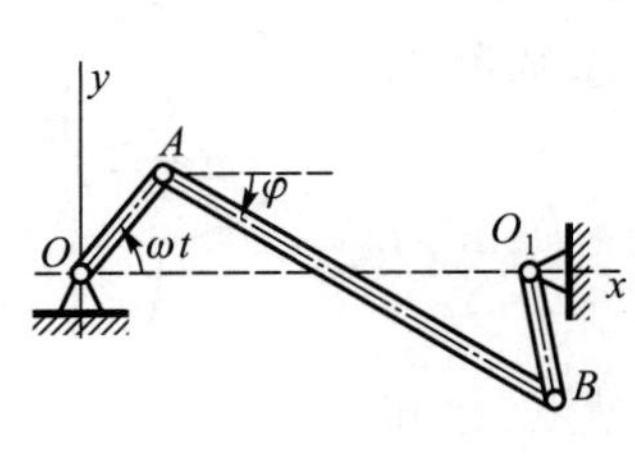

题 15.9 图

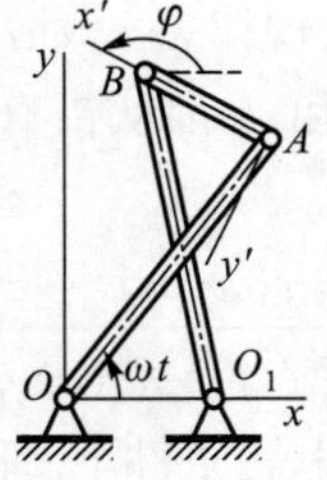

题 15.10 图

§16. 平面运动刚体上各点的速度 · 瞬时速度中心

16.1 设有一轴垂直于平面图形上任一点的速度, 试证明这根轴上所有各点的速度在该轴上的投影等于零.

16.2 轮子沿着与水平面成 30° 角的斜面滚动, 轮心 O 按规律 $x_O = 10t^2$ 运动, 其中轴 x 平行于斜面方向, 在轮心 O 悬挂的杆 OA 可绕垂直于图面的水平轴 O 摆动, 摆动规律为 $\varphi = \dfrac{\pi}{3}\sin\dfrac{\pi}{6}t$ rad, 且 $OA = 36$ cm. 求杆的 A 端在 $t = 1$ s 时刻的速度.

答 速度大小等于 2.8 cm/s, 其方向平行于斜面并偏向下.

16.3 半径为 $r = 20$ cm 的圆盘在铅垂面 xy 内运动, 盘心 C 运动方程为 $x_C = 10t$ m, $y_C = (100 - 4.9t^2)$ m, 圆盘同时以匀角速度 $\omega = \dfrac{\pi}{2}$ rad/s 绕垂直于盘面的水平轴 C 转动. 求当 $t = 0$ 时盘缘上 A 点的速度. 设点 A 的位置由角 $\varphi = \omega t$ 确定, φ 从铅垂线按逆时针方向计量.

答 速度方向水平向右, 大小等于 10.31 m/s.

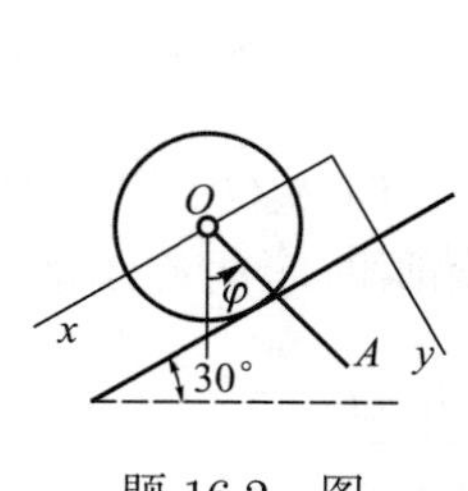

题 16.2　图

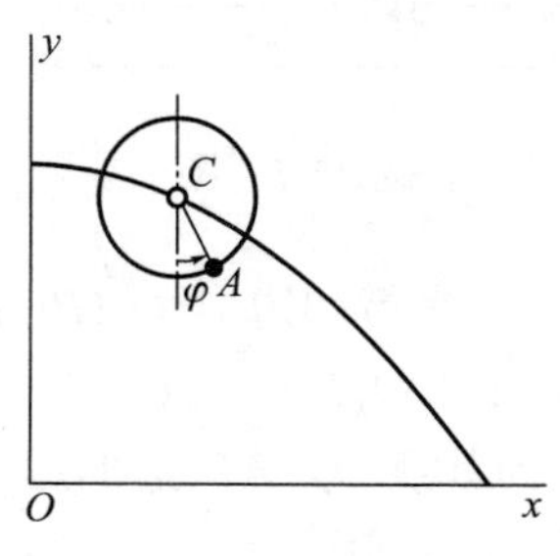

题 16.3　图

16.4 在上题条件下, 求 $t = 1$ s 时刻点 A 的速度.

答 $v_{A_x} = 10$ m/s, $v_{A_y} = -9.49$ m/s, $v_A = 13.8$ m/s.

16.5 半径均为 r 的两个相同圆盘在点 A 用圆柱铰链连接. 圆盘 I 绕固定水平轴 O 按规律 $\varphi = \varphi(t)$ 转动, 圆盘 II 绕水平轴 A 按规律 $\psi = \psi(t)$ 转动, 且轴 O 和 A 都垂直于图形平面, 角 φ 和 ψ 都从铅直线按逆时针方向计量. 求圆盘 II 中心 C 的速度.

答 $v_{C_x} = r(\dot\varphi\cos\varphi + \dot\psi\cos\psi)$, $v_{C_y} = r(\dot\varphi\sin\varphi + \dot\psi\sin\psi)$, $v_C = r\sqrt{\dot\varphi^2 + \dot\psi^2 + 2\dot\varphi\dot\psi\cos(\varphi - \psi)}$.

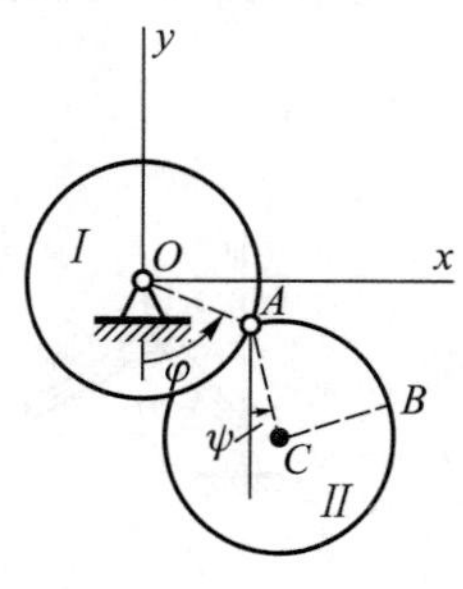

题 16.5　图

16.6 在上题条件下, 求圆盘 II 上一点 B 的速度. 已知 $\angle ACB = \dfrac{\pi}{2}$.

答 $v_{B_x} = r[\dot\varphi\cos\varphi + \sqrt{2}\dot\psi\cos(45^\circ + \psi)]$,

$v_{B_y} = r[\dot\varphi\sin\varphi + \sqrt{2}\dot\psi\sin(45^\circ + \psi)]$,

$v_B = r\sqrt{\dot\varphi^2 + 2\dot\psi^2 + 2\sqrt{2}\dot\varphi\dot\psi\cos[45^\circ - (\varphi - \psi)]}$.

16.7 杆 AB 长 1 m, 两端始终在两相互垂直的直线 Ox 和 Oy 上运动. 当

$\angle OAB = 60^\circ$ 时, 求杆的瞬时速度中心的坐标 x 和 y.

答 $x = 0.866$ m, $y = 0.5$ m.

16.8 可折合的桌面为矩形, 边长为 a 和 b. 通过绕轴销 O 的转动, 桌面的位置从 $ABCD$ 转到 $A_1B_1C_1D_1$, 把折合面摊开后, 桌面变成边长是 b 和 $2a$ 的矩形. 求轴销 O 相对于边 AB 和 AD 的位置.

答 $x_O = \dfrac{a}{4}, y_O = \dfrac{b}{2} - \dfrac{a}{4}$.

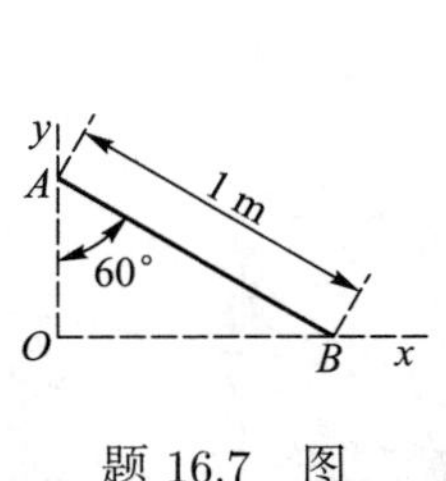

题 16.7 图

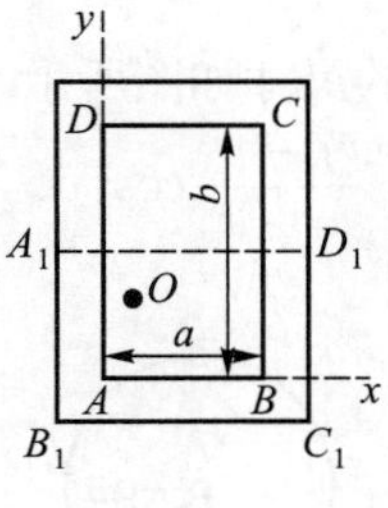

题 16.8 图

16.9 直线 AB 在图面内运动. 在某瞬时, 点 A 的速度 $\boldsymbol{v}_A$ 与直线 AB 成 30° 角, 大小等于 180 cm/s, 此时点 B 的速度方向与直线 AB 的方向一致. 求点 B 的速度大小 v_B.

答 $v_B = 156$ cm/s.

16.10 直线 AB 在图面内运动, A 端始终在半圆 CAD 上, 且该直线始终通过直径 CD 上的点 C. 当半径 OA 垂直于 CD 时, 点 A 的速度等于 4 m/s, 求此时直线上与 C 重合的点的速度.

答 $v_C = 2.83$ m/s.

16.11 长 0.5 m 的杆 AB 在图面内运动. 速度 $\boldsymbol{v}_A (v_A = 2$ m/s) 与杆的夹角为 45°, 点 B 的速度 $\boldsymbol{v}_B$ 与杆的夹角为 60°. 求点 B 的速度大小和杆 AB 的角速度.

答 $v_B = 2.82$ m/s, $\omega = 2.06$ rad/s.

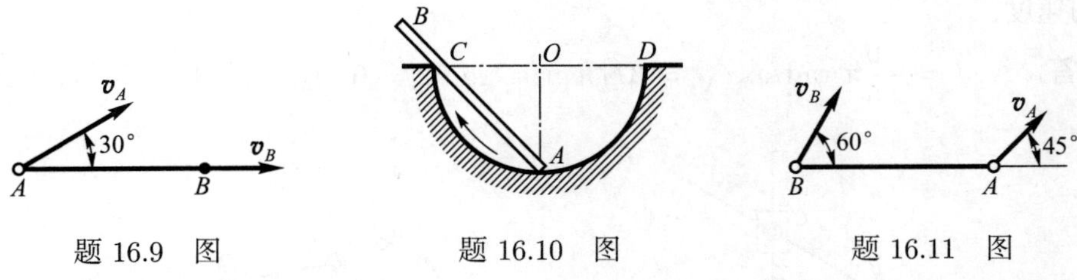

题 16.9 图　　题 16.10 图　　题 16.11 图

16.12 磨床由踏板 OA 带动, $OA = 24$ cm, 踏板按规律 $\varphi = \dfrac{\pi}{6}\sin\dfrac{\pi}{2}t$ (角 φ 从水平线量起, 单位为 rad) 绕轴 O 摆动. 砂轮 K 借助杆 AB 可绕轴 O_1 转动, 轴 O 和 O_1 都垂直于图面. 砂轮 K 的半径是 $R = 2BO_1$. 已知 $t = 0$ 时, OA 与 O_1B 都在

水平位置, 求此时砂轮边缘上 D 点的速度.

答 $v_D = 39.44$ cm/s.

16.13 图示是一种求和机构, 其中杆 1 和 2 可沿铅直导轨运动. 这两杆都用圆柱铰链与摇臂 AB 连接, 两个铰销各自可在摇臂的槽中滑动. 杆 3 铰接于摇臂 AB 的中心 O, 可沿铅直导轨滑动. 已知杆 1 和 2 分别以速度 v_1 和 v_2 运动, 试证明杆 3 的速度大小等于

$$v = \frac{b}{a+b}v_1 + \frac{a}{a+b}v_2,$$

其中 a 和 b 的尺寸如图所示. 并求摇臂 AB 的角速度.

答 $\omega = \dfrac{v_1 - v_2}{a+b}\cos^2\alpha$, 当 $v_1 > v_2$ 时.

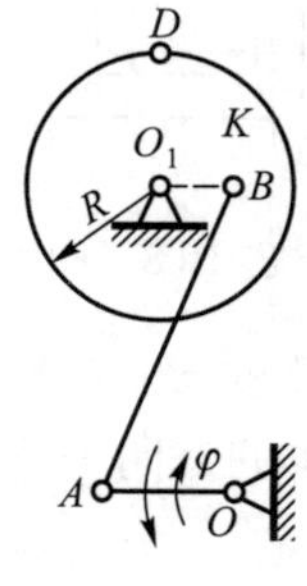

题 16.12 图

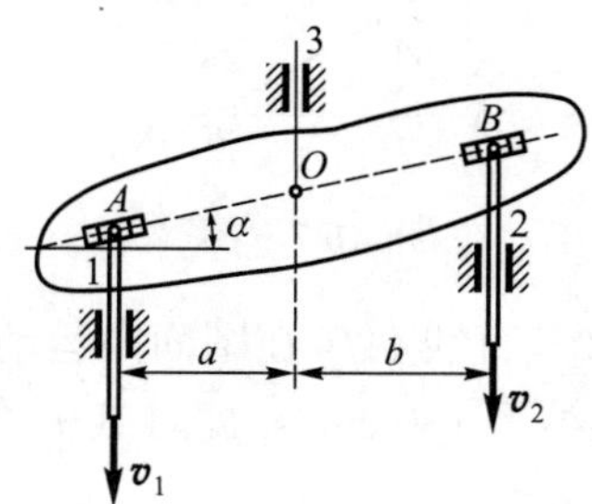

题 16.13 图

16.14 杆 OB 以匀角速度 $\omega = 2$ rad/s 绕轴 O 转动并带动杆 AD. 点 A 沿水平轴 Ox 运动, 点 C 沿铅垂轴 Oy 运动. 已知 $AB = OB = BC = CD = 12$ cm, 当 $\varphi = 45°$ 时, 求杆上 D 点的速度, 并求此点的轨迹方程.

答 $v_D = 53.66$ cm/s, $\left(\dfrac{x}{12}\right)^2 + \left(\dfrac{y}{36}\right)^2 = 1$.

16.15 在曲柄机构中, 曲柄长 $OA = 40$ cm, 连杆长 $AB = 2$ m. 曲柄以匀角速度 6π rad/s 转动. 当 $\angle AOB$ 分别等于 $0, \dfrac{\pi}{2}, \pi, \dfrac{3\pi}{2}$ 时, 求连杆的角速度 ω 及其中点 M 的速度.

答 $I.\ \omega = -\dfrac{6}{5}\pi$ rad/s, $v_M = 377$ cm/s. $II.\ \omega = 0$, $v_M = 754$ cm/s. $III.\ \omega =$

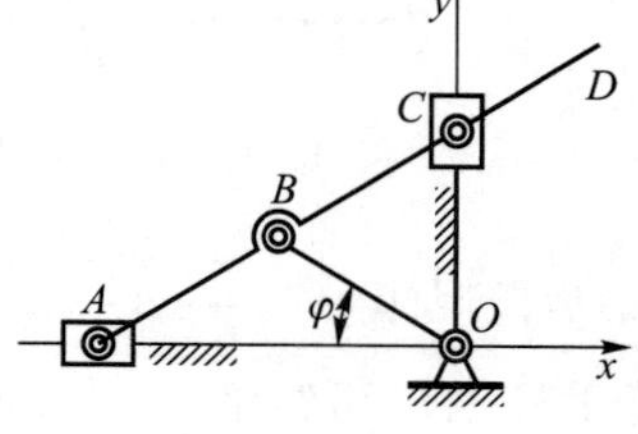

题 16.14 图

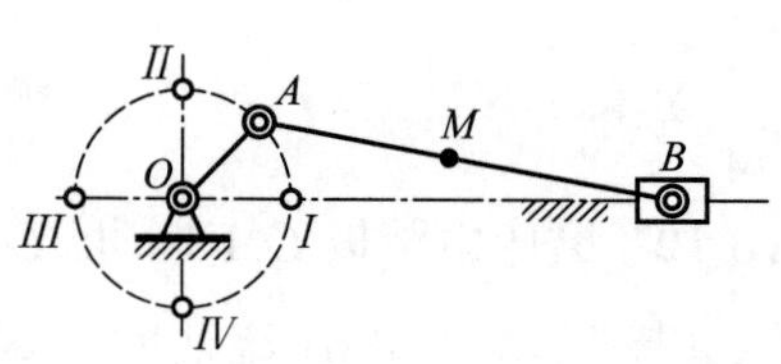

题 16.15 图

$\frac{6}{5}\pi$ rad/s, $v_M = 377$ cm/s. IV. $\omega = 0$, $v_M = 754$ cm/s. ω 的负号表示连杆转动的方向与曲柄转动的方向相反.

16.16 偏置式曲柄连杆机构的曲柄以角速度 $\omega = 1.5$ rad/s 绕轴 O 转动. 已知 $OA = 40$ cm, $AB = 200$ cm, $OC = 20$ cm, 当曲柄在两个水平位置与两个铅直位置时, 求滑块 B 的速度.

答 $v_1 = v_3 = 6.03$ cm/s, $v_2 = v_4 = 60$ cm/s.

16.17 四连杆机构中的杆 OA 长 20 cm, 求点 K 在图示位置时的速度. 已知此瞬时杆 OA 的角速度等于 2 rad/s, K 是杆 BO_1 的中点.

答 20 cm/s.

16.18 在抽水机的传动机构中, $OA = 20$ cm, $O_1B = O_1D$. 已知曲柄 OA 以匀角速度 2 rad/s 转动, 求活塞 E 在图示位置时的速度.

答 46.2 cm/s.

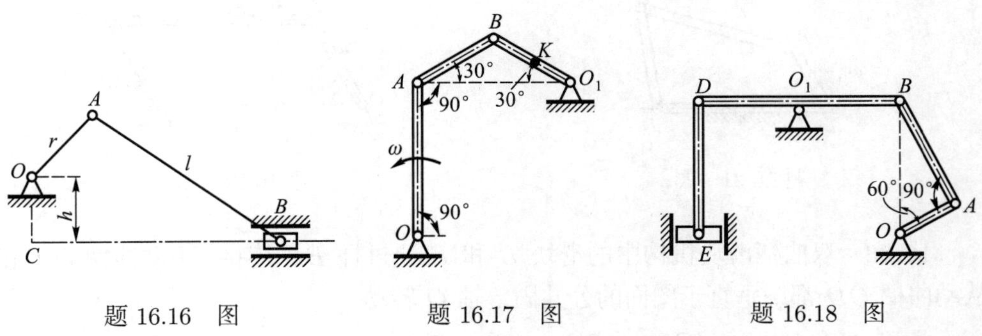

题 16.16 图　　题 16.17 图　　题 16.18 图

16.19 杆 O_1A 和 O_2B 分别用铰链 A 和 B 同 AB 杆连接, 可分别绕固定点 O_1 和 O_2 转动. 这些杆在同一平面内构成四连杆机构. 已知: 杆 O_1A 长为 a, 角速度为 ω. 试用图解法求杆 AB 上速度沿杆方向的 M 点, 并求 $\angle O_1AB = \alpha$ 时 M 点的速度大小.

答 $v_M = \alpha\omega\sin\alpha$.

16.20 已知铰接四连杆机构中杆 O_1A 的角速度是 ω_1.

试用 ω_1 以及杆 O_1A, O_2B 的转轴到 AB 的最短距离 O_1D, O_2E 表示杆 O_2B 的角速度 ω_2.

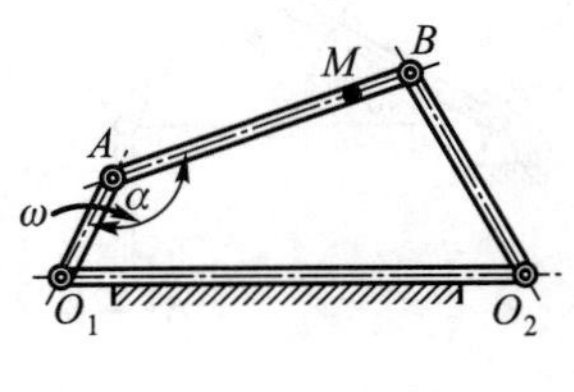

题 16.19 图

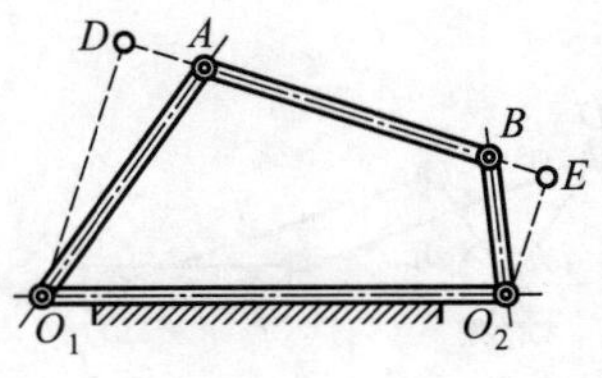

题 16.20 图

答 $\omega_2=\omega_1\dfrac{O_1D}{O_2E}$.

16.21 在铰接四连杆机构 $ABCD$ 中，主动曲柄 AB 以匀角速度 $\omega_0=6\pi$ rad/s 转动. 设 $BC=3AB$, 当曲柄 AB 与杆 BC 成一直线时，求曲柄 CD 与杆 BC 的瞬时角速度.

答 $\omega_{BC}=2\pi$ rad/s, $\omega_{CD}=0$.

16.22 在铰接平行杆机构 $OABO_1$ 中, 杆 AB 的中点 D 借助铰链 D 与杆 DE 连接, 并带动滑块 K 作往复运动. $OA=O_1B=2DE=20$ cm. 在图示位置时, 求滑块 K 的速度与杆 DE 的角速度. 设此瞬时杆 OA 的角速度等于 1 rad/s.

答 $v_K=40$ cm/s, $\omega_{DE}=3.46$ rad/s.

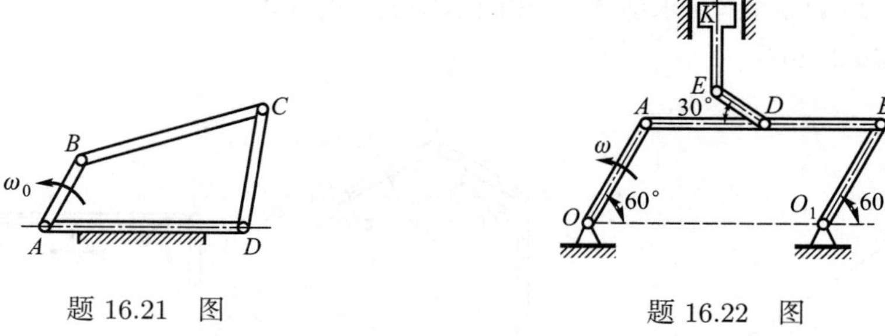

题 16.21 图　　题 16.22 图

16.23 双曲柄滑块机构中的滑块 B 和 E 通过杆 BE 连接. 主动曲柄 OA 和从动曲柄 OD 都绕垂直于图面的公共固定轴 O 转动.

已知: $OA=10$ cm, $OD=12$ cm, $AB=26$ cm, $EB=12$ cm, $DE=12\sqrt{3}$ cm. 当主动曲柄 OA 的瞬时角速度等于 $\omega_0=12$ rad/s、且 OA 垂直于滑块导轨时, 求从动曲柄 OD 和连杆 DE 的瞬时角速度.

答 $\omega_{OD}=10\sqrt{3}$ rad/s, $\omega_{DE}=\dfrac{10}{3}\sqrt{3}$ rad/s.

16.24 水压机的活塞 D 由铰接杠杆机构 $OABD$ 带动. 在图示位置, 杠杆 OL 的角速度为 $\omega=2$ rad/s. 设 $OA=15$ cm, 求活塞 D 的速度和杆 AB 的角速度.

答 $v_D=34.6$ cm/s, $\omega_{AB}=2$ rad/s.

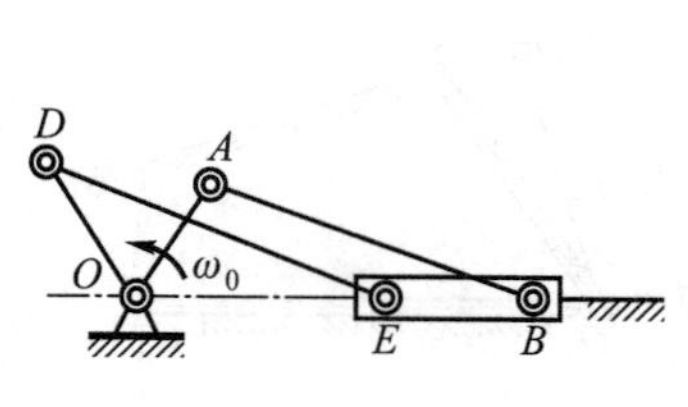

题 16.23 图

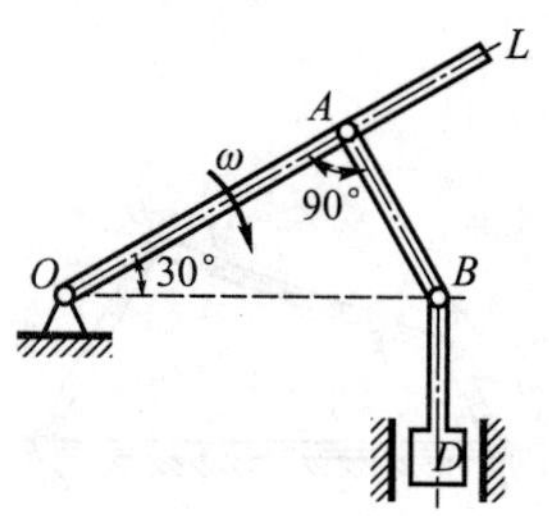

题 16.24 图

16.25 为了剪断金属, 剪刀的活动刀刃 L 由铰接杠杆机构 $AOBD$ 带动. 在图示位置, 杠杆 AB 的角速度等于 2 rad/s, 求此时铰链 D 的速度和杆 BD 的角速度. 设 $OB = 5$ cm, $O_1D = 10$ cm.

答 $v_D = 8.65$ cm/s, $\omega_{BD} = 0.87$ rad/s.

16.26 在具有摆式气缸的机器中, 曲柄长 $OA = 12$ cm, 曲柄轴与气缸枢轴之间的距离是 $OO_1 = 60$ cm, 连杆长 $AB = 60$ cm. 设曲柄的角速度 $\omega = 5$ rad/s = 常数, 求当曲柄的 A 点在图示四个位置 I, II, III, IV 时活塞的速度.

答 $v_I = 15$ cm/s, $v_{III} = 10$ cm/s, $v_{II} = v_{IV} = 58.88$ cm/s.

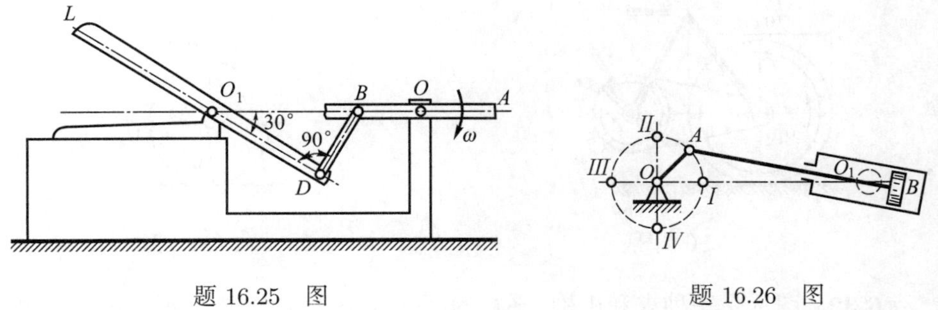

题 16.25 图　　题 16.26 图

16.27 在具有摆式气缸的机器中, 曲柄长 $OA = 15$ cm, 曲柄的角速度 $\omega_0 = 15$ rad/s = 常数. 当曲柄垂直于连杆时, 求活塞的速度与气缸的角速度. (见题 16.26 图.)

答 $v = 225$ cm/s, $\omega = 0$.

16.28 曲柄机构中连杆在中点 C 与杆 CD 铰接, 杆 CD 与可绕轴 E 转动的杆 DE 铰接.

点 B 和 E 在同一铅直线上, $OA = 25$ cm, $DE = 100$ cm. 在图示位置, 曲柄 OA 的角速度 ω 等于 8 rad/s, 且 $\angle CDE = 90°$, $\angle BED = 30°$. 求此时杆 DE 的角速度.

答 $\omega_{DE} = 0.5$ rad/s.

16.29 半径为 R 的绕线轮沿水平面 HH 纯滚动. 在轮的中部有半径为 r 的圆柱段, 上面绕线, 线端 B 以速度 u 沿水平方向运动. 求线轮轴 O 移动的速度 v.

答 $v = u\dfrac{R}{R-r}$.

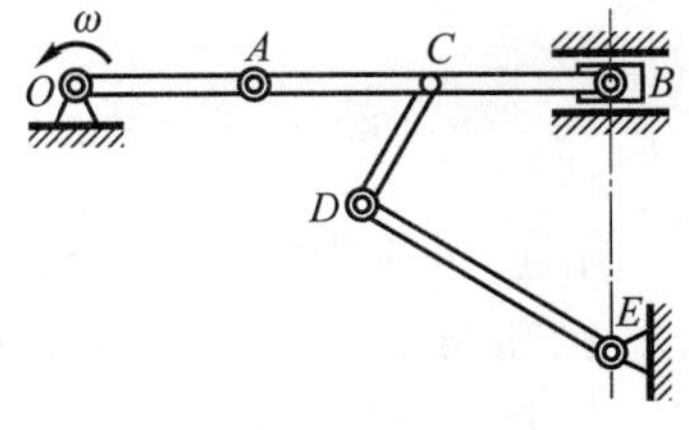

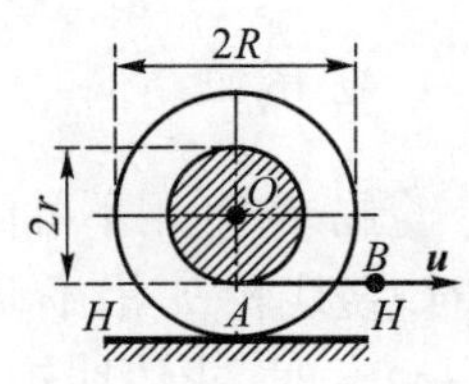

题 16.28 图　　题 16.29 图

16.30 自行车上的链条传动装置由链条绕过齿数为 26 的齿轮 A 和齿数为 9 的齿轮 B 构成. 齿轮 B 固结在自行车的后轮 C 上, 后轮的直径为 70 cm. 设齿轮 A 每秒转一圈, 后轮 C 沿直线道路作纯滚动, 求自行车的速度.

答 22.87 km/h.

16.31 半径为 $R = 0.5$ m 的轮子沿直线道路纯滚动, 轮心的速度恒等于 $v_0 = 10$ m/s. 求轮上铅直直径和水平直径的端点 M_1, M_2, M_3, M_4 的速度, 并求轮子的角速度.

答 $v_1 = 0$, $v_2 = 14.14$ m/s, $v_3 = 20$ m/s, $v_4 = 14.14$ m/s, $\omega = 20$ rad/s.

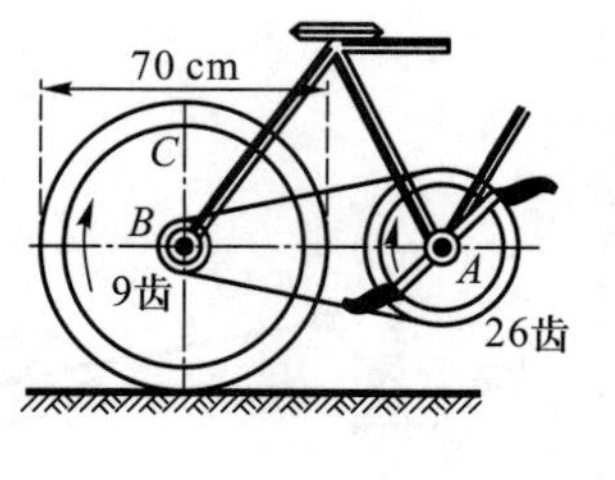

题 16.30 图

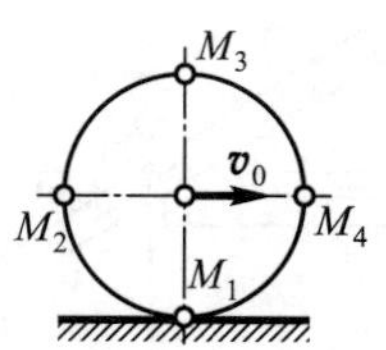

题 16.31 图

16.32 图示是一种求和机构, 平行的两个板条 1, 2 分别以速度 $\boldsymbol{v}_1$, $\boldsymbol{v}_2$ 同向运动, 在两板条间夹着一个半径为 r 的圆盘, 此圆盘沿板条纯滚动. 试证明与盘轴 C 相连的板条 3 的速度等于板条 1, 2 的速度之和的一半, 并求此圆盘的角速度.

答 $\omega = \dfrac{v_1 - v_2}{2r}$.

16.33 动滑轮 1 和定滑轮 2 用不可伸长的线相连. 悬挂在线末端的重物 K 以 $x = 2t^2$ m 的规律铅直向下降落. 已知动滑轮 1 的半径等于 0.2 m, $CD \perp BE$, 当 $t = 1$ s 时, 求动滑轮上在图示位置的 C, D, B, E 各点的速度. 又求滑轮 1 的角速度.

答 $v_C = 0$, $v_D = 2$ m/s, $v_B = v_E = 2\sqrt{2}$ m/s, $\omega = 10$ rad/s.

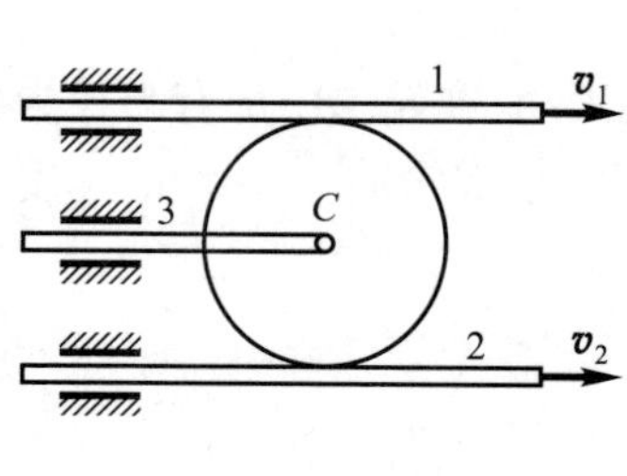

题 16.32 图

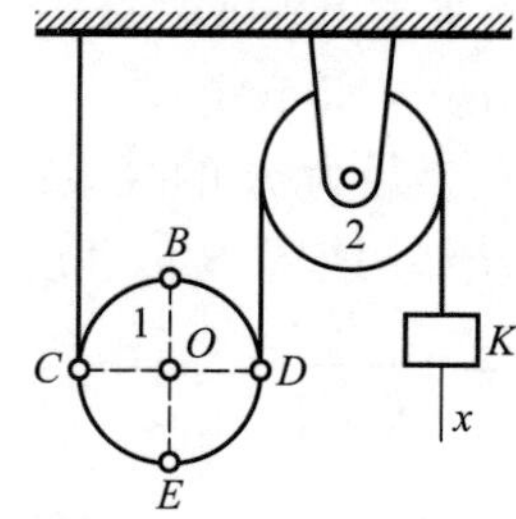

题 16.33 图

16.34 重物 K 利用不可伸长的线与绕线轮 L 相连, 并按规律 $x = t^2$ m 铅直向下降落. 同时, 绕线轮 L 沿不动的水平轨道纯滚动. 已知 $AD \perp OE$, $OD = 2OC = 0.2$ m, 当 $t = 1$ s 时, 求绕线轮上在图示位置的 C, A, B, O, E 各点的速度. 并求绕线轮的角速度.

答 $v_C = 0, v_A = 6\ \text{m/s}, v_B = 4\ \text{m/s}, v_O = 2\ \text{m/s}, v_E = 4.46\ \text{m/s}, \omega = 20\ \text{rad/s}$.

16.35 曲柄 OA 以角速度 $\omega_0 = 2.5\ \text{rad/s}$ 绕半径为 $r_2 = 15\ \text{cm}$ 的固定齿轮的轮轴 O 转动, 并带动装在曲柄端 A 的、半径为 $r_1 = 5\ \text{cm}$ 的齿轮. 已知 $CE \perp BD$, 求动齿轮上 A, B, C, D, E 各点速度的大小和方向.

答 $v_A = 50\ \text{cm/s}, v_B = 0, v_D = 100\ \text{cm/s}, v_C = v_E = 70.7\ \text{cm/s}$.

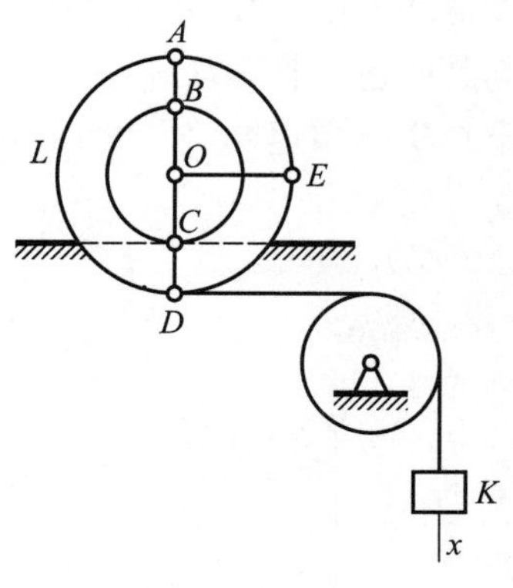

题 16.34 图

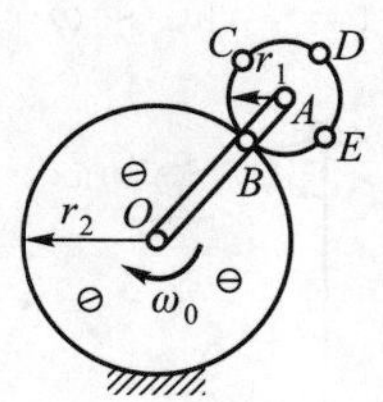

题 16.35 图

16.36 在轴 O 上装有直径为 20 cm 的齿轮 K 和长为 20 cm 的曲柄 OA, 两者并不固连. 在连杆 AB 上固连着一个直径为 20 cm 的齿轮 L, 连杆长 $AB = 1$ m. 齿轮 K 以匀角速度 2π rad/s 转动. 齿轮 K 和齿轮 L 啮合, 带动连杆 AB 和曲柄 OA. 求曲柄在两个水平位置和两个铅直位置时的角速度 ω_1.

答 $I.\ \omega_1 = \dfrac{10}{11}\pi\ \text{rad/s}$, $III.\ \omega_1 = \dfrac{10}{9}\pi\ \text{rad/s}$. $II.\ \omega_1 = \pi\ \text{rad/s}$, $IV.\ \omega_1 = \pi\ \text{rad/s}$.

16.37 曲柄长 $OA = 20$ cm, 以角速度 2 rad/s 绕垂直于图面的固定轴 O 转动. 在曲柄末端 A 装有半径为 10 cm 的齿轮 2, 它与定齿轮 1 内啮合, 齿轮 1 与曲柄同轴. 已知 $BD \perp OC$, 求齿轮 2 边缘上 B, C, D, E 各点的速度.

答 $v_C = 0, v_B = v_D = 40\sqrt{2}\ \text{cm/s}, v_E = 80\ \text{cm/s}$.

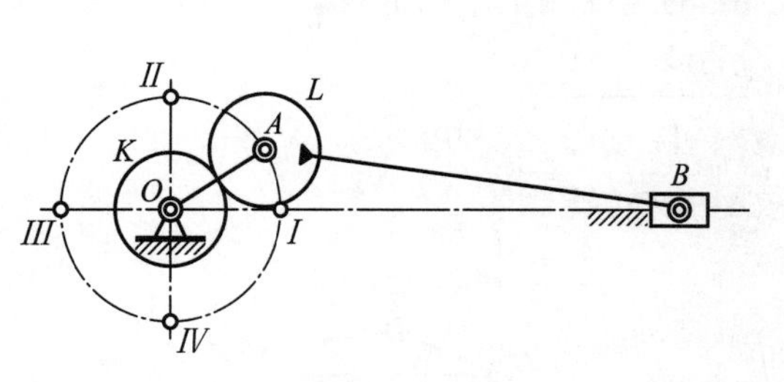

题 16.36 图

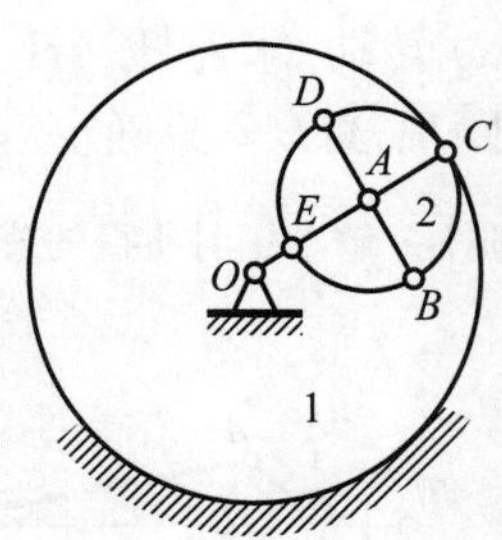

题 16.37 图

16.38 瓦特行星轮传动机构的构造如下: 摇杆 O_1A 可绕轴 O_1 摆动, 并借助

连杆 AB 带动松套在轴 O 上的曲柄 OB. 在轴 O 上还装有齿轮 I, 连杆 AB 的末端装有与其固连的齿轮 II. 已知 $r_1 = r_2 = 30\sqrt{3}$ cm, $O_1A = 75$ cm, $AB = 150$ cm, 摇杆的角速度 $\omega_0 = 6$ rad/s, 求当 $\alpha = 60°$, $\beta = 90°$ 时曲柄 OB 和齿轮 I 的角速度.

答 $\omega_{OB} = 3.75$ rad/s, $\omega_I = 6$ rad/s.

16.39 行星轮机构的构造如下: 曲柄 O_1A 能带动连杆 AB、摇杆 OB, 以及半径为 $r_1 = 25$ cm 的齿轮 I; 连杆 AB 的末端装有与其固连、半径为 $r_2 = 10$ cm 的齿轮 II. 已知 $O_1A = 30\sqrt{2}$ cm, $AB = 150$ cm, 摇杆 OB 的角速度 $\omega = 8$ rad/s, 求当 $\alpha = 45°$, $\beta = 90°$ 时曲柄 O_1A 和齿轮 I 的角速度.

答 $\omega_{O_1A} = 4$ rad/s, $\omega_I = 5.12$ rad/s.

题 16.38 图　　题 16.39 图

16.40 在具有摆式气缸的机器中, 曲柄长 $OA = r$, $OO_1 = \alpha$. 曲柄以匀角速度 ω_0 转动. 试以曲柄的转角 φ 表示连杆 AB 的角速度 ω_1. 又求 ω_1 的最大值和最小值, 以及当 $\omega_1 = 0$ 时 φ 的值.

答 $\omega_1 = \dfrac{\omega_0 r(\alpha\cos\varphi - r)}{\alpha^2 + r^2 - 2\alpha r\cos\varphi}$; 当 $\varphi = 0$ 时, 得 $\omega_{1\max} = \dfrac{\omega_0 r}{a - r}$; 当 $\varphi = \pi$ 时, 得 $\omega_{1\min} = -\dfrac{\omega_0 r}{a + r}$; 当 $\varphi = \arccos\dfrac{r}{\alpha}$ 时, $\omega_1 = 0$.

16.41 在曲柄机构中, 曲柄的长度 r 相对连杆的长度 l 要小得多. 曲柄以匀角速度 ω 转动, 求连杆 AB 上任一点 M 的速度在坐标轴上投影的近似式. 点 M 的位置由距离 $MB = z$ 确定.

附注: 解本题时所得的公式, 含有 $\sqrt{1 - \left(\dfrac{r}{l}\sin\varphi\right)^2}$, 式中的 $\varphi = \omega t$ 表示 $\angle BOA$, 将此根式

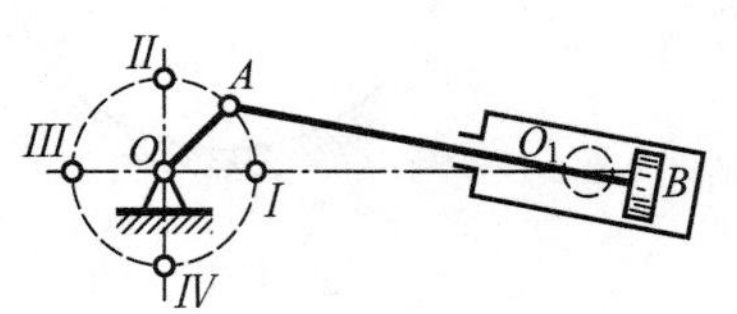

题 16.40 图 (同 16.26 图)

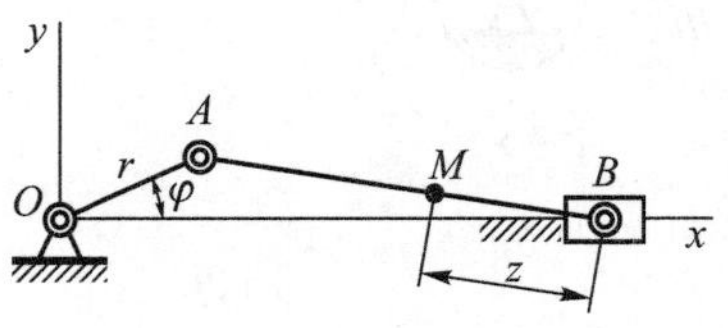

题 16.41 图

展成幂级数时, 只保留前两项.

答 $v_x = -\omega\left[r\sin\varphi + \dfrac{(l-z)r^2}{2l^2}\sin 2\varphi\right]$, $v_y = \dfrac{zr}{l}\omega\cos\varphi$.

§17. 定瞬心轨迹与动瞬心轨迹

17.1 求图示连杆 AB 运动时的瞬心轨迹.

答 动瞬心轨迹为半径等于 0.5 m 并以 AB 的中点为圆心的圆周, 定瞬心轨迹为半径等于 1 m 并以点 O 为圆心的圆周.

17.2 求滑轮组中滑轮 A 和 B 的动瞬心轨迹和定瞬心轨迹. 滑轮 A 和 B 的半径分别是 r_A 与 r_B, 并假定滑车架 C 作平动.

答 滑轮 A 的动瞬心轨迹是半径等于 r_A 的圆, 滑轮 B 的动瞬心轨迹是半径等于 $\dfrac{1}{3}r_B$ 的圆; 滑轮 A 和 B 的定瞬心轨迹都是与动瞬心轨迹相切的右侧铅垂线.

17.3 试以几何法求连杆 AB 的定瞬心轨迹和动瞬心轨迹. 已知连杆和曲柄是等长的:

$$AB = OA = r.$$

答 定瞬心轨迹是半径等于 $2r$、圆心在点 O 的圆周, 动瞬心轨迹是半径等于 r、圆心在曲柄销 A 的圆周.

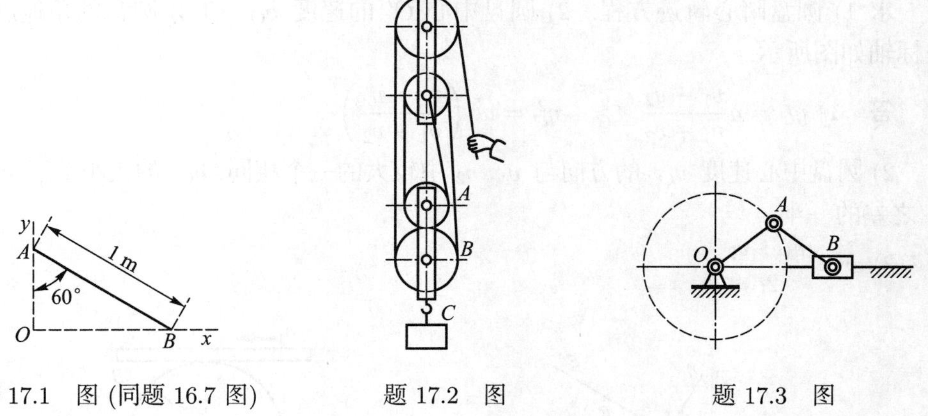

题 17.1 图 (同题 16.7 图)　　题 17.2 图　　题 17.3 图

17.4 杆 AB 的运动如下: 点 A 以点 O 为圆心、r 为半径作圆周运动, 杆始终通过圆周上的给定点 N. 求杆的瞬心轨迹.

答 定瞬心轨迹是半径等于 r、圆心在点 O 的圆周, 动瞬心轨迹为半径等于 $2r$、圆心在点 A 的圆周.

17.5 反平行四边形较长的一边 AB 固定, 已知: $AB = CD = b$, $AD = BC = a$, $a < b$, 求杆 CD 的定瞬心轨迹和动瞬心轨迹.

答　定瞬心轨迹是以 A, B 为焦点的双曲线, 动瞬心轨迹是以 C, D 为焦点的双曲线. 双曲线的半实轴是 $a/2$.

17.6　反平行四边形较短的一边 AD 固定, 已知: $AB = CD = b$, $AD = BC = a$, $a < b$, 求杆 BC 的定瞬心轨迹和动瞬心轨迹.

答　定瞬心轨迹是焦点在 A, D, 半长轴、半短轴分别等于 $\dfrac{b}{2}, \dfrac{1}{2}\sqrt{b^2 - a^2}$ 的椭圆, 动瞬心轨迹是焦点在 B, C 的相同椭圆.

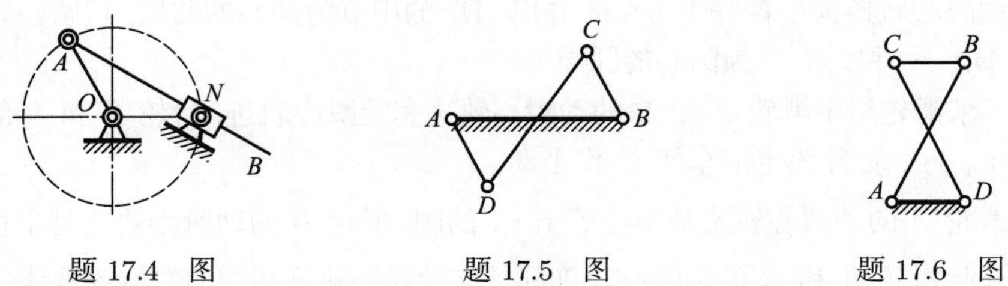

题 17.4　图　　题 17.5　图　　题 17.6　图

17.7　在点 F 固接成直角的两根杆 AB 和 DE 运动如下: 杆 AB 始终通过固定点 K, 杆 DE 始终通过固定点 N, $KN = 2a$. 求在此运动中瞬心轨迹的方程. 坐标轴如图所示.

答　$x_C^2 + y_C^2 = a^2, \xi_C^2 + \eta_C^2 = 4a^2$.

17.8　平行的两板 AB 和 CD 分别以匀速 $\boldsymbol{v}_1$ 和 $\boldsymbol{v}_2$ 反向运动, 两板间夹着一个半径是 a 的圆盘, 由于板的运动和摩擦, 此圆盘相对两板都作纯滚动.

求 1) 圆盘瞬心轨迹方程, 2) 圆盘中心 O' 的速度 $\boldsymbol{v}_{O'}$ 和 3) 圆盘的角速度 ω. 坐标轴如图所示.

答　1) $y_C = a\dfrac{v_1 - v_2}{v_1 + v_2}, \xi_C^2 + \eta_C^2 = a^2\left(\dfrac{v_1 - v_2}{v_1 + v_2}\right)^2$.

2) 圆盘中心速度 $\boldsymbol{v}_{O'}$ 的方向与 $\boldsymbol{v}_1, \boldsymbol{v}_2$ 中较大的一个相同, $\boldsymbol{v}_{O'}$ 的大小等于 v_1 与 v_2 之差的一半.

3) $\omega = \dfrac{v_1 + v_2}{2a}$.

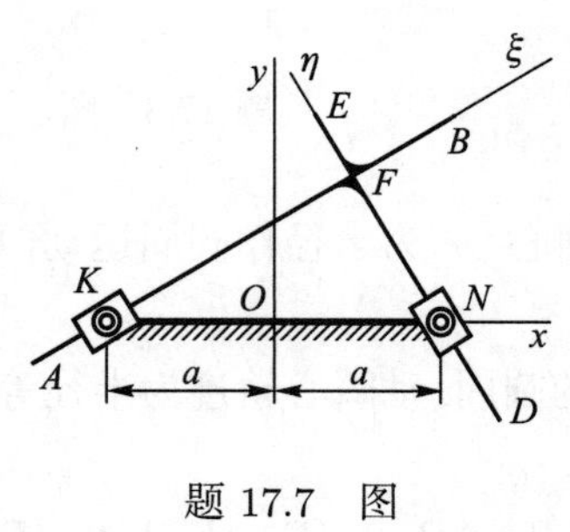

题 17.7　图

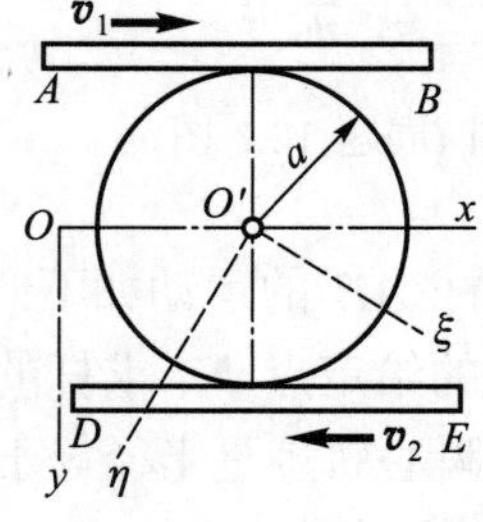

题 17.8　图

17.9　杆 AB 靠在半径为 a 的圆周上, 端点 A 可在通过圆心的直线 Ox 上滑动, 求此杆的定瞬心轨迹和动瞬心轨迹方程. 坐标轴如图所示.

答 $x_C^2(x_C^2-a^2)-a^2y_C^2=0,\ \eta_C^2=a\xi_C$.

17.10 试求曲柄机构中连杆 AB 的定瞬心轨迹和动瞬心轨迹的近似方程, 设连杆的长度 $AB=l$ 相对曲柄的长度 $OA=r$ 大得多, 因而对 $\angle ABO=\alpha$ 可取 $\sin\alpha=\alpha,\ \cos\alpha=1$. 坐标轴如图所示.

答 $(x_C-l)^2(x_C^2+y_C^2)=r^2x_C^2,\ l^2\xi_C^2(l^2+\eta_C^2)=r^2\eta_C^4$.

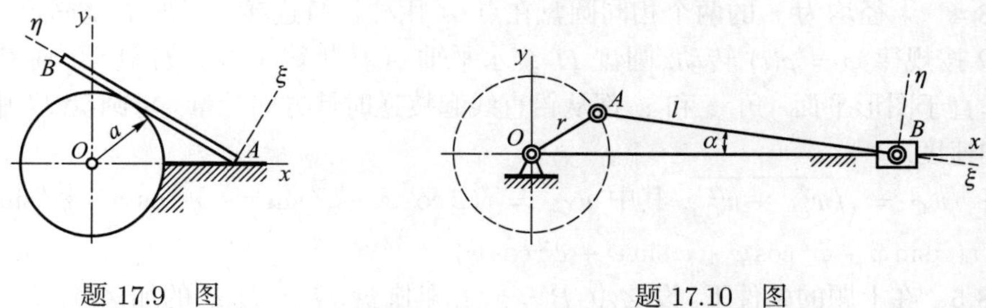

题 17.9 图　　　题 17.10 图

17.11 杆 AB 上点 A 沿水平直线滑动, 并与半径为 r 的圆相切于点 C, 求此杆的定瞬心轨迹方程和动瞬心轨迹方程.

答 定瞬心轨迹方程是 $y^2r^2=x^4-x^2r^2$, 坐标系 xOy 的原点在圆心.

动瞬心轨迹是在坐标系 x_1Ay_1 中的抛物线 $x_1^2=ry_1$.

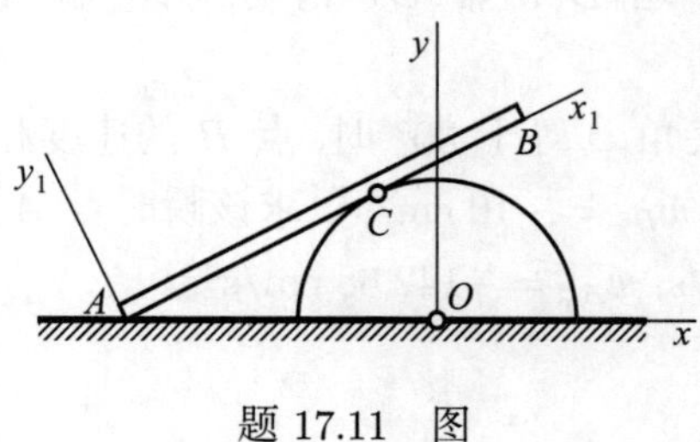

题 17.11 图

§18. 平面运动刚体上各点的加速度 · 瞬时加速度中心

18.1 轮子沿着与水平面成 30° 角的斜面滚动, 轮心 O 按规律 $x_O=10t^2$ 运动, x 轴平行于斜面. 在轮心悬挂着一个可绕垂直于图面的水平轴 O 摆动的杆, 杆长 $OA=36$ cm, 杆的摆动规律是 $\varphi=\dfrac{\pi}{3}\sin\dfrac{\pi}{6}t$ (单位为 rad). 求当 $t=1$ s 时杆 OA 一端 A 的加速度.

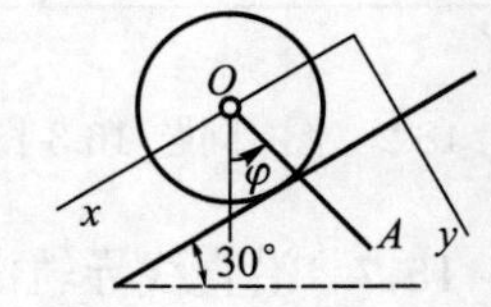

题 18.1 图 (同题 16.2 图)

答 $w_{A_x}=25.2\ \text{cm/s}^2,\ w_{A_y}=-8.25\ \text{cm/s}^2,\ w_A=26.4\ \text{cm/s}^2$.

18.2 半径为 $r=20$ cm 的圆盘在铅垂平面 xy 内运动, 盘心 C 运动方程为

$x_C = 10t, y_C = 100 - 4.9t^2$ (x_C, y_C 以 m 为单位). 圆盘以匀角速度 $\omega = \dfrac{\pi}{2}$ rad/s 绕垂直于盘面的水平轴 C 转动. 求 $t = 0$ 时盘缘上一点 A 的加速度. 设点 A 在圆盘上的位置由角 $\varphi = \omega t$ 确定, 且 φ 从铅直线按逆时针方向计量.

答 加速度的方向铅直向下, 大小等于 $9.31\ \mathrm{m/s^2}$.

18.3 在上题的条件下, 求 $t = 1$ s 时点 A 的加速度.

答 $w_{A_x} = -0.49\ \mathrm{m/s^2}, w_{A_y} = -9.8\ \mathrm{m/s^2}, w_A = 9.81\ \mathrm{m/s^2}$.

18.4 半径均为 r 的两个相同圆盘在点 A 用柱铰链连接. 圆盘 I 绕固定的水平轴 O 按规律 $\varphi = \varphi(t)$ 转动, 圆盘 II 绕水平轴 A 按规律 $\psi = \psi(t)$ 转动, 轴 O 和 A 都垂直于图形平面. 角 φ 和 ψ 都从铅直线起按逆时针方向计量. 求圆盘 II 中心 C 的加速度.

答 $w_C = \sqrt{w_{C_x}^2 + w_{C_y}^2}$, 其中 $w_{C_x} = r(\ddot{\varphi}\cos\varphi - \dot{\varphi}^2\sin\varphi + \ddot{\psi}\cos\psi - \dot{\psi}^2\sin\psi)$, $w_{C_y} = r(\ddot{\varphi}\sin\varphi + \dot{\varphi}^2\cos\varphi + \ddot{\psi}\sin\psi + \dot{\psi}^2\cos\psi)$.

18.5 在上题的条件下, 设 $\angle ACB = \pi/2$, 求圆盘 II 上点 B 的加速度.

答 $w_B = \sqrt{w_{B_x}^2 + w_{B_y}^2}$, 其中

$$w_{B_x} = r[\ddot{\varphi}\cos\varphi - \dot{\varphi}^2\sin\varphi + \sqrt{2}\ddot{\psi}\cos(45^\circ + \psi) - \sqrt{2}\dot{\psi}^2\sin(45^\circ + \psi)],$$
$$w_{B_y} = r[\ddot{\varphi}\sin\varphi + \dot{\varphi}^2\cos\varphi + \sqrt{2}\ddot{\psi}\sin(45^\circ + \psi) + \sqrt{2}\dot{\psi}^2\cos(45^\circ + \psi)].$$

18.6 椭圆规尺的一端 B 沿轴 Ox 滑动, 另一端 A 沿轴 Oy 滑动, $AB = 20$ cm.

当规尺与轴 Ox 的夹角 φ 等于 30° 时, 点 B 的速度和加速度在轴 x 上的投影分别为 $v_{B_x} = -20$ cm/s, $w_{B_x} = -10\ \mathrm{cm/s^2}$. 求该瞬时点 A 的速度和加速度.

答 $v_{A_y} = 34.64$ cm/s, $w_{A_y} = -142.68\ \mathrm{cm/s^2}$.

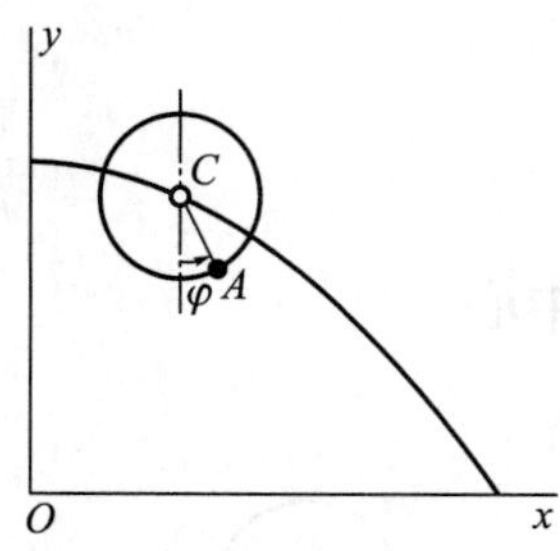

题 18.2 图 (同题 16.3 图)

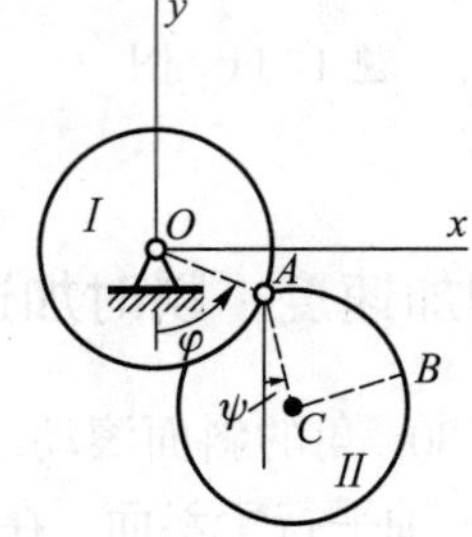

题 18.4 图 (同题 16.5 图)

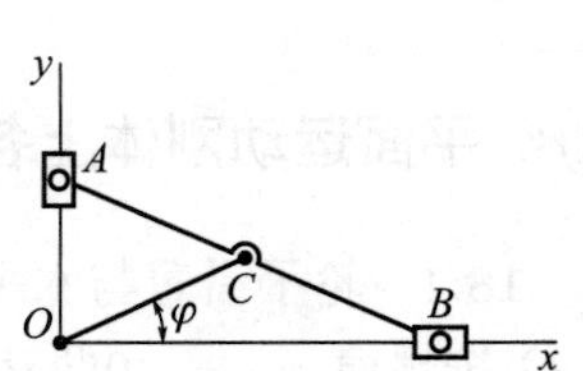

题 18.6 图 (同题 15.1 图)

18.7 沿直线导轨滑动的套筒 A 和 B 由长 l 的杆 AB 铰接. 套筒 A 以匀速 v_A 运动. 当杆 AB 与直线 OB 成给定角度 φ 时, 求套筒 B 的加速度和杆 AB 的角加速度.

答 $w_B = \dfrac{v_A^2}{l}\dfrac{\sin^2\alpha}{\cos^3\varphi}, \varepsilon_{AB} = \dfrac{v_A^2}{l^2}\dfrac{\sin^2\alpha}{\cos^3\varphi}\sin\varphi$.

18.8 在图示的曲柄滑块机构中, 曲柄 OA 以匀角速度 $\omega_0 = 15$ rad/s 绕轴 O 轴动. 曲柄长 $OA = 40$ cm, 连杆长 $AB = 200$ cm. 曲柄在两个水平位置和一个铅直位置时, 求滑块 B 的加速度与连杆 AB 的瞬时加速度中心 K.

答 当 $\varphi = 0°$ 与 $\varphi = 180°$ 时, 瞬时加速度中心 K 处于滑块的导轨轴上.

1) 当 $\varphi = 0°$ 时, $w_B = 108$ m/s^2, $BK = 12$ m.

2) 当 $\varphi = 90°$ 时, $w_B = 18.37$ m/s^2, $BK = 40$ m, $AK = 196$ m.

3) 当 $\varphi = 180°$ 时, $w_B = 72$ m/s^2, $BK = 8$ m.

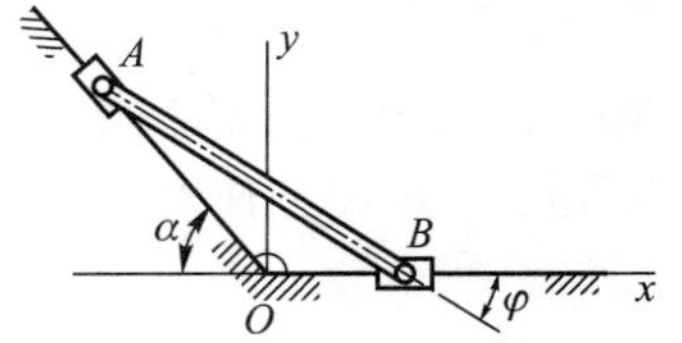

题 18.7 图 (同题 15.6 图)

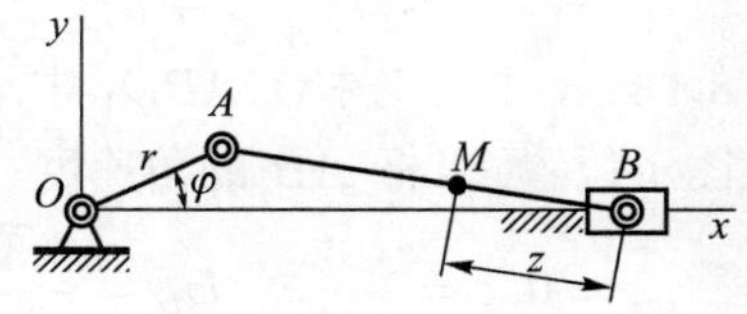

题 18.8 图 (同题 16.41 图)

18.9 曲柄滑块机构中, 连杆 AB 的长度比曲柄 OA 大一倍. 当曲柄垂直于滑块的导轨时, 求连杆 AB 上具有沿杆方向加速度的一点的位置. 已知曲柄 OA 作匀速转动.

答 从滑块 B 量起, 距离为连杆长度的四分之一处.

18.10 水压机的活塞 D 由铰接杠杆机构 $OABD$ 带动. 在图所示位置, 杠杆 OL 具有角速度 $\omega = 2$ rad/s, 角加速度 $\varepsilon = 4$ rad/s^2. 设 $OA = 15$ cm, 求该瞬时活塞 D 的加速度和杆 AB 的角加速度.

答 $w_D = 29.4$ cm/s^2, $\varepsilon_{AB} = 5.2$ rad/s^2.

18.11 曲柄 OA 长为 20 cm, 以匀角速度 $\omega_0 = 10$ rad/s 转动, 带动长为 100 cm 的连杆 AB. 滑块 B 沿铅直线运动. 当曲柄与连杆互相垂直, 并分别与水平轴成 $\alpha = 45°$ 和 $\beta = 45°$ 角时, 求连杆的角速度、角加速度以及滑块 B 的加速度.

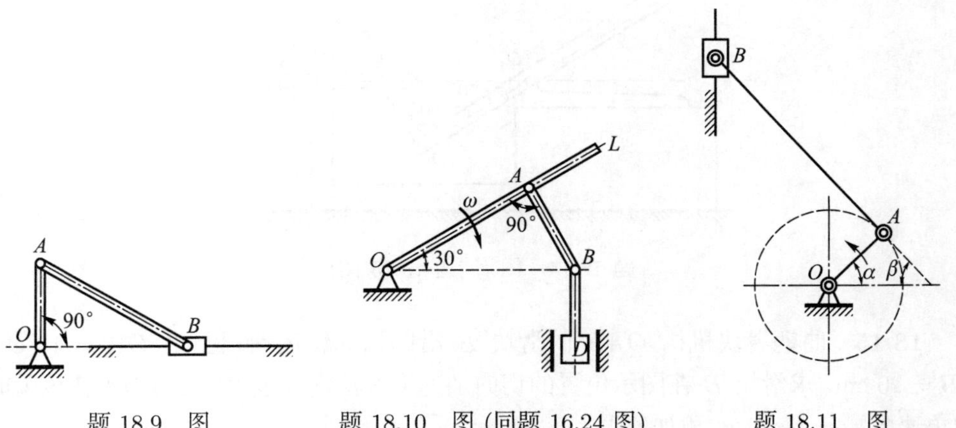

题 18.9 图　　题 18.10 图 (同题 16.24 图)　　题 18.11 图

答　$\omega = 2\ \text{rad/s}$, $\varepsilon = 16\ \text{rad/s}^2$, $w_B = 565.6\ \text{cm/s}^2$.

18.12　在偏置式曲柄机构中, 曲柄以匀角速度 ω_0 绕端点 O 转动. 已知 $OA = r$, $AB = l$, 曲柄轴 O 到滑块运动轨线的距离 $OC = h$. 1) 当曲柄 OA 在右边的水平位置, 2) OA 在上面的铅直位置时, 求连杆的角速度、角加速度以及滑块 B 的速度和加速度.

答　1) $\omega = \dfrac{r\omega_0}{\sqrt{l^2 - h^2}}$, $\varepsilon = \dfrac{hr^2\omega_0^2}{(l^2 - h^2)^{3/2}}$, $v_B = \dfrac{hr\omega_0}{\sqrt{l^2 - h^2}}$, $w_B = r\omega_0^2\left[1 + \dfrac{rl^2}{(l^2 - h^2)^{3/2}}\right]$.

2) $\omega = 0$, $\varepsilon = \dfrac{r\omega_0^2}{\sqrt{l^2 - (r+h)^2}}$, $v_B = r\omega_0$, $w_B = \dfrac{r(r+h)\omega_0^2}{\sqrt{l^2 - (r+h)^2}}$.

18.13　铰接四连杆 $OABO_1$ 中, 杆 OA 以匀角速度 ω_0 转动. 已知 $AB = 2OA = 2a$, 在图示位置, 求杆 AB 的角速度、角加速度, 以及铰链 B 的加速度.

答　$\omega = 0$, $\varepsilon = \dfrac{\sqrt{3}}{6}\omega_0^2$, $w_B = \dfrac{\sqrt{3}}{3}a\omega_0^2$.

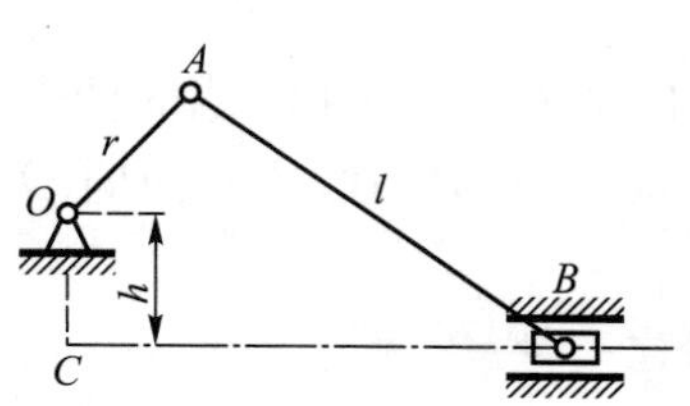

题 18.12　图 (同题 16.16 图)

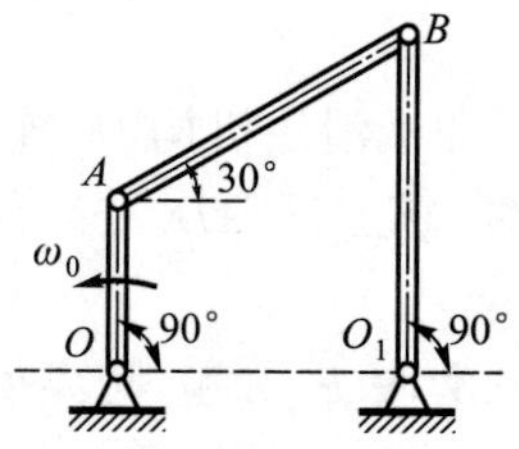

题 18.13　图

18.14　为了剪断金属, 剪刀的活动刀刃 L 由铰接杠杆机构 $AOBD$ 带动. 在图示位置, 杠杆 AB 的角速度等于 2 rad/s, 角加速度等于 4 rad/s^2, $OB = 5$ cm, $O_1D = 10$ cm. 求铰链 D 在该位置的加速度和杆 BD 的角加速度.

答　$w_D = 32.4\ \text{cm/s}^2$, $\varepsilon_{BD} = 2.56\ \text{rad/s}^2$.

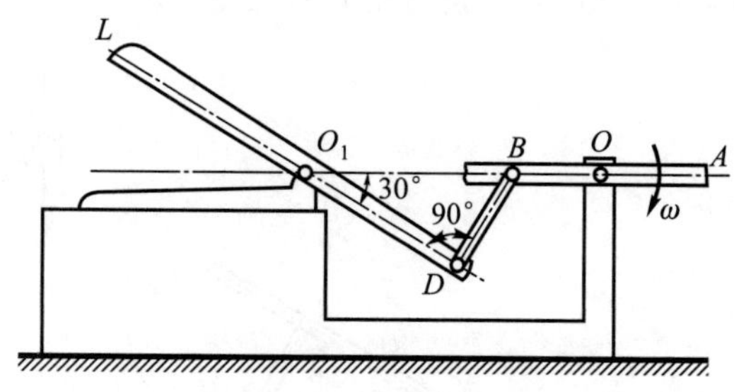

题 18.14　图 (同题 16.25 图)

18.15　曲柄滑块机构 OAB 的滑块 B 沿圆弧导轨运动. 已知: $OA = 10$ cm, $AB = 20$ cm. 求滑块 B 在图示位置的切向加速度和法向加速度. 曲柄 OA 在该瞬时的角速度 $\omega = 1$ rad/s, 角加速度 $\varepsilon = 0$.

答　$w_{B_\tau} = 15\ \text{cm/s}^2$, $w_{B_n} = 0$.

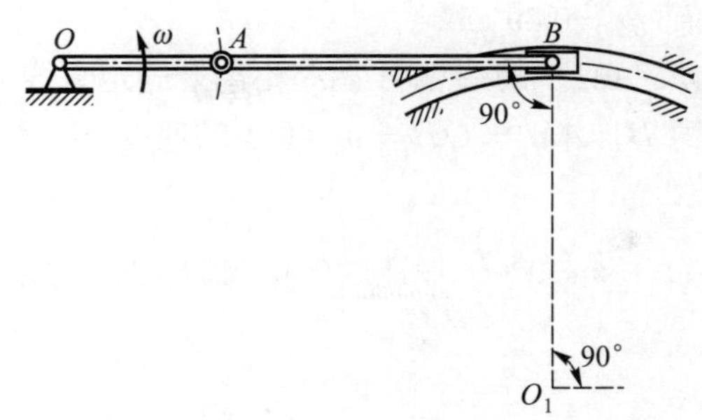

题 18.15　图

18.16　在上题的机构中, 若曲柄 OA 在图示瞬时的角加速度等于 $2\ \text{rad/s}^2$, 求连杆 AB 的角加速度.

答　$1\ \text{rad/s}^2$.

18.17　磨床由长 $OA = 24$ cm 的踏板带动, 踏板按规律 $\varphi = \dfrac{\pi}{6}\sin\dfrac{\pi}{2}t$ (以 rad 为单位, φ 从水平线量起) 绕轴 O 振动, 砂轮 K 借助杆 AB 绕轴 O_1 转动, 轴 O 和 O_1 都垂直于图面. 已知 $O_1B = 12$ cm. B 是砂轮 K 上的一点. 在 $t = 0$ 的瞬时 OA 和 OB 都处于水平, 且 $\angle OAB = 60°$. 求该瞬时点 B 的加速度.

答　$w_B = 42.9\ \text{cm/s}^2$.

18.18　反平行四边形由两个曲柄 AB 和 CD 以及铰接的杆 BC 构成, AB 和 CD 的长度都是 40 cm, BC 的长度是 20 cm, 固定轴 A 与 D 的距离是 20 cm. 曲柄 AB 以匀角速度 ω_0 转动, 当 $\angle ADC = 90°$ 时, 求杆 BC 的角速度和角加速度.

答　$\omega_{BC} = \dfrac{8}{3}\omega_0$, 减速转动, $\varepsilon_{BC} = \dfrac{20}{9}\omega_0^2$.

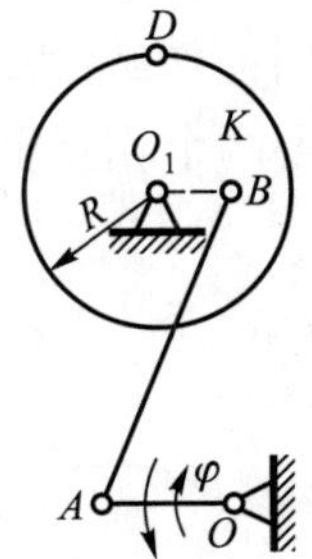

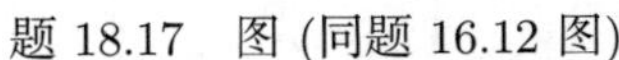
题 18.17　图 (同题 16.12 图)

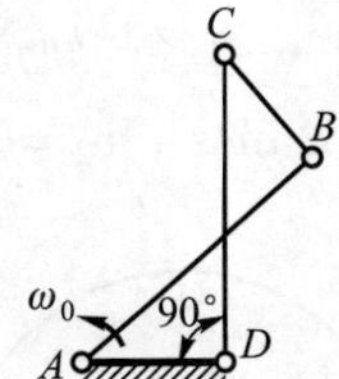

题18.18　图

18.19　机器的气缸绕轴销 O_1 摆动, 曲柄长 $OA = 12$ cm, 连杆长 $AB = 60$ cm, 曲柄轴与气缸轴销的距离是 $OO_1 = 60$ cm, 曲柄的角速度 $\omega_0 =$ 常数 $=5$ rad/s. 当气缸在下列两个位置时, 求活塞 B 的加速度及其轨迹的曲率半径: 1) 曲柄与连杆互相垂直, 2) 曲柄在位置 III.

答 1) $w = 6.12\ \text{cm/s}^2$, $\rho = 589\ \text{cm}$.

2) $w = 258.3\ \text{cm/s}^2$, $\rho = 0.39\ \text{cm}$.

18.20 刚性直角尺 AME 的端点 A 始终不离开固定直线 Oy, 同时另一条直角边恒通过可转动的铰销 B. $AM = OB = a$, 点 A 的速度 v_A 是常数. 试用角 φ 的函数表示点 M 的加速度.

答 $w_M = \dfrac{\sqrt{2}v_A^2}{a}(1+\sin\varphi)^{3/2}$. 加速度矢量与边 MA 的夹角为 $\alpha = 45° - \varphi/2$.

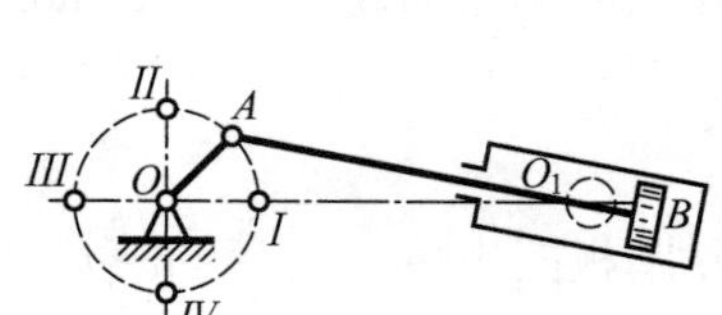

题 18.19 图 (同题 16.26 图)

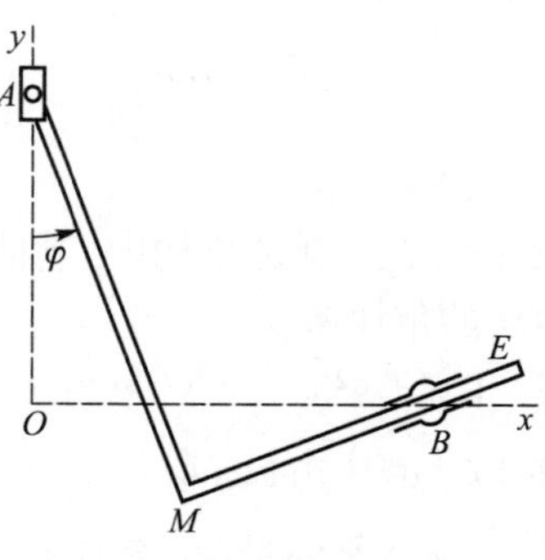

题 18.20 图

18.21 轮子沿直线轨道纯滚动, 轮心以匀速 v 运动. 已知轮半径是 r, 求轮缘上任一点的加速度.

答 加速度指向轮心且等于 v^2/r.

18.22 电车车厢以加速度 $w_0 = 2\ \text{m/s}^2$ 沿水平直线轨道运动, 瞬时速度为 $v_0 = 1\ \text{m/s}$. 车轮沿轨道纯滚动. 车轮的半径 $R = 0.5\ \text{m}$, 转子的半径是 $r = 0.25\ \text{m}$, 求转子上与铅直线分别成 45° 角的两个直径端点的加速度.

答 $w_1 = 2.449\ \text{m/s}^2$, $w_2 = 3.414\ \text{m/s}^2$, $w_3 = 2.449\ \text{m/s}^2$, $w_4 = 0.586\ \text{m/s}^2$.

18.23 半径为 $R = 0.5\ \text{m}$ 的车轮在铅垂面内沿倾斜面作纯滚动. 在图示瞬时, 轮心的速度是 $v_0 = 1\ \text{m/s}$, 加速度是 $w_0 = 3\ \text{m/s}^2$. 求轮上两个相互垂直的直径端点的加速度, 其中一直径与轨道平行.

答 $w_1 = 2\ \text{m/s}^2$, $w_2 = 3.16\ \text{m/s}^2$, $w_3 = 6.32\ \text{m/s}^2$, $w_4 = 5.83\ \text{m/s}^2$.

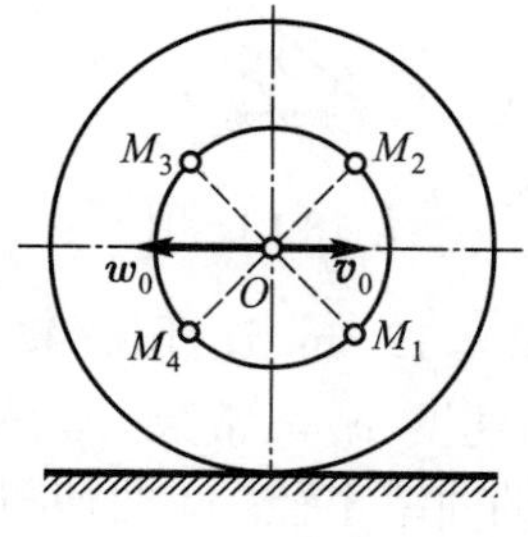

题 18.22 图

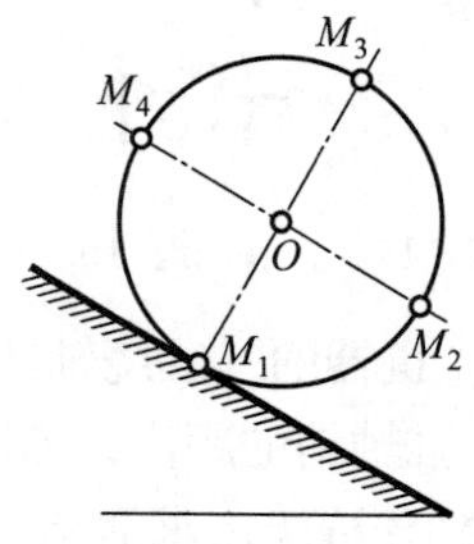

题 18.23 图

18.24 半径为 $R=0.5$ m 的车轮沿直线轨道作纯滚动. 在给定瞬时轮心 O 的速度是 $v_0=0.5$ m/s, 加速度 $w_0=0.5$ m/s^2, 与速度方向相反. 在该瞬时, 求: 1) 车轮的瞬时加速度中心, 2) 轮上与瞬时速度中心 C 相重合一点的加速度 w_C, 3) 点 M 的加速度, 4) M 点轨迹的曲率半径, 已知 $OM=MC=0.5R$.

答 1) $r=0.3536$ m, $\theta=-\pi/4$. 2) $w_C=0.5$ m/s^2. 3) $w_M=0.3536$ m/s^2. 4) $\rho=0.25$ m.

18.25 动滑轮 1 与定滑轮 2 用不可伸长的线相连. 悬挂在线末端的重物 K 按规律 $x=2t^2$ m 铅直下落. 求 $t=0.5$ s 时动滑轮 1 边缘上 C, B, D 各点的加速度. 位置如图所示. 已知动滑轮 1 的半径等于 0.2 m, 且 $OB\perp CD$.

答 $w_C=5$ m/s^2, $w_B=7.29$ m/s^2, $w_D=6.4$ m/s^2.

18.26 重物 K 借助于不可伸长的线与绕线轮 L 相连, 并按规律 $x=t^2$ m 铅直下降落, 绕线轮沿固定水平轨道作纯滚动. 求 $t=0.5$ s 时绕线轮边缘上 A, B, D 三点的加速度, 以及绕线轮的角速度和角加速度. $AD\perp OB$, 且 $OD=2OC=0.2$ m.

答 $w_A=20.9$ m/s^2, $w_B=22.4$ m/s^2, $w_D=20.1$ m/s^2, $\omega=10$ rad/s, $\varepsilon=20$ rad/s^2.

18.27 半径为 R 的轮子沿平面作纯滚动. 轮心 O 以匀速 v_O 运动. 长 $l=3R$ 的杆 AB 在点 A 与轮子铰接. 杆的另一端 B 沿平面滑动, 求杆 AB 在图示位置时的角速度、角加速度以及点 B 的速度、加速度.

答 $\omega_{AB}=\dfrac{v_O}{3R}$, $\varepsilon_{AB}=\dfrac{2\sqrt{3}}{27}\dfrac{v_O^2}{R^2}$, $v_B=2v_O$, $w_B=\dfrac{5\sqrt{3}}{9}\dfrac{v_O^2}{R}$.

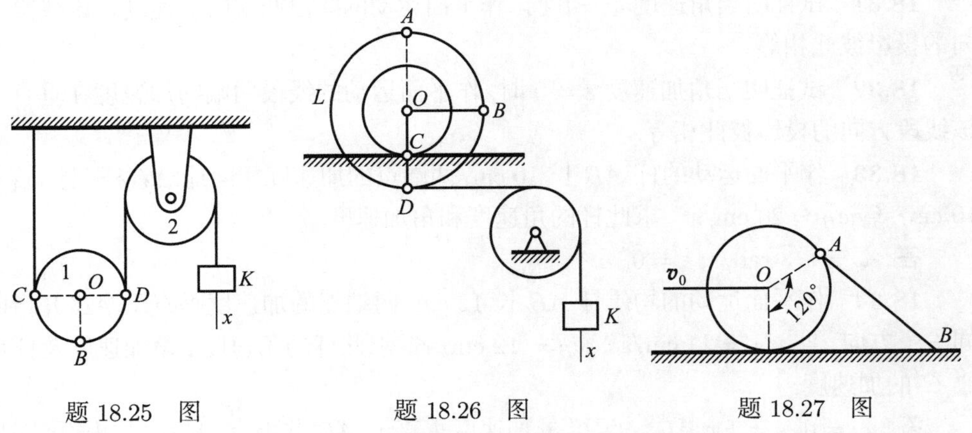

题 18.25 图　　题 18.26 图　　题 18.27 图

18.28 半径为 $R=12$ cm 的齿轮由曲柄 OA 带动, 曲柄以角加速度 $\varepsilon_0=8$ rad/s^2 绕同样半径的定齿轮的轴 O 转动. 在图示的瞬时, 曲柄角速度 $\omega=2$ rad/s. 在该瞬时, 求: 1) 动齿轮上与瞬时速度中心相重合点的加速度, 2) 在直径上与此点相对应点 N 的加速度, 3) 瞬时加速度中心 K 的位置.

答 1) $w_M=96$ cm/s^2. 2) $w_N=480$ cm/s^2, 3) $MK=4.24$ cm, $\angle AMK=45°$.

18.29 半径为 r 的动齿轮 I 在半径为 $R=2r$ 的定齿轮 II 内侧滚动. 带动齿轮 I 的曲柄 OO_1 具有匀角速度 ω_0. 求齿轮 I 的瞬时加速度中心位置以及齿轮 I 与瞬时加速度中心相重合点的速度 v_K, 并求该瞬时在齿轮 I 上与瞬时速度中心相重合点的加速度 w_C.

答 瞬时加速度中心与定齿轮的中心 O 重合, $v_K=2r\omega_0$, $w_C=2r\omega_0^2$.

18.30 半径为 $r_1=5$ cm 的动齿轮在半径为 $r_2=15$ cm 的定齿轮外侧滚动, 动齿轮由曲柄 OA 带动, 曲柄以匀角速度 $\omega_0=3$ rad/s 绕定齿轮的轴 O 转动. 求动齿轮两直径的端点 B, C, D, E 的加速度. 已知两直径之一与直线 OA 重合, 另一条与 OA 垂直.

答 $w_B=540\ \text{cm/s}^2$, $w_C=w_E=742\ \text{cm/s}^2$, $w_D=900\ \text{cm/s}^2$.

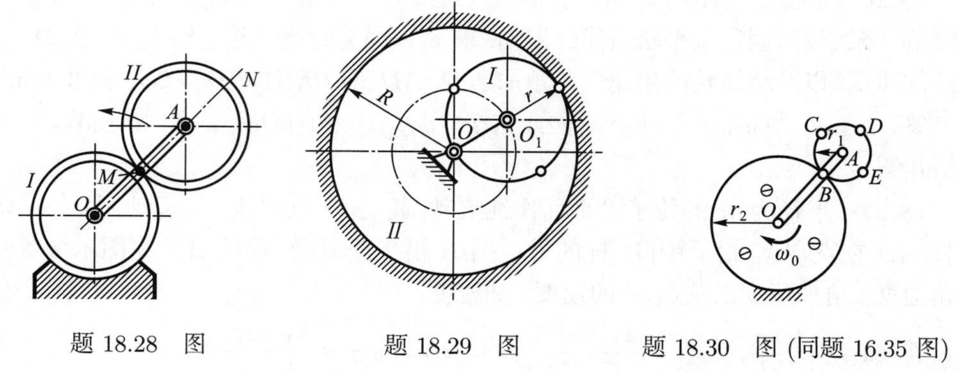

题 18.28 图 题 18.29 图 题 18.30 图 (同题 16.35 图)

18.31 试证明当角速度 $\omega=0$ 时, 作平面运动的线段两端的加速度在该线段方向的投影彼此相等.

18.32 试证明当角加速度 $\varepsilon=0$ 时, 作平面运动的线段两端的加速度在垂直于该线段方向的投影彼此相等.

18.33 作平面运动的杆 AB 长 10 cm, 两端点的加速度相向地沿着杆, 且 $w_A=10\ \text{cm/s}^2$, $w_B=20\ \text{cm/s}^2$. 求此杆的角速度和角加速度.

答 $\omega=\sqrt{3}$ rad/s, $\varepsilon=0$.

18.34 作平面运动的均质杆 AB 长 12 cm, 两端点的加速度垂直于 AB 并指向同一个方向, 且 $w_A=24\ \text{cm/s}^2$, $w_B=12\ \text{cm/s}^2$. 求此杆的角速度、角加速度及杆重心 C 的加速度.

答 $\omega=0$, $\varepsilon=1\ \text{rad/s}^2$, 点 C 的加速度垂直于 AB 并与点 A, B 的加速度同指向, 大小等于 18 cm/s^2.

18.35 长 0.2 m 的杆 AB 作平面运动. 端点 A 和 B 的加速度都垂直于 AB, 指向相反, 大小都等于 2 m/s^2. 求此杆的角速度、角加速度及其中点 C 的加速度.

答 $\omega=0$, $\varepsilon=20\ \text{rad/s}^2$, $w_C=0$.

18.36 三角形 ABC 作平面运动, 顶点 A 和 B 的加速度矢量相等: $\boldsymbol{w}_A=\boldsymbol{w}_B=$

$\boldsymbol{a}$. 求此三角形的角速度、角加速度及其顶点 C 的加速度.

答 $\omega = 0, \varepsilon = 0, \boldsymbol{w}_C = \boldsymbol{a}$.

18.37 边长为 a 的正方形 $ABCD$ 在图面内作平面运动. 在图示瞬时顶点 A, B 的加速度大小相等且等于 10 cm/s^2, 方向分别沿正方形的一边. 求此时正方形的瞬时加速度中心及其顶点 C, D 的加速度.

答 $w_C = w_D = 10$ cm/s^2, 其方向分别沿正方形的一边. 瞬时加速度中心位于正方形对角线的交点上.

18.38 等边三角形 ABC 在图面内运动. 在图示瞬时顶点 A, B 的加速度都等于 16 cm/s^2, 且方向分别沿三角形的一边. 求此三角形第三个顶点 C 的加速度.

答 $\boldsymbol{w}_C$ 沿 CB 方向, $w_C = 16$ cm/s^2.

题 18.37 图　　　题 18.38 图

18.39 长为 0.2 m 的杆 AB 在图面内运动. 点 A 的加速度 $\boldsymbol{w}_A (w_A = 2$ m/s$^2)$ 与轴 x 成 45° 角, 轴 x 与此杆重合. 点 B 的加速度 $\boldsymbol{w}_B (w_B = 4.42$ m/s$^2)$ 与轴 x 成 60° 角. 求此杆的角速度、角加速度及其中心 C 的加速度.

答 $\omega = 2$ rad/s, $\varepsilon = 12.05$ rad/s^2, $w_C = 3.18$ m/s^2.

18.40 边长为 $a = 2$ cm 的正方形 $ABCD$ 作平面运动. 在图示瞬时正方形顶点 A, B 的加速度大小分别是 $w_A = 2$ cm/s^2, $w_B = 4\sqrt{2}$ cm/s^2, 方向如图所示. 求此时正方形的瞬时角速度和角加速度, 以及顶点 C 的加速度.

答 $\omega = \sqrt{2}$ rad/s, $\varepsilon = 1$ rad/s^2, $\boldsymbol{w}_C (w_C = 6$ cm/s$^2)$ 方向从 C 到 D.

18.41 已知杆 AB 两端的加速度大小分别是: $w_A = 10$ cm/s^2, $w_B = 20$ cm/s^2, 且两个加速度与直线 AB 的夹角分别为: $\alpha = 10°$, $\beta = 70°$. 求杆 AB 中点的加速度大小.

答 $w = \dfrac{1}{2}\sqrt{w_A^2 + w_B^2 - 2w_A w_B \cos(\beta - \alpha)} = 8.66$ cm/s^2.

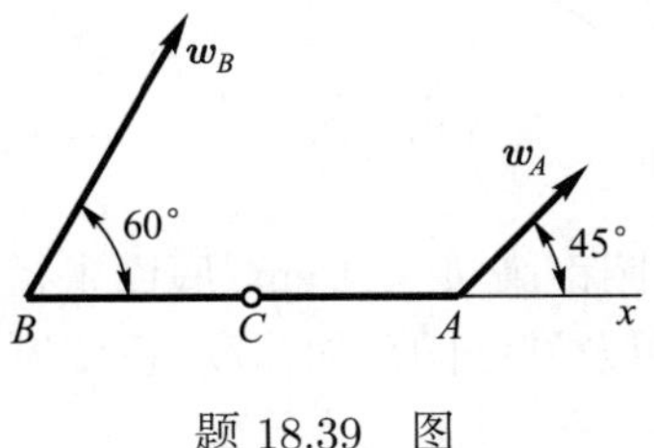

题 18.39 图

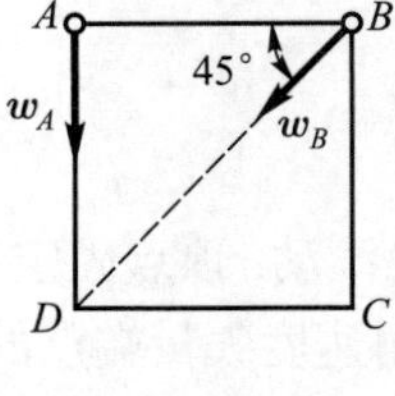

题 18.40 图

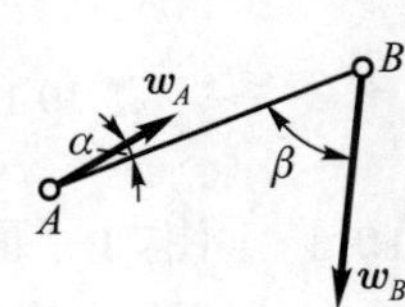

题 18.41 图

第六章　刚体的定点运动、空间方位定向

§19. 刚体的定点运动

19.1 陀螺的轴 z 以匀速绕铅直线 $O\zeta$ 扫描出一个圆锥, 锥顶角为 2θ. 陀螺轴绕轴线 ζ 的转动角速度为 $\boldsymbol{\omega}_1$, 陀螺的自转角速度为 $\boldsymbol{\omega}$, 大小不变. 求此陀螺绝对角速度 $\boldsymbol{\Omega}$ 的大小和方向.

答　$\Omega=\sqrt{\omega^2+\omega_1^2+2\omega\omega_1\cos\theta},\quad \cos(\boldsymbol{\Omega},z)=\dfrac{\omega+\omega_1\cos\theta}{\sqrt{\omega^2+\omega_1^2+2\omega\omega_1\cos\theta}}.$

19.2 炮弹弹头在大气中运动时以角速度 $\boldsymbol{\omega}$ 绕轴 z 转动. 同时轴 z 以角速度 $\boldsymbol{\omega}_1$ 绕轴线 ζ 转动, 轴线 ζ 沿着弹头重心 C 轨迹的切线. 设 $CM=r$, 线段 CM 垂直于轴 z, 轴 z 与 ζ 的夹角是 γ. 求弹头上 M 点的速度.

答　$v_M=(\omega+\omega_1\cos\gamma)r.$

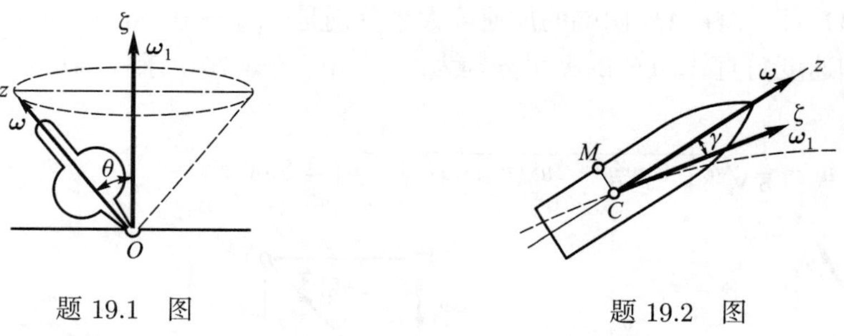

题 19.1　图　　　　题 19.2　图

19.3 圆锥在平面上作纯滚动, 顶点固定于 O. 圆锥高 $h=4$ cm, 底面半径为 $r=3$ cm. 求圆锥的角速度、角速度矢量端点的坐标以及圆锥的角加速度. 已知圆锥底面中心的速度大小 $v_C=48$ cm/s = 常量.

答 $\omega = 20$ rad/s, $x_1 = 20\cos 15t$, $y_1 = 20\sin 15t$, $z_1 = 0$, $\varepsilon = 300$ rad/s^2.

19.4 顶点 O 固定的圆锥在平面上作纯滚动. 圆锥高 $CO = 18$ cm, 锥顶角 $\angle AOB = 90°$. 圆锥底面中心 C 作匀速运动, 每隔 1 s 返回原处. 求直径 AB 端点 B 的速度、圆锥的角速度以及点 A 与 B 的加速度.

答 $v_B = 36\sqrt{2}\pi$ cm/s $= 160$ cm/s, $\varepsilon = 39.5$ rad/s^2, 矢量 $\boldsymbol{\varepsilon}$ 垂直于 OA 与 OB; $w_A = 1000$ cm/s^2, 矢量 $\boldsymbol{w}_A$ 方向平行于 OB; $w_B = 1000\sqrt{2}$ cm/s^2, 矢量 $\boldsymbol{w}_B$ 在平面 AOB 内, 且方向与 OB 成 45° 角.

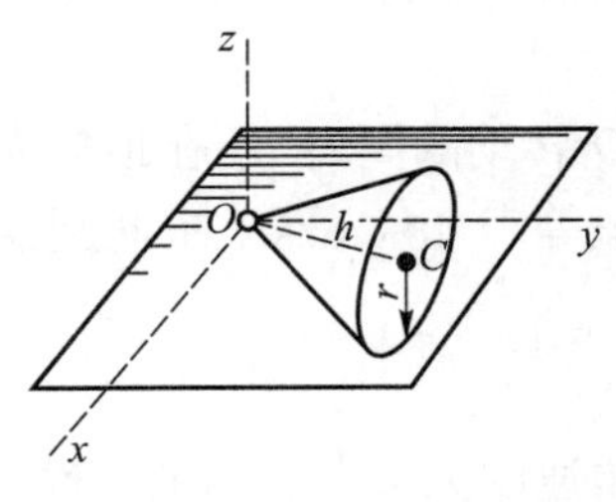

题 19.3 图

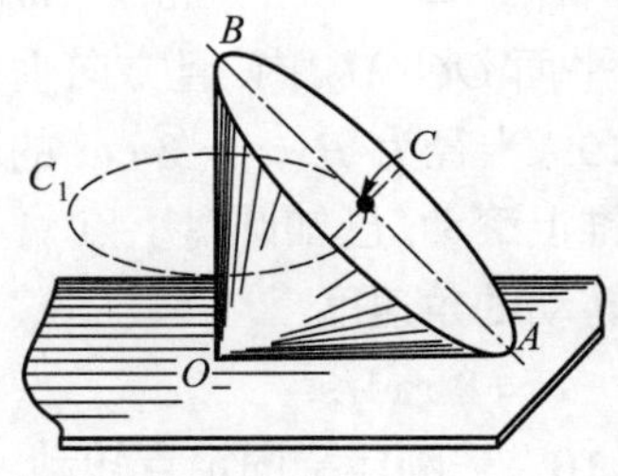

题 19.4 图

19.5 圆锥 A 每分钟 120 次滚过固定圆锥 B. 已知圆锥 A 高 $OO_1 = 10$ cm. 求圆锥 A 绕轴线 z 的牵连角速度 $\boldsymbol{\omega}_e$、绕轴 OO_1 的相对角速度 $\boldsymbol{\omega}_r$ 以及绝对角速度 $\boldsymbol{\omega}_a$, 并求圆锥 A 的绝对角加速度 ε_a.

答 $\omega_e = 4\pi$ rad/s, $\omega_r = 6.92\pi$ rad/s, $\omega_a = 8\pi$ rad/s, 矢量 $\boldsymbol{\omega}_a$ 沿轴线 OC, $\varepsilon_a = 27.68\pi^2$ rad/s^2, 矢量 $\boldsymbol{\varepsilon}_a$ 方向平行于 x 轴.

19.6 在上题的条件下, 求动圆锥上点 C 和 D 的速度和加速度.

答 $v_C = 0$; $v_D = 80\pi$ cm/s, 矢量 $\boldsymbol{v}_D$ 方向平行于 x 轴; $w_C = 320\pi^2$ cm/s^2, 矢量 $\boldsymbol{w}_C$ 在平面 Oyz 内垂直于 OC; 点 D 加速度的投影为: $w_{D_y} = -480\pi^2$ cm/s^2, $w_{Dz} = -160\sqrt{3}\pi^2$ cm/s^2.

19.7 圆锥 II 在固定圆锥 I 的内壁上作纯滚动. 动圆锥的顶角 $\alpha_2 = 45°$, 定圆锥的顶角 $\alpha_1 = 90°$. 动圆锥高 OO_1=100 cm. 动圆锥底面中心 O_1 每 0.5 s 描出一个圆周. 求动圆锥的牵连角速度 (绕轴线 z)、相对角速度 (绕轴 OO_1) 以及绝对角速度, 并求绝对角加速度.

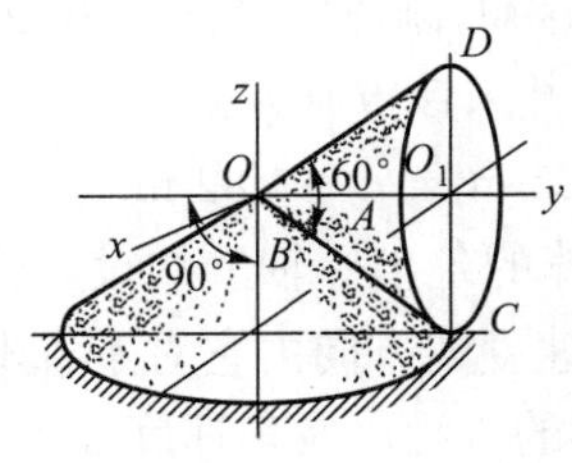

题 19.5 图

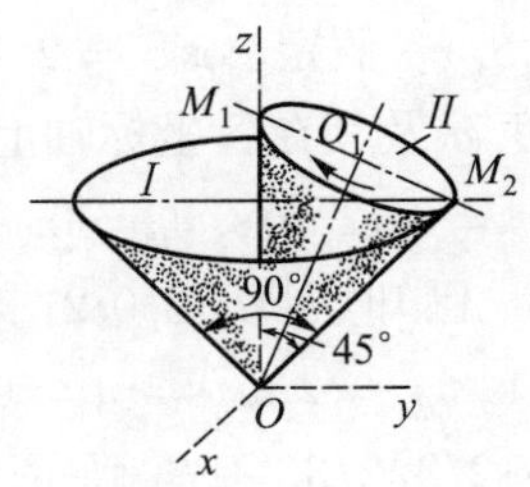

题 19.7 图

答 $\omega_e = 4\pi$ rad/s, 矢量 $\boldsymbol{\omega}_e$ 的方向沿着 z 轴; $\omega_r = 7.39\pi$ rad/s, 矢量 $\boldsymbol{\omega}_r$ 的方向沿着 OO_1 轴; $\omega_a = 4\pi$ rad/s, 矢量 $\boldsymbol{\omega}_a$ 的方向沿着 OM_2 轴; $\varepsilon_a = 11.3\pi^2$ rad/s^2, 矢量 $\boldsymbol{\varepsilon}_a$ 的方向沿着 x 轴.

19.8 在上题条件下, 求动圆锥上点 O_1, M_1, M_2 的速度和加速度.

答 $v_{O_1} = 153.2\pi$ cm/s, 矢量 $\boldsymbol{v}_{O_1}$ 的方向平行于 Ox 轴, 指向 Ox 轴的负向; $v_{M_1} = 306.4\pi$ cm/s, 矢量 $\boldsymbol{v}_{M_1}$ 的方向平行于 Ox 轴, 指向 Ox 轴的负向; $v_{M_2} = 0$; $w_{O_1} = 612.8\pi^2$ cm/s^2, 矢量 $\boldsymbol{w}_{O_1}$ 的方向沿着由 O_1 到 Oz 的垂线; 点 M_1 的加速度投影为: $w_{M_{1y}} = -362\pi^2$ cm/s^2, $w_{M_{1z}} = -865\pi^2$ cm/s^2; $w_{M_2} = 1225\pi^2$ cm/s^2, 矢量 $\boldsymbol{w}_{M_2}$ 在平面 OO_1M_2 内, 且方向垂直于 OM_2.

19.9 半径为 $R = 4\sqrt{3}$ cm 的圆盘绕固定点 O 转动的同时, 还在顶角为 60° 的固定圆锥上滚动. 已知圆盘上点 A 的加速度大小恒等于 48 cm/s^2. 求此圆盘绕自身对称轴转动的角速度.

答 $\omega = 2$ rad/s.

19.10 一刚体绕固定点转动. 某瞬时刚体的角速度矢量在坐标轴上投影为 $\sqrt{3}$, $\sqrt{5}$, $\sqrt{7}$. 求该瞬时此刚体上坐标为 $(\sqrt{12}, \sqrt{20}, \sqrt{28})$ 的一点的速度 v.

答 $v = 0$.

19.11 锥齿轮的轴与平面支承齿轮的几何轴线相交于齿盘的中心, 齿盘的半径二倍于锥齿轮的半径: $R = 2r$. 设锥齿轮每分钟在支承齿盘上滚过五周, 求锥齿轮绕自身轴转动的角速度 ω_r 及其绕瞬轴转动的角速度 ω.

答 $\omega_r = 1.047$ rad/s, $\omega = 0.907$ rad/s.

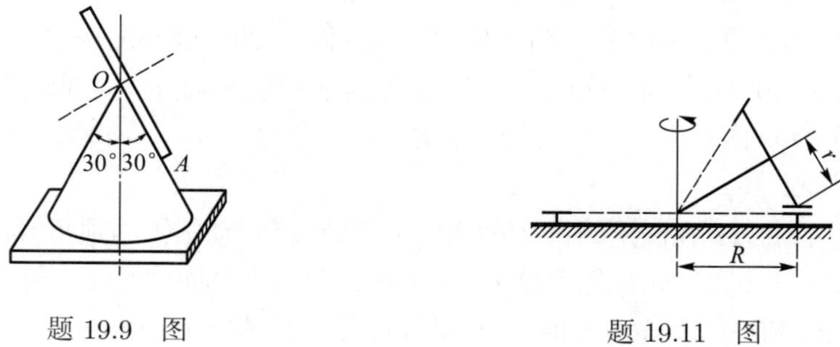

题 19.9 图　　题 19.11 图

19.12 某瞬时刚体的角速度是 $\omega = 7$ rad/s, 刚体的瞬时转轴与各固定坐标轴成锐角 α, β, γ. 假定 $\cos\alpha = 2/7$, $\cos\gamma = 6/7$, 求该瞬时刚体内坐标为 0, 2, 0 m 的一点的速度 $\boldsymbol{v}$ 及其在各坐标轴上的投影 v_x, v_y, v_z, 并求该点到瞬时转轴的距离 d.

答 $v_x = -12$ m/s, $v_y = 0$, $v_z = 4$ m/s, $v = 12.65$ m/s, $d = 1.82$ m.

19.13 已知点 $M_1(0,0,2)$ 的速度在固连于刚体的各坐标轴上的投影分别等于 $v_{x_1} = 1$ m/s, $v_{y_1} = 2$ m/s, $v_{z_1} = 0$, 点 $M_2(0,1,2)$ 的速度的方向由它对于各坐标轴的方向余弦 $-2/3$, $2/3$, $-1/3$ 确定, 求刚体的瞬时转轴的方程以及角速度 $\boldsymbol{\omega}$ 的大小.

答 $x + 2y = 0$, $3x + z = 0$, $\omega = 3.2$ rad/s.

19.14 构套在曲柄 OA 上的锥齿轮在固定的支承锥齿轮上滚动. 曲柄 OA 绕固定轴线 O_1O 转动的角速度与角加速度大小分别是 ω_0 和 ε_0 (图上标出了矢量 $\boldsymbol{\omega}_0$ 和 $\boldsymbol{\varepsilon}_0$ 的方向). 求动齿轮的角速度 $\boldsymbol{\omega}$ 和角加速度 $\boldsymbol{\varepsilon}$.

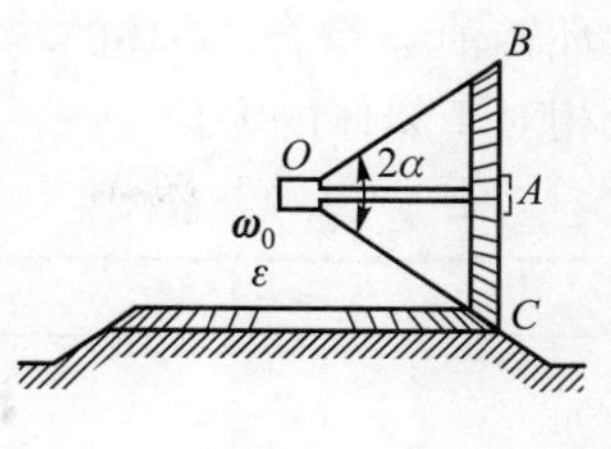

题 19.14 图

答 $\boldsymbol{\omega}=\dfrac{\omega_0}{\sin\alpha}\boldsymbol{e}_1$, $\boldsymbol{\varepsilon}=\dfrac{\varepsilon_0}{\sin\alpha}\boldsymbol{e}_1+\omega_0^2\cot\alpha\boldsymbol{e}_2$, 其中 $\boldsymbol{e}_1$ 是由点 O 指向 C 的单位矢量, $\boldsymbol{e}_2$ 是垂于平面 OAC 并指向读者的单位矢量.

19.15 在上题的条件下, 求点 C 和 B 的加速度. 设支承齿轮的半径是 R.

答 $\boldsymbol{w}_C=\dfrac{R\omega_0^2}{\sin\alpha}\boldsymbol{e}_3$, $\boldsymbol{w}_B=2R\varepsilon_0\boldsymbol{e}_2+\dfrac{R\omega_0^2}{\sin\alpha}(\boldsymbol{e}_4-2\boldsymbol{e}_3)$, 其中 $\boldsymbol{e}_3$ 和 $\boldsymbol{e}_4$ 都是单位矢量, 在图纸平面内分别垂直于直线 OC 和 OB, 且两者都朝上.

§20. 空间方位 · 欧拉运动学方程及其变型 · 瞬轴轨迹面

20.1 船上的人工地平平台用卡尔丹支架构成. 外环的转轴 y_1 平行于船的纵轴, 外环的转角 (侧摆角)以 β 表示. 支架内环的转角以 α 表示. 为了确定两环的方位, 引入三个坐标系: 坐标系 $\xi\eta\zeta$ 与船固连 (ξ 轴指向右舷, η 轴指向船艏, ζ 轴垂直于甲板), 坐标系 $x_1y_1z_1$ 与外环固连 (y_1 轴与 η 轴重合), 坐标系 xyz 固连于内环 (x 轴与 x_1 轴重合). 角度的正向如图所示. 当 $\alpha=\beta=0$, 三个坐标系重合. 求支架内环相对于船体的方位 (用相应的方向余弦表示).

答

	ξ	η	ζ
x	$\cos\beta$	0	$-\sin\beta$
y	$\sin\alpha\sin\beta$	$\cos\alpha$	$\sin\alpha\cos\beta$
z	$\cos\alpha\sin\beta$	$-\sin\alpha$	$\cos\alpha\cos\beta$

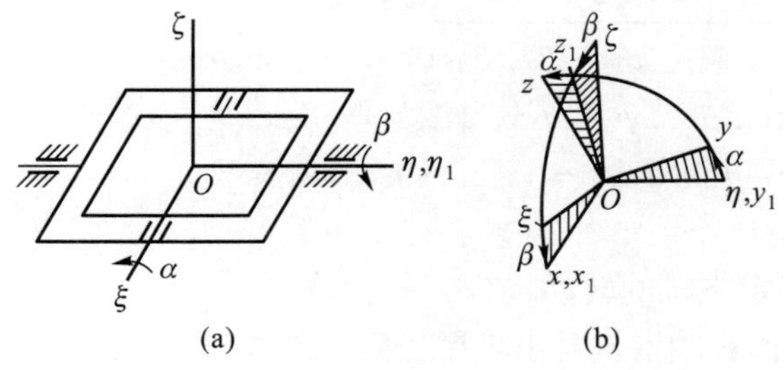

题 20.1 图

20.2 在上题所述卡尔丹支架的第二种安装方法中, 外环转轴平行于船的横轴. 按照这种支承方法, 固连于船体的 ξ 轴与外环转轴重合, 固连于外环相的 y_1 轴与内

环转轴 y 重合. 外环的转角 (纵摇角)以 α 表示, 内环的转角以 β 表示. 求支架内环相对于船体的方位.

答

	ξ	η	ζ
x	$\cos\beta$	$\sin\alpha\sin\beta$	$-\cos\alpha\sin\beta$
y	0	$\cos\alpha$	$\sin\alpha$
z	$\sin\beta$	$-\sin\alpha\cos\beta$	$\cos\alpha\cos\beta$

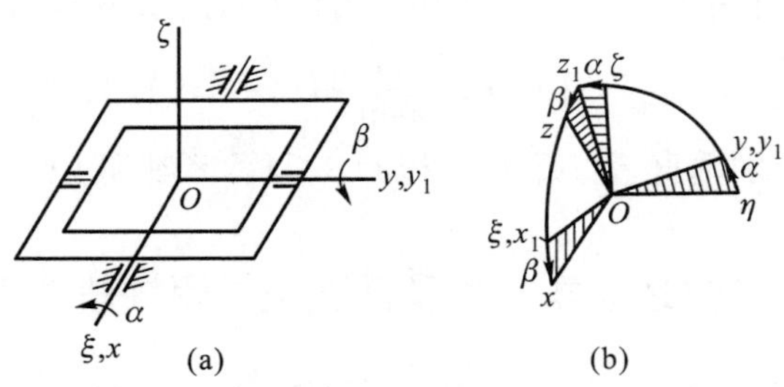

题 20.2　图

20.3　具有固定点 O 的刚体由三个欧拉角确定方位: 进动角 ψ, 章动角 θ 和自转角 φ (见图). 求动参考系 $Oxyz$ 的方向余弦.

答

	ξ	η	ζ
x	$\cos\psi\cos\theta\cos\varphi-\sin\psi\sin\varphi$	$\sin\psi\cos\theta\cos\varphi+\cos\psi\sin\varphi$	$-\sin\theta\cos\varphi$
y	$-\cos\psi\cos\theta\sin\varphi-\sin\psi\cos\varphi$	$-\sin\psi\cos\theta\sin\varphi+\cos\psi\cos\varphi$	$\sin\theta\sin\varphi$
z	$\cos\psi\sin\theta$	$\sin\psi\sin\theta$	$\cos\theta$

20.4　已知欧拉角变化的速度, 求刚体的角速度及其在固定参考系 $O\xi\eta\zeta$ 和动参考系 $Oxyz$ 上的投影.

答　$\omega=\sqrt{\dot\psi^2+\dot\theta^2+\dot\varphi^2+2\dot\psi\dot\varphi\cos\theta}$, $\omega_\xi=\dot\varphi\sin\theta\cos\psi-\dot\theta\sin\psi$, $\omega_\eta=\dot\varphi\sin\theta\sin\psi+\dot\theta\cos\psi$, $\omega_\zeta=\dot\varphi\cos\theta+\dot\psi$, $\omega_x=-\dot\psi\sin\theta\cos\varphi+\dot\theta\sin\varphi$, $\omega_y=\dot\psi\sin\theta\sin\varphi+\dot\theta\cos\varphi$, $\omega_z=\dot\psi\cos\theta+\dot\varphi$.

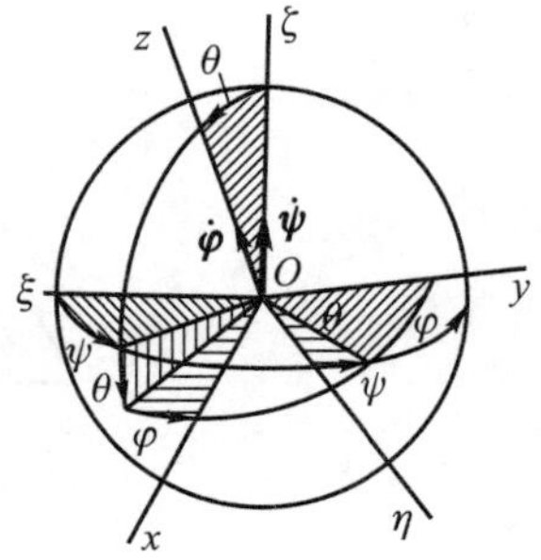

题 20.3 和 20.4　图

20.5　为了确定飞机的转动, 在机身上固连一个直角坐标系 $Cxyz$, 其中 x 轴沿机身由机尾指向驾驶舱, y 轴位于飞机的对称平面内, z 轴沿翼展指向飞行员右侧, C 是飞机的重心. 飞机相对于 $C\xi\eta\zeta$ (水平轴 ξ 指向飞机的航向, η 轴铅直向上, 水平轴 ζ 垂直于 ξ 与 η) 的角位移由图示的三个角度决定: 偏航角 ψ, 侧倾角 θ 和俯仰角 φ.

求飞机 (即参考系 $Cxyz$) 相对于三面体 $C\xi\eta\zeta$ 的方位.

答

	ξ	η	ζ
x	$\cos\psi\cos\theta$	$\sin\theta$	$-\sin\psi\cos\theta$
y	$\sin\psi\sin\varphi-\cos\psi\sin\theta\cos\varphi$	$\cos\theta\cos\varphi$	$\cos\psi\sin\varphi+\sin\psi\sin\theta\cos\varphi$
z	$\sin\psi\cos\varphi+\cos\psi\sin\theta\sin\varphi$	$-\cos\theta\sin\varphi$	$\cos\psi\cos\varphi-\sin\psi\sin\theta\sin\varphi$

20.6 已知飞机转角变化的速度, 求飞机的角速度在坐标系 $Cxyz$ 与 $C\xi\eta\zeta$ (见上题的图) 各轴上的投影.

答 $\omega_x=\dot\psi\sin\theta+\dot\varphi, \omega_y=\dot\psi\cos\theta\cos\varphi+\dot\theta\sin\varphi, \omega_z=-\dot\psi\cos\theta\sin\varphi+\dot\theta\cos\varphi.$ $\omega_\xi=\dot\varphi\cos\psi\cos\theta+\dot\theta\sin\psi, \omega_\eta=\dot\varphi\sin\theta+\dot\psi, \omega_\zeta=-\dot\varphi\sin\psi\cos\theta+\dot\theta\cos\psi.$

20.7 为了研究船在航行中的摇摆及其稳定性, 引入三个船体转角: ψ 是侧倾角, θ 是俯仰角, φ 是偏航角. 参考系 $Cxyz$ 固定在船体上, C 是船的重心, x 轴由船尾指向航艏, y 轴指向左舷, z 轴垂直于甲板. 参考系 $C\xi\eta\zeta$ 根据船的航向确定: ζ 轴铅直, 水平轴 ξ 指航向, 水平轴 η 指航向的左侧 (图上示出了 A. H. 克雷洛夫引入的坐标系).

求船体 (即坐标系 $Cxyz$) 相对于三面角 $C\xi\eta\zeta$ 的方位.

答

	ξ	η	ζ
x	$\cos\psi\cos\varphi+\sin\psi\sin\theta\sin\varphi$	$\cos\theta\sin\varphi$	$-\sin\psi\cos\varphi+\cos\psi\sin\theta\sin\varphi$
y	$-\cos\psi\sin\varphi+\sin\psi\sin\theta\sin\varphi$	$\cos\theta\cos\varphi$	$\sin\psi\sin\varphi+\cos\psi\sin\theta\cos\varphi$
z	$\sin\psi\cos\theta$	$-\sin\theta$	$\cos\psi\cos\theta$

20.8 已知船体转角变化的速度, 求船的角速度在参考系 $Cxyz$ 与 $C\xi\eta\zeta$ 各轴上的投影 (见上题的图).

答 $\omega_x=\dot\psi\cos\theta\sin\varphi+\dot\theta\cos\varphi, \omega_y=\dot\psi\cos\theta\cos\varphi-\dot\theta\sin\varphi, \omega_z=-\dot\psi\sin\theta+\dot\varphi,$ $\omega_\xi=\dot\theta\cos\psi+\dot\varphi\sin\psi\cos\theta, \omega_\eta=\dot\psi-\dot\varphi\sin\theta, \omega_\zeta=-\dot\theta\sin\psi+\dot\varphi\cos\psi\cos\theta.$

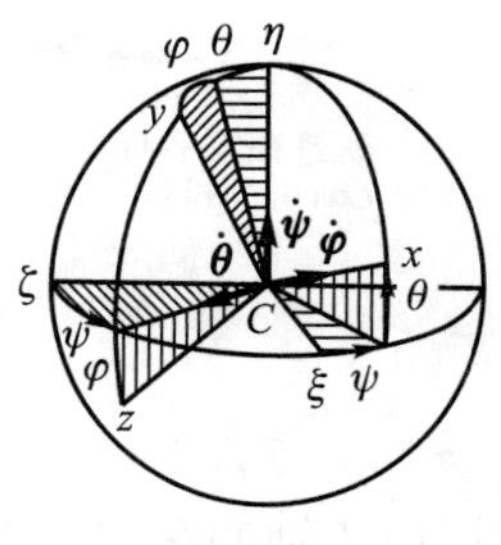

题 20.5 和 20.6 图

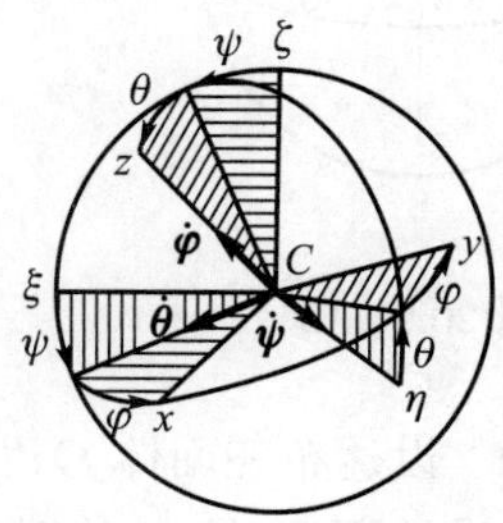

题 20.7 和 20.8 图

20.9 点 M (代表飞机、船舰的重心) 沿地球表面运动 (将地球视为半径等于 R

的圆球①). 该点速度的向东分量是 v_E, 向北分量是 v_N. 求点 M 的纬度 φ 与经度 λ 的变化率.

答　$\dot{\varphi}=\dfrac{v_N}{R}$, $\dot{\lambda}=\dfrac{v_E}{R\cos\varphi}$. 当 v_E, v_N 为正时, 分量 $\dot{\varphi}$ 的方向指西, 分量 $\dot{\lambda}$ 沿地球自转轴 SN 的方向由南极指向北极.

20.10　为了研究物体 (飞机、火箭、船舰) 以及安装于其上的仪表、设备等在地球表面附近的运动, 引进一个动坐标系 —— 达布三面体. 达布三面体 $O\xi\eta\zeta$ 的地理定位是: 水平轴 ξ 指向东, 水平轴 η 指向北, ζ 轴铅直向上. 设 $O\xi\eta\zeta$ 的原点相对于地球的速度的投影为 $v_\xi=v_E$, $v_\eta=v_N$, $v_\zeta=0$, 地球自转角速度为 U, 半径为 R. 求三面体 $O\xi\eta\zeta$ 的角速度在各轴 ξ,η,ζ 上的投影.

答
$$\omega_\xi=-\dot{\varphi}=-v_N/R,$$
$$\omega_\eta=(U+\dot{\lambda})\cos\varphi=\left(U+\frac{v_E}{R\cos\varphi}\right)\cos\varphi,$$
$$\omega_\zeta=(U+\dot{\lambda})\sin\varphi=\left(U+\frac{v_E}{R\cos\varphi}\right)\sin\varphi.$$

20.11　与上题不同, 将达布三面体 $Oxyz$ 在地面上的方位相对于地面的轨迹来确定: x 轴水平, 沿着三面体顶点 O (飞机、船舰的重心) 相对地球的速度 $\boldsymbol{v}$, y 轴水平, 指向 x 轴的左侧, z 轴铅直向上. 设点 O 的速度大小是 v, 方向由 ψ 决定 (ψ 是点 O 的相对速度与正北方向的夹角). 求三面体 $Oxyz$ 角速度的投影.

答　$\omega_x=U\cos\varphi\cos\psi$, $\omega_y=U\cos\varphi\sin\psi+\dfrac{v}{R}$, $\omega_z=(U+\dot{\lambda})\sin\varphi+\dot{\psi}=U\sin\varphi+\dfrac{v}{\rho}$. 其中 R, U, φ、λ 的意义与题 20.9, 20.10 中相同, ρ 是轨迹的测地曲率半径 (当 $\psi<0$ 时 $\rho>0$, 当 $\psi>0$ 时 $\rho<0$).

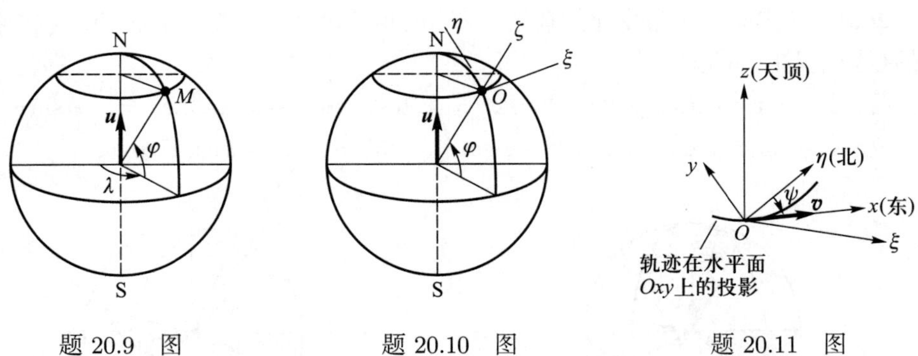

题 20.9　图　　题 20.10　图　　题 20.11　图

20.12　设达布三面体 $Ox^0y^0z^0$ 在地面上的方位按如下方式确定: x^0 轴沿着点 O (假定它沿地面运动) 的绝对速度 $\boldsymbol{V}$, 水平轴 y^0 指向 x^0 轴的左侧, z^0 轴铅直向上. 设点 O 相对于地面的速度分量为 v_E 和 v_N. 求三面体 $Ox^0y^0z^0$ 角速度的投影.

①此处以及下文都忽略地球的扁率.

答 $\omega_{x^0} = 0$, $\omega_{y^0} = \dfrac{V}{R}$, $\omega_{z^0} = (U + \dot{\lambda})\sin\varphi + \dot{\theta}$, 其中 R, U, φ, λ 的意义与题 20.9、20.10 相同, 且

$$V = \sqrt{(v_E + RU\cos\varphi)^2 + v_N^2}, \quad \tan\theta = \frac{v_N}{v_E + RU\cos\varphi}.$$

20.13 方位陀螺仪安装在卡尔丹支架上. 坐标系 $x_1y_1z_1$ 固连于外环 (其转轴铅直), 坐标系 xyz 固连于内环 (其转轴 x 水平). 内环轴 z 同时是陀螺仪的自转轴. 试求:

1) 陀螺的自转轴相对坐标系 $\xi\eta\zeta$ (按地理定位, 见题 20.10) 的方位, 规定外环的转角 (即轴 y_1 的转角) 从子午面 (即平面 $\eta\zeta$) 按顺时针方向计量, 并由角 α 确定, z 轴离水平面的仰角由角 β 确定.

2) 三面体 xyz 的转动角速度在 x, y, z 轴上的投影. 假定陀螺仪的支点 O 静止在地面上.

答 1)

	ξ	η	ζ
z	$\sin\alpha\cos\beta$	$\cos\alpha\cos\beta$	$\sin\beta$

2) $\omega_x = \dot{\beta} - U\cos\varphi\sin\alpha$, $\omega_y = \dot{\alpha}\cos\beta + U(\cos\varphi\cos\alpha\sin\beta - \sin\varphi\cos\beta)$, $\omega_z = \dot{\alpha}\sin\beta + U(\cos\varphi\cos\alpha\cos\beta + \sin\varphi\sin\beta)$, 其中 U 是地球的自转角速度, φ 是当地纬度.

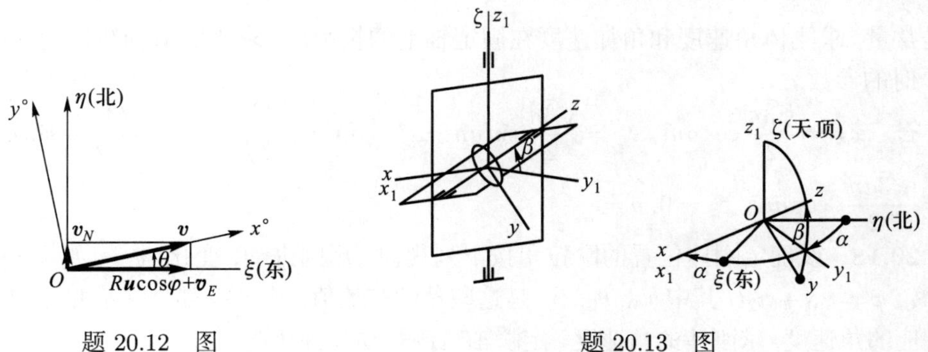

题 20.12 图　　　　题 20.13 图

20.14 在上题的条件下, 设支点速度的北向和东向分量分别等于 v_N 和 v_E, 求三面体 xyz 转动角速度的投影.

答

$$\omega_x = \dot{\beta} - \left(U + \frac{v_E}{R\cos\varphi}\right)\cos\varphi\sin\alpha - \frac{v_N}{R}\cos\alpha,$$

$$\omega_y = \dot{\alpha}\cos\beta + \left(U + \frac{v_E}{R\cos\varphi}\right)(\cos\varphi\cos\alpha\sin\beta - \sin\varphi\cos\beta) - \frac{v_N}{R}\sin\alpha\sin\beta,$$

$$\omega_z = \dot{\alpha}\sin\beta + \left(U + \frac{v_E}{R\cos\varphi}\right)(\cos\varphi\cos\alpha\cos\beta + \sin\varphi\sin\beta),$$

其中 R 是地球半径.

20.15　刚体绕固定点的运动由欧拉角确定: $\varphi = 4t$, $\psi = \dfrac{\pi}{2} - 2t$, $\theta = \dfrac{\pi}{3}$. 求角速度矢量端点的坐标, 以及刚体相对固定坐标系 xyz 的角速度和角加速度.

答　$x = \omega_x = 2\sqrt{3}\cos 2t$, $y = \omega_y = -2\sqrt{3}\sin 2t$, $z = \omega_z = 0$, $\omega = 2\sqrt{3}$ rad/s, $\varepsilon = 4\sqrt{3}$ rad/s^2.

20.16　车厢的车轮沿水平弯道滚动, 弯道的平均曲率半径等于 5 m, 车轮的半径等于 0.25 m, 轨道宽 0.8 m. 求车厢外侧车轮的定瞬轴轨迹与动瞬轴轨迹.

附注: 车轮一方面与车厢一起绕通过弯道曲率中心的铅直轴转动, 同时又相对于车厢绕 AB 转动, 即车轮是绕固定点 O 作定点运动.

答　定瞬轴轨迹为圆锥面, 其轴与 Oz 轴重合, 顶角 $\alpha = 2\arctan 21.6 = 174°42'$. 动瞬轴轨迹是以 AB 为轴的圆锥面, 顶角 $\beta = 2\arctan 0.0463 = 5°18'$.

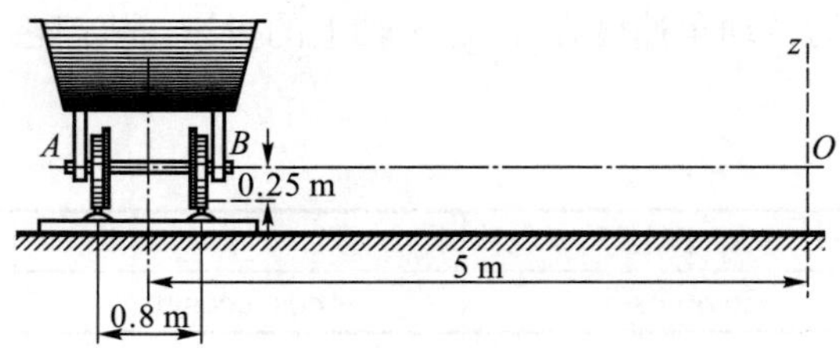

题 20.16　图

20.17　刚体的定点运动由欧拉角给出: $\varphi = nt$, $\psi = \dfrac{\pi}{2} + ant$, $\theta = \dfrac{\pi}{3}$. 设 a, n 都是常量, 求刚体角速度和角加速度在固定轴上的投影, 并求当定瞬轴轨迹为平面 Oxy 时的参数 a.

答　$\omega_x = \dfrac{\sqrt{3}n}{2}\cos ant$, $\omega_y = \dfrac{\sqrt{3}n}{2}\sin ant$, $\omega_z = n\left(a + \dfrac{1}{2}\right)$, $\varepsilon_x = -\dfrac{\sqrt{3}an^2}{2}\sin ant$, $\varepsilon_y = \dfrac{\sqrt{3}an^2}{2}\cos ant$, $\varepsilon_z = 0$, $a = -\dfrac{1}{2}$.

20.18　设确定刚体位置的欧拉角按下列规律 (规则进动) 变化: $\psi = \psi_0 + n_1 t$, $\theta = \theta_0$, $\varphi = \varphi_0 + n_2 t$, 其中 ψ_0, θ_0, φ_0 是这些角的初始值, n_1, n_2 都是常量并分别等于相应的角速度. 求刚体的角速度、定瞬轴轨迹和动瞬轴轨迹.

答　$\omega = \sqrt{n_1^2 + n_2^2 + 2n_1 n_2 \cos\theta_0}$, 定瞬轴轨迹是圆锥面: $\xi^2 + \eta^2 - \dfrac{n_2^2 \sin^2\theta_0}{(n_2\cos\theta_0 + n_1)^2}\zeta^2 = 0$, 其轴为 ζ, 顶角为 $2\arcsin\dfrac{n_2\sin\theta_0}{\omega}$. 动瞬轴轨迹是圆锥面: $x^2 + y^2 - \dfrac{n_1^2\sin^2\theta_0}{(n_1\cos\theta_0 + n_2)^2}z^2 = 0$, 其轴为 z, 顶角为 $2\arcsin\dfrac{n_1\sin\theta_0}{\omega}$.

第七章　点的复合运动

§21. 点的运动方程

21.1　一点的直线运动由两个简谐振动

$$x_1 = 2\cos(\pi t + \pi/2), \quad x_2 = 3\cos(\pi t + \pi)$$

合成, 求该点的运动方程.

答　$x = \sqrt{13}\cos(\pi t + \alpha)$, 其中 $\alpha = \arctan\dfrac{2}{3} = 33°40'$.

21.2　记录装置的鼓轮以匀角速度 ω_0 转动, 鼓轮的半径为 r. 自动记录笔在沿铅直方向按规律

$$y = a\sin\omega_1 t$$

运动. 求笔在纸带上所画出曲线的方程.

答　$y = a\sin\dfrac{\omega_1 x}{\omega_0 r}$.

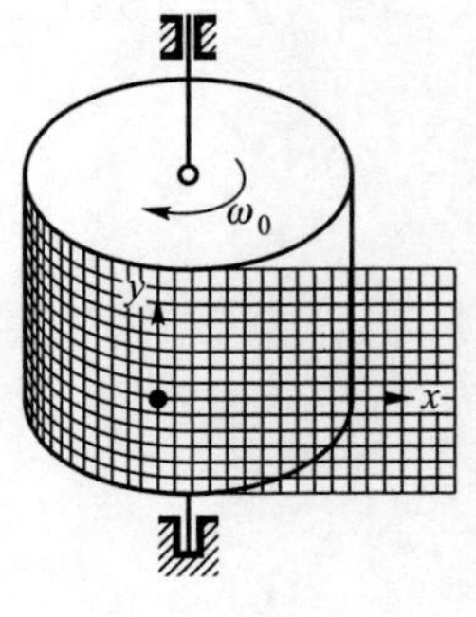

题 21.2　图

21.3　转式起重机绕轴 O_1O_2 以匀角速度 ω_1 转动, 重物 A 借助缠在滑轮 B 上的绳子上升. 半径为 r 的滑轮 B 以匀角速度 ω_2 转动. 已知起重机臂长 d, 求重物的绝对运动轨迹.

答　螺线, 方程为

$$x = \frac{zd}{r}\cos\frac{\omega_1}{\omega_2}, \quad y = \frac{zd}{r}\sin\frac{\omega_1}{\omega_2},$$

x 轴通过 O_1O_2 和重物的初始位置, z 轴沿起重机的转轴, 方向朝上.

21.4 当提升重物和推移起重机的机构同时操作时, 重物 A 可沿着水平与铅直方向移动. 悬挂重物 A 的绳子缠在半径为 $r = 0.5$ m 的鼓轮上, 鼓轮以角速度 $\omega = 2\pi$ rad/s 转动. 起重机沿水平方向以匀速 $v = 0.5$ m/s 运动. 设重物的初始坐标是 $x_0 = 10$ m, $y_0 = 6$ m, 求重物的绝对运动轨迹.

答 $y = \dfrac{x - x_0}{v}\omega r + y_0 = 6.28x - 56.8.$

21.5 转式起重机的悬臂梁 AB 以匀角速度 ω 绕轴 O_1O_2 转动. 小车以匀速 v_0 沿水平臂由 A 向 B 运动. 初始瞬时小车在 O_1O_2 上, 求小车的绝对运动轨迹.

答 轨迹是阿基米德螺线 $r = \dfrac{v_0}{\omega}\varphi$, 其中 r 是小车到转轴的距离, φ 是起重机绕轴 O_1O_2 的转角.

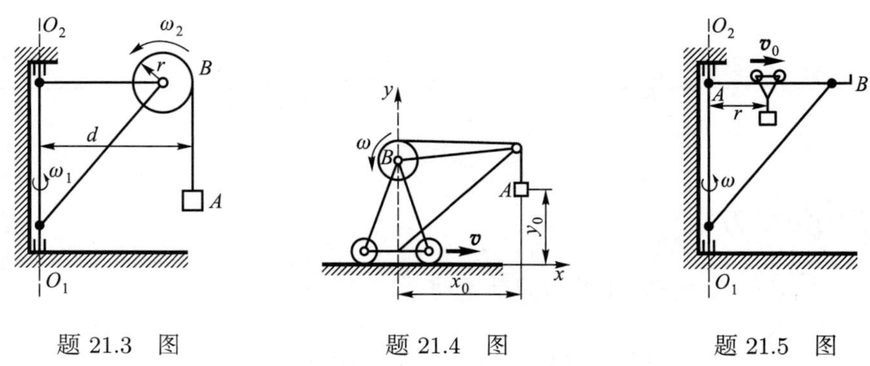

题 21.3　图　　　题 21.4　图　　　题 21.5　图

21.6 记录振动的仪器上所用的卷带以 2 m/s 的速度沿 Ox 轴运动. 沿 Oy 轴振动的物体在卷带上画出正弦曲线, 最大的纵坐标 $AB = 2.5$ cm, 长度为 $O_1C = 8$ cm. 设正弦曲线上的点 O_1 对应于物体在 $t = 0$ 瞬时的位置, 求此物体的振动方程.

答 $y = 2.5\sin(50\pi t)$ (以 cm 为单位).

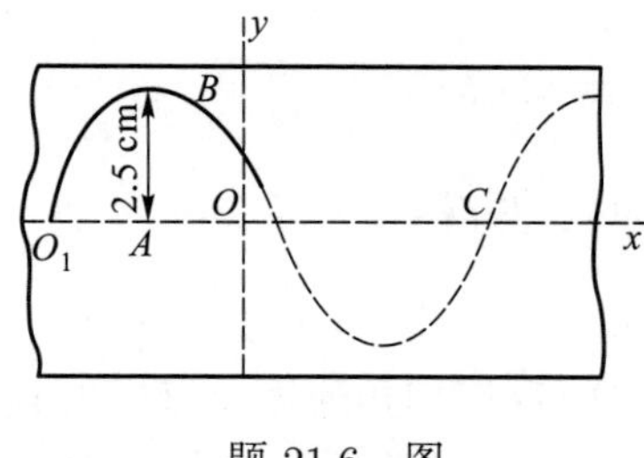

题 21.6　图

21.7 电车在水平直线轨道上以 $v = 5$ m/s 的速度行驶, 同时车身又在弹簧上振动, 振幅是 $a = 0.008$ m, 周期是 $T = 0.5$ s. 已知车身的重心到路面的平均距离为 $h = 1.5$ m. 当 $t = 0$ 时, 重心在其平均位置, 且振动速度向上. 求重心的轨迹方程. Ox 轴沿水平轨道且指向运动前进方向, Oy 轴通过 $t = 0$ 瞬时的重心位置且铅直向上.

答 $y = 1.5 + 0.0008\sin 0.8\pi x$.

21.8 双摆的末端同时作两个相互垂直的简谐运动, 且振动频率相等, 但振幅、相角都不相同. 设振动方程分别是 $x = a\sin(\omega t+\alpha)$, $y = b\sin(\omega t+\beta)$, 求双摆末端的复合运动轨迹方程.

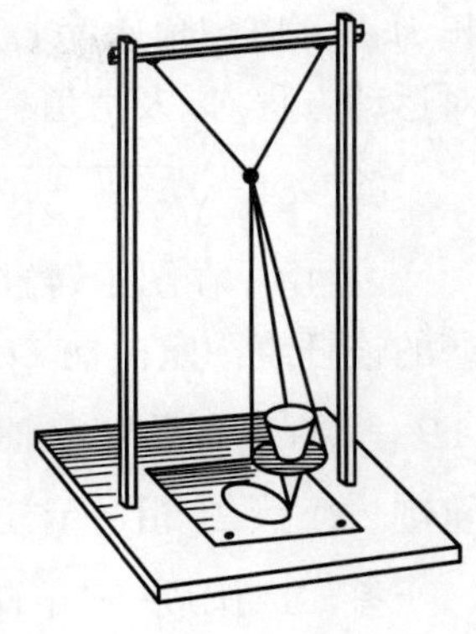

题 21.8 图

答 椭圆 $\dfrac{x^2}{a^2}+\dfrac{y^2}{b^2}-\dfrac{2xy}{ab}\cos(\alpha-\beta)=\sin^2(\alpha-\beta)$.

21.9 双摆的末端同时作两个相互垂直的简谐振动: $x = a\sin 2\omega t$, $y = a\sin\omega t$, 轨迹是李沙茹图. 求该点的轨迹方程.

答 $a^2x^2 = 4y^2(a^2-y^2)$.

21.10 列车以 36 km/h 匀速行驶, 挂在最后车厢上的信号灯从灯柱上落下. 已知灯原来离地面高度是 4.905 m, 求灯的绝对运动轨迹, 以及从开始下落到着地的时间段内列车行驶的路程 s. 坐标原点取在灯的原来位置, Ox 轴水平并朝列车行驶的方向, Oy 轴铅直向下.

答 具有铅直轴的抛物线 $y = 0.049x^2$, $s = 10$ m (x, y 以 m 为单位, t 以 s 为单位).

21.11 车刀 M 按规律 $x = a\sin\omega t$ 作横向往复运动. 圆盘以匀角速度 ω 绕轴 O 转动, 轴 O 与车刀的绝对运动轨迹相交, 求车刀相对于圆盘的轨迹方程.

答 $\xi^2+\left(\eta-\dfrac{a}{2}\right)^2=\dfrac{a^2}{4}$, 是半径为 $\dfrac{a}{2}$、中心在 C 的圆周 (见图).

21.12 在某些测量仪器中, 应用微分螺杆来移动指针. 在螺杆 AB 的 A 段上刻有螺距为 h_1 mm 的螺纹, 在 B 段上刻有螺距为 h_2 mm 的螺纹, 且 $h_2 < h_1$. A 段在固定螺母 C 中移动, B 段被构件 D 扣住, 而构件 D 连同指针可沿固定的直尺平移.

1) 设 $n = 200$, $h_1 = 0.5$ mm, $h_2 = 0.4$ mm, 两段螺纹同为右螺纹或左螺纹. 求手轮转过 $1/n$ 转时 (相应的刻度表示在圆盘 E 上) 指针的位移.

2) A 段为左螺纹, B 段为右螺纹, 试问仪器的读数将如何改变?

答 1) $s = \dfrac{1}{n}(h_1-h_2) = 0.0005$ mm. 2) $s = \dfrac{1}{n}(h_1+h_2) = 0.0045$ mm.

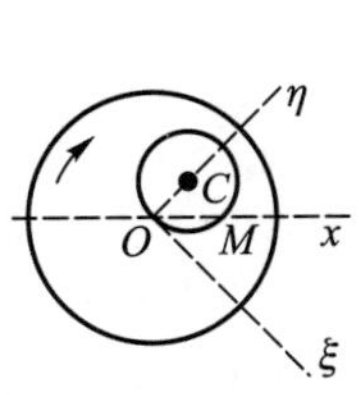

题 21.11 图

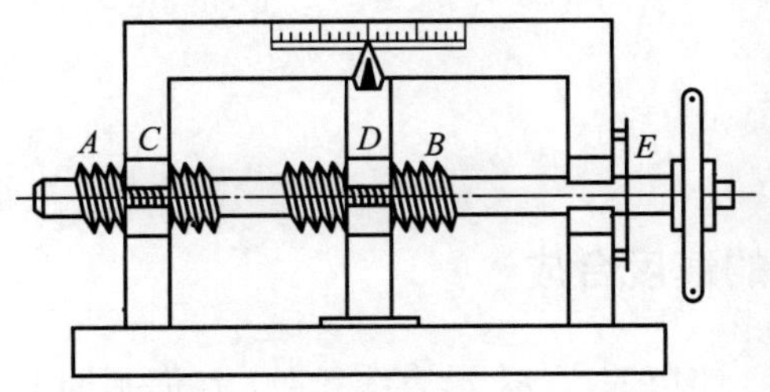

题 21.12 图

21.13 刨床的加速机构由两平行轴 O 和 O_1、曲柄 OA 和滑道摇杆 O_1B 组成. 曲柄 OA 的末端与滑块铰接, 滑块可沿滑道摇杆 O_1B 上的滑槽移动. 已知曲柄 OA 长为 r 并以匀角速度 ω 转动, 两轴的距离 $OO_1 = a$, 求滑块在滑道摇杆的滑槽中相对运动方程, 以及滑道摇杆的转动方程.

答 $\xi = \sqrt{a^2 + r^2 + 2ar\cos\omega t}$, $\quad \tan\varphi = \dfrac{r\sin\omega t}{a + r\cos\omega t}$.

21.14 在图示转缸式发动机中, 气缸与机壳连接且一起绕固定轴 O 转动, 活塞的连杆绕固定曲柄 OA 的末端 A 转动. 气缸以匀角速度 ω 转动, 已知: $OA = r$, $AB = l$, Ox 轴和 Oy 轴的原点在转轴中心, $\lambda = \dfrac{r}{l}$ 很小. 求: 1) 活塞 B 的绝对运动轨迹, 2) 点 B 相对于气缸的相对运动近似方程.

答 1) 圆周: $x^2 + (y + r)^2 = l^2$. 2) $\xi = l\left(1 - \lambda\cos\omega t - \dfrac{\lambda^2}{2}\sin^2\omega t\right)$.

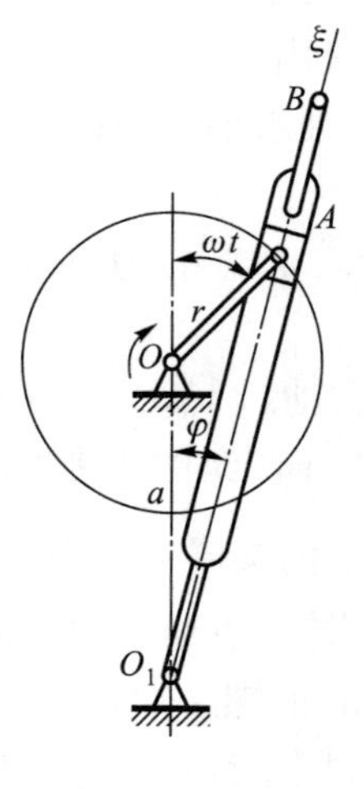

题 21.13　图

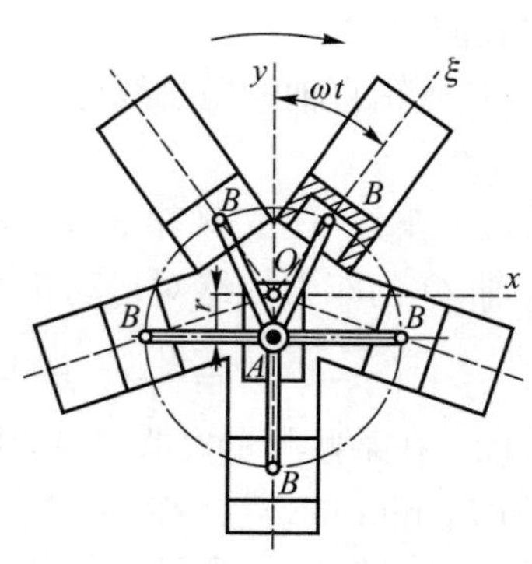

题 21.14　图

21.15 极地上悬停的直升机扔下一个重物, 与此同时, 直升机开始以速度 $\boldsymbol{v}_0$ 运动, 且 $\boldsymbol{v}_0$ 的方向与水平面成 α 角. 求重物相对于直升机的运动方程与轨迹 (相对坐标系以直升机的重心为原点, 坐标轴方向分别为水平沿航向与铅直向下).

答 $x_r = -v_0 t\cos\alpha$, $y_r = \dfrac{gt^2}{2} + v_0 t\sin\alpha$. 相对轨迹为抛物线 $y_r = -x_r\tan\alpha + \dfrac{gx_r^2}{2v_0^2\cos^2\alpha}$.

§22. 点的速度合成

22.1 船以速度 $\boldsymbol{v}_0$ 沿直线行驶. 在海平面上空高度为 h 处, 飞机以速度 $\boldsymbol{v}_1$ 作同航向飞行. 求从飞机上扔下的通讯设备正好落在船上所需的水平距离 l. 通讯设备运动时的空气阻力可以不计.

答 $l=(v_1-v_0)\sqrt{2h/g}$.

22.2 设在上题中飞机以同样大小的速度迎着船飞行, 试求其解.

答 $l=(v_1+v_0)\sqrt{2h/g}$.

22.3 经过点 A 的轮船以大小、方向都不改变的速度 $\boldsymbol{v}_0$ 行驶. 快艇从点 B 开始以大小、方向都不改变的速度 $\boldsymbol{v}_1$ 行驶. 欲使快艇遇到船, 求快艇的运动方向与直线 AB 的夹角 β. 已知直线 AB 与船航向垂线的夹角为 ψ_0.

答 $\sin\beta=\dfrac{v_0}{v_1}\cos\psi_0$.

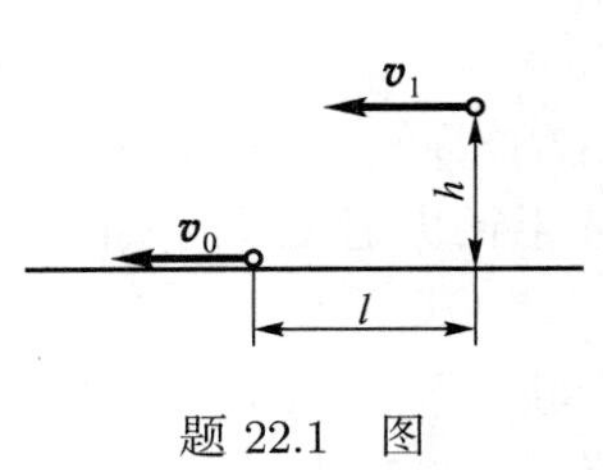

题 22.1 图

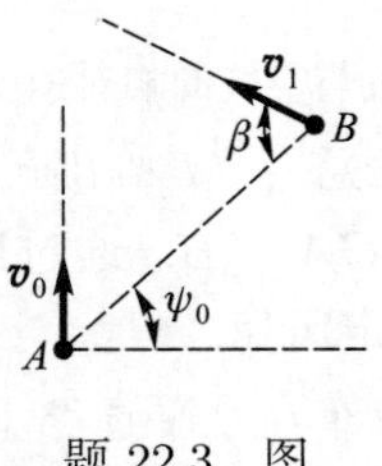

题 22.3 图

22.4 设在上题中, 轮船与快艇间的最初距离是 $AB=l$, 求快艇与轮船相遇所需的时间 T.

答 $T=\dfrac{l}{v_0\sin\psi_0+\sqrt{v_1^2-v_0^2\cos^2\psi_0}}=\dfrac{l}{v_0}\cdot\dfrac{\sin\beta}{\cos(\psi_0-\beta)}=\dfrac{l}{v_1}\cdot\dfrac{\cos\psi_0}{\cos(\psi_0-\beta)}$.

22.5 一个铁环在自身平面内以匀角速度 $\boldsymbol{\omega}$ 绕固定铰链 O 转动, 另一个具有同样半径 R 的固定铁环也通过铰链 O. 求两个铁环的交点 M 的运动.

答 交点 M 以匀速度 ωR 环绕每个环运动.

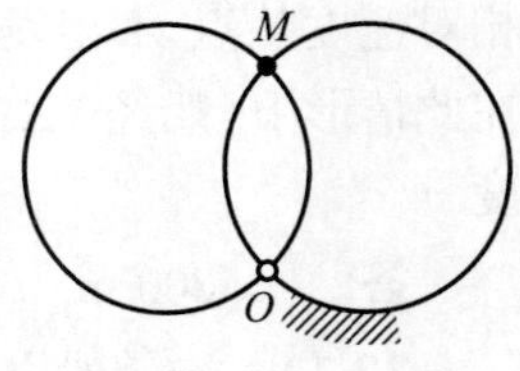

题 22.5 图

22.6 船以每小时 a 海里的速度朝东南方向航行, 此时桅杆上的风标指向东. 如果船的速度减小为每小时 $\dfrac{a}{2}$ 海里, 风标指向东北. 试求: 1) 风的方向, 2) 风的速度.

附注: 船的航向表示船向此方驶去, 风标的方向表示风从此方吹来.

答 1) 风从北方来. 2) 每小时 $\sqrt{2}/2a$ 海里.

22.7 为测定飞机在风中飞行的实际速度, 在地面上标出一段长度为 l m 的直线段, 线段的两端从上空能清楚地看到, 并且此线的方向与风向一致. 飞机先顺风用 t_1 (以 s 为单位) 飞完这段距离, 然后逆风用 t_2 (以 s 为单位) 飞回, 求飞机的实际速度 v 和风速 V.

答 $v=\dfrac{l}{2}\left(\dfrac{1}{t_1}+\dfrac{1}{t_2}\right)$, $V=\dfrac{l}{2}\left(\dfrac{1}{t_1}-\dfrac{1}{t_2}\right)$ (单位都是 m/s).

22.8 为测定飞机在风中飞行的实际速度, 在地面上标出三角形 ABC, 其边长分别为 $BC=l_1$, $CA=l_2$, $AB=l_3$ (以 m 为单位). 已测出飞机在每边飞行所需的

时间分别为 t_1, t_2, t_3 (以 s 为单位), 假定飞机实际速度 $\boldsymbol{v}$ 的大小和风速 $\boldsymbol{V}$ 的大小都不变, 求飞机的实际速度 $\boldsymbol{v}$. 本题用作图法求解.

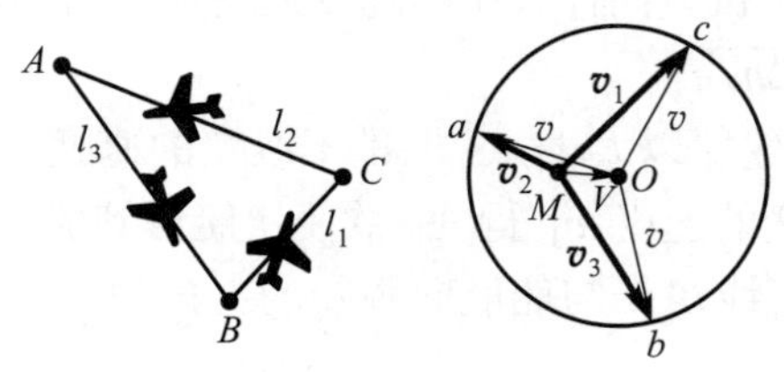

题 22.8 图

说明: 飞机与空气的相对速度称为实际速度.

答 从任意点 M 画出三个矢量, 大小分别为 $l_1/t_1, l_2/t_2, l_3/t_3$ 并平行于三角形对应边 BC, CA, AB. 通过这三个矢量端点的圆周半径决定飞机的实际速度大小. 矢量 $\overrightarrow{MO}$ 决定风速.

22.9 汽车在水平道路上以 72 km/h 的速度行驶, 铅直落下的雨点在汽车侧面的玻璃上留下的痕迹与铅直线成 40° 角. 求雨点落下的绝对速度. 不计雨点和玻璃之间摩擦.

答 $v = \dfrac{v_e}{\tan 40^\circ} = 23.8\ \text{m/s}.$

22.10 河的两岸互相平行. 小船由点 A 出发, 朝与岸垂直的航向行驶, 出发后经过 10 min 到达对岸, 这时船的位置 C 在点 A 下游 120 m. 欲使船以原来大小的相对速度从点 A 出发到达正对岸 B, 船应保持与 AB 成某一角度的航向逆流行驶. 在此情形下, 船经 12.5 min 到达对岸. 试求河宽 l、船相对水的速度 u 以及水流的速度 v.

答 $l = 200$ m, $u = 20$ m/min, $v = 12$ m/min.

22.11 一条船以 $36\sqrt{2}$ km/h 的速度向南航行. 另一条船以 36 km/h 的速度向东南航行. 求第一条船甲板上的观察者所测定的第二条船速度的大小和方向.

答 $\boldsymbol{v}_r$ ($v_r = 36$ km/h) 沿东北方向.

22.12 椭圆规直尺 AB 用杆 OC 带动, 杆 OC 绕点 O 以匀角速度 ω_0 转动. 整个机构连带导轨又绕通过点 O 且垂直于图面的轴以同样大小的匀角速度 ω_0 转动. 求规尺上任一点 M 的绝对速度, 并表示为 $AM = l$ 的函数. 假定杆 OC 的转动与整个机构的转动是相反的.

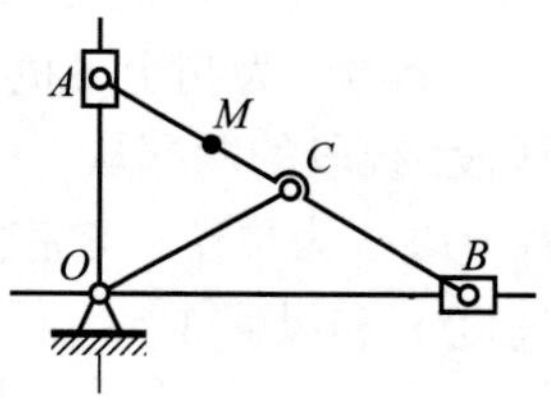

题 22.12 图

答 $v_M = (AB - 2l)\omega_0$.

22.13 现在假定上题中的两个转动是同向进行的, 试求其解.

答 v_M 与点 M 的位置无关, 大小等于 $AB \cdot \omega_0$.

22.14 瓦特离心调速器以角速度 $\omega = 10$ rad/s 绕铅直轴转动, 由于机器负荷的变化, 调速器的两个重球张开, 球柄在此位置时的角速度为 $\omega_1 = 1.2$ rad/s. 已知两个球柄长均为 $l = 0.5$ m, 悬挂轴之间的距离为 $2e = 0.1$ m, 球柄与调速器轴的夹角为 $\alpha_1 = \alpha_2 = \alpha = 30°$, 求调速重球的绝对速度.

答 $v = 3.06$ m/s.

22.15 在水涡轮机中, 水自导流片进入转动的工作轮, 为使入口处不受水的冲击, 叶片安装得能使水的相对速度 $\boldsymbol{v}_r$ 与叶片相切. 已知入口处的半径 $R = 2$ m, 水在入口处的绝对速度 $v = 15$ m/s, 与半径的夹角 $\alpha = 60°$, 动轮的角速度等于 π rad/s, 求动轮外缘上水点的相对速度.

答 $v_r = 10.06$ m/s, $\widehat{(\boldsymbol{v}_r, R)} = 41°50'$.

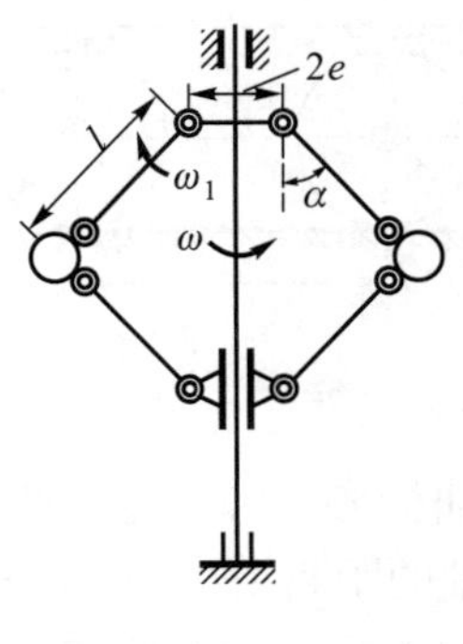

题 22.14 图

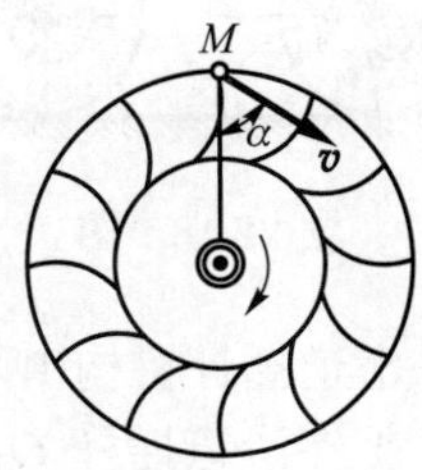

题 22.15 图

22.16 水点以速度 $\boldsymbol{u}$ 进入涡轮, 此速度与转子在水点入口处的切线的夹角为 α. 转子外径为 D, 转子每分钟 n 转. 为使水无冲击地流入 (水点的相对速度沿着叶片), 求水入口处转子叶片与切线间的夹角.

答 $\tan\beta = \dfrac{60u\sin\alpha}{60u\cos\alpha - \pi Dn}$.

22.17 在滑道摇杆机构中, 曲柄 OC 绕垂直于图面的轴 O 摆动时, 滑块 A 在曲柄 OC 上移动并带动在铅直导板 K 中运动的杆 AB. $OK = l$. 求滑块 A 相对于曲柄 OC 的速度, 并表示为曲柄的角速度 ω 与转角 φ 的函数.

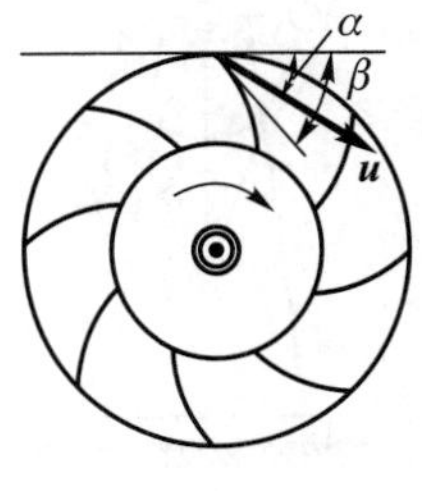

题 22.16 图

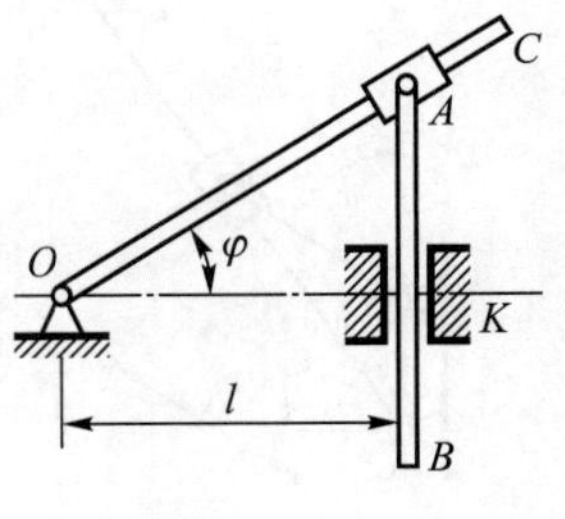

题 22.17 图

答　$v_r = \dfrac{l\omega \tan\varphi}{\cos\varphi}$.

22.18　连杆 AB 用轴销 O 和 O_1 分别与曲柄 OA 和 O_1B 连接. 已知两个车轮的半径都是 $R = 1$ m, 两个曲柄的半径都是 $OA = O_1B = 0.5$ m, 列车的速度是 $v_0 = 20$ m/s. 在曲柄 OA, O_1B 通过铅直与水平位置的四个瞬时, 求连杆上 M 点的绝对速度. 轮子在轨道上作纯滚动.

答　$v_1 = 10$ m/s, $v_2 = 30$ m/s, $v_3 = v_4 = 22.36$ m/s.

22.19　车厢以速度 $\boldsymbol{v}$ 沿直线轨道运动, 车轮 A 和 B 沿轨道作纯滚动. 车轮半径为 r, 两轴的距离为 d. 求车轮中心 A 相对于车轮 B 固连坐标系的速度.

答　速度大小等于 vd/r, 方向垂直于 AB 并朝下.

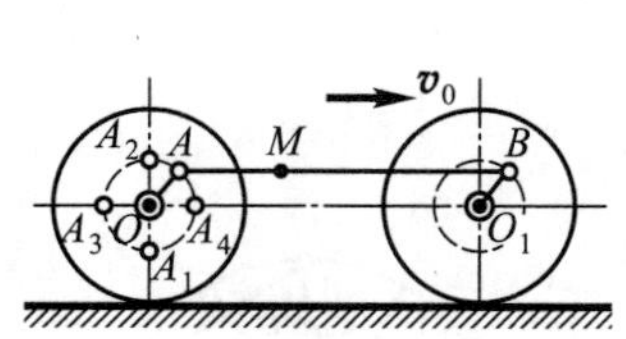

题 22.18　图

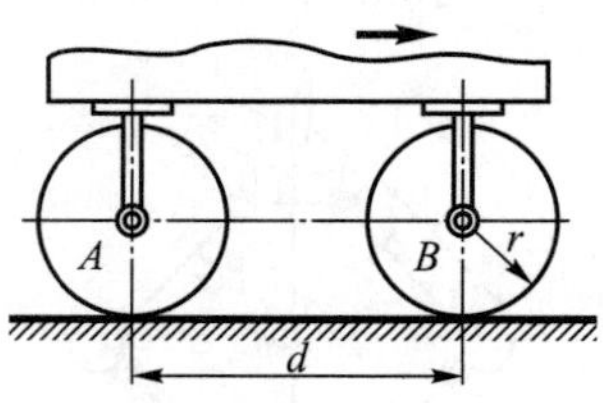

题 22.19　图

22.20　滑道摇杆机构由两个平行轴 O 和 O_1、曲柄 OA 和滑道摇杆 O_1B 组成. 曲柄的端点 A 在滑道摇杆 O_1B 的滑槽中移动. 两轴的距离 OO_1 等于 a, 曲柄 OA 的长度为 l, 且 $l > a$. 轴 O 以匀角速度 ω 转动. 求 1) 轴 O_1 的角速度 ω_1 以及点 A 相对摇杆 O_1B 的速度, 并表示为 $O_1A = s$ 的函数, 2) 以上两个量的最大值和最小值, 3) 当 $\omega_1 = \omega$ 时曲柄的位置.

答　1) $\omega_1 = \dfrac{\omega}{2}\left(1 + \dfrac{l^2 - a^2}{s^2}\right)$, $v_r = \dfrac{\omega}{2s}\sqrt{(l+s+a)(l+s-a)(a+l-s)(a+s-l)}$.

2) $\omega_{1\max} = \omega\dfrac{l}{l-a}$, $\omega_{1\min} = \omega\dfrac{l}{l+a}$, $v_{r\max} = a\omega$, $v_{r\min} = 0$.

3) 当 $O_1B \perp O_1O$ 时, $\omega_1 = \omega$.

22.21　刨床机构摇杆上的滑块 A 由齿轮传动机构带动, 齿轮机构由齿轮 D 和

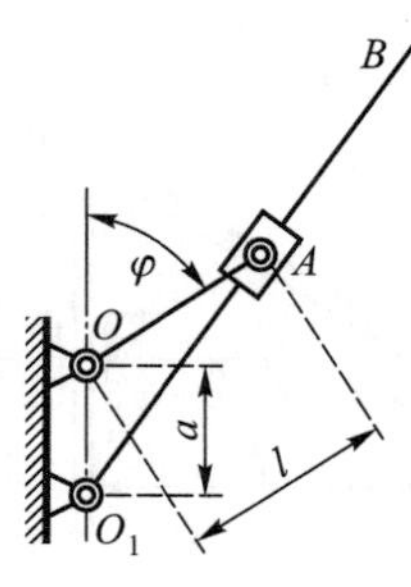

题 22.20　图

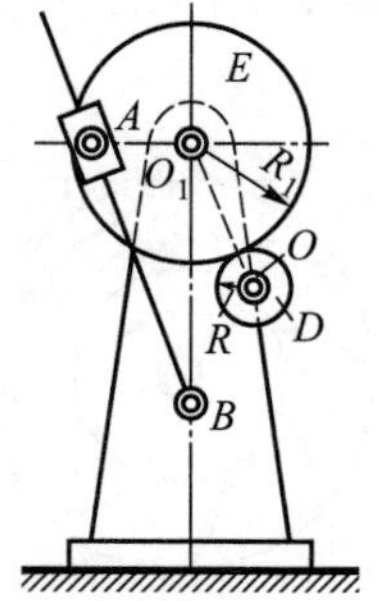

题 22.21　图

E 组成. 滑块 A 的轴销装在齿轮 E 上. 两个齿轮的半径分别为 $R = 0.1$ m, $R_1 = 0.35$ m, $O_1A = 0.3$ m. 齿轮 E 的轴 O_1 与摇杆的摆动中心 B 的距离 $O_1B = 0.7$ m. 已知齿轮 D 的角速度 $\omega = 7$ rad/s, 点 O_1 和 B 在同一铅垂线上. 在 O_1A 依次处于铅垂位置 (在最高和最低位置) 、与摇杆 AB 垂直 (在左边和右边) 的瞬时, 求摇杆的角速度.

答 $\omega_I = 0.6$ rad/s, $\omega_{II} = \omega_{IV} = 0$, $\omega_{III} = 1.5$ rad/s.

22.22 参看题 22.20 的图, 设 $a = 60$ cm, $l = 80$ cm, 曲柄的角速度等于 π rad/s. 在曲柄处于两个铅直位置和两个水平位置时, 求滑道摇杆 O_1B 的角速度.

答 $\omega_I = \dfrac{4}{7}\pi$ rad/s, $\omega_{II} = \omega_{IV} = 0.64\pi$ rad/s, $\omega_{III} = 4\pi$ rad/s.

22.23 设曲柄长 $OA = r = 0.08$ m, 连杆长 $AB = l = 0.24$ m, 气缸连同机壳的角速度等于 40π rad/s. 在连杆 AB 处于两个铅直位置和两个水平位置, 求转缸发动机中活塞的绝对速度.

*译注: 原文误为 $OA = r = 0.24$ m, 且无 l 的值.

答 $v_I = 20.11$ m/s, $v_{III} = 40.21$ m/s, $v_{II} = v_{IV} = 35.51$ m/s.

22.24 点 M 相对地球速度的东、北和铅垂方向的分量分别等于 v_E, v_N 和 v_h, 并且该瞬时点 M 距地面的高度为 h, 当地纬度是 φ. 设地球半径为 R, 地球角速度为 ω. 求 M 点绝对速度的分量.

答 $v_x = v_E + (R+h)\omega\cos\varphi$, $v_y = v_N$, $v_z = v_h$ (x 轴朝东, y 轴朝北, z 轴铅直向上).

22.25 在具有平动滑道 BC 的曲柄滑道机构中, 曲柄 (位于滑道后面) 长 $l = 0.2$ m, 以匀角速度 3π rad/s 转动. 曲柄端 A 与滑道槽中滑动的滑块铰接, 带动滑道作往复平动. 当曲柄与滑道轴线的夹角为 30° 时, 求滑道的速度.

答 $v = 0.942$ m/s.

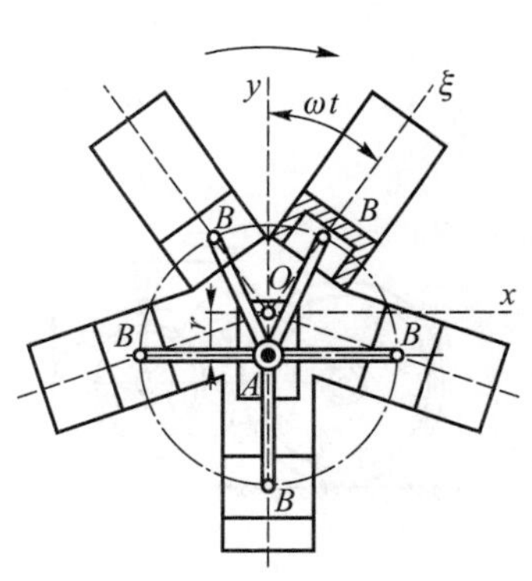

题 22.23 图 (同题 21.14 图)

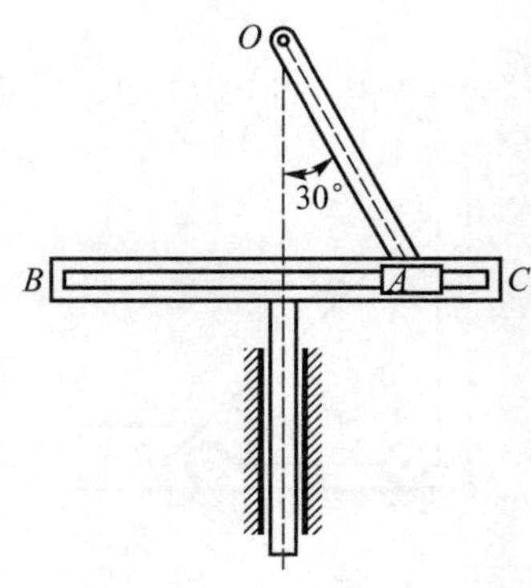

题 22.25 图

22.26 一杆沿铅直导轨滑动, 下端通过小滚轮支承在半径为 r 的半圆柱表面上, 半圆柱以匀速 v_0 沿水平方向向右运动. 滚轮的半径为 ρ. 已知初始瞬时杆在最高位置, 求杆的速度.

答 $v=\dfrac{v_0^2t}{\sqrt{(r+\rho)^2-v_0^2t^2}}$.

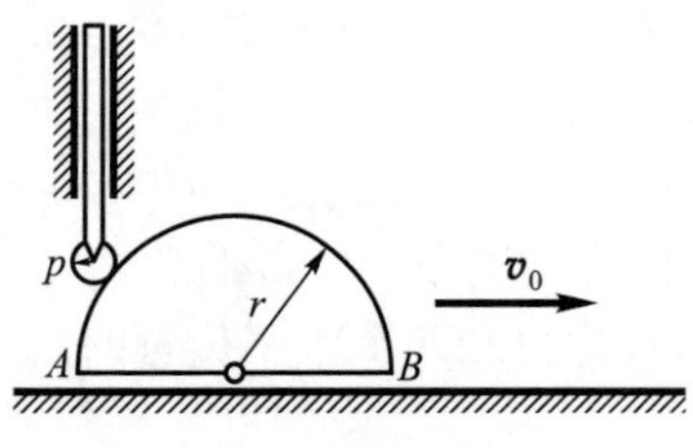

题 22.26 图

22.27 在车床上车削一个直径为 $d=80\ \mathrm{mm}$ 的圆柱. 主轴转速为 $n=30\ \mathrm{r/min}$. 纵向走刀的速度为 $v=0.2\ \mathrm{mm/s}$. 求刀具相对于圆柱的速度.

答 $v_r=125.7\ \mathrm{mm/s}$, $\tan\alpha=628$, 其中 α 是 $\boldsymbol{v}_r$ 与主轴中心线间的夹角.

§23. 点的加速度合成

23.1 斜面 AB 与水平面成 45° 角, 以匀加速度 $0.1\ \mathrm{m/s^2}$ 平行于 Ox 轴作直线运动. 物体 P 以相对加速度 $0.1\sqrt{2}\ \mathrm{m/s^2}$ 沿斜面滑下. 斜面和物体的初速度都是零, 物体的初始位置由坐标 $x=0$, $y=h$ 确定. 求物体绝对运动的轨迹、速度和加速度.

答 $y=h-\dfrac{1}{2}x$, $v=0.1\sqrt{5}t$ (单位为 m/s), $w=0.1\sqrt{5}\ \mathrm{m/s^2}$.

23.2 自行车在水平直线道路上按规律 $s=0.1t^2$ (s 以 m 为单位, t 以 s 为单位) 行驶. 已知: $R=0.35\ \mathrm{m}$, $l=0.18\ \mathrm{m}$, 齿数 $z_1=18$, $z_2=48$. 当 $t=10\ \mathrm{s}$ 时, 曲柄 MN 在铅直位置, 求此时自行车踏板轴 M 和 N 的绝对加速度 (假定车轮作纯滚动).

答 $w_M=0.860\ \mathrm{m/s^2}$, $w_N=0.841\ \mathrm{m/s^2}$.

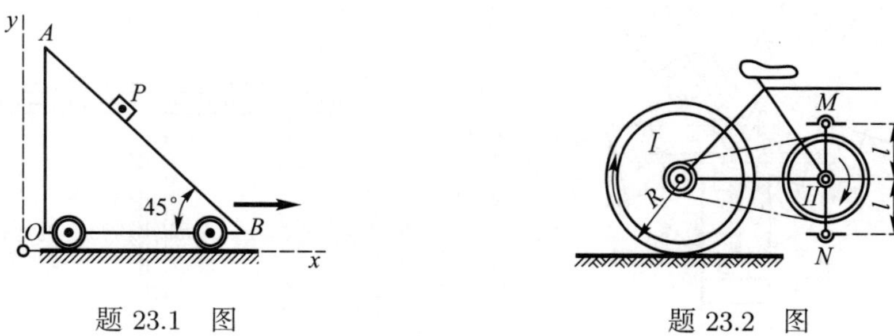

题 23.1 图　　题 23.2 图

23.3 连杆 AB 以轴销 O, O_1 与曲柄连接. 车轮半径 $R=1\ \mathrm{m}$, 曲柄半径 $r=0.75\ \mathrm{m}$. 已知列车以匀速 $v_0=10\ \mathrm{m/s}$ 在直线轨道上行驶, 求连杆上任一点 M 的绝对加速度.

答　$w = 75\ \mathrm{m/s^2}$.

23.4　拖拉机以速度 v_0 和加速度 w_0 沿直线道路无滑动地行驶. 拖拉机车轮半径为 R, 轮子边缘与履带间无滑动. 求履带上 M_1, M_2, M_3, M_4 四个点的速度和加速度.

答　$v_1 = v_3 = \sqrt{2}v_0$, $v_2 = 2v_0$, $v_4 = 0$, $w_1 = \sqrt{w_0^2 + (w_0 + v_0^2/R)^2}$, $w_2 = 2w_0$, $w_3 = \sqrt{w_0^2 + (w_0 - v_0^2/R)^2}$, $w_4 = 0$.

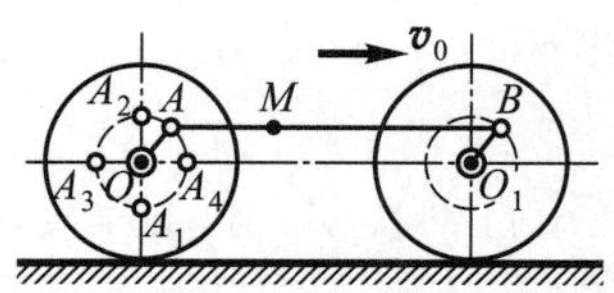

题 23.3　图 (同题 22.18 图)

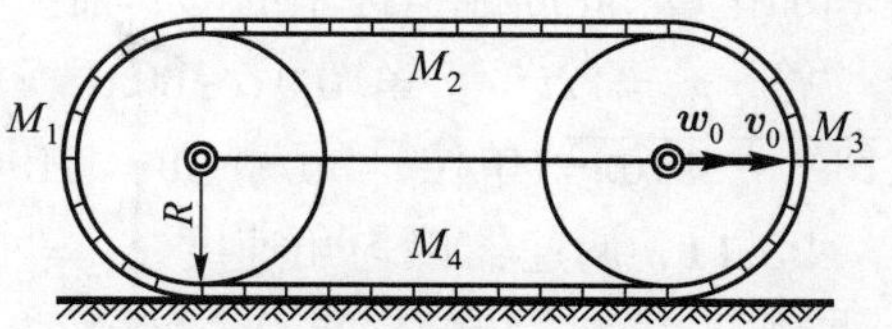

题 23.4　图

23.5　小车以加速度 $w = 0.492\ \mathrm{m/s^2}$ 沿水平线向右运动, 电动机转子的转动规律为 $\varphi = t^2$, 其中 φ 以 rad 为单位. 转子半径等于 0.2 m. 设在 $t = 1$ s 时, 转子边缘上的点 A 处于图示位置, 求此瞬时点 A 的绝对加速度.

答　$w_A = 0.746\ \mathrm{m/s^2}$, 方向铅直向上.

23.6　在上题中, 当点 A 处在位置 B 时的绝对加速度等于零, 求转子作匀速转动的角速度.

答　$\omega = 1.57$ rad/s.

23.7　电动机的转子按规律 $\varphi = \omega t$ (且 $\omega =$ 常数) 转动, 在转子轴上垂直安装长为 l 的杆 OA. 同时, 由于基座安装不坚固, 电动机在地基上按规律 $x = a\sin\omega t$ 作水平简谐振动. 求 $t = \dfrac{\pi}{2\omega}$ s 时点 A 的绝对加速度.

答　$w_A = \omega^2\sqrt{a^2 + l^2}$.

23.8　小车以匀加速度 $w = 0.4\ \mathrm{m/s^2}$ 沿水平线向右运动, 安装在小车上的马达按规律 $\varphi = \dfrac{1}{2}t^2$ 转动. 求 $t = 1$ s 时转子上四个点 M_1, M_2, M_3, M_4 的绝对加速度. 转轴到这些点的距离都是 $l = 0.2\sqrt{2}$ m, 该瞬时这些点的位置如图所示.

答　$w_1 = 0.4\sqrt{2}\ \mathrm{m/s^2}$, $w_2 = 0$, $w_3 = 0.4\sqrt{2}\ \mathrm{m/s^2}$, $w_4 = 0.8\ \mathrm{m/s^2}$.

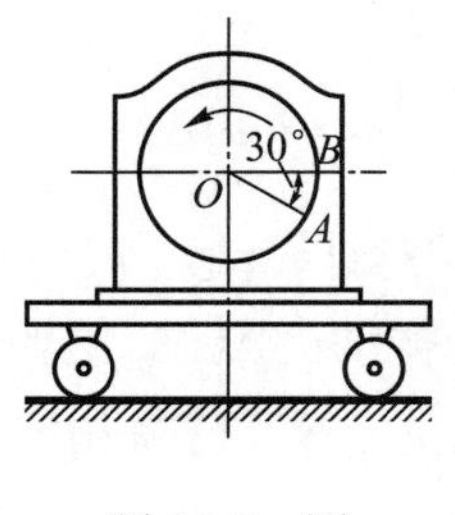

题 23.5　图

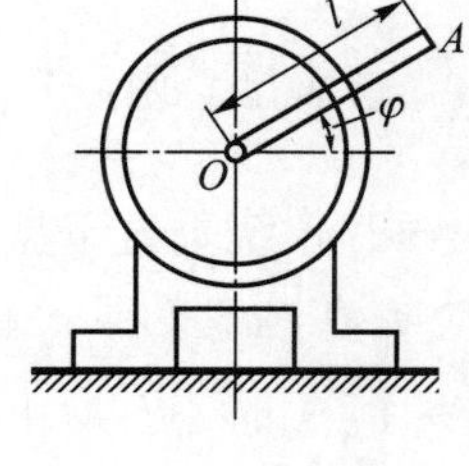

题 23.7　图

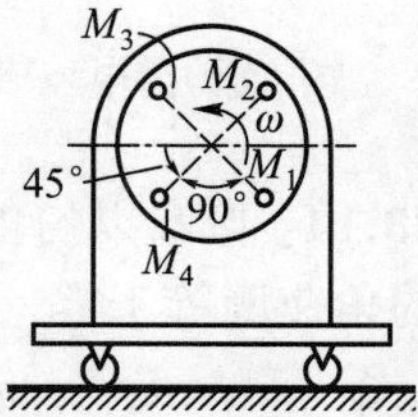

题 23.8　图

23.9 汽车以加速度 $w_0 = 2\ \mathrm{m/s^2}$ 沿直线道路行驶. 汽车纵轴上装有半径为 $R = 0.25\ \mathrm{m}$ 的飞轮, 在此瞬时飞轮的角速度 $\omega = 4\ \mathrm{rad/s}$, 角加速度 $\varepsilon = 4\ \mathrm{rad/s^2}$. 求该瞬时飞轮外缘上一点的绝对加速度.

答 $w = 4.58\ \mathrm{m/s^2}$.

23.10 飞机以加速度 $w_0 =$ 常量 $= 4\ \mathrm{m/s^2}$ 作直线飞行, 直径为 $d = 1.8\ \mathrm{m}$ 的螺旋桨以匀角速度 $60\pi\ \mathrm{rad/s}$ 转动. 求螺旋桨尖端相对地面固连坐标系的运动方程、速度和加速度. 此固连坐标系的 Ox 轴与飞机螺旋桨的轴重合. 飞机的初速度 $v_0 = 0$.

答 $x = 2t^2$, $y = 0.9\cos 60\pi t$, $z = 0.9\sin 60\pi t$ (x, y, z 的单位都是 m), $v = \sqrt{16t^2 + 2916\pi^2}$ (单位是 m/s), $w = 31945\ \mathrm{m/s^2}$.

23.11 调速器以匀角速度 $\omega = 6\pi\ \mathrm{rad/s}$ 绕铅直轴转动, 系在弹簧末端的两个重锤 A 各自沿槽 MN 作简谐运动, 每个重锤的重心到转轴的距离按规律 $x = (0.1 + 0.05\sin 8\pi t)$ (单位为 m) 变化. 求科氏加速度达到最大值时每个重锤重心的加速度, 并给出重锤处在最外位置时的科氏加速度.

答 $w_a = 6\pi^2\ \mathrm{m/s^2}$, $w_C = 0$.

23.12 水流在水平管道 OA 中流动, 管道同时以匀角速度 $2\pi\ \mathrm{rad/s}$ 绕铅垂轴转动. 求水流中某一点的科氏加速度 w_C, 该点的相对速度 $\boldsymbol{v}_r$大小等于 21/11 m/s, 方向沿着 OA. π 可取近似值 $\pi = 22/7$.

答 $w_C = 24\ \mathrm{m/s^2}$.

23.13 半径为 $R = 1\ \mathrm{m}$ 的环形管以匀角速度 $\omega = 1\ \mathrm{rad/s}$ 绕水平轴 O 顺时针转动. 水球 M 在管中 A 点附近振动, 角度变化规律为 $\varphi = \sin\pi t$. 求 $t = 2\frac{1}{6}$ s 时小球绝对加速度的切向分量 w_τ 和法向分量 w_n.

答 $w_\tau = -4.93\ \mathrm{m/s^2}$, $w_n = 13.84\ \mathrm{m/s^2}$.

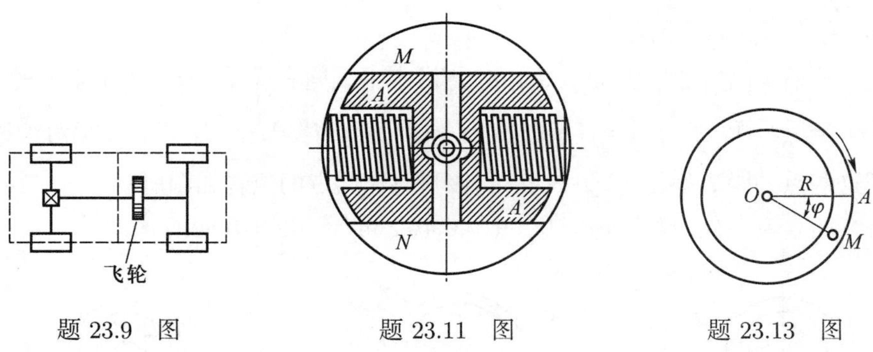

题 23.9 图　　题 23.11 图　　题 23.13 图

23.14 圆盘以匀角加速度 $1\ \mathrm{rad/s^2}$ 绕垂直于盘面的轴顺时针转动, 当 $t = 0$ 时, 圆盘的角速度等于零. 现有一点 M 在圆盘的某一直径上作振动, 坐标变化规律为 $\xi = \sin\pi t$ m, t 以 s 为单位. 求 $t = 1\frac{2}{3}$ s 时, 点 M 的绝对加速度在与圆盘相固连的 ξ 轴, η 轴上的投影.

答 $w_\xi = 10.95\ \mathrm{m/s^2}$, $w_\eta = -4.37\ \mathrm{m/s^2}$.

23.15 一点以匀相对速度 $\boldsymbol{v}_r$ 沿圆盘的弦运动, 圆盘以匀角速度 ω 绕垂直于盘面的轴 O 转动. 设此点的相对速度方向与圆盘转动的方向一致, 求该点离轴的距离 h 最短时的绝对速度和绝对加速度.

答 $v = v_r + h\omega$, $w = \omega^2 h + 2\omega v_r$.

23.16 为把一轴的转动传递到另一平行轴, 使用的联轴节是一个具有固定曲柄 OO_1 的转置椭圆规. 曲柄 AB 以角速度 ω_1 绕轴 O_1 转动并带动十字头, 使十字头连同第二个轴绕轴 O 转动. 已知 $OO_1 = AO_1 = O_1B = a$, 当 $\omega_1=$ 常量时, 求十字头转动的角速度, 并求滑块上点 A 的牵连速度、相对速度 (相对于十字头) 及其加速度 (牵连加速度、相对加速度和科氏加速度).

答 $\omega = \dfrac{\omega_1}{2}$, $v_e = a\omega_1 \sin\dfrac{\omega_1}{2}t$, $v_r = a\omega_1 \cos\dfrac{\omega_1}{2}t$, $w_e = w_r = \dfrac{a\omega_1^2}{2}\sin\dfrac{\omega_1}{2}t$, $w_C = a\omega_1^2 \cos\dfrac{\omega_1}{2}t$.

23.17 一人在平台上骑自行车, 平台以匀角速度 $\omega = \dfrac{1}{2}$ rad/s 绕铅直轴转动, 人到平台转轴的距离保持不变, 为 $r = 4$ m, 人的相对速度为 $v_r = 4$ m/s, 方向与平台上对应点的牵连速度相反. 求人的绝对加速度. 又问: 当人以怎样的相对速度运动时, 绝对加速度为零?

答 1) $w = 1\ \mathrm{m/s^2}$, 方向沿半径指向轮心. 2) $v_r = 2$ m/s.

23.18 具有直线气道的压缩机以匀角速度 ω 绕轴 O 转动, 空气以匀相对速度 $\boldsymbol{v}_r$ 沿气道流动. 已知气道 AB 与半径 OC 成 45° 角, 并且 $OC = 0.5$ m, $\omega = 4\pi$ rad/s, $v_r = 2$ m/s. 求气道 AB 内点 C 处空气质点的绝对速度和绝对加速度在坐标轴上的投影.

答 $v_\xi = 7.7$ m/s, $v_\eta = 1.414$ m/s, $w_\xi = 35.54\ \mathrm{m/s^2}$, $w_\eta = -114.5\ \mathrm{m/s^2}$.

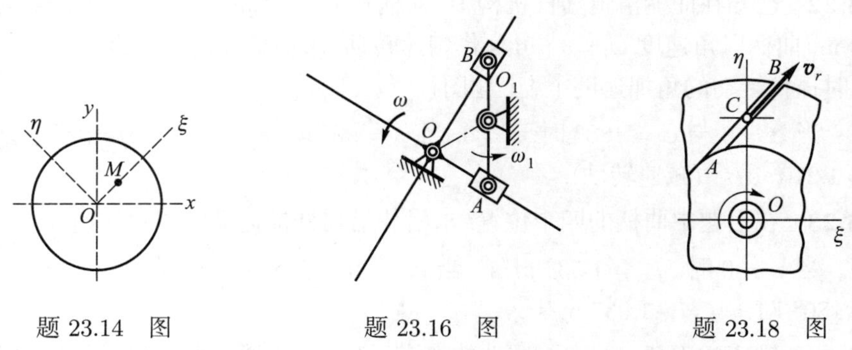

题 23.14 图　　题 23.16 图　　题 23.18 图

23.19 设上题中的气道是弯曲的, 且在点 C 的曲率半径等于 ρ, 并且曲线 AB 在点 C 的法线与半径 OC 的夹角为 φ, 半径 $OC = r$. 求点 C 处空气质点的绝对速度和绝对加速度在坐标轴上的投影.

答 $v_\xi = v_r\cos\varphi + r\omega$, $v_\eta = v_r\sin\varphi$, $w_\xi = (2v_r\omega - v_r^2/\rho)\sin\varphi$, $w_\eta = -[r\omega^2 + (2v_r\omega - v_r^2/\rho)\cos\varphi]$.

23.20 已知牛头刨床的曲柄长 r, 以匀角速度 ω 转动, 曲柄轴与滑道摇杆转轴的距离 $a > r$. 试用时间的函数表示滑道摇杆的角加速度 ε.

答 $\varepsilon = \dfrac{(r^2 - a^2)ar\omega^2\sin\omega t}{(a^2 + r^2 + 2ar\cos\omega t)^2}$.

23.21 滑道摇杆绕轴 O_1 以角速度 ω 和角加速度 ε 转动, 滑块 A 随同滑道摇杆作牵连运动, 且在摇杆的槽中以速度 $\boldsymbol{v}_r$、加速度 $\boldsymbol{w}_r$ 相对运动. 求滑块的绝对加速度在与摇杆固连的动坐标轴上的投影, 表示为滑块距离 $O_1A = s$ 的函数.

答 $w_\xi = w_r - \omega^2 s$, $w_\eta = s\varepsilon + 2v_r\omega$, 其中 ξ 轴沿摇杆槽, η 轴垂直此槽.

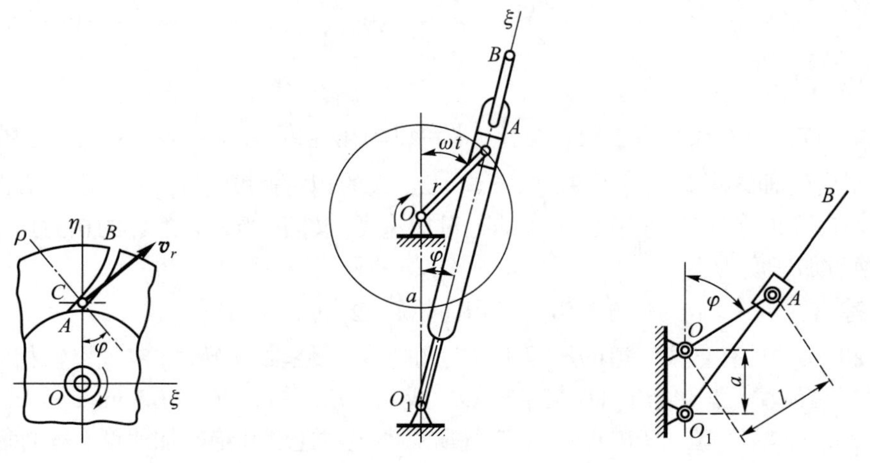

题 23.19 图　　题 23.20 图 (同题 21.13 图)　题 23.21 图 (同题 22.20 图)

23.22 已知在曲柄滑道摇杆机构中, 曲柄长 $l = 0.4$ m, 曲柄轴与摇杆轴的距离 $a = 0.3$ m, 曲柄以角速度 $\omega = 3$ rad/s 作匀速转动. 求曲柄在两个铅直位置和两个水平位置时摇杆转动的角加速度 (见上题图).

答 当 $\varphi = 0$ 与 $\varphi = 180°$ 时, $\varepsilon = 0$; 当 $\varphi = 90°$ 时, $\varepsilon = 1.21$ rad/s^2; 当 $\varphi = 270°$ 时, $\varepsilon = 1.21$ rad/s^2 (减速转动).

23.23 在上题中曲柄的四个位置, 求滑块沿摇杆槽运动的相对加速度.

答 当 $\varphi = 0$ 时, $w_r = 1.534$ m/s^2; 当 $\varphi = 90°$ 与 $\varphi = 270°$ 时, $w_r = 1.037$ m/s^2; 当 $\varphi = 180°$ 时, $w_r = -1.037$ m/s^2.

23.24 刨床的刀架 M 连同摆动的滑道摇杆 O_1B 通过曲柄滑道机构驱动, 如图所示. 滑道摇杆借助滑块 B 与刀架 M 相连, 滑块可沿垂直于刀架运动轴线的导轨作相对运动. 已知: $O_1B = l$, $OA = r$, $O_1O = a$, $r < a$, 曲柄 OA 以匀角速度 ω 转动, 曲柄的转角 φ 从铅直轴线开始计量. 求刀架 M 的运动方程、速度和加速度.

答 $x=l\dfrac{r\sin\omega t}{\sqrt{a^2+r^2+2ar\cos\omega t}}$, $v=rl\omega\dfrac{(a+r\cos\omega t)(a\cos\omega t+r)}{(a^2+r^2+2ar\cos\omega t)^{3/2}}$,

$$w=rl\omega^2\frac{a(r^2-a^2)(a+r\cos\omega t)-r^2(a\cos\omega t+r)^2}{(a^2+r^2+2ar\cos\omega t)^{5/2}}\sin\omega t.$$

附注: 坐标 x 从通过点 O 的铅垂线开始计量.

23.25 设在题 23.24 图所示的刨床机构中, 曲柄长 $r=0.1$ m, 曲柄轴与滑道摇杆之间的距离 $a=0.3$ m, 滑道摇杆长 $l=0.6$ m, 曲柄转动的角速度 $\omega=4$ rad/s = 常量. 曲柄在两个铅直位置和两个水平位置时, 求刨刀的加速度.

答 当 $\varphi=0$ 与 $\varphi=180°$ 时, $w_x=0$; 当 $\varphi=90°$ 与 $\varphi=270°$ 时, $w_x=\mp2.21$ m/s^2.

23.26 涡轮以 3 rad/s^2 的角加速度逆时针减速转动, 涡轮叶片 AB 的曲率半径等于 0.2 m, 曲率中心在 C, 且 $OC=0.1\sqrt{10}$ m. 与涡轮轴 O 相距 $OP=0.2$ m 的水点沿叶片向外运动, 相对叶片的速度为 0.25 m/s, 切向加速度为 0.5 m/s^2. 当涡轮的角速度等于 2 rad/s 时, 求水点 P 的绝对加速度.

答 $w_a=0.52$ m/s^2.

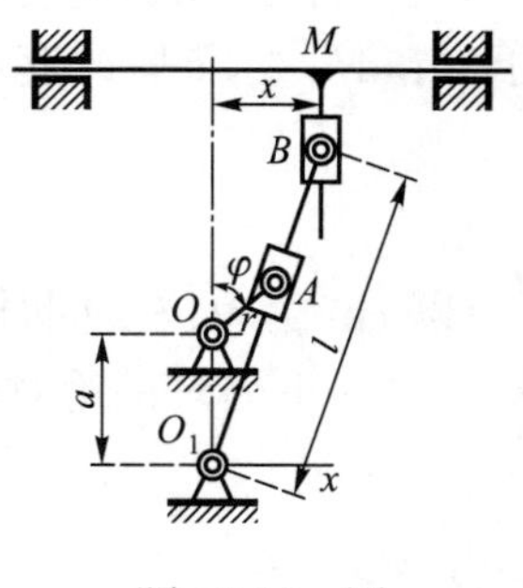

题 23.24 图

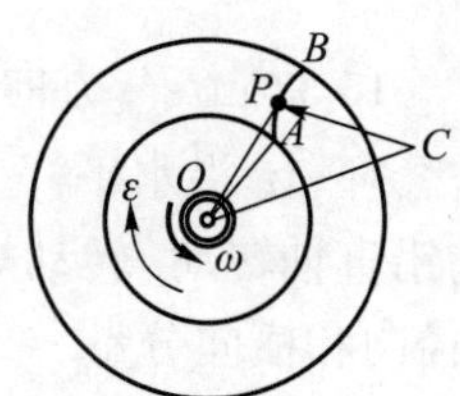

题 23.26 图

23.27 圆盘以角速度 $\omega=2t$ rad/s 绕轴 O_1O_2 转动, 点 M 沿圆盘的半径按规律 $OM=4t^2$ cm 向边缘运动. 半径 OM 与轴 O_1O_2 的夹角为 60°. 求 $t=1$ s 时点 M 绝对加速度的大小.

答 $w_M=35.56$ cm/s^2.

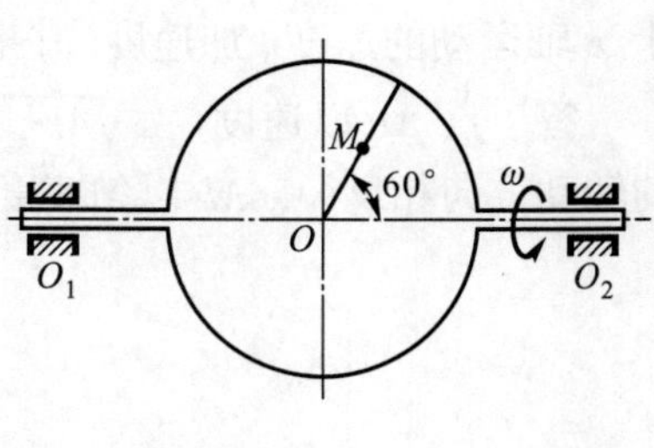

题 23.27 图

23.28 矩形 $ABCD$ 以角速度 $\omega=\dfrac{\pi}{2}$ rad/s 绕 CD 边转动. 点 M 沿边 AB 按规律 $\xi=a\sin\dfrac{\pi}{2}t$ (以 m 为单位) 运动. 已知 $DA=CB=a$ (以 m 为单位), 求 $t=1$ s 时该点绝对加速度的大小.

答 $w_a=\dfrac{\pi^2}{4}\sqrt{2}a$ (以 m/s^2 为单位).

23.29 边长为 $2a$ (以 m 为单位) 的正方形 $ABCD$ 以匀角速度 $\omega=\pi\sqrt{2}$ rad/s

绕 AB 边转动. 点 M 沿对角线 AC 按规律 $\xi = a\cos\dfrac{\pi}{2}t$ (以 m 为单位) 作简谐运动. 求 $t = 1$ s 和 $t = 2$ s 时该点绝对加速度的大小.

答　$w_1 = \pi^2\sqrt{5}a$ m/s^2, $w_2 = 0.44\pi^2 a$ m/s^2.

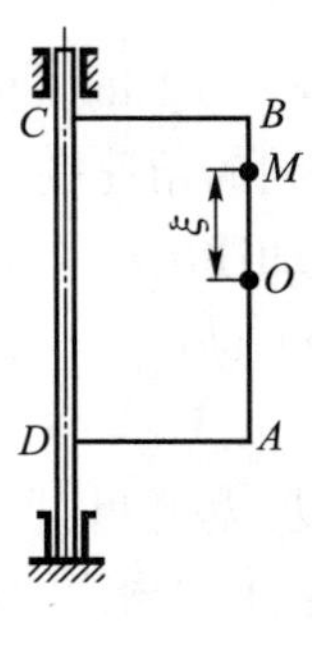

题 23.28　图

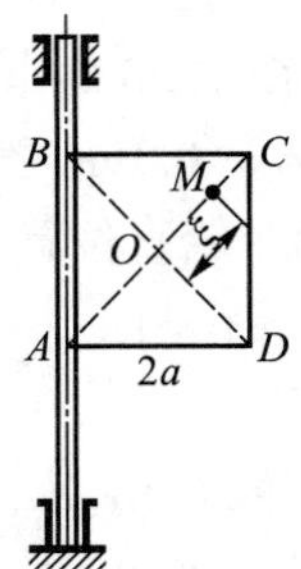

题 23.29　图

23.30　杆 OA 绕通过点 O 的 z 轴以角加速度为 10 rad/s^2 作减速转动. 小套环 M 从点 O 出发沿杆滑动. 当 M 和 O 相距为 0.6 m 且沿杆运动的速度和加速度分别等于 1.2 m/s 和 0.9 m/s^2 时, 此杆的角速度等于 5 rad/s. 求该瞬时套环的绝对加速度.

答　$w_a = 15.33$ m/s^2, 方向与 MO 成 23° 角.

23.31　套环 M 沿水平杆 OA 运动, $OM = 5t^2$ (以 cm 为单位). 同时, 杆又绕通过点 O 的铅直轴转动, 转动规律为 $\varphi = t^2 + t$. 求 $t = 2$ s 时套环的绝对速度、绝对加速度的径向和横向分量.

答　$v_r = 0.2$ cm/s, $v_\varphi = 1$ cm/s, $w_r = -4.9$ cm/s^2, $w_\varphi = 2.4$ cm/s^2.

23.32　半径为 r 的圆环绕圆周上固定点 O 以匀角速度 ω 转动. 转动时, 圆环与通过点 O 的固定水平线 (Ox 轴) 相交. 求圆环与 x 轴交点 M 相对于圆环和相对于 x 轴运动的速度、加速度, 并把结果表示为距离 $OM = x$ 的函数.

答　点 M 以速度 $-\omega\sqrt{4r^2 - x^2}$ 和加速度 $-\omega^2 x$ 相对于直线 Ox 运动. 与圆环的转动方向相反. 点 M 以匀速度 $2\omega r$ 相对圆环运动, 相对加速度为 $4\omega^2 r$.

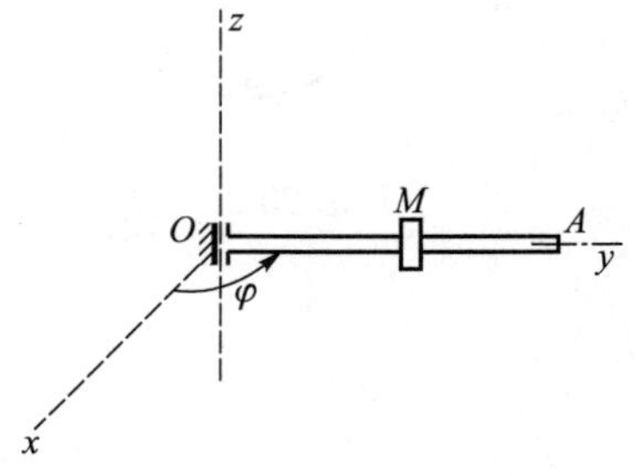

题 23.30 和 23.31　图

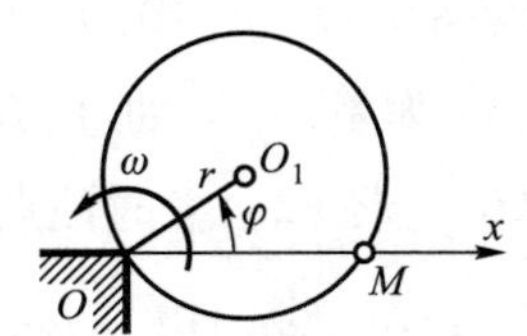

题 23.32　图

23.33 水平线 AB 以匀速 $\boldsymbol{u}$ 在铅直方向作平行自身的运动, 并与半径为 r 的固定圆环相交. 求直线与圆环交点 M 相对圆环和相对直线 AB 运动的速度和加速度, 并把结果表示为角 φ 的函数 (见图).

答 1) 点 M 相对于圆环运动的速度为 $\dfrac{u}{\sin\varphi}$, 切向加速度为 $-\dfrac{u^2\cos\varphi}{r\sin^3\varphi}$, 法向加速度为 $\dfrac{u^2}{r\sin^2\varphi}$.

2) 点 M 以速度 $\dfrac{u\cos\varphi}{\sin\varphi}$ 和加速度 $-\dfrac{u^2}{r\sin^3\varphi}$ 相对直线 AB 运动.

23.34 射线 OA 在图面内以匀角速度 ω 绕固定点 O 转动. 点 M 沿 OA 运动. 当射线与 x 轴重合时, 点 M 位于坐标原点. 已知点 M 的绝对速度 $\boldsymbol{v}$ 的大小是常数, 试确定点 M 相对射线 OA 的运动. 并求点 M 的绝对轨迹和绝对加速度.

答 点 M 以速度 $v_r = v\cos\omega t$ 沿 OA 运动. 点 M 的绝对轨迹是圆周, 极坐标方程为 $r = \dfrac{v}{\omega}\sin\varphi$, 直角坐标方程为 $x^2 + \left(y - \dfrac{v}{2\omega}\right)^2 = \left(\dfrac{v}{2\omega}\right)^2$. 点 M 的绝对加速度为 $w_a = 2\omega v$.

23.35 一点沿圆盘直径以匀速 $\boldsymbol{v}$ 运动, 圆盘以匀角速度 ω 绕垂直于盘面且通过其中心的轴转动. 求该点与圆盘中心相距为 r 时的绝对加速度.

答 $w_a = \omega\sqrt{r^2\omega^2 + 4v^2}$.

23.36 钢珠 P 以速度 1.2 m/s 沿圆盘的弦 AB 由 A 向 B 运动, 圆盘绕着通过其中心且垂直于盘面的轴转动. 求钢珠距圆盘中心最近 (等于 30 cm) 时的绝对加速度. 在该瞬时圆盘的角速度等于 3 rad/s, 角加速度等于 8 rad/s^2.

答 $w_a = 10.18\ \text{m/s}^2$.

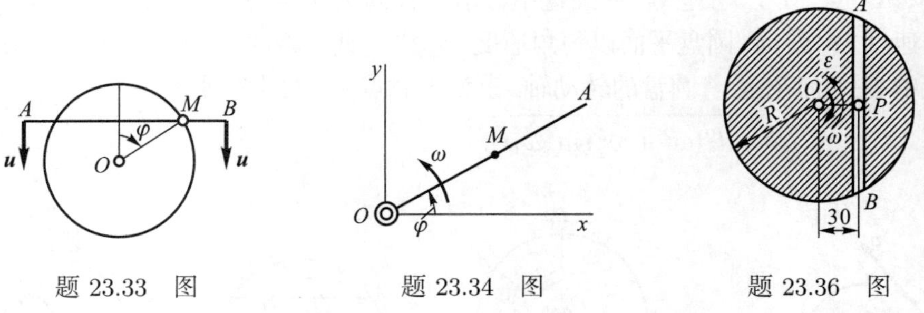

题 23.33 图　　题 23.34 图　　题 23.36 图

23.37 假定上题中的圆盘是绕平行于弦 AB 的直径转动. 试求其解.

答 $w_a = 3.612\ \text{m/s}^2$.

23.38 在题 23.36 中假定圆盘的转轴是垂直于弦 AB 的直径, 试求其解.

答 $w_a = 7.2\ \text{m/s}^2$.

23.39 位于赤道的轮船向东北方向行驶. 速度是 20 节. 考虑地球的自转, 求轮船的绝对速度和科氏加速度. 地球半径取为 $R = 6.378\times10^6$ m (1 节 = 1 海里/小

时 = 1852 km/h = 0.5144 m/s).

答　$v_a = 470.4$ m/s, $w_C = 1.06 \times 10^{-3}$ m/s^2.

23.40　在上题的条件下, 假定船的速度是常量, 求船的绝对加速度.

答　$w_a = 347.766 \times 10^{-4}$ m/s^2.

23.41　半径为 R 的圆盘以匀角速度 ω 绕直径转动, 点 M 以大小不变的速度 $\boldsymbol{v}$ 沿圆盘边缘运动. 求点 M 的绝对加速度, 并把结果表示为该点矢径与圆盘转轴夹角 φ 的函数.

答　$w_a = \sqrt{\dfrac{v^4}{R^2} + \omega^4 R^2 \sin^2\varphi + 2\omega^2 v^2(1+\cos^2\varphi)}$.

23.42　半径为 R 的圆盘以匀角速度 ω 绕通过其中心且垂直盘面的轴转动, 点 M 沿圆盘直径运动, 它到圆盘中心的距离按规律 $OM = R\sin\omega t$ 变化. 求点 M 的绝对轨迹、绝对速度和绝对加速度.

答　如点 M 的初始位置取为坐标原点, y 轴沿点 M 运动所在半径 OB 的初始位置, 则轨迹方程为

$$\left(x - \frac{R}{2}\right)^2 + y^2 = \frac{R^2}{4}$$

(轨迹是以圆盘半径的中点为圆心、半径为 $\dfrac{1}{2}R$ 的圆周). 绝对速度 $v_a = \omega R$, 绝对加速度 $w_a = 2\omega^2 R$.

23.43　圆盘以匀角速度 ω 绕通过其中心且垂直于盘面的轴转动. 点 M 以匀相对速度 u 从弦 AB 的中点 D 沿着弦运动, 从圆盘中心到弦的距离为 c. 求点 M 的绝对速度和绝对加速度, 并把结果表示为距离 $DM = x$ 的函数.

答　$v_a = \sqrt{\omega^2 x^2 + (u+\omega c)^2}$, $w_a = \omega\sqrt{\omega^2 x^2 + (2u+\omega c)^2}$.

23.44　点 M 以匀速 $\boldsymbol{v}_r$ 从圆盘中心沿半径向边缘运动, 此半径在圆盘平面内以匀角速度 ω_1 转动, 圆盘平面以匀角速度 ω_2 绕一直径转动. 当 $t=0$ 时, 点 M 处在圆盘中心, 动半径沿着圆盘的转动轴, 求该瞬时点 M 的绝对速度.

答　$v_a = v_r\sqrt{1 + t^2(\omega_1^2 + \omega_2^2\sin^2\omega_1 t)}$.

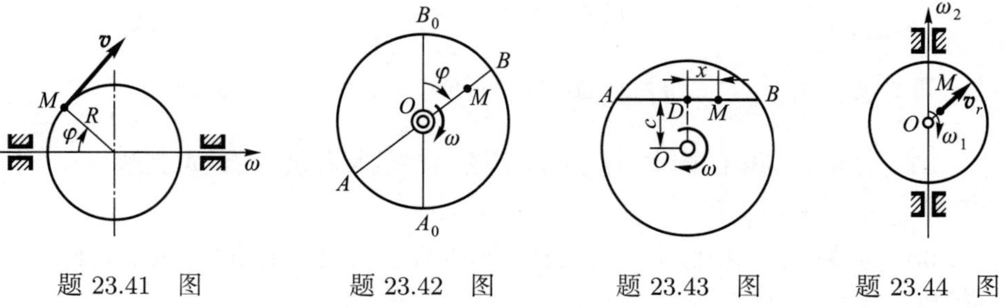

题 23.41　图　　题 23.42　图　　题 23.43　图　　题 23.44　图

23.45　一点以 2 m/s 的速度沿直径为 4 m 的圆盘边缘运动. 圆盘作相反方向转动, 此时的角速度为 2 rad/s, 角加速度为 4 rad/s^2. 求该点的绝对加速度.

答 $w_a = 8.24\ \mathrm{m/s^2}$, $\boldsymbol{w}_a$ 的方向与半径成 76° 角.

23.46 圆盘绕垂直于盘面且过其中心的轴按规律 $\varphi = \dfrac{2}{3}t^3$ 转动. 与此同时, 有一点沿此圆盘的半径按规律 $s = 4t^2 - 10t + 8$ (s 以 cm 为单位) 运动, 从圆盘中心计量距离 s. 求 $t = 1$ s 时该点的绝对速度和绝对加速度.

答 $v_a = 4.47\ \mathrm{cm/s}$, $w_a = 0$.

23.47 半径为 r 的空心圆环形管与柄 AB 固连, 且 AB 的轴线位于环管轴线平面内. 管内充满液体, 液体沿箭头方向匀速沿管流动. 从 A 到 B 观看, AB 轴作顺时针转动, 转动角速度是常数. 求在点 1, 2, 3, 4 处液体的绝对加速度的大小.

答 $w_1 = r\omega^2 - \dfrac{u^2}{r}$, $w_3 = 3r\omega^2 + \dfrac{u^2}{r}$, $w_2 = w_4 = 2r\omega^2 + \dfrac{u^2}{r}$.

23.48 根据上题的条件, 将环形管轴线的平面改为与 AB 的轴线垂直. 试就下列两种情形求解上题.

1) 牵连速度与相对速度同向.

2) 这两个分运动的方向相反.

答 1) $w_1 = r\omega^2 - u^2/r - 2u\omega$, $w_3 = 3r\omega^2 + u^2/r + 2\omega u$,

$w_2 = w_4 = \sqrt{(u^2/r + 2\omega u + \omega^2 r)^2 + 4\omega^4 r^2}$.

2) $w_1 = r\omega^2 - u^2/r + 2u\omega$, $w_3 = 3r\omega^2 + u^2/r - 2\omega u$,

$w_2 = w_4 = \sqrt{(\omega^2 r + u^2/r - 2\omega u)^2 + 4\omega^4 r^2}$.

23.49 点 M 以相对速度 $\boldsymbol{v}_r$ 从圆锥的顶点沿母线向底面运动. 圆锥的轴为 OA, 且 $\angle MOA = \alpha$. 在 $t = 0$ 时, $OM_0 = a$. 圆锥以匀角速度 ω 绕其轴转动. 求点 M 的绝对加速度.

答 加速度在垂直于转轴的平面内, 并作为一个直角三角形的斜边, 此直角三角形的两个直角边分别为 $w_{en} = \omega^2(a + v_r t)\sin\alpha$ 和 $w_C = 2v_r\omega\sin\alpha$.

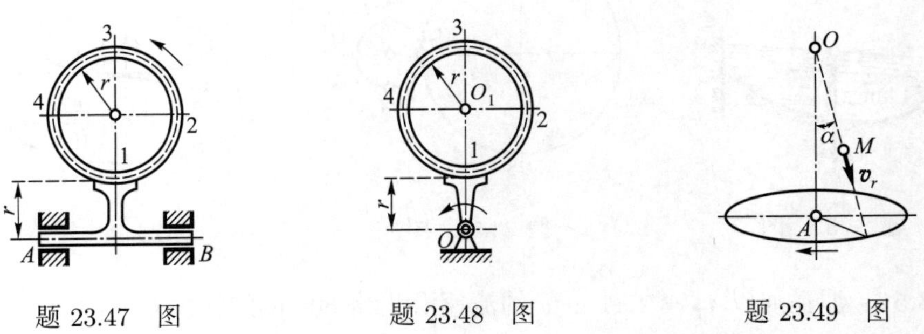

题 23.47 图　　题 23.48 图　　题 23.49 图

23.50 设在上题中点 M 以相对加速度 $\boldsymbol{w}_r$ 从圆锥顶点沿母线向底面运动. 已知 $\alpha = 30°$, $a = 15$ m, $w_r = 10\ \mathrm{m/s^2}$, $\omega = 1$ rad/s, 当 $t = 0$ 时, 该点的相对速度 v_r 等于零. 求 $t = 1$ s 时点 M 绝对加速度的大小.

答 $w = 14.14\ \mathrm{m/s^2}$.

23.51　设题 23.49 中的圆锥以角加速度 ε 绕其轴作匀加速转动. 已知 $\alpha = 30°$, $a = 0.2$ m, $v_r = 0.3$ m/s, $\varepsilon = 0.5$ rad/s^2, 当 $t = 0$ 时, 角速度 ω 等于零. 求 $t = 2$ s 时点 M 绝对加速度的大小.

答　$w = 0.64$ m/s^2.

23.52　河宽 500 m, 水以 1.5 m/s 的速度从南向北流动. 已知水面垂直于重力加速度 $\boldsymbol{g}$ 和科氏加速度负向的合成矢量. 求北纬 60° 处水点的科氏加速度 $\boldsymbol{w}_C$. 又问靠哪一岸的水平较高? 高出多少?

答　科氏加速度 $\boldsymbol{w}_C$ 向西, $w_C = 1.89 \times 10^{-4}$ m/s^2. 靠右岸的水面较高, 高出 0.0096 m.

23.53　从密里托波尔 (地名) 北行的南铁路干线恰好沿经线铺设. 内燃机车以 90 km/h 的速度向北行驶, 当地纬度是 $\varphi = 47°$. 求此机车的科氏加速度.

答　$w_C = 2.66 \times 10^{-3}$ m/s^2.

23.54　内燃机车以 $v_r = 20$ m/s 的速度在沿北纬线铺设的轨道上由西向东行驶. 求此机车的科氏加速度.

答　$w_C = 2.91 \times 10^{-3}$ m/s^2.

23.55　电动机车沿经线运动, 当此机车穿过赤道时, 求车轮上 M_1, M_2, M_3, M_4 各点的科氏加速度. 设电动机车的车轮中心的速度是 $v_O = 40$ m/s.

答　对于点 M_1 和 M_3, $w_C = 0$; 对于点 M_2 和 M_4, $w_C = 5.81 \times 10^{-3}$ m/s^2.

23.56　涅瓦河以 $v_r = 1.11$ m/s 的流速沿北纬 60° 的纬线由东向西流动. 求水点的那些与流速有关的加速度分量在当地经线的切线 BC 上的投影之和. 地球半径是 $R = 64 \times 10^5$ m.

答　$w_{BC} = 1.395 \times 10^{-4}$ m/s^2.

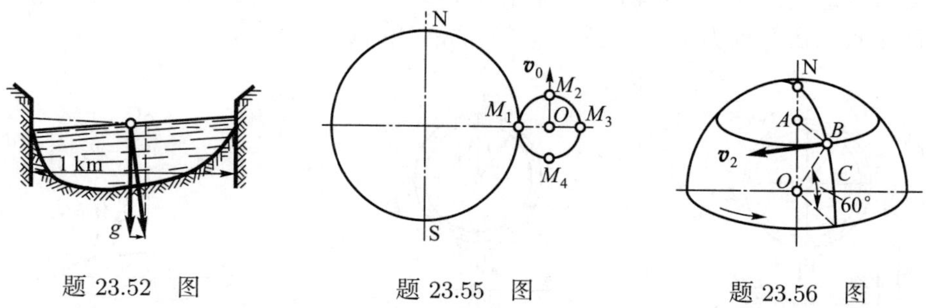

题 23.52　图　　题 23.55　图　　题 23.56　图

23.57　涅瓦河以 $v_r = 1.11$ m/s 的流速沿北纬 60° 的纬线由东向西流动. 求水点绝对加速度的各分量. 地球半径是 $R = 64 \times 10^5$ m.

答　$w_e = 1.692 \times 10^{-2}$ m/s^2, $w_r = 3.86 \times 10^{-7}$ m/s^2, $w_C = 1.616 \times 10^{-4}$ m/s^2.

23.58　瓦特离心调速器绕其铅直轴转动. 在已知瞬时转动角速度为 $\omega = \pi/2$ rad/s、角加速度为 $\varepsilon = 1$ rad/s^2; 与此同时, 调速器的两个重球以角速度 $\omega_1 = \pi/2$ rad/s、角加速度 $\varepsilon_1 = 0.4$ rad/s^2 分开. 球柄长 $l = 0.5$ m, 两球柄的悬挂轴相距

$2e = 0.1$ m, 此时调速器的张角为 $2\alpha = 90°$. 求重球的绝对加速度. 重球的尺寸略去不计, 可将重球看作一个点.

答 $w = 2.937\ \text{m/s}^2$.

23.59 设在机器的负荷改变后, 瓦特离心调速器开始以 $\omega = \pi$ rad/s 的角速度转动. 在此瞬时, 调速器重球以 $v_r = 1$ m/s 的速度和 $w_{r\tau} = 0.1\ \text{m/s}^2$ 的切向加速度继续下降. 调速器的张角为 $2\alpha = 60°$. 已知球柄长 $l = 0.5$ m, 两球的悬挂轴之间的距离 $2e$ 可略去不计, 两球都可看成点. 求重球的绝对加速度 (见题 23.58 图).

答 $w = 6.71\ \text{m/s}^2$.

23.60 秋千 $ABCD$ 按规律 $\varphi = \varphi_0 \sin \omega t$ 绕水平轴 O_1O_2 摆动. 在横木 AB 上做练习的运动员以相对角速度 $\omega =$ 常数绕横木转动. 已知 $BC = AD = l$. 在初始瞬时运动员处于铅直位置, 头朝上, 秋千 $ABCD$ 在铅垂最低位置. 求 $t = \pi/\omega$ s、运动员脚底 M 到横木 AB 的距离为 a 时, M 点的绝对加速度.

答 $w_M = \omega^2[\varphi_0^2(l-a) - a(2\varphi_0+1)]$, 方括号内的数值为正时表示加速度的方向铅直向上.

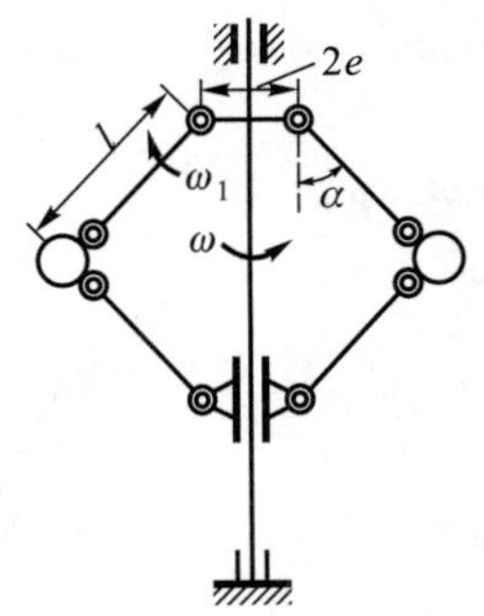

题 23.58 图 (同题 22.14 图)

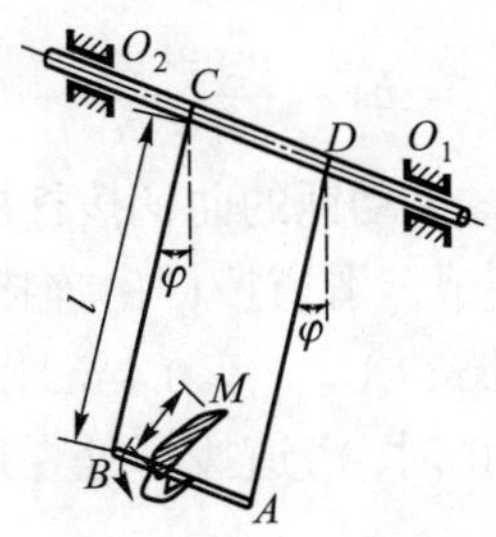

题 23.60 图

23.61 点沿圆盘的半径按规律 $r = a\mathrm{e}^{kt}$ 运动, 式中的 a, k 都是常数. 圆盘绕垂直于盘面且通过其中心的轴按规律 $\varphi = kt$ 转动. 求该点的绝对速度、绝对加速度、切向加速度和法向加速度.

答 $v = \sqrt{2}ak\mathrm{e}^{kt}$, $w = 2ak^2\mathrm{e}^{kt}$, $w_\tau = \sqrt{2}ak^2\mathrm{e}^{kt}$, $w_n = \sqrt{2}ak^2\mathrm{e}^{kt}$.

23.62 点 M 沿地球表面运动, 在已知瞬时该点的当地纬度是 φ, 运动航向是 k (点相对于地球的速度 $\boldsymbol{v}$ 与北向之间的夹角). 求该点的科氏加速度的东向分量 w_{Cx}, 北向分量 w_{Cy} 和铅直分量 w_{Cz}.

答 $w_{Cx} = -2v\omega \cos k \sin\varphi$, $w_{Cy} = 2v\omega \sin k \sin\varphi$, $w_{Cz} = -2v\omega \sin k \cos\varphi$, 其中 ω 是地球的自转角速度.

23.63 在上题条件下, 求点 M 的科氏加速度水平分量的大小和方向.

答 $w_{CH} = 2v\omega \sin\varphi$, 科氏加速度的水平分量垂直于点 M 相对于地球的速度, 在北半球为向左, 在南半球为向右.

23.64 点 M 离地球表面的高度是 h, 当地纬度是 φ. 求地球自转引起的该点牵连加速度的东向分量 w_{ex}, 北向分量 w_{ey} 和铅直分量 w_{ez} (地球半径是 R, 地球自转角速度是 ω).

答 $w_{ex}=0,\ w_{ey}=(R+h)\omega^2\sin\varphi\cos\varphi,\ w_{ez}=-(R+h)\omega^2\cos^2\varphi.$

23.65 设点 M 在某瞬时离地球表面的高度是 h, 当地纬度是 φ, 且点 M 相对于地球的速度在东向、北向和铅直方向的投影分别是 v_E, v_N, v_h. 求点的相对加速度在坐标轴 x, y, z 上的投影 (x 轴向东, y 轴向北, z 轴铅直; R 和 ω 分别是地球的半径和自转角速度)

答 $w_{rx}=\dot{v}_E-\dfrac{v_Ev_N}{R+h}\tan\varphi+\dfrac{v_Ev_h}{R+h},\quad w_{ry}=\dot{v}_N+\dfrac{v_E^2}{R+h}\tan\varphi+\dfrac{v_Nv_h}{R+h},\ w_{rz}=\dot{v}_h-\dfrac{v_E^2+v_N^2}{R+h}.$

23.66 在上题条件下, 求在地球附近运动的点 M 的绝对加速度各分量.

答
$$w_x=\dot{v}_E-\frac{v_Ev_N}{R+h}\tan\varphi+\frac{v_Ev_h}{R+h}-2(v_N\sin\varphi-v_h\cos\varphi)\omega,$$
$$w_y=\dot{v}_N+\frac{v_E^2}{R+h}\tan\varphi+\frac{v_Nv_h}{R+h}+(R+h)\omega^2\sin\varphi\cos\varphi+2v_E\omega\sin\varphi,$$
$$w_z=\dot{v}_h-\frac{v_E^2+v_N^2}{R+h}-(R+h)\omega^2\cos^2\varphi-2v_E\omega\cos\varphi.$$

23.67 传动锤的曲柄拨杆机构由往复运动的直线滑道拨杆组成. 滑道拨杆由连接在曲柄一端的滑块 A 带动, 曲柄长 $OA=r=0.4$ m, 以匀角速度 4π rad/s 转动. 当 $t=0$ 时, 滑道拨杆处在最低位置, 求滑道拨杆的加速度.

答 $w=63.2\cos 4\pi t$ (单位是 m/s^2).

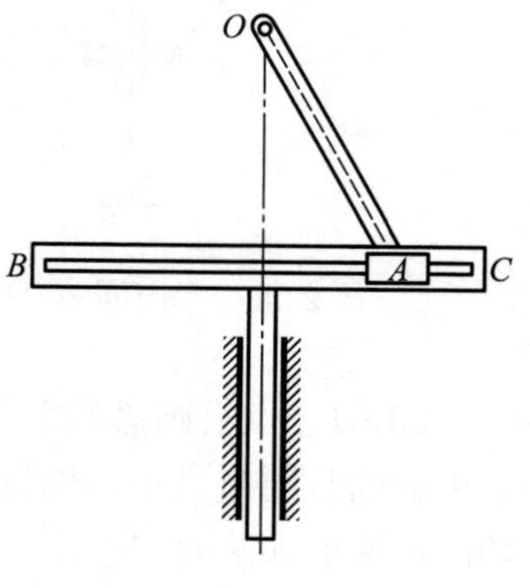

题 23.67 图

23.68 曲柄长 $OA=r=0.5$ m, 带动往复运动的直线滑道拨杆, 当 $\angle xOA=60^\circ$ 时, 曲柄的角速度 $\omega=1$ rad/s, 角加速度 $\varepsilon=\pm1$ rad/s^2. 在 1) $\varepsilon>0$ 和 2) $\varepsilon<0$ 这两种情形下, 求滑道拨杆在此瞬时的加速度.

答 $w_1=0.683$ m/s^2, $w_2=0.183$ m/s^2.

23.69 半圆盘形状的凸轮以匀速 $\boldsymbol{v}_0$ 沿其直径 AB 方向平动. 搁在凸轮上的杆可在垂直 AB 的支架槽内自由滑动, 求此杆运动的加速度. 滚轮半径为 ρ. 在初始瞬时杆处于最高位置.

答 $w=\dfrac{v_0^2(r+\rho)^2}{[(r+\rho)^2-v_0^2t^2]^{3/2}}.$

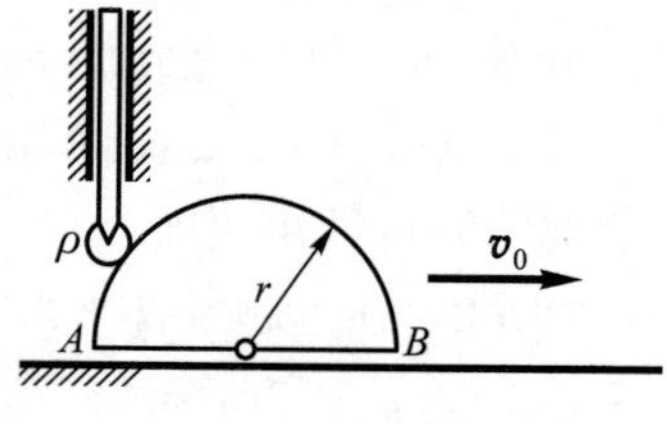

题 23.69 图

23.70 在车床上切削直径为 80 mm 的工件. 车床主轴以 30 r/min 转动. 纵向走刀的速度为常数并等于 0.2 mm/s. 求车刀相对于工件的速度和加速度.

答 $v_r = 125.7\ \mathrm{m/s}, w_e = 789.5\ \mathrm{mm/s^2}, w_r = w_c = 394.8\ \mathrm{mm/s^2}$.

23.71 杆沿铅直导轨滑动, 下端搁在三角形斜面上. 此斜面以匀加速度 $\boldsymbol{w}_0$ 水平向右运动. 求此杆的加速度.

答 $w = w_0 \tan\alpha$.

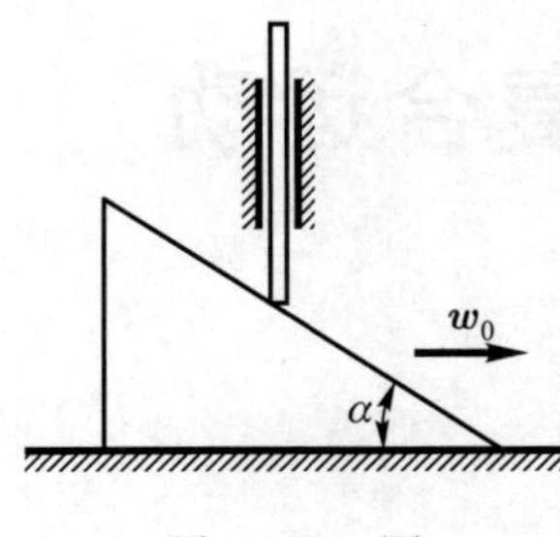

题 23.71 图

第八章　刚体复合运动

§24. 刚体运动合成

a)　刚体平面运动合成

24.1　曲柄 III 联结齿轮 I, II 的轴 O_1, O_2, 两齿轮的啮合既可以是外啮合, 也可以是内啮合, 如图所示. 齿轮 I 固定, 曲柄 III 以角速度 ω_3 绕轴 O_1 转动. 已知两齿轮的半径分别是 r_1, r_2. 求齿轮 II 的绝对角速度 ω_2 及其相对曲柄的角速度 ω_{23}.

答　当外啮合时, $\omega_2 = \omega_3\dfrac{r_1 + r_2}{r_2}$, $\omega_{23} = \omega_3\dfrac{r_1}{r_2}$. 当内啮合时, $\omega_2 = -\omega_3\dfrac{r_1 - r_2}{r_2}$, $\omega_{23} = -\omega\dfrac{r_1}{r_2}$, 其中负号表示相应物体反向转动.

24.2　半径为 r 的齿轮 II 由曲柄 III 带动, 在半径相同的固定齿轮 I 上滚动, 曲柄 III 以角速度 ω_0 绕固定齿轮的轴 O 转动. 把曲柄 OA 的运动看成牵连运动, 求齿轮 II 的相对角速度和绝对角速度.

答　$\omega_{23} = \omega_0$,　$\omega_2 = 2\omega_0$.

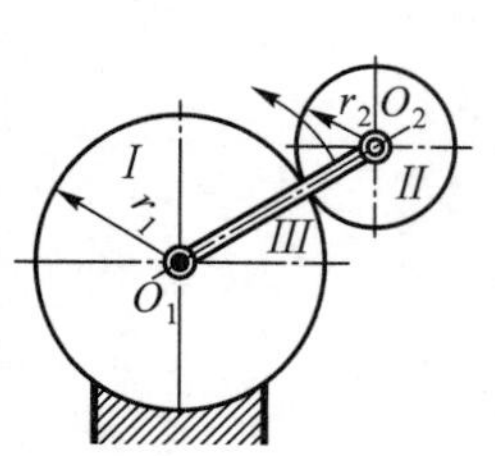

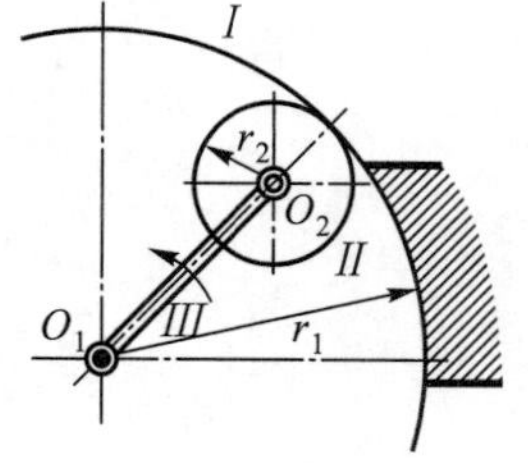

题 24.1　图

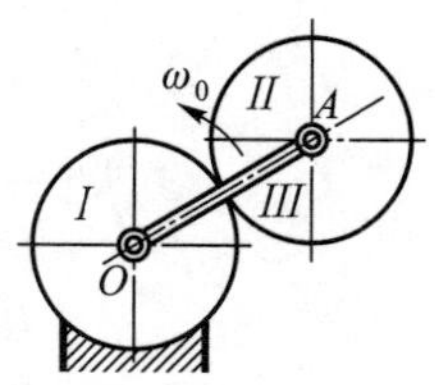

题 24.2　图

24.3 使砂轮作高速转动的啮合装置如下: 杆 IV 借助专用手柄以角速度 ω_4 绕轴 O_1 转动, 杆端 O_2 带有轴销, 松套着半径为 r_2 的轮 II. 当手柄转动时, 轴销迫使轮 II 在外面半径为 r_3 的固定齿轮 III 内侧纯滚动. 此时, 由于摩擦, 轮 II 带动半径为 r_1 的轮 I 纯滚动, 轮 I 松套在轴 O_1 上, 并与砂轮轴固连. 试根据外面固定轮 III 的半径 r_3确定 r_1 使 $\omega_1/\omega_4 = 12$, 即砂轮转得比手柄快 12 倍.

答 $r_1 = \dfrac{1}{11} r_3$.

24.4 曲柄 OA 以角速度 $n_0 = 30$ r/min 绕固定齿轮 (齿数为 $z_0 = 60$) 的轴 O 转动, 齿数为 $z_1 = 40$, $z_2 = 50$ 的双层齿轮的轴装在曲柄上. 求齿数为 $z_3 = 25$ 的小齿轮的转速.

答 $n_3 = n_0 \left(1 - \dfrac{z_0 z_2}{z_1 z_3}\right) = -60$ r/min (关于负号的说明见题 24.1 的答案).

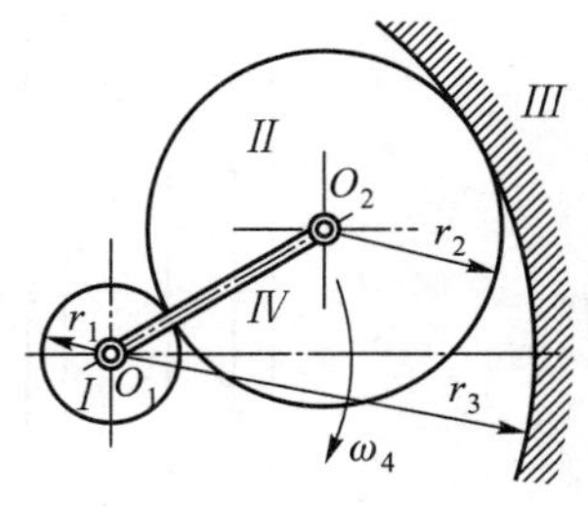

题 24.3 图

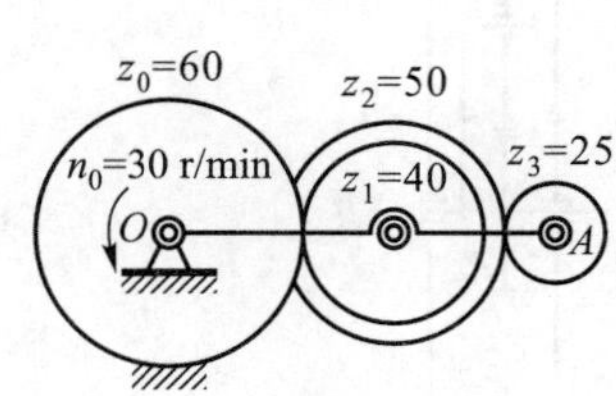

题 24.4 图

24.5 在马拉打谷机所用的周转机构中, 系杆 OA 与半径为 r_1 的轮子 I 松套在轴 O 上, 轮 II 的轴 O_1 固定安装在系杆上, 半径为 r_3 的轮 III 可绕轴 O 自由转动. 已知系杆 OA 的角速度为 ω_0, 轮 III 具有反向角速度 ω_3, 求轮 I 的角速度 ω_1.

答 $\omega_1 = \omega_0 \left(1 + \dfrac{r_3}{r_1}\right) + \dfrac{r_3}{r_1} |\omega_3|$.

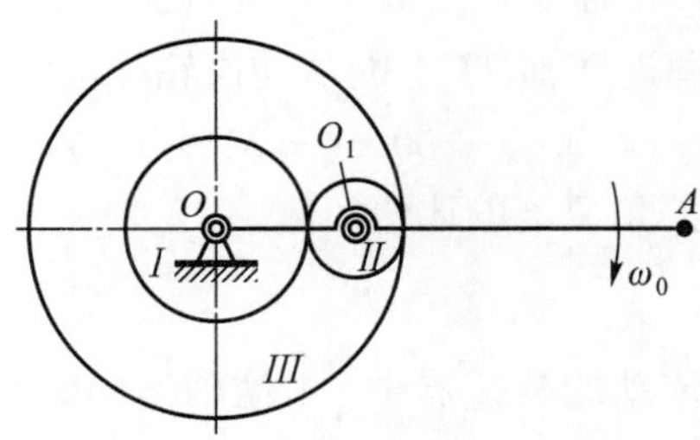

题 24.5 图

24.6 减速器由三个齿轮组成. 第一个齿轮 (齿数为 $z_1 = 20$) 固定安装在主轴 I 上, 转速 $n_1 = 4500$ r/min. 第二个齿轮 ($z_2 = 25$) 松套在与从动轴 II 固连的轴上. 第三个齿轮是内啮合的定齿轮 ($z_3 = 70$). 求从动轴 II 和游动齿轮 (第二个齿轮) 的转速.

答 $n_{II} = 1000\ \mathrm{r/min}$, $n_2 = -1800\ \mathrm{r/min}$.

24.7 减速器主轴 I 的转速 $n_1 = 1200\ \mathrm{r/min}$. 已知内啮合定齿轮的齿数 $z_1 = 180$, 固结成整体的两个游动齿轮分别具有齿数 $z_2 = 60$ 与 $z_3 = 40$, 固装于从动轴的齿轮具有齿数 $z_4 = 80$. 求从动轴 II 的转速.

答 $n_{II} = 3000\ \mathrm{r/min}$.

24.8 减速器由下列齿轮组成: 半径为 $r_1 = 40\ \mathrm{cm}$ 的定齿轮, 半径分别为 $r_2 = 20\ \mathrm{cm}$ 和 $r_3 = 30\ \mathrm{cm}$ 并固结成整体的两个游动齿轮, 以及装在从动轴上、半径为 $r_4 = 90\ \mathrm{cm}$ 的内啮合齿轮. 主动轴与带游动齿轮的曲柄具有转速 $n_I = 1800\ \mathrm{r/min}$. 求从动轴的转速.

答 $n_{II} = 3000\ \mathrm{r/min}$.

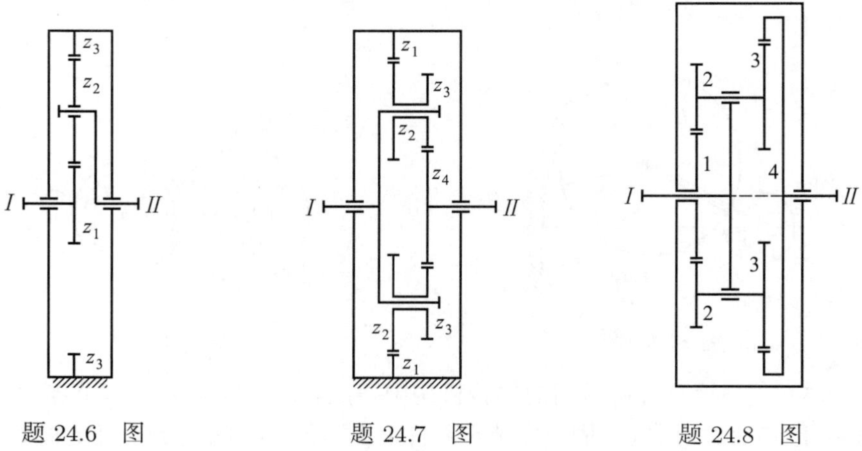

题 24.6 图　　题 24.7 图　　题 24.8 图

24.9 具有行星轮传动的减速器由下列齿轮组成: 与轴 I 固连的定齿轮 1, 以角速度 Ω 绕轴 I 和 II 自由转动的框架, 固结成整体、松套在轴 EF 上并与框架一起转动的两个游动齿轮 2 和 3, 固连在轴 II 上的从动齿轮 4. 已知各齿轮的齿数分别为: $z_1 = 49$, $z_2 = 50$, $z_3 = 51$, $z_4 = 50$, 求轴 II 的角速度与框架的角速度的比值.

答 $\dfrac{\omega_{II}}{\Omega} = \dfrac{1}{2500}$.

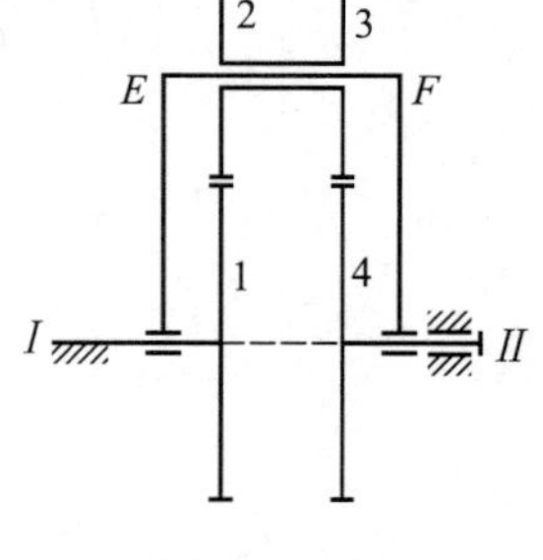

题 24.9 图

24.10 在具有差动传动的减速器中, 主动轴连同曲柄以角速度 $\omega_I = 120\ \mathrm{rad/s}$ 转动. 曲柄上带有两个固结成整体的游动齿轮. 齿轮 1 以角速度 $\omega_1 = 180\ \mathrm{rad/s}$ 转动, 齿数为 $z_1 = 80$, 两个游动齿轮的齿数分别是 $z_2 = 20$ 和 $z_3 = 40$, 装在从动轴上的齿轮的齿数为 $z_4 = 60$. 齿轮 1 和主动轴同向转动. 求从动轴的角速度 ω_{II}.

答 $\omega_{II} = 280\ \mathrm{rad/s}$.

24.11 具有差动齿轮的减速器由四个齿轮组成: 第一个为内啮合齿轮, 转速为

160 r/min, 齿数为 $z_1 = 70$; 第二个齿轮和第三个齿轮固结成整体, 装在主动轴 I 上, 主动轴 I 的转速为 $n_I = 1200$ r/min; 第二个和第三个齿轮的齿数分别为 $z_2 = 20$ 与 $z_3 = 30$. 第四个齿轮为内啮合齿轮, 齿数为 $z_4 = 80$, 固定安装在从动轴上. 设轴 I 与齿轮 1 的转向相反, 求从动轴的转速.

答 $n_{II} = 585$ r/min.

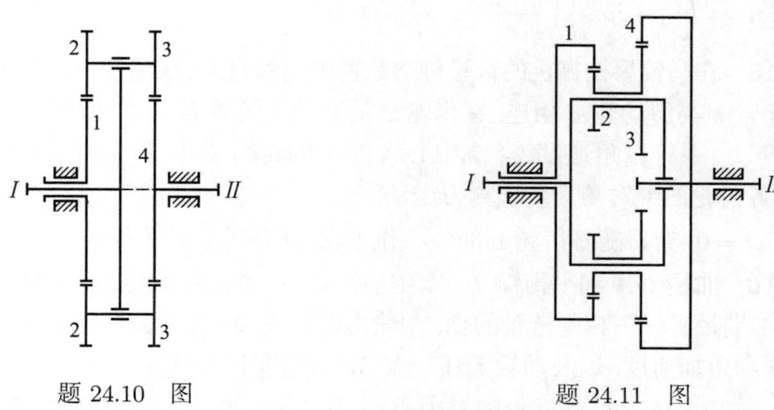

题 24.10 图　　题 24.11 图

24.12 减速器具有定齿轮 1、固结成整体的两个内啮合齿轮 2 和 3, 以及固连在从动轴上的齿轮 4. 已知各齿轮的齿数分别是 $z_1 = 30, z_2 = 80, z_3 = 70, z_4 = 20$, 主动轴以角速度 $n_I = 1200$ r/min 转动, 求从动轴的转速.

答 $n_{II} = -375$ r/min.

24.13 在三重轮组中, 链轮 A 固定安装在轴 a—a 上; 在同一轴上松套着带有起重链条和重物的套轴 b, 套轴与转臂 B 固结成整体; 在转臂的每个轴销上松套着固连成整体的齿轮 II 和 III, 齿轮 II 与固装在轴 a—a 上的齿轮 I 啮合, 齿轮 III 与定齿轮 IV 啮合. 已知齿轮 I, II, III, IV 的齿数分别是 $z_1 = 12, z_2 = 28, z_3 = 14, z_4 = 54$, 求轴 a—a 的角速度与套轴 b 的角速度的比值.

答 $\omega_a/\omega_b = 10$.

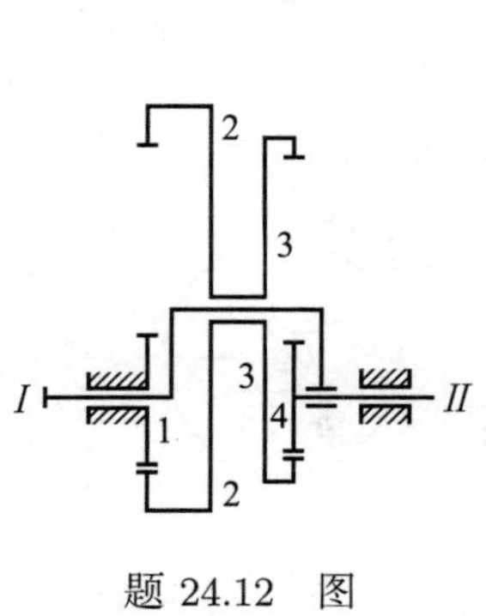

题 24.12 图

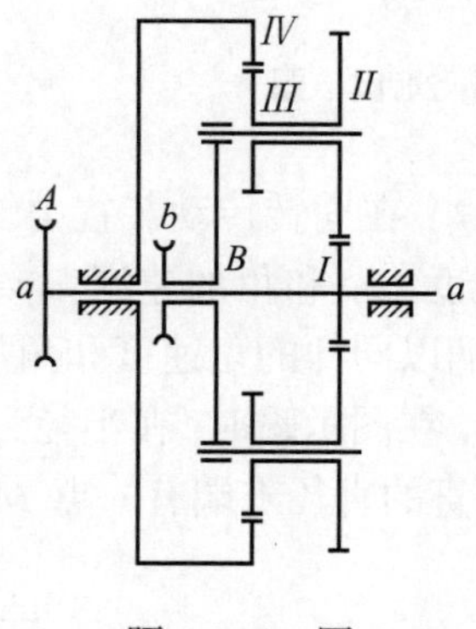

题 24.13 图

24.14　在圆柱差动齿轮中，半径为 R 的齿轮松套在轴 $I—I$ 上，并带有固结成整体的两个齿轮，这两个齿轮的半径分别为 r_2 和 r_3. 齿轮 R 由一个半径为 r_0 的齿轮带动，半径为 r_2 和 r_3 的齿轮块分别与半径为 r_1 和 r_4 的齿轮啮合，齿轮 1 与 4 分别固定安装在轴 $I—I$ 和轴 II 上，且轴 II 做成套轴的形式. 已知轴 $I—I$ 和轴 $O—O$ 的转动角速度分别为 n_1 和 n_0，且转向相同，求轴 II 的角速度.

答　$n_2=\left(n_1+n_0\dfrac{r_0}{R}\right)\dfrac{r_1r_3}{r_2r_4}-n_0\dfrac{r_0}{R}$.

24.15　在马铃薯挖掘机的行星传动装置中，轮轴作直线匀速平动的中心齿轮 a，借助中介轮 b 与游动轮 c 相连，在齿轮 c 的套轴上装着翼刀 d. 齿轮 b 和 c 的轴装在系杆 S 上，系杆以角速度 ω_0 绕中心齿轮 a 的轮轴转动. 已知所有齿轮的半径都相同，求各齿轮的绝对角速度和翼刀运动.

答　$\omega=0$，翼刀随着齿轮 c 的中心作平动，平动的轨迹为摆线.

24.16　曲柄 OA 和平衡锤 B 以角速度 $\omega_0=$ 常数绕固定链轮的轴 O 转动，在曲柄的 A 端带有另一相同链轮的轴，两轮由链条连接. 已知曲柄长 $OA=l$，求动轮的角速度和角加速度，以及动轮上任一点 M 的速度和加速度.

答　$\omega=0, \varepsilon=0$，即链轮随着中心 A 作平动，平动轨迹为圆周. $v_M=v_A=l\omega_0$，$w_M=w_A=l\omega_0^2$.

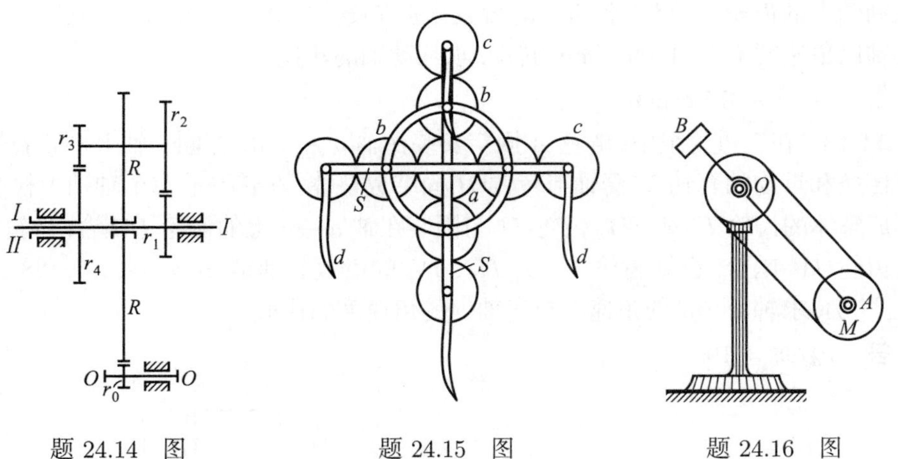

题 24.14　图　　题 24.15　图　　题 24.16　图

24.17　在周转传动装置中，半径为 R 的主动轮以角速度 ω_0 和角加速度 ε_0 作逆时针转动，长 $3R$ 的曲柄以同样的角速度和角加速度绕其轴作顺时针转动. 在图示瞬时，在半径为 R 的从动轮上与曲柄相垂直的直径末端有一点 M，求此点的速度和加速度.

答　$v=\sqrt{10}R\omega_0$，$w=\sqrt{10(\varepsilon_0^2+\omega_0^4)-12\omega_0^2\varepsilon_0}$.

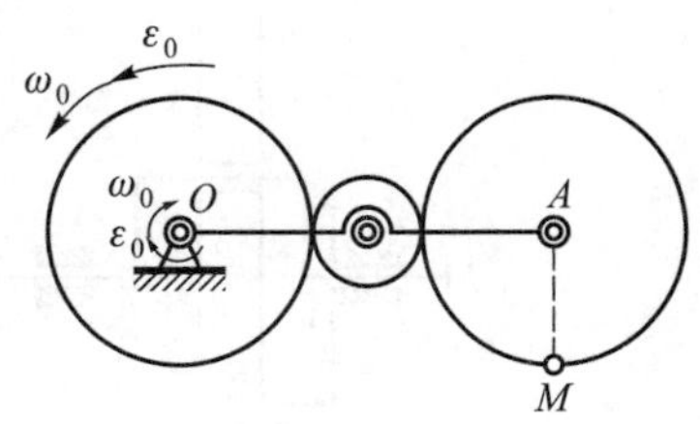

题 24.17　图

b) 刚体空间运动合成

24.18 已知两个锥齿轮的轴都固定不动, 顶角分别为 α 和 β. 第一个齿轮以角速度 ω_1 转动. 求第二个齿轮的角速度 ω_2, 并在 $\alpha = 30°$, $\beta = 60°$, $\omega_1 = 10$ r/min 的条件下计算 ω_2 的值.

答 $\omega_2 = \omega_1 \dfrac{\sin(\alpha/2)}{\sin(\beta/2)} = 5.16$ r/min.

24.19 回转木马的圆形台面 AB, 绕通过中心 D 的轴 OC 转动, 转速是 6 r/min, 而轴 OC 绕铅直轴 OE 同向转动, 转速等于 10 r/min. 两轴的夹角 $\alpha = 20°$, 圆台 AB 的直径等于 10 m, OD 等于 2 m, 求点 B 在最低位置时的速度 v.

答 $v = 8.77$ m/s.

24.20 球磨机由安装在轴 CD 上的空心球 II (其中放有磨球和需要磨细的东西) 构成, 在轴 CD 上固定安装半径为 r 的锥齿轮 E, 轴 CD 放在台架 I 的轴承中, 台架和轴 AB 固连, 可借助手柄 G 转动. 齿轮 E 与半径为 R 的定齿轮 F 啮合. 已知手柄以角速度 ω_0 转动, 轴 AB 与 CD 的夹角为 α, 求球磨机的绝对角速度, 设手柄的角速度 $\omega_0 =$ 常量, 并求球磨机的绝对角加速度.

答 $\omega_A = \dfrac{\omega_0}{r}\sqrt{r^2 + R_2 + 2rR\cos\alpha}$, $\varepsilon = \omega_0^2 \dfrac{R}{r}\sin\alpha$.

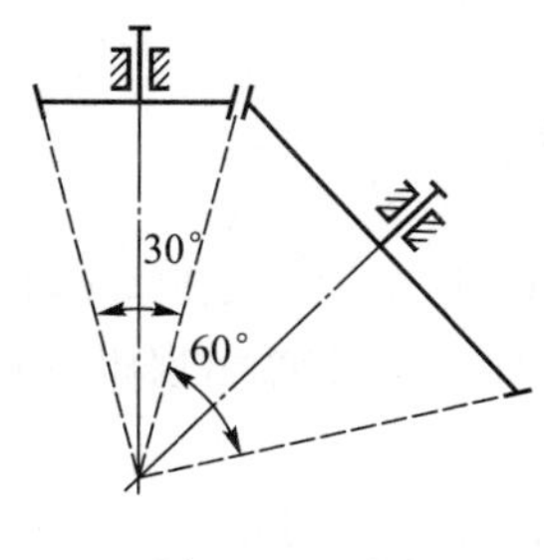

题 24.18 图

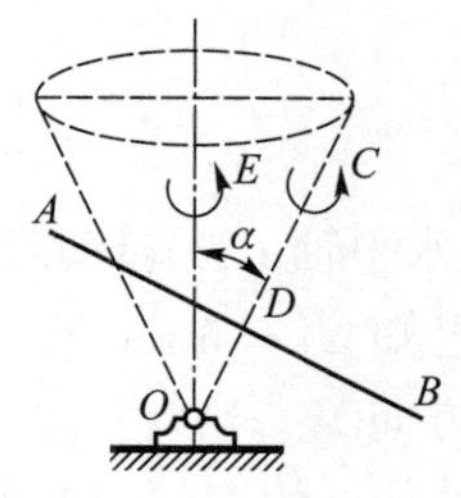

题 24.19 图

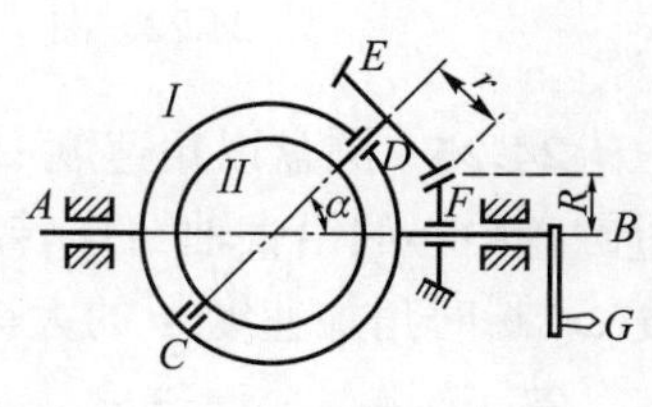

题 24.20 图

24.21 碾碎矿石用的碾轮是带钢制轮缘的铸铁轮, 在锥形盛器的底上滚动. 碾轮绕水平动轴 AOB 转动, 轴 AOB 和铅直轴 OO_1 是一个整体, 绕 OO_1 转动. 假定碾轮的瞬时转动轴通过轮缘和盛器底面的切线中点 C, 求碾轮边缘上点 D 和 E 的绝对速度. 绕铅直轴转动的角速度 $\omega_e = 1$ rad/s, 碾轮厚度 $h = 0.5$ m, 碾轮的平均半径 $R = 1$ m, 平均转动半径 $r = 0.6$ m, $\tan\alpha = 0.2$.

答 $v_D = v_E = 0.28$ m/s.

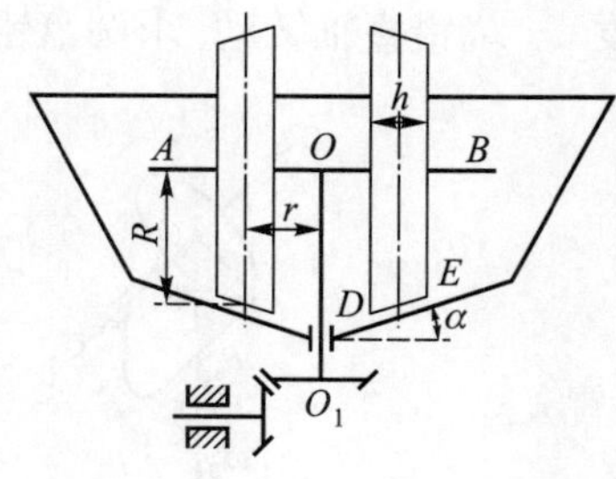

题 24.21 图

24.22 差动传动由中心在公共转轴上的圆盘 AB 和 DE 组成, 这两个圆盘紧压轮子 MN, 轮 MN 的转轴 HI 与两个圆盘的轴垂直. 已知轮子 MN 上分别与两盘相切之点的速度是 $v_1 = 3$ m/s 与 $v_2 = 4$ m/s, 轮子半径 $r = 0.05$ m. 求轮子中心 H 的速度 v 及其绕轴 HI 转动的角速度 ω_r.

答　$v = 0.5$ m/s, $\omega_r = 70$ rad/s.

24.23　在上题条件下, 设 $HI = \dfrac{1}{14}$ m, 求轮子 MN 的绝对角速度和绝对角加速度.

答　$\omega = \sqrt{4949}$ rad/s, $\varepsilon = 490$ rad/s^2.

24.24　陀螺 A 以匀角速度 ω_1 rad/s 绕对称轴 OB 转动. 轴 OB 匀速扫出圆锥形, 陀螺的顶点 B 每分钟转 n 圈, $\angle BOS = \alpha$. 求陀螺的角速度 ω 与角加速度 ε.

答　$\omega = \sqrt{\omega_1^2 + \left(\dfrac{\pi n}{30}\right)^2 + 2\omega_1 \dfrac{\pi n}{30}\cos\alpha}$,　$\varepsilon = \omega_1 \dfrac{\pi n}{30}\sin\alpha$.

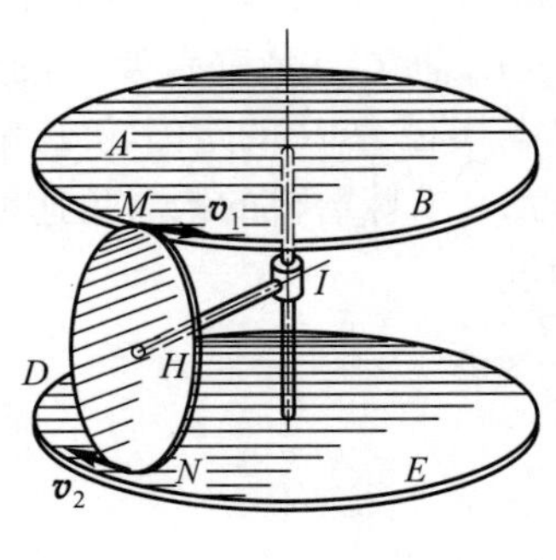

题 24.22　图

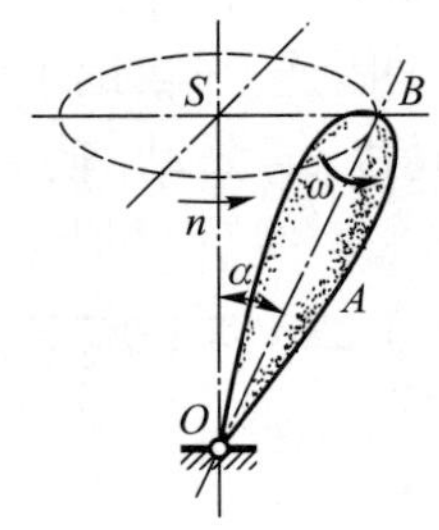

题 24.24　图

24.25　圆盘以角速度 ω_1 绕水平轴 CD 转动, 同时轴 CD 又以角速度 ω_2 绕通过圆盘中心的铅直轴 AB 转动. 已知 $\omega_1 = 5$ rad/s, $\omega_2 = 3$ rad/s, 求圆盘的瞬时角速度 $\boldsymbol{\omega}$, 瞬时角加速度 $\boldsymbol{\varepsilon}$ 的大小和方向.

答　$\omega = 5.83$ rad/s, $\boldsymbol{\omega}$ 与轴 x, z 的正向间夹角分别是 $\alpha = 30°58'$, $\beta = 59°2'$, $\varepsilon = 15$ rad/s^2, $\boldsymbol{\varepsilon}$ 沿轴 y 方向.

24.26　半径为 R 的圆盘以匀角速度 ω_r 绕水平轴 O_1O_2 转动, 此轴又以匀角速度 ω_e 绕铅直轴转动. 求圆盘铅垂直径端点 A, B 的速度和加速度.

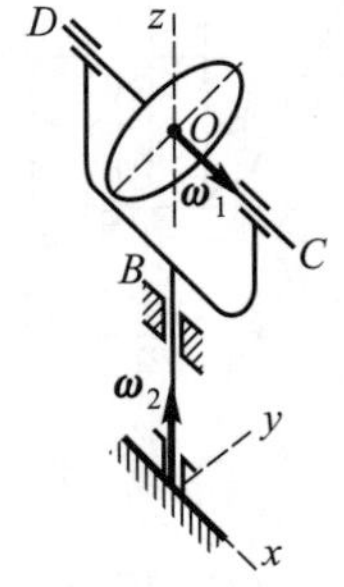

题 24.25　图

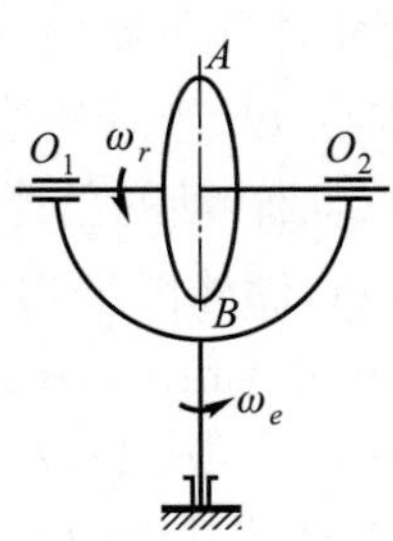

题 24.26　图

答 $v_A = v_B = R\omega_r$, $w_A = w_B = R\omega_r\sqrt{4\omega_e^2 + \omega_r^2}$.

24.27 正方形框架以 2 r/min 绕轴 AB 转动. 圆盘以 2 r/min 绕着与框架对角线相重合的轴 BC 转动. 求此圆盘的绝对角速度和角加速度.

答 $\omega = 0.39$ rad/s, $\varepsilon = 0.031$ rad/s^2.

24.28 碾轮的轴 OA 以匀角速度 Ω 绕铅垂轴 Oz 转动, $OA = R$, 碾轮半径 $AC = r$. 设在已知瞬时, 碾轮上点 C 的速度为零, 求碾轮的角速度 ω、瞬时转动轴的方向、动瞬轴轨迹和定瞬轴轨迹.

答 $\omega = \dfrac{\sqrt{R^2 + r^2}}{r}\Omega$, 瞬时转动轴是直线 OC, 瞬轴轨迹是顶点在 O 的圆锥面, 动瞬轴轨迹的顶角 $\angle z'OC$ 等于 $\arctan(r/R)$, 定瞬轴轨迹的顶角 $\angle zOC$ 等于 $\pi - \arctan(R/r)$.

24.29 差动传动由松套在曲柄 IV 上的锥齿轮 (行星齿轮) III 构成, 曲柄可绕固定轴 CD 转动. 行星齿轮与锥齿轮 I, II 啮合, 这两个锥齿轮分别以角速度 $\omega_1 = 5$ rad/s 和 $\omega_2 = 3$ rad/s 绕同一轴线 CD 同向转动. 行星齿轮的半径 $r = 2$ cm, 轮 I 和 II 的半径都为 $R = 7$ cm. 求曲柄 IV 的角速度 ω_4、行星轮相对于曲柄的角速度 ω_{34} 以及点 A 的速度.

答 $v_A = 0.28$ m/s, $\omega_4 = 4$ rad/s, $\omega_{34} = 3.5$ rad/s.

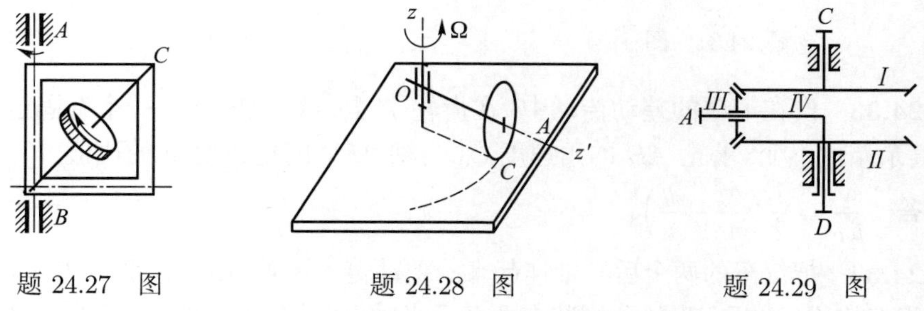

题 24.27 图　　题 24.28 图　　题 24.29 图

24.30 在上题的差动机构中, 设锥齿轮 I 和 II 分别以角速度 $\omega_1 = 7$ rad/s 和 $\omega_2 = 3$ rad/s 反向转动. 已知 $R = 5$ cm, $r = 2.5$ cm, 求 v_A, ω_4 和 ω_{34}.

答 $v_A = 0.1$ m/s, $\omega_4 = 2$ rad/s, $\omega_{34} = 10$ rad/s.

24.31 当汽车在弯道上行驶时, 外侧车轮行经较长的路程. 必须比内侧车轮转得更快. 为避免汽车后轮的主动轴损坏, 采用差动传动, 其构造如下.

装有两个车轮的汽车后轴由两个分离部分 I, II 构成, 在两端分别固定安装着相同的齿轮 A, B. 与锥齿轮 D 固连的齿轮箱 C 可在这两段后轴的轴承上转动. 齿轮箱由主轴 (纵轴) 驱动, 发动机借助齿轮 E 带动主轴.

齿轮箱 C 由齿轮 A, B 通过两个锥齿轮 F (行星齿轮) 传动, 这两个锥齿轮 F 可绕垂直于汽车后轴 I—II 并固结于齿轮箱的轴自由转动.

设汽车以 $v = 36$ km/h 的速度在平均半径为 $\rho = 5$ m 的弯道上行驶, 车轮半径 $R = 0.5$ m, 后轴上两个车轮的距离 $l = 2$ m, 齿轮 A, B 的半径都二倍于行星轮的半径, 即 $R_0 = 2r$. 求与齿轮箱 C 转速相关的汽车两后轮的角速度, 以及行星轮相对齿轮箱的角速度 ω_r.

答　$\omega_1 = 24\ \mathrm{rad/s}, \omega_2 = 16\ \mathrm{rad/s}, \omega_r = 8\ \mathrm{rad/s}$.

24.32　为使 AB, MN 两轴的转数符合规定比值, 应用差动传动, 在差动传动的锥齿轮 I, II 上分别固连两个柱齿轮 I', II', 这两柱齿轮分别与装在轴 AB 上的齿轮 IV, V 啮合. 已知齿轮 I, II 的半径相同, 齿轮 I', II', IV, V 的齿数分别是 m, n, x, y, 求轴 AB 的角速度 ω_0 与轴 MN 的角速度 ω 的比值.

答　$\dfrac{\omega}{\omega_0} = \dfrac{1}{2}\left(\dfrac{x}{m} + \dfrac{y}{n}\right)$.

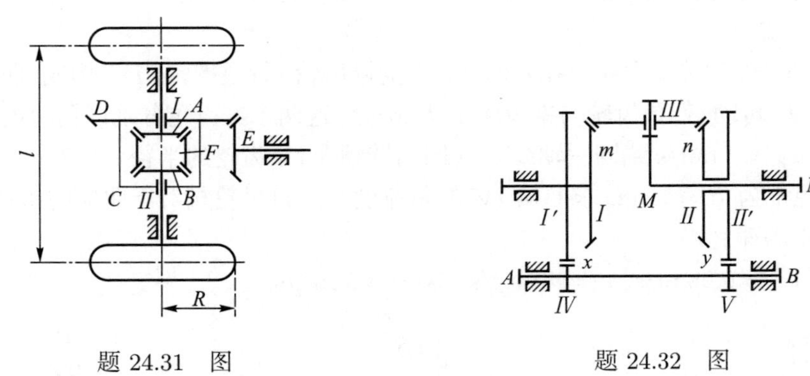

题 24.31　图　　　题 24.32　图

24.33　设在上题的差动传动中, 在齿轮 I' 与 IV 之间加入一个有固定轴的惰轮, 其余条件不变, 求轮 AB 的角速度 ω_0 与轴 MN 的角速度 ω 的比值.

答　$\dfrac{\omega}{\omega_0} = \dfrac{1}{2}\left(\dfrac{x}{m} - \dfrac{y}{n}\right)$.

24.34　把汽车的两个后半轴连起来的差动传动装置, 由半径都是 $R = 6\ \mathrm{cm}$ 的两个齿轮构成, 这两个齿轮分别装在两个后半轴上. 当汽车转弯时, 两个后半轴以不同的常角速度同向转动: $\omega_1 = 6\ \mathrm{rad/s}, \omega_2 = 4\ \mathrm{rad/s}$. 两个齿轮之间夹着一个半径为 $r = 3\ \mathrm{cm}$、松套在轴上的行星齿轮. 此行星齿轮的轴固定安装在齿轮箱内, 并可同齿轮箱一起绕汽车后轴转动. 求如图所示行星轮上直径端点 M_1, M_2, M_3, M_4 相对于

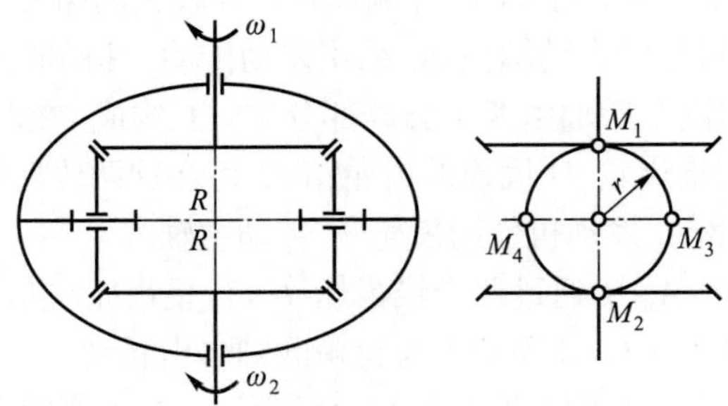

题 24.34　图

汽车车身的加速度.

答　$w_1 = 2.1\ \mathrm{m/s^2}, w_2 = 0.91\ \mathrm{m/s^2}, w_3 = w_4 = 1.73\ \mathrm{m/s^2}$.

24.35　在滚齿机床的差动传动中, 加速齿轮 4 及其固结成整体的齿轮 1 松套在主动轴 a 上. 主动轴 a 一端的头节连接行星齿轮 2—2 的轴 CC. 求下列五种情形下与齿轮 3 固结的从动轴 b 的角速度:

1) 主动轴的角速度是 ω_a, 加速齿轮的角速度是 $\omega_4 = 0$.

2) 主动轴的角速度是 ω_a, 加速齿轮以角速度 ω_4 与主动轴同向转动.

3) 加速齿轮与主动轴以相等的角速度 $\omega_4 = \omega_a$ 同向转动.

4) 加速齿轮和主动轴同向转动, 且 $\omega_4 = 2\omega_a$.

5) 主动轴的角速度是 ω_a, 加速齿轮以角速度 ω_4 与主动轴反向转动.

答　1) $\omega_b = 2\omega_a$. 2) $\omega_b = 2\omega_a - \omega_4$. 3) $\omega_b = \omega_a$. 4) $\omega_b = 0$. 5) $\omega_b = 2\omega_a + \omega_4$.

24.36　在上题的滚齿机床的差动传动中, 主动轴的角速度是 $\omega_a = 60\ \mathrm{r/min}$. 欲使从动轴不动, 加速齿轮的角速度应是多少?

答　$\omega_4 = 120\ \mathrm{r/min}$.

24.37　在滚齿机床的差动传动中, 加速齿轮 4 带有行星齿轮的轴. 主动轴的角速度是 ω_a, 求下列三种情形从动轴的角速度:

1) 加速齿轮 4 以角速度 $\omega_4 = \omega_a$ 与主动轴同向转动.

2) 角速度大小同前, 但加速齿轮与主动轴反向转动.

3) 加速齿轮和行星齿轮的轴都不动.

答　1) $\omega_b = \omega_a$. 2) $\omega_b = -3\omega_a$. 3) $\omega_b = -\omega_a$.

24.38　在机床的差动传动中, 锥齿轮 1 固装在主动轴 a 上, 从动轴 b 一端的头节带着行星轮 2—2 的轴 CC. 在轴 b 上还松套着与蜗轮 4 固结成整体的锥齿轮 3. 设所有锥齿轮的半径都相同, 当蜗杆 5 不动时蜗轮 4 和锥齿轮 3 也都不动, 求这时的传动比.

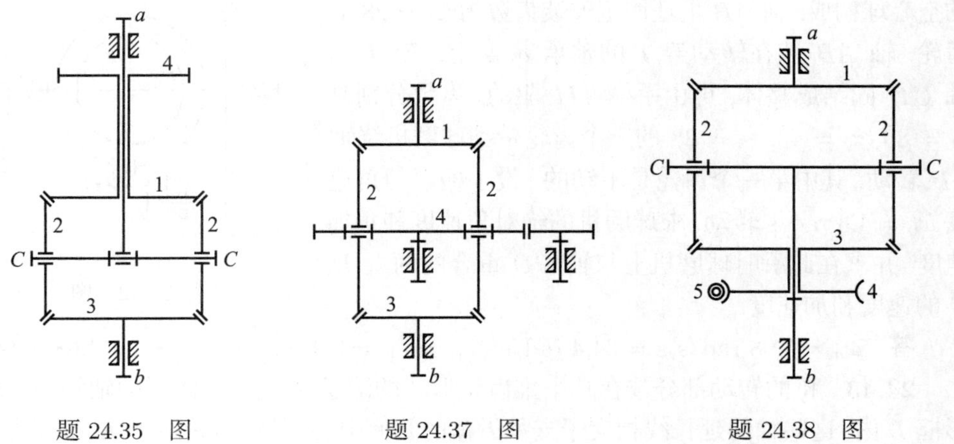

题 24.35　图　　题 24.37　图　　题 24.38　图

答 $\omega_b/\omega_a = 0.5$.

24.39 双重差动机构由下列构件组成: 曲柄 III 可绕固定轴线 ab 转动. 在曲柄上松套着行星齿轮 IV, 行星齿轮由半径分别为 $r_1 = 5$ cm 和 $r_2 = 2$ cm 的两个锥齿轮固结而成, 这两个锥齿轮又分别与半径 $R_1 = 10$ cm 和 $R_2 = 5$ cm 的两个锥齿轮 I, II 啮合. 齿轮 I 和 II 都可绕轴线 ab 转动, 但不与曲柄相连. 齿轮 I 和 II 的角速度分别是 $\omega_1 = 4.5$ rad/s 与 $\omega_2 = 9$ rad/s. 设齿轮 I, II 转向相同, 求曲柄的角速度 ω_3 以及行星齿轮相对于曲柄的角速度 ω_{43}.

答 $\omega_3 = 7$ rad/s, $\omega_{43} = 5$ rad/s.

24.40 设齿轮 I, II 的转向相反, 求解上题.

答 $\omega_3 = 3$ rad/s, $\omega_{43} = 15$ rad/s.

24.41 相交轴传动中采用的卡尔丹 – 胡克万向十字接头 $ABCD$ ($AB \perp CD$) 可绕固定点 E 转动. 在下列两种情形下, 求十字接头连接的两轴的角速度之比 ω_1/ω_2.

1) 叉平面 ABF 水平, 叉平面 CDG 铅直.

2) 叉平面 ABF 铅直, 叉平面 CDG 水平.

两轴的夹角是常数: $\alpha = 60°$.

答 1) $\omega_1/\omega_2 = 1/\cos\alpha = 2$. 2) $\omega_1/\omega_2 = \cos\alpha = 0.5$.

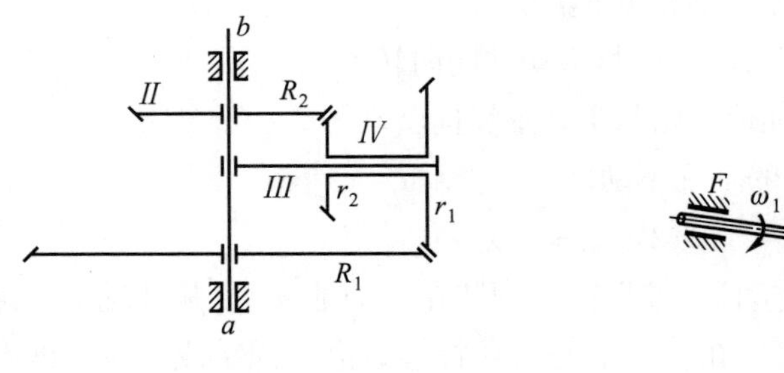

题 24.39 图　　题 24.41 图

24.42 球磨机由装在轴 AB 上、直径为 $d = 10$ cm 的空心球构成, 轴 AB 上还固定安装齿数为 $z_4 = 28$ 的齿轮. 轴 AB 装在转动架 I 的轴承 a, b 上. 架 I 与轴 CD 固结成整体, 可由手柄 III 驱动. 齿数分别是 $z_1 = 80$, $z_2 = 43$, $z_3 = 28$ 的三个齿轮带动球磨机绕轴 AB 转动, 其中第一个齿轮是不动的. 设手柄以匀角速度 $\omega_0 = 4.3$ rad/s 转动, 求球磨机的绝对角速度和角加速度, 并求在此瞬时球磨机上与轴 CD 重合的两点 E, F 的速度和加速度.

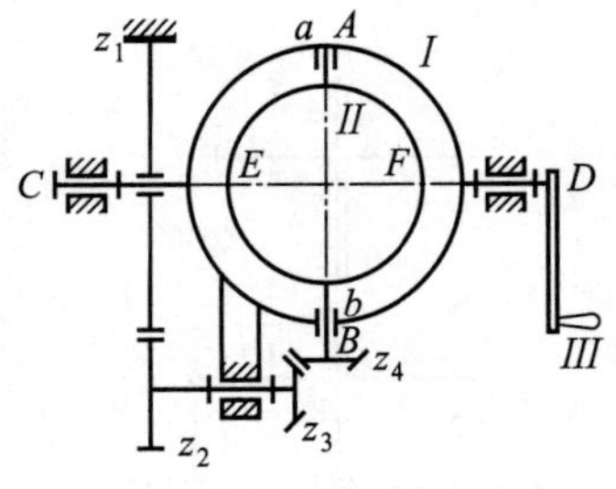

题 24.42 图

答 $\omega_a = 9.08$ rad/s, $\varepsilon = 34.4$ rad/s^2, $v_E = v_F = 0.4$ m/s, $w_E = w_F = 4.68$ m/s^2.

24.43 桥的转动部分放在几个锥齿轮形状的滚子 K 上, 各滚子的轴斜装在环形框 L 内, 这些轴的延长线相交于支承齿盘的几何中心, 各锥齿轮滚子 K 都在支承齿盘上滚动. 已知锥齿轮的底面半径是 $r = 0.25$ m, 顶角是 2α, 且 $\cos\alpha = 84/85$, 环形框绕铅直轴转动的角速度 ω_0 = 常数 = 0.1 rad/s. 求锥齿轮滚子的角速度和角加速度, 以及齿轮上 A, B, C 三点的速度和加速度 (其中 A 是锥齿轮 BAC 的中心).

答 $\omega = 0.646$ rad/s, $\varepsilon = 0.0646$ rad/s^2, $v_A = 0.16$ m/s, $v_B = 0.32$ m/s, $v_C = 0$, $w_A = 0.016$ m/s^2, $w_B = 0.11$ m/s^2, $w_C = 0.105$ m/s^2.

24.44 一物体作空间运动, 物体的角速度矢量是 $\boldsymbol{\omega}$, 在已知瞬时其方向沿轴 z. 该物体上点 O 的速度是 $\boldsymbol{v}_O$, 与轴 y, z 都成 45° 角. 求物体上速度最小的一点, 并求出这个速度.

答 $v_{\min} = v_0\cos 45°$. 瞬时螺旋轴平行于轴 z, 通过坐标 $x = -(v_0\cos 45°)/\omega$, $y = 0$, 瞬时螺旋轴上各点的速度都是这样.

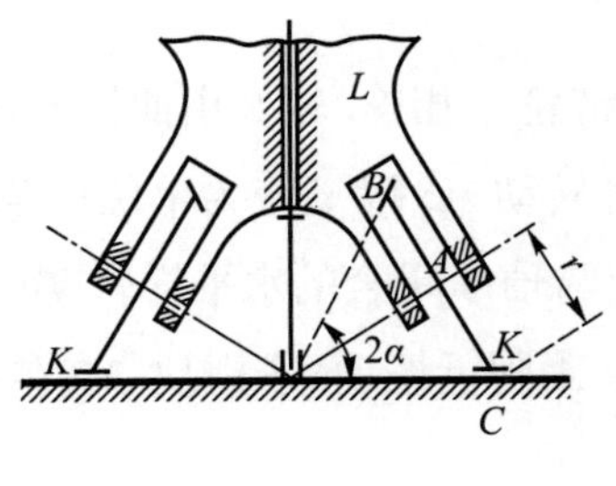

题 24.43 图

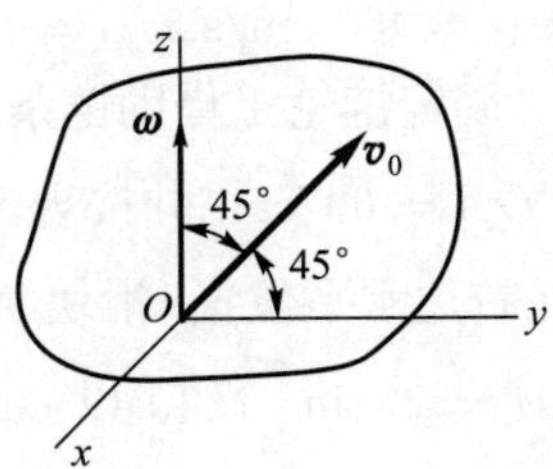

题 24.44 图

24.45 物体 A 以角速度 $\boldsymbol{\omega}_1$ 绕 y 轴转动, 且以速度 $\boldsymbol{v}_1$ 沿 y 轴平动. 物体 B 以速度 $\boldsymbol{v}_2$ 平动, 且 $\boldsymbol{v}_2$ 与轴 y 成 α 角. 试问当 v_1/v_2 值多大时, 物体 A 相对于物体 B 的运动是纯转动? 并求这种情形下的转动轴位置.

答 当 $v_1/v_2 = \cos\alpha$ 时, 物体 A 相对于物体 B 的运动为纯转动, 其转轴平行于 y 轴, 且与 y 轴距离保持不变: $l = \dfrac{v_2\sin\alpha}{\omega_1}$, 这个距离在同时垂直于 y 轴及速度分量 $v_2\sin\alpha$ 的方向量取.

24.46 边长为 $a = 2$ m 的立方体形状的刚体同时参与了四个转动, 角速度分别为 $\omega_1 = \omega_4 = 6$ rad/s, $\omega_2 = \omega_3 = 4$ rad/s. 求刚体的合成运动.

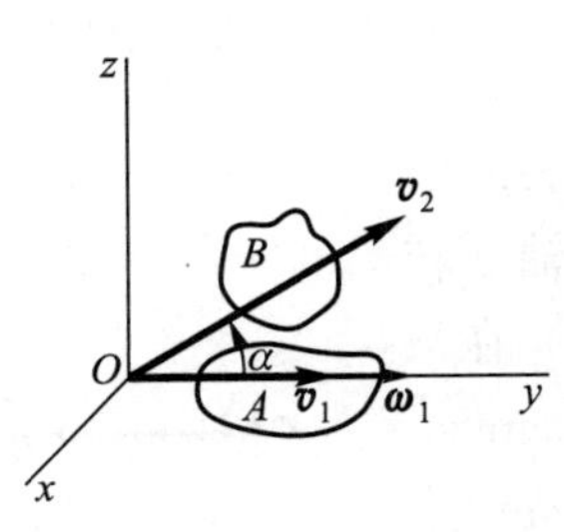

题 24.45 图

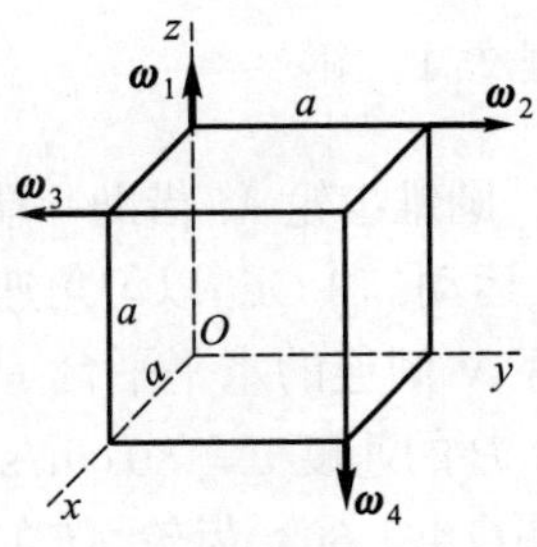

题 24.46 图

答 刚体以速度 $\boldsymbol{v}$ 平动, 且 $\boldsymbol{v}$ 的投影分别是: $v_x = -12$ m/s, $v_y = 12$ m/s, $v_z = -8$ m/s.

§25. 点的复合运动与刚体复合运动综合题

25.1 蒸汽机车的车轮由连杆 AB 连接. 车轮沿轨道向左作纯滚动, 半径 $r = 80$ cm. 当由静止状态开始运动后, 车轮的转角 $\varphi = \angle PO_1A$ 按规律 $\varphi = \dfrac{3\pi}{4}t^2$ 变化 (φ 以 rad 为单位). 滑块 M 沿连杆 AB 按规律 $s = AM = (10 + 40t^2)$ 运动 (s 以 cm 为单位). 已知 $O_1O_2 = AB, O_1A = O_2B = \dfrac{r}{2}$, 求 $t = 1$ s 的瞬时滑块 M 的绝对速度和绝对加速度.

答 $v_M = 450$ cm/s, $w_M = 1170$ cm/s^2.

25.2 固定链轮 1 借助链条与半径相同的动链轮 2 相连, 轮 2 由曲柄 OA 带动. 曲柄长为 $OA = 60$ cm, 并按规律 $\varphi = \dfrac{\pi}{6}t$ 逆时针转动 (φ 以 rad 为单位). 当 $t = 0$ 时, 曲柄在右边水平位置. 滑块 M 沿着齿轮 2 上与轴 s 重合的水平导轨 BC, 按规律 $s = AM = 20\sin\dfrac{\pi}{2}t$ (s 以 cm 为单位)在中心 A 附近振动. 求滑块 M 在 $t_1 = 0$ 和 $t_2 = 1$ s 时的绝对速度和绝对加速度.

答 $v_{M_0} = 44.1$ cm/s, $v_{M_1} = 31.4$ cm/s, $w_{M_0} = 16.5$ cm/s^2, $w_{M_1} = 64.2$ cm/s^2.

25.3 与水平面成 45° 角的三棱柱以速度 $v = 2t$ 沿水平面向右滑动 (v 以 cm/s 为单位). 圆柱沿着三棱柱斜面作纯滚动, 质心 C 相对斜面的速度大小是 $v_C = 4t$ (v_C 以 cm/s 为单位). 在 $t = 1$ s 时 $\angle ACD = 90°$, 求圆柱边缘上点 A 在该瞬时的绝对速度和绝对加速度的大小.

答 $v_A = 6$ cm/s, $w_A = 5.60$ cm/s^2.

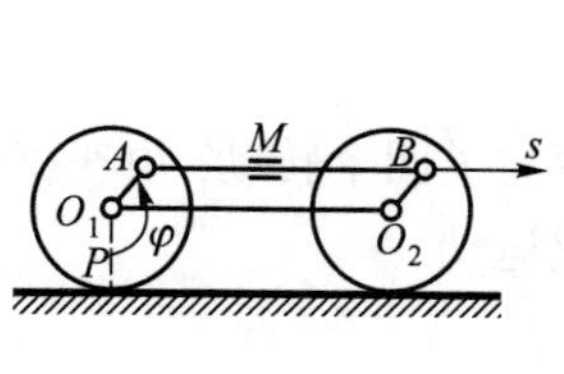

题 25.1 图

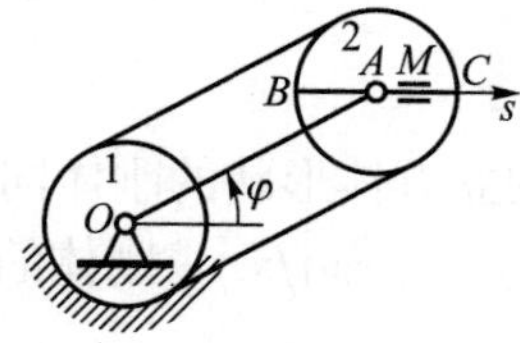

题 25.2 图

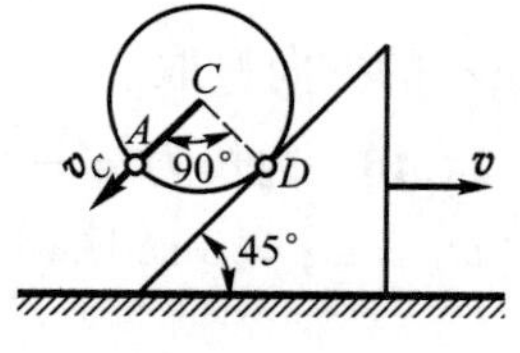

题 25.3 图

25.4 圆锥齿轮 M 借助一端 O 固定的 OC 轴带动, 沿着齿盘 N 运动, 轴 OC 以匀角速度 2 rad/s 绕铅垂轴 z 转动. 与齿盘 N 固连的水平平台 P 垂直向下加速运动. 在某瞬时, 平台 P 的速度 $v = 80$ cm/s, 加速度 $w = 80\sqrt{3}$ cm/s^2. 又已知 $\angle BOA = 60°$, 齿轮 M 的直径 AB 等于 20 cm. 求齿轮 M 上点 A, B 的绝对速度和绝对加速度.

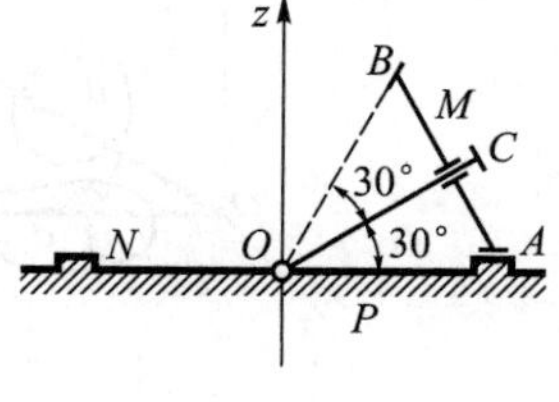

题 25.4 图

答 $v_A = 80\ \text{cm/s}, v_B = 100\ \text{cm/s},\ w_A = 0, w_B = 302\ \text{cm/s}^2$.

25.5 在上题中, 设轴 OC 以 $2t$ (单位是 rad/s) 的角速度绕铅直轴 z 转动, 求 $t = 1$ s 时锥齿轮 M 上点 A, B 的绝对加速度.

答 $w_A = 0, w_B = 308\ \text{cm/s}^2$.

25.6 转式起重机以角速度 $\omega = 1$ rad/s 绕铅直固定轴转动. 小车沿着与轴 s 重合的水平悬臂纯滚动. 后轮的半径是 10 cm, 质心 C 按规律 $s_C = OC = 60(1 + t)$ 运动 (s_C 以 cm 为单位). 当 $t = 1$ s, 有 $\angle MCD = 30°$, 求此时轮缘上点 M 的绝对速度大小. 又知在 $t = 1$ s, 有 $\angle ACD = 90°$, 求此时轮缘上点 A 和 D 的绝对加速度大小.

答 $v_M = 129\ \text{cm/s},\ w_A = 278\ \text{cm/s}^2,\ w_D = 380\ \text{cm/s}^2$.

25.7 半径为 10 cm 的齿轮 1 由曲柄 OC 带动, 在半径为 40 cm 的齿轮 2 内运动, 曲柄 OC 以匀角速度 $\omega_0 = 2$ rad/s 转动. 齿轮 2 同时以匀角速度 $\omega = 2$ rad/s 绕水平固定轴 O_1O_2 转动. 已知 $\angle OCA = \angle O_1OC = 90°$, 求齿轮 1 轮缘上点 A 的绝对速度和绝对加速度的大小.

答 $v_A = 103.8\ \text{cm/s}, w_A = 494\ \text{cm/s}^2$.

25.8 在上题中, 设齿轮 2 绕水平固定轴的转动角速度 $\omega = (2 - t)$ (ω 以 rad/s 为单位), 在 $t = 2$ s 时, 点 A 处在上题的图示位置. 求该瞬时点 A 的绝对加速度的大小.

答 $w_A = 455\ \text{cm/s}^2$.

25.9 半径为 10 cm 的齿轮 1 由曲柄 OC 带动, 沿着半径为 20 cm 的齿轮 2 运动, 曲柄 OC 以角速度 $\omega_0 = t$ 转动 (ω_0 以 rad/s 为单位). 齿轮 2 同时以匀角速度 $\omega = 2$ rad/s 绕水平固定轴 O_1O_2 转动. 已知 $\angle O_2OC = \angle OCA = 90°$, 在 $t = 1$ s 时, 求齿轮 1 边缘上点 A 的绝对速度和绝对加速度的大小.

答 $v_A = 73.5\ \text{cm/s}, w_A = 207\ \text{cm/s}^2$.

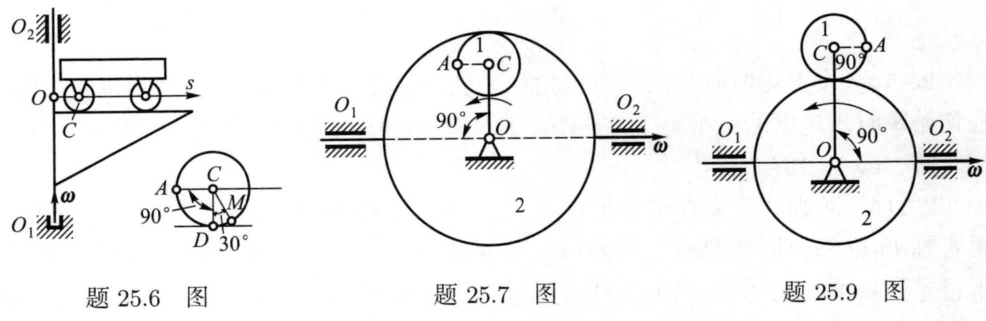

题 25.6 图　　题 25.7 图　　题 25.9 图

25.10 曲柄 OC 借助杆 AB 带动滑块 A, B 分别沿着互相垂直的导轨 x, y 滑动. 同时, 这两导轨又以匀角速度 $\omega = \pi/2$ rad/s 绕 O 轴逆时针转动. 曲柄 OC 的转角 φ 从 x 轴沿逆时针方向计量, 按规律 $\varphi = \dfrac{\pi}{4}t$ 变化 (φ 以 rad 为单位). 已知

$OC = AC = CB = 2MB = 16$ cm, 在 $t = 0$ 时, 求杆 AB 上点 M 的绝对速度和绝对加速度的大小.

答 $v_M = 44$ cm/s, $w_M = 93.8$ cm/s^2.

25.11 顶角为 60° 的圆锥体 1 在顶角为 120° 的空心圆锥体 2 内壁纯滚动. 同时, 圆锥体 2 又以匀角速度 $\omega = 3$ rad/s 绕固定铅直轴 O_1O_2 转动. 圆锥体 1 底面边缘上点 B 位于直径 BC 上, 此直径与轴 O_1O_2 在同一铅直平面内. 点 B 的速度大小不变, 等于 60 cm/s, 方向垂直于图中的 OBC 平面. 又知 $OB = OC = 20$ cm, $\angle COD = 30°$. 求圆锥体 1 上点 B 和点 C 的绝对加速度的大小.

答 $w_B = 497$ cm/s^2, $w_C = 316$ cm/s^2.

25.12 在上题中, 设点 B 的速度是变量 $60t$ (单位是 cm/s), 圆锥体 1 上有些点的绝对加速度不变. 求在 $t = 1$ s 时这些点的几何位置.

答 圆锥体 1 上与母线 OC 重合的各点.

25.13 圆锥体沿水平圆盘作纯滚动, 顶点 Q 固定在盘上. 同时, 圆盘以匀角速度 $\omega = 2$ rad/s 绕固定铅直轴 O_1O_2 转动. 圆锥底面中心 A 相对圆盘的速度大小等于 15 m/s, 方向垂直于纸面指向读者. 已知 $OQ = QC = QB = BC = 10$ cm, 求圆锥底面和圆盘相接触的点 C 的绝对速度和绝对加速度的大小.

答 $v_C = 40$ cm/s, $w_C = 105$ cm/s^2.

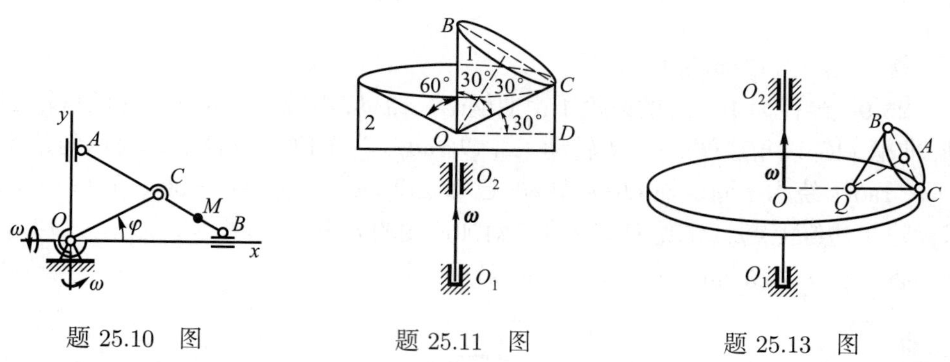

题 25.10 图　　题 25.11 图　　题 25.13 图

25.14 设上题所研究的圆盘以角加速度 $\varepsilon = 2t$ (单位是 rad/s^2) 作加速转动, 在初始瞬时角速度的大小等于 2 rad/s. 在 $t = 1$ s 时, 求点 C 的绝对加速度大小.

答 $w_C = 197$ cm/s^2.

25.15 陀螺仪安装在水平平台 L 上, 平台以匀角速度 $\omega_1 = 2\pi$ rad/s 绕固定铅直轴 O_1O_1' 转动. 陀螺仪的圆盘以匀角速度 $\omega_2 = 8\pi$ rad/s 绕水平轴 O_2O_2' 转动, 半径是 $r = 10$ cm. 同时, 轴 O_2O_2' 按规律 $\varphi_3 = 2\pi t^2$ (φ_3 以 rad 为单位) 绕铅直轴 O_3O_3' 转动. 当 $t = 0$ 时, 圆盘和轴 O_1O_1' 位于同一铅直平面内, φ_3 角由此平面按图示的方向计量. O_2O_2' 与 O_3O_3' 相交于圆盘中心 K. 已知平行轴 O_1O_1', O_3O_3' 之间的距离是 $OO_3 = 30$ cm, 求 $t = 1$ s 时圆盘铅垂直径 AB 顶端 A 的绝对速度和绝对加速度的大小.

答 $v_A = 314\ \text{cm/s}, w_A = 7170\ \text{cm/s}^2$.

25.16 套筒 M 沿曲柄滑块机构的连杆 AB 在点 C 附近按规律 $s = CM = 20\sin\dfrac{\pi}{2}t$ (s 以 cm 为单位) 振动 (轴 s 沿连杆 AB, 原点在连杆的中点 C). 曲柄 OA 绕垂直于图面的水平轴 O 按规律 $\varphi = \dfrac{\pi}{2}t$ 逆时针转动 (φ 以 rad 为单位). 设 $OA = 10\ \text{cm}, AC = CB = AB/2 = 20\ \text{cm}$, 求 $t = 0$ 时套筒 M 的绝对速度和绝对加速度的大小.

答 $v_M = 32.3\ \text{cm/s}, w_M = 37.2\ \text{cm/s}^2$.

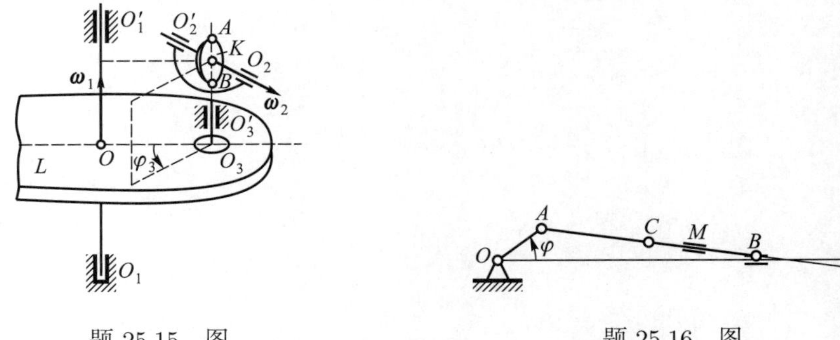

题 25.15 图　　题 25.16 图

25.17 杆 AB 长 $4\sqrt{2}$m, 端点 A 沿 y 轴向下滑动, 端点 B 沿 x 轴向右滑动. 点 A 按规律 $y_A = (5 - t^2)$ 运动 (y_A 以 m 为单位). 同时, 点 M 沿着杆从 A 向 B 滑动. 已知点 M 沿着与杆相重合的轴 s 运动的规律为 $s = AM = 2\sqrt{2}t^2$ (s 以 m 为单位), 求 $t = 1$ s 时点 M 的绝对速度和绝对加速度的大小.

答 $v_M = 7.05\ \text{m/s}, w_M = 8.06\ \text{m/s}^2$.

25.18 顶角为 120° 的圆锥体 1 用铰链 O 与顶角为 60° 的固定圆锥 2 相连, 并作纯滚动. 同时, 圆锥体 1 的轴 OA 绕铅直轴 O_1O_2 每秒钟转一圈. 在圆锥体 1 底面沿着直径 BC 设有导轨, 且 $BC = 20$ cm. 沿此导轨有一滑块 M 按规律

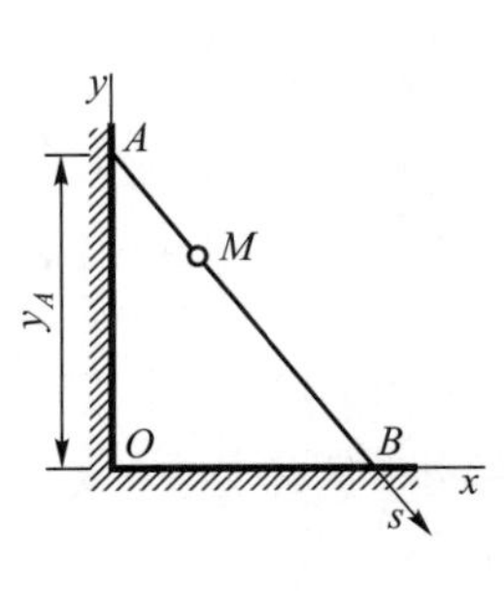

题 25.17 图

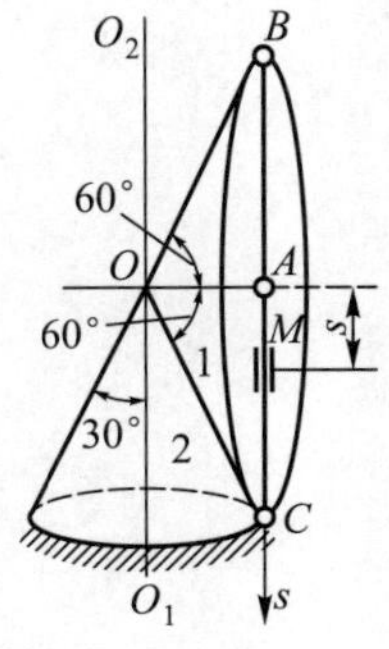

题 25.18 图

$s = AM = 10\cos 2\pi t$ (s 以 cm 为单位) 在锥底面中心 A 附近振动. 在初始瞬时 $t=0$, 导轨 BC 和铰链 O 在同一铅直平面内, 求此时滑块 M 的绝对加速度大小.

答　$w_M = 572\ \mathrm{cm/s^2}$.

第三部分

动　力　学

第九章 质点动力学[①]

§26. 已知运动求力

26.1 质量为 280 kg 的电梯在矿井中以匀加速下降, 在最初的 10 s 内移动了 35 m. 求悬挂电梯的缆绳的张力.

答 2548 N.

26.2 水平平台上放有质量为 1.02 kg 的重物, 平台以 4 $\mathrm{m/s^2}$ 的加速度铅垂下降. 当重物和平台一起下降时, 求重物加在平台上的压力.

答 5.92 N.

26.3 用绳子系住放在桌子上的质量为 3 kg 的物体. 绳的另一端固定在点 A. 已知张力为 $T = 42$ N 时绳子会被拉断. 试求在点 A 以多大的加速度铅垂向上提起物体, 才能把绳子拉断.

答 4.2 $\mathrm{m/s^2}$.

26.4 电梯上升时的速度图如图所示. 电梯的质量为 480 kg. 求在下列时间间隔内悬挂电梯的绳索的张力 T_1, T_2 和 T_3: 1) 由 $t = 0$ 到 $t = 2$ s, 2) 由 $t = 2$ 到 $t = 8$ s, 3) 由 $t = 8$ 到 $t = 10$ s.

答 $T_1 = 5904$ N, $T_2 = 4704$ N, $T_3 = 3504$ N.

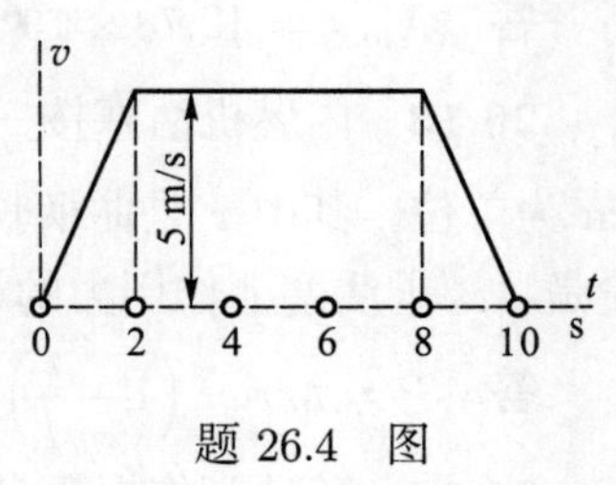

题 26.4 图

26.5 质量为 0.3 kg 的石块系在长 1 m 的线上, 在铅垂直平面内作圆周运动. 设线的抗拉断张力等于 9 N, 求石头的角速度 ω 最小应为多少, 才能将此拉断.

① 在全部动力学习题中, 如无特别说明, 则弹簧和弹性杆的质量、阻尼都略去.

答 $\omega_{\min} = 4.494 \text{ rad/s}$.

26.6 为了使列车对铁轨的压力垂直于路基, 在轨道弯曲段的外轨要比内轨稍高一些. 已知轨道曲率半径为 400 m, 列车速度为 10 m/s, 内、外轨间的距离是 1.6 m. 求外轨超出内轨的高度 h.

答 $h = 4.1 \text{ cm}$.

26.7 列车起初沿直线轨道行驶, 后来沿着圆形轨道行驶, 速度是 20 m/s, 在车厢内用弹簧秤称量某一重物. 起初弹簧秤的读数是 50 N, 在圆形轨道段弹簧秤的读数是 51 N. 求圆形轨道的曲率半径.

答 203 m.

26.8 质量为 0.2 kg 的重锤挂在 1 m 长绳子的下端, 由于受到冲击, 重锤获得了 5 m/s 的水平速度. 求冲击后绳子的张力.

答 6.96 N.

26.9 质量为 0.102 kg 的重物挂在长 30 cm 的绳上, 绳的一端固定在点 O. 重物在水平面内作圆周运动, 形成锥摆. 绳与铅垂线成 60° 角. 求重物的速度 v 和绳子的张力 T.

答 $v = 2.1 \text{ m/s}, T = 2 \text{ N}$.

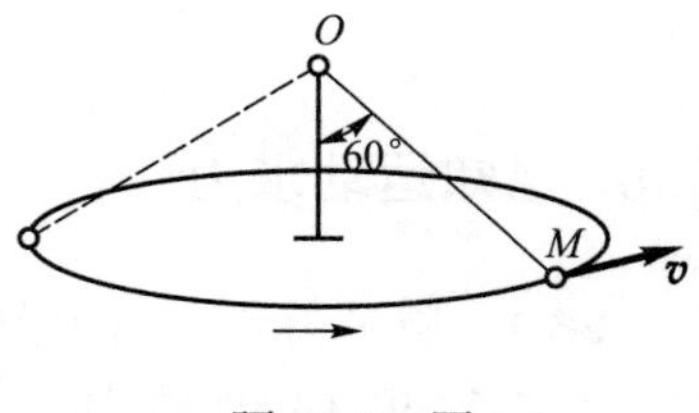

题 26.9 图

26.10 汽车质量为 1000 kg, 以速度 $v = 10 \text{ m/s}$ 驶过拱桥, 桥中点的曲率半径是 $\rho = 50 \text{ m}$. 求汽车经过拱桥中点时对桥的压力.

答 7800 N.

26.11 在上升的升降机中用弹簧秤称物体. 当升降机匀速运动时, 弹簧秤的读数是 50 N, 而当加速运动时, 弹簧秤的读数是 51 N. 求升降机的加速度.

答 0.196 m/s^2.

26.12 电车车身的质量是 10000 kg. 车架连同车轮的质量是 1000 kg. 设车身在弹簧上按 $x = 0.02\sin 10t$ 的规律作铅垂简谐运动 (x 以 m 为单位), 求电车对水平直线轨道的最大与最小压力.

答 $N_{\max} = 12.78 \times 10^4 \text{ N}, N_{\min} = 8.78 \times 10^4 \text{ N}$.

26.13 内燃机活塞按 $x = r\left(\cos\omega t + \dfrac{r}{4l}\cos 2\omega t\right)$ 的规律作水平简谐运动 (x 以 cm 为单位), 其中 r 是曲柄长度, l 是连杆长度, ω 是曲轴的恒定角速度. 设活塞的质量是 M, 求活塞上作用力的最大值.

答 $P = Mr\omega^2\left(1 + \dfrac{r}{l}\right)$.

26.14 矿砂筛作振幅是 $a = 5 \text{ cm}$ 的简谐运动. 筛振动时能使筛上矿砂碎片开始与筛分开, 并向上跳起, 求筛振动的最小频率 k.

答 $k = 14 \text{ rad/s}$.

26.15 质量为 2.04 kg 的物体按规律 $x = 10\sin\frac{\pi}{2}t$ 沿水平直线作简谐振动 (x 以 m 为单位). 求作用在物体上的力与坐标 x 的关系, 并求此力的最大值.

答 $F = -5.033x$ (以 N 为单位), $F_{\max} = 50.33$ N.

26.16 质量为 0.2 kg 的质点按方程 $x = 3\cos 2\pi t$, $y = 4\sin\pi t$ 运动(t 以 s 为单位, x, y 以 cm 为单位). 求质点上作用力的投影与坐标的关系.

答 $X = -0.0789x$ (以 N 为单位), $Y = -0.0197y$ (以 N 为单位).

26.17 质量等于 100 g 的小球在重力作用下坠落, 同时受到空气的阻力. 小球的运动方程可表示为

$$x = 4.9t - 2.45(1 - \mathrm{e}^{-2t}),$$

式中 x 以 m 为单位, t 以 s 为单位, Ox 轴铅垂向下. 试将空气阻力 R 表示为小球速度的函数.

答 $R = 0.98(1 - \mathrm{e}^{-2t}) = 0.2v$, 力的单位为 N.

26.18 龙门刨床的平台质量是 700 kg, 被加工零件的质量是 300 kg, 平台移动速度是 $v = 0.5$ m/s, 驱动的时间是 $t = 0.5$ s. 求驱动平台 (设运动是匀加速度的) 所需的时间和此后平台作匀速运动所需的力. 假定驱动时摩擦系数是 $f_1 = 0.14$, 匀速运动时摩擦系数是 $f_2 = 0.07$.

答 $F_1 = 2372$ N, $F_2 = 686$ N.

26.19 质量是 700 kg 的载货小车沿倾角为 $\alpha = 15°$ 的缆车轨道以速度 $v = 1.6$ m/s 下降, 运动的总阻力系数是 $f = 0.015$, 求小车匀速下降时和制动时缆绳的张力. 假定制动时间是 $t = 4$ s, 且制动时小车加速度为常数.

答 $T_1 = 1676$ N, $T_2 = 1956$ N.

26.20 质量是 1000 kg 的重物与跑车一起以速度 $v = 1$ m/s 沿桥式吊车的水平桥架移动. 重物的重心到悬挂点的距离是 $l = 5$ m. 当吊车突然停止时, 重物由于惯性继续运动, 绕悬挂点摆起来. 求重物摆动时钢缆的最大张力.

答 $T = 10000$ N.

26.21 车厢以 $v = 10$ m/s 的速度沿半径是 $R = 30$ m 的架空弯道运动. 求车厢偏离铅垂线的角度 α 及它对轨道的压力 N. 车厢质量是 1500 kg.

答 $\alpha = 18°47'$, $N = 15527$ N.

26.22 列车不包括机车时的质量等于 2×10^5 kg, 它以匀加速度沿水平轨道行驶, 开始运动 60 s 后速度达到了 15 m/s. 设摩擦力等于车重的 0.005 倍. 求加速过程中机车与列车之间的拉力.

答 59800 N.

26.23 质量是 2000 kg 的体育运动飞机以 5 m/s^2 的加速度作水平飞行, 在某瞬时速度为 200 m/s. 空气阻力与速度平方成正比, 当速度为 1 m/s 时阻力等于 0.5 N. 已知空气阻力与速度方向相反, 螺旋桨的牵引力与飞行方向成 10° 角. 求牵

引力、升力的大小.

答　牵引力等于 30463 N, 升力等于 14310 N.

26.24　质量是 6000 kg 的载货汽车以 6 m/s 的速度驶入渡船. 汽车在刚驶入时就开始制动, 移动 10 m 后才停止. 设汽车加速度为常数, 用两根绳索将渡船系在岸上, 求绳索的张力. 解题时略去渡船的质量和加速度.

答　每根绳索中的张力都是 5400 N.

26.25　重物 A 和 B 分别重 $P_A = 20$ N 和 $P_B = 40$ N, 用弹簧相连, 如图所示. 重物 A 沿铅垂线自由振动, 振幅是 1 cm, 周期是 0.25 s. 求重物 A 和 B 对支承面 CD 的最大与最小压力.

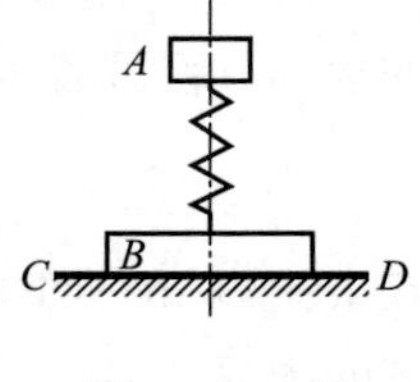

题 26.25　图

答　$R_{\max} = 72.8$ N, $R_{\min} = 47.2$ N.

26.26　质量为 $M = 600$ kg 的重物借助绞车沿着与水平面成 60° 角的倾斜矿井上升. 重物与矿井表面的摩擦系数等于 0.2. 绞车半径是 0.2 m, 按规律 $\varphi = 0.4t^3$ 旋转. 求钢索的拉力和时间的关系, 并求开始上升 2 s 时钢索中拉力的大小.

答　$T = (5.68 + 0.288t)$ (T 以 kN 为单位), 当 $t = 2$ s 时, $T = 6.256$ kN.

26.27　飞机作铅垂俯冲, 达到 300 m/s 的速度后, 驾驶员将飞机从最低点拉起, 在铅垂面内飞绕半径为 $R = 600$ m 的大圆弧. 飞行员的质量是 80 kg. 求飞行员对座位的最大压力.

答　12784 N.

26.28　重 10 N 的重物 M 悬挂在长为 $l = 2$ m 的钢索上, 并与钢索一起按规律 $\varphi = \dfrac{\pi}{6}\sin 2\pi t$ 摆动. 其中 φ 是钢索偏离铅垂线的角度, 以 rad 为单位, t 是时间, 以 s 为单位. 求重物在最高和最低位置时钢索的张力 T_1 和 T_2.

答　$T_1 = 32.1$ N, $T_2 = 8.65$ N.

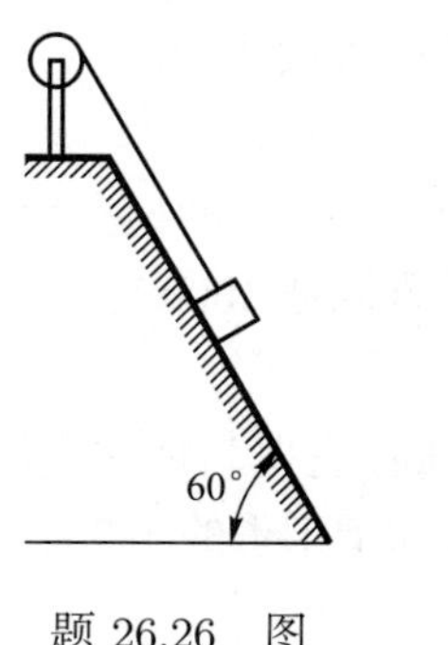

题 26.26　图

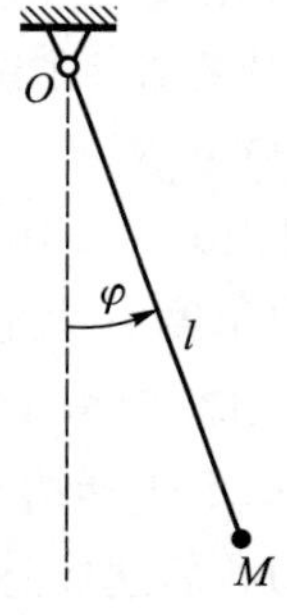

题 26.28　图

26.29　自行车运动员以 5 m/s 的速度沿半径为 10 m 的圆周行驶, 求自行车的中面与铅垂线的夹角, 又问车胎与路面的摩擦系数至少多大, 才能保证自行车的稳定性?

答 $14°20', 0.255$.

26.30 自行车竞赛跑道转弯部分的路面的横截面是倾斜直线, 与水平面成 α 角, 弯道半径为 R. 设轮胎与路面的摩擦系数是 f, 问自行车转弯时的最大与最小速度各是多少?

答 $v_{\min}=\sqrt{gR\dfrac{\tan\alpha-f}{1+f\tan\alpha}}$, $\quad v_{\max}=\sqrt{gR\dfrac{\tan\alpha+f}{1-f\tan\alpha}}$.

26.31 为了避免飞轮爆裂发生事故, 利用如下的安全装置: 在飞轮缘上安装物体 A, 由弹簧 S 将其压入轮内; 当飞轮转速达到极限值时, 物体 A 的一端碰到活门栓 CD 的凸角 B, 活门栓即将气缸的入口关闭. 设物体 A 的质量等于 1.5 kg, 凸角 B 到飞轮边缘的距离 e 等于 2.5 cm, 飞轮的极限转速是 120 r/min. 又设物体 A 的质量集中在离飞轮转轴 147.5 cm 的一点, 求弹簧的刚度系数.

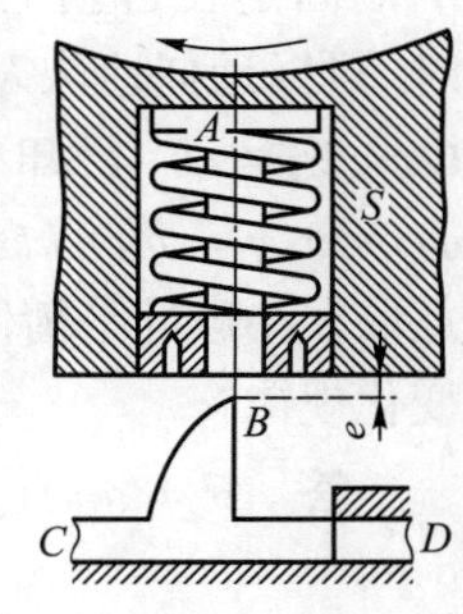

题 26.31 图

答 $c=145.6$ N/cm.

26.32 调速器内有两重物 A, 质量各为 30 kg, 可沿水平直线 MN 滑动, 这两个重物用弹簧在 M, N 两点连接, 重物的重心分别与弹簧的末端重合. 弹簧为原长时, 与图面垂直的轴 O 距弹簧末端为 5 cm. 弹簧改变 1 cm 长度需要 200 N 的力. 当调速器以 120 r/min 的速度绕轴 O 转动时, 求重物 A 的重心到轴 O 的距离.

答 6.55 cm.

26.33 蒸汽涡轮的安全开关是质量为 $m=0.225$ kg 的销子 A, 装在涡轮前端的小孔内, 小孔垂直钻入轴内, 销子由弹簧压入孔内, 当涡轮以正常速度 $n=1500$ r/min 转动时, 销子的重心到转动轴的距离是 $l=8.5$ mm. 当涡轮转速增加 10% 时, 销子在弹簧作用下, 离开正常位置到达 $x=4.5$ mm 处, 碰到杠杆 B 的一端, 使活动钩松脱. 于是, 与钩子相连的杠杆组将涡轮安全机构的气阀关闭. 设弹簧的弹力与缩短量成正比, 求弹簧的刚度系数.

答 $c=89.2$ N/cm.

题 26.32 图

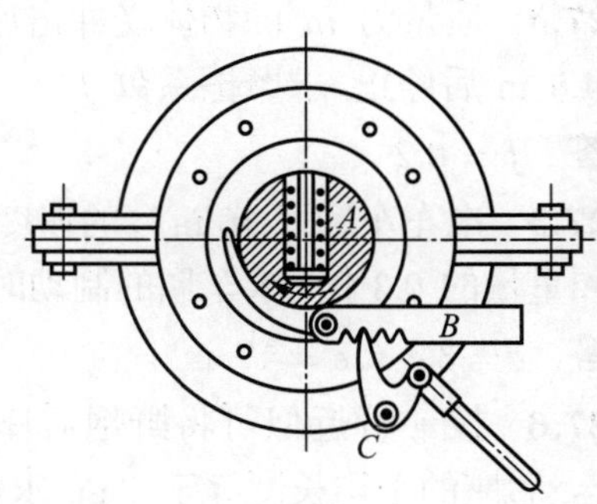

题 26.33 图

26.34 质量为 m 的质点沿椭圆 $\frac{x^2}{a^2}+\frac{y^2}{b^2}=1$ 运动, 质点的加速度与 y 轴平行. 当 $t=0$ 时, 质点的坐标为: $x=0, y=b$, 且初速度为 v_0. 求质点在它轨迹的每一点所受的力.

答 $F_y=-m\frac{v_0^2b^4}{a^2y^3}$.

26.35 质量为 m 的小球固定在铅垂弹性杆上, 杆下端固定在台基上. 当杆偏离其铅垂平衡位置不远时, 可以近似地认为小球中心在通过平衡位置的水平面 Oxy 内运动. 已知小球被拉离平衡位置后按规律 $x=a\cos kt, y=b\sin kt$ 运动, 其中 a, b, k 都是常数, 坐标原点取在小球的平衡位置上, 求弹性弯杆对小球作用力的变化规律.

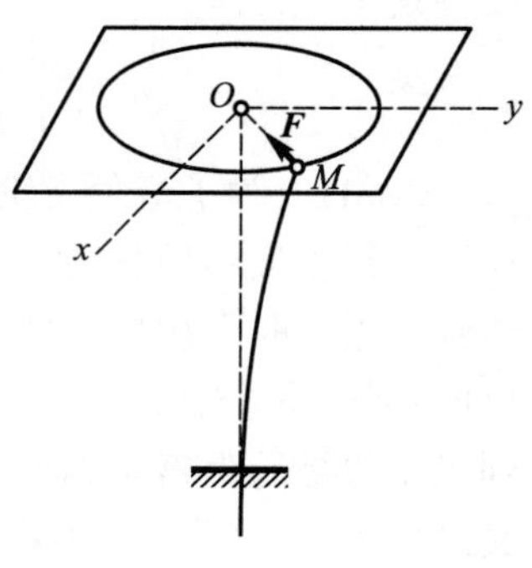

题 26.35 图

答 $F=mk^2r$, 其中 $r=\sqrt{x^2+y^2}$.

§27. 运动微分方程

a) 直线运动

27.1 石子无初速度落入矿井. 从石子落下的开始瞬间到听到它撞击井底的声音经过了 6.5 s, 声速等于 330 m/s. 求矿井的深度.

答 175 m.

27.2 重物从倾角为 30° 的光滑斜面滑下. 设重物的初始速度等于 2 m/s. 求重物滑下 9.6 m 所需的时间.

答 1.61 s.

27.3 质量为 6 kg 的炮弹以初速 570 m/s 从炮口射出. 设炮弹在炮筒内走过 2 m, 气体压力是常数, 求爆炸气体的平均压力, 以及炮弹在炮筒内运动的时间.

答 $P=4.88\times10^5$ N, $t=0.007$ s.

27.4 质量为 m 的物体受冲击后在粗糙的水平面上滑动, 经过 5 s, 滑过距离 $s=24.5$ m 后停止. 求摩擦系数 f.

答 $f=0.2$.

27.5 电车车厢以 10 m/s 的速度在水平轨道上运动. 已知制动时产生的阻力等于车厢重量的 0.3 倍. 求车厢的制动时间和制动距离.

答 $t=3.4$ s, $s=17$ m.

27.6 按一阶近似可将野炮后座的阻力视为常数. 假定后座的初速度等于 10 m/s, 后座的平均长度等于 1 m, 求野炮后座持续时间.

答 0.2 s.

27.7 质点沿着倾角为 $\alpha = 30^\circ$ 的斜面上升. 在初瞬时质点的速度是 $v_0 = 15$ m/s. 摩擦系数是 $f = 0.1$. 求在质点停止前走过的距离及所用时间.

答 $s = 19.57$ m, $t = 2.61$ s.

27.8 已知车厢可以沿着倾角为 $\alpha = 10^\circ$ 的直线轨道匀速下滑. 现在车厢沿着倾角为 $\beta = 15^\circ$ 的道路下滑, 初速为零. 设摩擦阻力与正压力成正比, 求车厢的加速度和运动开始后经过 20 s 时的速度. 再求在这段时间内车厢驶过的路程.

答 $a = \dfrac{\sin(\beta-\alpha)}{\cos\alpha}g = 0.867\ \text{m/s}^2$, $v = \dfrac{\sin(\beta-\alpha)}{\cos\alpha}gt = 17.35$ m/s,

$s = \dfrac{\sin(\beta-\alpha)}{\cos\alpha}\dfrac{gt^2}{2} = 173.5$ m.

27.9 试求质量为 10 kg、半径为 $r = 8$ cm 球体的最大降落速度. 已知空气阻力为 $R = k\sigma v^2$, 式中 v 为运动速度, σ 是物体在垂直运动方向的平面上投影面积, k 是与物体形状有关的系数, 对球来说, 这个系数是 $0.24\ \text{N}\cdot\text{s}^2/\text{m}^4$.

答 $v_{\max} = 142.5$ m/s.

27.10 两个均匀球由不同的材料做成, 大小相等, 密度分别为 γ_1 和 γ_2. 让这两个球都在空气中降落, 设介质阻力与速度平方成正比, 求两球的最大速度之比.

答 $\dfrac{v_{1\max}}{v_{2\max}} = \sqrt{\dfrac{\gamma_1}{\gamma_2}}$.

27.11 质量为 90 kg 的人滑雪, 不用滑雪拐支撑, 沿着 45° 的斜坡迅速滑下. 滑雪板与雪的摩擦系数是 $f = 0.1$. 滑雪人运动时所受的空气阻力与速度平方成正比. 当滑雪人的速度等于 1 m/s 时, 空气阻力等于 0.635 N. 求滑雪人的最大速度. 如果滑雪人用滑油把摩擦系数减到 0.05, 最大速度会增加到多少?

答 $v_{1\max} = 29.73$ m/s, 速度增加到 $v_{2\max} = 30.55$ m/s.

27.12 轮船克服水的阻力航行, 阻力与船的速度平方成正比, 当船速是 1 m/s 时, 阻力等于 1200 N. 螺旋桨的推进力沿轮船航行的方向, 并且按规律 $T = 12\times10^5(1 - v/33)$ 变化 (T 以 N 为单位), 其中 v 是船速, 以 m/s 为单位. 求轮船能达到的最大速度.

答 $v_{\max} = 20$ m/s.

27.13 飞机水平飞行, 空气的阻力与速度的平方成正比, 当速度为 1 m/s 时, 阻力等于 0.5 N. 牵引力恒定不变, 等于 30760 N, 并与飞机方向成 10° 角. 求飞机的最大速度.

答 $v_{\max} = 246$ m/s.

27.14 质量为 10^4 kg 的飞机以雪橇板着陆在水平场地上. 在飞行员操纵下, 飞机着陆时没有铅垂速度和铅垂加速度. 迎面阻力与速度成正比, 当速度等于 1 m/s 时, 阻力等于 10 N. 升力与速度平方成正比, 当速度等于 1 m/s 时, 升力等于 30 N. 求飞机滑行的距离和时间. 取摩擦系数为 $f = 0.1$.

答 $S = 909.3$ m, $T = 38.7$ s.

27.15 飞机俯冲时的铅垂初速为零. 空气阻力与速度平方成正比. 求飞机的瞬时铅垂速度与所经路程、最大俯冲速度的关系.

答 $v = v_{\max}\sqrt{1-\mathrm{e}^{-2gs/v_{\max}^2}}$.

27.16 重为 p 的物体以初速 v_0 铅直上抛. 设空气阻力可以用公式 k^2pv^2 表示, 其中 v 是物体的速度. 求物体所达到的高度 H 和所经历的时间 T.

答 $H = \dfrac{\ln(v_0^2k^2+1)}{2gk^2}, \quad T = \dfrac{\arctan kv_0}{kg}$.

27.17 质量为 2 kg 的物体以速度 20 m/s 铅直上抛. 它受空气阻力作用, 当速度是 v 时 (以 m/s 为单位), 阻力是 $0.4v$ (以 N 为单位). 求物体达到最高位置所用的时间.

答 1.71 s.

27.18 静止的潜艇在力 p 作用下向水底平稳下沉. 当 p 不大时, 水的阻力可以认为与下沉速度成正比, 等于 kSv, 其中 k 是比例常数, S 是潜艇的水平投影面积, v 是下沉速度. 潜艇的质量是 M, 设当 $t=0$ 时, $v_0=0$, 求潜艇下沉速度 v.

答 $v = \dfrac{p}{kS}(1-\mathrm{e}^{-\frac{kS}{M}t})$.

27.19 在上题的条件下, 求在时间 T 内潜艇下沉的路程 z.

答 $z = \dfrac{p}{kS}\left[T - \dfrac{M}{kS}(1-\mathrm{e}^{-\frac{kS}{M}T})\right]$.

27.20 质量为 M (以 kg 为单位)的飞机作水平飞行. 螺旋桨推力方向与飞行方向相同. 阻力与速度方向相反, 并与速度平方成正比, 当速度是 1 m/s 时, 阻力等于 α (以 N 为单位). 已知飞机飞行距离 s 后 (s 以 m 为单位)速度从 v_0 增加到 v_1 (v_0 和 v_1 都以 m/s 为单位), 求螺旋桨的恒定推进力 T.

答 $T = \dfrac{\alpha(v_0^2 - v_1^2\mathrm{e}^{2\alpha s/M})}{1-\mathrm{e}^{2\alpha s/M}}$ (T 以 N 为单位).

27.21 质量为 10^7 kg 的轮船以 16 m/s 的速度航行. 水的阻力与船速的平方成正比, 当船速是 1 m/s 时, 阻力等于 3×10^5 N. 当船速降到 4 m/s 时, 求轮船航行的路程以及相应的时间.

答 $s = 46.2\ \mathrm{m}, T = 6.25\ \mathrm{s}$.

27.22 物体在空气中无初速地落下. 空气阻力为 $R = k^2pv^2$, 其中 v 是物体速度, p 是物体重量. 求物体运动 t s 时的速度, 以及速度的极限值.

答 $v = \dfrac{1}{k}\dfrac{\mathrm{e}^{kgt}-\mathrm{e}^{-kgt}}{\mathrm{e}^{kgt}+e^{-kgt}}, v_\infty = \dfrac{1}{k}$.

27.23 质量为 1.5×10^6 kg 的轮船所受的阻力为 $R = av^2$ (R 以 N 为单位), 其中 v 是轮船速度, 以 m/s 为单位, α 是常数, 等于 1200. 螺旋桨推力沿速度方向按规律 $T = 1.2\times10^6(1-v/33)$ 变化 (T 以 N 为单位). 设轮船的初始速度为 v_0 (以 m/s 为单位), 求轮船速度与时间的关系.

答 $v=\dfrac{70v_0+20(v_0+50)(\mathrm{e}^{0.056t}-1)}{70+(v_0+50)(\mathrm{e}^{0.056t}-1)}$.

27.24 在上题条件下求航程与速度的关系.

答 $x=893\ln\dfrac{v_0+50}{v+50}+357\ln\dfrac{v_0-20}{v-20}$ (以 m 为单位).

27.25 在题 27.23 条件下, 当初速是 $v_0=10$ m/s 时, 求航程与时间的关系.

答 $x=1250\ln\dfrac{(v_0+50)\mathrm{e}^{0.056t}+20-v_0}{70}-50t$,

当 $v_0=10$ m/s 时, $x=1250\ln\dfrac{6\mathrm{e}^{0.056t}+1}{7}-50t$.

27.26 质量为 9216 kg 的车厢在风的作用下开始在水平道路上移动. 车厢运动时受到的阻力等于车厢重量的 1/200. 风的压力是 $P=kSu^2$. 式中 S 是车厢承受风压的面积, 等于 6 m^2, u 是风相对车厢的速度, $k=1.2$. 风的绝对速度为 $v=12$ m/s. 设车厢的初速度为零, 求:

1) 车厢的最大速度 $v_{\max}$.

2) 到达最大速度所需要的时间 T.

3) 速度达到 3 m/s 时, 车厢驶过的路程 x.

答 1) $v_{\max}=4.08$ m/s. 2) $T=\infty$. 3) $x=175.5$ m.

27.27 质量为 m 的质点无初速落向地面, 求其运动方程. 空气阻力与速度平方成正比, 比例系数等于 k.

答 $x=\dfrac{m}{k}\ln\cosh\sqrt{\dfrac{gk}{m}}t$.

27.28 独帆船连同乘客共计 $Q=1962$ N. 由于风对帆的压力, 船在光滑的水平冰面上作直线运动. 帆面 ab 与船运动方向成 45° 角. 风的绝对速度 $\boldsymbol{W}$ 与船运动方向垂直. 风的压力 $\boldsymbol{P}$ 由牛顿公式表示: $P=kSu^2\cos^2\varphi$, 其中 φ 是风的相对速度 $\boldsymbol{u}$ 与帆面的法线 N 的夹角, $S=5$ m^2 是帆的面积, $k=0.113$ 是经验系数. 压力 $\boldsymbol{P}$ 的方向与帆面 ab 垂直. 略去阻力, 求:

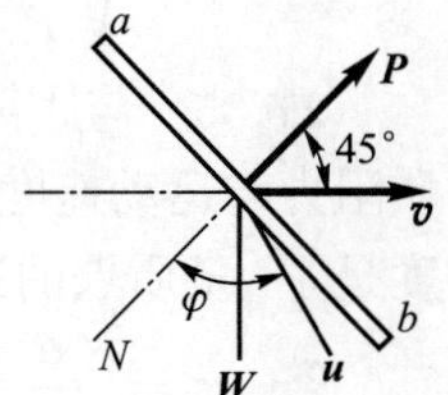

题 27.28 图

1) 独帆船所能达到的最大速度.

2) 在这速度下, 安置在桅杆上的风标与帆面的夹角 α,

3) 设独帆船的初速为零, 则船速达到 $v=\dfrac{2}{3}W$ 所需的路程 x_1.

答 1) $v_{\max}=W$. 2) $\alpha=0°$. 3) $x_1=88.5$ m.

27.29 电车司机逐渐关掉变阻器提高车厢电动机的功率, 使牵引力由零开始与时间正比地增加, 每秒增加 1200 N. 设车厢质量是 10000 kg, 摩擦阻力是常数, 并等于车厢重量的 0.02 倍, 车厢初速度等于零, 求车厢驶过的路程与运动时间的关系.

答 在接通电流 1.635 s 后开始运动, 规律为 $s=0.02(t-1.635)^3$ (以 m 为单位).

27.30 质量为 1 kg 的物体在力 $F=10(1-t)$ (F 以 N 为单位) 的作用下运动,

式中 t 以 s 为单位. 设物体的初速度为 $v_0 = 20$ m/s, 与力的方向相同. 求物体运动的时间与路程.

答 $t = 3.236$ s, $s = 60.6$ m.

27.31 质量为 m 的质点, 在力 $F = F_0\cos\omega t$ 作用下作直线运动, 式中 F_0 和 ω 是常数. 在初瞬时, 质点速度 $\dot{x}_0 = v_0$, 求质点的运动方程.

答 $x = \dfrac{F_0}{m\omega^2}(1-\cos\omega t) + v_0 t$.

27.32 质量为 m 的质点携带电荷 e, 处在交变强度为 $E = A\sin kt$ (A 和 k 都是已知常数) 的均匀电场中. 在电场中, 作用在质点上的力为 $\boldsymbol{F} = e\boldsymbol{E}$, 方向沿着 $\boldsymbol{E}$. 重力的影响不计. 质点的起始位置取作坐标原点, 初速度等于零. 求质点的运动.

答 $x = \dfrac{eA}{mk}\left(t - \dfrac{\sin kt}{k}\right)$.

27.33 假想有一条通过地心的隧道. 已知在地球内部质点所受到的引力正比于质点到地心的距离, 方向指向地心. 将小球从地球表面无初速地放入隧道, 求小球沿此隧道的运动规律. 又已知地球半径 $R = 6.37\times 10^6$ m, 在地球表面的重力加速度 $g = 9.8$ m/s. 求小球穿越地心时的速度以及到达地心的时间.

答 小球到地心的距离按以下规律变化: $x = R\cos\sqrt{\dfrac{g}{R}}t, v = 7.9\times 10^3\ \text{m/s}, T = 1266.4\ \text{s} = 21.1\ \text{min}$.

27.34 物体从高度 h 无初速地落向地面. 不计空气阻力. 地球引力可认为与物体到地心距离的平方成反比. 求物体到达地面所经过的时间 T, 以及物体在这时段内获得的速度 v. 地球半径为 R, 地球表面的重力加速度为 g.

答 $v = \sqrt{\dfrac{2gRh}{R+h}}, T = \dfrac{1}{R}\sqrt{\dfrac{R+h}{2g}}\left(\sqrt{Rh} + \dfrac{R+h}{2}\arccos\dfrac{R-h}{R+h}\right)$.

27.35 与距离成正比的斥力作用在质量为 m 的质点上 (比例系数是 mk_2) . 介质阻力与运动速度成正比 (比例系数是 $2mk_1$). 初瞬时质点到力心的距离是 a, 初速度是零. 求质点的运动规律.

答 $x = \dfrac{\alpha}{\alpha+\beta}(\alpha e^{\beta t} + \beta e^{-\alpha t})$, 式中 $\alpha = \sqrt{k_1^2 + k_2} + k_1, \beta = \sqrt{k_1^2 + k_2} - k_1$.

27.36 质量为 m 的质点在引力作用下由位置 $x = \beta$ 开始无初速地沿轴 x 作直线运动. 引力指向坐标原点, 并按规律 $R = \alpha/x^2$ 变化. 求质点处在位置 $x_1 = \beta/2$ 的时刻, 以及相应的速度.

答 $t_1 = \dfrac{\beta^{3/2}}{2\sqrt{2}}\sqrt{\dfrac{m}{\alpha}}\left(1 + \dfrac{\pi}{2}\right), v_1 = \sqrt{\dfrac{2\alpha}{m\beta}}$.

27.37 质量为 m 的质点在引力和斥力作用下, 由位置 $x_0 = a$ 从静止状态开始运动, 引力与质点到原点的距离成正比: $F_x = -c_1 mx$, 斥力与距离的立方成正比: $Q_x = c_2 mx^3$. 为使质点到达坐标原点并停下来, 求 c_1, c_2 和 a 的关系.

答 $c_1 = \dfrac{1}{2}c_2 a^2$.

27.38 当物体在非均匀介质中运动时, 阻力按规律 $F=-\dfrac{2v^2}{3+s}$ 变化 (F 以 N 为单位), 式中 v 是物体的速度, 以 m/s 为单位, s 是所经路程, 以 m 为单位. 已知初速度为 $v_0=5$ m/s, 试将所走的路程表示成时间的函数.

答 $s=3[\sqrt[3]{5t+1}-1]$ (s 以 m 为单位).

b) 曲线运动

27.39 海防火炮以速度 $v_0=700$ m/s 发射质量为 18 kg 的炮弹. 炮弹在空气中的实际弹道按两种情况表示在图中: 1) 炮轴的仰角等于 45°, 2) 炮轴的仰角等于 75°. 现假设炮弹不受空气阻力, 与实际弹道相比, 求飞行高度和射程增加量.

答 高度增加量: 1) 7.5 km, 2) 12 km. 射程增加量: 1) 36.5 km, 2) 16.7 km.

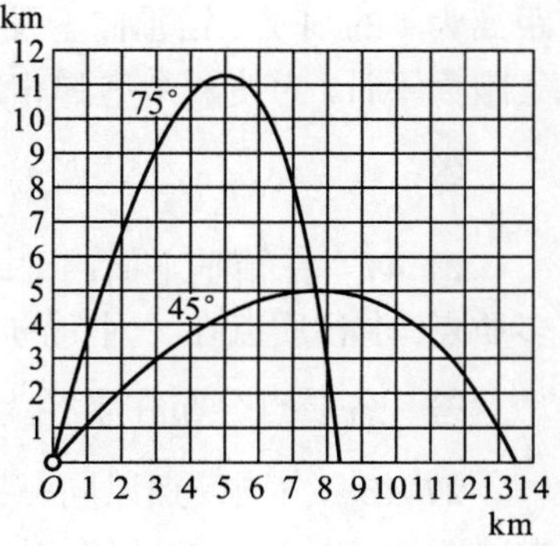

题 27.39 图

27.40 飞机 A 在距地面高度为 4000 m 处以速度 140 m/s 水平飞行. 从飞机上以零相对速度投出一个重物. 欲使此重物落在给定的点 B, 求飞机投放重物时距 B 点的水平距离 x. 空气阻力不计.

答 $x=4000$ m.

27.41 飞机 A 以速度 $\boldsymbol{v}_1$ 在距地面高度 h 处水平飞行. 当飞机到达与炮台 B 同一铅垂线时, 炮台向飞机发出一炮. 求:

1) 命中飞机所需的炮弹初速 v_0.

2) 炮弹发射仰角 α. 空气阻力不计.

答 1) $v_0^2 \geqslant v_1^2+2gh$. 2) $\cos\alpha=v_1/v_0$.

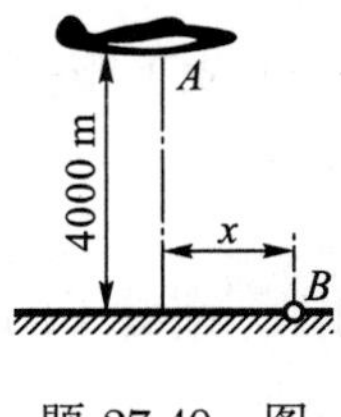

题 27.40 图

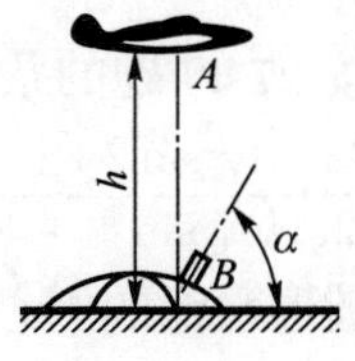

题 27.41 图

27.42 炮弹的最大水平射程等于 L. 当发射角为 30° 时, 求水平射程 l 以及弹道的高度 h. 空气阻力不计.

答 $l=\dfrac{\sqrt{3}}{2}L, h=\dfrac{L}{8}$.

27.43 当发射角为 α 时, 炮弹的水平射程为 l_α. 当发射角为 $\alpha/2$ 时, 求炮弹的水平射程. 空气阻力不计.

答 $l_{\alpha/2}=\dfrac{l_\alpha}{2\cos\alpha}$.

27.44 目标出现在 32 km 距离处, 炮弹的初速是 $v_0=600$ m/s. 求击中目标所需的发射仰角. 空气阻力不计.

答 $\alpha_1=30°18', \alpha_2=59°42'$.

27.45 假定目标高出炮兵阵地 200 m, 重新求解上题.

答 $\alpha_1=30°50', \alpha_2=59°31'$.

27.46 位于点 O 的大炮以初速度 $\boldsymbol{v}_0$、按仰角 α 射击. 同时, 在点 O 前方水平距离为 l 的 A 点, 铅垂向上发射另一炮弹. 速度 $\boldsymbol{v}_0$ 和点 A 位于同一铅直平面内, 空气阻力不计. 为使两个炮弹相遇, 求第二个炮弹的初速度 $\boldsymbol{v}_1$ 的大小.

答 $v_1=v_0\sin\alpha$, 与距离 l 无关, $l<\dfrac{v_0^2\sin 2\alpha}{g}$.

27.47 在铅垂平面内, 由同一点以同一初速 $\boldsymbol{v}_0$ 按所有可能的仰角同时抛出许多质点, 求各质点在 t 时刻的几何位置.

答 各质点分布在半径为 v_0t 的圆周上, 圆心在抛射点正下方 $\dfrac{1}{2}gt^2$ 处.

27.48 由同一点以同一初速 $\boldsymbol{v}_0$ 按所有可能的抛射角度抛出许多质点, 求这些抛物线轨迹的焦点的几何位置.

答 $x^2+y^2=\dfrac{v_0^4}{4g^2}$.

27.49 重为 P 的物体以初速 $\boldsymbol{v}_0$ 按仰角 α 抛出后, 在重力和空气阻力的作用下运动. 设空气阻力与速度成正比: $R=kPv$, 求物体超出最初位置的最大高度.

答 $h=\dfrac{v_0\sin\alpha}{gk}-\dfrac{1}{gk^2}\ln(1+kv_0\sin\alpha)$.

27.50 按上题的条件, 求质点的运动方程.

答 $x=\dfrac{v_0\cos\alpha}{kg}(1-\mathrm{e}^{-kgt}),\qquad y=\dfrac{1}{kg}\left(v_0\sin\alpha+\dfrac{1}{k}\right)(1-\mathrm{e}^{-kgt})-\dfrac{t}{k}$.

27.51 按 27.49 题的条件, 求质点到达最高点时飞行的水平距离 s.

答 $s=\dfrac{v_0^2\sin 2\alpha}{2g(kv_0\sin\alpha+1)}$.

27.52 圆形水池的中心竖立一根上端封口的铅垂水管, 在管子的 1 m 高处, 沿侧表面钻了许多小孔. 假设从这些孔喷出的水柱的仰角为变量 φ ($\varphi<\pi/2$), 各水柱的初速度为 $v_0=\sqrt{\dfrac{4g}{3\cos\varphi}}$ (以 m/s 为单位), 其中 g 为重力加速度, 管高为 1 m. 不论池壁怎样低, 管子喷出的水都应该全部落入水池中. 求水池的最小半径 R.

答 $R=2.83$ m.

27.53 质量为 m 的质点, 受中心引力 O 作用, 在真空中运动. 引力与距离成正比, 在单位距离处, 引力等于 k^2m. 当 $t=0$ 时, $x=a, \dot{x}=0, y=0, \dot{y}=0$, 且 y 轴铅垂向下, 求质点的运动.

答 质点沿线段 $y=\dfrac{g}{k^2}-\dfrac{g}{k^2a}x, |x|\leqslant a$ 作简谐振动: $x=a\cos kt,\quad y=\dfrac{g}{k^2}(1-\cos kt)$.

27.54 质量为 m 的质点在固定中心 O 的斥力作用下运动, 斥力按规律 $\boldsymbol{F}=k^2m\boldsymbol{r}$ 变化, 其中 $\boldsymbol{r}$ 为点的矢径. 开始时, 质点在 $M_0(a,0)$ 处, 速度为 $\boldsymbol{v}_0$, 速度方向平行于 y 轴. 求质点的轨迹.

答 $\left(\dfrac{x}{a}\right)^2-\left(\dfrac{ky}{v_0}\right)^2=1$ (双曲线).

27.55 弹性绳系在点 A 并穿过固定光滑小环 O, 在绳的自由端系着质量为 m 的小球 M. 绳未被拉伸时的长度是 $l=AO$. 设绳的张力与伸长成正比, 将绳拉长 1 m 需要是力为 k^2m (以 kg 为单位). 现在沿 AB 方向将绳拉长一倍, 小球速度 $\boldsymbol{v}_0$ 与 AB 垂直. 略去重力的作用, 求小球的轨迹.

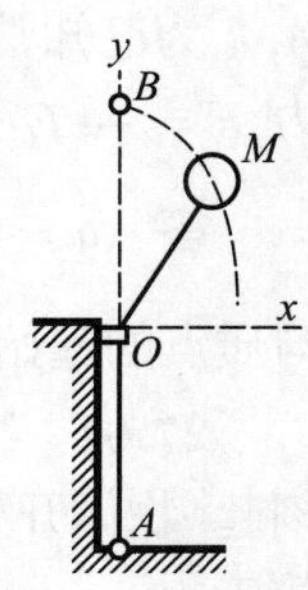

题 27.55 图

答 椭圆 $\dfrac{k^2x^2}{v_0^2}+\dfrac{y^2}{l^2}=1$.

27.56 质量为 m 的质点 M 受到 n 个固定中心 $C_1,C_2,\cdots,C_n$ 的吸引. 质点 M 与所有的引力中心在同一平面 Oxy 内, 中心 C_i ($i=1,2,\cdots,n$) 的吸引力等于 $k_im\cdot\overline{MC_i}$ (以 N 为单位). 当 $t=0$ 时, $x=x_0, y=y_0, \dot{x}=0, \dot{y}=v_0$, 忽略重力的作用, 求质点 M 的轨迹.

答 椭圆 $\left(\dfrac{x-a}{x_0-a}\right)^2+\left[(y-b)+\dfrac{x-a}{x_0-a}(b-y_0)\right]^2\dfrac{k}{v_0^2}=1$, 式中 $a=\dfrac{1}{k}\sum\limits_{i=1}^{n}k_ix_i$, $b=\dfrac{1}{k}\sum\limits_{i=1}^{n}k_iy_i, k=\sum\limits_{i=1}^{n}k_i$.

27.57 质点 M 受两个中心 C_1,C_2 的吸引. 引力与距离成正比, 分别为 $km\cdot\overline{MC}_1$ 和 $km\cdot\overline{MC}_2$. C_1 固定在坐标原点, C_2 沿 x 轴作匀速运动, 横坐标 $x_2=2(a+bt)$. 当 $t=0$ 时, 质点在 xy 平面内, 坐标为 $x=y=a$, 速度的投影 $\dot{x}=\dot{z}=b, \dot{y}=0$, 求质点 M 的轨迹.

答 螺旋线, 在以 Ox 为轴的椭圆柱上, 方程为 $\dfrac{y^2}{a^2}+\dfrac{2kz^2}{b^2}=1$, 螺距是 $\pi b\sqrt{\dfrac{2}{k}}$.

27.58 质量为 m 的质点带负电荷 e, 以初速 $\boldsymbol{v}_0$ 进入强度为 $\boldsymbol{E}$ 的均匀电场中, 速度方向与电场强度方向垂直. 质点在电场中受到力 $\boldsymbol{F}=e\boldsymbol{E}$ 的作用, 力的方向与 $\boldsymbol{E}$ 的方向相反. 重力的作用不计, 求质点的运动轨迹.

答 抛物线, 参数为 $\dfrac{mv_0^2}{eE}$.

27.59　质量为 m 的质点带负电荷 e, 以速度 $\boldsymbol{v}_0$ 进入强度是 $\boldsymbol{H}$ 的均匀磁场中, 速度方向与磁场强度垂直. 设已知作用在质点上的力是:

$$\boldsymbol{F} = -e(\boldsymbol{v} \times \boldsymbol{H}),$$

求质点的运动轨迹.

题 27.59　图

解题时采用点的运动方程在轨迹的切线与主法线上的投影.

答　圆周, 半径是 $\dfrac{mv_0}{eH}$.

27.60　质量为 m 的质点带电荷 e, 以速度 $\boldsymbol{v}_0$ 进入强度按 $E = A\cos kt$ (其中 A, k 为已知常数) 变化的均匀电场中, 速度方向与电场强度垂直. 质点在电场中受到力 $\boldsymbol{F} = -e\boldsymbol{E}$ 的作用. 不计重力的影响, 求质点运动的轨迹.

答　$y = -\dfrac{eA}{mk^2}\left(1 - \cos\dfrac{k}{v_0}x\right)$, 其中轴 y 沿电场强度方向, 坐标原点在电场中与质点的起始位置重合.

27.61　物体 M 在粗糙斜面上用线拉着, 沿水平方向平行于 AB 运动. 从某时刻起, 物体开始作匀速直线运动, 在两个相互垂直的速度分量中, 平行于 AB 的分量等于 12 m/s. 已知: 斜面坡度是 $\tan\alpha = \dfrac{1}{30}$, 摩擦系数是 $f = 0.1$, 物体质量是 30 kg. 试求另一速度分量 v_1 和线的张力 T.

答　$v_1 = 4.24\ \text{cm/s}, T = 27.7\ \text{N}$.

27.62　质量为 m 的质点 M 受两个固定中心 O_1 和 O_2 的吸引 (见图). 引力的大小与到点 O_1 和 O_2 的距离成正比, 比例系数相同, 都等于 c. 质点在点 A_0 开始以垂直于直线 O_1O_2 的速度 $\boldsymbol{v}_0$ 运动. 已知: 点 A_0 到轴 y 的距离等于 $2a$. 求质点 M 的轨迹、质点穿过直线 O_1O_2 的时刻, 并计算在这些时刻质点的坐标.

答　椭圆 $\dfrac{x^2}{(2a)^2} + \dfrac{y^2}{(v_0/k)^2} = 1$, 式中 $k = \sqrt{\dfrac{2c}{m}}$. 质点穿过 O_1O_2 线的时刻和坐标分别是 $t = 0, x_0 = -2a, y_0 = 0; t_1 = \dfrac{\pi}{k}, x_1 = 2a, y_1 = 0; t_2 = \dfrac{2\pi}{k}, x_2 = -2a, y_2 = 0$ 等. 质点描出椭圆的时间是 $T = \dfrac{2\pi}{k}$.

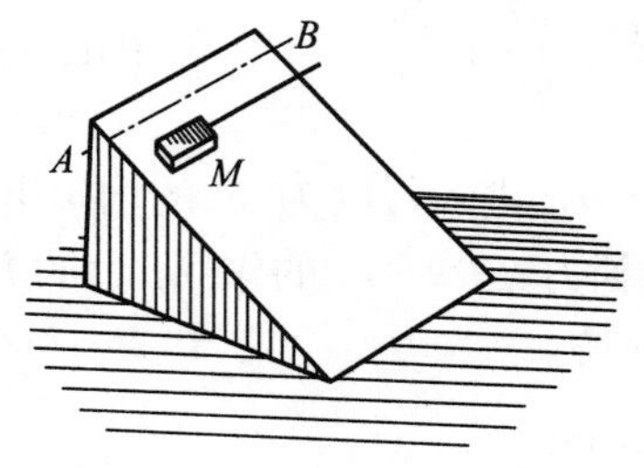

题 27.61　图

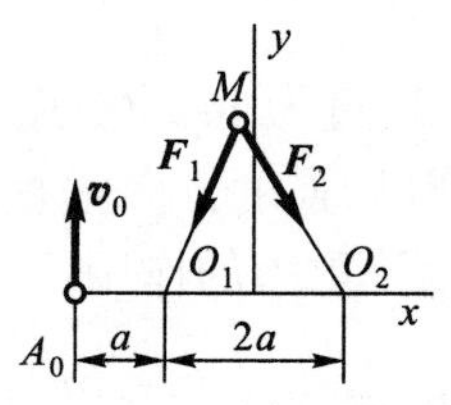

题 27.62　图

27.63 质量为 m 的质点 A 由位置 $\boldsymbol{r}=\boldsymbol{r}_0$ (式中 $\boldsymbol{r}$ 是质点的矢径) 出发以垂直于 $\boldsymbol{r}_0$ 的速度 $\boldsymbol{v}_0$ 开始运动, 作用在质点上的引力指向中心 O, 大小与距离成正比, 比例系数为 mc_1. 此外, 常力 $mc\boldsymbol{r}_0$ 也作用在质点上. 求 1) 质点的运动方程, 2) 质点的运动轨迹, 3) 运动轨迹通过中心 O 所需的 c_1/c, 4) 质点通过中心 O 的速度.

答 1) $\boldsymbol{r}=\dfrac{c}{c_1}\boldsymbol{r}_0+\dfrac{\boldsymbol{v}_0}{\sqrt{c_1}}\sin\sqrt{c_1}t+\boldsymbol{r}_0\left(1-\dfrac{c}{c_1}\right)\cos\sqrt{c_1}t.$

2) 椭圆 $\left[\dfrac{x-\dfrac{c}{c_1}r_0}{r_0\left(1-\dfrac{c}{c_1}\right)}\right]^2+\left(\dfrac{y\sqrt{c_1}}{v_0}\right)^2=1.$

3) 如 $c_1/c=2$, 则质点 A 通过中心 O.

4) 在 $t=\pi/\sqrt{c_1}$ 时刻, 质点 A 以速度 $\boldsymbol{v}=-\boldsymbol{v}_0$ 通过中心 O.

27.64 质量为 m 的质点在 $t=0$ 时从 $x_0=0, y_0=h$ 落下, 质点同时受重力 (平行于 y 轴) 和斥力作用, 斥力与质点到 y 轴的距离成正比 (比例系数是 c). 质点的初速度在坐标轴上的投影 $v_x=v_0, v_y=0$. 求质点的轨迹和质点穿过轴 x 的时刻 t_1.

答 轨迹 $x=\dfrac{v_0}{k}\sinh k\sqrt{\dfrac{2}{g}(h-y)}$, 式中 $k=\sqrt{\dfrac{c}{m}}, t_1=\sqrt{\dfrac{2h}{g}}$.

27.65 质量为 m 的质点 M 在重力作用下沿半径为 r 的光滑半圆柱内表面运动. 在开始瞬时, $\varphi_0=\pi/2$, 质点初速度等于零. 求质点 M 的速度, 以及 $\varphi=30^\circ$ 时圆柱表面的反力.

答 $v=\sqrt[4]{3}\cdot\sqrt{gr}$, $\quad T=\dfrac{3\sqrt{3}}{2}mg$.

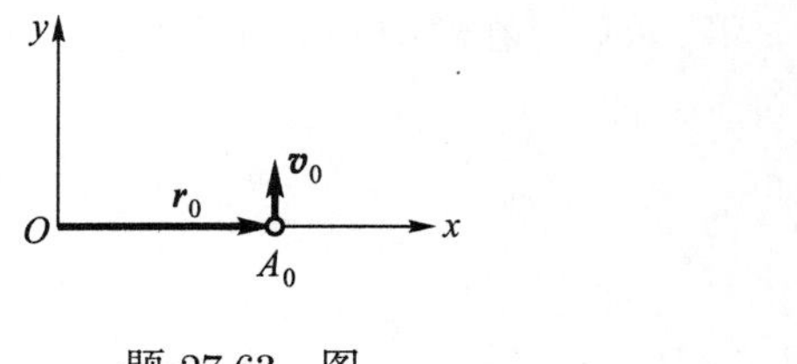

题 27.63 图

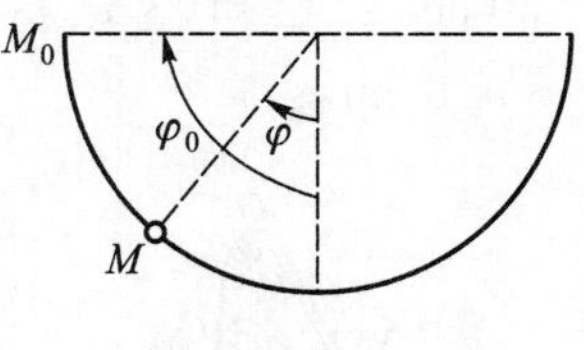

题 27.65 图

§28. 质点动量定理 · 质点动量矩定理

28.1 列车沿水平直线轨道行驶, 制动的时候, 阻力等于车重的 0.1 倍. 开始制动时列车速度等于 20 m/s. 求制动的时间和制动距离.

答 20.4 s, 204 m.

28.2 物体沿着倾角为 $\alpha=30^\circ$ 的粗糙斜面滑下, 初速是零. 若摩擦系数是 $f=0.2$, 求物体滑过路程 $l=39.2$ m 所需的时间 T.

答　$T = 5$ s.

28.3　质量为 4×10^5 kg 的列车以 15 m/s 的速度驶上坡, 已知坡度为 $i = \tan\alpha = 0.006$ (α 是斜坡倾角). 列车运动中的摩擦系数等于 0.005. 经过 50 s, 列车的速度降到 12.5 m/s. 求机车的牵引力.

答　23120 N.

28.4　小锤 M 系在不可伸长的线 MOA 一端, 线的一段穿过铅垂小管. 小锤绕着管轴沿半径为 $MC = R$ 的圆周作 120 r/min 的旋转运动. 现在慢慢拉管内的线段 OA, 使外面的线段长度缩短到 OM_1, 此时小锤作半径为 $\dfrac{R}{2}$ 的圆周运动. 求小锤沿圆周运动的转速.

答　480 r/min.

28.5　为了确定列车负荷的质量, 在机车和车厢之间安放一个测力计. 在 2 min 内测力计的平均读数是 10^6 N. 在这段时间内列车获得了 16 m/s 的速度 (开始时列车是静止的). 设摩擦系数是 $f = 0.02$, 求列车的质量.

答　3036 t.

28.6　汽车以 20 m/s 的速度行驶, 在制动后 6 s 停止, 求车轮与路面的摩擦系数 f.

答　$f = 0.34$.

28.7　质量为 20 g 的子弹以速度 $v = 650$ m/s 从枪膛中射出, 子弹在枪膛中走了 $t = 0.00095$ s. 设枪膛的横截面积是 $\sigma = 150\ \text{mm}^2$, 求射出子弹所需的气体平均压力.

答　平均压力是 $9.12 \times 10^4\ \text{N/mm}^2$.

28.8　质点 M 在固定中心引力的作用下绕该中心运动. 质点在离中心最近时, 速度 $v_1 = 30$ cm/s. 已知 r_2 是 r_1 的 5 倍. 求质点在离中心最远时的速度 v_2.

答　$v_2 = 6$ cm/s.

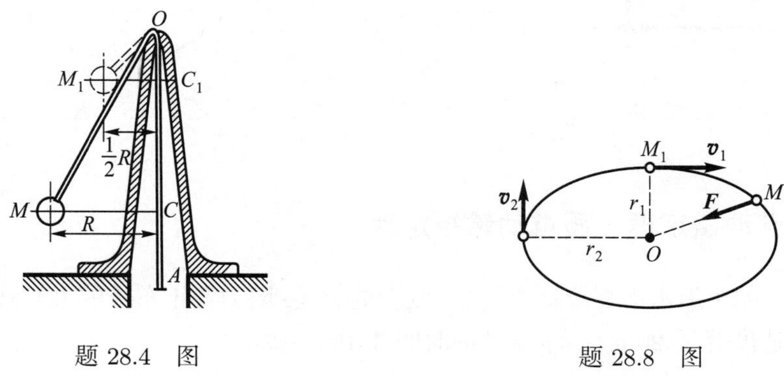

题 28.4　图　　　　题 28.8　图

28.9　求炮弹从最初位置 O 到最高位置 M 时间段内所有外力的总冲量. 已知: $v_0 = 500$ m/s, $\alpha_0 = 60°$, $v_1 = 200$ m/s, 炮弹质量是 100 kg.

答 总冲量的投影是 $S_x = -5000\ \mathrm{N\cdot s}, S_y = -43300\ \mathrm{N\cdot s}$.

28.10 两颗小行星 M_1 和 M_2 沿着同一椭圆轨道运动, 太阳位于此椭圆的焦点 S. 两颗小行星相距很近, 因此圆弧 M_1M_2 可以看作直线段. 当 M_1M_2 的中点在近日点 P 时, M_1 与 M_2 的距离为 a. 设两颗小行星以同一面积速度运动, 并且 $SP = R_1, SA = R_2$. 当 M_1M_2 的中点经过远日点 A 时, 求两颗小行星的距离.

答 $M_1M_2 = \dfrac{R_1}{R_2}a$.

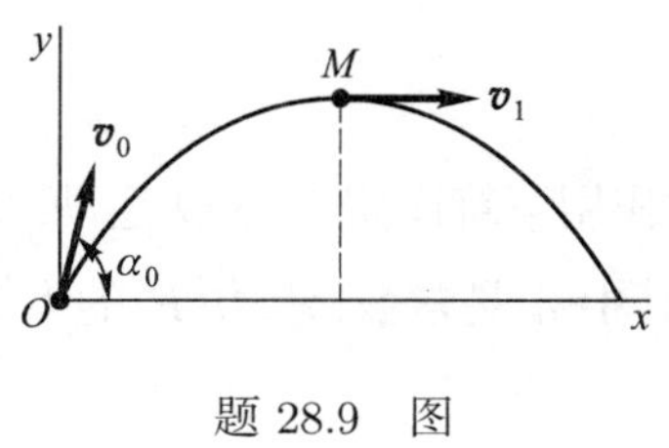

题 28.9 图

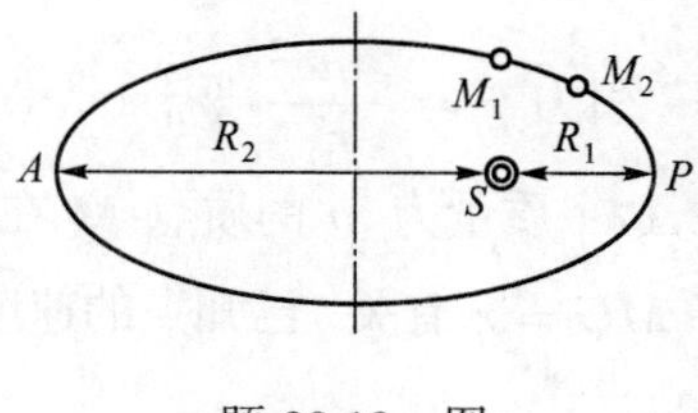

题 28.10 图

28.11 质量为 40 kg 的小孩站在雪橇上, 雪橇质量为 20 kg. 小孩以每秒 20 N·s 的冲量作用于雪橇. 设摩擦系数是 $f = 0.01$, 求经 15 s 雪橇获得的速度.

答 $v = 3.53\ \mathrm{m/s}$.

28.12 质点以速度 $v = 0.2\ \mathrm{m/s}$ 沿着圆周匀速运动, 在 $T = 4\ \mathrm{s}$ 时间内绕行了一周. 设质点的质量 $m = 5\ \mathrm{kg}$, 求半周期内质点所受的力的冲量 S 以及力的平均值.

答 $S = 2\ \mathrm{N\cdot s}, F = 1\ \mathrm{N}$.

28.13 两个数学摆悬挂在不同长度的绳上 (摆长 $l_1 > l_2$) 作振幅相同的简谐运动. 两摆同时由最大偏度位置开始同向摆动. 设两摆在经过一段时间后同时回到平衡位置, 求摆长 l_1 与 l_2 的关系. 又求时间间隔 T 的最小值.

答 $\sqrt{\dfrac{l_1}{l_2}} = \dfrac{k}{n}$, 其中 k, n 都为整数, 而且比值 $\dfrac{k}{n}$ 不可约分, $T = kT_2 = nT_1$.

28.14 质量为 m 的小球用不可伸长的绳系住, 在光滑的水平面上运动. 绳的另一端以匀速 a 拉入平面上的小孔中. 设开始时绳是直的, 球与孔间的距离是 R, 球的初速在垂直绳的方向投影等于 v_0, 求小球的运动以及绳的张力 T.

答 用极坐标表示的小球的运动方程为 $r = R - at, \varphi = \dfrac{v_0 t}{R - at}$, 其中坐标原点取在小孔的位置上, 且 φ_0 等于零. $T = \dfrac{mv_0^2R^2}{(R-at)^3}$.

28.15 试按下列已知数据求太阳的质量 M: 地球半径是 $R = 6.37\times 10^6\ \mathrm{m}$, 平均密度是 $5.5\ \mathrm{t/m^3}$, 地球轨道的长半轴是 $a = 1.49\times 10^{11}\ \mathrm{m}$, 地球绕太阳的周期是 $T = 365.25$ 昼夜. 质量各为 1 kg 的两个物体相距 1 m 时, 万有引力等于 $\dfrac{gR^2}{m}$ (以 N 为单位), 其中 m 是地球的质量. 由开普勒定律, 太阳对地球的引力等于 $\dfrac{4\pi^2\alpha^3 m}{T^2r^2}$, 其中 r 是地球与太阳间的距离.

答　$M = 1.966 \times 10^{30}$ kg.

28.16　质量为 m 的质点在中心力 $\boldsymbol{F}$ 的作用下运动轨迹为双扭线: $r^2 = a\cos 2\varphi$, 其中 a 是常数, r 是质点到力中心的距离. 开始时, $r = r_0$, 质点的速度等于 $\boldsymbol{v}_0$, 速度方向与质点到力中心的连线成 α 角. 设已知力 $\boldsymbol{F}$ 只与距离有关, 求此力的大小.

按比耐公式 $F = -\dfrac{mc^2}{r^2}\left(\dfrac{\mathrm{d}^2\left(\dfrac{1}{r}\right)}{\mathrm{d}\varphi^2} + \dfrac{1}{r}\right)$ 解此题, 其中 c 为质点扇面积速度的两倍.

答　引力 $F = \dfrac{3ma^2}{r^7} r_0^2 v_0^2 \sin^2\alpha$.

28.17　质量为 m 的质点 M 在中心力 $\boldsymbol{F}$ 的作用下绕固定中心 O 运动, 此力只与距离 $MO = r$ 有关. 已知点的速度是 $v = \dfrac{a}{r}$, 其中 a 是常数, 求力 $\boldsymbol{F}$ 的大小及质点的轨迹.

答　引力 $F = \dfrac{ma^2}{r^3}$, 轨迹为对数螺线.

28.18　质量为 1 kg 的质点在中心力的吸引下运动, 此力与距离的立方成反比. 在距离等于 1 m 时, 引力等于 1 N, 开始时质点与力心的距离等于 2 m, 速度为 $v_0 = 0.5$ m/s, 速度方向与质点到力中心连线成 45° 角. 试求质点的运动.

答　$r^2 = \sqrt{2}t + 4, \quad r = 2\mathrm{e}^{\varphi}$.

28.19　质量为 1 kg 的质点 M 受固定中心 O 的吸引, 吸引力与距离的五次方成反比. 当距离是 1 m 时, 引力是 8 N. 在初瞬时质点位于 $OM_0 = 2$ m 处, 速度为 0.5 m/s, 速度方向与 OM_0 垂直. 求质点的轨迹.

答　半径为 1 m 的圆周, 圆心在直线 OM_0 上距力中心 1 m.

28.20　质量为 0.2 kg 的质点在固定中心引力的作用下按牛顿引力定律运动. 质点在 50 s 内绕椭圆轨道一周, 此椭圆的半长轴和半短轴分别是 0.1 m 和 0.08 m. 求引力 F 的最大值和最小值.

答　$F_{\max} = 1.97 \times 10^{-3}$ N, $\quad F_{\min} = 1.23 \times 10^{-4}$ N.

28.21　数学摆每秒钟摆动一次, 亦称为秒摆, 并用来计算时间. 设重力加速度等于 981 cm/s^2, 求摆的长度. 在月球上重力加速度是地球上的六分之一, 试问此摆在月球上指示多长的时间? 又问月球上秒摆的长度?

答　$l = 99.4$ cm, $T_1 = 2.45$ s, $l_1 = 16.56$ cm.

28.22　在地球上某一点, 秒摆指示的时间是准确的, 将它移到另一个地点后, 在一昼夜内慢了 T s. 求秒摆所处新位置的重力加速度.

答　$g_1 = g_0\left(1 - \dfrac{T}{86400}\right)^2$, 式中 g_0 是在秒摆原位置的重力加速度.

§29. 功与功率

29.1 混凝土块 $ABCD$ 的尺寸如图所示, 质量为 4000 kg. 求为使它绕边棱 D 转动翻倒所需的功.

答 39.24 kJ.

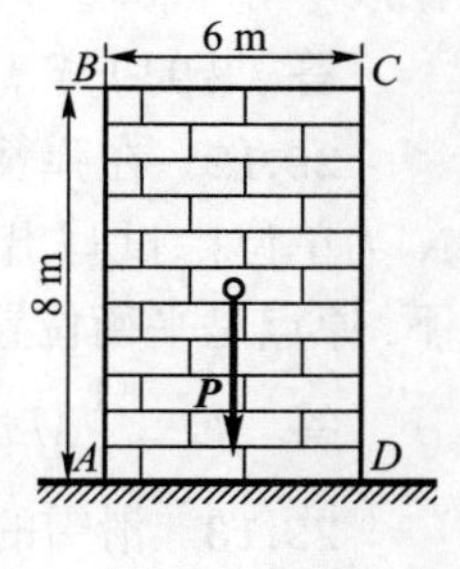

题 29.1 图

29.2 为了将质量为 2 t 的物体沿着倾角为 30° 的斜面推上 5 m, 求所需的功. 设摩擦系数是 0.5.

答 183 kJ.

29.3 为了把体积为 5000 m^3 的水提高 3 m, 安装了一个 2 马力的抽水机. 设抽水机的效率是 0.8, 求完成工作需的时间. (马力是非法定计量单位, 1 马力 = 735.49875 W.——编注)

所谓效率, 是指将水提高的有用功与发动力实际所做功的比值, 由于阻力的缘故, 效率总是小于 1.

答 34 h 43 min 20 s.

29.4 机器每分钟将质量为 200 kg 的大锤举起 84 次, 每次升高 0.75 m, 设机器的效率是 0.7, 求机器的功率.

答 2.94 kW.

29.5 在一条河流上有三个依次分布的瀑布, 第一个瀑布的落差是 12 m, 第二个瀑布的落差是 12.8 m, 第三个瀑布的落差是 15 m. 河水的平均流量是 75.4 m^3/s, 求这三个瀑布的总功率.

答 29.4 MW.

29.6 电车路线上共有 45 台电车, 每台电车的质量都是 10 t, 摩擦力等于车重的 0.02 倍, 电车的平均速度是 3.3 m/s, 设电网的耗损是 5%, 求电网中心站涡轮发动机的功率.

答 309 kW.

29.7 设斜面倾角为 30°, 今将质量是 20 kg 的物体沿斜面推上 6 m 的距离, 摩擦系数等于 0.01, 求所做的功.

答 598 J.

29.8 当轮船以 15 节的速度航行时, 船上发动机的功率是 3800 kW. 设发动机螺旋桨的效率是 0.41, 1 节 =0.5144 m/s, 求水对轮船的阻力.

答 201.9 kN.

29.9 求内燃机发动机的功率. 设: 在全冲程中对活塞的平均压力等于 49 N/cm^2, 活塞冲程长度是 40 cm, 活塞面积是 300 cm^2, 每分钟工作冲程数是 120, 工作效率是 0.9.

答 10.6 kW.

29.10 研磨环的直径是 0.6 m, 以 120 r/min 转动. 所需的功率是 1.2 kW. 研磨

环与零件的摩擦系数等于 0.2. 求研磨环对零件的压力.

答 1591.5 N.

29.11 龙门刨床的工作行程是 2 m, 行进时间是 10 s, 刨削力等于 11.76 kN, 工作效率等于 0.8, 设运动是匀速的, 求刨床动力的功率.

答 2.94 kW.

29.12 在弹簧下端挂有质量为 M 的重物. 将弹簧拉长 1 m 需要的力为 c (以 N 为单位). 试写出在弹簧上重物的总机械能表达式. 以 x 轴描述运动, 该轴铅垂向下, 原点是平衡位置.

答 $E=\dfrac{1}{2}M\dot{x}^2+\dfrac{1}{2}cx^2-Mgx.$

29.13 滑雪的人在水平道路上滑行 20 km 的过程中, 重心作振幅为 8 cm、周期为 $T=4$ s 的简谐振动. 滑雪人的质量是 80 kg, 滑雪板与雪的摩擦系数是 $f=0.05$, 设全部路程耗时 1 h 30 min. 求滑雪人在行进中所做的功及其平均功率.

提示: 设滑雪人在重心下降时, 用于制动的功等于将重心提升一高度所做功的 0.4 倍.

答 $A=1021$ kJ, $N=188.9$ W.

29.14 数学摆 A 的重为 P, 长为 l, 在水平力 $P\dfrac{x}{l}$ 的作用下升到高度 y. 试用以下两种方法计算摆的势能: 1) 将重力所做的功作为势能来计算, 2) 将力 $P\dfrac{x}{l}$ 所做的功作为势能来计算. 又问: 在什么情况下, 这两种方法求得的结果相同?

答 1) Py. 2) $\dfrac{1}{2}\dfrac{Px^2}{l}$. 如果可以略去 y^2 项, 两种结果相同.

29.15 为了测定发动机的功率, 在它的滑轮 A 上套一个带有许多块木瓦的绦带. 绦带的右段 BC 由弹簧秤 Q 支持, 左段 DE 被重物拉紧. 当发动机以 120 r/min 匀速转动时, 弹簧秤指示右边绦带的张力等于 39.24 N. 重物的质量是 1 kg, 滑轮的直径是 $d=63.6$ cm, 求发动机的功率. 绦带的 BC 与 DE 段上张力之差等于制动滑轮所需的力, 试求此力在 1 s 内所做的功.

答 117.5 W.

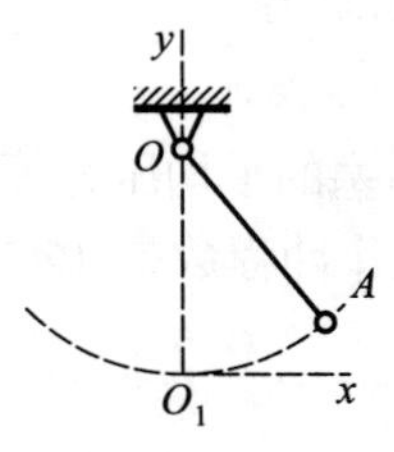

题 29.14 图

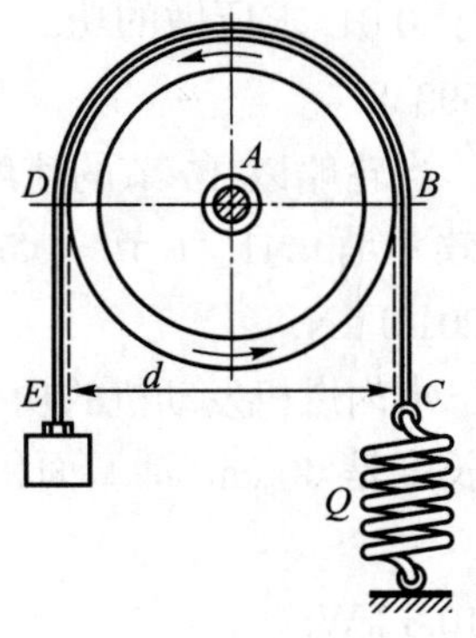

题 29.15 图

29.16 皮带用来传递 14.71 kW 的功率. 皮带轮半径是 0.5 m, 角速度为 150 r/min. 设皮带主动段的张力 T 是从动段张力 t 的两倍. 求张力 T 和 t.

答 $t = 1873\ \mathrm{N}, T = 3746\ \mathrm{N}$.

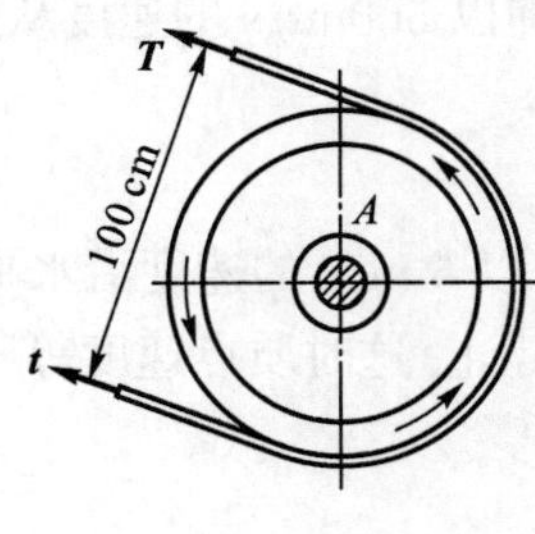

题 29.16 图

§30. 质点动能定理

30.1 质量为 m 的物体 E 位于光滑的水平面上, 刚度为 c 的弹簧一端与此物体相连, 另一端固连在铰链 O_1 上. 弹簧原长是 $l_0, OO_1 = l$. 在开始瞬间, 物体 E 偏离平衡位置 O, 在极限位置 $OE = a$ 处无初速释放. 求此物体在通过平衡位置瞬间的速度.

答 $\boldsymbol{v} = \sqrt{\dfrac{2c}{m}\left[\dfrac{a^2}{2} + l_0(l - \sqrt{l^2 + a^2})\right]}$.

30.2 在上题条件下, 求物体 E 在通过平衡位置 O 时的速度. 设平面是粗糙的, 滑动摩擦系数是 f.

答 $v^2 = \dfrac{2}{m}\left\{c\left[\dfrac{a^2}{2} + l_0(l - \sqrt{l^2 + a^2})\right] - f\left[(mg + cl)a + cl_0 l \ln\dfrac{l}{a + \sqrt{l^2 + a^2}}\right]\right\}$.

30.3 物体 K 在粗糙斜面上处于静止状态. 斜面的倾角是 α, $f_0 > \tan\alpha$, 式中 f_0 是静摩擦系数. 在某瞬时给物体初速度 $\boldsymbol{v}_0$, 方向沿斜面向下. 求物体在停止前走过的路程 s. 设动摩擦系数是 f.

答 $s = \dfrac{v_0^2}{2g(f\cos\alpha - \sin\alpha)}$.

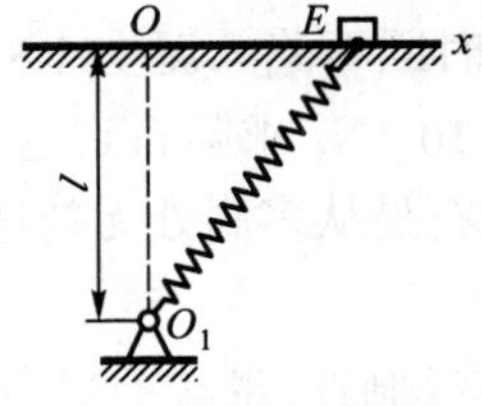

题 30.1 图

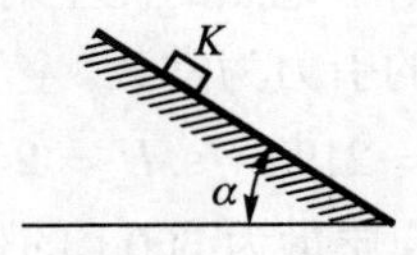

题 30.3 图

30.4 重物沿着倾角 30° 的斜面无初速滑下. 设摩擦系数是 0.1, 求此物体开始运动 2 m 时具有的速度.

答 4.02 m/s.

30.5 质量为 24 kg 的炮弹以 500 m/s 的速度从炮口射出, 炮筒长 2 m. 求爆炸气体对炮弹的平均压力.

答 1500 kN.

30.6 质量为 3 kg 的质点以 5 m/s 的速度沿水平直线向左运动. 现在给质点向右的作用力, 此力作用 30 s 后停止, 这时质点速度等于 55 m/s, 方向朝右. 求此力的大小及其所做的功.

答 $F = 6\ \mathrm{N}, A = 4.5\ \mathrm{kJ}$.

30.7 列车在接近车站时以速度 10 m/s 沿着坡度为 $\alpha = 0.008$ rad 的斜坡驶下. 在某瞬时司机开始制动, 制动轮轴摩擦所产生的阻力等于车重的 0.1 倍. 求制动距离与制动时间. 设 $\sin\alpha = \alpha$.

答 55.3 m, 11.8 s.

30.8 质量为 200 t 的列车以 0.2 $\mathrm{m/s^2}$ 的加速度沿水平直线轨道行驶. 轮轴摩擦产生的阻力是车重的 0.01 倍, 阻力与速度无关. 设开始时刻列车的速度等于 18 m/s, 求 $t = 10$ s 时机车的功率.

答 1192 kW.

30.9 方梁以初速 v_0 沿粗糙的水平面运动, 经过一段距离 s 后完全停止. 设摩擦力与正压力成正比, 求滑动摩擦系数.

答 $f = \dfrac{v_0^2}{2gs}$.

30.10 铁路平台车的质量是 6 t, 运动时轮轴摩擦产生的阻力等于车重 0.0025. 一名工人撑住静止的平台车, 以 250 N 的推力将车沿直线轨道推动. 走过 20 m 后, 让平台车自己继续前进. 不计空气阻力及轮子与轨道的摩擦. 求平台车运动的最大速度, 以及平台车停止前走过的路程.

答 $v_{\max} = 0.82\ \mathrm{m/s}, s = 34\ \mathrm{m}$.

30.11 设往墙上钉钉子时, 墙的阻力是 700 N, 每次锤击后钉子深入 $l = 0.15$ cm. 锤子打击钉帽的速度是 $v = 1.25$ m/s, 求锤子的质量.

答 1.344 kg.

30.12 质量为 39 kg 的陨石落到地球上. 落下时陨石陷入泥土 1.875 m. 计算表明, 陨石落下地点的泥土对陷入物体的阻力是 5×10^5 N. 求陨石到达地面时的速度. 设地球的引力为常数, 空气阻力不计. 又问: 此陨石是从多高处无初速落下的?

答 $v = 219\ \mathrm{m/s}, H = 2453\ \mathrm{m}$.

30.13 质量为 500 t 的列车, 在关闭发动机后不受制动, 继续前进. 受到的阻力为 $R = (7650 + 500v)$ (R 以 N 为单位) , 式中 v 是速度, 以 m/s 为单位. 设列车的初

速度是 $v_0 = 15$ m/s, 求列车在停止前行驶的距离.

答　4.5 km.

30.14　材料撞击试验机的主要部分是固定在杆上的钢铸物 M, 此杆可以几乎不受摩擦地绕固定水平轴 O 转动. 杆的质量不计, 并可把钢铸件看作一个质点, $OM = 0.981$ m. 求此钢铸件从最高位置 A 以极小初速落到其最低位置 B 时的速度.

答　$v = 6.2$ m/s.

30.15　车架弹簧的挠度 x 与负载成正比, 已知在 4 kN 的负载下它陷下 1 cm. 试写出表示弹簧势能的公式.

答　$\Pi = 20x^2 + C$ (以 J 为单位), 其中 x 以 cm 为单位.

题 30.14　图

30.16　自动弹射器的弹簧原长为 20 cm. 使弹簧长度改变 1 cm 需要 1.96 N 的力. 如把弹簧压缩到 10 cm 长, 求质量为 30 g 的小球被弹射出去的速度 v. 弹射器水平放置.

答　$v = 8.08$ m/s.

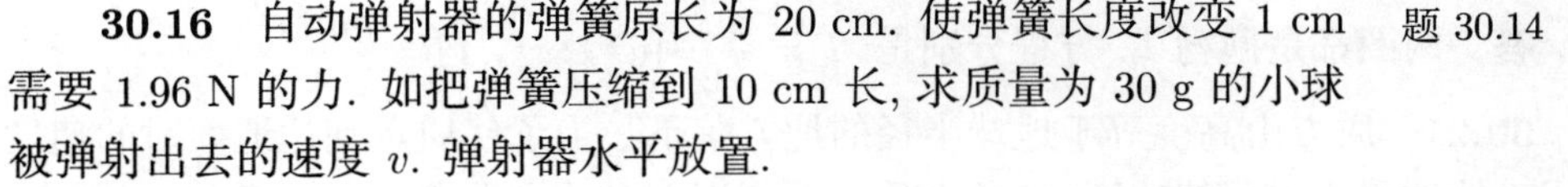

题 30.16　图

30.17　梁的中部载有重物 Q, 静挠度是 2 mm. 不计梁的质量, 求下列两种情况下梁的最大挠度: 1) 重物 Q 放在未弯曲的梁上无初速地释放. 2) 重物由 10 cm 高度处无初速地落到梁的中部.

在解题时应注意: 梁作用于重物上的力与梁的挠度成正比.

答　1) 4 mm. 2) 22.1 mm.

30.18　两个未受力的弹簧 AC 和 BC 放置在水平线 Ax 上, A 与 B 以铰链固定, 另一端都联于小锤 C 上, 锤的质量是 2 kg. 弹簧 AC 缩短 1 cm 需要 20 N 的力, 弹簧 CB 伸长 1 cm 需要 40 N 的力. 设 $AC = BC = 10$ cm, 小锤初速度 $v_0 = 2$ m/s, 方向保证小锤在以后运动时可以通过点 D. 如果以点 A 为坐标原点, 取坐标轴如图所示, 点 D 在铅垂面 xy 内, 坐标是 $x_D = 8$ cm, $y_D = 2$ cm. 求小锤通过点 D 时的速度 v.

答　$v = 1.77$ m/s.

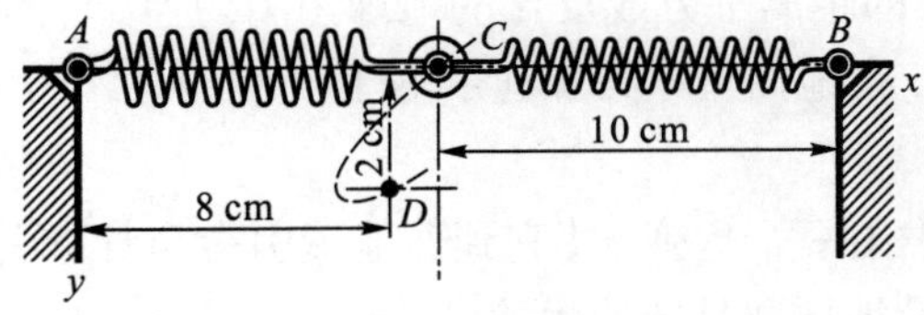

题 30.18　图

30.19 重为 P 的重物 M, 用长为 l 的不可伸长的绳固定在点 O, 并从点 A 出发无初速地在铅垂平面内运动. 由于没有阻力, 重物到达了点 C, 此时速度为零. 重物 M 在点 B 时的重力势能取为零, 试作出动能和势能变化图. 并求两者之和与角 φ 的关系.

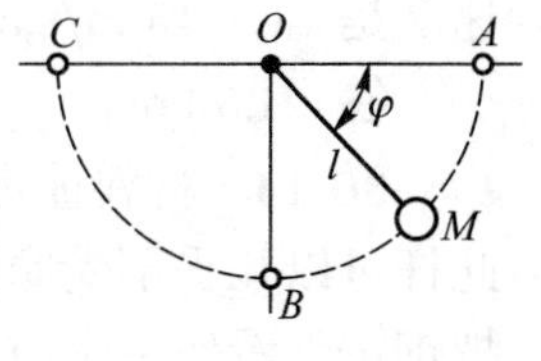

题 30.19 图

答 两正弦曲线和一直线, 方程分别为 $T = Pl\sin\varphi, V = Pl(1-\sin\varphi), T+V = Pl$.

30.20 质量为 m 的质点在弹性恢复力的作用下沿直线 Ox 按规律 $x = a\sin(kt+\beta)$ 作简谐运动. 略去阻力, 试作出动点的动能 T 与势能 V 随坐标 x 变化的图. 在坐标原点 $V = 0$.

答 两图都是抛物线, 方程分别是: $T = \dfrac{mk^2}{2}(a^2 - x^2), V = \dfrac{mk^2x^2}{2}$.

30.21 质点由高度等于地球半径的地方落下. 为了使质点到达地面时的速度等于由地球引力引起的速度, 应该在质点上作用多大的铅垂常力来代替引力? 注意: 这个铅垂力的大小和方向都不变, 地球引力与质点到地心距离的平方成反比.

答 $\dfrac{P}{2}$, 式中 P 是质点在地球表面的重量.

30.22 水平弹簧的自由端固连着质点, 弹簧受力 $\boldsymbol{P}$ 压缩处于静止. 力 $\boldsymbol{P}$ 突然变为相反方向. 不计弹簧的质量, 求此时弹簧获得的最大伸长量 l_2 与原缩短量 l_1 之比.

答 $l_2/l_1 = 3$.

30.23 物体以初速 v_0 自地面沿铅垂线向上抛掷, 求物体上升的高度 H. 空气阻力不计. 考虑地球的引力与到地心距离的平方成反比. 地球半径 $R = 6370$ km, $v_0 = 1$ km/s.

答 $H = \dfrac{Rv_0^2}{2gR - v_0^2} = 51.38$ km.

30.24 两质点都带正电荷, 第一质点带电量是 $q_1 = 100$ Q, 第二质点带电量是 $q_2 = 0.1q_1$. 第一质点保持不动, 第二质点在第一质点的斥力作用下运动. 第二质点的质量是 1 kg, 初始位置到第一质点的距离等于 5 m, 且初速度为零. 设仅考虑斥力 $F = \dfrac{q_1q_2}{r^2}$, 式中 r 是两质点的距离, 求第二质点速度的上限.

答 20 m/s.

30.25 自地面铅直向上抛射一个物体, 要使它上升到与地球半径相等的高度, 只考虑与物体到地心的距离平方成反比的地球引力, 应给物体多大的初速? 地球半径等于 6.37×10^6 m, 在地面上重力加速度等于 $9.8\ \mathrm{m/s^2}$.

答 7.9 km/s.

30.26 自地面发射一个炮弹, 使它到达地球引力与月球引力相等的一点, 并停在此点保持平衡, 不计地球和月球的运动以及空气阻力, 求发射速度 v_0. 在地面上重力加速度是 $g = 9.8\ \mathrm{m/s^2}$. 月球与地球的质量比是 $m : M = 1 : 80$, 距离是 $d = 60R$,

其中 $R = 6000$ km 是地球的半径.

万有引力公式的系数 f 可由下式求出:

$$mg = mf\left[\frac{M}{R^2} - \frac{m}{(d-R)^2}\right].$$

答 $v_0^2 = \frac{2gR(d-R)}{d}\cdot\frac{\sqrt{\frac{M}{m}}(d-R)-R}{\sqrt{\frac{M}{m}}(d-R)+R} = \frac{59}{30}\cdot\frac{1-\alpha}{1+\alpha}gR$, 其中 $\alpha = \frac{1}{59\sqrt{80}}$, $v_0 =$ 10.75 km/s.

30.27 用 1 m 高度落下质量为 60 kg 的手槌捣实土壤, 手槌的横截面是 12 dm^2. 在撞击后手槌进入土壤的深度是 1 cm, 土壤对手槌运动的阻力可以看作常数. 求土壤能承受而不沉陷的最大载荷. 设被捣实土壤所能承受不沉陷的许可载荷不超过槌子沉入土壤时所遇到的阻力.

答 494.9 kPa.

30.28 质量为 6 t 的矿井升降机以 $v_0 = 12$ m/s 的速度下降. 在悬挂升降机的钢索突然拉断的情况下, 要使升降机在 $s = 10$ m 的路程内停止, 安全保险器应在矿井壁与升降机间提供多大的摩擦力? 此摩擦力可看成常数.

答 $F = m\left(g + \frac{v_0^2}{2s}\right) = 102$ kN.

30.29 质量为 200 g 的小环沿着抛物线 $y = x^2$ 形状的金属丝向下滑动. 小环从 $x = 3$ m, $y = 9$ m 的点出发, 无初速地开始运动. 求小环在通过抛物线最低点瞬间的速度, 以及此时金属丝作用在小环上的力.

答 $v_1 = 13.3$ m/s, $R = 72.5$ N.

30.30 长度为 l 的数学摆以水平初速 $\boldsymbol{v}_0$ 从平衡位置离开. 求它在一个周期内划过的弧长.

答 $s = 4l\arccos\left(1 - \frac{v_0^2}{2gl}\right)$.

§31. 综合题

31.1 质量为 1 kg 的物体用长 0.5 m 的线悬挂在固定点 O. 初始瞬时悬线与铅垂线成 60° 角, 物体的初速度 $\boldsymbol{v}_0$ 在铅垂面内, 垂直于悬线, 方向朝下方, 大小等于 2.1 m/s. 求物体在最低位置时线的张力, 以及物体从最低位置升起的铅直高度.

答 28.4 N, 47.5 cm.

31.2 在上题中除速度 $\boldsymbol{v}_0$ 外保留其余条件, 求使物体能绕过圆周的初速度 v_0.

答 $v_0 > 4.43$ m/s.

31.3 铁轨先沿道路 AB 铺设, 然后形成一个半径为 a 的铅直圆环 BC. 质量为 m 的小车沿此轨道滚下. 小车从怎样的高度 h 无初速释放, 才能滚过整个圆环而不脱落? 设 $\angle MOB = \varphi$, 求小车在点 M 处对圆环的压力 N.

答 $h \geqslant 2.5a, N = mg\left(\dfrac{2h}{a} - 2 + 3\cos\varphi\right)$.

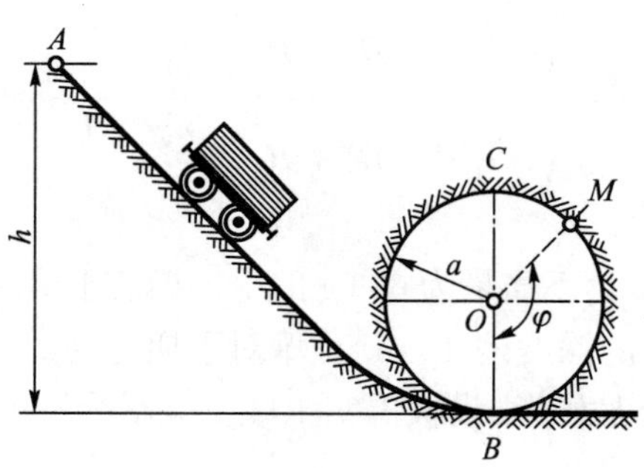

题 31.3 图

31.4 小车从点 A 沿轨道滚下, 轨道形成一个半径为 r 的带缺口圆环, 如图所示. $\angle BOC = \angle BOD = \alpha$. 设小车的初速度是零. 小车从怎样的高度 h 滚下才能走过整个圆环? 欲使高度 h 最小, 角 α 应为多少?

提示: 在 DC 段中小车作抛物线运动.

答 $h = r\left(1 + \cos\alpha + \dfrac{1}{2\cos\alpha}\right), \alpha = 45^\circ$ 时 h 最小.

31.5 质量为 $M = 20$ kg 的钢铸物固定在杆上, 杆可以无摩擦地绕固定轴 O 转动. 铸物从最高位置以非常小的初速度下落. 略去杆的质量, 求在轴上最大的压力.

答 980 N.

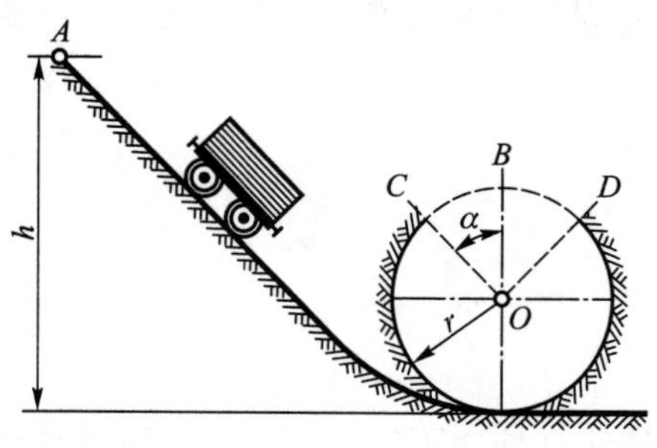

题 31.4 图

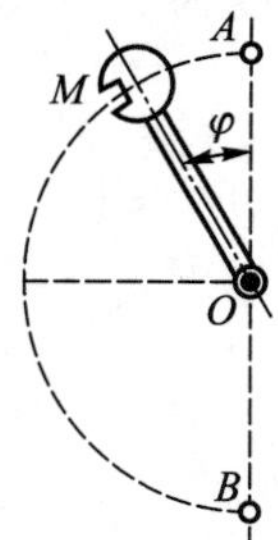

题 31.5 图 (同题 30.14 图)

31.6 在上题中, 杆转到与铅垂线成多大角度时, 轴上的压力等于零?

答 $\varphi = \arccos\dfrac{2}{3}$.

31.7 质量为 70 kg 的跳伞员从飞机跳出, 降落 100 m 后打开降落伞. 假定开伞后最初 5 s 内阻力不变, 跳伞员的速度减到了 4.3 m/s. 求将跳伞员悬在伞上的绳索张力. 空气对人的阻力不计.

答 1246 N.

31.8 在离车站 500 m 处火车司机就关闭气门开始制动. 车站位于 2 m 的高坡上, 火车的速度为 12 m/s. 设火车的质量是 1000 t, 摩擦阻力等于 20 kN. 制动器的阻力应多大 (假设为常数) 才能使火车靠站停止?

答 84.8 kN.

31.9 质量为 m 的铸件固定在杆上, 杆可无摩擦地绕固定轴 O 转动, 杆与铅垂线有初偏角 φ_0. 在这个初始位置上给铸件初速度 $\boldsymbol{v}_0$ (见图). 试将杆的内力表达成与铅垂线夹角的函数. 不计杆的质量. 杆长为 l.

答 $N = 3mg\cos\varphi - 2mg\cos\varphi_0 + mv_0^2/l$. 当 $N > 0$ 时杆受拉, 当 $N < 0$ 时杆受压.

31.10 长为 l 的线 OM 一端系在固定点 O, 另一端系有重 P 的质点 M, 构成一个球面摆. 质点离开平衡位置后在 $t = 0$ 时的坐标是 $x = x_0, y = 0$, 且初速度 $\dot{x}_0 = 0, \dot{y}_0 = v_0, \dot{z}_0 = 0$. 在怎样的初始条件下, 质点才能在水平面内描出圆周轨迹? 并求质点作圆周运动的周期.

答 $v_0 = x_0\sqrt{\dfrac{g}{z_0}}, T = 2\pi\sqrt{\dfrac{z_0}{g}}$.

31.11 滑雪人在跳板比赛时沿着倾角为 $\alpha = 30°$ 引桥 AB 滑下. 在起跳前经过长度可以忽略的水平段 BC. 起跳时滑雪人向上一跃得到铅直速度 $v_y = 1$ m/s. 引桥高 $h = 9$ m. 滑雪板与雪的摩擦系数是 $f = 0.08$, 着陆点在倾角为 $\beta = 45°$ 的斜坡 CD 上. 不计空气阻力, 求滑雪人跳过的路程 l.

跳过的路程是指沿着直线 CD 从起跳点 C 到着陆点的长度.

答 $l = 47.4$ m.

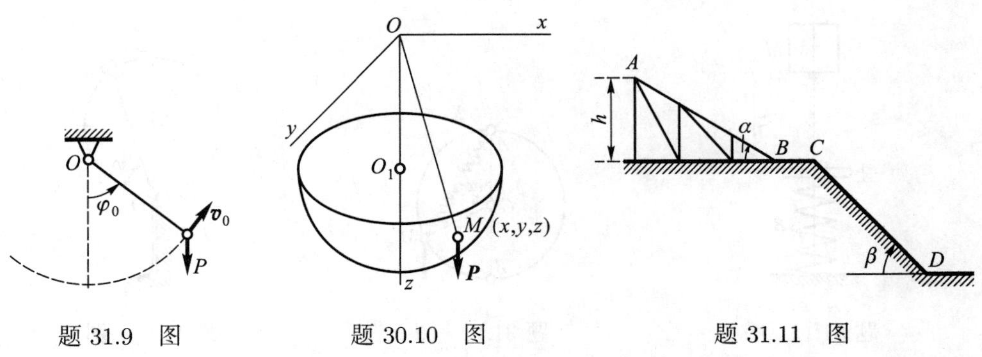

题 31.9 图　　题 30.10 图　　题 31.11 图

31.12 重为 P 的重物 M 从高度 H 无初速地落到螺旋弹簧 B 顶端的平板 A 上. 由于落下重物 M 的作用, 弹簧被压短了 h. 不计板 A 的重量和阻力. 求将弹簧压短 h 所需的时间 T 以及在此时间内弹簧力的冲量 S.

答 $T = \dfrac{1}{k}\left(\dfrac{\pi}{2}-\alpha\right)$, $S = P\left(T+\sqrt{\dfrac{2H}{g}}\right)$, 式中 $\tan\alpha = -\dfrac{h}{2\sqrt{H(H+h)}}$, $k = \dfrac{\sqrt{2g(H+h)}}{h}$.

31.13 飞轮爆裂后, 飞得最远的碎片落到事故地点以外 $s = 280$ m 处. 该碎片的最后位置与最初位置在同一水平线上. 不计碎片运动中的空气阻力, 求事故发生时, 飞轮可能具有的最小角速度. 飞轮的半径是 $R = 1.75$ m.

答 $n = 286$ r/min 或 $\omega = 30$ rad/s.

31.14 重物借弹簧系在铅垂平面内圆环的最高点 A, 重物无摩擦地沿圆环下滑. 在下列数据条件下, 为使重物到达最低处时对圆环的压力等于零, 求弹簧的刚性系数. 已知: 圆环的半径是 20 cm, 重物的质量是 5 kg. 重物在最初位置时, $AM = 20$ cm, 且弹簧是原长, 重物的初速度是零. 弹簧的重量不计.

答 弹簧在 4.9 N 力作用下伸长 1 cm.

31.15 按下列数据求重物 M 在最低点 B 对圆环的压力 (根据上题图): 圆环的半径是 20 cm, 重物质量是 7 kg. 重物在起始位置时 $AM = 20$ cm, 弹簧已被拉长到原长 10 cm 的两倍. 弹簧的刚度是: 每伸长 1 cm 需力 4.9 N. 重物的初速度等于零, 弹簧的质量不计.

答 压力朝上, 等于 68.6 N.

31.16 重为 Q 的光滑小环 M 可沿着铅垂面内半径为 R cm 的大圆环无摩擦滑动. 在小环上系有弹性绳 MOA, 穿过光滑固定环 O, 另一端固定在点 A. 当小环 M 在点 O 时绳的张力为零. 绳每伸长 1 cm 需加力 c. 开始时小环在点 B 处于不稳定平衡状态, 受到微小扰动后沿大圆环滑下. 求小环对大圆环的压力 N.

答 $N = 2Q + cR + 3(Q + cR)\cos 2\varphi$. 当 $N > 0$ 时压力朝向大圆环外, 当 $N < 0$ 时压力朝向大圆环内.

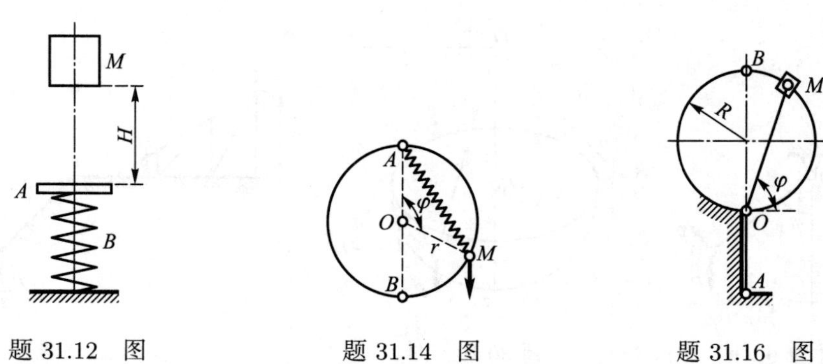

题 31.12 图 题 31.14 图 题 31.16 图

31.17 用 0.5 m 长的线把重物悬挂在固定点 O. 在起始位置 M_0, 悬线与铅垂线成 60° 角. 重物的初速度 $\boldsymbol{v}_0$ 在铅垂平面内垂直于悬线, 方向朝下并等于 3.5 m/s. 求:

1) 当悬线的张力等于零时重物的位置 M, 以及在此位置时 M 的速度 v_1.

2) 此后, 直到悬线重新受到张力前, 重物的运动轨迹以及重物走完这段轨迹所需的时间.

答 1) 点 M 的位置在点 O 的水平线以上, 高度为 $MD = 25$ cm 处, $v_1 = 156.5$ cm/s.

2) 轨迹为抛物线 $MABC$. 以 Mx, My 为坐标轴, 轨迹方程是 $y = \sqrt{3}x - 0.08x^2$, 重物走完这段抛物线所需的时间是 0.55 s.

31.18 数学摆挂在飞机上, 飞机上升到 10 km 的高度. 摆的长度应缩短几分之几, 才能在此高度上保持微小振动的周期不变? 重力可看成与地心距离的平方成反比.

答 应缩短 $0.00313l$, 其中 l 是单摆在地面时的长度.

31.19 质量为 m 的重物 M 用长为 l 的线悬挂在固定点 O. 在初始瞬时悬线 OM 与铅垂线夹角为 α, 重物的初速度等于零. 重物开始运动后, 悬线 OM 碰到一个垂直运动平面的细铁钉 O_1. 钉的位置由极坐标 $h = OO_1$ 和 β 确定. 悬线 OM 在碰到铁钉后可以绕过铁钉, 求 α. 又求悬线 OM 碰到铁钉后张力的变化. 铁钉的粗细不计.

答 $\alpha = \arccos\left[\dfrac{h}{l}\left(\dfrac{3}{2} + \cos\beta\right) - \dfrac{3}{2}\right]$, 悬线的张力增加量为 $2mg\dfrac{h}{l}\left(\dfrac{3}{2} + \cos\beta\right)$.

31.20 质量为 m 的质点 M 沿半径为 r 的圆柱面内壁运动. 设圆柱内壁是绝对光滑的, 圆柱轴铅垂. 已知质点初速度的大小是 v_0, 方向与水平面成 α 角, 求质点对圆柱内壁的压力 N.

答 $N = \dfrac{mv_0^2 \cos^2\alpha}{r}$.

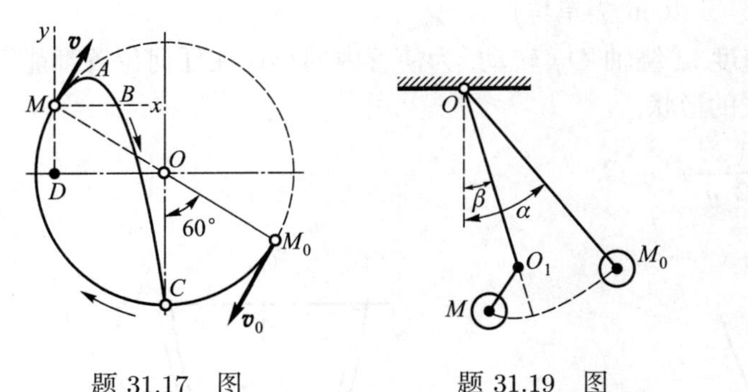

题 31.17 图　　题 31.19 图

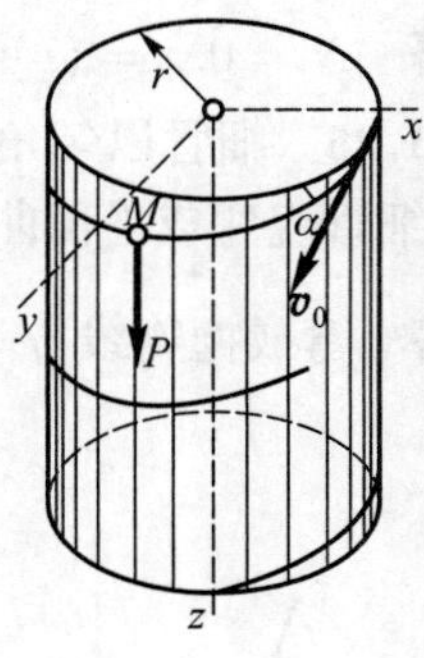

题 31.20 图

31.21 在上题中, 设初瞬时质点在轴 x 上, 求质点的运动方程.

答 $x = r\cos\left(\dfrac{v_0\cos\alpha}{r}t\right)$, $y = r\sin\left(\dfrac{v_0\cos\alpha}{r}t\right)$, $z = v_0 t\sin\alpha + \dfrac{1}{2}gt^2$.

31.22 在半径为 R 的光滑半球状圆塔的顶点 A 放着一石块 M, 石块的水平初速度大小为 v_0. 求石块脱离圆塔的位置. 此外, 若石块在初始瞬时就脱离圆塔, 求相

应的初速度 v_0. 不计石块沿圆塔运动的阻力.

答　$\varphi = \arccos\left(\dfrac{2}{3} + \dfrac{v_0^2}{3gR}\right), v_0 \geqslant \sqrt{gR}.$

31.23　质量为 m 的质点 M 沿半径为 R 的光滑半球状圆塔运动. 设质点受平行于 z 轴的重力作用, 在初始瞬时质点的速度大小是 v_0, 质点离塔底的高度是 h_0. 当质点离塔底高度是 h 时, 求质点对圆塔的压力 N.

答　$N = \dfrac{mg}{R}\left(3h - 2h_0 - \dfrac{v_0^2}{g}\right).$

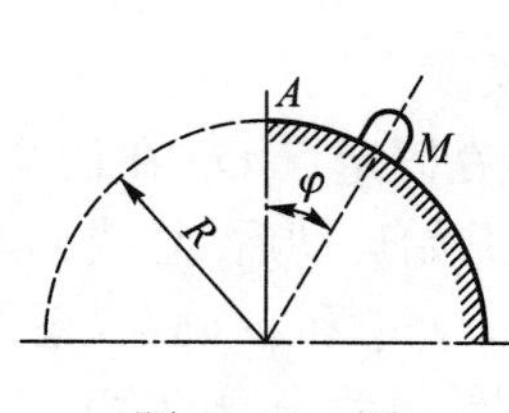

题 31.22　图

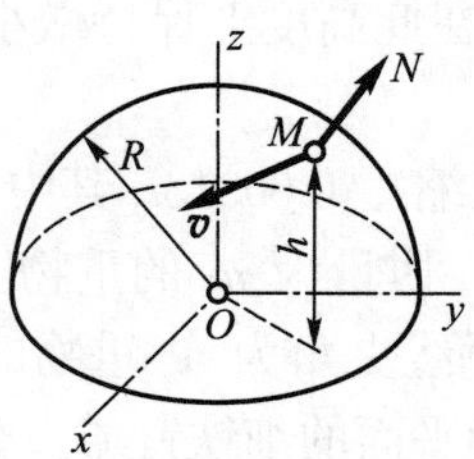

题 31.23　图

31.24　质量为 m 的质点 M 在平行于 Oy 轴的斥力作用下沿悬链线

$$y = \frac{a}{2}(\mathrm{e}^{\frac{x}{a}} + \mathrm{e}^{-\frac{x}{a}}) = a\cosh\frac{x}{a}$$

运动, 斥力的方向背离 Ox 轴, 大小等于 kmy. 在 $t = 0$ 时, $x = 1$ m, $\dot{x} = 1$ m/s. 求质点对曲线的压力 N, 又求 $k = 1\ \mathrm{rad/s^2}, a = 1$ m (无重力) 时质点的运动. 悬链线的曲率半径为 $\dfrac{y^2}{a}$.

答　$N = 0, x = (1 + t)$ (x 以 m 为单位).

31.25　细管以匀角速度 ω 绕轴 Oy 转动. 为使管内的小球在任何位置都能平衡, 求细管应弯成平面曲线的形状.

答　弯成抛物线 $y = \dfrac{1}{2}\dfrac{\omega^2}{g}x^2 + C.$

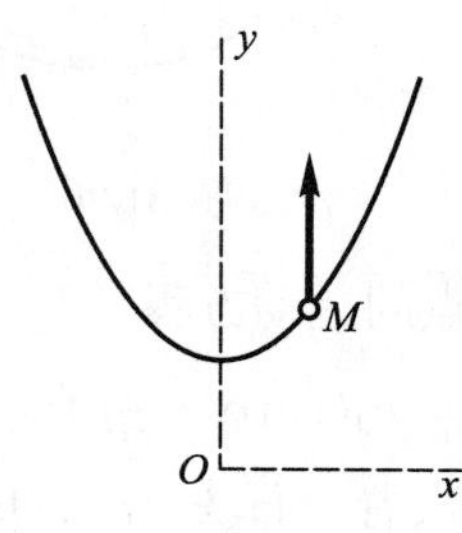

题 31.24　图

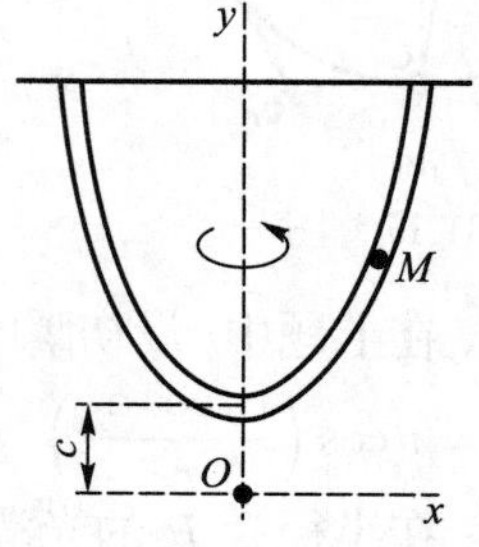

题 31.25　图

31.26 质量为 1 kg 的质点受到来自圆锥顶点 O 斥力的作用, 沿着锥面运动. 圆锥顶角是 $2\alpha = 90°$, 斥力与距离成正比: $F = c\cdot\overline{OM}$ (以 N 为单位), 式中 $c = 1$ N/m. 初始瞬时质点 M 在位置 A, 距离 OA 等于 $a = 2$ m. 质点的初速度 $v_0 = 2$ m/s, 方向平行于圆锥的底面. 求质点 M 的运动 (重力不计).

质点 M 的位置由坐标 z 以及垂直于 Oz 轴的平面极坐标 r, φ 确定, 圆锥面的方程是 $r^2 - z^2 = 0$.

答 $r^2 = \mathrm{e}^{2t} + \mathrm{e}^{-2t}, \quad \tan\left(\dfrac{\varphi}{\sqrt{2}} + \dfrac{\pi}{4}\right) = \mathrm{e}^{2t}$.

31.27 在上题的条件中, 设圆锥轴是铅垂向上的, 需要考虑重力, 求质点对圆锥面的压力.

答 $N = m\sin\alpha\left(g + \dfrac{1}{2r^3}a^2v_0^2\sin 2\alpha\right)$.

31.28 质点 A 在重力作用下沿粗糙的螺旋面运动. 螺旋面的轴 Oz 是铅垂的, 方程是: $z = a\varphi + f(r)$. 螺旋面与质点的摩擦系数为 k. 设 $a =$ 常数. 在什么条件下, 质点在运动时, 保持到轴 Oz 的距离 $AB = r_0$ 不变, 即质点将沿螺旋线运动? 又求质点的速度.

提示: 解题时采用自然坐标系, 将运动方程投影到螺旋线在点 A 的切线、主法线与副法线上. 附图上螺旋面反力的法向分量 $\boldsymbol{N}$ 与主法线单位矢量 $\boldsymbol{n}°$ 的夹角由 β 表示.

答 质点沿螺旋线运动的条件为 $\tan\alpha - k\sqrt{1 + f'^2(r_0)\cos^2\alpha} = 0$, 式中 $\tan\alpha = \dfrac{a}{r_0}$, 质点运动的速度 $v = \sqrt{gr_0 f'(r_0)}$.

31.29 尺寸可忽略的物体 K, 放在半径为 R 的粗糙固定半圆柱面的顶点 A. 设动滑动摩擦系数与静滑动摩擦系数相同, 都等于 f. 物体 K 的水平初速度大小为 v_0, 方向与圆柱面相切, 物体保持在圆柱表面上运动. 求初速度 v_0 需满足的条件.

答 $v_0 \leqslant \sqrt{\dfrac{2gR}{1+4f^2}\left[\sqrt{1+f^2}\mathrm{e}^{-2f\varphi_0} - (1-2f^2)\right]}$, 式中 $\varphi_0 = \arctan f$.

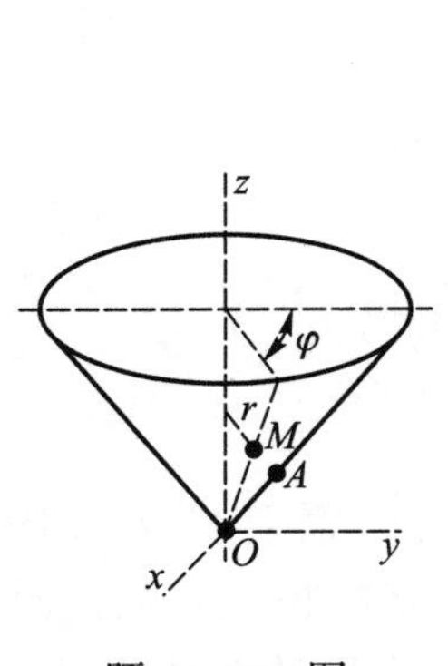

题 31.26 图

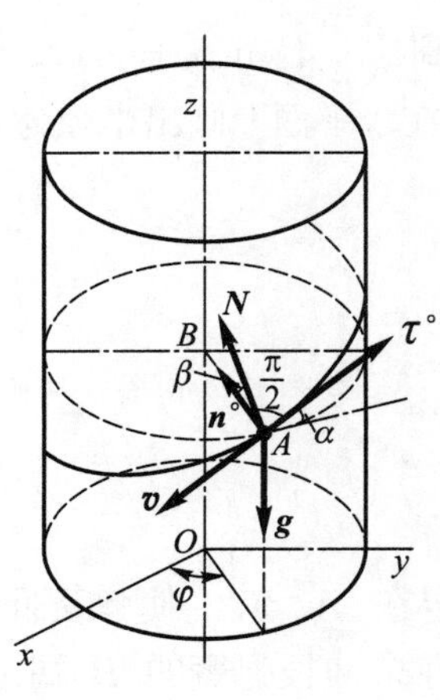

题 31.28 图

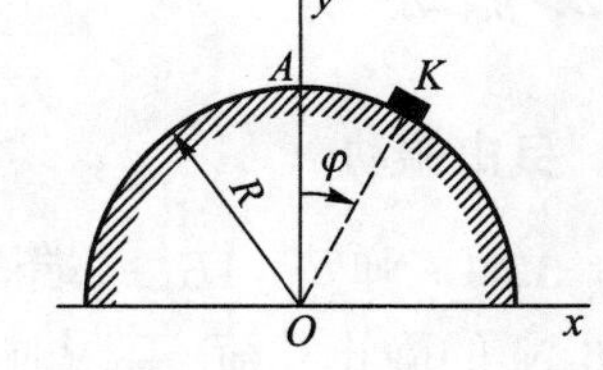

题 31.29 图

31.30 尺寸可忽略的物体 K, 放在半径为 R 的粗糙圆柱的内表面最低点 A. 滑动摩擦系数等于 f, 物体 K 的水平初速度大小为 v_0, 方向与圆柱面相切, 求物体能够达到圆柱的顶点 B 所需的初速度为 v_0.

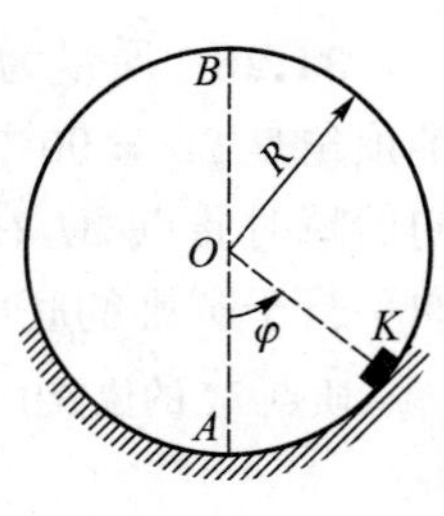

题 31.30 图

答 $v_0 \geqslant \sqrt{\frac{gR}{1+4f^2}\left[2(1-2f^2)+3\mathrm{e}^{2\pi f}\right]}$.

31.31 挂在线上的小球在水平面上画出圆周轨迹, 构成一个圆锥摆. 设小球每分钟转 20 周, 求圆锥的高度.

答 $h = 2.25$ m.

31.32 单位质量的质点受到势能为 $\Pi = x^2 + xy + y^2$ 的力场作用, 在水平面内运动. 初始瞬时, 质点的坐标是 $x = 3$ cm, $y = 4$ cm, 速度为 10 cm/s, 方向平行于 x 轴正向. 求质点的运动.

答 $x = 3.5\cos\sqrt{3}t + \frac{5\sqrt{3}}{3}\sin\sqrt{3}t - 0.5\cos t + 5\sin t$,

$$y = 3.5\cos\sqrt{3}t + \frac{5\sqrt{3}}{3}\sin\sqrt{3}t + 0.5\cos t - 5\sin t.$$

31.33 小环松套在半径为 a 的水平 (固定) 金属圆圈上. 小环初速度大小为 v_0. 设小环和金属圈间的摩擦系数是 f, 求小环停止前运动的时间.

答 $t = \frac{a}{f}\int_0^{v_0}\frac{\mathrm{d}v}{\sqrt{v^4 + a^2g^2}}$.

31.34 质量为 2 kg 的质点受有心力 $\boldsymbol{F} = (-8x\boldsymbol{i} - 8y\boldsymbol{j} - 2z\boldsymbol{k})$ (以 N 为单位) 的吸引. 质点的初始位置由坐标 $x = 4$ cm, $y = 2$ cm, $z = 4$ cm 确定. 质点初速度等于零. 求质点的运动方程及轨迹.

答 $x = 4\cos 2t, y = 2\cos 2t, z = 4\cos t$. 轨迹是两个抛物线柱面 $x = \frac{z^2}{2} - 4$ 和 $y = \frac{z^2}{4} - 2$ 的交线, 是处于平面 $x = 2y$ 内的抛物线. 在这条曲线上, 运动仅发生在从 $x = 4$ cm, $y = 2$ cm, $z = 4$ cm 到 $x = 4$ cm, $y = 2$ cm, $z = -4$ cm 的线段上.

31.35 长度为 l 的圆锥摆在水平面上画出半径为 a 的圆周轨迹. 求锥摆的周期.

答 $T = \frac{2\pi\sqrt[4]{l^2 - a^2}}{\sqrt{g}}$.

§32. 振动

a) 自由振动

32.1 弹簧 AB 一端固定在 A 点. 使弹簧伸长 1 m, 需要在 B 端施加 19.6 N 的静止载荷. 某瞬时, 在未伸长弹簧的 B 端系上质量为 0.1 kg 的砝码 C, 并无初速释放. 不计弹簧质量, 砝码运动的参考坐标轴原点取在静平衡位置, 坐标轴方向铅垂向下, 试求砝码运动的方程, 以及振动的振幅和周期.

答　$x=-0.05\cos 14t$ (x 以 m 计), $a=5$ cm, $T=0.45$ s.

32.2　当质量为 $M=2$ t 的重物以匀速 $v=5$ m/s 下降时, 因为吊索嵌入滑轮的夹子内, 致使吊重物的缆索上端被突然卡住. 不计吊索重量, 求此后重物振动时吊索的最大张力. 吊索的刚度系数 $c=4\times 10^6$ N/m.

答　466.8 kN.

题 32.1　图　　题 32.2　图

32.3　设在上题中的重物与吊索间插入一个刚度系数为 $c_1=4\times 10^5$ N/m 的弹簧, 求吊索的最大张力.

答　154.4 kN.

32.4　重物 Q 从 $h=1$ m 的高度无初速落下, 打在弹性水平梁的中点, 梁的两端固定. 求此后重物在梁上的运动方程, 以重物在梁上的静平衡位置为原点, 取参考坐标轴铅垂向下, 设在载荷 Q 作用下梁的挠度等于 0.5 cm, 梁重不计.

答　$x=(-0.5\cos 44.3t+10\sin 44.3t)$ (x 以 cm 为单位).

32.5　车厢的每个弹簧承受载荷是 P (以 N 为单位). 弹簧在此载荷作用下平衡时被压短了 5 cm. 求车厢自由振动的周期. 弹簧的弹力与缩短量成正比.

答　$T=0.45$ s.

32.6　机器的底座放在弹性土地上, 如果机器连同底座的质量为 $M=90$ t, 底座的底面积是 $S=15$ m^2, 土地的刚度系数是 $c=\lambda S$, 其中 $\lambda=30$ N/cm^3 称为土地的比刚度. 求机器自由振动的周期.

答　$T=0.089$ s.

32.7　船的质量为 M (以 T 为单位), 水平截面积为 S (以 m^2 为单位). 水的密度是 $\rho=1$ t/m^3. 求船在静水中作铅垂自由振动的周期. 水的黏滞性引起的阻力略去不计.

答　$T=2\pi\sqrt{\dfrac{M}{\rho g S}}$.

32.8　在上题的条件下, 求船的运动方程.　设船是在水面上以零铅垂速度释放的.

答　$y=-\dfrac{M}{\rho S}\cos\sqrt{\dfrac{\rho g S}{M}}t$ (以 m 为单位).

32.9 重 P (以 N 为单位) 的砝码用弹性线悬挂于固定点. 砝码被拉离平衡位置后开始振动, 初速度为零. 线未受拉时, 原长是 l, 线的张力与伸长量成正比, 每 q (以 N 为单位) 的静荷载能使它伸长 1 cm. 试将线的长度 x 表示成时间的函数, 并问: 使砝码振动时线始终保持受拉状态, 线的初始长度 x_0 应满足什么条件?

答 $x = l + \dfrac{P}{q} + \left(x_0 - l - \dfrac{P}{q}\right)\cos\left(\sqrt{\dfrac{qg}{P}}t\right)$, $\quad l \leqslant x_0 \leqslant l + \dfrac{2P}{q}$.

32.10 在两个反向转动的圆柱形滑轮上放着一根匀质杆, 如图所示. 滑轮中心 O_1 与 O_2 在同一水平线上, 距离为 $O_1O_2 = 2l$. 杆与滑轮接触点的摩擦力使杆运动, 摩擦力与压力成正比, 且比例系数 (即摩擦系数) 等于 f.

1) 将杆从对称位置推离 x_0 (以 cm 为单位), 但 $v_0 = 0$, 求杆的运动.

2) 当 $l = 25$ cm 时, 杆的振动周期是 $T = 2$ s, 求摩擦系数 f.

答 1) $x = x_0\cos\left(\sqrt{\dfrac{fg}{l}}t\right)$ (以 cm 为单位). 2) $f = \dfrac{4\pi^2 l}{gT^2} = 0.25$.

32.11 在同一弹簧上第一次挂一个重为 p 的重物, 第二次挂一个重为 $3p$ 的重物. 求两振动周期之比. 又设弹簧的刚度系数是 c, 且已知振动的初始条件: 重物挂在未伸长弹簧的末端并无初速释放, 求重物的运动方程.

答 $\dfrac{T_2}{T_1} = \sqrt{3}$, $x_1 = -\dfrac{p}{c}\cos\sqrt{\dfrac{cg}{p}}t$, $x_2 = -\dfrac{3p}{c}\cos\sqrt{\dfrac{cg}{3p}}t$.

32.12 在刚度系数为 $c = 2$ kN/m 的弹簧上, 起初悬挂质量是 6 kg 的重物, 然后换成质量为它两倍的重物, 求这两重物振动的周期和频率.

答 $k_1 = 18.26$ rad/s, $T_1 = 0.344$ s, $k_2 = 12.9$ rad/s, $T_2 = 0.49$ s.

32.13 在刚度系数 $c = 19.6$ N/m 的弹簧上悬挂质量分别是 $m_1 = 0.5$ kg 和 $m_2 = 0.8$ kg 的两个重物. 当重物 m_2 被拿去时, 求余下重物的运动方程、频率、圆频率和振动周期. 系统原来处于静平衡位置.

答 $x = 0.4\cos 6.26t$ (x 以 m 为单位), $f = 1$ Hz, $k = 2\pi$ rad/s, $T = 1$ s.

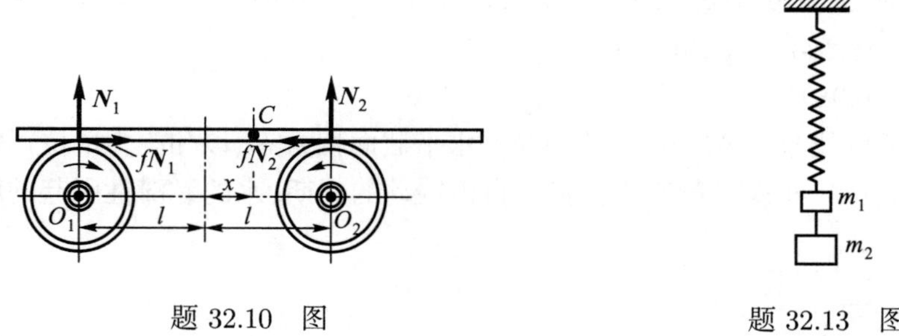

题 32.10 图 题 32.13 图

32.14 质量为 $m_1 = 2$ kg 的重物悬挂在刚度系数为 $c = 98$ N/m 的弹簧上, 系统处于平衡状态. 在某瞬时在重物 m_1 上附加质量为 $m_2 = 0.8$ kg 的重物. 求两重物一起的运动方程和振动周期.

答　$x_0 = -0.08\cos 5.916t$ (x_0以 m 为单位), $T = 1.062$ s.

32.15　某重物开始悬挂于刚度系数为 $c_1 = 2$ kN/m 的弹簧上, 而后悬于刚度系数为 $c_2 = 4$ kN/m 的弹簧上. 求这两种情况下重物振动频率和周期之比.

答　$\dfrac{k_1}{k_2} = \dfrac{1}{\sqrt{2}} = 0.7071, \dfrac{T_1}{T_2} = \sqrt{2} = 1.4142.$

32.16　质量为 m 的物体处在倾角为 α 的斜面上. 物体上连着刚度系数为 c 的弹簧, 弹簧与斜面平行. 在初始瞬时物体连到未伸长的弹簧上, 初速度 v_0 的方向沿斜面向下. 坐标原点取在静平衡位置. 求物体的运动方程.

答　$x = \dfrac{v_0}{k}\sin kt - \dfrac{mg\cos\alpha}{c}\cos kt$, 式中 $k = \sqrt{\dfrac{c}{m}}$.

32.17　重为 P 的物体用弹簧系住, 放在倾角为 α 的光滑斜面上. 弹簧的静伸长等于 f. 设初始瞬时将弹簧拉到有 $3f$ 的伸长量, 并将重物无初速地释放, 求重物的振动.

答　$x = 2f\cos\left(\sqrt{\dfrac{g}{f}\sin\alpha}\cdot t\right)$.

32.18　质量为 $M = 12$ kg 的物体系在弹簧下端作谐振动. 用秒表测知, 物体在 45 s 内作了 100 次振动. 此后, 在弹簧末端又附加质量为 $M_1 = 6$ kg 的重物. 求两重物一起振动的周期.

答　$T_1 = T\sqrt{\dfrac{M + M_1}{M}} = 0.55$ s.

32.19　求上题条件下单个重物 M 的运动方程和两个物体 $M + M_1$ 合在一起的运动方程. 假定在这两种情形的重物都挂在未伸长弹簧下端.

答　1) $x = -5.02\cos 14t$ (x 以 cm 为单位), 2) $x_1 = -7.53\cos 11.4t$ (x_1以 cm 为单位), 其中 x 和 x_1 都是从静平衡位置算起.

32.20　弹簧上端挂在固定点, 下端挂着重物 M. 重物在铅垂平面内沿着光滑圆弧作微幅振动. 圆弧直径 $AB = l$, 弹簧原长为 a, 当作用力等于重物 M 的重量时, 弹簧的伸长是 b. 求重物在 $l = a + b$ 的情况下振动的周期. 弹簧的质量不计, 且弹簧始终受拉.

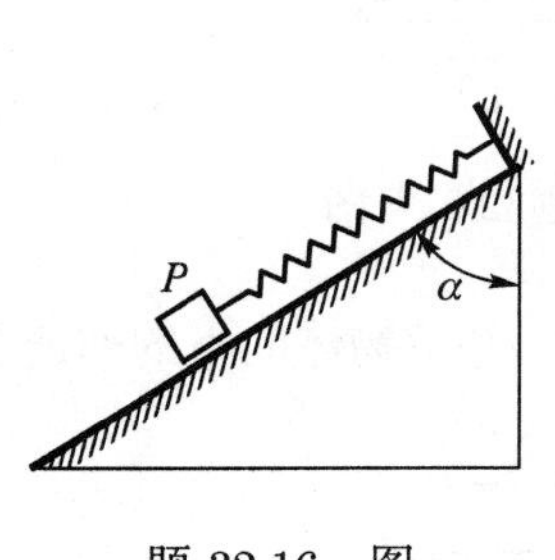

题 32.16　图

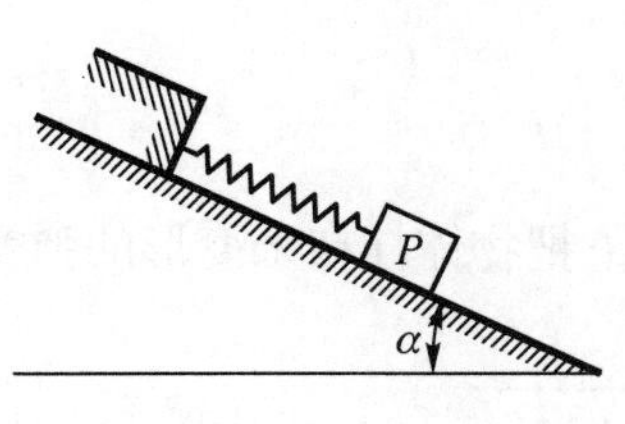

题 32.17　图

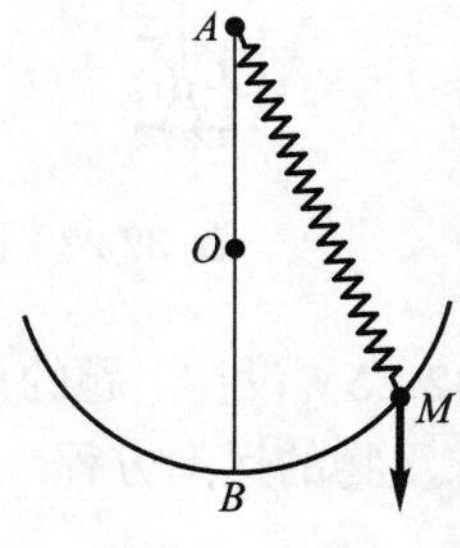

题 32.20　图

答 $T=2\pi\sqrt{\dfrac{l}{g}}$.

32.21 在上题的条件下, 设初始瞬时有 $\angle BAM=\varphi_0$, 沿圆弧切线给 M 向下的初速度 $\boldsymbol{v}_0$. 求重物 M 的运动方程.

答 $\varphi=\varphi_0\cos\sqrt{\dfrac{g}{l}}t-\dfrac{v_0}{\sqrt{lg}}\sin\sqrt{\dfrac{g}{l}}t$.

32.22 质量为 m 的物体 E 在光滑水平面上, 系有刚度系数为 c 的弹簧, 弹簧的另一端和铰链 O_1 相连. 弹簧未变形时长为 l_0, 在平衡位置, 弹簧有一不太大的预紧力, 等于 $F_0=c(l-l_0)$, 其中 $l=OO_1$. 在计算弹簧弹性力的水平分量时, 只需考虑物体相对于平衡位置偏移量的线性部分. 求物体微振动的周期.

答 $T=2\pi\sqrt{\dfrac{ml}{F_0}}$.

32.23 质量为 m 的质点挂在未变形弹簧的一端, 以初速度 $\boldsymbol{v}_0$ 下落. 弹簧的刚度系数是 c. 当质点处于最低位置时, 受到一个向下的力 $Q=$ 常数. 求质点的运动方程和振动的周期.

坐标原点取在静平衡位置, 即与未变形弹簧的末端相距 $\dfrac{mg}{c}$.

答 $x=\dfrac{Q}{c}+\left[\sqrt{\left(\dfrac{v_0}{k}\right)^2+\left(\dfrac{mg}{c}\right)^2}-\dfrac{Q}{c}\right]\cos\sqrt{\dfrac{c}{m}}t$, 其中 t 是从力 Q 作用的瞬时算起, $T=2\pi\sqrt{\dfrac{m}{c}}$.

32.24 质量为 m 的重物挂在并联的两个弹簧上. 重物悬挂的位置能使两弹簧的变形相同. 已知两弹簧的刚度系数分别是 c_1 和 c_2. 求重物自由振动的周期, 以及并联弹簧的等效刚度系数.

答 $T=2\pi\sqrt{\dfrac{m}{c_1+c_2}}, c=c_1+c_2$, 放重物的位置应满足关系 $\dfrac{a_1}{a_2}=\dfrac{c_2}{c_1}$.

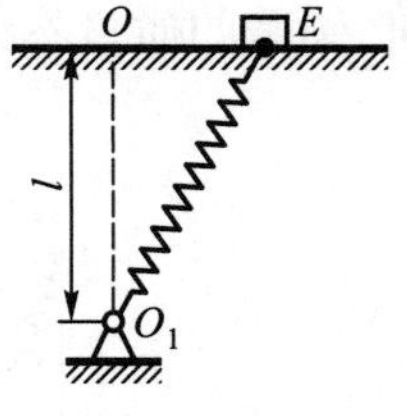

题 32.22 图

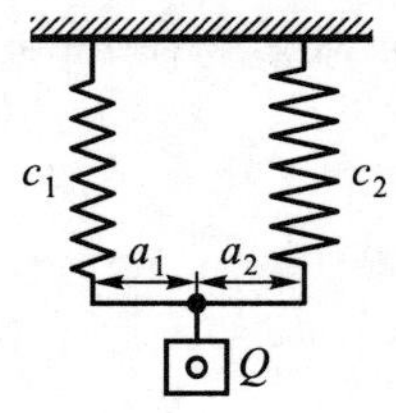

题 32.24 图

32.25 设在上题的条件下把物体挂在未变形的弹簧上, 并给物体向下的初速度 $\boldsymbol{v}_0$. 求重物的运动方程.

答 $x=-\dfrac{mg}{c_1+c_2}\cos\sqrt{\dfrac{c_1+c_2}{m}}t-v_0\sqrt{\dfrac{m}{c_1+c_2}}\sin\sqrt{\dfrac{c_1+c_2}{m}}t$.

32.26 质量为 m 的重物被夹在两个弹簧之间, 这两个弹簧的刚度系数分别为 c_1 和 c_2. 求重物自由振动的周期.

答 $T=2\pi\sqrt{\dfrac{m}{c_1+c_2}}$.

32.27 设在上题的条件下在重物的平衡位置有向下的初速度 $\boldsymbol{v}_0$. 求重物的运动方程.

答 $x=v_0\sqrt{\dfrac{m}{c_1+c_2}}\sin\sqrt{\dfrac{c_1+c_2}{m}}t$.

32.28 刚度系数分别为 c_1 和 c_2 的两个弹簧串接成一个弹簧. 求串联弹簧的等效刚度系数 c, 并求挂在串联弹簧上重物的振动周期. 设重物的质量为 m.

答 $c=\dfrac{c_1c_2}{c_1+c_2}, T=2\pi\sqrt{\dfrac{m(c_1+c_2)}{c_1c_2}}$.

32.29 设在上题的条件下重物初始时在平衡位置下方 x_0 处, 有向下的初速度 $\boldsymbol{v}_0$. 求重物的运动方程.

答 $x=x_0\cos\sqrt{\dfrac{c_1c_2}{(c_1+c_2)m}}t-v_0\sqrt{\dfrac{(c_1+c_2)m}{c_1c_2}}\sin\sqrt{\dfrac{c_1c_2}{(c_1+c_2)m}}t$.

32.30 组合弹簧由两根刚度系数不同的弹簧串接, 求等效刚度系数. 已知: $c_1=9.8\ \mathrm{N/cm}, c_2=29.4\ \mathrm{N/cm}$. 另外, 质量等于 5 kg 的重物挂在这个组合弹簧上, 求重物振动的周期、振幅和运动方程. 设初瞬时, 重物已从静平衡位置向下偏移了 5 cm, 有 49 cm/s 的向下初速度.

答 $c=\dfrac{c_1c_2}{c_1+c_2}=7.35\ \mathrm{N/cm}, T=0.517\ \mathrm{s}, a=6.43\ \mathrm{cm}, x=5\cos 12.13t+4.04\sin 12.13t$ (x 以 dm 为单位).

32.31 质量为 m 的物体 A 可在水平直线上移动. 系有刚度系数为 c 的弹簧. 弹簧的另一端固定在点 B. 当 $\alpha=\alpha_0$ 时, 弹簧没有变形. 求物体微振动的频率和周期.

答 $k=\sqrt{\dfrac{c\cos^2\alpha_0}{m}}, T=2\pi\sqrt{\dfrac{m}{c\cos^2\alpha_0}}$.

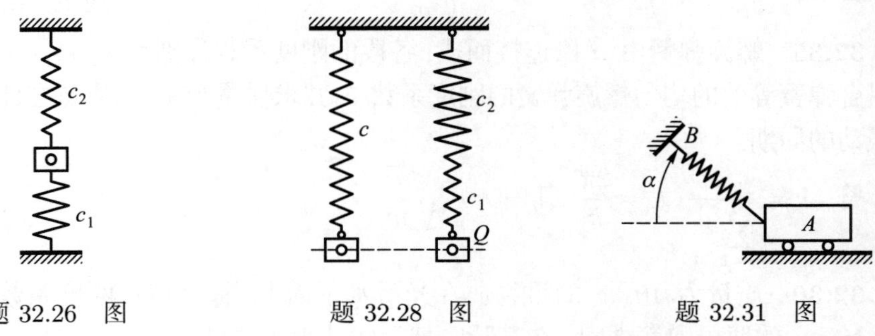

题 32.26　图　　题 32.28　图　　题 32.31　图

32.32 质量为 m 的质点 A 由一组弹簧系住, 如图所示. 在初始位置质点处于平衡, 所有的弹簧都为原长. 质点在光滑导轨上沿 x 轴作微振动, 求等效弹簧刚度系数以及质点自由振动的频率.

答 $c = c_1\cos^2\alpha_1 + (c_2+c_3)\cos^2\alpha_2 + \dfrac{c_4c_5}{c_4+c_5}\cos^2\alpha_3, k = \sqrt{\dfrac{c}{m}}.$

32.33 点 M 沿轴 x 在光滑的导轨上作振动, 求图示三根弹簧的等效刚度系数. 假设导轨被改成沿 y 轴, 求解上述问题, 并求这两种振动的频率. 在原始位置上, 弹簧为原长, M 点处于平衡状态.

答 $c_x = c_1\cos^2\varphi_1 + c_2\cos^2\varphi_2, c_y = c_1\sin^2\varphi_1 + c_2\sin^2\varphi_2 + c_3, k_x = \sqrt{\dfrac{c_x}{m}}, k_y = \sqrt{\dfrac{c_y}{m}}.$

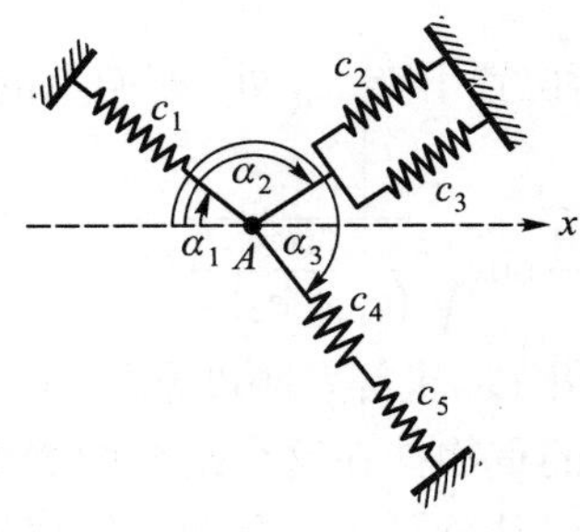

题 32.32 图

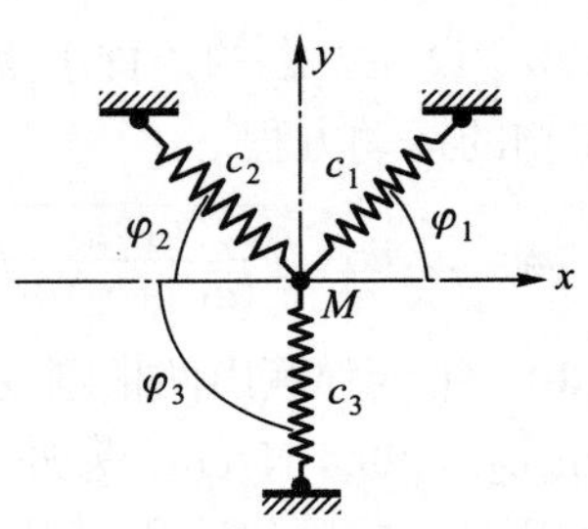

题32.33 图

32.34 质量为 m 的重物 M 固定在杆上. 杆在点 O 用铰链固连, 并用三根垂直弹簧与基础相连, 三个弹簧的刚度系数分别是 c_1, c_2, c_3, 三弹簧在杆上的联结点到铰链的距离分别是 a_1, a_2, a_3, 重物 M 在杆上的联结点到铰链的距离是 b. 杆平衡时沿水平方向. 设等效弹簧在杆上的联结点到铰链的距离也是 b. 求重物振动的频率.

答 $c = \dfrac{c_1a_1^2 + c_2a_2^2 + c_3a_3^2}{b^2}, k = \sqrt{\dfrac{c}{m}}.$

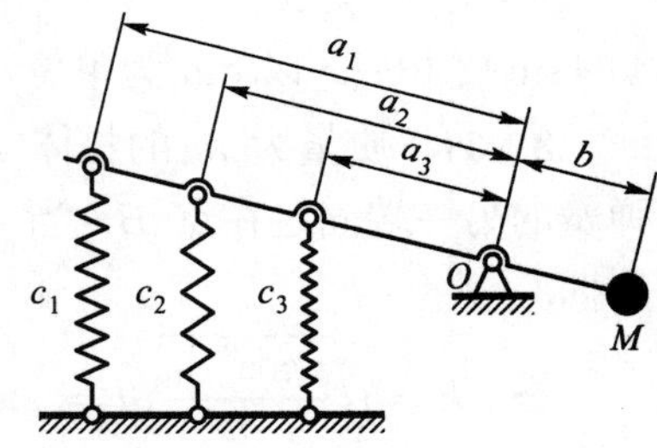

题 32.34 图

32.35 螺旋弹簧由 n 段连接而成, 各段的刚度系数分别为 $c_1, c_2, \cdots, c_n$. 求与此组合弹簧等效的均匀螺旋弹簧的刚度系数 c, 并求质量为 m 的质点在此弹簧上自由振动的周期.

答 $c = \dfrac{1}{\sum\limits_{i=1}^{n}\dfrac{1}{c_i}}, T = \dfrac{2\pi}{k}$, 其中 $k = \sqrt{\dfrac{c}{m}}.$

32.36 质量为 10 kg 的重物放在光滑水平面上, 被夹持在刚度系数均为 $c =$ 19.6 N/cm 的两根弹簧之间. 在某瞬时把重物从平衡位置拉向右方 4 cm, 然后无初速释放. 求重物的运动方程、振动周期, 以及最大速度.

答　$x=4\cos 19.8t$ (x 以 cm 为单位),　$T=0.317$ s,　$\dot{x}_{\max}=79.2$ cm/s.

32.37　质量为 m 的重物 P 挂在杆 AB 上, 杆由两根弹簧连在 DE 杆上, 两弹簧的刚度系数分别是 c_2 和 c_3. DE 杆用弹簧系在天花板的 H 点, 此弹簧的刚度系数是 c_1. 设杆 AB 和 DE 在振动时保持水平. 求等效弹簧的刚度系数, 并求重物自由振动的周期. 两杆的质量都忽略不计.

答　$c=\dfrac{c_1(c_2+c_3)}{c_1+c_2+c_3}, T=2\pi\sqrt{\dfrac{m(c_1+c_2+c_3)}{c_1(c_2+c_3)}}$.

32.38　质量为 m 的重物 Q 放在长 l 的弹性悬臂梁的一端. 悬挂重物的弹簧的刚度是 c. 悬臂梁在端点处的刚度由公式 $c_1=\dfrac{3EJ}{l^3}$ 计算 (E 是弹性模量, J 是惯性矩). 不计梁的质量, 求重物振动的固有频率.

答　$k=\sqrt{\dfrac{3cEJ}{m(3EJ+cl^3)}}$.

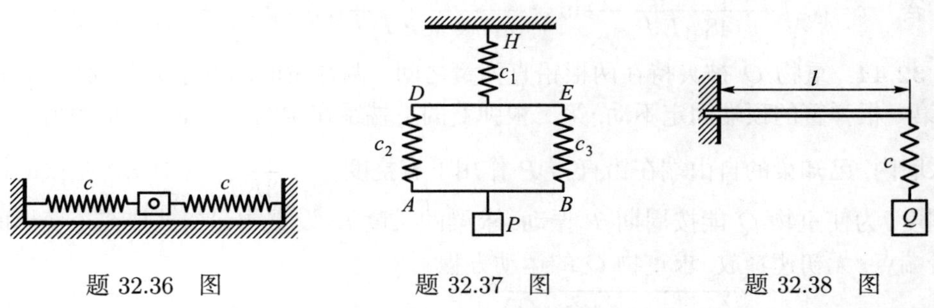

题 32.36　图　　题 32.37　图　　题 32.38　图

32.39　质量为 $M=10$ kg 的重物放在刚度系数为 $c=20$ N/cm 弹性梁的中点. 重物以 2 cm 的振幅作振动. 设在 $t=0$ 瞬时重物处于平衡位置, 求重物初速度的大小.

答　$v_0=28.3$ cm/s.

32.40　质量为 m 的重物 Q 固结在一根水平拉紧的绳索 $AB=l$ 上. 当重物沿铅直方向微振动时, 绳索张力 S 可设为常数. 重物到绳索 A 端的距离是 a. 求重物自由振动的频率.

答　$k=\sqrt{\dfrac{Sl}{ma(l-a)}}$ (k 以 rad/s 为单位).

32.41　重为 490.5 N 的物体处在梁 AB 的中点. 梁横断面的惯性矩为 $J=80\ \text{cm}^4$. 重物在梁上自由振动的周期是 $T=1$ s. 试求梁的长度.

题 32.40　图　　题 32.41　图

附注: 梁的静挠度可由公式 $f=\dfrac{Pl^3}{48EJ}$ 计算, 其中弹性模量 $E=2.05\times10^{11}\ \mathrm{N/m^2}$.

答 $l=15.9$ m.

32.42 质量为 m 的重物 Q 被夹持在两根垂直弹簧之间, 两弹簧的刚度系数分别是 c_1 和 c_2. 第一根弹簧的顶端固定, 第二根弹簧的下端与梁的中点相连. 为使重物振动的周期等于 T, 求梁的长度. 梁的横截面惯性矩是 J, 弹性模量是 E.

答 $$l=\sqrt[3]{\frac{48EJ\left(c_1+c_2-\dfrac{4\pi^2m}{T^2}\right)}{c_2\left(\dfrac{4\pi^4m}{T^2}-c_1\right)}}.$$

32.43 质量为 m 的重物 Q 悬挂在刚度系数为 c_1 的弹簧上, 弹簧与长为 l 的梁的中点相连. 求重物 Q 的运动方程和振动的周期. 已知梁的抗弯刚度是 EJ. 重物起初处在静平衡位置, 初速度 $\boldsymbol{v}_0$ 向下.

答 $$x=v_0\sqrt{\frac{m(c_1l^3+48EJ)}{48c_1EJ}}\sin\sqrt{\frac{48c_1EJ}{(c_1l^3+48EJ)m}}t,T=2\pi\sqrt{\frac{(c_1l^3+48EJ)m}{48c_1EJ}}.$$

32.44 重物 Q 被夹持在两根铅直弹簧之间. 两弹簧的刚度系数分别是 c_1 和 c_2. 第一根弹簧的顶端固定不动, 第二根弹簧的下端系在梁的自由端上, 梁的另一端插入墙内. 已知梁的自由端在铅直力 P 作用下有挠度 $f=\dfrac{Pl^3}{3EJ}$, 其中 EJ 是梁的抗弯刚度. 为使重物 Q 能按周期 T 振动, 求梁的长度 l. 设重物起初被挂在未变形的弹簧端点, 无初速释放. 求重物 Q 的运动方程.

答 $$l=\sqrt[3]{\frac{3EJ\left(c_1+c_2-\dfrac{4\pi^2}{T^2}\cdot\dfrac{Q}{g}\right)}{c_2\left(\dfrac{4\pi^2}{T^2}\cdot\dfrac{Q}{g}-c_1\right)}},$$

$$x=-Q\frac{c_2l^3+3EJ}{c_1c_2l^3+3(c_1+c_2)EJ}\cos\sqrt{\frac{[c_1c_2l^3+3(c_1+c_2)EJ]g}{(c_2l^3+3EJ)Q}}t.$$

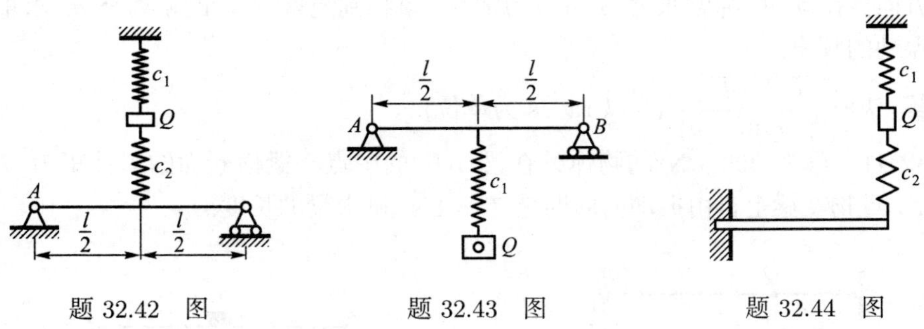

题 32.42 图　　题 32.43 图　　题 32.44 图

32.45 在长为 l 的直杆 OA 一端有质量为 m 的重物, 杆可绕轴 O 转动. 在与轴 O 相距为 a 处系有刚度系数为 c 的弹簧, 杆 OA 平衡时处在水平位置. 不计杆的质量, 求重物振动的固有频率.

答　$k=\frac{a}{l}\sqrt{\frac{c}{m}}$ (k 以 rad/s 计).

32.46　质量为 m 的重物 P 用弹簧挂在长为 l 的杆端, 杆可绕轴 O 转动, 弹簧的刚度系数是 c_1. 把杆吊住的弹簧系在距点 O 为 b 处, 刚度系数是 c_2. 求重物 P 振动的固有频率. 杆的质量不计.

答　$k=\sqrt{\frac{c_1c_2}{m\,[c_2+(l/b)^2c_1]}}$ (k 以 rad/s 计).

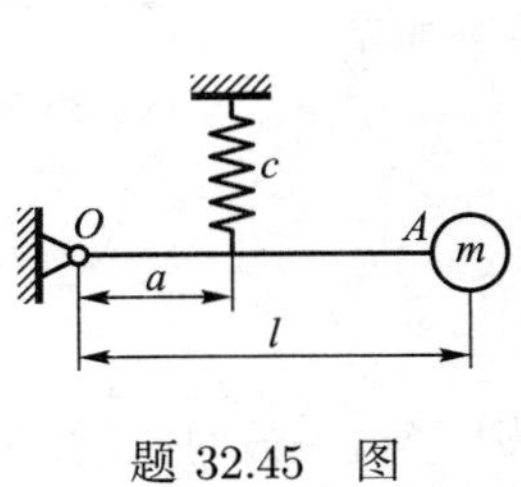

题 32.45　图

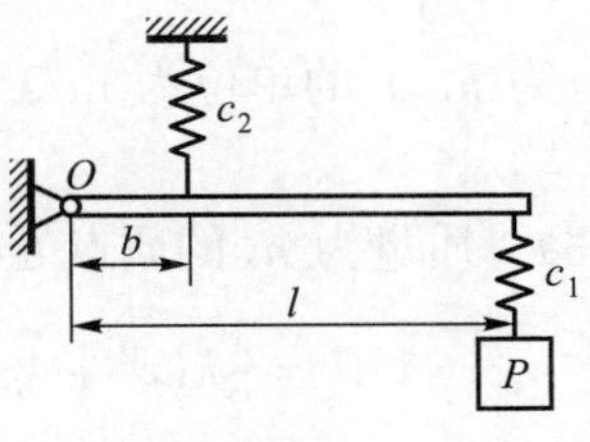

题 32.46　图

32.47　为了测定地球上某处的重力加速度, 可做如下两个实验: 在弹簧的末端悬挂重物 P_1, 测出弹簧的静伸长 l_1. 然后, 在弹簧上重新悬挂另一重物 P_2, 再测出静伸长 l_2. 此后, 重复前两个实验, 依次令两重物作自由振动, 并测出振动的周期 T_1 和 T_2. 做第二次实验的目的是考虑弹簧质量的影响, 当重物运动时, 这个影响相当于在振动重物上增添附加的质量. 试按照实验数据求重力加速度.

答　$g=\frac{4\pi^2(l_1-l_2)}{T_1^2-T_2^2}$.

32.48　质量为 2 kg 的质点 M, 在引力 $\boldsymbol{F}$ 作用下, 沿着铅直圆面的水平弦 (槽) 无摩擦滑动. 引力的大小正比于到中心 O 的距离, 比例系数是 98 N/m. 圆心到弦的距离等于 20 cm. 圆的半径等于 40 cm. 设质点初始处于右边极端位置 M_0, 被无初速释放. 求质点的运动规律, 以及质点通过弦中心的速度.

答　$x=34.6\cos 7t$ (x 以 cm 为单位), $\dot{x}=\pm\,242$ cm/s.

32.49　杆 AB 的质量可以忽略不计, 杆上系有三根弹簧: 刚度系数分别是 c_1 和 c_2 的两根弹簧在杆的两端把杆吊住, 第三根弹簧的刚度系数是 c_3, 系在杆的中点, 并

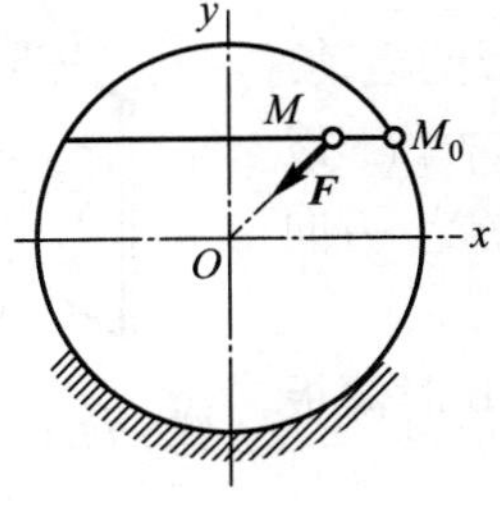

题 32.48　图

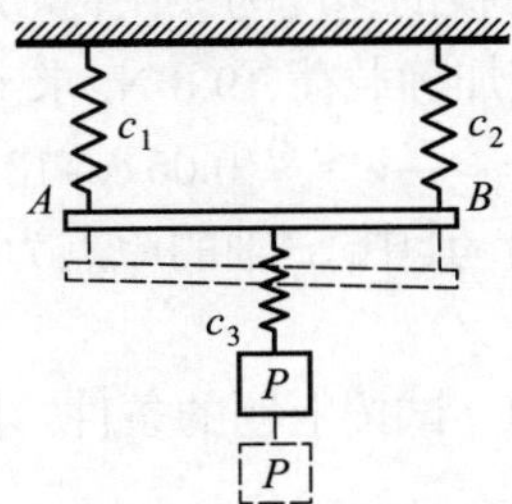

题 32.49　图

挂有质量为 m 的重物 P. 求重物振动的固有频率.

答　$k=\sqrt{\dfrac{4c_1\cdot c_2\cdot c_3}{m(4c_1\cdot c_2+c_1\cdot c_3+c_2\cdot c_3)}}$ (k 以 rad/s 为单位).

32.50　质量为 10 kg 的重物系在刚度系数为 $c=1.96$ kN/m 的弹簧上. 重物作振动. 不计弹簧的质量, 求重物的总机械能. 作出弹性力和位移的关系曲线, 并在图上表示出弹簧的势能. 取静平衡位置为计算势能的零点.

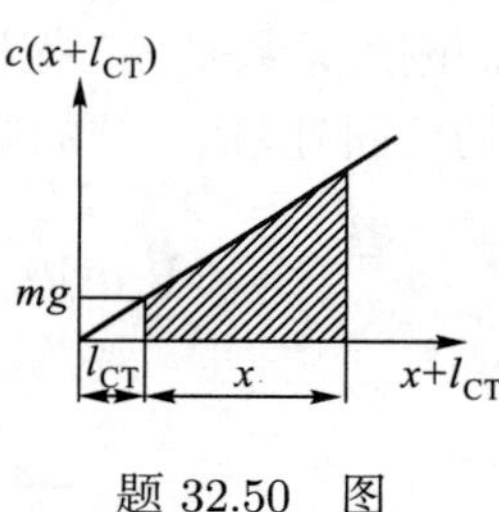

题 32.50　图

答　$T=\dfrac{1}{2}m\dot{x}^2+\dfrac{1}{2}cx^2=5\dot{x}^2+980x^2$ (以 J 为单位). 设 x 的单位为 m, $\dot{x}$ 的单位为 m/s, 图上画线的面积等于弹簧的势能.

32.51　质量为 m 的质点处在势函数为

$$\Pi=\frac{1}{2}k(x^2+4y^2+16z^2)$$

的力场中. 试证明: 质点从任意初位置 (非零点) 出发, 经过一段时间后, 都重新回到该位置, 并求这段运动时间. 又问: 质点返回时的速度是否等于初速度?

答　$T=2\pi\sqrt{\dfrac{m}{k}}$. 经过时间间隔 T 后, 点的速度等于它的初始值.

32.52　质量为 m 的质点处在势力场中, 势函数是

$$\Pi=\frac{1}{2}k(x^2+2y^2+5z^2)$$

试问: 质点能否经过一段时间后返回原始位置?

答　不能找出所有三个坐标一起回到原始值的时间. 在这三个振动合成过程中, 质点不会回到原始位置.

b)　阻力对自由振动的影响

32.53　质量为 100 g 的薄板 D 挂在弹簧 AB 上, A 点固定, 板在两磁极之间运动. 由于产生涡流, 运动阻力与速度成正比. 阻力等于 $kv\Phi^2$ (以 N 为单位), 其中 $k=0.001$, v 是以 m/s 计的速度, Φ 是 N, S 两极之间按 Wb 计的磁通量. 在初始瞬时, 薄板的速度为零, 弹簧为原长. 要使弹簧伸长 1 m, 需在点 B 施加静载荷 19.6 N. 求 $\Phi=10\sqrt{5}$ Wb 时薄板的运动.

答　$x=-e^{-2.5t}(0.05\cos 13.77t+0.00907\sin 13.77t)$ (x 以 m 为单位), 其中, x 轴的原点为薄板重心的静平衡位置, 方向指向下方.

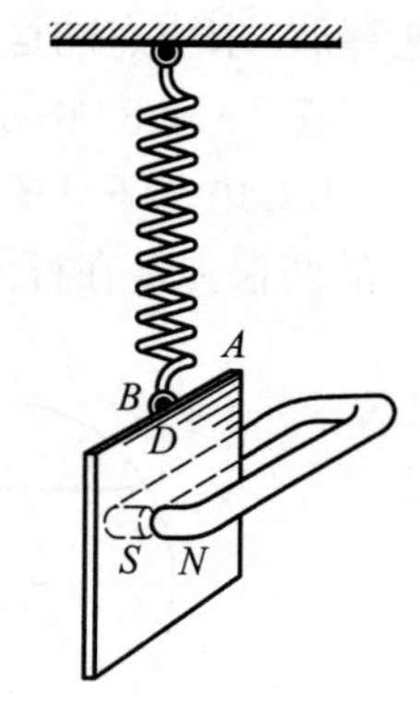

题 32.53 和 32.54　图

32.54　试按上题的条件, 求磁通量 $\Phi=100$ Wb 时薄板 D 的运动.

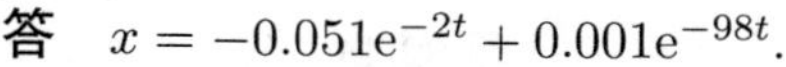

答　$x=-0.051e^{-2t}+0.001e^{-98t}$.

32.55 挂在弹簧 AB 上的圆柱, 重为 P, 半径为 r, 高为 h. 弹簧的上端固定. 圆柱浸入水中, 平衡时有一半高度在水中. 将圆柱浸入水中部分增到 2/3 高度, 然后无初速释放, 圆柱沿铅直方向运动. 设弹簧的刚度系数是 c, 水的作用相当于附加一个浮力. 求圆柱相对于平衡位置的运动. 水的重度取为 γ.

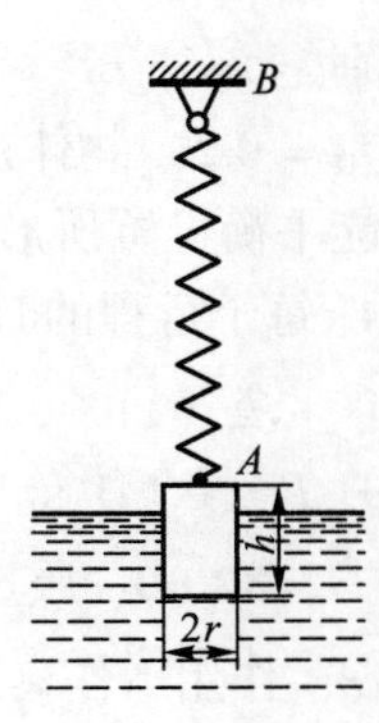

题 32.55　图

答　$x=\dfrac{1}{6}h\cos kt$, 其中 $k^2=\dfrac{g}{P}(c+\pi\gamma r^2)$.

32.56 设在上题中水的阻力正比于速度, 等于 αv, 求圆柱的运动.

答　如

$$\left(\frac{c}{m}+\frac{\pi r^2}{m}\gamma\right)-\left(\frac{\alpha}{2m}\right)^2>0,$$

则圆柱体作振动. 此时

$$x=\frac{h}{6}\sqrt{\frac{k^2}{k^2-n^2}}\mathrm{e}^{-nt}\sin(\sqrt{k^2-n^2}t+\beta),$$

其中 $k^2=\dfrac{c}{m}+\dfrac{\pi r^2}{m}\gamma, n=\dfrac{\alpha}{2m}, \tan\beta=\dfrac{\sqrt{k^2-n^2}}{n}, m=\dfrac{P}{g}$.

32.57 质量为 0.5 kg 的物体 A 放在粗糙水平面上, 用弹簧联结于固定点 B, 弹簧的轴线 BC 水平. 物体与平面的摩擦系数是 0.2. 使弹簧伸长 1 cm 需要 2.45 N 的力. 现将物体 A 推离 B 点, 在弹簧拉长 3 cm 时无初速释放. 求: 1) 物体 A 的行程数 (往、返各算一次行程), 2) 每次行程的距离, 3) 每次行程的时间 T.

当物体速度为零时, 如果对应位置上弹簧的弹性力等于或小于临界摩擦力, 物体就停在那里.

答　1) 四个行程 (往、返各两个). 2) 5.2 cm, 3.6 cm, 2 cm, 0.4 cm. 3) $T=0.14$ s.

32.58 质量为 $M=20$ kg 的重物放在粗糙斜面上, 与未变形的弹簧相连, 它的初速度 $v_0=0.5$ m/s, 方向朝下. 滑动摩擦系数是 $f=0.08$, 弹簧的刚度系数是 $c=20$ N/cm. 斜面的倾角是 $\alpha=45°$. 求: 1) 振动的周期, 2) 重物相对平衡位置具有最大偏移的次数, 3) 最大偏移的大小.

答　1) $T=0.628$ s. 2) 7 次偏移. 3) 7.55 cm, 6.45 cm, 5.35 cm, 4.25 cm, 3.15 cm, 2.05 cm, 0.95 cm.

32.59 质量为 $M=0.5$ kg 的物体在水平面上振动. 物体与两根相同弹簧相连. 每根弹簧的另端分别系在固定点. 两弹簧的轴线沿着同一水平线, 刚度系数分

题 32.57　图

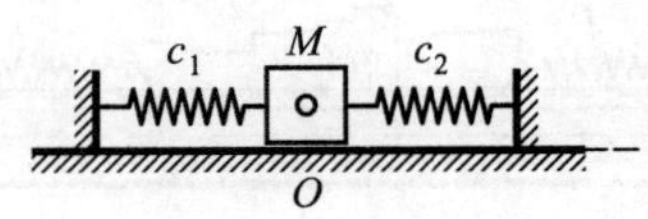

题 32.59　图

别是 $c_1 = c_2 = 1.225$ N/cm. 物体与水平面的动摩擦系数是 $f = 0.2$, 静摩擦系数是 $f_0 = 0.25$. 物体被推离中央位置 O, 向右偏出 $x_0 = 3$ cm, 无初速释放. 求: 1) 物体可能平衡位置所形成的区域 (所谓 "停滞区"), 2) 物体的各次行程大小, 3) 行程的个数, 4) 每个行程的时间, 5) 振动停止后物体的位置.

答 1) -0.5 cm $< x <$ 0.5 cm. 2) 5.2 cm, 3.6 cm, 2 cm, 0.4 cm. 3) 4 个行程. 4) $T = 0.141$ s. 5) $x = -0.2$ cm.

32.60 质量为 m 的物体系在刚度为 c 的弹簧上, 在正比于速度的阻力 R ($R = \alpha v$) 作用下作衰减振动. 设 $\dfrac{n}{k} = 0.1$ (其中 $k^2 = \dfrac{c}{m}, n = \dfrac{\alpha}{2m}$). 问: 衰减振动周期 T 等于非衰减振动周期 T_0 的多少倍?

答 $T \approx 1.005T_0$.

32.61 在上题的条件下, 经过多少次振动后, 振幅减小到百分之一?

答 经过 7.5 次振动.

32.62 当速度很小时, 为了确定船模运动的水的阻力, 利用两根相同的弹簧 A 和 B 把船模型 M 的首和尾各自系住, 然后放在容器内漂浮振动. 弹簧张力和伸长成正比. 观察结果表明, 在逐次行程中, 船模型相对平衡位置的偏移量按几何级数减小, 级数的公比是 0.9, 每个行程的时间为 $T = 0.5$ s. 设水的阻力正比于速度, 求水速等于 1 m/s 时对每 kg 模型质量所产生的阻力 R.

答 $R = 0.42$ N.

32.63 设在上题的条件下, 初始瞬时 A 弹簧被拉伸, B 弹簧被压缩, 变形量都是 $\Delta l = 4$ cm, 无初速释放模型, 求模型的运动方程.

答 $x = \mathrm{e}^{-0.21t}(4\cos 6.28t + 0.134\sin 6.28t)$ (x 以 cm 为单位).

32.64 为了确定水的黏滞性, 库伦采用了下述方法: 在弹簧上悬挂薄板 A, 先让板在空气中振动, 然后把板浸在需要测定黏滞性的液体中振动. 测得一个行程的时间, 在空气中时间为 T_1, 在液体中时间为 T_2. 板和液体间的摩擦力可用公式 $2Skv$ 确定, 其中 $2S$ 是板的表面积, v 是板的速度, k 是黏滞系数. 不计板和空气之间的摩擦. 设板的质量是 m, 试根据实验测出的 T_1 和 T_2 求系数 k.

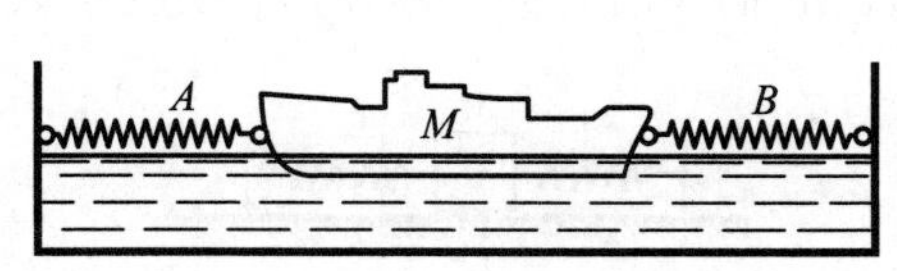

题 32.62 和 32.63 图

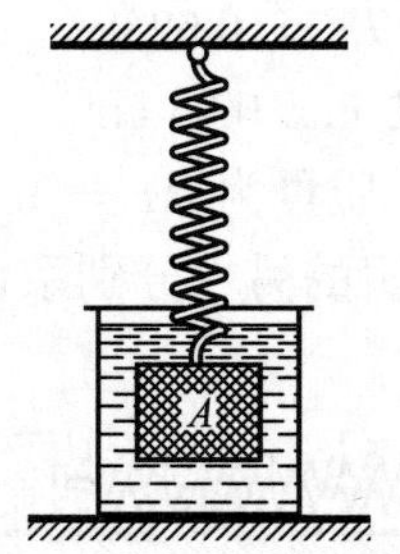

题 32.64 图

答　$k=\dfrac{\pi m}{ST_1T_2}\sqrt{T_2^2-T_1^2}$.

32.65　质量为 5 kg 的物体挂在弹簧上, 弹簧的刚度系数等于 2 kN/m. 介质阻力正比于速度. 经过 4 次振动, 振幅减小为 $\dfrac{1}{12}$. 求振动的周期和对数减缩率.

答　$T=0.316\ \text{s}, \lambda=\dfrac{nT}{2}=0.3106$.

32.66　设在上题的条件下物体是被挂在未变形弹簧的一端, 然后无初速释放. 求物体的运动方程.

答　$x=\mathrm{e}^{-1.97t}(-2.45\cos 19.9t-0.242\sin 19.9t)$ (x 以 cm 为单位).

32.67　质量为 6 kg 的物体挂在弹簧上, 自由振动的周期为 $T=0.4\pi$ s, 受到正比于速度的阻力后, 周期变为 $T_1=0.5\pi$ s. 求阻力公式 $R=-\alpha v$ 中的比例系数 α. 又设初始瞬时把弹簧从平衡位置拉到 4 cm 处, 然后让物体自由运动. 求物体的运动.

答　$\alpha=36\ \text{N}\cdot\text{s/m}, x=5\mathrm{e}^{-3t}\sin\left(4t+\arctan\dfrac{4}{3}\right)$ (x 以 cm 为单位).

32.68　质量为 1.96 kg 的物体挂在弹簧上, 把弹簧拉长 10 cm 需用 4.9 N 的力. 物体在运动时受到正比于速度的阻力: 当速度为 1 m/s 时, 阻力等于 19.6 N. 在初始瞬时, 把弹簧从平衡位置拉伸 5 cm, 然后无初速释放. 求运动规律.

答　$x=5\mathrm{e}^{-5t}(5t+1)$ (x 以 cm 为单位).

32.69　质量分别是 $m_1=2$ kg 和 $m_2=3$ kg 的两重物一起挂在弹簧上, 处于静平衡位置. 弹簧的刚度系数是 $c=392$ N/m. 油阻尼器产生的阻力正比于速度, 等于 $R=-\alpha v$, 其中 $\alpha=98\ \text{N}\cdot\text{s/m}$. 现在除去重物 m_2, 求重物 m_1 的运动方程.

答　$x=8.32\mathrm{e}^{-4.4t}-0.82\mathrm{e}^{-44.6t}$ (x 以 cm 为单位).

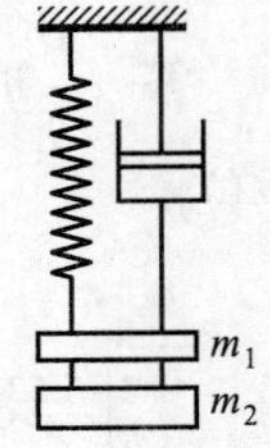

题 32.69　图

32.70　在重为 P 的重物作用下, 弹簧的静伸长是 f. 现给振动的重物再作用一个正比于速度的介质阻力, 为使运动过程成为非周期性, 求阻尼系数 α 的最小值. 阻尼系数小于这个最小值, 求衰减振动的周期.

答　$\alpha=\dfrac{2P}{\sqrt{gf}}$. 当 $\alpha<\dfrac{2P}{\sqrt{gf}}$ 时, 运动成为周期 $T=2\pi\Big/\sqrt{\dfrac{g}{f}-\dfrac{\alpha^2}{4m^2}}$ 的振动.

32.71　质量为 100 g 的重物挂在弹簧端点上, 并浸在液体中运动, 弹簧刚度系数是 $c=19.6$ N/m. 运动的阻力正比于重物速度: $R=\alpha v$, 其中 $\alpha=3.5\ \text{N}\cdot\text{s/m}$.

设初始瞬时把重物从平衡位置推到 $x_0=1$ cm 处, 随即无初速释放, 求物体的运动方程.

答　$x=1.32\mathrm{e}^{-7t}-0.33\mathrm{e}^{-28t}$ (x 以 cm 为单位).

32.72　在上题的条件下, 起初把重物从平衡位置推到 $x_0=1$ cm 处, 初速度为 50 cm/s, 速度方向与偏移方向相反, 求物体的运动方程, 并画出位移和时间的关系曲线.

答　$x=-\mathrm{e}^{-7t}+2\mathrm{e}^{-28t}$ (x 以 cm 为单位).

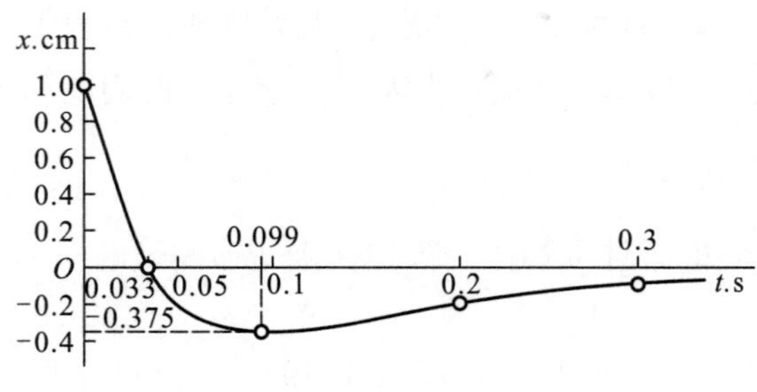

题 32.72　图

32.73　在题 32.71 的条件下, 在初始瞬时把重物从平衡位置推离 $x_0=5$ cm, 随即按相同的方向给物体初速度 $v_0=100$ cm/s, 求重物的运动方程, 并画出位移和时间的关系曲线.

答　$x=11.4\mathrm{e}^{-7t}-6.4\mathrm{e}^{-28t}$ (x 以 cm 为单位).

32.74　质点 A 处于杆的末端, 杆在 O 点处用铰链固定. 设介质阻力正比于速度, 比例系数是 α. 试写出质点微振动的微分方程, 并求衰减振动的频率. 又设质点 A 的重量是 P, 弹簧的刚度系数是 c, 杆长为 l, $OB=b$, 杆的质量不计. 平衡时杆的位置是水平的. 问: 系数 α 的数值多大时, 运动成为非周期性的?

答　$\dfrac{P}{g}\ddot{y}+\alpha\dfrac{b^2}{l^2}\dot{y}+c\dfrac{b^2}{l^2}y=0, k=\dfrac{b}{l}\sqrt{\dfrac{cg}{P}-\left(\dfrac{\alpha bg}{2Pl}\right)^2}, \alpha\geqslant\dfrac{2l}{b}\sqrt{\dfrac{cP}{g}}$ (k 以 rad/s 为单位).

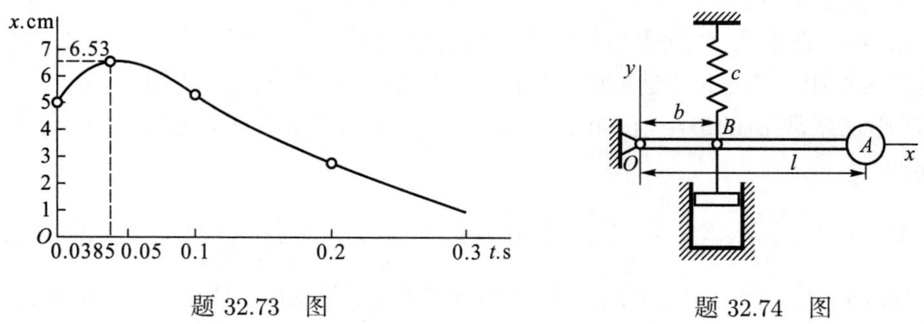

题 32.73　图　　　　题 32.74　图

32.75　质量为 20 kg 的重物挂在弹簧上作振动. 现观察到: 经过 10 次振动后, 最大的偏移量减到一半, 重物作 10 次振动所需的时间 9 s. 求阻力系数 α (介质阻力正比于速度), 以及刚度系数 c.

答　$\alpha=3.08\ \mathrm{N\cdot s/m}, c=974.8\ \mathrm{N/m}$.

32.76　质点 A 的重量为 P, 弹簧的刚度系数是 c, $OA=b, OB=l$. 介质阻力正比于速度, 比例系数等于 α. 在点 O 铰支的杆 OB 质量可以不计. 试求质点 A 微振动的微分方程, 并求衰减振动的频率. 设平衡时杆的位置是水平的, 系数 α 等于多少, 运动才变成非周期性的?

答 $\frac{P}{g}\ddot{y}+a\dot{y}+\frac{cl^2}{b^2}y=0, k_1=\sqrt{\frac{cl^2g}{Pb^2}-\frac{\alpha^2g^2}{4P^2}}, \alpha\geqslant\frac{2l}{b}\sqrt{\frac{cP}{g}}$ (k_1 以 rad/s 为单位).

32.77 质量为 5 kg 的物体挂在刚度为 20 N/m 弹簧一端. 物体浸在黏性的介质中. 物体振动周期为 10 s. 求阻尼常数、振动的对数减缩率以及自由振动的周期.

答 $\alpha=19\ \mathrm{N\cdot s/m}, \lambda=nT/2=9.5, T=3.14\ \mathrm{s}$.

c) 强迫振动

32.78 质量为 m 的质点在恢复力 $Q=-cx$ 和不变力 F_0 同时作用下作直线运动, 求运动方程. 又已知在初始瞬时 $t=0$, 有 $x_0=0, \dot{x}_0=0$, 求振动的周期.

答 $x=\frac{F_0}{c}(1-\cos kt)$, 其中 $k=\sqrt{\frac{c}{m}}, T=\frac{2\pi}{k}$.

32.79 质量为 m 的质点在恢复力 $Q=-cx$ 和 $F=\alpha t$ 同时的作用下作直线运动, 求运动方程. 已知初始瞬时, 质点处于静平衡位置, 速度为零.

答 $x=\frac{\alpha}{mk^3}(kt-\sin kt)$, 其中 $k=\sqrt{\frac{c}{m}}$.

32.80 质量为 m 的质点受到恢复力 $Q=-cx$ 和力 $F=F_0\mathrm{e}^{-\alpha t}$ 的作用. 设初始瞬时, 质点静止在平衡位置, 求质点直线运动的方程.

答 $x=\frac{F_0}{m(k^2+\alpha^2)}\left(\mathrm{e}^{-\alpha t}-\cos kt+\frac{\alpha}{k}\sin kt\right)$, 其中 $k=\sqrt{\frac{c}{m}}$.

32.81 刚度系数为 $c=19.6\ \mathrm{N/m}$ 的弹簧上挂着质量为 100 g 的磁棒, 磁棒的下端穿过螺线管, 螺线管通有交流电流 $i=20\sin 8\pi t$ (以 A 为单位). 从 $t=0$ 瞬时开始, 电路接通, 将磁棒吸入螺线管内. 在此瞬时之前, 磁棒挂在弹簧上是不动的. 磁铁和螺线管之间的相互作用力是 $F=0.016\pi i$ (以 N 为单位). 求磁棒的强迫振动.

答 $x=-2.3\sin 8\pi t$ (以 cm 为单位).

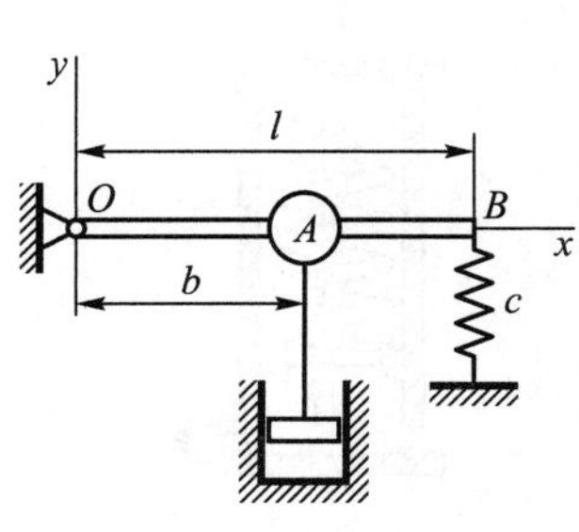

题 32.76　图

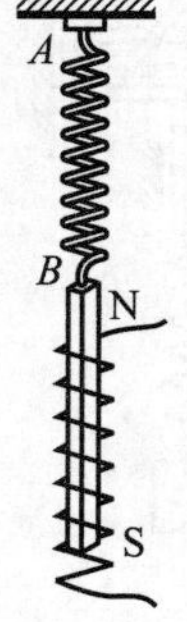

题 32.81　图

32.82 在上题条件下, 设磁棒是挂在未变形弹簧的一端并无初速释放, 求磁棒的运动方程.

答 $x=-5\cos 14t+4.13\sin 14t-2.3\sin 8\pi t$ (x 以 cm 为单位).

32.83 在题 32.81 的条件下, 在静平衡位置给磁棒以初速度 $v_0=5$ cm/s, 求磁棒的运动方程.

答 $x=4.486\sin 14t-2.3\sin 8\pi t$ (x 以 cm 为单位).

32.84 砝码 M 挂在弹簧 AB 上, 弹簧的上端沿铅直线作简谐振动, 振幅为 a, 频率为 n, 即 $O_1C=a\sin nt$ (以 cm 为单位). 按以下的已知条件求砝码 M 的强迫振动: 砝码质量为 400 g, 把弹簧拉长 1 m 要作用 39.2 N 的力, $a=2$ cm, $n=7$ rad/s.

答 $x=4\sin 7t$ (x 以 cm 为单位).

32.85 砝码 M (见题 32.84) 挂在弹簧 AB 上, 弹簧的上端 A 沿铅直线作简谐振动, 振幅为 a, 频率为 k; 在砝码重力作用下弹簧静伸长为 δ. 求砝码的运动. 已知初始瞬时, A 点处于平均位置, 砝码 M 不动. 取砝码的初始位置为坐标原点, Ox 轴沿铅垂线向下.

答 当 $k\gtrless\sqrt{\dfrac{g}{\delta}}$ 时, $x=\dfrac{ag}{k^2\delta-g}\left(k\sqrt{\dfrac{\delta}{g}}\sin\sqrt{\dfrac{g}{\delta}}t-\sin kt\right)$,

当 $k=\sqrt{\dfrac{g}{\delta}}$ 时, $x=\dfrac{a}{2}\left(\sin\sqrt{\dfrac{g}{\delta}}t-\sqrt{\dfrac{g}{\delta}}t\cos kt\right)$.

32.86 货车厢的板簧有静挠度 $\Delta l=5$ cm. 车厢在轨道的接头处受到冲击, 使它在板簧上作强迫振动. 已知每根路轨长 $L=12$ m, 求当车厢开始剧烈颠簸时车厢的临界速度.

答 $v=96$ km/h.

32.87 图示机器示功计的结构中具有汽缸 A, 缸内有活塞 B 顶靠在弹簧 D 上滑动, 带画线笔头的杆连在此活塞上. 设用单位帕斯卡 (Pa) 表示的蒸汽压力, 压力

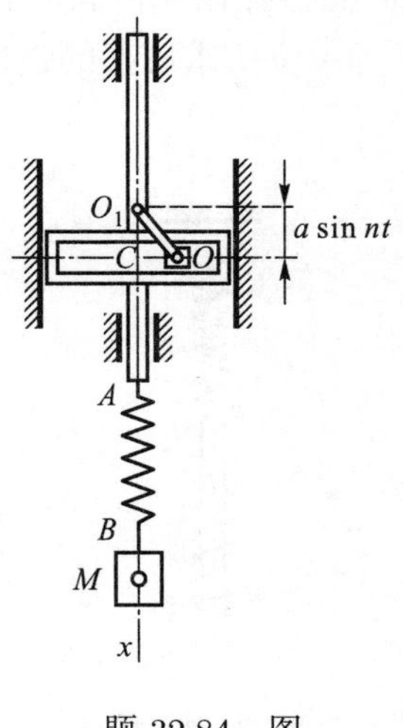

题 32.84 图

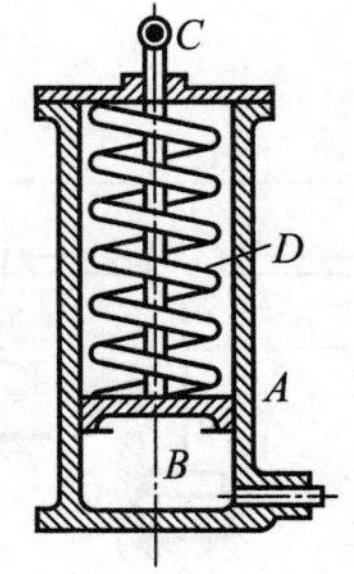

题 32.87 图

按公式 $p = 10^5\left(4 + 3\sin\dfrac{2\pi t}{T}\right)$ 变化, 其中 T 是轴转一圈的时间. 设轴的转速为 180 r/min, 示功计活塞的面积 $\sigma = 4\ \text{cm}^2$, 示功计活动部分的质量为 1 kg, 把弹簧每压缩 1 cm 需力 29.4 N, 求笔头 C 的强迫振动的振幅.

答　$a = 4.64\ \text{cm}$.

32.88　设在上题的条件下系统初始时在静平衡位置上不动, 求笔头 C 的运动方程.

答　$x = -1.61\sin 54.22t + 4.64\sin 6\pi t$ (以 cm 为单位).

32.89　质量为 $m = 200$ g 的重物挂在刚度系数为 9.8 N/cm 的弹簧上, 重物受力 $S = H\sin pt$ (S 以 N 为单位) 作用, 其中 $H = 20$ N, $p = 50$ rad/s. 在初始瞬时, 有 $x_0 = 2$ cm, $v_0 = 10$ cm/s, 坐标原点取在静平衡的位置, 求重物的运动方程.

答　$x = 2\cos 70t - 2.83\sin 70t + 4.17\sin 50t$ (x 以 cm 为单位).

32.90　设在上题的条件下干扰力频率变成 $p = 70$ rad/s, 求重物的运动方程.

答　$x = 2\cos 70t + 1.16\sin 70t - 71.4t\cos 70t$ (x 以 cm 为单位).

32.91　质量为 24.5 kg 的重物挂在刚度为 392 N/m 的弹簧上. 在重物上作用着力 $F(t) = 156.8\sin 4t$ (F 以 N 为单位), 求重物的运动规律.

答　$x = 0.2\sin 4t - 0.8t\cos 4t$ (x 以 m 为单位).

32.92　质量为 24.5 kg 的重物挂在刚度是 392 N/m 的弹簧上. 如在其上作用着力 $F = 39.2\cos 6t$ (F 以 N 为单位), 求重物的运动.

答　$x = 16\sin t\sin 5t$ (以 cm 为单位). 振动带有拍频的特性.

32.93　弹簧上重物的振动可由下述微分方程描述:

$$m\ddot{x} + cx = 5\cos\omega t + 2\cos 3\omega t.$$

设在初始瞬时, 重物的位移和速度均为零, 求重物的运动规律, 并求出现共振对应的 ω.

答　$x = \dfrac{47m\omega^2 - 7c}{(c - m\omega^2)(c - 9m\omega^2)}\cos\sqrt{\dfrac{c}{m}}t + \dfrac{5}{c - m\omega^2}\cos\omega t + \dfrac{2}{c - 9m\omega^2}\cos 3\omega t$. 在两种情况下将发生共振: $\omega_1 = \dfrac{1}{3}\sqrt{\dfrac{c}{m}}$ 和 $\omega_2 = \sqrt{\dfrac{c}{m}}$.

d)　阻力对强迫振动的影响

32.94　在刚度系数为 $c = 19.6$ N/m 弹簧上挂着质量为 50 g 的磁棒和质量为 50 g 的薄铜板. 磁棒穿过螺线管, 薄铜板在两磁极之间通过. 在螺线管中通有电流 $i = 20\sin 8\pi t$ (以 A 为单位), 电流和磁棒相互作用的力是 $0.016\pi i$ (以 N 为单位). 因涡流使薄铜板受到制动力 $kv\Phi^2$, 其中 $k = 0.001$, $\Phi = 10\sqrt{5}$ Wb, v 是薄板的速度, 单位是 m/s. 求薄板的强迫振动.

答　$x = 0.022\sin(8\pi t - 0.91\pi)$ (x 以 m 为单位).

32.95 设在上题的条件下把薄板和磁棒一起挂在未变形弹簧的下端, 同时给它们向下的初速度 5 cm/s, 求薄板的运动方程.

答 $x = \mathrm{e}^{-2.5t}(-4.39\cos 13.77t + 3.42\sin 13.77t)$
$+2.2\sin(8\pi t - 0.91\pi)$ (x 以 cm 为单位).

题 32.94 和 32.95 图

32.96 质量为 $m = 2$ kg 的质点挂在刚度系数为 4 kN/m 的弹簧上. 质点上还作用着干扰力 $S = 120\sin(pt + \delta)$ (S 以 N 为单位), 以及正比于速度的阻力 $R = 0.5\sqrt{mc}v$ (R 以 N 为单位). 求强迫振动振幅的最大值 $A_{\max}$, 以及相应的频率 p.

答 $A_{\max} = 6.2$ cm, $p = 41.83$ rad/s.

32.97 设在上题的条件下, 在初始瞬时质点的位置和速度分别是: $x_0 = 2$ cm, $v_0 = 3$ cm/s, 干扰力的频率 $p = 30$ rad/s, 初相位 $\delta = 0$. 求点的运动方程. 坐标原点取在静平衡位置.

答 $x = \mathrm{e}^{-11.18t}(4.422\cos 43.3t - 1.547\sin 43.3t) + 4.66\sin(30t - 0.174\pi)$ (x 以 cm 为单位).

32.98 质量为 3 kg 的质点挂在刚度系数为 $c = 117.6$ N/m 的弹簧上. 质点受干扰力 $F = H\sin(6.26t + \beta)$ (F 以 N 为单位) 和介质的黏性阻力 $\boldsymbol{R} = -\alpha\boldsymbol{v}$ (R 以 N 为单位). 因温度变化使介质的黏性 (系数 α) 增为原来的三倍, 求质点的强迫振动的振幅变化.

答 强迫振动的振幅减为原来的三分之一.

32.99 质量为 2 kg 的物体用弹簧连在固定点 A, 在干扰力 $S = 180\sin 10t$ (S 以 N 为单位) 和正比于速度的阻力 $\boldsymbol{R} = -29.4\boldsymbol{v}$ (R 以 N 为单位) 作用下, 物体沿光滑斜面运动. 斜面倾角是 α, 弹簧的刚度系数是 $c = 5$ kN/m. 在初始瞬时, 物体静止在平衡位置. 求物体的运动方程、自由振动的周期 T 和强迫振动的周期 T_1, 以及强迫振动和干扰力的相位差.

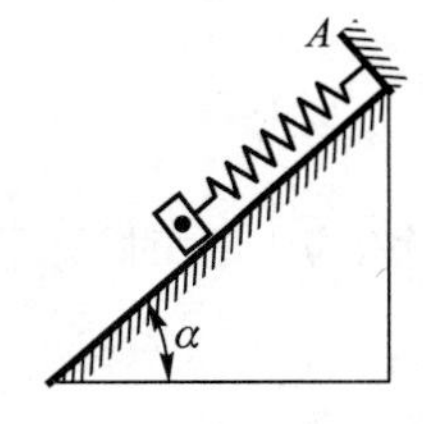

题 32.99 图

答 $x = \mathrm{e}^{-7.35t}(0.228\cos 49.46t - 0.72\sin 49.46t) + 3.74\sin(10t - 3°30')$ (x 以 cm 为单位), $T = 0.127$ s, $T_1 = 0.628$ s, $\varepsilon = 3°30'$.

32.100 质量为 0.4 kg 的物体和刚度系数为 $c = 4$ kN/m 的弹簧相连. 物体还受到 $S = 40\sin 50t$ (S 以 N 为单位) 和介质阻力 $\boldsymbol{R} = -\alpha\boldsymbol{v}$ 的作用, 其中 $\alpha = 25$ N · s/m, $\boldsymbol{v}$ 是物体的速度 (单位是 m/s). 在初瞬时, 物体处于静平衡位置. 求物体的运动规律, 并确定能使强迫振动的振幅达到极大值的干扰力频率.

答 1) $x = 0.647\mathrm{e}^{-31.25t}\sin(95t - 46°55') + 1.23\sin(50t - 22°36')$ (x 以 cm 为单位).

2) 当 $p = 89.7$ rad/s 时, 强迫振动的振幅达到极大值, 等于 1.684 cm.

32.101　在质量为 M (以 kg 为单位) 的物体上作用着干扰力 $S = H\sin pt$ 和阻力 $\boldsymbol{R} = -\alpha\boldsymbol{v}$ (单位为 N), 其中 $\boldsymbol{v}$ 为物体的速度, 单位为 m/s. 物体系在刚度系数为 c (以 N/m 为单位) 的弹簧上. 在初瞬时, 此物体处于静平衡位置且无初速度. 设 $c > \dfrac{\alpha^2}{4M}$, 求此物体的运动方程.

答　$$x = \frac{hpe^{-nt}}{(k^2-p^2)^2+4n^2p^2}\left(2n\cos\sqrt{k^2-n^2}t+\frac{2n^2+p^2-k^2}{\sqrt{k^2-n^2}}\sin\sqrt{k^2-n^2}t\right)+\frac{h}{(k^2-p^2)^2+4n^2p^2}[(k^2-p^2)\sin pt-2np\cos pt],$$

其中 $h = \dfrac{H}{M}, k^2 = \dfrac{c}{M}, n = \dfrac{\alpha}{2M}$.

32.102　物体系在刚度系数为 $c = 17.64$ kN/m 弹簧上, 受到干扰力 $P_0\sin pt$ (以 N 为单位) 的作用. 物体的质量是 6 kg, 液体阻力正比于速度. 强迫振动的最大振幅等于弹簧静伸长的三倍, 求黏性液体的阻力系数 α, 频率比 z (强迫振动的频率和自由振动频率的比值), 以及强迫振动和干扰力的相位差.

答　$\alpha = 110\ \text{N}\cdot\text{S/m}, z = 0.97, \varepsilon = 80°7'$.

32.103　在质量为 0.1 kg 的物体上作用着干扰力 $S = H\sin pt$ (S 以 N 为单位) 和阻力 $\boldsymbol{R} = \beta\boldsymbol{v}$ (R 以 N 为单位), 其中 $H = 100$ N, $p = 100$ rad/s, $\beta = 50$ N · S/m. 物体连在刚度系数为 $c = 5$ kN/m 的弹簧上. 求强迫振动的方程, 以及使强迫振动的振幅达到极大值的频率 p.

答　$x_2 = 0.98\sin 100t - 1.22\cos 100t$ (以 cm 为单位), 因为 $n > \dfrac{k}{\sqrt{2}}$, 所以不存在极大振幅值.

32.104　试在上题的条件下求强迫振动和干扰力的相位差.

答　$\varepsilon = \arctan 1.25 = 51°20'$.

32.105　质量为 0.2 kg 的重物挂在刚度系数为 $c = 19.6$ N/m 的弹簧上. 物体还受到干扰力 $S = 0.2\sin 14t$ (S 以 N 为单位) 和阻力 $\boldsymbol{R} = 49\boldsymbol{v}$ (R 以 N 为单位) 的作用. 求受迫振动和干扰力之间的相位差.

答　$\varepsilon = 91°38'$.

32.106　在上题的条件下, 拟用一新弹簧代替现有的弹簧, 新弹簧的刚度系数 c_1 应等于多少, 才能使强迫振动和干扰力的相位差变为 $\pi/2$?

答　$c_1 = 39.2$ N/m.

32.107　为了减弱干扰力 $F = F_0\sin(pt+\delta)$ 对物体的作用, 做了一个带有液体阻尼器的弹簧减震机构. 物体的质量为 m, 弹簧的刚度系数为 c. 设阻力正比于速度 ($F_阻 = \alpha v$). 求稳态振动下整个系统对基础的最大动压力.

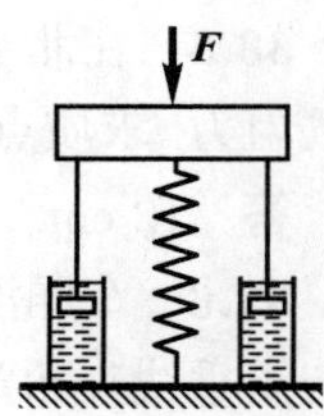

题 32.107　图

答　$N = F_0\sqrt{\dfrac{k^4+4n^2p^2}{(k^2-p^2)^2+4n^2p^2}}$, 其中 $k^2 = \dfrac{c}{m}, n = \dfrac{\alpha}{2m}$.

§33. 相对运动

33.1 在铅直弹性杆 AB 的 A 端固结一个质量是 2.5 kg 的重物 C. 重物只要偏离平衡位置, 就会在正比于偏离量的力作用下作简谐振动. 要使杆的 A 端偏移 1 cm 需作用 1 N 的力. 现在杆的夹持端 B 开始沿水平直线作振幅为 1 mm、周期为 1.1 s 的简谐振动, 求重物 C 的强迫振动振幅.

答 5.42 mm.

33.2 长为 l 的数学摆的悬挂点沿铅垂线作匀加速运动. 求以下两种情况下摆的微幅摆动周期: 1) 悬挂点的加速度指向上方, 大小为任意值 p. 2) 悬挂点的加速度指向下方, 大小为 $p < g$.

答 1) $T = 2\pi\sqrt{\dfrac{l}{p+g}}$. 2) $T = 2\pi\sqrt{\dfrac{l}{g-p}}$.

33.3 数学摆 OM 长为 l, 在初始瞬时偏离平衡位置 OA 一个角度 α, 且速度为零. 悬挂点初始速度也为零, 但此后以不变的加速度 $p \geqslant g$ 下降. 求点 M 在相对运动中画出圆弧的长度.

答 1) 当 $p = g, s = 0$. 2) 当 $p > g, s = 2l(\pi - \alpha)$.

题 33.1 图　　题 33.3 图

33.4 列车在沿着子午线由南向北铺设的轨道上行驶, 速度为 15 m/s. 列车的质量为 2000 t.

1) 求当列车通过北纬 60° 时对轨道的侧向压力.

2) 在同一纬度, 但行驶方向改为由北向南, 求此时列车对轨道的侧向压力.

答 1) 给右侧(东侧)路轨的压力为 3778.7 N. 2) 给右侧(西侧)路轨的压力为 3778.7 N.

33.5 在北半球有一质点从 500 m 高度自由落到地面上. 考虑地球自转, 不计空气阻力, 求质点下落时偏东的距离. 已知此处的地理纬度为 60°.

答 12 cm.

33.6 车厢沿直线水平道路行驶, 车厢中有一摆作微幅简谐振动, 且摆的平均位置与铅垂线夹角为 6°.

1) 求车厢的加速度 w. 2) 求摆振动周期之差, 令 T 是车厢不动时的周期, T_1 是现在的周期.

答　1) $w = 1.03\ \mathrm{m/s^2}$. 2) $T - T_1 = 0.0028\,T$.

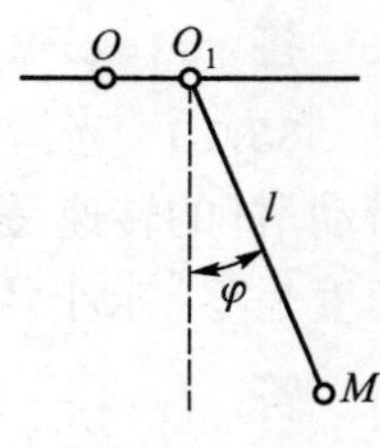

题 33.7　图

33.7　摆的长度为 l, 悬挂点 O_1 在固定点 O 的附近作水平简谐振动: $OO_1 = a\sin pt$. 在初始瞬时 $\varphi = 0, \dot{\varphi} = 0$, 求摆的微振动规律.

答　$\varphi = \dfrac{ap^2}{l(k^2-p^2)}\left(\sin pt - \dfrac{p}{k}\sin kt\right), k = \sqrt{\dfrac{g}{l}}$.

33.8　在纬度为 λ 的地方, 向西抛射一个质点, 初速度 $\boldsymbol{v}_0$ 的仰角为 α. 求质点的飞行时间和射程.

答　$$t = \frac{2v_0\sin\alpha}{g + 2\omega v_0\cos\lambda\cos\alpha} \approx \frac{2v_0\sin\alpha}{g}\left(1 - \frac{2\omega v_0\cos\lambda\cos\alpha}{g}\right),$$
$$L = \frac{v_0^2\sin^2\alpha}{g} + \frac{v_0^3\omega\cos\lambda\sin\alpha(16\sin^2\alpha - 12)}{3g^2},$$
其中 ω 为地球的自转角速度.

33.9　质量为 m 的小球在管内, 用水平弹簧系于铅垂轴, 小球处于平衡. 平衡位置到铅垂轴的距离为 a, 弹簧的刚度系数为 c. 现在使水平管以恒定的角速度 ω 绕铅直轴转动, 求小球的相对运动.

答　在原点位于小球平衡点的坐标系中:
$$\text{当 } k = \sqrt{\frac{c}{m}} > \omega \text{ 时},\quad x = 2\frac{\omega^2 a}{k^2-\omega^2}\sin^2\frac{\sqrt{k^2-\omega^2}}{2}t,$$
$$\text{当 } k = \sqrt{\frac{c}{m}} < \omega \text{ 时},\quad x = \frac{\omega^2 a}{\omega^2-k^2}(\cosh\sqrt{\omega^2-k^2}t - 1).$$

33.10　水平管 CD 绕铅直轴 AB 以角速度 ω 作匀速转动. 管内放有物体 M, 管长 L. 不计摩擦, 求物体脱离管口时相对管口的速度. 设在初始瞬时 $v = 0, x = x_0$.

答　$v = \sqrt{L^2 - x_0^2}\,\omega$.

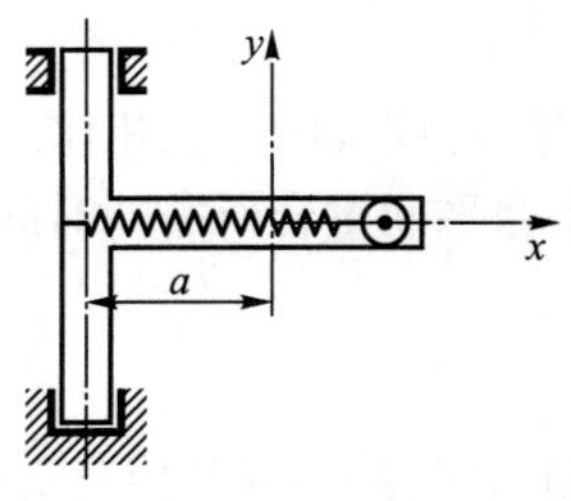

题 33.9　图

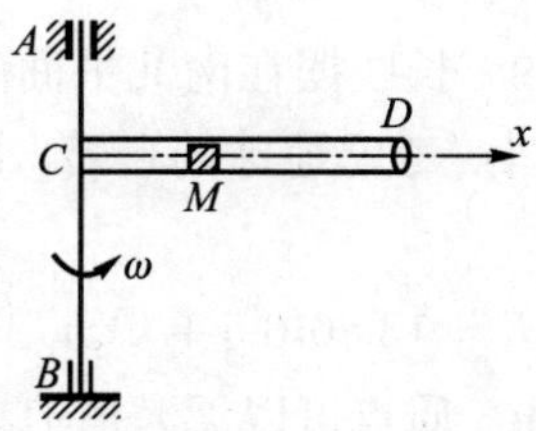

题 33.10　图

33.11　试在上题的条件下, 求物体在管中运动的时间.

答　$T = \dfrac{1}{\omega}\ln\dfrac{L + \sqrt{L^2 - x_0^2}}{x_0}$.

33.12　设在 33.10 题的条件下, 物体和管壁间的摩擦系数为 f, 试写出此物体在管中的运动微分方程.

答 $\ddot{x}=\omega^2x\pm f\sqrt{g^2+4\omega^2\dot{x}^2}$, 式中正号对应于 $\dot{x}<0$, 负号对应于 $\dot{x}>0$.

33.13 光滑杆 AB 在水平面内绕通过 A 端的铅垂轴作匀速转动. 小环沿 AB 滑动. 杆的转速是每秒一转, 杆长为 1 m. 在 $t=0$ 时, 小环处在离 A 端 60 cm 处, 且速度是零. 求小环脱离杆的时刻 t_1.

答 $t_1=\dfrac{1}{2\pi}\ln 3=0.175$ s.

33.14 AB 管以匀角速度 ω 绕铅直轴 CD 转动, 管与轴间保持不变的夹角 45°. 管内有一个小球 M. 设小球的初速度为零, 且初始瞬时与 O 点的距离为 a. 不计摩擦, 求小球相对管的运动.

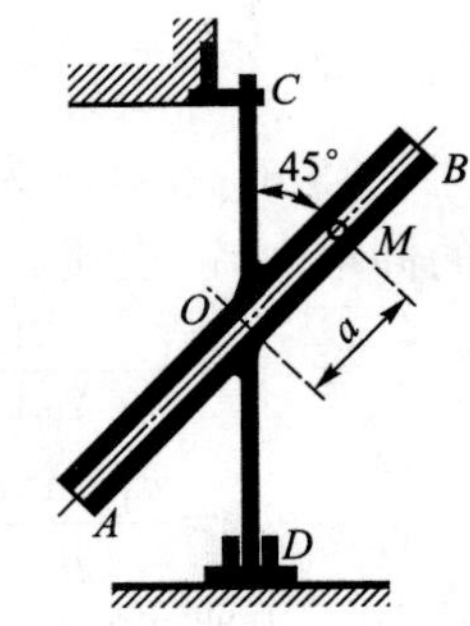

题 33.14 图

答 $OM=\dfrac{1}{2}\left(a-\dfrac{g\sqrt{2}}{\omega^2}\right)(\mathrm{e}^{0.5\sqrt{2}\omega t}+\mathrm{e}^{-0.5\sqrt{2}\omega t})+\dfrac{g\sqrt{2}}{\omega^2}$.

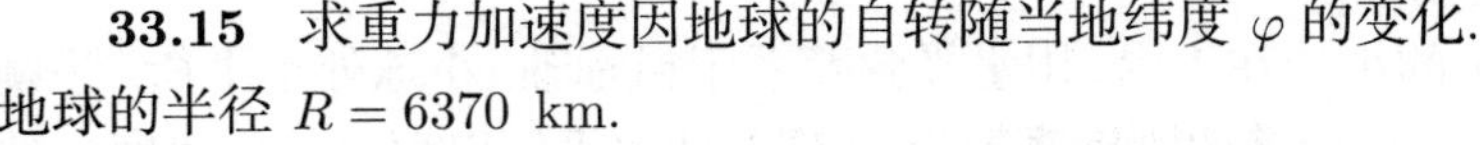

33.15 求重力加速度因地球的自转随当地纬度 φ 的变化. 地球的半径 $R=6370$ km.

答 忽略含 ω^4 的项, 有 $g_1=g\left(1-\dfrac{\omega^2R\cos^2\varphi}{g}\right)$, 或 $g_1=9.81\left(1-\dfrac{\cos^2\varphi}{289}\right)$, 其中 g 是极地的重力加速度, φ 是当地的地理纬度.

33.16 问: 地球自转的角速度应增加几倍, 方能使赤道地面上的质点没有重量? 地球的半径 $R=6370$ km.

答 17 倍.

33.17 炮弹沿平射轨道运动 (这种轨道可近似地看为水平直线). 在飞行时炮弹的水平速度是 $v_0=900$ m/s. 炮弹应击中离发射点 18 km 处的目标. 不计空气的阻力, 求地球自转引起炮弹偏离目标的大小. 射击发生在北纬 $\lambda=60°$ 的地方.

答 弹体偏右 (从上面垂直于速度观察), 数值为 $s=\omega v_0t^2\sin\lambda=22.7$ m, 与射击方向无关.

33.18 长线摆在南北平面内获得很小的初速度. 与摆线的长度相比, 可认为摆的偏角很小. 考虑地球的自转, 求摆动平面转到与东西平面重合所需的时间. 摆处在北纬 60°.

答 $T=13.86(0.5+k)$ h, 其中 $k=0,1,2,3,\cdots$.

33.19 质点可以无摩擦地在竖立的铁环上运动. 铁环绕自身的铅直直径以匀角速度 ω 转动, 环的半径是 R. 求质点的相对平衡位置. 又, 如果质点在平衡位置获得沿切线朝上的微小速度 $\boldsymbol{v}_0$, 质点将怎样运动?

答 平衡位置对应的角度为 $\varphi_0=\arccos\dfrac{g}{\omega^2R}$, 此角度从圆环最低位置量起. 在获得微小速度 $\boldsymbol{v}_0$ 后, 质点将围绕平衡位置作微振动: $\varphi=\dfrac{v_0}{Rk}\sin kt$, 其中 $k=\dfrac{\sqrt{\omega^4R^2-g^2}}{\omega R}$.

33.20 弹簧式振动传感器用来测量车厢的铅垂加速度. 车厢铅垂振动的频率等于 10 rad/s. 仪器的基架和列车的某节车厢壳体连成一体. 在仪器的基架上有刚度系数为 $c = 17.64$ kN/m 的弹簧, 弹簧上有质量为 $m = 1.75$ kg 的重物. 由仪器的记录可知, 振动传感器的重物相对运动的振幅等于 0.125 cm. 试求列车最大铅垂加速度, 以及列车振动的振幅.

答 列车最大铅垂加速度 $w_{\max} = 1237$ cm/s^2, 列车铅垂振动的振幅 $a = 12.37$ cm.

33.21 测振计用来测定机器某一部分的铅垂振动. 在仪器的运动装置中没有阻尼器. 测振计传感器 (一个大块重物) 的相对位移等于 0.005 cm, 测振计的固有频率是 6 Hz, 机器振动部分的振动频率是 2 Hz. 求机器振动部分的振幅、最大速度和最大加速度.

答 振动的振幅 $a = 0.04$ cm, 最大速度 $v_{\max} = 0.5$ cm/s, 最大加速度 $w_{\max} = 6.316$ cm/s^2.

33.22 质量为 $m = 1.75$ kg 的重物用铅垂弹簧挂在盒内, 弹簧的刚度系数是 $c = 0.88$ kN/m. 盒子被放在沿铅垂方向振动的桌面上, 桌子的振动方程是 $x = 0.225 \sin 3t$ (x 以 cm 为单位). 求重物振动的绝对振幅.

答 $x = 0.2254$ cm.

第十章　质点系动力学

§34. 质量几何: 质点系的质心 · 刚体的转动惯量

34.1　图示三气缸发动机的曲轴由三个曲柄构成, 这三个曲柄相互成 120° 角. 假定各曲柄的质量分别集中于点 A, B, D, 且 $m_A = m_B = m_D = m$, 其余部分的质量不计. 尺寸如图所示. 求曲轴的质心位置.

答　质心与坐标原点 O 重合.

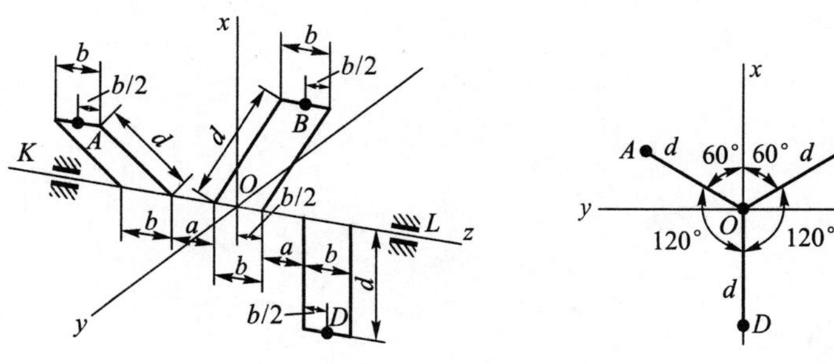

题 34.1　图

34.2　铰接平行四边形机构 $OABO_1$ 的曲柄 OA 以匀角速度 ω 转动, 各构件都为均质杆, 且 $OA = O_1B = AB/2 = a$. 试求此机构质心的运动方程和轨迹方程.

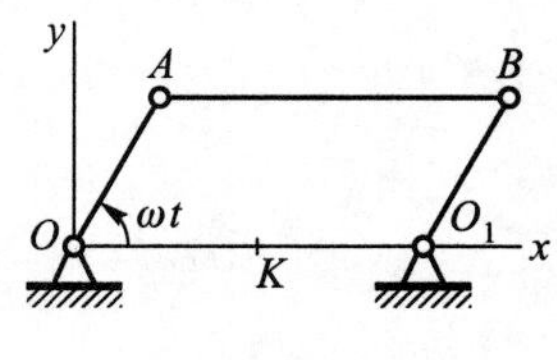

题 34.2　图

答　运动方程为 $x_C = a + \dfrac{3}{4}a\cos\omega t$, $y_C = \dfrac{3}{4}a\sin\omega t$, 轨迹方程为 $(x_C - a)^2 + y_C^2 = \left(\dfrac{3}{4}a\right)^2$, 轨迹为半径为 $\dfrac{3}{4}a$ 的圆

周, 圆心 K 的坐标为 $(a,0)$.

34.3 在质量为 M_1 的滑块 I 上用无质量细绳系着质量为 M_2 的重物 II. 当重物 II 按规律 $\varphi=\varphi_0\sin\omega t$ 摆动时, 滑块 I 沿光滑固定水平面滑动. 求滑块 I 的运动方程 $x_I=f(t)$. 假定在初始瞬时 $(t=0)$, 滑块在 x 轴的原点, 且绳长为 l.

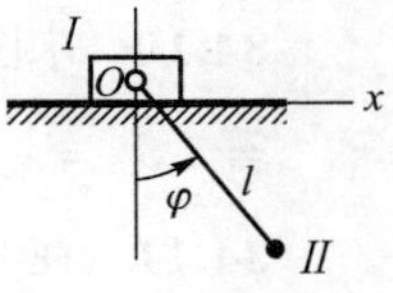

题 34.3 图

答 $x_I=-\dfrac{M_2}{M_1+M_2}l\sin(\varphi_0\sin\omega t)$.

34.4 试求图示离心调速器的质心位置. 已知球 A 与 B 的质量都为 M_1, 套筒 D 的质量为 M_2. 球 A 和 B 都可看成质点, 各杆的质量均可不计.

答 $x_C=0,\ y_C=2\dfrac{M_1+M_2}{2M_1+M_2}l\cos\varphi$.

34.5 椭圆规由质量均为 M_1 的套筒 A 和 B、质量为 M_2 的曲柄 OC, 以及质量为 $2M_2$ 的规尺 AB 构成. 已知 $OC=AC=CB=l$. 假定曲柄与规尺都为均质杆, 两个套筒都看作质点. 求椭圆规的质心轨迹.

答 轨迹为圆周, 圆心在点 O, 半径为 $\dfrac{4M_1+5M_2}{2M_1+3M_2}\cdot\dfrac{l}{2}$.

34.6 在铅直轴 AB 上固连着长度为 $OE=OD=r$ 的两根水平杆, 两杆相互垂直, 分别联结两个相同的重物 E 和 D. 不计两杆和轴 AB 的质量, 把两重物看成质点, 求系统的质心位置 C, 以及惯量积 J_{xz},J_{yz},J_{xy}.

答 $C\left(\dfrac{1}{2}r,\dfrac{1}{2}r,0\right)$, $J_{xz}=J_{yz}=J_{xy}=0$.

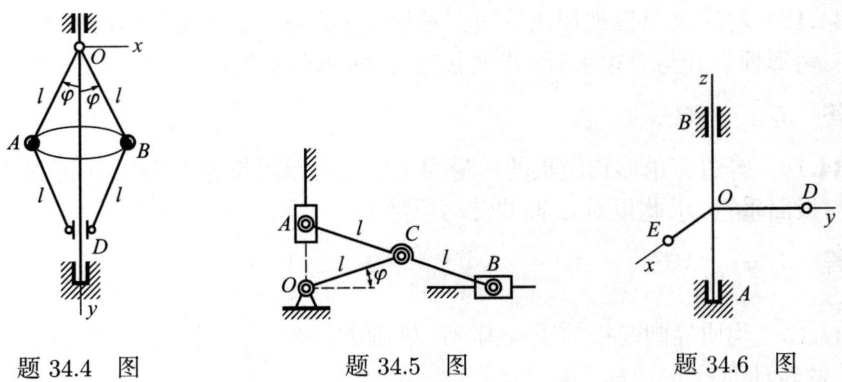

题 34.4 图　　题 34.5 图　　题 34.6 图

34.7 设钢轴的半径为 5 cm, 质量为 100 kg, 可以看成均质实心圆柱. 求钢轴对母线的转动惯量.

答 $3750\ \mathrm{kg\cdot cm^2}$.

34.8 半圆均质薄板的半径为 r, 质量为 M. 求薄板对半圆直径的转动惯量.

答 $\dfrac{Mr^2}{4}$.

34.9 求图示质量为 M 的均质薄板分别对 x 轴与 y 轴的转动惯量 J_x 与 J_y.

答 $J_x = \dfrac{4}{3}Ma^2, J_y = \dfrac{4}{3}Mb^2$.

34.10 求图示质量为 M 的均质正六面体分别对轴 x, y, z 的转动惯量.

答 $J_x = \dfrac{M}{3}(a^2+4c^2), J_y = \dfrac{M}{3}(b^2+4c^2), J_z = \dfrac{M}{3}(a^2+b^2)$.

34.11 在半径为 R 的薄圆盘上有一个半径为 r 的同心圆孔. 设此空心圆盘质量为 M, 轴 z 通过质心且与盘面垂直, 求空心圆盘对 z 轴的转动惯量.

答 $J_z = \dfrac{M}{2}(R^2+r^2)$.

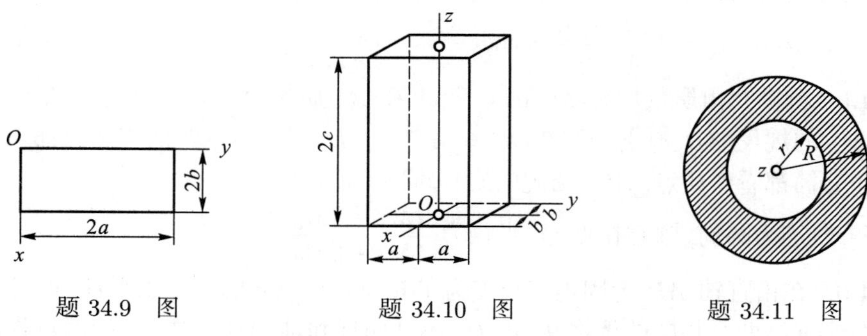

题 34.9 图　　题 34.10 图　　题 34.11 图

34.12 等边三角形均质薄板的质量为 M, 三角形的高为 h. 设 x 轴通过薄板质心 C 且与三角形的一边平行, 求此板对 x 轴的转动惯量.

答 $J_x = \dfrac{1}{18}Mh^2$.

34.13 均质金属板被切成等边三角形, 质量为 M, 三角形的边长为 l, 设 z 轴通过三角形顶点并与对边平行. 求此板对 z 轴的转动惯量.

答 $J_z = \dfrac{3}{8}Ml^2$.

34.14 等边三角形均质板的质量为 M, 三角形边长为 l. 设 z 轴通过三角形顶点且与板面垂直, 求此板对 z 轴的转动惯量.

答 $J_z = \dfrac{5}{12}Ml^2$.

34.15 均质椭圆薄板的质量为 M, 椭圆方程为 $\dfrac{x^2}{a^2}+\dfrac{y^2}{b^2}=1$. 分别求此板对轴 x, y, z 的转动惯量.

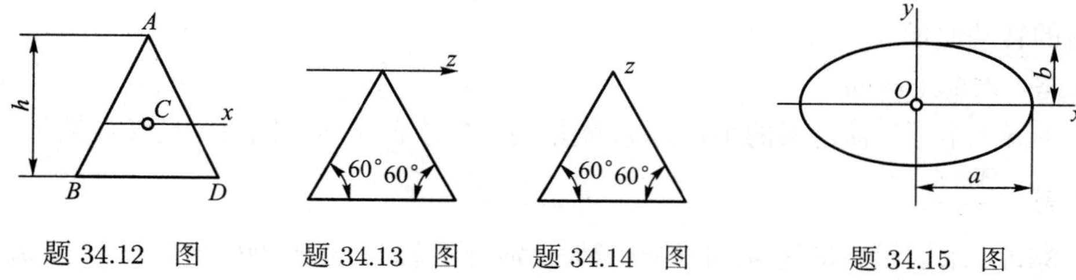

题 34.12 图　　题 34.13 图　　题 34.14 图　　题 34.15 图

答 $J_x = \dfrac{M}{4}b^2, J_y = \dfrac{M}{4}a^2, J_z = \dfrac{M}{4}(a^2+b^2)$.

34.16 均质空心球的质量为 M, 球的外半径与内半径分别为 R 与 r. 求空心球对通过质心之轴的转动惯量.

答 $\dfrac{2}{5}M\dfrac{R^5-r^5}{R^3-r^3}$.

34.17 半球形均质薄壳的半径为 R, 质量为 M. 设 z 轴通过球心且垂直于底面, 求薄壳对 z 轴的转动惯量.

答 $\dfrac{2}{3}MR^2$.

34.18 均质实心圆柱的半径为 4 cm, 高度为 40 cm. 设 z 轴垂直于圆柱的纵轴, 与质心相距 10 cm. 求圆柱对 z 轴的回转半径.

答 15.4 cm.

34.19 一个摆由质量为 M_1 的均质细杆 AB 在末端 B 固连质量为 M_2 的圆盘 C 构成. 杆长 $4r$, 圆盘的半径为 r. 求此摆对悬挂轴 O 的转动惯量, 已知 O 轴垂直于摆平面, 与杆端 A 相距为 r.

答 $\dfrac{1}{6}(4M_1+99M_2)r^2$.

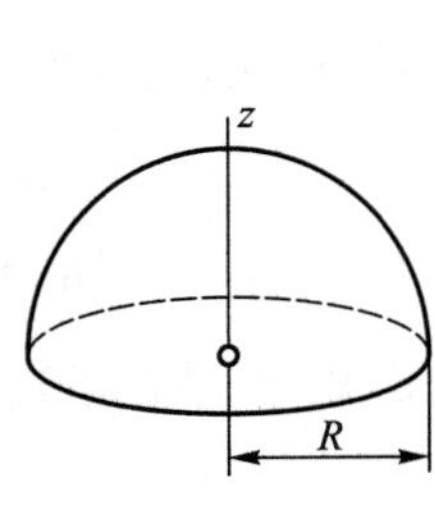

题 34.17 图

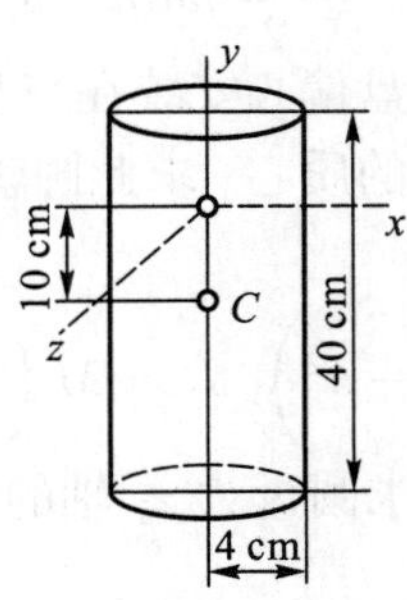

题 34.18 图

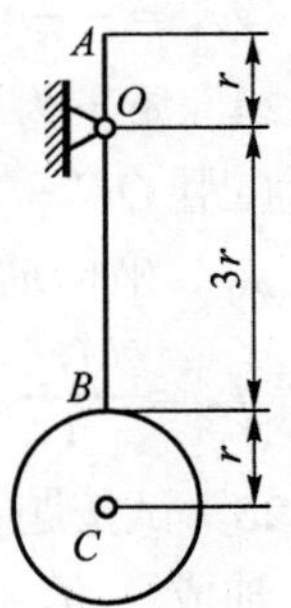

题 34.19 图

34.20 均质细杆 AB 长为 $2l$, 质量为 M. 杆的中心 O 固连于铅直轴, 杆与轴的夹角为 α. 求杆 AB 对坐标的轴转动惯量 J_x, J_y, 以及惯量积 J_{xy}. 坐标轴如图所示.

答 $J_x = \dfrac{Ml^2}{3}\cos^2\alpha,\ J_y = \dfrac{Ml^2}{3}\sin^2\alpha,$

$J_{xy} = \dfrac{Ml^2}{6}\sin 2\alpha.$

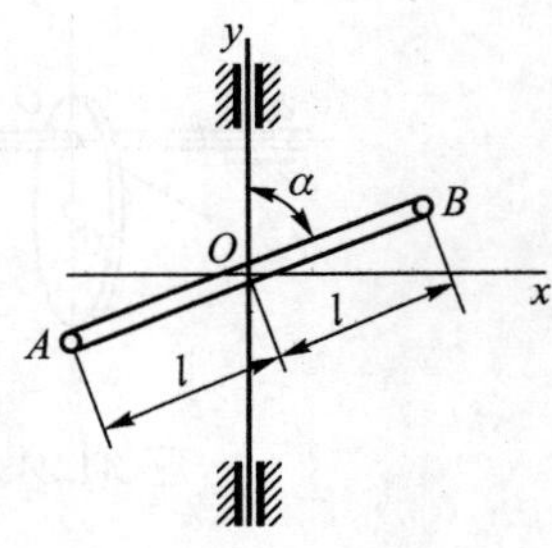

题 34.20 图

34.21 均质圆盘的质量为 M, 半径为 r, 固连于轴 AB 上 O 点, $OC = r/2$. 求圆盘对各个坐标轴的转动惯量和惯量积.

答 $J_x = \dfrac{3}{4}Mr^2,\ J_y = \dfrac{1}{4}Mr^2,\ J_z = \dfrac{1}{2}Mr^2,\ J_{xy} =$

$J_{xz} = J_{yz} = 0.$

34.22　均质三角形薄板 ABC 的质量为 M, 设 x 轴通过顶点 A 且在板平面内. 已知 B 点和 C 点到 x 轴的距离分别为 $BM = h_B, CN = h_C$. 求此板对 x 轴的转动惯量.

答　$J_x = \dfrac{1}{6}M(h_B^2 + h_B h_C + h_C^2).$

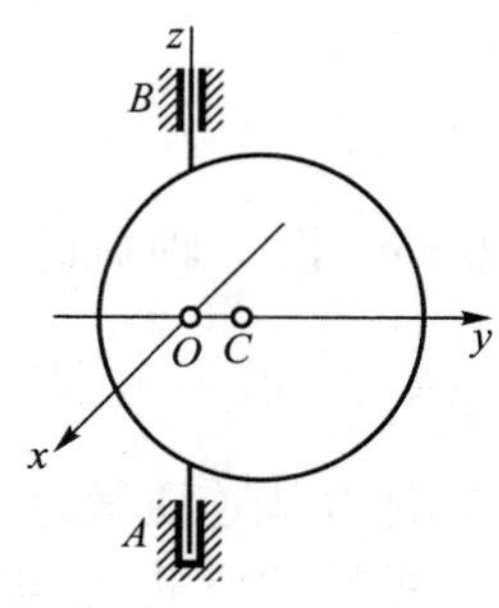

题 34.21　图

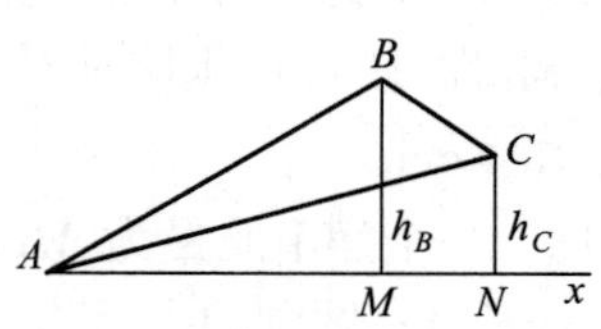

题 34.22　图

34.23　试按题 34.1 中的数据求曲柄的惯量积 J_{xz}, J_{yz}, J_{xy}.

答　$J_{xz} = -\dfrac{3}{2}md(a+b), J_{yz} = -\dfrac{\sqrt{3}}{2}md(a+b), J_{xy} = 0.$

34.24　质量为 M 的均质圆盘偏心安装在与盘面垂直的 z 轴上. 圆盘的半径为 r, 偏心距 $OC = a$, C 为圆盘的质心. 求此圆盘的转动惯量 J_x, J_y, J_z 和惯量积 J_{xy}, J_{xz}, J_{yz}. 坐标轴如图所示.

答　$J_x = \dfrac{Mr^2}{4}, J_y = M\left(\dfrac{r^2}{4} + a^2\right), J_z = M\left(\dfrac{r^2}{2} + a^2\right), J_{xy} = J_{xz} = J_{yz} = 0.$

34.25　试按题 34.24 的数据求圆盘对 z_1 轴的转动惯量, 已知 z_1 轴在铅直平面内, 与 z 轴成 φ 角.

答　$J_{z_1} = \dfrac{Mr^2}{4}\sin^2\varphi + M\left(\dfrac{r^2}{2} + a^2\right)\cos^2\varphi.$

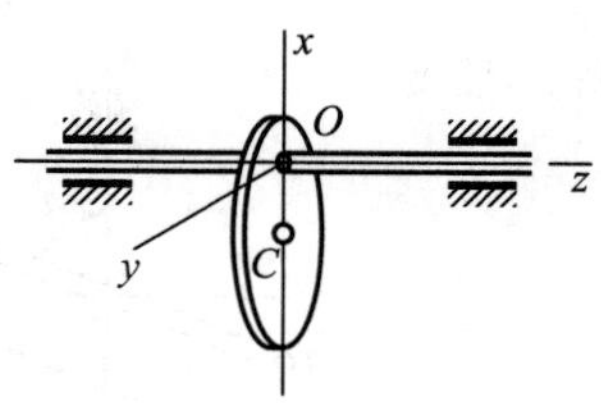

题 34.24　图

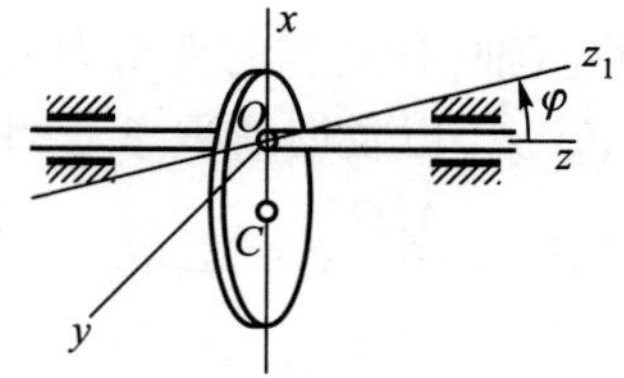

题 34.25　图

34.26　质量为 M 的均质圆盘安装在通过质心 C 的 z 轴上. 圆盘的对称轴 z_1 在铅直平面 xz 内, 与 z 轴成 α 角. 圆盘的半径为 r. 求圆盘的惯量积 J_{xz}, J_{yz}, J_{xy} (坐标轴如图所示).

答 $J_{xy}=J_{yz}=0, J_{xz}=(J_{z_1}-J_{x_1})\dfrac{\sin 2\alpha}{2}=\dfrac{Mr^2}{8}\sin 2\alpha.$

34.27 假设上题的圆盘偏心安装在 z 轴上, 偏心距 $OC=a$, 求圆盘的惯量积 J_{xz}, J_{yz}, J_{xy} (坐标轴如图所示).

答 $J_{xy}=J_{yz}=0, J_{xz}=\dfrac{M}{2}\left(\dfrac{r^2}{4}+a^2\right)\sin 2\alpha.$

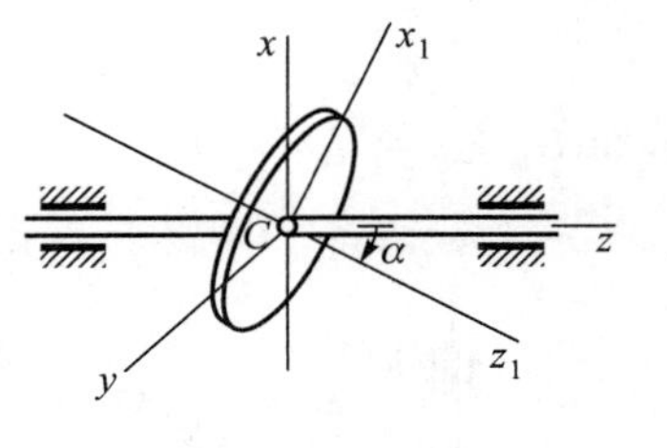

题 34.26 图

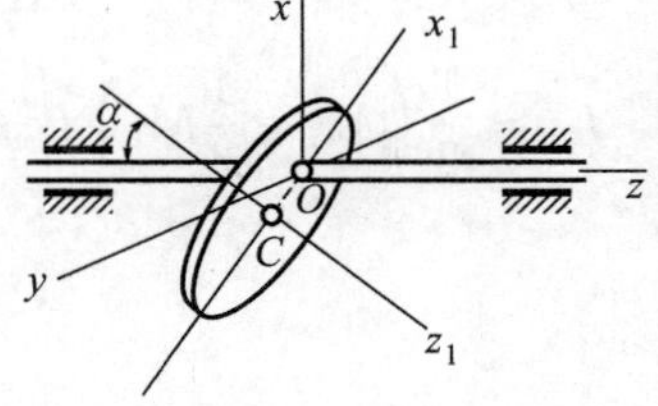

题 34.27 图

34.28 半径为 r 的均质圆盘安装在通过点 O 的转轴 z 上, z 轴与圆盘对称轴 Cz_1 成 α 角. 圆盘的质量为 M. 求圆盘对 z 轴的转动惯量 J_z, 以及圆盘的惯量积 J_{xz}和J_{yz}. 已知 OL 为 z 轴在盘面上的投影, $OE=a, OK=b$.

答 $J_z=M\left[\left(a^2+\dfrac{1}{2}R^2\right)\cos^2\alpha+\dfrac{1}{4}R^2\sin^2\alpha+b^2\right],$

$J_{xz}=M\left(\dfrac{1}{4}R^2+a^2\right)\sin\alpha\cos\alpha,\ J_{yz}=Mab\sin\alpha.$

34.29 均质矩形板 $OABD$ 以 OA 边固连于 OE 轴, 板的质量为 M, 矩形的边长为 a 和 b. 求板的惯量积 J_{xz}, J_{yz}, J_{xy}.

答 $J_{xz}=J_{xy}=0, J_{yz}=\dfrac{1}{4}Mab.$

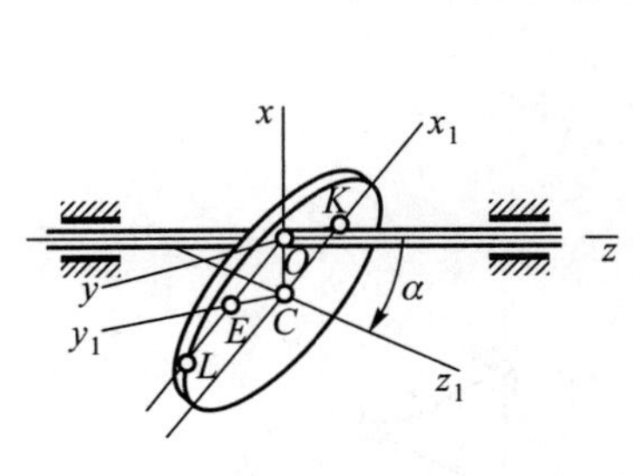

题 34.28 图

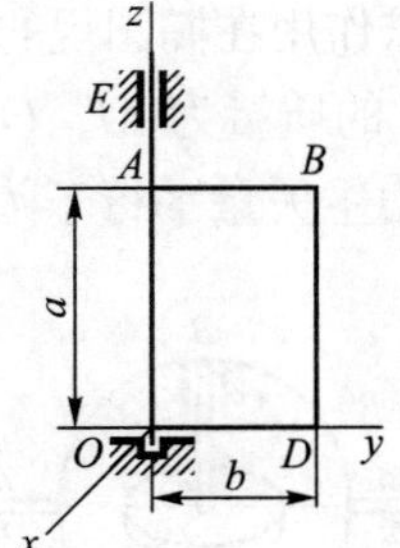

题 34.29 图

34.30 质量为 M、边长为 a 和 b 的均质矩形板固连于 z 轴, z 轴与矩形的对角线重合.设 y 轴、z 轴与板都在图面内, 坐标原点与板的质心重合. 求板的惯量积 J_{yz}.

答 $J_{yz}=\dfrac{M}{12}\dfrac{ab(a^2-b^2)}{a^2+b^2}$.

34.31 起重机的转动有: 长为 L、质量为 M_1 的悬臂 CD, 质量为 M_2 的配重 E, 质量为 M_3 的重物 K. 把悬臂看成均质细直杆, 配重 E 和重物 K 都看成质点, 设坐标轴固连于起重机, 起重机质心在 z 轴上, 悬臂 CD 在平面 yz 内. 求起重机对铅直轴 z 的转动惯量以及对坐标轴的三个惯量积.

答 $J_z=M_2a^2+\left(M_3+\dfrac{1}{3}M_1\right)L^2\sin^2\alpha$,

$J_{yz}=\dfrac{1}{2}\left(M_3+\dfrac{1}{3}M_1\right)L^2\sin 2\alpha-M_3Ll\sin\alpha$, $J_{xy}=J_{xz}=0$.

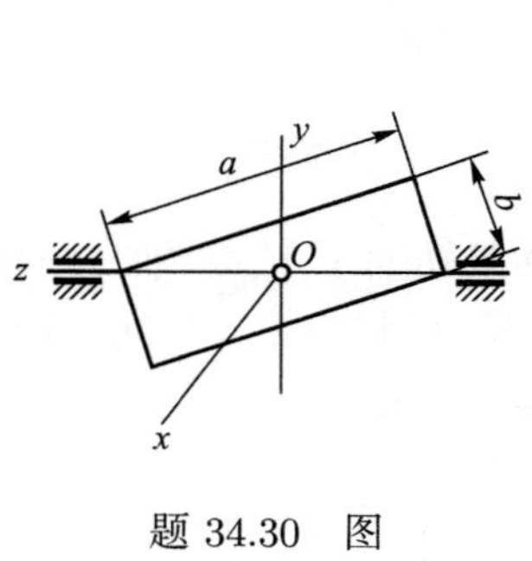

题 34.30 图

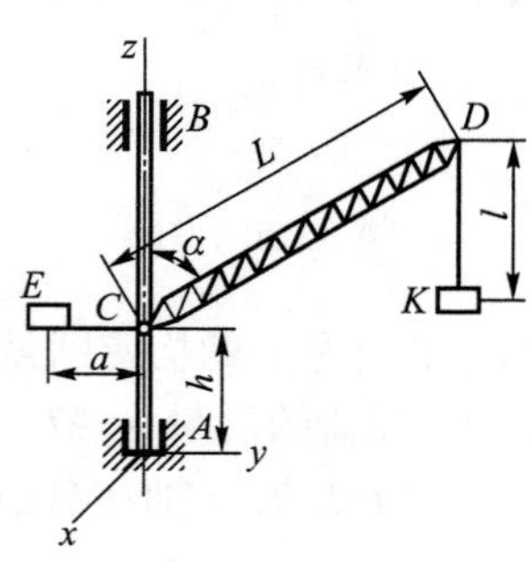

题 34.31 图

§35. 质点系质心运动定理

35.1 飞轮 M 绕 AB 轴转动, AB 轴安装在圆形框架内并绕 DE 轴转动. 飞轮的质心 C 在 AB 与 DE 的交点. 求飞轮所受外力的主矢量.

答 外力主矢量为零.

35.2 求作用在椭圆规的规尺 AB 上外力的主矢量. 曲柄 OC 以匀角速度 ω 转动, 规尺 AB 的质量为 M, $OC=AC=BC=l$.

答 外力主矢量平行于 CO, 大小等于 $Ml\omega^2$.

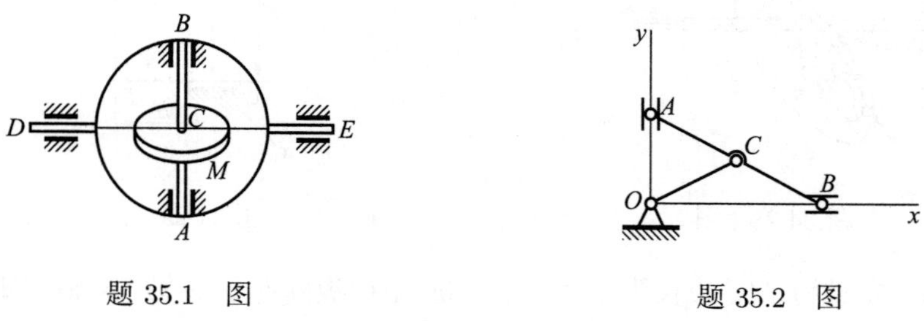

题 35.1 图　　题 35.2 图

35.3 质量为 M 的车轮沿斜面滚下, 质心 C 按规律 $x_C=\dfrac{1}{2}at^2$ 运动. 求车轮

所受外力的主矢量.

答 外力主矢量平行于 x 轴, 指向车轮前进方向, 大小等于 Ma.

35.4 如图所示, 车轮在力 $\boldsymbol{F}$ 作用下沿水平轨道连滚带滑地运动. 已知滑动摩擦系数为 f, 且 $F=5fP$, 其中 P 为车轮的重量. 初瞬时刻车轮静止. 求车轮质心 C 的运动规律.

答 $x_C=2fgt^2$.

题 35.3 图　　题 35.4 图

35.5 车轮在力矩作用下沿水平轨道连滚带滑地运动. 已知滑动摩擦系数为 f, 初瞬时刻车轮静止. 求车轮质心 C 的运动规律.

答 $x_C=fgt^2/2$.

35.6 电车车厢在弹簧上作幅度为 2.5 cm、周期 $T=0.5$ s 的铅直简谐振动. 车厢与载荷的质量共 10 吨, 车架与车轮的质量共 1 吨. 求车厢对路轨的压力.

答 从 68.0 kN 到 147.6 kN 变化.

35.7 水泵的固定部分的质量共为 M_1, 包括外壳 D、底座 E 等. 曲柄 $OA=a$ 的质量为 M_2, 滑道杆与滑块 C 的质量为 M_3. 曲柄 OA 可看成均质杆, 并以角速度 ω 转动. 求水泵空转时对地面的压力.

答 $N=(M_1+M_2+M_3)g+\dfrac{a\omega^2}{2}(M_2+2M_3)\cos\omega t$.

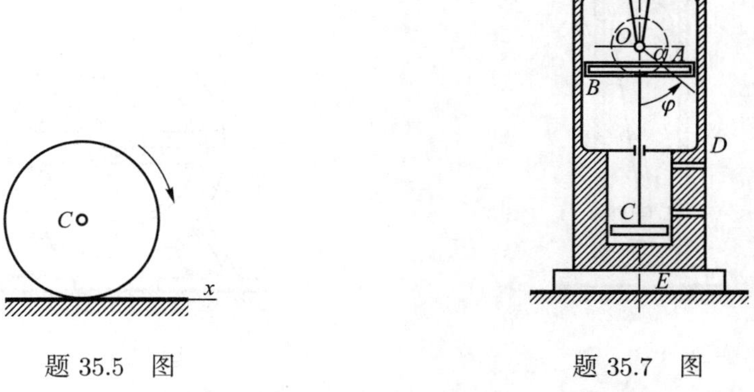

题 35.5 图　　题 35.7 图

35.8 利用上题的数据, 并假定水泵安装在弹性地基上, 地基的刚度系数为 c. 求曲柄 OA 的轴心 O 沿铅直线的运动规律. 设在初始瞬时轴 O 在静平衡位置, 初始

速度 v_0 铅直向下. x 轴铅直向下, 原点取在 O 的静平衡位置. 忽略摩擦力.

答　1) 当 $\dfrac{c}{M_1+M_2+M_3}\neq\omega^2$ 时,

$$x_O=-\frac{h}{k^2-\omega^2}\cos kt+\frac{v_0}{k}\sin kt+\frac{h}{k^2-\omega^2}\cos\omega t,$$

其中 $k=\sqrt{\dfrac{c}{M_1+M_2+M_3}}$, $h=\dfrac{M_2+2M_3}{M_1+M_2+M_3}\cdot\dfrac{a\omega^2}{2}$. 2) 当 $\dfrac{c}{M_1+M_2+M_3}=\omega^2$ 时, $x_O=\dfrac{v_0}{\omega}\sin\omega t+\dfrac{h}{2\omega}t\sin\omega t$.

35.9　裁剪金属的剪床由曲柄滑块机构 OAB 构成, 动刀刃固连在滑块 B, 定刀刃安装在底座 C 上. 已知曲柄长为 r, 质量为 M_1, 连杆长为 l, 滑块与动刀刃的质量为 M_2, 底座 C 与定刀刃的质量为 M_3. 不计连杆的质量, 曲柄 OA 可看成均质杆并以匀角速度 ω 转动. 求底座对地面的压力.

提示: 表达式 $\sqrt{1-(r/l)^2\sin^2\omega t}$ 应展开成级数并舍弃 r/l 二次以上的项.

答　$N=(M_1+M_2+M_3)g+\dfrac{r\omega^2}{2}\left[(M_1+2M_2)\cos\omega t+2M_2\dfrac{r}{l}\cos 2\omega t\right].$

35.10　质量为 M_1 的电动机自由地放在光滑水平基础上, 长为 $2l$、质量为 M_2 的均质杆垂直固连在电机轴上, 杆的末端固连质量为 M_3 的重物. 电机轴的角速度为 ω.

1) 求电动机的水平运动.

2) 用一些螺杆把电动机固定在基础上, 求这些螺杆所受的最大水平力 R.

答　1) 幅度为 $\dfrac{l(M_2+2M_3)}{M_1+M_2+M_3}$、周期为 $\dfrac{2\pi}{\omega}$ 的简谐振动.

2) $R=(M_2+2M_3)l\omega^2$.

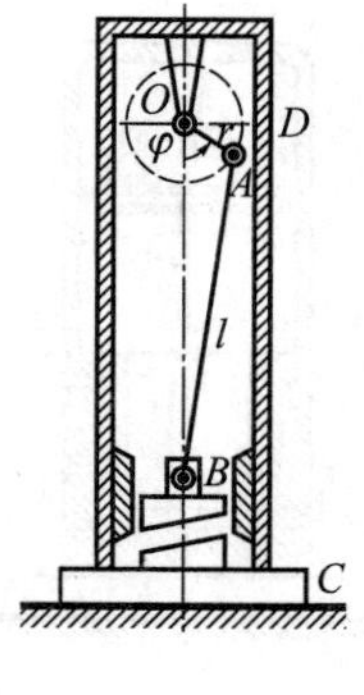

题 35.9　图

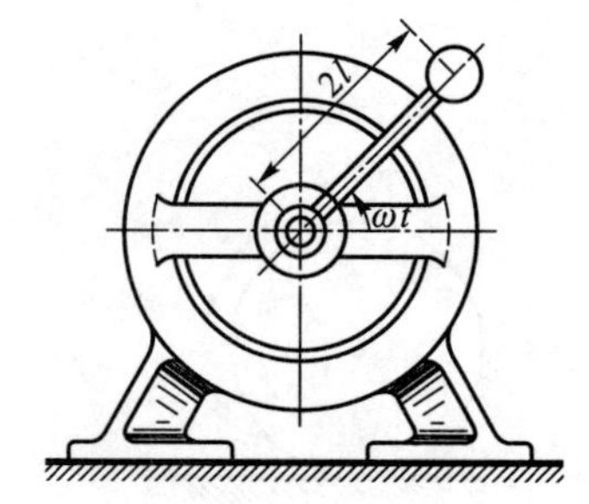

题 35.10　图

35.11　按上题条件, 如果电动机未固定在基础上, 电动机可以从基础上跳起来, 求角速度 ω 应满足的条件.

答　$\omega > \sqrt{\dfrac{(M_1+M_2+M_3)g}{(M_2+2M_3)l}}$.

35.12　装配电动机时, 安装转子 B 时有偏差, 偏心距 $C_1C_2=a$, 其中 C_1 为定子 A 的质心, C_2 为转子 B 的质心. 电动机装在弹性梁的中央, 梁的静挠度为 Δ. 定子的质量为 M_1, 转子的质量为 M_2. 转子以匀角速度 ω 转动.

求 C_1 点在铅直方向的运动方程. 已知初始瞬时 C_1 静止在静平衡位置. 不计阻力. x 轴的原点取在 C_1 的静平衡位置.

答　1) 当 $\sqrt{\dfrac{g}{\Delta}} \neq \omega$ 时, $x_1 = -\dfrac{\omega}{k}\dfrac{h}{k^2-\omega^2}\sin kt + \dfrac{h}{k^2-\omega^2}\sin\omega t$, 其中 $k=\sqrt{\dfrac{g}{\Delta}}$, $h=\dfrac{M_2}{M_1+M_2}a\omega^2$.

2) 当 $\sqrt{\dfrac{g}{\Delta}} = \omega$ 时, $x_1 = \dfrac{h}{2\omega^2}\sin\omega t - \dfrac{h}{2\omega}t\cos\omega t$.

35.13　质量为 M_1 的电动机装在刚度为 c 的梁上. 在电机轴上距离轴心 l 处安装质量为 M_2 的重物. 电动机的角速度 $\omega=$ 常量. 求电动机强迫振动的振幅 a 以及临界转数 n_{cr}. 梁的质量和阻尼都忽略不计.

答　$a=\dfrac{M_2 l\omega^2}{c-(M_1+M_2)\omega^2}, n_{\mathrm{cr}}=\dfrac{30}{\pi}\sqrt{\dfrac{c}{M_1+M_2}}$.

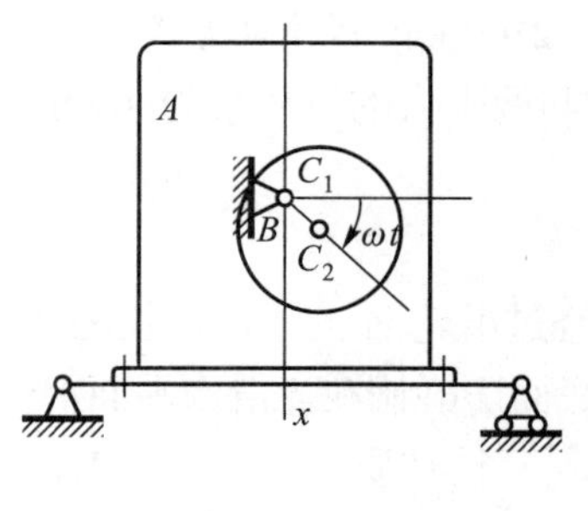

题 35.12　图

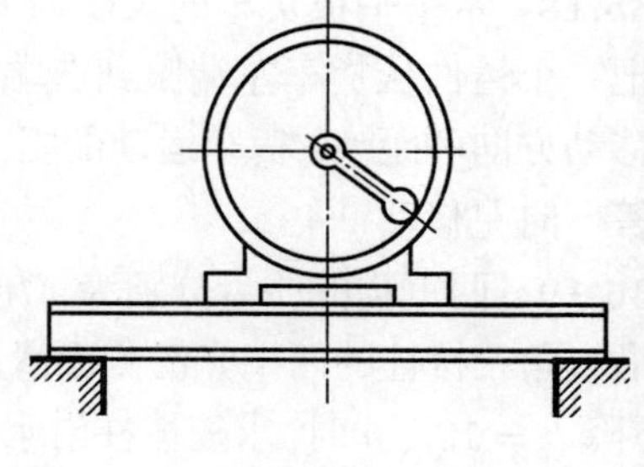
题 35.13　图

35.14　起重机上跑车 A 的质量为 M_1, 在跑车质心 C_1 悬挂长为 l 的缆绳, 缆绳下端是质量为 M_2 的重物 C_2. 假设跑车被制动, 停在梁 BD 的中点, 缆索与重物在铅直平面内作简谐振动.

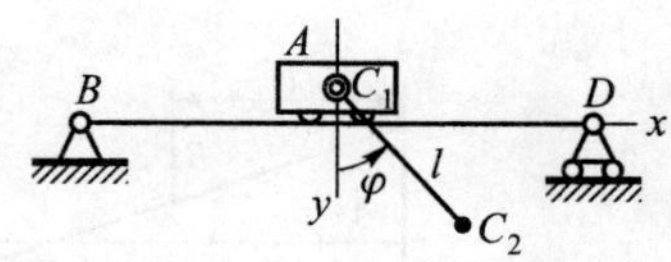

题 35.14　图

1) 把梁 BD 看作刚体, 求梁的铅垂反力.

2) 把梁看作刚度系数为 c 的弹簧, 求 C_2 在铅直方向的运动规律.

在初始瞬时, 梁未变形, 在水平位置静止. 假定缆绳微幅摆动, 可令 $\sin\varphi\approx\varphi$, $\cos\varphi\approx 1$. y 轴原点取在 C_1 的静平衡位置. 忽略缆绳质量及跑车的尺寸 (远小于梁的长度).

答　1) $R_y = (M_1 + M_2)g$. 2) 点 C_1 按规律 $y_1 = -\frac{(M_1+M_2)g}{c}\cos\sqrt{\frac{c}{M_1+M_2}}t$ 作自由振动.

35.15　保留上题的数据并假定梁 BD 为刚体, 1) 求轨道的水平反力, 2) 当跑车 A 未被制动时, 求 C_1 沿 x 轴的运动规律.

在初始瞬时 C_1 静止在 x 轴的原点. 缆绳及重物按规律 $\varphi = \varphi_0\cos\omega t$ 摆动.

答　1) $R_x = -M_2 l\varphi_0\omega^2\cos\omega t$.

2) C_1 按规律 $x_1 = \frac{M_2}{M_1+M_2}l\varphi_0(1-\cos\omega t)$ 振动, 振幅为 $\frac{M_2}{M_1+M_2}l\varphi_0$, 频率为 ω.

35.16　在静止小船中央的凳子上坐着两个人. 小船长为 4 m, 水对船运动的阻力可以不计. 质量为 $M_1 = 50$ kg 的人向右移到了船首. 为了使小船保持不动, 求质量为 $M_2 = 70$ kg 那个人的移动方向和距离.

答　向左移动 1.43 m.

35.17　均质三棱柱 A 放在水平面上, 均质三棱柱 B 放在 A 上. 两个三棱柱的横截面均为直角三角形, A 的质量两倍于 B. 假设两个三棱柱面与水平面都是理想光滑的, 三棱柱 B 沿着 A 滑下, 当 B 碰到水平面时, 求三棱柱 A 移动的距离 l.

答　$l = (a-b)/4$.

35.18　水平平板货车的长度为 6 m, 质量为 2700 kg. 货车初始静止. 车上两个工人把一个铸件从货车左端搬到右端. 已知铸件与两工人的总质量为 1800 kg, 求货车的移动方向和距离. 货车运动的阻力忽略不计.

答　向左移动 2.4 m.

35.19　两重物的质量分别为 M_1 和 M_2, 用绕过滑轮 A 的不可伸长的绳子连着, 分别沿直角三棱柱的两个光滑侧面滑动, 三棱柱底面 BC 搁在光滑水平面上. 当重物 M_1 下降 $h = 10$ cm 时, 求三棱柱沿水平面的位移. 三棱柱质量为 $M = 4M_1 = 16M_2$, 绳子和滑轮的质量都忽略不计.

答　三棱柱向右移动 3.77 cm.

题 35.17　图　　　　题 35.19　图

35.20　三个质量分别为 $M_1 = 20$ kg, $M_2 = 15$ kg, $M_3 = 10$ kg 的重物, 用分别绕过滑轮 L 和 N 的两段不可伸长的绳子连着. 重物 M_2 位于质量为 $M = 100$ kg 的四棱柱 $ABCD$ 的顶面 BC 上. 当 M_1 下落时, 重物 M_2 向右移动, 重物 M_3 沿着侧

面 AB 上升. 不计四棱柱、重物、地板之间的摩擦, 以及绳子和滑轮的质量, 当重物 M_1 下降 1 m 时, 求四棱柱 $ABCD$ 的位移.

答 向左移动 14 cm.

35.21 修理街道电网使用的移动式起重机, 安装在质量为 1 t 的汽车上. 起重机的摇架 K 装在杆 L 上, 可绕与图面垂直的水平轴 O 转动. 在初始瞬时, 起重机处于水平位置, 汽车静止. 当起重机转过 60° 时, 求未加制动的汽车的位移. 均质杆 L 长为 3 m, 质量为 100 kg, 摇架 K 的质量为 200 kg, 质心 C 到轴 O 的距离 $OC = 3.5$ m. 忽略运动阻力.

答 向右移动 32.7 cm.

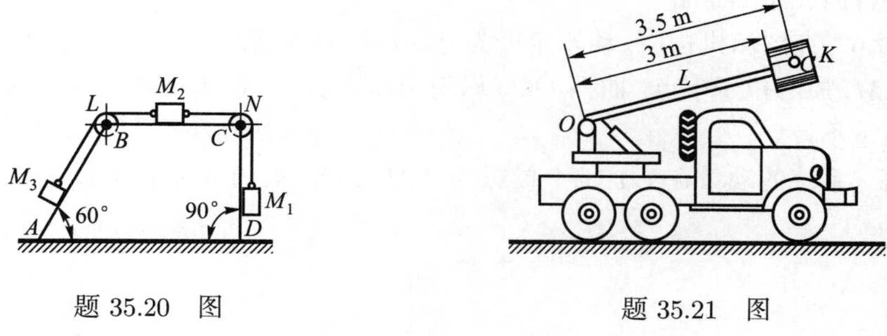

题 35.20 图　　题 35.21 图

§36. 质点系动量定理 · 连续介质的应用

36.1 求减速器工作时的动量, 已知四个转动齿轮的质心都在各自转轴上.

答 动量等于零.

36.2 求作用在上题的减速器上的外力在任意有限时间段内的冲量之和.

答 外力冲量之和等于零.

36.3 均质的杆 OA 和盘 B 构成一个摆. 杆长为 $4r$, 质量为 M_1, 圆盘半径为 r, 质量为 M_2. 当摆的角速度为 ω 时, 求摆的动量.

答 动量方向与杆 OA 垂直, 大小为 $(2M_1 + 5M_2)r\omega$.

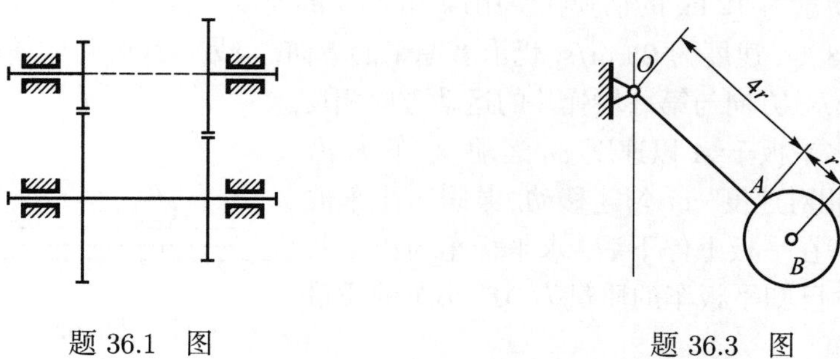

题 36.1 图　　题 36.3 图

36.4 求椭圆规的动量. 已知曲柄质量为 M_1, 规尺 AB 的质量为 $2M_1$, 套筒 A 和 B 的质量均为 M_2, 已知 $OC = AC = CB = l$. 曲柄和规尺的质心都在各自中点. 曲柄以角速度 ω 转动.

答 动量的大小为 $Q = \dfrac{\omega l}{2}(5M_1 + 4M_2)$, 方向垂直于曲柄.

36.5 求离心调速器绕铅直轴加速转动时的动量. 设角 φ 按规律 $\varphi = \varphi(t)$ 变化, 在转动时上面两杆把球 A 和 B 向上提升. 杆的尺寸为 $OA = OB = AD = BD = l$. 套筒 D 的质量为 M_2, 质心在 z 轴上. 球 A 和 B 都可看成质量为 M_1 的质点. 各杆的质量都可不计.

答 动量 $\boldsymbol{Q}$ 的投影为 $Q_x = Q_y = 0$, $Q_z = -2(M_1 + M_2)l\dot{\varphi}\sin\varphi$, 平面 yz 与调速器各杆所在平面重合.

36.6 在图示机构中, 动轮半径为 r, 质量为 M, 质心在 O_1 点, 直杆 AB 的质量为 kM, 质心位于中点. 曲柄 OO_1 以匀角速度 ω 绕轴 O 转动. 求系统的动量. 曲柄的质量不计.

答 系统的动量在 Ox 轴上投影为 $-Mr\omega\cos\omega t$, 在 Oy 轴上投影为 $Mr\omega(1 + 2k)\sin\omega t$.

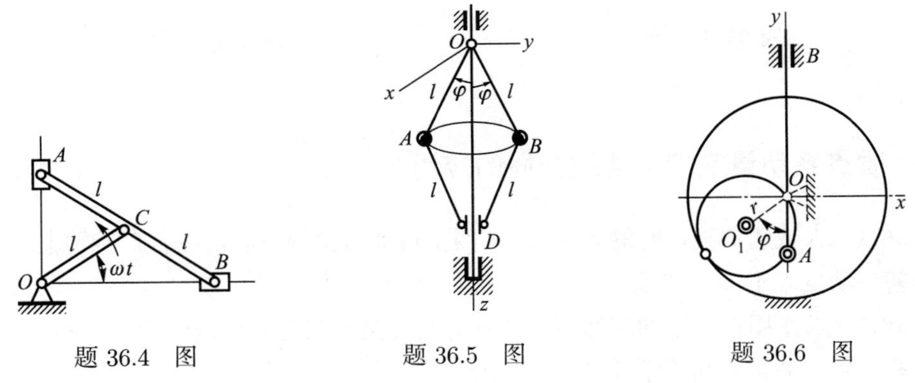

题 36.4　图　　题 36.5　图　　题 36.6　图

36.7 炮筒的质量为 11 t, 炮弹的质量为 54 kg. 炮弹在炮口处的速度为 $v_0 = 900$ m/s. 求炮弹飞出炮口时炮筒的速度.

答 炮筒速度为 4.42 m/s, 方向与炮弹的运动方向相反.

36.8 质量为 12 kg 的榴弹在空中以 15 m/s 的速度飞行时炸裂为两块. 一块弹片的质量为 8 kg, 速度为 25 m/s, 仍沿着原来的方向. 求另一块弹片的速度.

答 5 m/s, 方向与第一块弹片的运动方向相反.

36.9 水平板车 A 以速度 $\boldsymbol{v}_0$ 运动, 小车 B 沿着平板车以相对速度 $\boldsymbol{u}_0$ 匀速移动. 某瞬时小车被制动. 当小车在平板上停下后, 求平板车与小车共同的速度 $\boldsymbol{v}$. 已知平板车的质量为 M, 小车的质量为 m.

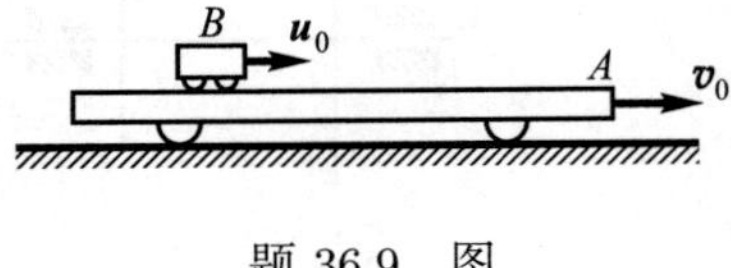

题 36.9　图

答 $\boldsymbol{v}=\boldsymbol{v}_0+\dfrac{m}{M+m}\boldsymbol{u}_0.$

36.10 按照上题的条件, 并假定制动阻力为 $\boldsymbol{F}$, 求从开始制动到停下小车 B 在平板车 A 上移动的距离 s, 以及制动时间 τ.

提示: 在小车的运动微分方程中, 利用关系式 $Mv+m(u+v)=$ 常量, 其中 u 和 v 都为变量.

答 $s=\dfrac{1}{2}\cdot\dfrac{mM}{M+m}\cdot\dfrac{u_0^2}{F},\ \tau=\dfrac{mM}{M+m}\cdot\dfrac{u_0}{F}.$

36.11 灭火水龙头的横截面为 16 cm^2, 水柱以速度 8 m/s 从水龙头喷出, 与水平面成 $\alpha=30°$ 角. 求水柱对铅直墙壁的冲击力. 不计重力对水柱形状的影响, 假定水滴碰到墙壁后速度立即变为沿着墙壁.

答 88.8 N.

36.12 水以 $v=2$ m/s 的速度沿直径为 $d=300$ mm 的水管流动, 求作用在水管弯头处支座上的附加压力的水平分量 R_x.

答 R_x=284 N.

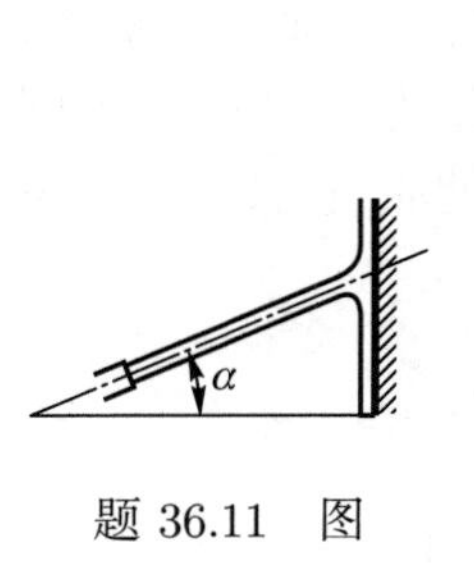

题 36.11 图

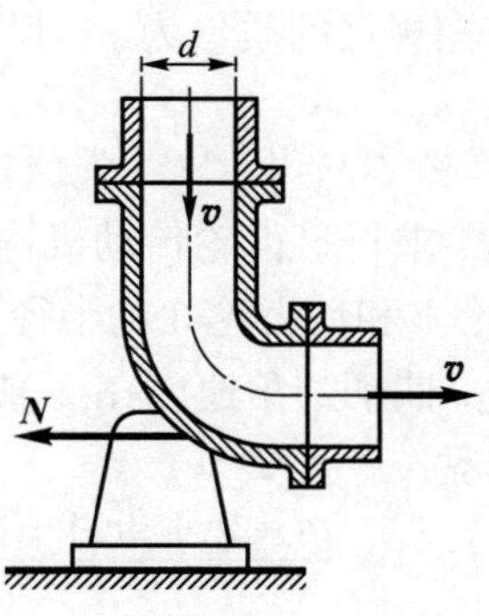

题 36.12 图

36.13 水沿铅垂方向 (与水平面成直角 $\alpha_0=90°$) 以速度 $v_0=2$ m/s 流入变截面的固定水道, 水道关于铅垂平面 (即图面) 对称, 入口处的截面积为 0.02 m^2. 在水道出口处, 水的速度为 $v_1=4$ m/s, 方向与水平面成 $\alpha_1=30°$ 角. 求水作用在水道壁上的附加压力的水平分量.

答 138 N.

36.14 求水柱加在涡轮固定叶片上压力的水平分量. 已知水的体积流量为 Q, 密度为 γ, 水落在叶片上的速度 $\boldsymbol{v}_1$ 沿着水平方向, 水流出的速度 $\boldsymbol{v}_2$ 与水平面成 α 角.

答 $N=\gamma Q(v_1+v_2\cos\alpha)$.

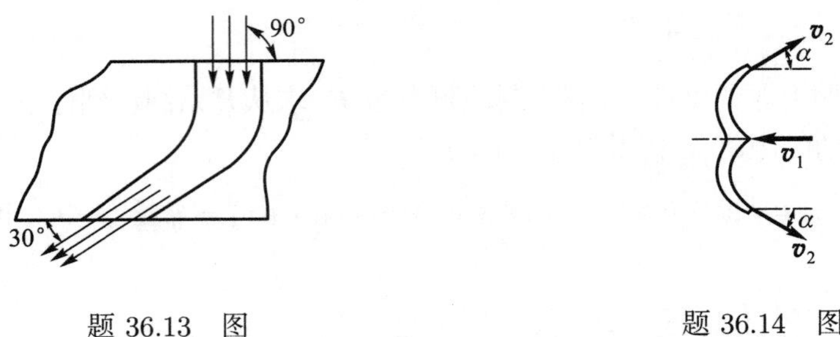

题 36.13　图　　　题 36.14　图

§37. 质点系动量矩定理 · 刚体定轴转动微分方程

37.1　半径为 $R=30$ cm、质量为 $M=50$ kg 的均质圆盘沿水平面纯滚动, 角速度为 60 r/min. 求: 1) 圆盘对通过质心垂直于运动平面之轴的动量矩, 2) 圆盘对瞬时转动轴的动量矩.

答　1) 14.1 $\text{kg}\cdot\text{m}^2/\text{s}$. 2) 42.3 $\text{kg}\cdot\text{m}^2/\text{s}$.

37.2　求椭圆规的规尺 AB 对 z 轴的动量矩, z 轴重合于曲柄 OC 的转轴. 再求规尺对通过质心 C 并平行于 z 之轴的相对动量矩. 曲柄的角速度在 z 轴上投影为 ω_z. 已知规尺的质量为 m, 尺寸为 $OC=AC=BC=l$.

答　$L_{Oz}=\dfrac{2}{3}ml^2\omega_z$, $L_{Cz}=-\dfrac{ml^2}{3}\omega_z$.

37.3　求行星齿轮传动机构对固定轴 z 的动量矩, z 轴与曲柄 OC_3 的转轴重合. 定齿轮 1 和动齿轮 3 的半径都为 r. 齿轮 3 的质量为 m, 齿轮 2 的质量为 m_2 且半径为 r_2. 曲柄的角速度在 z 轴上投影为 ω_z. 曲柄的质量可以不计, 各齿轮都可看成均质圆盘.

答　$L_{Oz}=\dfrac{m_2(2r+3r_2)+8m(r+r_2)}{2}(r+r_2)\omega_z$.

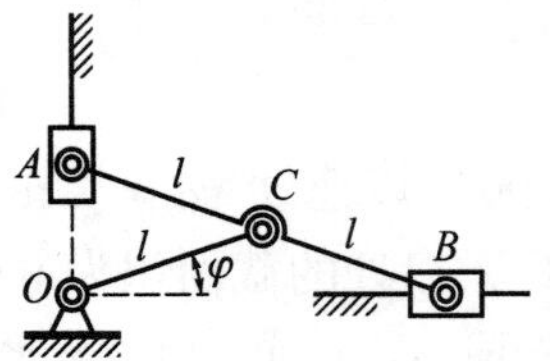

题 37.2　图 (同题 34.5 图)

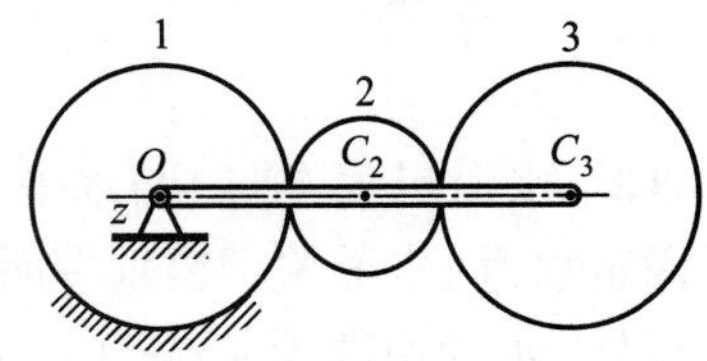

题 37.3　图

37.4　皮带轮的半径为 $r=20$ cm, 质量为 $M=3.27$ kg, 可看成均质圆盘. 皮带主动边和从动边的拉力分别为 $T_1=100$ N 和 $T_2=50$ N. 皮带轮以角加速度 $\varepsilon=1.5\ \text{rad}/s^2$ 转动, 求阻力矩.

答　9.8 $\text{N}\cdot\text{m}$.

37.5　在轴上安装飞轮, 飞轮的质量为 500 kg, 回转半径为 $\rho=1.5$ m. 飞轮被

驱动到 $n=240\ \mathrm{r/min}$ 的角速度后开始自由转动, 经过 10 min 停止. 求轴枢上的常值摩擦力偶矩.

答 47.1 N·m.

37.6 为了迅速制动大飞轮, 可以采用一种电制动器. 电制动器由安置在直径两端的一对电极构成, 电极上绕有直流电线圈. 在飞轮运动过程中, 飞轮实体内产生感应电流, 形成阻力偶矩为 $M_1=kv$, 其中 v 为飞轮边缘的速度, k 为常数 (依赖于磁通量和飞轮尺寸). 设轴承中阻力矩 M_2 可认为不变. 飞轮直径为 D, 对转轴的转动惯量为 J. 问: 以角速度 ω_0 转动的飞轮经过多长时间才停止?

答 $T=\dfrac{2J}{kD}\ln\left(1+\dfrac{kD\omega_0}{2M_2}\right)$.

37.7 静止刚体在常值力矩 M 驱动下绕铅直固定轴转动, 同时受到的阻力矩与角速度平方成正比 $M_1=\alpha\omega^2$. 已知刚体对转轴的转动惯量为 J, 求角速度的变化规律.

答 $\omega=\sqrt{\dfrac{M}{\alpha}}\cdot\dfrac{\mathrm{e}^{\beta t}-1}{\mathrm{e}^{\beta t}+1}$, 且 $\beta=\dfrac{2}{J}\sqrt{\alpha M}$.

37.8 设上题中的阻力矩与刚体角速度成正比: $M_1=\alpha\omega$, 求角速度的变化规律.

答 $\omega=\dfrac{M}{\alpha}(1-\mathrm{e}^{-\alpha t/J})$.

37.9 长为 l 的 AB 杆, 一端固连着小球 A, 被放在盛有液体的容器中, 绕铅直轴 O_1O_2 以初角速度 ω_0 开始转动. 液体的阻力正比于转动角速度: $R=\alpha m\omega$, 其中 m 为小球的质量, α 为比例系数. 问: 经过多长时间转动角速度变成初始值的一半? 又求在这段时间内杆和小球转过的圈数. 小球可看作质点, 杆的质量可忽略.

答 $T=\dfrac{l}{\alpha}\ln\ 2,\ n=\dfrac{l\omega_0}{4\pi\alpha}$.

37.10 被锯断的大树倒向地面, 求大树落到地上时的角速度 ω. 已知大树的质量为 M, 质心 C 到底面的高度为 h. 空气阻力矩为 m_C, 且 $m_{Cz}=-\alpha\dot{\varphi}^2$, 其中 α 为常数. 设 z 轴为大树倒下时的转轴, 大树对 z 轴的转动惯量为 J.

答 $\omega=\sqrt{\dfrac{2MghJ}{J^2+4\alpha^2}\left(\mathrm{e}^{-\frac{\alpha\pi}{J}}+2\dfrac{\alpha}{J}\right)}$.

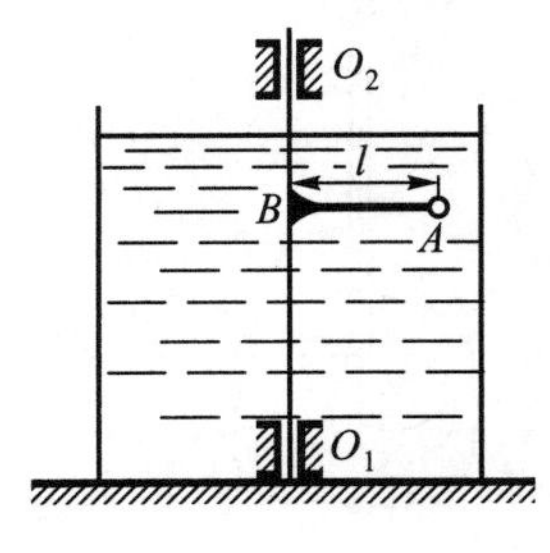

题 37.9 图

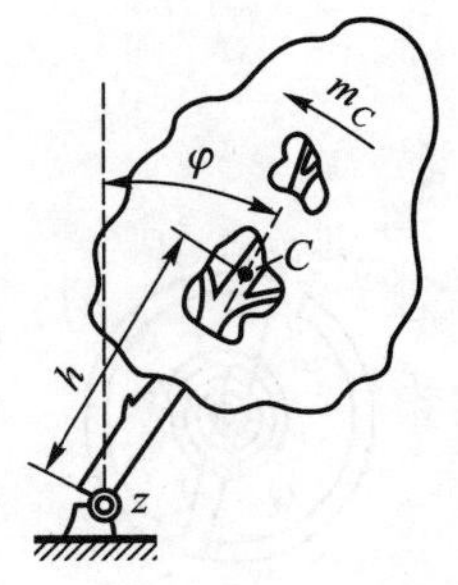

题 37.10 图

37.11　半径为 r 的轴可绕水平轴转动, 由悬挂在绳子上的重锤驱动. 为使角速度在一段时间内达到常值, 在轴上装了几块相同的板, 板所受的空气阻力等效为一个合力, 合力作用点与转轴相距为 R, 合力的大小与角速度成正比, 比例系数为 k. 已知重锤的质量为 m, 全部转动物体对转轴的转动惯量为 J, 绳子的质量和轴承的摩擦都可不计.

求角速度 ω. 假定在初始瞬时角速度为零.

答　$\omega=\sqrt{\dfrac{mgr}{knR}}\cdot\dfrac{\mathrm{e}^{\alpha t}-1}{\mathrm{e}^{\alpha t}+1}$, 其中 $\alpha=\dfrac{2}{J+mr^2}\sqrt{mgnkrR}$, 当时间 t 足够大, 角速度 ω 接近于常值 $\sqrt{\dfrac{mgr}{knR}}$.

37.12　一根弹性金属丝挂着半径为 r、质量为 M 的均质球. 金属丝被扭转了角 φ_0 后自由扭转摆动. 金属丝的弹性力偶矩与扭转角 φ 成正比, 把金属丝扭转 1 弧度所需的力偶矩为 c. 不计空气阻力, 求金属丝的运动.

答　$\varphi=\varphi_0\cos\sqrt{\dfrac{5c}{2mr^2}}t$.

37.13　钟表的摆盘 A 可绕 O 轴摆动, O 轴通过摆盘质心, 与摆盘平面垂直. 摆盘对 O 轴的转动惯量为 J. 驱动弹簧的一端与摆盘相连, 另一端固连于钟表的固定壳体. 弹簧的力偶矩与转角成正比. 使弹簧扭转 1 弧度所需的力偶矩为 c. 求摆盘的运动规律. 已知初始瞬时在无弹性力偶矩的情况下, 摆盘的初始角速度为 ω_0.

答　$\varphi=\omega_0\sqrt{\dfrac{J}{c}}\sin\sqrt{\dfrac{c}{J}}t$.

37.14　为了确定物体 A 对铅直轴 Oz 的转动惯量, 把物体联结在铅直弹性杆 OO_1 上. 扭转弹性杆, 使物体绕轴 Oz 转过一个小角度 φ_0, 然后释放. 测定扭转振动的周期为 T_1, 对 Oz 轴的弹性力矩为 $m_z=-c\varphi$. 为了确定系数 c, 进行了第二个实验: 把半径为 r、质量为 M 的均质圆盘安装在杆 OO_1 上, 测得扭转振动周期为 T_2. 求物体 A 的转动惯量 J_z.

题 37.13　图

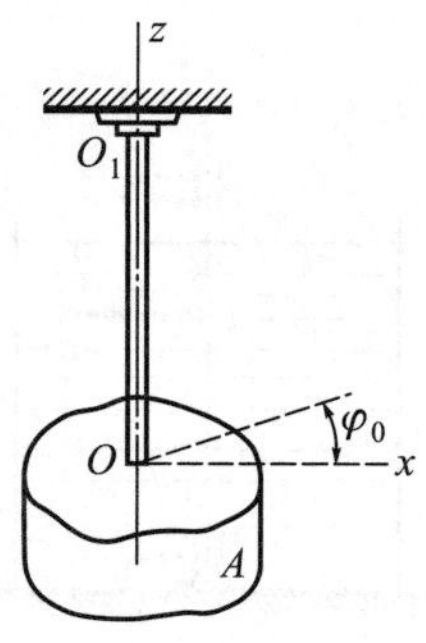

题 37.14　图

答 $J_z = \dfrac{Mr^2}{2}\left(\dfrac{T_1}{T_2}\right)^2$.

37.15 设在上题中为了确定系数 c, 也可以按如下方式进行第二个试验: 把半径为 r、质量为 M 的均质圆盘固连在物体 A 上. 测得扭转振动周期为 T_2, 求物体 A 的转动惯量 J_z.

答 $J_z = \dfrac{Mr^2}{2} \cdot \dfrac{T_1^2}{T_2^2 - T_1^2}$.

37.16 水平均质杆 AB 用两根铅直线悬挂, 杆长 $2a$, 两根悬挂线长均为 l, 与杆的质心 C 相距均为 b. 求杆扭转摆动的周期 T. 假定在整个运动过程中杆都是水平的, 每根悬挂线的拉力恒等于杆重量的一半.

提示: 求悬挂线拉力的水平分量时, 可以认为摆角很小, 悬挂线与铅垂线夹角的正弦可用此夹角代替.

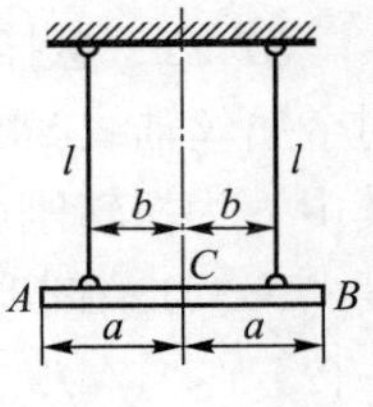

答 $T = \dfrac{2\pi a}{b}\sqrt{\dfrac{l}{3g}}$.

题 37.16 图

37.17 挂在弹性金属丝上的圆盘在液体中扭转振动. 圆盘对金属丝轴线的转动惯量为 J. 使金属丝扭转 1 弧度所需的力偶矩为 c. 阻力矩为 $\alpha S\omega$, 其中 α 为液体的黏滞系数, S 为圆盘上下两面的总面积, ω 为圆盘的角速度. 求圆盘在液体中扭转振动的周期 T.

答 $T = \dfrac{4\pi J}{\sqrt{4cJ - \alpha^2 S^2}}$.

37.18 刚体挂在弹性金属丝上, 在外力矩 $m_z = m_1 \sin\omega t + m_3 \sin 3\omega t$ 作用下作扭转振动, 其中 m_1, m_3 和 ω 都为常量, z 轴沿着金属丝的轴线. 金属丝的弹性力偶矩为 $m' = -c\varphi$, 其中 c 为扭转刚度, φ 为扭转角. 求刚体的强迫扭转振动规律. 已知刚体对 z 轴的转动惯量为 J_z. 运动的阻力可以不计, 假定 $\sqrt{c/J_z} \neq \omega$, $\sqrt{c/J_z} \neq 3\omega$.

答 $\varphi = \dfrac{h_1}{k^2 - \omega^2}\sin\omega t + \dfrac{h_3}{k^2 - 9\omega^2}\sin 3\omega t$, 其中 $k^2 = c/J_z$, $h_1 = m_1/J_z$, $h_3 = m_3/J_z$.

37.19 设在上题中进一步考虑与刚体角速度成比例的阻力矩 $m'' = -\beta\dot{\varphi}$. 其中 β 为常量, 求刚体的强迫扭转振动规律.

答 $\varphi = A_1 \sin(\omega t - \varepsilon_1) + A_3 \sin(3\omega t - \varepsilon_3)$, 其中 $A_1 = \dfrac{h_1}{\sqrt{(k^2 - \omega^2)^2 + 4n^2\omega^2}}$, $A_3 = \dfrac{h_3}{\sqrt{(k^2 - 9\omega^2)^2 + 36n^2\omega^2}}$, $\varepsilon_1 = \arctan\dfrac{2n\omega}{k^2 - \omega^2}$, $\varepsilon_3 = \arctan\dfrac{6n\omega}{k^2 - 9\omega^2}$, $n = \dfrac{\beta}{2J_z}$.

37.20　圆盘 D 悬挂在扭转刚度为 c 的弹性杆 AB 上, 圆盘的半径为 R, 质量为 M. 杆端 B 按规律 $\varphi_B = \omega_0 t + \Phi \sin pt$ 转动, 其中 ω_0, Φ, p 都为常量, 不计阻力. 设初始瞬时圆盘静止, 杆未发生变形. 试在下面两种情况下求圆盘 D 的运动: 1) 不发生共振, 2) 发生共振.

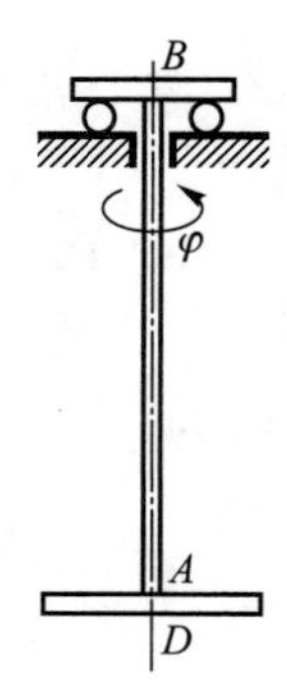

题 37.20　图

答　1) $\varphi_A(t) = \omega_0 t - \dfrac{\omega_0}{k}\sin kt + \dfrac{h}{k^2-p^2}\left(\sin pt - \dfrac{p}{k}\sin kt\right)$, 其中 $k = \sqrt{\dfrac{2c}{MR^2}}, h = \dfrac{2c\Phi}{MR^2}$,

2) $\varphi_A(t) = \omega_0 t - \dfrac{\omega_0}{k}\sin kt + \dfrac{h}{2k}\left(\dfrac{1}{k}\sin kt - t\cos kt\right)$.

37.21　悬挂在弹性金属丝上的刚体在液体中作扭转振动. 刚体对金属丝轴线 z 的转动惯量为 J_z. 金属丝的弹性力偶矩为 $m'_z = -c\varphi$, 其中 c 为扭转刚度, φ 为扭转角, 运动的阻力矩为 $m''_z = -\beta\dot{\varphi}$, 其中 $\dot{\varphi}$ 为刚体的角速度, $\beta > 0$. 在初始瞬时刚体被扭转了角 φ_0, 无初速释放. 求刚体的运动方程. 已知 $\beta/(2J_z) < \sqrt{c/J_z}$.

答　刚体作衰减扭转振动, 规律为

$$\varphi = \varphi_0 \mathrm{e}^{-nt}\left(\cos\sqrt{k^2-n^2}t + \frac{n}{\sqrt{k^2-n^2}}\sin\sqrt{k^2-n^2}t\right),$$

其中 $k^2 = c/J_z, n = \beta/(2J_z)$.

37.22　悬挂在弹性金属丝上的均质圆盘可在液体中作扭转振动, 圆盘的质量为 M, 半径为 R. 金属丝的弹性力偶矩为 $m'_z = -c\varphi$, 其中 z 轴沿着金属丝, c 为扭转刚度, φ 为扭转角, 运动的阻力矩 $m''_z = -\beta\dot{\varphi}$, 其中 $\dot{\varphi}$ 为圆盘的角速度, $\beta > 0$. 在初始瞬时, 圆盘被扭转了角 φ_0, 无初速释放. 求圆盘的运动方程. 考虑两种情况:

1) $\dfrac{\beta}{MR^2} = \sqrt{\dfrac{2c}{MR^2}}$, 2) $\dfrac{\beta}{MR^2} > \sqrt{\dfrac{2c}{MR^2}}$.

答　圆盘运动方程为:

1) 当 $\dfrac{\beta}{MR^2} = \sqrt{\dfrac{2c}{MR^2}}$ 时, $\varphi = \varphi_0 \mathrm{e}^{-nt}(1+nt)$, 其中 $n = \dfrac{\beta}{MR^2}$.

2) 当 $\dfrac{\beta}{MR^2} > \sqrt{\dfrac{2c}{MR^2}}$ 时,

$$\varphi = \frac{\varphi_0}{2\sqrt{n^2-k^2}}\mathrm{e}^{-nt}[(\sqrt{n^2-k^2}-n)\mathrm{e}^{-\sqrt{n^2-k^2}t} + (\sqrt{n^2-k^2}+n)\mathrm{e}^{\sqrt{n^2-k^2}t}],$$

其中 $k^2 = 2c/(MR^2), n = \beta/(MR^2)$.

37.23　悬挂在弹性金属丝上的刚体在外力矩 $m_z = m_0 \cos pt$ 作用下作扭转振动, 其中 m_0 和 p 都为正值常量, z 为金属丝的轴线. 金属丝的弹性力偶矩 $m'_z = -c\varphi$, 其中 c 为扭转度, φ 为扭转角. 刚体对 z 轴的转动惯量为 J_z. 不计阻力, 在下列情况下求刚体的运动方程: 1) $\sqrt{c/J_z} \neq p$, 2) $\sqrt{c/J_z} = p$. 已知初始瞬时在金属丝无应力的状态下刚体角速度为 ω_0.

答 1) 当 $\sqrt{\dfrac{c}{J_z}} \neq p$ 时, $\varphi = \dfrac{\omega_0}{k}\sin kt + \dfrac{h}{k^2 - p^2}(\cos pt - \cos kt)$, 其中$k = \sqrt{\dfrac{c}{J_z}}$, $h = m_0/J_z$,

2) 当 $\sqrt{\dfrac{c}{J_z}} = p$ 时, $\varphi = \dfrac{\omega_0}{k}\sin kt + \dfrac{h}{2k}t\sin kt$, 其中$k = \sqrt{\dfrac{c}{J_z}} = p$, $h = m_0/J_z$.

37.24 悬挂在弹性金属丝上的均质圆盘在外力矩 $m_z = m_0 \sin pt$ 作用下在液体中作扭转共振, 其中 m_0 和 p 都为正值常量, z 为金属丝轴线, 圆盘的质量为 M, 半径为 R. 金属丝的弹性力偶矩 $m_z' = -c\varphi$, 其中 c 为扭转刚度, φ 为扭转角. 运动阻力偶矩 $m_z'' = -\beta\dot{\varphi}$, 其中 $\dot{\varphi}$ 为圆盘的角速度, $\beta > 0$. 求圆盘的共振方程.

答 当 $p = \sqrt{\dfrac{2c}{MR^2}}$ 时, $\varphi = -\dfrac{h}{2np}\cos pt$, 其中 $h = \dfrac{2m_0}{MR^2}$, $n = \dfrac{\beta}{MR^2}$.

37.25 为了确定液体的黏滞系数, 观察悬挂在弹性金属丝上的圆盘在液体中的振动. 在圆盘上作用外力矩 $M_0 \sin pt$ (其中 M_0 为常量), 此时观察到共振. 阻力矩为 $\alpha S\omega$, 其中 α 为液体的黏滞系数, S 为圆盘上下两面的总面积, ω 为圆盘的角速度. 已知共振时圆盘强迫振动的振幅为 φ_0, 求液体的黏滞系数 α.

答 $\alpha = \dfrac{M_0}{\varphi_0 Sp}$.

37.26 由于空气阻力的作用, 弹丸在飞行时绕对称轴的转速变慢, 阻力矩等于 $k\omega$, 其中 ω 为弹丸的自转角速度, k 为常值比例系数. 求弹丸角速度减小的规律. 已知初角速度为 ω_0, 弹丸对对称轴的转动惯量为 J.

答 $\omega = \omega_0 \mathrm{e}^{-\frac{k}{J}t}$.

37.27 为了测定重力加速度, 采用了可逆摆, 即安装了两个三角刀刃 A 和 B 的杆. 刀刃之一固定于杆上, 另一个可沿杆移动. 把杆分别悬挂在这两刀刃上, 并改变两刀刃间的距离 AB, 使杆绕刀刃 A 和 B 摆动的周期相等. 这时测定两刀刃间距离为 $AB = l$, 摆动周期为 T. 求重力加速度.

答 $g = 4\pi^2 l/\tau^2$.

题 37.27 图

37.28 两个刚体可以绕同一个水平轴各自摆动, 也可以固连在一起摆动. 已知这两个刚体的质量分别为 M_1 和 M_2, 重心到转轴的距离分别为 a_1 和 a_2, 独立摆动时的折合长度分别为 l_1 和 l_2. 求两刚体固连在一起摆动的折合长度.

答 $l_{折合} = \dfrac{M_1 a_1 l_1 + M_2 a_2 l_2}{M_1 a_1 + M_2 a_2}$.

37.29 长为 L 的均质杆是某仪器的一部分, 杆的一端自由悬挂在水平轴 O 上. 为了记录杆的摆动, 在下端附着质量为 m 的小镜子. 为使杆的摆动周期不变, 又在杆上另一点附着一个小物块 A. 把小镜子和小物块都看成质点, 求小物块的最小质量及其位置到 O 轴的距离.

答 $m_A = 3m, OA = \dfrac{1}{3}L.$

37.30 为了调节钟的快慢, 在质量为 M_1、折合长度为 l 的摆上附着一个质量为 M_2 的小物块, 摆的重心到悬挂轴的距离为 a, 小物块到悬挂轴的距离为 x. 把附加小物块看成质点, 假设 M_2 和 x 都已知, 求摆的折合长度的改变量 Δl. 如果用最小的附加质量得到 Δl, 求相应的 $x = x_1$.

答 摆的折合长度将减小 $\Delta l = \dfrac{M_2 x(x-l)}{M_1 a + M_2 x}$, $x_1 = \dfrac{1}{2}(l + \Delta l)$.

37.31 为了确定刚体对通过质心 G 的某轴 AB 的转动惯量, 把刚体固连细杆 AD 与 BE, 并自由悬挂于水平轴 DE 上, DE 与 AB 平行, 此后使刚体摆动. 设已求得单向摆一次的时间 T. 如果刚体的质量为 M, AB 与 DE 的距离为 h, 求刚体对 AB 轴的转动惯量. 两杆的质量不计.

答 $J = hMg\left(\dfrac{T^2}{\pi^2} - \dfrac{h}{g}\right).$

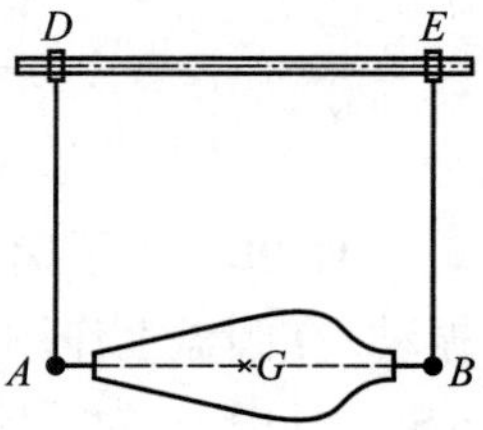

题 37.31 图

37.32 设上题中均质直杆 AD 和 BE 的质量都为 M_1, 求刚体对 AB 轴的转动惯量.

答 $J = h\left[\dfrac{(M+M_1)gT^2}{\pi^2} - \dfrac{3M+2M_1}{3}h\right].$

37.33 为了确定连杆的转动惯量, 用一根细圆棒穿过十字头销轴的衬管, 使连杆可以绕圆棒的水平轴线摆动. 已知摆动的半周期为 T. $100T = 100$ s. 为了确定质心 C 到销孔中心 A 的距离 $AC = h$, 把连杆放平, 将 A 点悬挂于吊杆, B 点搁在台秤上. 此时台秤显示的压力为 P. 求连杆通过质心并垂直于图面之轴的转动惯量 J. 已知下列数据: 连杆的质量为 M, 通过点 A 与 B 的两条铅直线之间的距离为 l (如图所示), 十字头销轴的半径为 r.

答 $J = \dfrac{Pl + Mgr}{g}\left(\dfrac{g}{\pi^2}T^2 - \dfrac{P}{Mg}l - r\right).$

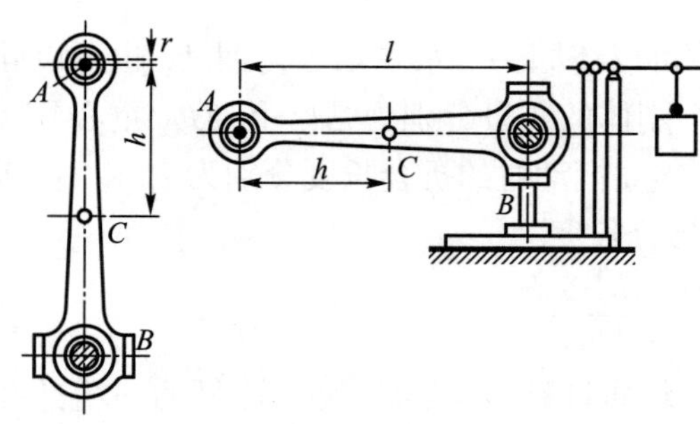

题 37.33 图

37.34 杆 AB 和球联结构成一个摆, 球的质量为 m, 半径为 r, 质心 C 在杆的延长线上. 不计杆的质量. 摆作微幅摆动时单向运动一次的时间 (即摆的半周期) 为 T, 求悬挂轴 O 到质心 C 的距离.

答 $OC = \dfrac{1}{2\pi^2}(gT^2 + \sqrt{g^2T^4 - 1.6\pi^4 r^2})$.

因为应有 $OC \geqslant r$, 所以这个解只在 $T^2 \geqslant 1.4\pi^2 r/g$ 时才可能. 根号前取减号对应的那个解是不可能的.

37.35 欲使物理摆的摆动周期取最小值, 应在离质心多远处悬挂物理摆?

答 悬挂轴到质心的距离等于物理摆对通过质心且垂直于摆动平面之轴的回转半径.

37.36 一根杆固连着两个重物构成一个摆, 两重物间的距离为 l, 上面重物的质量为 m_1, 下面重物的质量为 m_2. 不计杆的质量, 把两重物都看成质点. 为使摆动周期最短, 求悬挂轴到下面重物的距离 x.

答 $x = \dfrac{m_1 + \sqrt{m_1 m_2}}{m_1 + m_2} l$.

37.37 在物理摆上附加的重物应放在离悬挂轴多远处, 才能使摆的周期不变?

答 到悬挂轴的距离等于物理摆的折合长度.

37.38 质量为 M、长度为 $2l$、半径为 $r = \dfrac{l}{6}$ 的圆柱绕着垂直于图面的轴 O 摆动. 如果在圆柱上 K 点附加一个点质量 m, $OK = \dfrac{85}{72} l$, 摆周期将怎样改变?

答 摆动周期不变, 因为 K 点是圆柱的摆心.

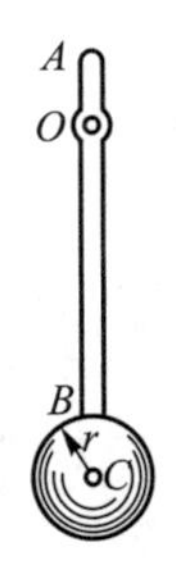

题 37.34 图

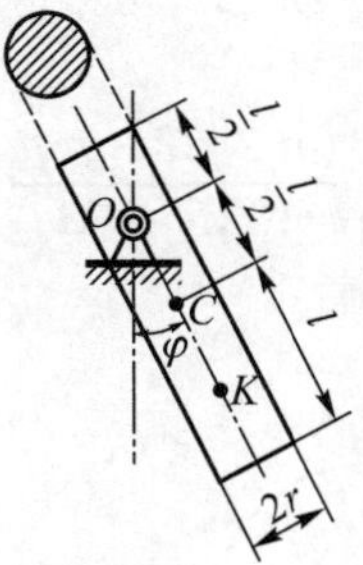

题 37.38 图

37.39 质量为 M、半径为 r 的均质圆盘绕 Oz 轴摆动, Oz 轴垂直于圆盘面, $OC = r/2$. 在圆盘上作用一个力矩 m, 它在 z 轴上的投影为 $m_z = m_0 \sin pt$, 其中 m_0 和 p 都为常量. 在初始瞬时, 圆盘处在最低位置, 角速度为 ω_0. 不计各种阻力, 并认为摆动为微幅的, 可取 $\sin\varphi \approx \varphi$. 求圆盘的微幅摆动方程.

答 1) 当 $p \neq \sqrt{\dfrac{2g}{3r}}$ 时, $\varphi = \dfrac{1}{k}\left(\omega_0 - \dfrac{hp}{k^2 - p^2}\right)\sin kt + \dfrac{h}{k^2 - p^2}\sin pt$, 其中 $k = \sqrt{\dfrac{2g}{3r}}$, $h = \dfrac{4m_0}{3Mr^2}$.

2) 当 $p=\sqrt{\dfrac{2g}{3r}}$ 时, $\varphi=\dfrac{1}{p}\left(\omega_0+\dfrac{h}{2p}\right)\sin pt-\dfrac{h}{2p}t\cos pt$, 其中 $h=\dfrac{4m_0}{3Mr^2}$.

37.40 在地震仪 (记录地震的仪器) 中有一个物理摆, 悬挂轴与铅垂线的夹角为 α. 悬挂轴到物理摆质心的距离为 a, 物理摆对通过质心 C 且与悬挂轴平行之轴的转动惯量为 J_C, 摆的质量为 M. 求摆的振动周期.

答 $T=2\pi\sqrt{\dfrac{J_C+Ma^2}{Mag\sin\alpha}}$.

37.41 在记录机器基座的水平振动所用的振动仪中, 有一个末端带有重物的摆 OA, 可借助自重和螺旋弹簧维持在铅垂平衡位置, 同时也可绕水平轴 O 转动. 求摆角很小时的摆动周期 T. 已知: 重力对转轴的最大力矩为 Mgh, 摆对转轴的转动惯量为 J_z, 弹簧的力矩与转角成正比, 比例系数为 c, 当摆在平衡位置时弹簧处于无应力状态. 各种阻力都可不计.

答 $T=2\pi\sqrt{\dfrac{J_z}{c+Mgh}}$.

37.42 振动仪 (参看上题) 固连于基座, 基座按规律 $x=a\sin\omega t$ 作水平简谐振动. 已知振动仪的强迫振动振幅为 φ_0, 求基座振动的振幅 a.

答 $a=\dfrac{\varphi_0(c+Mgh-J_z\omega^2)}{Mh\omega^2}$.

37.43 当电动绞车开动时, 有正比于时间的力矩 $m=at$ 作用在鼓轮 A 上, 其中 a 为常量. 鼓轮 A 的半径为 r, 质量为 M_1, 借助缠在鼓轮上的绳索, 可以提升质量为 M_2 的重物 B. 求鼓轮的角速度. 假定鼓轮可看成实心圆柱, 在初始瞬时绞车静止.

答 $\omega=\dfrac{(at-2M_1gr)t}{r^2(2M_1+M_2)}$.

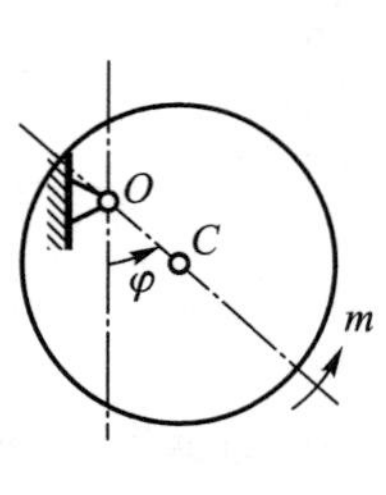

题 37.39 图

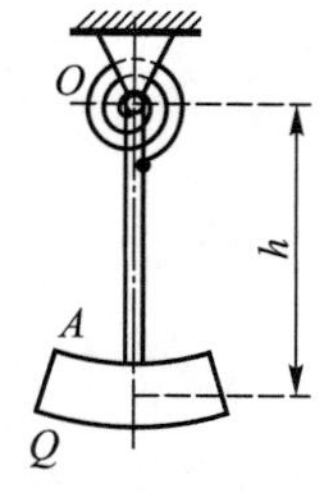

题 37.41 图

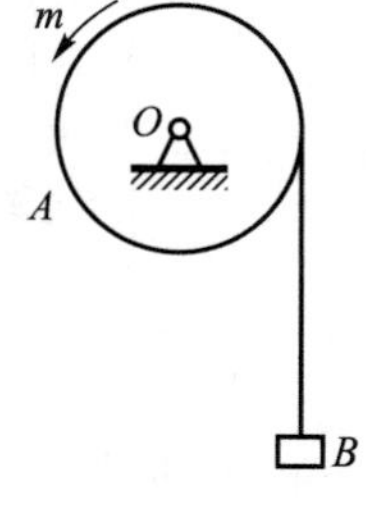

题 37.43 图

37.44 为了确定半径为 R 的飞轮 A 对通过质心之轴的转动惯量 J, 在飞轮上缠绕了一根细绳, 绳的末端系着质量为 M_1 的重锤 B. 已测得重锤降落高度 h 所需的时间 T_1. 为了抵消轴承的摩擦, 再用一个质量为 M_2 的重锤作了第二个实验, 这时降落上述高度的时间为 T_2. 假定摩擦力矩为常量, 与重锤的质量无关. 求飞轮的转动惯量 J.

答 $J=R^2\dfrac{\dfrac{g}{2h}(M_1-M_2)-\left(\dfrac{M_1}{T_1^2}-\dfrac{M_2}{T_2^2}\right)}{\dfrac{1}{T_1^2}-\dfrac{1}{T_2^2}}$.

37.45 轴 I 上连有电动机, 力矩为 m_1. 通过由四个齿轮 1, 2, 3, 4 组成的减速器, 把力矩 m_1 传给车床主轴 III, 在此轴上作用着阻力矩 m_2 (车刀切屑工件时产生的). 求主轴 III 的角加速度. 已知装在 I, II, III 各轴上所有转动部分的转动惯量分别为 J_I, J_{II}, J_{III}, 各齿轮的半径分别为 r_1, r_2, r_3, r_4.

答 $\varepsilon_{III}=\dfrac{m_1k_{1,2}\cdot k_{3,4}-m_2}{(J_Ik_{1,2}^2+J_{II})k_{3,4}^2+J_{III}}$, 其中 $k_{1,2}=\dfrac{r_2}{r_1}, k_{3,4}=\dfrac{r_4}{r_3}$.

37.46 质量为 M_1、半径为 r 的鼓轮 A 由质量为 M_2 的重物 C 驱动, 此重物系在不可伸长的绳索末端, 绳跨过定滑轮 B 并缠在鼓轮 A 上. 鼓轮 A 受到正比于角速度的阻力矩 m_c, 比例系数为 α. 求鼓轮的角速度. 已知在初始瞬时系统静止, 绳索和滑轮的质量都可不计. 鼓轮可看成均质实心圆柱.

答 $\omega=\dfrac{M_2gr}{\alpha}(1-\mathrm{e}^{-\beta t})$, 其中 $\beta=\dfrac{2\alpha}{r^2(M_1+2M_2)}, \lim\limits_{t\to\infty}\omega=\dfrac{M_2gr}{\alpha}=$ 常量.

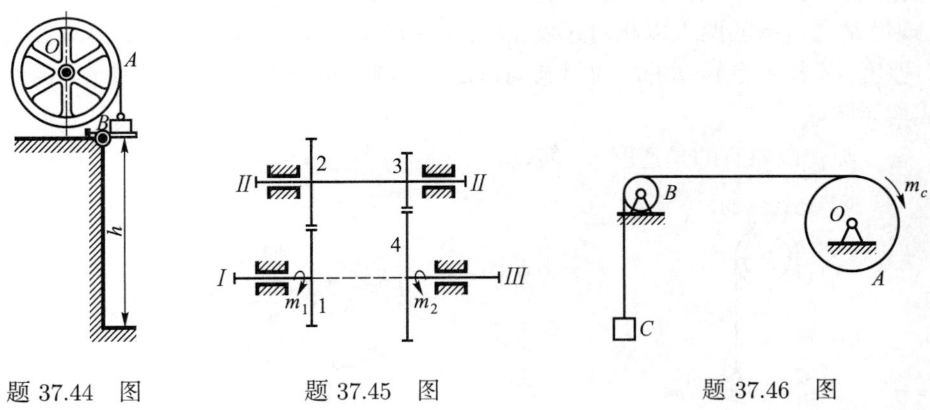

题 37.44 图　　题 37.45 图　　题 37.46 图

37.47 汽车主动轮的半径为 r、质量为 M, 对通过质心 C 且垂直于质量对称平面之轴的转动惯量为 J_C. 驱动力矩 m 作用在主动轮上. 已知滚动摩阻系数为 δ, 滑动摩擦力为 $\boldsymbol{F}$. 求主动轮的角加速度. 为使主动轮以匀角速度滚动, 求驱动力矩 m.

答 $\varepsilon=\dfrac{m-Mg\delta-Fr}{J_C},\quad m=Mg\delta+Fr$.

37.48 汽车主动轮的半径为 r、质量为 M, 对通过质心 C 且垂直于质量对称平面之轴的转动惯量为 J_C. 驱动力沿水平方向作用在主动轮的质心 C, 车轮在水平公路上既滚动又滑动. 已知滚动摩阻系数为 δ, 滑动摩擦系数为 f(在连滚带滑时), 求主动轮的角速度. 假定在初始瞬时车轮静止.

答 $\omega=\dfrac{Mg(fr-\delta)t}{J_C}$.

37.49　如果上题中驱动力增大一倍, 角速度是否改变?

答　不变.

37.50　在质量可以不计的滑轮上跨着一根绳子. 一个人抓住绳上点 A, 质量与人相同的重物系在绳上点 B. 当人开始相对于绳以速度 v 向上爬时, 求重物的运动.

答　重物以速度 $\dfrac{v}{2}$ 随着绳子上升.

37.51　设上题中滑轮的质量等于人质量的四分之一, 且均匀分布在轮缘上, 求重物的运动.

答　重物以速度 $\dfrac{4}{9}v$ 上升.

37.52　水平圆台可绕着通过中心 O 的铅直轴 Oz 转动, 忽略摩擦. 质量为 M_1 的人相对圆台以常速率 u 行走, 并保持与 Oz 轴的距离 r 不变. 圆台的质量 M_2 可认为均匀分布在半径为 R 的圆面积上, 求圆台的角速度 ω. 已知在初始瞬时圆台与人的速度都为零.

答　$\omega = \dfrac{2M_1 r}{M_2 R^2 + 2M_1 r^2}u.$

37.53　水平圆台以匀角速度 ω_0 绕着通过质心的铅直轴转动. 圆台上站着四个质量相同的人, 其中两人站在圆台边缘, 另外两人到转轴的距离均为圆台半径的一半. 现设站在边缘的两人以相对速度 u 按圆台转动的方向沿圆周行走, 另外两人以相对速度 $2u$ 按圆台转动的反向沿圆周行走. 求圆台角速度. 人可看成质点, 圆台可看成均质圆盘.

答　圆台以原有的角速度 ω_0 转动.

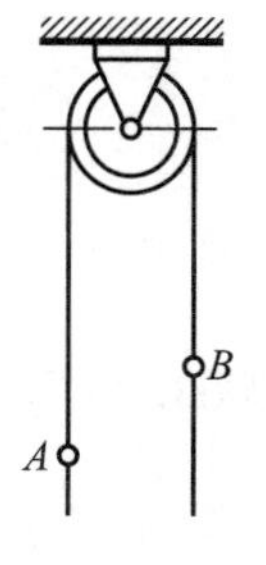

题 37.50　图

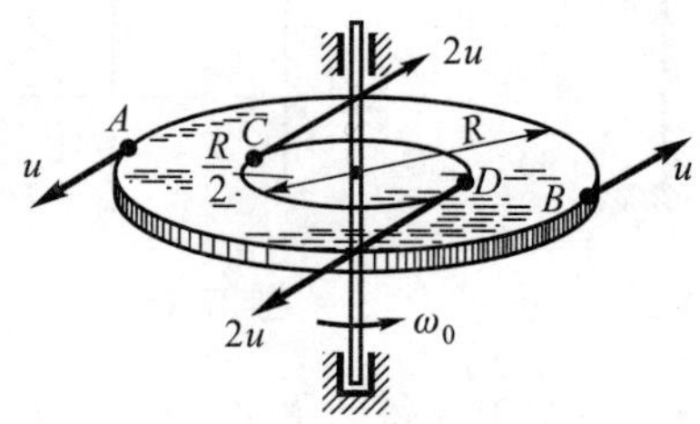

题 37.53　图

37.54　设上题中的四个人都按圆台转动的方向行走, 圆台的半径为 R, 质量为人的四倍, 且均匀分布在整个圆面积上. 求圆台角速度. 又, 为使圆台停止转动, 求 u.

答　$\omega_1 = \omega_0 - \dfrac{8}{9}\dfrac{u}{R}$,　$u = \dfrac{9}{8}R\omega_0$.

37.55　一人站在茹科夫斯基凳上, 当他伸展双臂时的角速度为 15 r/min, 此时人与凳子对转轴的转动惯量为 0.8 kg · m^2. 当人收拢双臂时, 人与凳子对转轴的转动惯量为 0.12 kg · m^2, 求人收拢双臂后的角速度.

答　100 r/min.

37.56 水平管 CD 可绕铅直轴 AB 自由转动. 管内放着一个小球 M, 与转轴的距离 $MC=a$. 水平管的初始角速度为 ω_0. 求小球飞出管口时水平管的角速度 ω. 设水平管长为 L, 对转轴的转动惯量为 J. 小球可看成质量为 m 的质点. 摩擦不计.

答 $\omega=\dfrac{J+ma^2}{J+mL^2}\omega_0$.

37.57 长 $2L=180$ cm、质量为 $M_1=2$ kg 的均质杆 AB 搁在一个顶尖上, 杆水平时处于稳定平衡状态. 质量均为 $M_2=5$ kg 的两球分别固结在两个相同弹簧的末端, 可沿杆 AB 移动. 杆 AB 以 $n_1=64$ r/min 的角速度绕铅直轴转动, 两球与转轴呈对称分布, 两球的中心借助绳子保持距离 $2l_1=72$ cm. 现割断绳子, 两球在弹簧与摩擦力的作用下多次振动后停下, 此时两球相距为 $2l_2=108$ cm. 把两球均看成质点, 不计弹簧质量, 求杆 AB 最后达到的转速 n_2.

答 $n_2=\dfrac{6M_2l_1^2+M_1L^2}{6M_2l_2^2+M_1L^2}n_1=34$ r/min.

37.58 转动式起重机上的跑车以匀速率 v 相对于悬臂梁运动. 驱使起重机转动的电动机在启动阶段产生恒定力矩 m_0 . 试将起重机的角速度 ω 表示成跑车到转轴 AB 的距离 x 的函数. 已知跑车与重物的质量之和为 M, 起重机 (不包括跑车) 对转轴的转动惯量为 J. 当跑车与转轴 AB 相距为 x_0 时, 转动开始.

答 $\omega=\dfrac{m_0}{J+Mx^2}\cdot\dfrac{x-x_0}{v}$.

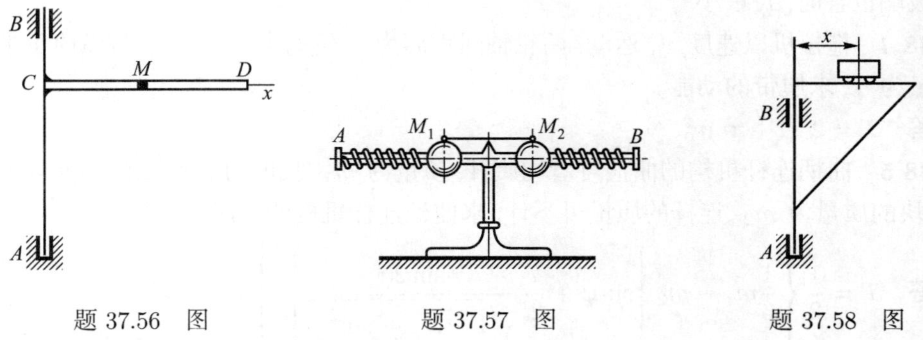

题 37.56 图　　题 37.57 图　　题 37.58 图

37.59 在上题条件下, 电动机力矩改为 $m_0-\alpha\omega$, 其中 m_0 和 α 都为正值常量, 求起重机转动的角速度 ω.

答 $\omega=\dfrac{m_0}{v(J+Mx^2)}\mathrm{e}^{-\mu\arctan\frac{x}{k}}\displaystyle\int_{x_0}^{x}\mathrm{e}^{\mu\arctan\frac{x}{k}}\,\mathrm{d}\,x$, 其中 $k=\sqrt{\dfrac{J}{M}},\mu=\dfrac{\alpha}{v_x}\sqrt{\dfrac{1}{JM}}$ (x 轴沿悬臂梁向右).

§38. 质点系动能定理

38.1 平面机构由杆 AB, BC, CD 构成, 以柱铰链 B, C 相连, 并由柱铰链 A, D 连接于天花板. 杆 AB 和 CD 的长度为 l, 质量为 M_1, 杆 BC 的质量为 M_2,

$BC = AD$. 杆 AB 和 DC 都以角速度 ω 转动. 求此机构的动能.

答 $T = \dfrac{2M_1 + 3M_2}{6} l^2\omega^2$.

38.2 质量为 M 的均质杆搁在墙角 D 上, 杆端 A 可沿水平导轨滑动. 支撑块 E 以匀速度 $\boldsymbol{v}$ 向右移动. 已知杆长 $2l$, 墙角 D 与水平导轨的距离为 H. 试将杆的动能表示为角 φ 的函数.

答 $T = \dfrac{Mv^2}{2}\left(1 - 2\dfrac{l}{H}\sin^3\varphi + \dfrac{4}{3}\dfrac{l^2}{H^2}\sin^4\varphi\right)$.

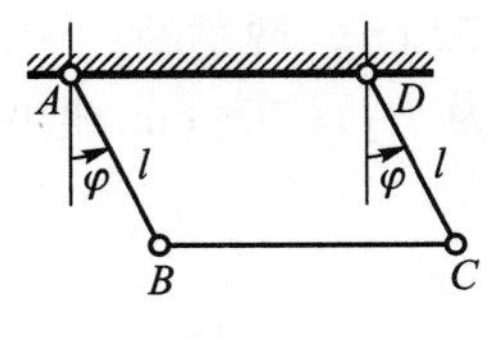

题 38.1 图

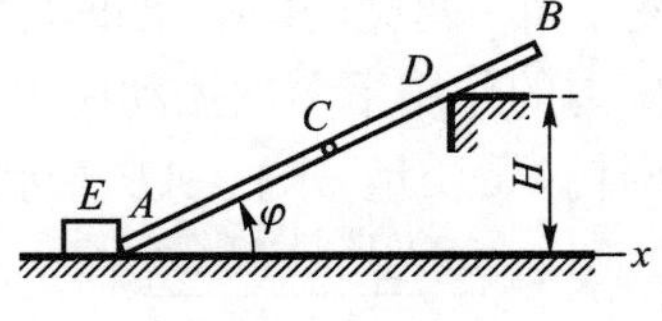

题 38.2 图

38.3 滑道杆机构的曲柄 OA 长为 a, 对垂直于图面的转轴的转动惯量为 J_0, 滑道杆的质量为 m, 滑块 A 的质量可以不计. 曲柄以角速度 ω 转动, 求此机构的动能. 又问: 当机构处于什么位置时动能达到最大值与最小值?

答 $T = \dfrac{1}{2}(J_0 + ma^2\sin^2\varphi)\omega^2$. 滑道杆处于中间位置时, T 最大, 当滑道杆处于两个极端位置时, T 最小.

38.4 拖拉机以速度 $\boldsymbol{v}_0$ 运动. 两轮轴间距离为 l, 轮的半径为 r, 履带纵向每米的质量为 γ. 求履带的动能.

答 $T = 2\gamma(l + \pi r)v_0^2$.

38.5 曲柄连杆机构的曲柄可看均质杆, 质量为 m_1, 长度为 l, 转动的角速度为 ω. 滑块的质量为 m_2, 连杆的质量可不计. 求曲柄连杆机构的动能.

$$\textbf{答}\quad T = \frac{1}{2}\left\{\frac{1}{3}m_1 + m_2\left[\sin\varphi + \frac{r}{2l}\frac{\sin 2\varphi}{\sqrt{1-(r/l)^2\sin^2\varphi}}\right]^2\right\}r^2\omega^2.$$

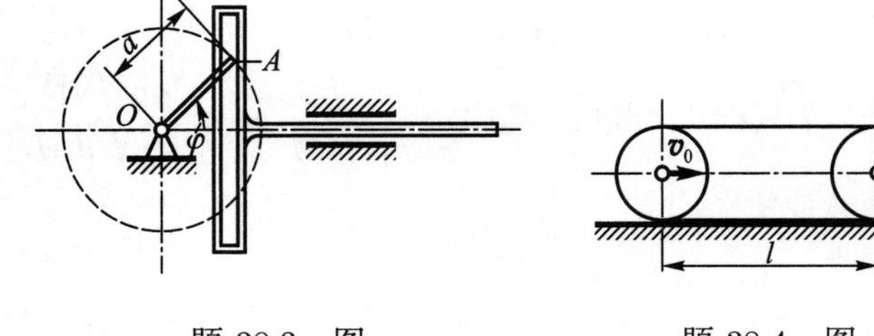

题 38.3 图

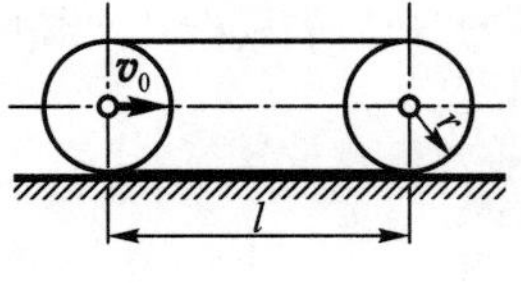

题 38.4 图

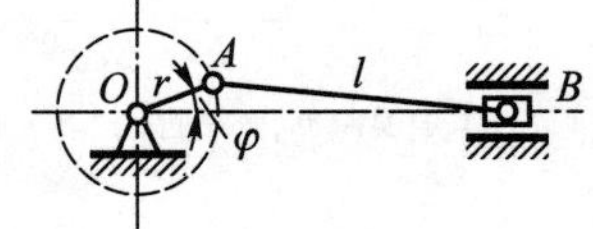

题 38.5 图

38.6 设在上题中考虑连杆的质量 m_3, 当曲柄 OA 垂直于滑块导轨时, 求机构的动能.

答 $T = \frac{1}{2}\left(\frac{1}{3}m_1 + m_2 + m_3\right) r^2\omega^2$.

38.7 放在水平面内的行星齿轮机构由曲柄 OA 驱动, OA 与三个相同齿轮 I, II, III 的轴相连. 齿轮 I 固定, 曲柄以角速度 ω 转动. 每个齿轮的质量为 M_1, 半径为 r, 曲柄的质量为 M_2. 齿轮都可以看成均质圆盘, 曲柄可看作均质杆, 求机构的动能, 以及作用在齿轮 III 上的力偶的功.

答 $T = \frac{1}{3}(33M_1 + 8M_2)r^2\omega^2$, 力偶的功为零.

38.8 磨坊的碾子 A 和 B 装在绕铅直轴 EF 转动的水平轴 CD 上. 两个碾子的质量均为 200 kg, 直径都是 1 m, 两碾子之间的距离 CD 为 1 m. 假定在计算转动惯量时可以把碾子看成均质圆盘. 当轴 CD 作 20 r/min 的转动时, 求这两个碾子的动能. 碾子在支承面上作纯滚动.

答 383 N·m.

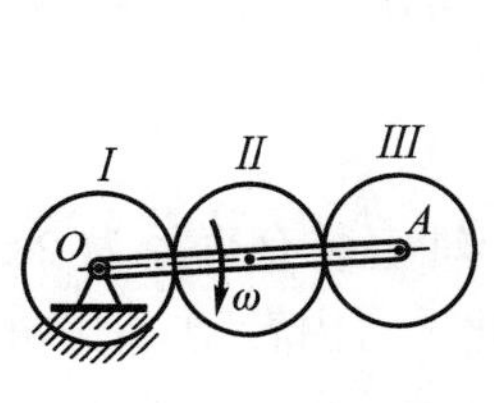

题 38.7 图

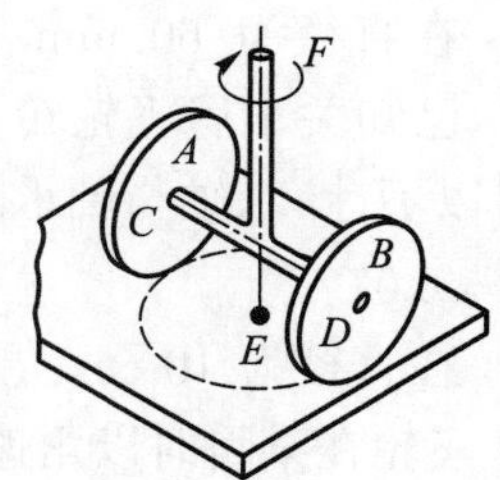

题 38.8 图

38.9 在滑道摇杆机构中, 摇杆 OC 绕垂直于图面的轴 O 转动, 滑块 A 沿着摇杆 OC 移动, 并带动铅直导轨中的杆 AB. 摇杆 OC 长为 R, 可看成质量为 m_1 的均质杆, 滑块的质量为 m_2, 可看成质点, 杆 AB 的质量为 m_3, $OK = l$. 试将机构的动能表示为摇杆角速度与转角的函数.

答 $T = \frac{\omega^2}{6\cos^4\varphi}[m_1R^2\cos^4\varphi + 3l^2(m_2 + m_3)]$.

38.10 两个轮子借助杆 O_1O_2 与蒸汽机的平行杆 AB 连接. 轮子的质量均为 M_1. 平行杆 AB 和连接杆 O_1O_2 的质量均为 M_2. 假设轮子的质量沿着边缘均匀分

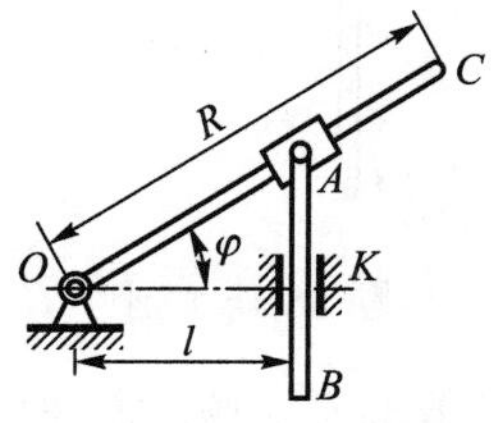

题 38.9 图

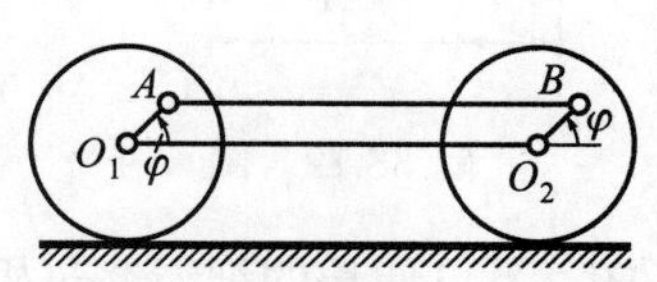

题 38.10 图

布, $O_1A = O_2B = r/2$, 其中 r 为轮子的半径. 轮子在直线轨道上纯滚动, 轮轴的速度为 $\boldsymbol{v}_0$. 求此系统的动能.

答　$T = \dfrac{v_0^2}{8}[16M_1 + M_2(9 + 4\sin\varphi)]$.

38.11　质量为 M 的汽车以速度 $\boldsymbol{v}$ 沿水平直线道路运动, 车轮半径为 r. 汽车轮子与道路间的滚动摩阻系数为 δ, 空气阻力 R 与速度的平方成正比: $R = \mu Mgv^2$, 其中系数 μ 与汽车外形有关. 求稳定运行状态下发动机传给主动轮的功率 N.

答　$N = Mg\left(\dfrac{\delta}{r} + \mu v^2\right)v$.

38.12　质量为 M 的磨冰车沿溜冰场的水平面以速度 $\boldsymbol{v}$ 作匀速直线运动. 设车轮与冰面之间的滚动摩阻系数为 δ, 磨冰刃 A 与冰面之间的滑动摩擦系数为 f, 车轮作纯滚动. 求发动机传给半径为 r 的主动轮的功率 N. 质心 C 的位置如图所示.

答　$N = \dfrac{Mg}{3}\left(2f + \dfrac{\delta}{r}\right)v$.

38.13　在直径为 60 mm 的轴上装有直径为 50 cm 的飞轮, 飞轮的转速为 180 r/min. 已知关车后飞轮转了 90 圈后停止. 飞轮的质量看成均匀分布于轮缘. 轴的质量可以不计. 求轴与轴承间的滑动摩擦系数 f.

答　$f = 0.07$.

38.14　在直径为 10 cm、质量为 0.5 t 的圆柱形轴上装有直径为 2 m、质量为 3 t 的飞轮. 飞轮在某瞬时以角速度 60 r/min 转动, 此后自由转动. 轴承的摩擦系数为 0.05, 飞轮的质量可看成均匀分布于轮缘. 求飞轮在停止前转多少圈?

答　109.8 r.

38.15　长为 l、质量为 M 的均质杆 OA 可绕垂直于图面的水平轴 O 转动. 刚度系数为 c 的螺旋弹簧一端固结于固定轴 O, 另一端连在杆 OA 上. 杆 OA 在弹簧无变形时处于铅垂平衡状态. 为使杆能够偏离铅直线 60° 角, 求杆端 A 的初始速度.

答　$v = \sqrt{\dfrac{9Mgl + 2\pi^2 c}{6M}}$.

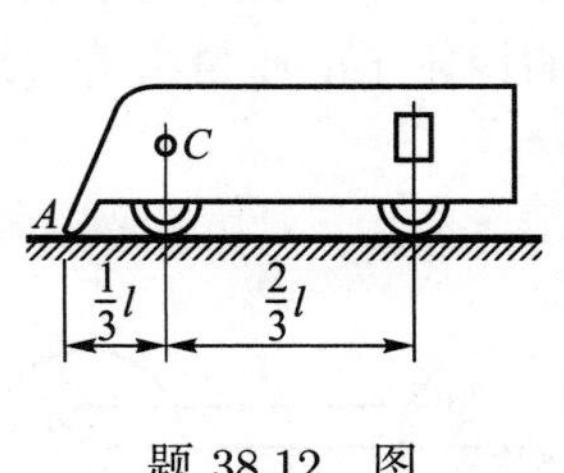

题 38.12　图

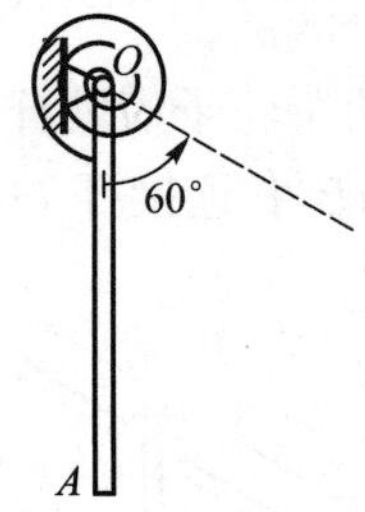

题 38.15　图

38.16　不可伸长的细绳绕过极小滑轮 A, 绳上系着两个重物. 质量为 M_1 的重物沿着光滑铅直杆 CD 滑动, 杆 CD 与滑轮轴相距为 a. 重物 M_1 的质心在开始时和滑轮轴处于同一高度. 第二个重物的质量为 M_2. 求第一个重物的速度与降落高度 h 之间的关系.

答 $v^2 = 2g(a^2+h^2)\dfrac{M_1h - M_2(\sqrt{a^2+h^2}-a)}{M_1(a^2+h^2)+M_2h^2}$.

38.17 质量为 M 的重物 P 上放置质量为 M_1 的附加重物, 质量为 M_2 的物块 A 放在不光滑水平面 BC 上, 跨过滑轮的绳连接 A 和 P. 物块 A 由静止状态开始运动. 重物 P 在降落距离 s_1 时穿过圆环 D, 圆环将附加重物卸掉. 重物 P 又降落距离 s_2 后转入静止状态. 已知 $M_2 = 0.8$ kg, $M_1 = M = 0.1$ kg, $s_1 = 50$ cm, $s_2 = 30$ cm. 不计绳的质量和滑轮的摩擦, 求物块 A 与水平面之间的摩擦系数 f.

答 $f = \dfrac{s_1(M_1+M)(M+M_2)+s_2M(M+M_1+M_2)}{M_2[s_1(M+M_2)+s_2(M+M_1+M_2)]} = 0.2$.

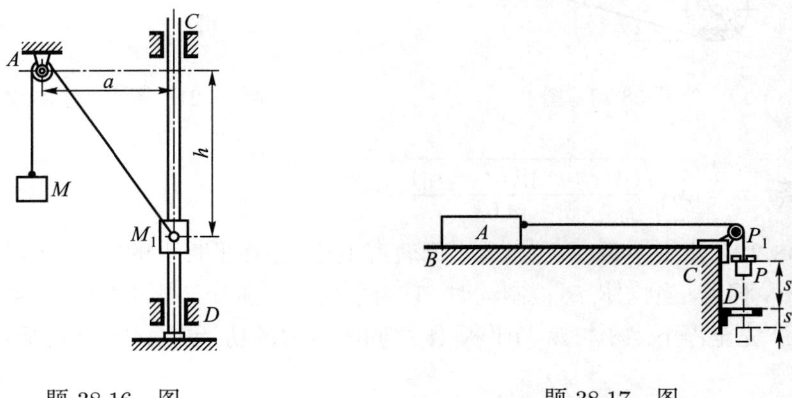

题 38.16 图　　题 38.17 图

38.18 长为 L 的均质绳有一段放在光滑水平桌面上, 另一段自桌沿垂下, 在重力的作用下运动. 已知在初始瞬时下垂段的长度为 l, 且初速为零. 求绳子脱离桌面所需的时间 T.

答 $T = \sqrt{\dfrac{L}{g}}\ln\left(\dfrac{L+\sqrt{L^2-l^2}}{l}\right)$.

38.19 长为 $2a$ 的均质绳挂在光滑钉子上且处于静止状态. 假设绳以初速 $\boldsymbol{v}_0$ 开始运动, 求绳脱离钉子时的速度.

答 $v = \sqrt{ag+v_0^2}$.

38.20 带式运输机由安装在下滑轮 B 上的传动机驱动, 由静止开始运动. 传动机作用在滑轮上的恒定力矩为 M. 被运送重物 A 的质量为 M_1, 滑轮 B, C 都可看均质圆柱, 半径为 r、质量为 M_2. 运输带与水平面成 α 角, 质量可以不计. 运输带和滑轮之间无滑动. 试将运输带的速度 v 表示成位移 s 的函数.

答 $v = \sqrt{\dfrac{2(M - M_1gr\sin\alpha)}{r(M_1+M_2)}s}$.

38.21 水平管 CD 可绕铅直轴 AB 自由转动. 物体 M 在管内, 与转轴相距为 $MC = x_0$. 设管的初始角速度大小为 ω_0.

求物体 M 飞出管口时相对管子的速度 v. 已知管子长 L, 它对转轴的转动惯量为 J. 摩擦可以不计, 物体 M 可以看成质量为 m 的质点.

提示: 利用题 37.56 的解答.

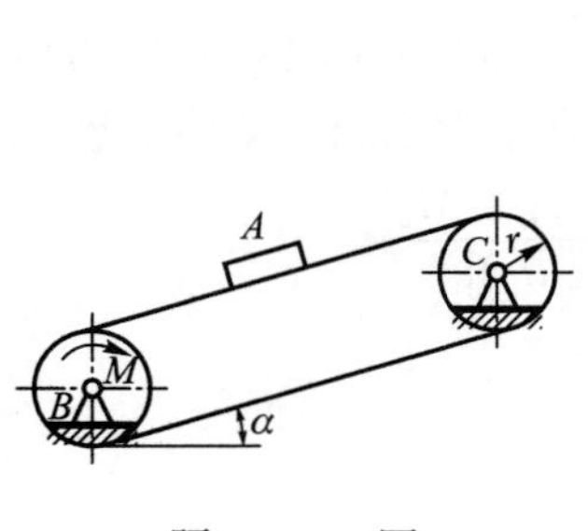

题 38.20 图

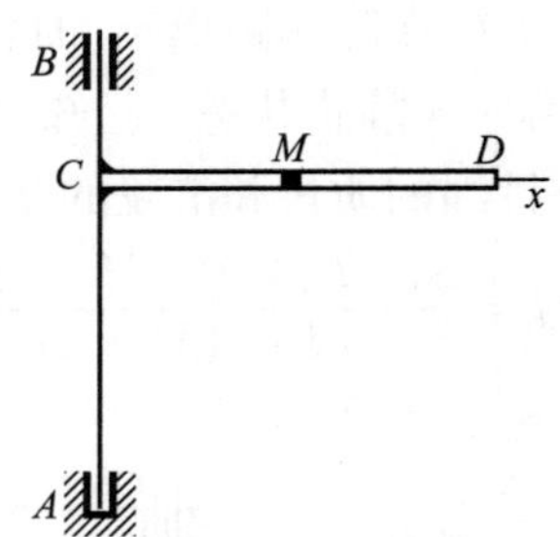

题 38.21 图 (同题 37.56 图)

答 $v = \omega_0\sqrt{\dfrac{(J+mx_0^2)(L^2-x_0^2)}{J+mL^2}}$.

38.22 水平平板 A 在光滑平面轨道上运动, 在平板上的物体 B 以不变的相对速度 $\boldsymbol{u}_0$ 移动. 当物体 B 被制动时, 它与平板 A 之间产生摩擦力. 求由开始制动到物体 B 完全停下, 物体 B 与平板 A 之间摩擦力的功. 设 A 与 B 的质量分别为 M 和 m.

提示: 利用题 36.9 解答.

答 $A = -\dfrac{1}{2}\dfrac{Mm}{M+m}u_0^2$.

38.23 电动绞车的鼓轮 A 的半径为 r, 质量为 M_1, 电动机在鼓轮轴作用着力矩 m, 与鼓轮转角 φ 成正比, 比例系数为 a. 试将重物 B 的速度表示成 h 的函数. 已知重物 B 的质量为 M_2, 鼓轮 A 可看成实心圆柱, 绳索的质量可以不计, 在初始瞬时系统处于静止.

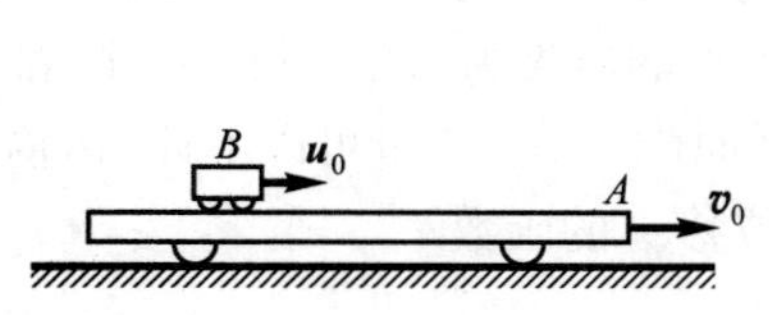

题 38.22 图 (同题 36.9 图)

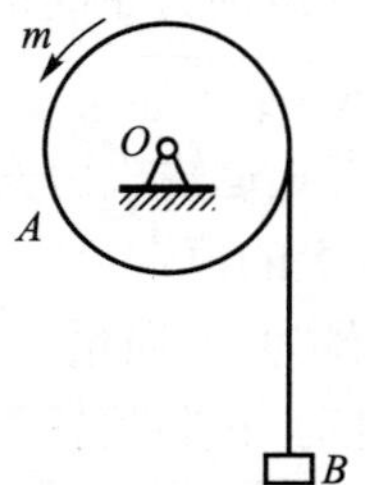

题 38.23 图 (同题 37.43 图)

答 $v=\sqrt{\dfrac{2h(ah-2M_2gr^2)}{r^2(M_1+2M_2)}}.$

38.24 图示为绞车的提升机构. 绳索跨过滑轮 C 并缠在半径为 r、质量为 M_2 的鼓轮 B 上, 提升质量为 M_1 的重物 A. 在鼓轮 B 上作用的力矩与鼓轮的转角平方成正比: $m=a\varphi^2$, 其中 a 为比例系数. 求重物 A 被提升了高度 h 时的速度. 鼓轮 B 的质量可认为均匀分布在轮缘上, 滑轮 C 可看作质量为 M_3 的实心圆盘, 绳索的质量可以不计. 在初始瞬时系统处于静止.

答 $v=\sqrt{\dfrac{4h(ah^2-3M_1gr^3)}{3r^3(2M_1+2M_2+M_3)}}.$

38.25 半径为 r 的轮子沿着倾角为 α 的斜面作纯滚动, 滚动摩阻系数为 δ, 轮子可看成均质圆盘. 轮子轴心的初速度 $\boldsymbol{v}$ 平行于斜面最大倾斜线的方向, 假设轮子上升的高度为 h, 求 v.

答 $v=\dfrac{2}{3}\sqrt{3gh\left(1+\dfrac{\delta}{r}\cot\alpha\right)}.$

38.26 两个具有相同质量和相同半径的圆柱沿同一斜面作纯滚动. 第一个圆柱是实心的, 第二个圆柱的质量可看成均匀分布在边缘. 在初始瞬时两个圆柱都处于静止, 在两圆柱质心降落了同样高度时, 求它们的速度之比.

答 $v_2/v_1=\sqrt{3}/2.$

38.27 外啮合传动机构放在水平面内, 作用在曲柄 OA 上的恒定力矩 L 使它由静止开始转动. 已知定齿轮 I 的半径为 r_1, 动齿轮 II 的半径为 r_2, 质量为 M_1, 曲柄 OA 的质量为 M_2. 试将曲柄的角速度表示成转角的函数. 齿轮 II 可看成均质圆盘, 曲柄可看成均质杆.

答 $\omega=\dfrac{2}{r_1+r_2}\sqrt{\dfrac{3L\varphi}{2M_2+9M_1}}.$

38.28 凸轮机构放在水平面内, 偏心轮驱动推杆 D 作往复运动. 与推杆 D 连接的弹簧 E 保证小滚轮 B 与偏心轮接触. 偏心轮的质量为 M, 偏心矩 e 等于偏心轮半径的一半, 弹簧的刚度系数为 c. 当推杆处于最左边时弹簧不受力. 偏心轮可看成均质圆盘. 欲使推杆从最左边移到最右边, 求偏心轮的初角速度.

答 $\omega=2\sqrt{c/(3M)}.$

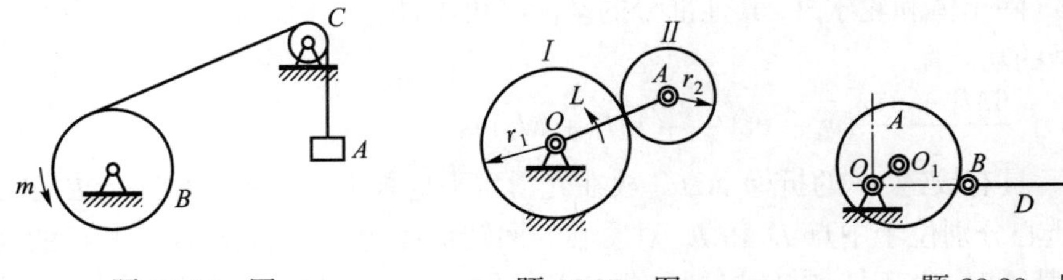

题 38.24 图　　题 38.27 图　　题 38.28 图

38.29 一人骑自行车在初始瞬时以速度 9 km/h 前进. 如果他不踩脚蹬, 求前行的距离. 已知自行车与骑车人的总质量为 80 kg, 两个车轮的质量均为 5 kg, 车轮的质量可看成均匀分布在半径为 50 cm 的圆周上. 车轮与地面的滚动摩阻系数为 0.5 cm.

答 35.6 m.

38.30 质量为 M_1 的重物 A 在降下时, 借助绕过定滑轮 D 的绳子, 把一个系在动滑轮 C 轴心上、质量为 M_2 的重物 B 提起. 滑轮 C 和 D 都可看成质量为 M_3 的均质实心圆盘. 求重物 A 在降下高度 h 时的速度. 忽略绳子质量和阻力. 系统从静止开始运动.

答 $v = 2\sqrt{2gh\dfrac{2M_1 - M_2 - M_3}{8M_1 + 2M_2 + 7M_3}}.$

38.31 除雪车的主动轮为一个半径为 r、质量为 M 的滚筒 A. 主动轮上作用着恒定的力矩 m. 滚筒 A 的质量可看成均匀分布在轮缘. 雪 D、推雪板 B 等所有平动部分的总质量恒等于 M_2. 雪、推雪板与地面的摩擦系数为 f, 滚筒与地面的滚动摩阻系数为 δ.

求除雪车推雪板 B 的路程 s 与速度 v 之间的关系. 已知在初始瞬时系统处于静止.

答 $s = \dfrac{(2M_1 + M_2)rv^2}{2[m - (M_1\delta + fM_2r)g]}.$

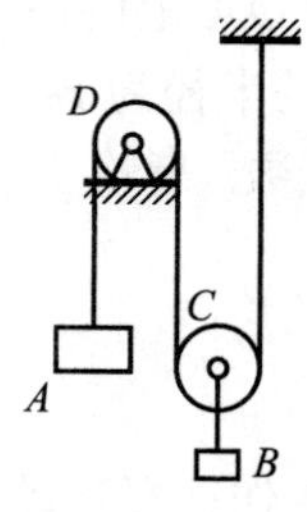

题 38.30 图

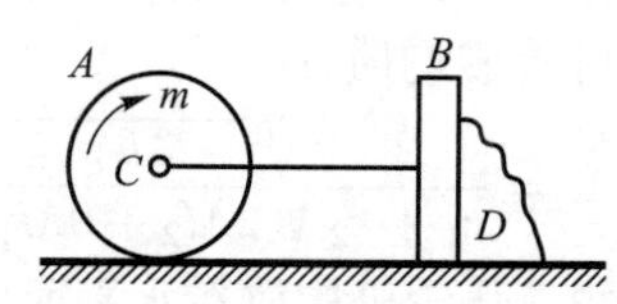

题 38.31 图

38.32 汽车在水平直线道路行驶, 由于发动机功率增大, 车速由 v_1 增加到 v_2, 在加速这段时间内汽车驶过的路程为 s. 已知四个车轮的质量均为 M_1, 车体的质量为 M_2, 车轮可看成半径为 r 的均质实心圆盘. 车轮作纯滚动, 车轮与路面的滚动摩阻系数为 δ. 除车体和轮子外, 其他部分的动能都可不计. 求在加速这段时间内汽车发动机所做的功.

答 $A = \dfrac{6M_1 + M_2}{2}(v_2^2 - v_1^2) + \dfrac{\delta}{r}(4M_1 + M_2)gs.$

38.33 具有铰链 B 的折梯 ABC 放在光滑水平地板上. $AB = BC = 2l$, AB 和 BC 的质心分别位于中点 D 和 E, 对质心的回转半径均为 ρ, 铰链 B 离地板的高度为 h. 在某瞬时, 由于杆 FG 被拉断, 折梯开始倒下. 不计铰链的摩擦, 求: 1) 铰链

B 碰到地板时的速度, 2) B 在离地板的高度为 $h/2$ 时的速度.

答 1) $v=2l\sqrt{\dfrac{gh}{l^2+\rho^2}}$. 2) $v=\dfrac{1}{2}\sqrt{gh\dfrac{16l^2-h^2}{2(l^2+\rho^2)}}$.

38.34 长为 $2a$ 的杆 AB 倒下过程中, 下端 A 沿光滑水平面滑动. 初始瞬时杆处于铅直位置并静止. 试将杆质心的速度表示为离地板高度 h 的函数.

答 $v=(a-h)\sqrt{\dfrac{6g(a+h)}{4a^2-3h^2}}$.

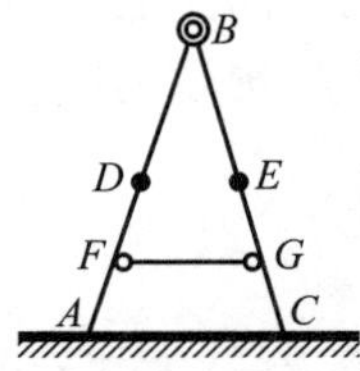

题 38.33 图

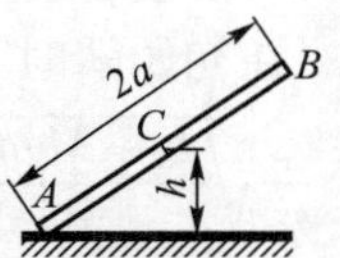

题 38.34 图

38.35 在差动绞车中两段固接的轴 K_1 和 K_2 由手柄 AB 驱动. 这两段轴的半径分别为 r_1 和 r_2, 对轴线 O_1O_2 的转动惯量分别为 J_1 和 J_2. 动滑轮 C 挂在一根无重且不能伸长的绳上, 绳的左边一段绕在轴 K_1 上, 右边一段缠绕在轴 K_2 上. 当手柄转动时, 绳的左段自轴 K_1 上解下, 右段缠上轴 K_2. 手柄 AB 上作用着不变力矩 m. 滑轮 C 上挂着重物 D. 当重物 D 上升了高度 s 时, 求手柄转动的角速度. 在初始瞬时系统静止. 手柄的质量可以不计.

答 $\omega=2\sqrt{\dfrac{2s[2m-Mg(r_2-r_1)]}{(r_2-r_1)[M(r_2-r_1)^2+4(J_1+J_2)]}}$.

38.36 绞车的皮带连接轮 I 和 II. 轮 I 的质量为 M_1, 半径为 r, 装在电动机轴上, 受到常力矩 m 作用. 皮带轮 II 的质量为 M_2, 半径为 R, 安装在绞车轴上. 鼓轮的质量为 M_3, 半径也为 r, 被提升的重物质量为 M_4. 绞车从静止状态开始运动. 求重物在上升了高度 h 时的速度. 皮带和吊索的质量以及轴承的摩擦都可不计. 皮带轮和鼓轮都可看成均质圆柱.

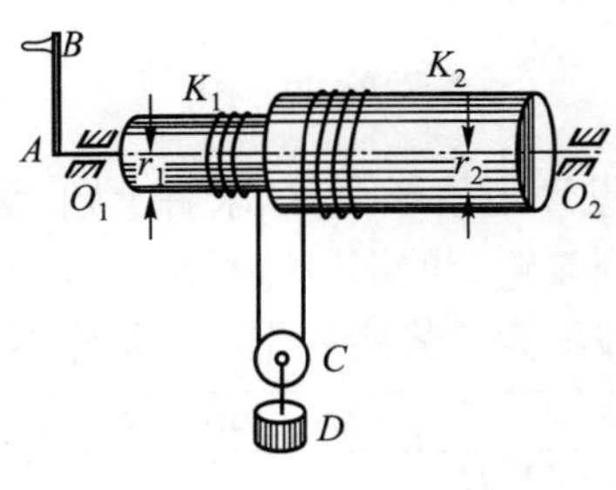

题 38.35 图

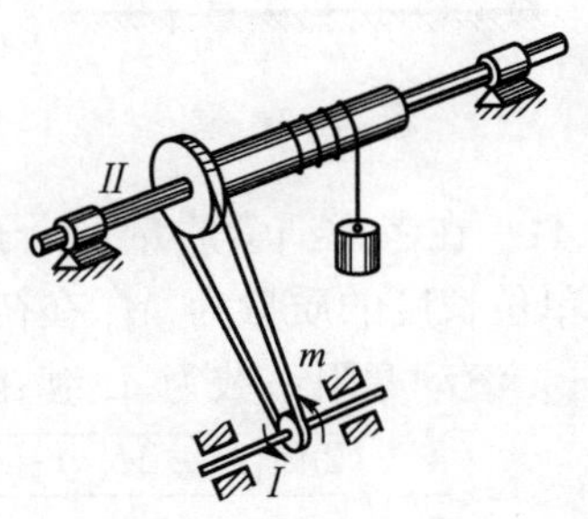

题 38.36 图

答　$v=2\sqrt{\dfrac{h(mR/r^2-M_4g)}{M_1(R/r)^2+M_2(R/r)^2+M_3+2M_4}}.$

38.37　在考虑吊重物的绳索质量的情况下, 试求解上题. 设吊索长为 l, 单位长度的质量为 M. 在初试瞬时从绞车鼓轮垂下的一段吊索长为 $2h$.

答　$v=2\sqrt{\dfrac{h(mR/r^2-M_4g-3Mgh/2)}{M_1(R/r)^2+M_2(R/r)^2+M_3+2M_4+2Ml}}.$

38.38　绞车鼓轮的半径为 r、质量为 M_1, 受常力矩 L 作用. 缠在鼓轮上的绳索末端 A 系着质量为 M_2 的重物. 重物沿着倾角为 α 的斜面向上运动. 求鼓轮转过角度 φ 时获得的角速度. 重物与斜面的滑动摩擦系数为 f. 绳索的质量不计. 鼓轮可看成均质圆柱, 在初始瞬时系统静止.

答　$\omega=\dfrac{2\varphi}{r}\sqrt{\dfrac{L-M_2gr(\sin\alpha+f\cos\alpha)}{M_1+2M_2}}.$

38.39　在考虑吊重物的绳索质量的情况下, 试求解上题. 设绳索长为 l, 单位长度的质量为 M. 在初始瞬时从绞车鼓轮垂下的一段绳索长为 a. 缠在鼓轮上那段绳索的势能变化可以不计.

答　$\omega=\dfrac{2\varphi}{r}\sqrt{\dfrac{L-M_2gr(\sin\alpha+f\cos\alpha)-Mgr(a-r\varphi/2)\sin\alpha}{M_1+2M_2+2Ml}}.$

38.40　绞车鼓轮的半径为 r_1、质量为 M_1, 受常力矩 L 作用. 缠在鼓轮上的绳索末端系着质量为 M_2 的滚轮 C. 滚轮沿着倾角为 α 的斜面作纯滚动. 求鼓轮转过 n 圈时获得的角速度. 鼓轮与滚轮均可看成均质圆柱. 在初始瞬时系统静止. 绳索的质量和滚动摩阻都忽略不计.

答　$\omega=\dfrac{2}{r_1}\sqrt{\dfrac{2n\pi(L-M_2gr_1\sin\alpha)}{M_1+3M_2}}.$

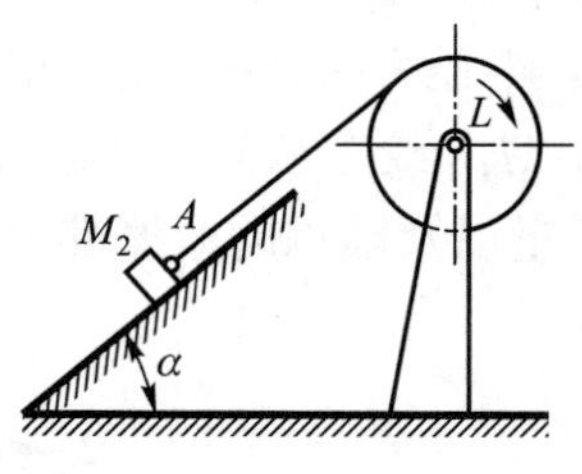

题 38.38　图

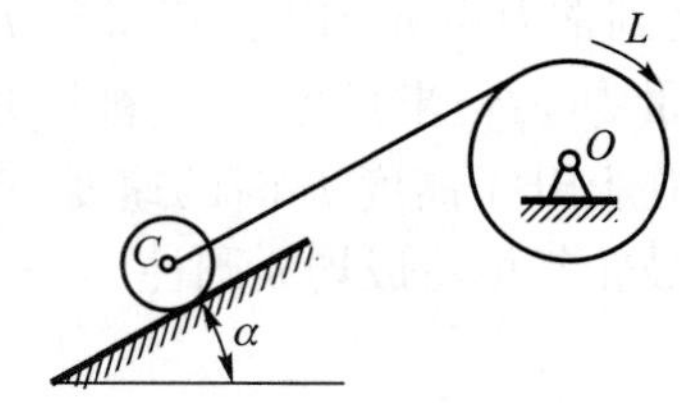

题 38.40　图

38.41　在考虑绳索质量、轮子与斜面的滚动摩阻情形下, 试求解上题. 设绳索长为 l, 单位长度的质量为 M, 在初始瞬时未缠到鼓轮上的那段绳索长为 a. 滚轮的半径的 r_2, 滚动摩阻系数为 δ. 缠在鼓轮上的那段绳索的势能变化可以忽略不计.

答　$\omega=\dfrac{2}{r_1}\sqrt{\dfrac{2n\pi[L-M_2gr_1(\sin\alpha+\delta/r_2\cos\alpha)+Mgr_1(a-n\pi r_1)\sin\alpha]}{M_1+3M_2+2Ml}}.$

38.42　轮子 A 沿斜面 OK 向下纯滚动, 借助不可伸长的绳索提升轮子 B, 使

它沿斜面 ON 向上纯滚动. 绳索跨过可绕水平固定轴 O 转动的滑轮 C. 求轮子 A 的轴心沿斜面 OK 移动距离 s 时的速度. 设在初始瞬时系统静止. 两个轮子与滑轮的半径、质量都相同, 都可看成均质圆盘. 绳索的质量不计.

答 $v=2\sqrt{\dfrac{1}{7}gs(\sin\alpha-\sin\beta)}$.

38.43 在考虑轮子与斜面滚动摩擦的情形下, 试求解上题. 设滚动摩阻系数为 δ, 轮子的半径为 r.

答 $v=2\sqrt{\dfrac{1}{7}gs\left[\sin\alpha-\sin\beta-\dfrac{\delta}{r}(\cos\alpha+\cos\beta)\right]}$.

38.44 在质量为 M_1 的重物 A 上系着一根不可伸长的绳子, 绳子跨过质量为 M_2 的滑轮 D, 再缠到质量为 M_3 的滚轮 B 上. 当重物 A 沿着倾角为 α 的斜面滑下时, 滑轮 D 转动, 滚轮 B 沿着倾角为 β 的斜面纯滚动.

试将重物 A 的速度表示成它所经路程 s 的函数. 已知在初始瞬时系统静止. 滑轮 D 和滚轮 B 可看成相同的均质圆柱. 绳索的质量不计. 忽略滑块 A、滑轮 D 的摩擦, 不考虑滚轮的滚动摩阻.

答 $v=2\sqrt{\dfrac{2gs(2M_1\sin\alpha-M_3\sin\beta)}{8M_1+4M_2+3M_3}}$.

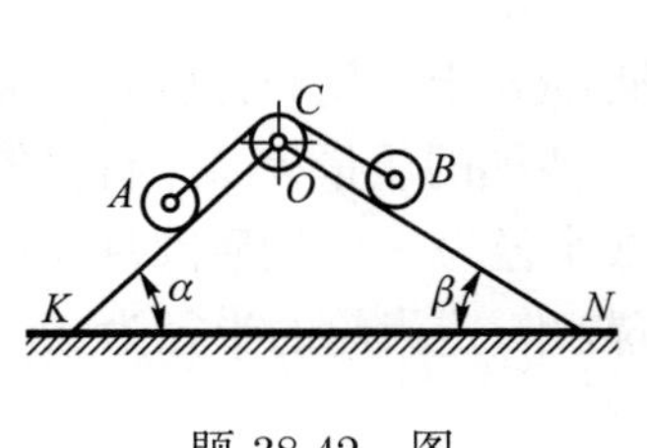

题 38.42 图

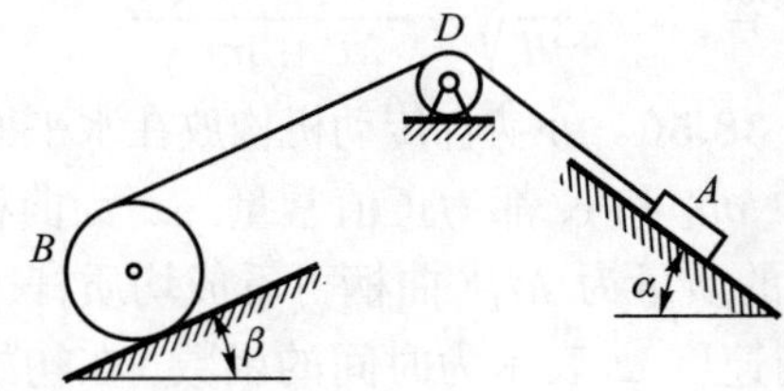

题 38.44 图

38.45 在考虑物块 A 上滑动摩擦力和滚轮 B 的滚动摩阻力偶的情形下, 试求解上题. 设相应的滑动摩擦系数为 f, 滚动摩阻系数为 δ. 滚子 B 的半径为 r.

答 $v=2\sqrt{\dfrac{2gs[2M_1(\sin\alpha-f\cos\alpha)-M_3(\sin\beta+(\delta/r)\cos\beta)]}{8M_1+4M_2+3M_3}}$.

38.46 质量为 M 的重物挂在长为 l、不可伸长的均质绳子上, 绳子缠在具有水平转轴的圆柱鼓轮上. 鼓轮的半径为 R, 对转轴的转动惯量为 J, 绳子每单位长度的质量为 m. 在初始瞬时重物的速度为 $v_0=0$, 绳子的下垂段长为 x_0. 在绳子下垂段长度为 x 时, 求重物的速度 v. 鼓轮的摩擦、绳子的粗细、缠在鼓轮上那段绳子的势能变化都可不计.

答 $v=R\sqrt{\dfrac{g[2M+m(x+x_0)](x-x_0)}{J+(M+ml)R^2}}$.

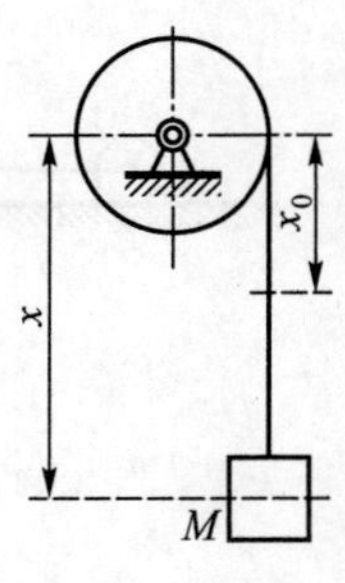

题 38.46 图

38.47 质量为 M_1 的重物 A 挂在长为 l、质量为 M_2 的不可伸长的绳子上. 绳子跨过滑轮 B, 另一端系在滚轮轴 C 上. 滑轮 B 可绕着垂直图面的轴 O 转动, 滚轮 C 可沿着水平固定平面作纯滚动.

滑轮 B 和滚轮 C 都可看成半径为 r、质量为 M_3 的均质圆盘. 滚轮与水平面的滚动摩阻系数为 δ. 在初始瞬时系统静止, 从滑轮 B 垂下的一段绳子长为 l. 试将重物 A 的速度表示成铅垂位移 h 的函数.

答

$$v=\sqrt{\frac{2gh\left\{M_1+\dfrac{M_2}{2L}(2l+2r+h)-\dfrac{\delta}{r}\left[M_3+M_2\left(\dfrac{1}{2}-\dfrac{l}{2L}-\dfrac{\pi r}{4L}-\dfrac{h}{4L}\right)\right]\right\}}{M_1+M_2+2M_3}}.$$

38.48 椭圆规机构放在水平面内, 由作用于曲柄 OC 上的恒定力矩 m_0 驱动. 在初始瞬时 $\varphi=0$, 机构静止. 求曲柄转了四分之一圈时的角速度. 已知: 杆 AB 的质量为 M, 滑块 A 和 B 的质量为 $m_A=m_B=m$, $OC=AC=BC=l$. 曲柄 OC 的质量和阻力都可不计.

答　$\omega=\dfrac{1}{2l}\sqrt{\dfrac{3\pi m_0}{M+3m}}$.

38.49 在考虑铰链 C 中恒定阻力矩 m_C 的条件下, 试求解上题.

答　$\omega=\dfrac{1}{2l}\sqrt{\dfrac{3\pi(m_0-2m_C)}{M+3m}}$.

38.50 外啮合传动机构放在水平面内, 在曲柄 OO_1 上作用着力矩 $m=m_0-\alpha\omega$, 其中 m_0 和 α 都为正值常量, ω 为曲柄的角速度. 曲柄的质量为 M, 行星轮 (动齿轮) 的质量为 M_1. 曲柄可看成均质杆, 行星轮看成半径为 r 的均质圆盘. 试将曲柄的角速度 ω 表示为时间的函数. 在初始瞬时系统静止. 定齿轮的半径为 R. 阻力可以不计.

提示: 应用微分形式的动能定理.

答　$\omega=\dfrac{m_0}{\alpha}(1-\mathrm{e}^{-\frac{\alpha}{J}t})$, 其中 $J=\left(\dfrac{M}{3}+\dfrac{3}{2}M_1\right)(R+r)^2$.

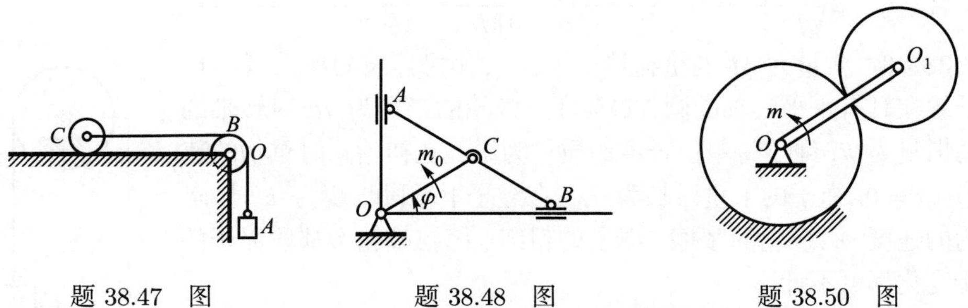

题 38.47　图　　题 38.48　图　　题 38.50　图

38.51 在考虑行星轮轴 O_1 上恒定摩擦力矩 m_f 的条件下, 试求解上题.

答 $\omega = \dfrac{m_0 - \dfrac{R}{r} m_f}{\alpha}(1 - e^{-\frac{\alpha}{J}t})$, 其中 $J = \left(\dfrac{M}{3} + \dfrac{3}{2}M_1\right)(R+r)^2$.

38.52 内啮合传动机构放在水平面内, 曲柄 OO_1 以匀角速度 ω_0 转动. 在某瞬时发动机关车, 在行星轮 (动齿轮) 轴上恒定摩擦力矩 m_f 的作用下机构停下来.

已知曲柄的质量为 M_1, 行星轮的质量为 M_2, 大小两个齿轮的半径分别为 R 和 r. 曲柄可看成均质细杆, 行星轮看成均质圆盘. 求曲柄停下所需的时间 τ 以及在此时间内转过的角度 φ.

提示: 应用微分形式的动能定理.

答 $\tau = \dfrac{rJ\omega_0}{Rm_f}$, $\varphi = \dfrac{rJ\omega_0^2}{2Rm_f}$, 其中 $J = \left(\dfrac{M_1}{3} + \dfrac{3}{2}M_2\right)(R-r)^2$.

38.53 十字节头 C 由绕固定轴 O 转动的均质杆 AB 带动绕固定轴 O_1 转动 (轴 O 和 O_1 都垂直于图面). 与杆 AB 铰接的滑块 A, B 分别在十字节头上相互垂直的两个直槽中滑动. 杆 AB 在恒定力矩 m_0 作用下转动. 求杆 AB 转了四分之一圈时的角速度. 假定在初始瞬时 $\varphi = 0$, 杆的角速度为 ω_0. 铰链 A 和 B 的阻力矩都等于 $m_0/2$. 所有其他阻力都可不计. 杆 AB 的质量为 M, 对轴 O_1 的转动惯量为 J, $OO_1 = OA = OB = l$.

答 $\omega = \sqrt{\dfrac{6\pi m_0}{4Ml^2 + 3J} + \omega_0^2}$.

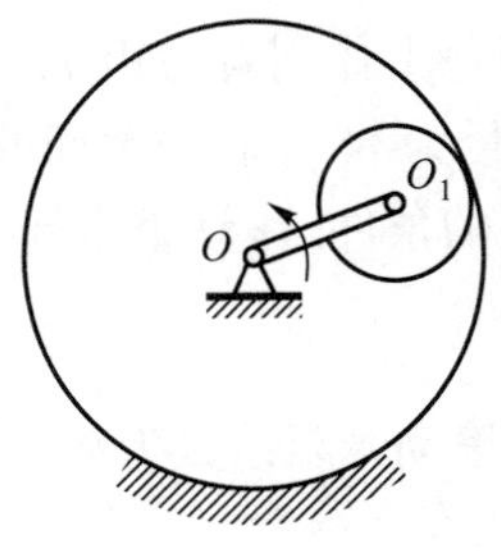

题 38.52 图

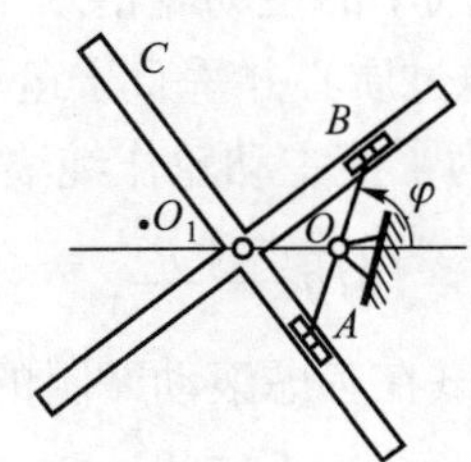

题 38.53 图

§39. 刚体平面运动

39.1 杆 AB 和圆盘固连在一起, 杆的长度为 80 cm, 质量为 1 kg, 圆盘的半径为 20 cm, 质量为 2 kg. 在初始瞬时, 杆处于铅垂位置, 杆的质心 M_1 速度为零, 圆盘的质心 M_2 速度大小为 360 cm/s, 速度方向水平向右. 仅考虑重力作用, 求该物体的运动.

答 物体以 6 rad/s 的角速度绕质心匀速转动, 质心轨迹为抛物线: $y^2 = 117.5x$ (坐标原点在 B, y 轴水平向右, x 轴铅直向下).

39.2 圆盘在重力作用下在铅垂平面内落下. 初始瞬时圆盘的角速度为 ω_0, 质心 C 处于坐标原点且具有水平向右的速度 $\boldsymbol{v}_0$. 求圆盘的运动方程. 坐标轴 x, y 如图所示, 阻力不计.

答 $x_C = v_0 t$, $y_C = \dfrac{1}{2}gt^2$, $\varphi = \omega_0 t$, 其中 φ 为圆盘的转角, 即圆盘上初始瞬时处于水平位置的直径与坐标轴 x 的夹角.

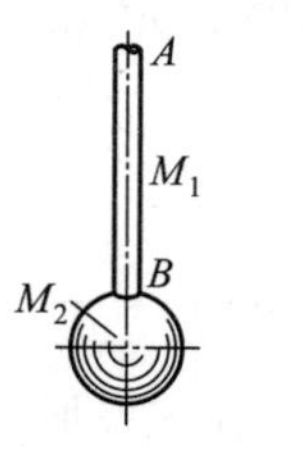

题 39.1 图

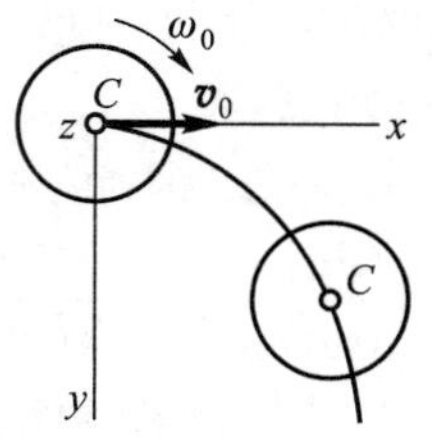

题 39.2 图

39.3 在上题中假定: 圆盘绕通过质心 C 并垂直于运动平面之轴的转动受到阻力矩 m_C, 它正比于圆盘的角速度 $\dot{\varphi}$, 比例系数为 β. 圆盘对此轴的转动惯量为 J_C. 求圆盘的运动方程.

答 $x_C = v_0 t,\ \ y_C = \dfrac{1}{2}gt^2,\ \ \varphi = \dfrac{J_C\omega_0}{\beta}(1-\mathrm{e}^{-\frac{\beta}{J_C}t})$, 其中 φ 为圆盘的转角, 即圆盘上初始瞬时处于水平位置的直径与坐标轴 x 的夹角.

39.4 汽车的主动轮沿水平直线道路滚动, 在车轮上作用着力矩 m. 车轮的半径为 r, 对通过质心并垂直于运动平面之轴的回转半径为 ρ. 车轮与地面的滑动摩擦系数为 f. 为了使主动轮作纯滚动, 求力矩 m 应满足的条件. 滚动阻力偶不计.

答 $m \leqslant fMg\dfrac{r^2+\rho^2}{r}$.

39.5 试在考虑滚动摩阻的条件下求解上题. 设滚动摩阻系数为 δ.

答 $m \leqslant fMg\dfrac{r^2+\rho^2}{r} + Mg\delta$.

39.6 汽车的主动轮在水平直线道路上运动. 在轮轴上作用着水平方向的驱动力 $\boldsymbol{F}$. 车轮对通过质心并垂直于运动平面之轴的回转半径为 ρ. 车轮半径为 r, 质量为 M, 与地面的滑动摩擦系数为 f. 为了使主动轮作纯滚动, 求力 $\boldsymbol{F}$ 的大小应满足的条件. 滚动摩阻力偶不计.

答 $F \leqslant fMg\dfrac{r^2+\rho^2}{\rho^2}$.

39.7 试在考虑滚动摩阻的条件下求解上题. 设滚动摩阻系数为 δ.

答 $F \leqslant \dfrac{fMg(r^2+\rho^2) - Mgr\delta}{\rho^2}$.

39.8 汽车的拖车以加速度 w_0 缓慢减速直到停止. 拖车上有一个轮子未曾加闸. 车轮对路面的正压力为 N. 车轮与道路间滑动摩擦系数为 f. 已知车轮的半径

为 r, 质量为 M, 回转半径为 ρ. 求这个车轮对转轴的水平压力 S.

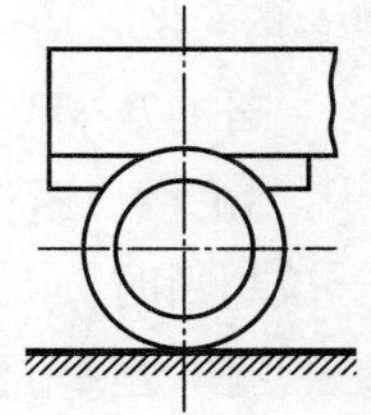

题 39.8 图

答 1) 当 $w_0 \leqslant \dfrac{fNr^2}{M\rho^2}$ 时, $S = Mw_0\left(1+\dfrac{\rho^2}{r^2}\right)$. 2) 当 $w_0 > \dfrac{fNr^2}{M\rho^2}$ 时, $S = Mw_0 + fN$.

39.9 轮子在力矩 $m = \dfrac{5}{2}fMgr$ 作用下沿水平直线轨道滚动, 其中 f 为滑动摩擦系数, r 和 M 分别为轮子的半径和质量. 求轮上与路轨相接触点的速度 (打滑速度). 轮子的质量沿边缘均匀分布. 滚动摩阻不计. 在初始瞬时轮子静止.

答 $\dfrac{1}{2}fgt$.

39.10 试在考虑滚动摩阻的条件下求解上题. 已知滚动摩阻系数为 $\delta = \dfrac{1}{4}fr$.

答 $\dfrac{1}{4}fgt$.

39.11 具有水平轴的均质圆柱在重力作用下沿粗糙斜面滚下, 摩擦系数为 f. 假设圆柱运动时不会出现滑动, 求斜面的倾角以及圆柱轴心的加速度. 滚动摩阻不计.

答 $a \leqslant \arctan(3f)$, $w = \dfrac{2}{3}g\sin\alpha$.

39.12 均质实心圆盘沿斜面纯滚动, 斜面的倾角为 α. 圆盘的轴与斜面的最大斜倾线夹角为 β. 求圆盘质心的加速度. 假定圆盘在同一铅直平面内滚动.

答 $w_C = \dfrac{2}{3}g\sin\alpha\sin\beta$.

39.13 具有水平轴的均质圆柱在重力作用下沿着斜面向下既滚又滑, 摩擦系数为 f. 求斜面的倾角以及圆柱质心的加速度.

答 $a > \arctan(3f)$, $w = g(\sin\alpha - f\cos\alpha)$.

39.14 半径为 r 的均质轮子沿斜面向下纯滚动, 斜面的倾角为 α. 为使轮子质心匀速运动, 同时轮子又以匀角速度绕通过质心并垂直于运动平面的轴转动, 求滚动摩阻系数 δ.

答 $\delta = r\tan\alpha$.

39.15 均质滚轮的半径为 r, 质量为 M, 放在粗糙的地板上. 在滚轮的中轴上缠有绳子, 在绳端作用着与水平面成倾角 α 的拉力 $\boldsymbol{T}$. 中轴的半径为 a, 滚轮的回转半径为 ρ. 求滚轮轴心 O 的运动. 在初始瞬时滚轮静止, 后来作纯滚动.

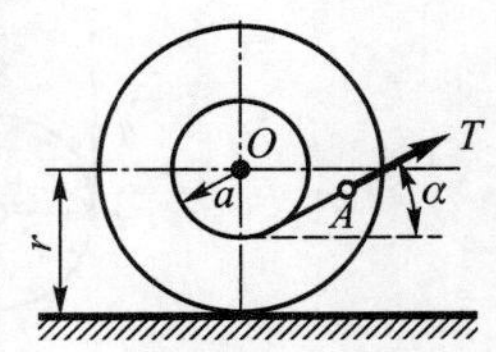

题 39.15 图

答 $x = \dfrac{Tr(r\cos\alpha - a)}{2M(\rho^2 + r^2)}t^2$, x 轴水平向右.

39.16 质量为 M 的均质杆 AB 两端各系有铅直绳并悬挂于天花板. 当一根绳被割断时, 求另一根绳子的拉力.

提示: 写出绳子被割断瞬时杆的运动微分方程, 略去杆的方向变化以及杆质心到另一根绳子距离的变化.

答　$T = Mg/4$.

39.17　质量为 M 的均质杆 AB 用两根和它等长的绳子悬挂在点 O. 当一根绳子被割断时, 求另一根绳子的拉力 (参见上题的提示).

答　$T = 0.266\ Mg$.

39.18　长为 $2l$、质量为 M 的均质杆搁在 A, B 两个支座上, 杆的质心 C 与这两支座保持相等的距离, 且 $CA = CB = a$. 在每个支座上的压力都为 $\frac{1}{2}Mg$. 在支座 B 被突然撤除的瞬间, 求支座 A 上的压力的变化.

答　在支座 A 上的压力增加 $\dfrac{Mg(l^2-3a^2)}{2(l^2+3a^2)}$.

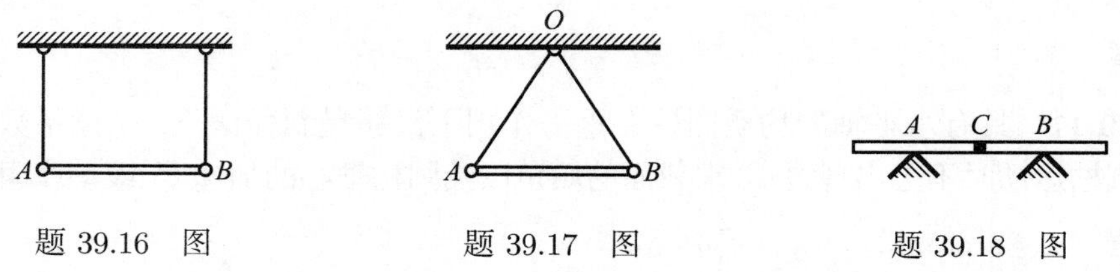

题 39.16　图　　题 39.17　图　　题 39.18　图

39.19　质量为 m 的圆柱 A 在中部缠有细绳, 绳端 B 固定不动. 圆柱无初速地落下. 求圆柱轴心下降了高度 h 时的速度以及绳的拉力 $\boldsymbol{T}$ 的大小.

答　$v = \dfrac{2}{3}\sqrt{3gh},\ T = \dfrac{1}{3}mg.$

39.20　半径为 r、质量为 M 的均质圆柱用两条细绳缠绕, 两绳绕成的线圈位置关于圆柱正中横截面对称. 圆柱被放在斜面 AB 上, 母线垂直于斜面的最大倾斜线, 两绳的末端 C 固定在与斜面 AB 相距为 $2r$ 处, 关于圆柱正中横截面对称. 在重力作用下, 圆柱克服斜面摩擦, 由静止开始运动. 滑动摩擦系数为 f. 求圆柱质心在时间 t 内走过的路程 s, 以及绳子的拉力 T. 假定在这段时间内, 尚无一条绳子被完全解开.

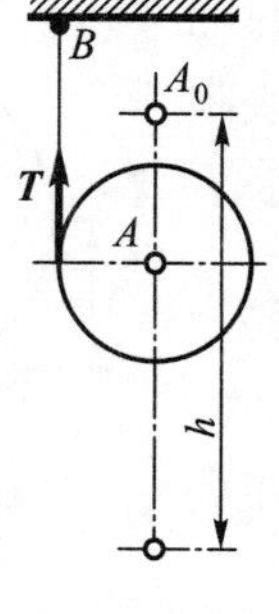

题 39.19　图

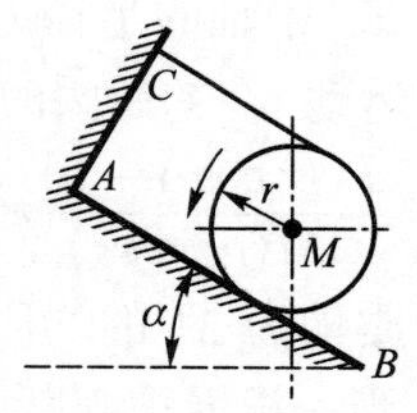

题 39.20　图

答 $s=\dfrac{1}{3}g(\sin\alpha-2f\cos\alpha)t^2$, $T=\dfrac{1}{6}Mg(\sin\alpha+f\cos\alpha)$, 如果 $\tan\alpha<2f$, 则圆柱保持静止.

39.21 质量为 M_1 和 M_2 的圆轴分别沿两个斜面滚下, 两斜面的倾角分别为 α 和 β. 不可伸长的绳缠绕在两个轴上, 绳的两端分别结在两个轴上. 求绳的拉力和加速度. 两轴都可看成均质圆柱, 绳的质量不计.

答 $T=\dfrac{M_1M_2(\sin\alpha+\sin\beta)g}{3(M_1+M_2)}$, $w=\dfrac{(M_1\sin\alpha-M_2\sin\beta)g}{M_1+M_2}$.

39.22 半径为 R 的均质半圆盘放在粗糙水平面上, 并可无滑动地摆动. 求半圆盘微幅摆动的周期.

答 $T=\dfrac{\pi}{2g}\sqrt{2g(9\pi-16)R}$.

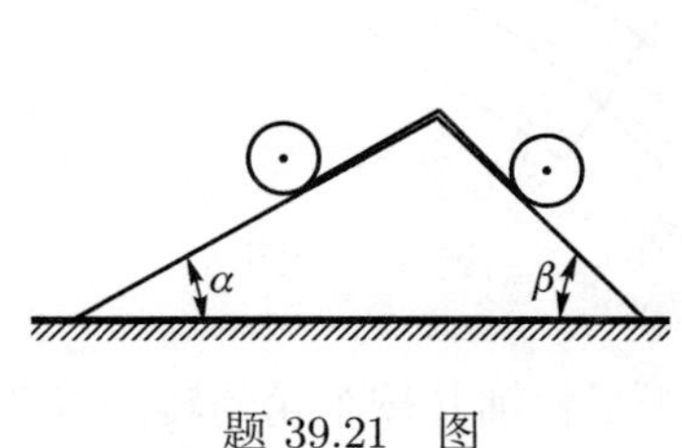

题 39.21 图

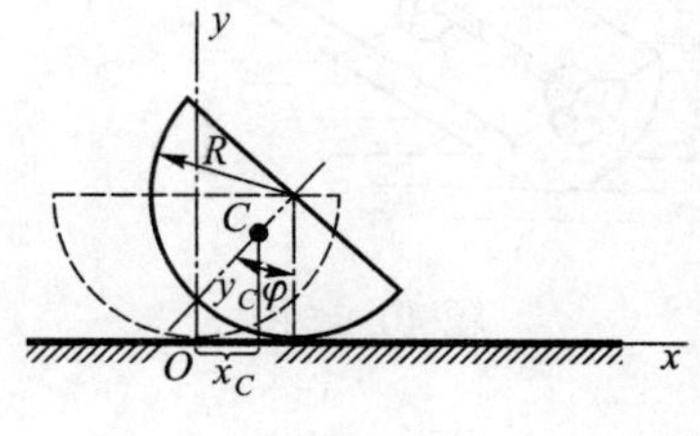

题 39.22 图

§40. 陀螺近似理论

40.1 陀螺以匀角速度 $\omega=600$ rad/s 顺时针自转, OA 轴偏离铅直线, 下端 O 保持不动, 陀螺的质心 C 在 OA 轴上, $OC=30$ cm, 陀螺对转轴的回转半径等于 10 cm. 假定陀螺对 O 点的动量矩为 $J\omega$, 求 OA 轴的运动.

答 OA 轴绕铅垂轴 OZ 顺时针转动, 以匀角速度 $\omega_1=0.49$ rad/s 描出圆锥.

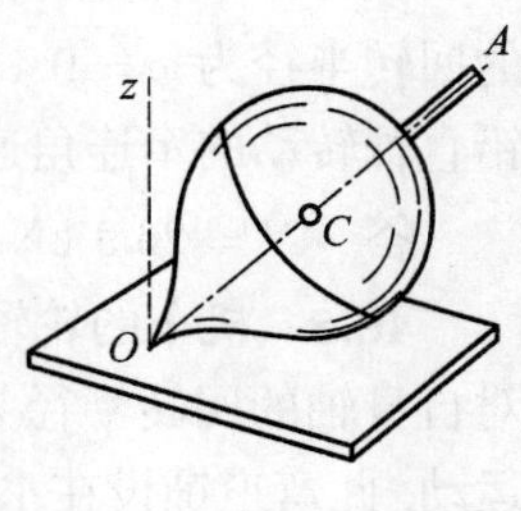

题 40.1 图

40.2 陀螺自转角速度 $\omega=80$ rad/s. 陀螺的形状为直径等于 30 cm 的圆盘, 沿着自转轴伸出一根长 20 cm 的柄. 假定陀螺的动量矩为 $J\omega$, 求规则进动角速度.

答 2.18 rad/s.

40.3 船上涡轮的轴与船的纵轴平行, 涡轮转子的质量等于 6 t, 回转半径为 $\rho=0.7$ m. 转子以角速度 1500 r/min 转动. 当船绕铅垂轴以每秒 10° 环行时, 求涡轮轴承上的陀螺力. 已知两轴承间距离为 $l=2.7$ m.

答 30.4 kN.

40.4 船上装有高速涡轮, 以角速度 3000 r/min 转动. 涡轮转子的质量等于 3500 kg, 回转半径等于 0.6 m. 船绕垂直于涡轮轴的横轴作俯仰摆动, 幅度等于 9°, 周期为 15 s. 求涡轮轴承上的最大陀螺力. 已知两个轴承间距离为 2 m.

答 13.0 kN.

40.5 求炮弹的对称轴绕质心轨迹的切线进动的周期 T. 进动是因空气阻力的作用发生的, 阻力的大小为 $F = 6.72$ kN, 方向与轨迹切线平行, 作用点 A 在炮弹对称轴上,与质心 O 相距 $h = 0.2$ m. 炮弹对其对称轴的动量矩为 1850 kg·m²/s.

答 $T = 8.66$ s.

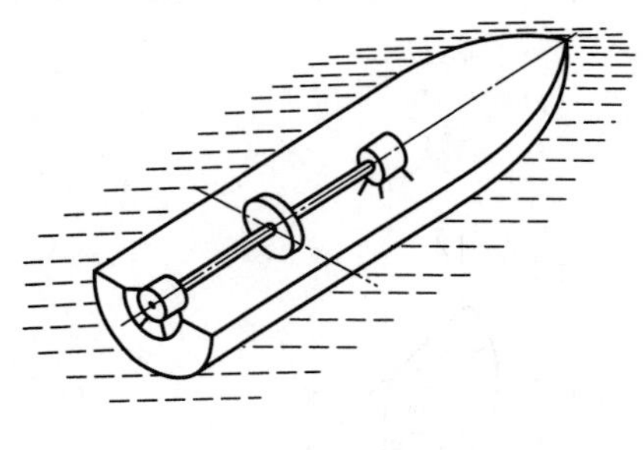

题 40.4　图

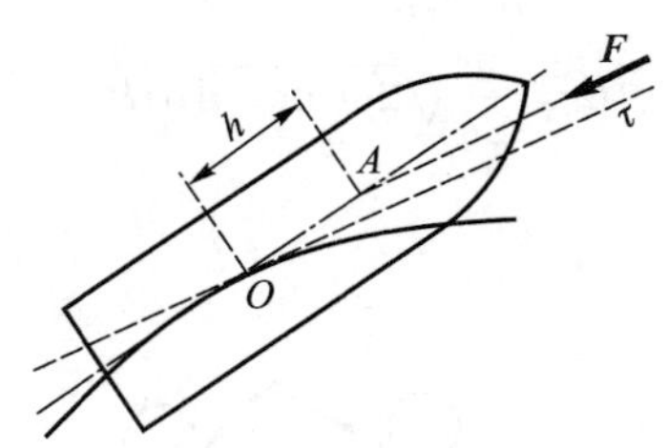

题 40.5　图

40.6 燃汽轮机车由涡轮驱动, 涡轮轴平行于车轮轴并按车轮的转向以角速度 1500 r/min 转动. 涡轮转子对转轴的转动惯量为 $J = 200$ kg·m². 燃汽轮机车以速度 15 m/s 沿半径为 250 m 的弯道行驶, 求钢轨上的附加动压力. 路轨的宽度为 1.5 m.

答 在一条钢轨上的附加动压力为 1256 N, 方向向下, 在另一条钢轨上减少了 1256 N 的压力.

40.7 碾磨机的每个碾轮的质量为 $M = 1200$ kg, 半径为 $R = 0.5$ m, 对自身轴的回转半径为 $\rho = 0.4$ m. 碾轮的瞬时转动轴通过它与底盘接触线的中点. 设碾轮绕铅直轴转动的牵连角速度为 $n = 60$ r/min, 求碾轮对水平底盘的总压力.

答 $N = 26.9$ kN.

40.8 机车的轮轴组合体的质量 $M = 1400$ kg, 轮的半径为 $a = 75$ cm, 组合体对自身轴的回转半径为 $\rho = \sqrt{0.55}a$. 组合体的质心以匀速度 $v = 20$ m/s 沿着弯道运动, 此弯道铺设在水平面内,平均半径为 $R = 200$ m. 求组合体对每一钢轨的总压力. 路轨的宽度为 1.5 m.

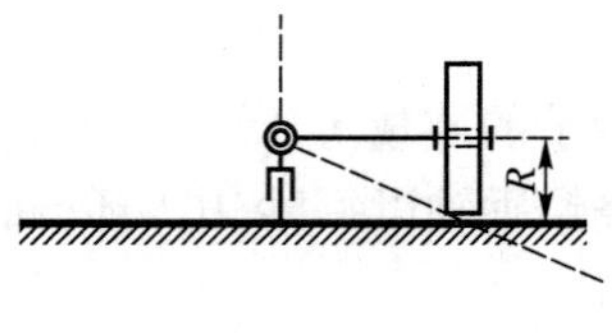

题 40.7　图

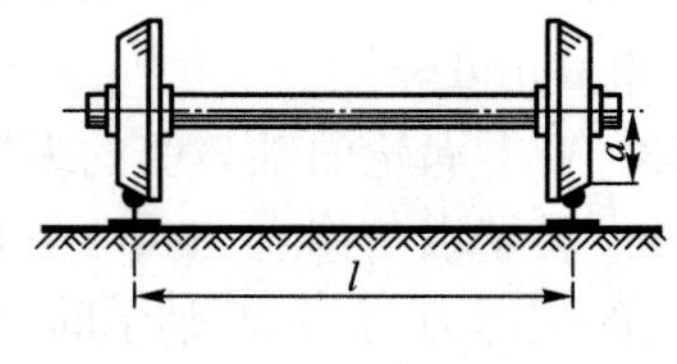

题 40.8　图

答　$N = (6.87 \pm 0.77)$ kN.

40.9　离合式桥的可转接头如图所示. 杆 CD, CE 与 AB 轴成角 α 铰接在一起, 它们一同以角速度 ω_0 转动. 分别松套在杆 CD, CE 上的锥齿轮 K, L 在水平固定齿盘上纯滚动. 每个锥齿轮的质量都为 M, 可看成半径为 r 的均质实心圆盘. 求每个锥齿轮对水平固定齿盘的附加动压力.

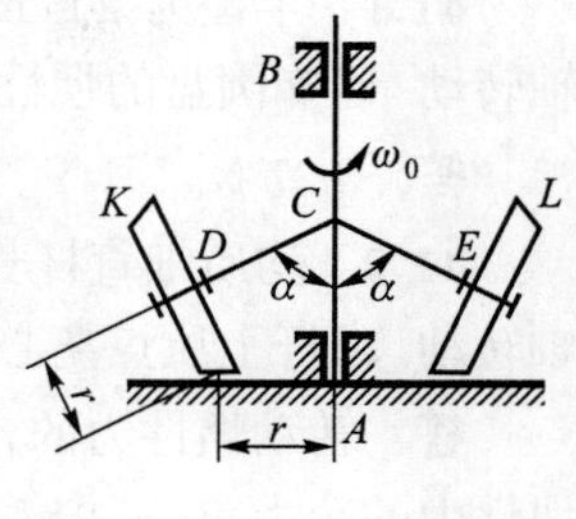

题 40.9　图

答　$\dfrac{1}{2}Mr\omega_0^2\sin\alpha$.

40.10　边长为 $a = 20$ cm 的正方形框以角速度 $\omega_1 = 2$ rad/s 绕铅垂轴 AB 转动. 质量为 M、半径为 r 的圆盘以相对角速度 $\omega = 300$ rad/s 绕框架对角线 ED 转动. 求轴承 A, B 上的侧向附加动压力与静压力之比. 框的质量不计, 圆盘质量可看成均匀分布在轮缘.

答　4.32.

40.11　半径为 a、质量为 $2M$ 的轮子以匀角速度 ω_1 绕水平轴 AB 转动, AB 轴又以匀速度 ω_2 绕通过轮子质心的铅直轴 CD 转动, 转动的方向如箭头所示. 已知 $AO = OB = h$, 轮子的质量均匀分布于轮缘. 求轴承 A 与 B 中的压力 N_A 和 N_B.

答　$N_A = Mg\left(1 + \dfrac{a^2\omega_1\omega_2}{gh}\right)$, $N_B = Mg\left(1 - \dfrac{a^2\omega_1\omega_2}{gh}\right)$.

40.12　最简单陀螺速率计由一个陀螺仪构成, 框架用两个弹簧与仪器的壳体相连. 陀螺转子对自转轴的转动惯量为 J, 自转角速度为 ω. 此速率计被安装在以角速度 ω_1 绕 x 轴转动的平台上, x 轴垂直于框架的 y 轴. 两个弹簧的刚度系数都等于 c, 框架转轴到弹簧的距离为 a. 求陀螺框架转过的角度 α. 假定此角很小.

答　$\alpha = \dfrac{J\omega}{2ca}\omega_1$.

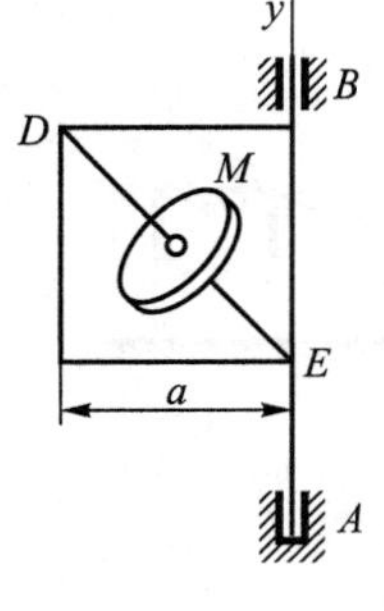

题 40.10　图

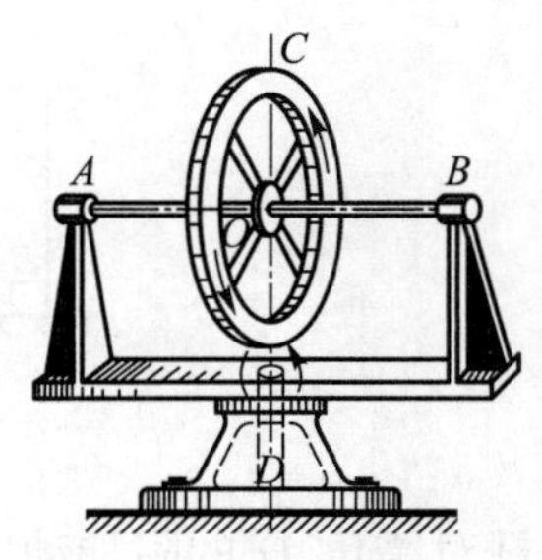

题 40.11　图

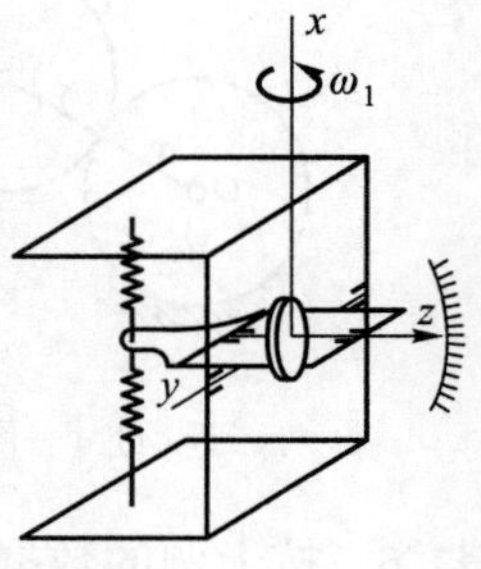

题 40.12　图

§41. 动静法

41.1　半径为 20 cm 的均质圆盘按规律 $\varphi = 3t^2$ 绕通过圆盘中心并垂直盘面的轴转动. 已知圆盘的惯性力对转轴的主矩等于 4 N·cm, 求圆盘的重量.

答　3.27 N.

41.2　均质细直杆长为 l, 质量为 M, 按规律 $\varphi = at^2$ 绕通过杆端并垂直于杆的轴转动. 求杆上质点离心惯性力的合力 J_n 和转动惯性力的合力 J_τ.

答　转动惯性力的合力 $J_\tau = Mal$, 方向与杆垂直, 作用点与转轴相距 $\dfrac{2}{3}l$. 离心惯性力的合力 $J_n = 2Ma^2lt^2$, 方向沿杆, 背离转轴.

41.3　质量为 M、半径为 r 的车轮沿直线水平轨道纯滚动. 求惯性力的主矢量以及对通过车轮质心并垂直运动平面之轴的主矩. 已知质心 C 按规律 $x_C = at^2/2$ 运动, 其中 a 为正值常量, x 轴沿轨道向前.

答　惯性力主矢量的大小等于 Ma, 方向与 x 轴平行, 但指向相反. 惯性力主矩的大小为 $\dfrac{1}{2}Mar$.

41.4　行星齿轮机构的曲柄 OC 以匀角速度 ω 转动. 动齿轮 II 质量为 M、半径为 r. 求动齿轮 II 的惯性力主矢量, 以及惯性力对通过质心 C 并垂直运动平面之轴的主矩.

答　惯性力主矢量平行于曲柄 OC, 大小等于 $2Mr\omega^2$. 惯性力主矩等于零.

41.5　细直杆 AB 长为 $2l$, 质量为 M. 杆端 A 借助于挡块 E 以匀速 $\boldsymbol{v}$ 运动, 杆未脱离墙角 D. 求杆的惯性力主矢量, 以及惯性力对通过杆质心 C 并垂直运动平面之轴的主矩, 把它们表示为角 φ 的函数.

答　$V_x^{(J)} = 3M\dfrac{v^2}{H^2}l\sin^4\varphi\cos\varphi$, $V_y^{(J)} = M\dfrac{v^2}{H^2}l(1-3\cos^2\varphi)\sin^3\varphi$, $m_{Cz}^{(J)} = -\dfrac{2}{3}Ml^2\dfrac{v^2}{H^2}\sin^3\varphi\cos\varphi$.

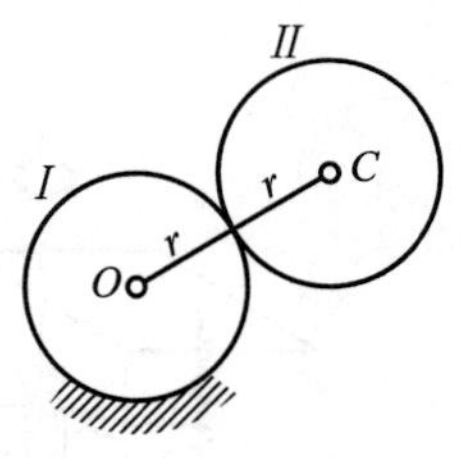

题 41.4　图

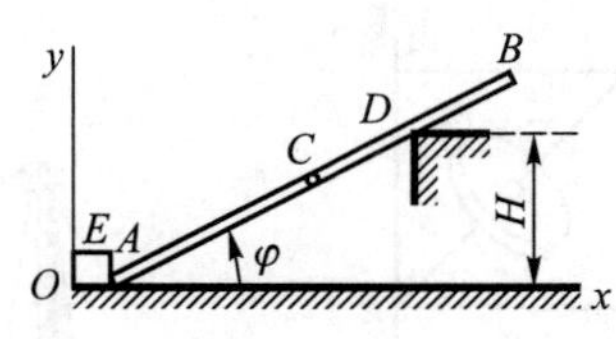

题 41.5　图

41.6　按上题的数据, 试求杆对墙角 D 的附加动压力 N_D.

答　$N_D = \dfrac{3}{8}\dfrac{v^2l^2}{H^3}M\sin^4\varphi\cos\varphi$.

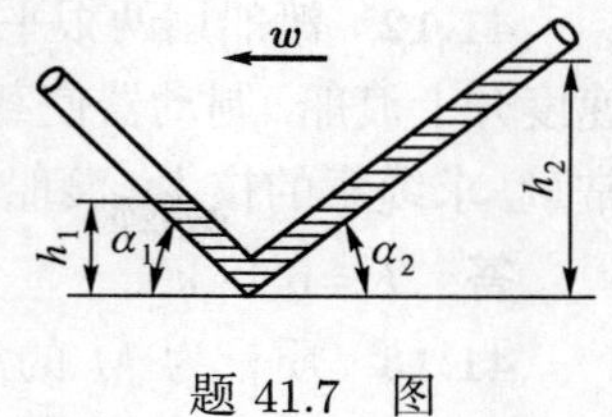

题 41.7 图

41.7 为了用实验方法测定无轨电车的加速度，采用液体加速度计，它由一个盛有油并安放在铅直平面内的弯折管子构成. 当电车制动时，安放在前进方向的一段管子内的液面上升到高度 h_2，在反向的一段管子内的液面下降到高度 h_1，加速度计的安放位置如图所示：$\alpha_1 = \alpha_2 = 45°$，且已知 $h_1 = 25$ cm, $h_2 = 75$ cm. 求电车制动时加速度大小.

答 $w = g\dfrac{(h_2 - h_1)\tan\alpha_1\tan\alpha_2}{h_1\tan\alpha_2 + h_2\tan\alpha_1} = 0.5\,g.$

41.8 三棱柱的斜面的倾角为 α. 为使放在斜面上的重物相对于斜面保持不动，求三棱柱沿水平面运动的加速度.

答 $w = g\tan\alpha.$

41.9 为了研究迅速交变的拉伸和压缩对金属条的影响 (疲劳试验)，试件 A 的上端被夹持在曲柄连杆机构 BCO 的滑块 B 上，下端挂有质量为 M 的重物. 当曲柄 OC 以匀角速度 ω 绕轴 O 转动时，求试件所受的拉力.

提示：将 $\sqrt{1-(r/l)^2\sin^2\varphi}$ 展成级数，含 r/l 两次幂以上的项全部舍去.

答 $Mg + Mr\omega^2\left(\cos\omega t + \dfrac{r}{l}\cos 2\omega t\right).$

41.10 转式起重机的质量为 2 t，质心位于 C 点. 小车 D 的质量为 0.5 t. 尺寸如图所示. 当起重机以 $\dfrac{1}{3}g$ 的加速度提升质量等于 3 t 的重物 E 时，求轴承 A 和轴承 B 的反力. 假定此时起重机和小车都不动.

答 $X_A = -X_B = 52.1$ kN, $Y_A = 63.9$ kN.

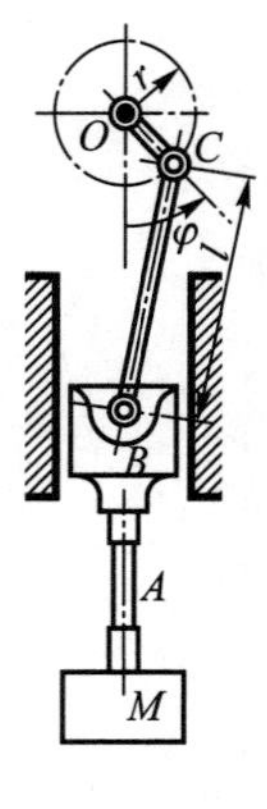

题 41.9 图

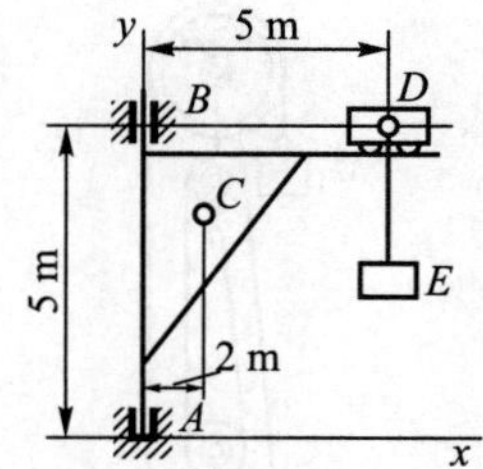

题 41.10 图

41.11 上题的起重机，当无重物 E 时，小车以加速度 0.5 g 向左运动，求轴承 A 与轴承 B 的反力. 小车的质心与支座 B 等高.

答 X_A =12.8 kN, $X_B = -15.2$ kN, $Y_A = 24.5$ kN.

41.12 渡船用两根平行的缆索系在岸上. 质量为 7 t 的载重汽车以 12 km/h 的速度开上渡船. 制动器使载重汽车在 3 m 的距离停住. 设车轮与渡船间的摩擦力为常量, 求缆索的拉力. 渡船的质量和加速度都不计.

答 $T=6.48$ kN.

41.13 质量为 M 的汽车以加速度 $\boldsymbol{w}$ 作直线运动. 求车前轮、后轮的铅垂压力. 已知汽车质心 C 到地面的距离为 h. 汽车的前轴和后轴到质心铅直线的距离分别为 a 和 b. 车轮的质量不计. 又问: 汽车应怎样行驶, 才能使前、后轮的压力相等?

答 $N_1=\dfrac{M(gb-wh)}{(a+b)}, N_2=\dfrac{M(ga+wh)}{(a+b)}$. 当汽车以加速度 $w=g\dfrac{a-b}{2h}$ 制动时, $N_1=N_2$.

41.14 图示为滑轮组. 质量为 M_1 的重物通过滑轮组提升质量为 M_2 的重物. 求 M_1 下降的加速度. 在什么条件下重物 M_1 匀速运动? 各滑轮和绳子的质量都可不计.

提示: 重物 M_2 的加速度等于重物 M_1 的加速度的四分之一.

答 $w=4g\dfrac{4M_1-M_2}{16M_1+M_2}$, 匀速运动的条件为 $\dfrac{M_1}{M_2}=\dfrac{1}{4}$.

41.15 质量为 M、顶角为 2α 的光滑尖劈把光滑水平台面上质量均为 M_1 的两个木块推开. 试写出尖劈和木块的运动方程, 并求尖劈对木块的压力.

答 尖劈的运动方程为

$$s=\frac{wt^2}{2}, \text{其中 } w=g\frac{M\cot\alpha}{M\cot\alpha+2M_1\tan\alpha}.$$

木块的运动方程为

$$s_1=\frac{w_1t^2}{2}, \text{其中 } w_1=w\tan\alpha.$$

压力为

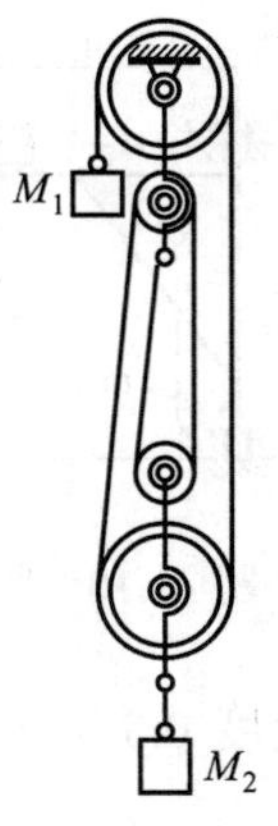

题 41.14 图

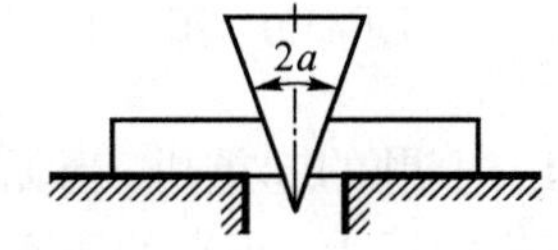

题 41.15 图

$$N=\frac{M_1w_1}{\cos\alpha}.$$

41.16　质量为 M_1 的重物 A 下降时通过一根绕过定滑轮 C 的绳子拖动质量为 M_2 的物块 B. 桌子 D 的质量为 M_3. 求桌子对地板的压力. 假设绳子不可伸长, 且质量可以不计.

答　$N=\left(M_1+M_2+M_3-\dfrac{M_1^2}{M_1+M_2}\right)g.$

41.17　质量为 M_1 的重物 A 沿三棱柱斜面下降, 斜面的倾角为 α. M_1 下降时通过一根绕在定滑轮 C 上的绳子拖动质量为 M_2 的重物 B. 求三棱柱 D 对地板上凸块 E 压力的水平分量. 假设绳子不可伸长, 且质量可以不计.

答　$N=M_1g\dfrac{M_1\sin\alpha-M_2}{M_1+M_2}\cos\alpha.$

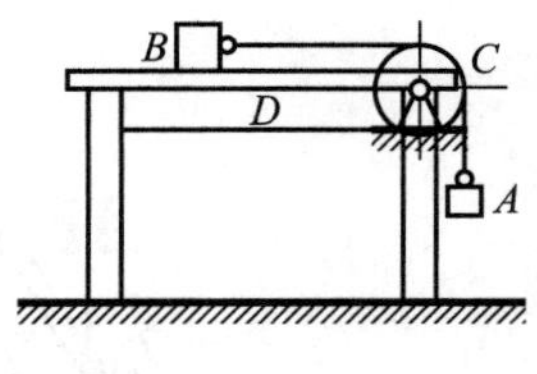

题 41.16　图

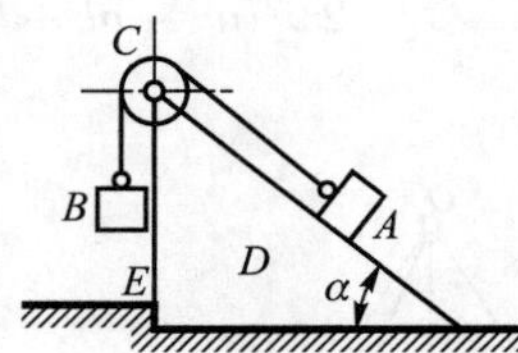

题 41.17　图

41.18　质量为 M、长为 l 的均质杆以匀角速度 ω 绕通过端点并垂直于杆的固定轴转动. 求杆上与转轴相距为 a 的横截面上的拉力.

答　$F=M(l^2-a^2)\omega^2/(2l).$

41.19　质量为 M 的均质矩形板以匀角速度 ω 绕铅直对称轴转动. 求板上通过转轴的截面所受的力. 这个力的方向垂直于转轴.

答　$Ma\omega^2/4.$

41.20　质量为 M、半径为 R 的均质圆盘以匀角速度 ω 绕铅直径转动. 求圆盘上沿此直径所受的力.

答　$2MR\omega^2/(3\pi).$

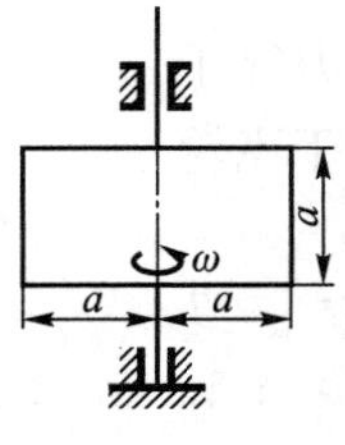

题 41.19　图

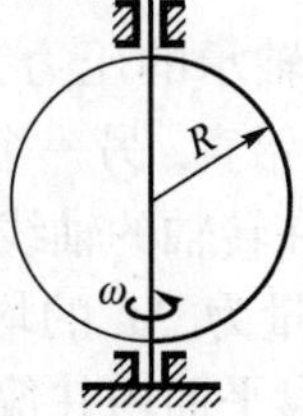

题 41.20　图

41.21　质量为 M、长为 l 的均质细杆以匀角速度 ω 绕固定点 O (为球铰链) 转动, 描出一个以 O 为顶点、以铅直线 OA 为轴的圆锥面. 试计算杆与 OA 的夹角 φ, 以及作用于铰链 O 的压力 N.

答 $\varphi = \arccos \dfrac{3g}{2l\omega^2}$, $N = \dfrac{1}{2}Ml\omega^2\sqrt{1+\dfrac{7g^2}{4l^2\omega^4}}$.

41.22 在离心转速计中, 长分别为 a 和 b 的两根均质细杆, 相互垂直固接于 O 点, 角点 O 又与铅直轴相铰链. 铅直轴以匀角速度 ω 转动, 长为 a 的杆与铅直线夹角为 φ. 求 ω 与 φ 的关系.

答 $\omega^2 = 3g\dfrac{b^2\cos\varphi - a^2\sin\varphi}{(b^3-a^3)\sin 2\varphi}$.

41.23 均质细直杆 AB 在 O 点与铅直轴铰接. 此轴以匀角速度 ω 转动. 设 $OA = a$, $OB = b$, 求杆与铅直线的夹角 φ.

答 $\cos\varphi = \dfrac{3g(a-b)}{2\omega^2(a^2-ab+b^2)}$.

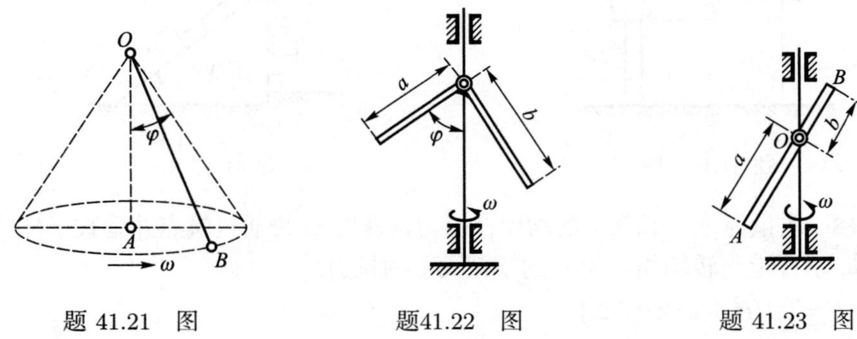

题 41.21 图　　题41.22 图　　题 41.23 图

§42. 转动刚体对转轴的压力

42.1 飞轮的质量为 3000 kg, 质心距水平轴线 1 mm. 两轴承到飞轮的距离相等. 当此飞轮每分钟作 1200 转时, 求轴承上的压力. 假设飞轮具有垂直于转轴的对称平面.

答 每个轴承的压力为两个力的合力, 其中一个力等于 14.7 kN, 方向铅直, 另一个力等于 23.6 kN, 方向平行于飞轮的几何中心 (在转轴的轴线上) 与质心的连线.

42.2 质量为 M 的均质圆盘绕固定轴以匀角速度 ω 转动, 转轴在圆盘平面内并偏离质心 C, $OC = a$. 求轴承 A 和轴承 B 上的附加动压力. 已知 $OA = OB$, x 轴和 y 轴与圆盘固连.

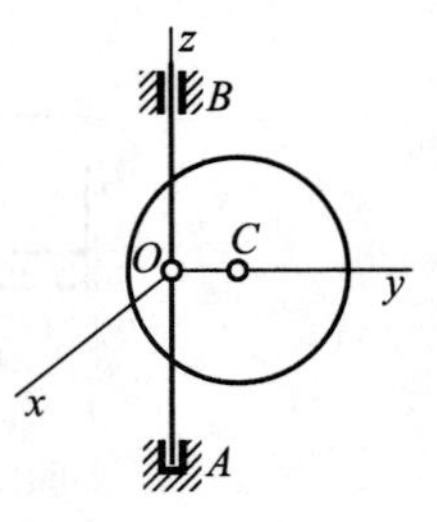

题 42.2 图

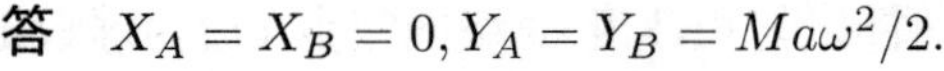

答 $X_A = X_B = 0, Y_A = Y_B = Ma\omega^2/2$.

42.3 在上题中因阻力使圆盘的角速度按规律 $\omega=\omega_0-\varepsilon_0 t$ 变化, 其中 ω_0 和 ε_0 都为正值常量. 求轴承 A 和轴承 B 上的附加动压力.

答 $X_A=X_B=-Ma\varepsilon_0/2,\ Y_A=Y_B=Ma\omega_0^2/2.$

42.4 铅直轴 AB 以匀角加速度 ε 转动, 相互垂直的两根杆 OC 和 OD, 垂直固定于 AB. 这两根杆的另一端又分别固连重物 C 和 D. $OC=OD=r$. 求轴 AB 对轴承 A 和轴承 B 的附加动压力. 重物 C 和 D 都可看成质量为 M 的质点, 杆的质量不计. 在初始瞬时系统静止. x 轴和 y 轴固连于两杆.

答 $X_A=X_B=\dfrac{M}{2}r\varepsilon(\varepsilon t^2+1),\quad Y_A=Y_B=\dfrac{M}{2}r\varepsilon(\varepsilon t^2-1).$

42.5 杆 AB 长为 $2l$, 两端各有一个质量为 M 的重物. 杆以匀角速度 ω 绕通过杆中点 O 的铅直轴 Oz 转动. 点 O 到轴承 C 的距离为 a, 到轴承 D 的距离为 b. 杆 AB 与轴 Oz 间的夹角 α 保持大小不变. 不计杆的质量和重物的尺寸, 当杆处于平面 Oyz 内时, 求轴承 C 和轴承 D 上的压力.

答 $X_C=X_D=0,\ Y_C=-Y_D=\dfrac{Ml^2\omega^2\sin 2\alpha}{a+b},\quad Z_D=-2Mg.$

42.6 在轴 AB 的两端装有相同的曲柄 AC 和 BD, 长均为 l, 质量都为 M_1, 两者夹角为 180°. 轴 AB 长为 $2a$, 质量为 M_2. 轴 AB 安装在相距为 $2b$ 的两个对称轴承 E, F 中, 并以匀角速度 ω 转动. 当曲柄 AC 铅直向上时, 求两轴承上的压力 $\boldsymbol{N}_E$ 与 $\boldsymbol{N}_F$. 曲柄的质量都可认为沿长度均匀分布.

答 压力 $N_E=\dfrac{1}{2}M_2g+M_1g-\dfrac{M_1al\omega^2}{2b}$, 方向在 $N_E>0$ 时铅直向下, 当 $N_E<0$ 时铅直向上.

压力 $N_F=\dfrac{1}{2}M_2g+M_1g+\dfrac{M_1al\omega^2}{2b}$, 方向铅直向上.

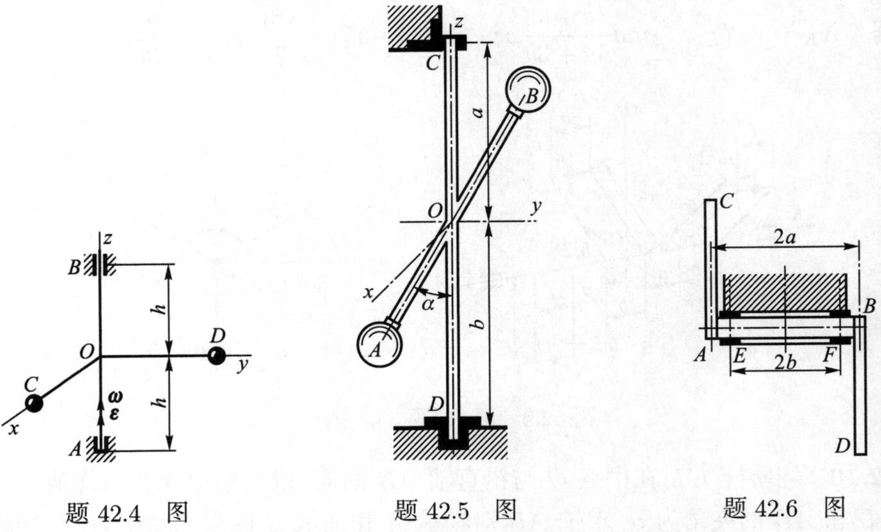

题 42.4 图　　题 42.5 图　　题 42.6 图

42.7 水平轴 AB 垂直固连两杆, 这两杆相互垂直, 长度都为 l, 在杆端分别装

有质量为 m 的球 D 和 E. 水平轴 AB 以匀角速度 ω 转动, 求水平轴 AB 对轴承 A 和 B 的附加动压力. 两球可认为是质点, 两杆的质量不计.

答　$N_A = N_B = \dfrac{\sqrt{5}}{3} ml\omega^2$.

42.8　铅垂轴 AB 上固连着两根杆 OE 和 OD, 杆 OE 与铅垂轴夹角为 φ, 杆 OD 垂直于 AB 和 OE 所在的平面. 已知 $OE = OD = l, AB = 2a$. 在两杆的末端分别装有质量都为 m 的球 E 和 D. AB 轴以匀角速度 ω 转动, 求 AB 轴对轴承 A 和 B 的附加动压力. 两球可认为是质点, 两杆的质量不计.

答　$X_A = X_B = \dfrac{ml\omega^2}{2}$,　$Y_A = \dfrac{ml\omega^2(a - l\cos\varphi)\sin\varphi}{2a}$,

$$Y_B = \frac{ml\omega^2(a + l\cos\varphi)\sin\varphi}{2a}.$$

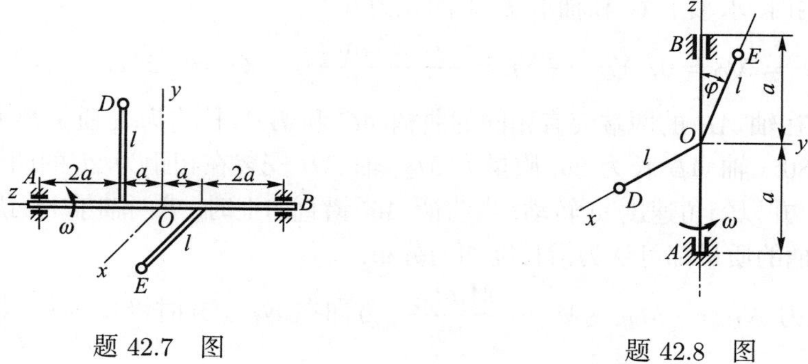

题 42.7　图　　　　题 42.8　图

42.9　利用题 34.1 的条件, 求曲轴在轴承 K 和 L 上的附加动压力. 已知曲轴以匀角速度 ω 转动, 解题时可利用题 34.1 和 34.23 的结果.

答　$X_K = -X_L = \dfrac{3}{2} md \dfrac{a+b}{4a+3b}\omega^2$,　$Y_K = -Y_L = \dfrac{\sqrt{3}}{2} md \dfrac{a+b}{4a+3b}\omega^2$.

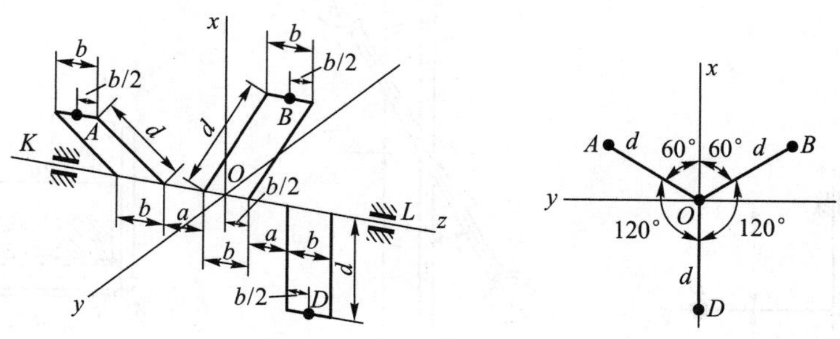

题 42.9　图 (同题 34.1 图)

42.10　均质杆 KL 在中点 O 与铅直轴 AB 固连, 以匀角加速度 ε 绕轴 AB 转动. KL 和 AB 的夹角为 α, 求轴 AB 对轴承 A 和轴承 B 的附加动压力. 已知杆的质量为 M, 长度为 $2l$, 又 $OA = OB = h/2, OK = OL = l$. 在初始瞬时系统静止.

答 $X_B = -X_A = \dfrac{Ml^2}{6h}\varepsilon\sin 2\alpha,\quad Y_B = -Y_A = \dfrac{Ml^2}{6h}\varepsilon^2 t^2 \sin 2\alpha.$

42.11 均质矩形板 $OABD$ 的质量为 M, 边长为 a 和 b, OA 边固连于轴 OE, 以匀角速度 ω 转动. 两个轴承之间距离为 $OE = 2a$, 求轴承 O 和 E 上附加动压力的侧向分量.

答 $N_{Ox} = N_{Ex} = 0,\ N_{Oy} = \dfrac{3}{8}Mb\omega^2,\ N_{Ey} = \dfrac{1}{8}Mb\omega^2.$

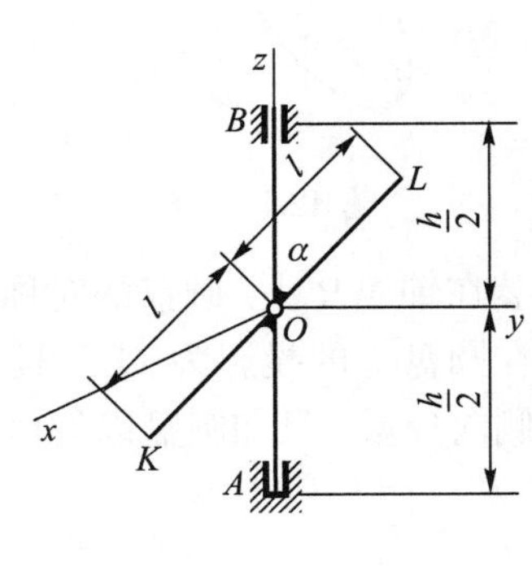

题 42.10 图

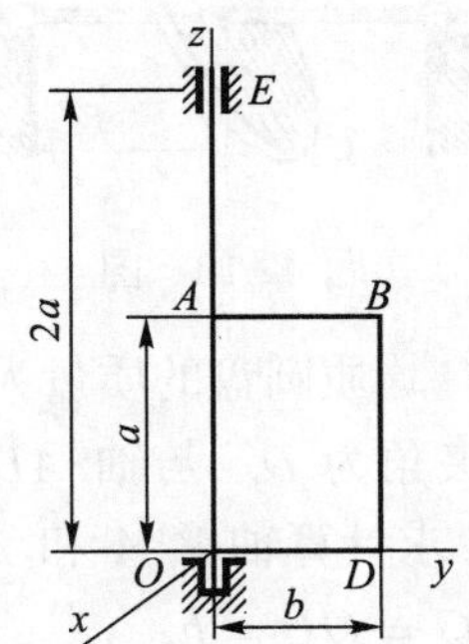

题 42.11 图

42.12 均质正圆柱的质量为 M, 长度为 $2l$, 半径为 r. 圆柱的轴线 $O\xi$ 与通过质心的转轴 Oz 保持不变的夹角 α. 轴承之间的距离 $H_1H_2 = h$. 圆柱以匀角速度 ω 绕轴 Oz 转动, 求轴承上的压力 $\boldsymbol{N}_1$ 和 $\boldsymbol{N}_2$ 的侧向分量.

答 $\boldsymbol{N}_1$ 和 $\boldsymbol{N}_2$ 侧向分量大小都是

$$M\frac{\omega^2 \sin 2\alpha}{2h}\left(\frac{1}{3}l^2 - \frac{1}{4}r^2\right),$$

方向相反.

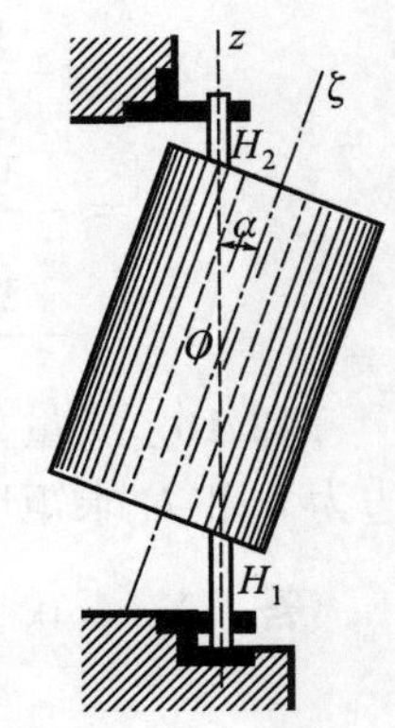

题 42.12 图

42.13 蒸汽涡轮的均质薄盘 CD 绕轴 AB 转动, 求轴承 A 和 B 上的压力. 假定 AB 轴通过圆盘的中心 O, 但因轴套钻孔不正, 与圆盘平面的垂线夹角 $\angle AOE = \alpha = 0.02$ rad. 已知: 圆盘的质量等于 3.27 kg, 半径等于 20 cm, 角速度 30000 r/min, $AO = 50$ cm, $OB = 30$ cm, 轴 AB 可认为绝对刚硬, 可认为 $\sin 2\alpha = 2\alpha$.

答 由圆盘重量产生的压力: 在轴承 A 上为 12.1 N, 在轴承 B 上为 20.0 N. 由圆盘转动产生的压力大小在两轴承上都为 8.06 kN, 但方向相反.

42.14 蒸汽涡轮圆盘的安装不精确, 结果使盘面的垂线与 AB 轴的夹角为 α, 圆盘的质心 C 也不在轴上, 偏心距 $OC = a$. 已知圆盘的质量为 M, 半径为 R, 并且 $AO = OB = h$. 圆盘的角速度恒等于 ω. 求轴承 A 和 B 上附加动压力的侧向分量.

提示: 利用题 34.27 的答案.

答 $Y_A = Y_B = 0,\ X_A = -\dfrac{M}{2}\left[\left(\dfrac{R^2}{4}+a^2\right)\dfrac{\sin 2\alpha}{2h}+a\cos\alpha\right]\omega^2,$

$X_B = \dfrac{M}{2}\left[\left(\dfrac{R^2}{4}+a^2\right)\dfrac{\sin 2\alpha}{2h}-a\cos\alpha\right]\omega^2.$

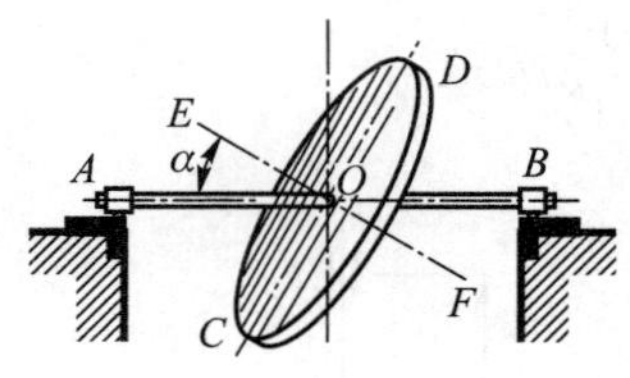

题 42.13 图

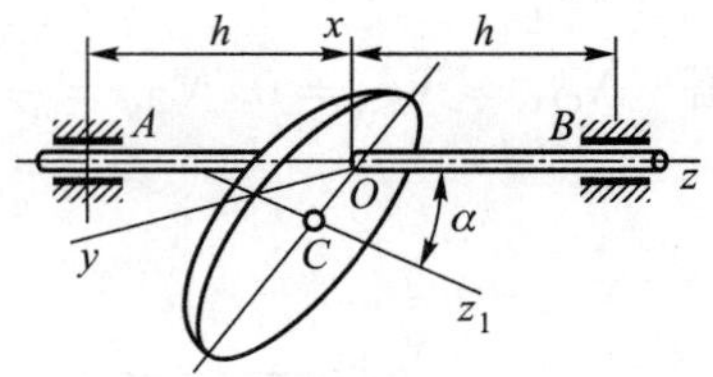

题 42.14 图

42.15 均质圆盘的质量为 M, 半径为 R, 安装在轴 AB 上. 圆盘的对称轴 Cz_1 与轴 AB 夹角为 α. 与轴 AB 重合的轴线 Oz 在圆盘上的投影为 OL, 且 $OE = a, OK = b$. 求计算轴承 A 和 B 上附加动压力的侧向分量. 已知圆盘以匀角速度 ω 转动, 且 $AO = OB = h$.

提示: 利用题 34.28 的解答.

答 $X_A = -\dfrac{1}{2}Ma\omega^2\cos\alpha - \dfrac{M}{4h}\left(\dfrac{1}{4}R^2+a^2\right)\omega^2\sin 2\alpha,$

$X_B = -\dfrac{1}{2}Ma\omega^2\cos\alpha + \dfrac{M}{4h}\left(\dfrac{1}{4}R^2+a^2\right)\omega^2\sin 2\alpha,$

$Y_A = -\dfrac{Mb}{2}\left(1+\dfrac{a}{h}\sin\alpha\right)\omega^2,$

$Y_B = -\dfrac{Mb}{2}\left(1-\dfrac{a}{h}\sin\alpha\right)\omega^2.$

42.16 质量为 M 的均质矩形板以匀角速度 ω 绕对角线 AB 转动. 已知矩形的边为 a 和 b, 求矩形板对轴承 A 和 B 的附加动压力.

答 $X_A = 0,\ Y_A = \dfrac{-Mab\omega^2(a^2-b^2)}{12(a^2+b^2)^{3/2}},\ X_B = 0,\ Y_B = \dfrac{Mab\omega^2(a^2-b^2)}{12(a^2+b^2)^{3/2}}.$

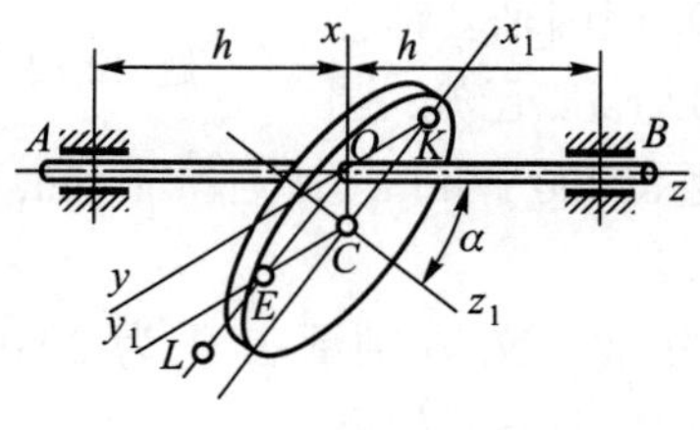

题 42.15 图

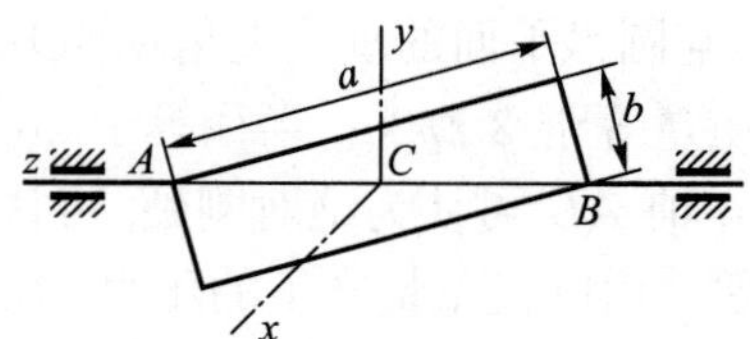

题 42.16 图

42.17 等腰直角三角形 ABD 为均质板, 直角边 $AB = a$. 板以角速度 ω 绕 AB 转动, 两轴承间的距离等于直角边 AB. 已知轴承 B 上的侧向压力为零, 求板的角速度 ω.

答　$\omega = 2\sqrt{g/a}$.

42.18　起重机的转动部分包含质量为 M_1、长度为 L 的悬臂梁, 以及质量均为 M_2 的配重 E 和重物 K. 在施加制动力矩之前, 起重机以角速度 1.5 r/min 转动, 施加制动力矩后经过 2 s 起重机停止转动.

把悬臂梁看成均质细杆, 配重与重物看成质点, 求制动结束时起重机轴承 A 和 B 上的附加动反力. 已知起重机两轴承间的距离为 $AB = 3$ m, 又 $M_2 = 5$ t, $M_1 = 8$ t, $\alpha = 45^\circ$, $L = 30$ m, $l = 10$ m. 整个系统的质心位于转轴上, 重物相对起重机平面的偏离量忽略不计. x 轴和 y 轴固连于起重机. 悬臂梁 CD 在平面 yz 内.

提示: 利用题 34.31 的解答, 其中令 $M_2 = M_3$.

答　$Y_A = -Y_B = 0$, $X_B = -X_A \approx 60.8$ kN.

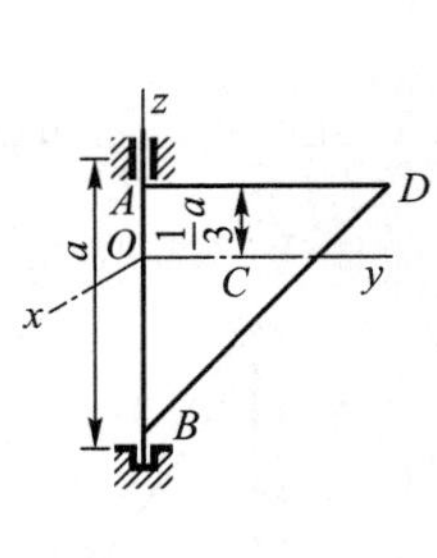

题 42.17　图

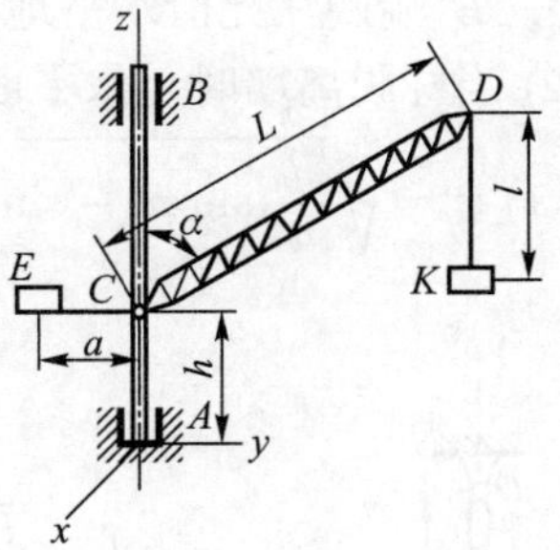

题 42.18　图 (同题 34.31 图)

§43. 综合题

43.1　均质杆长 $2l$, 当两端固定时杆处于水平位置. 在某瞬时释放 A 端, 杆开始绕通过 B 端的水平轴转动落下. 当杆转动到铅垂位置的瞬时释放 B 端. 求此后杆质心的运动轨迹以及杆的角速度 ω.

答　1) 杆的运动轨迹为抛物线 $y^2 = 3lx - 3l^2$. 2) $\omega = \sqrt{3g/(2l)}$.

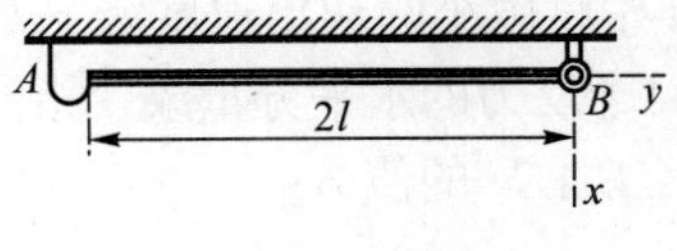

题 43.1　图

43.2　长为 l 的均质杆悬挂在水平轴 O 上, 杆在铅垂位置具有初始角速度 $\omega_0 = 3\sqrt{g/l}$, 在转过半圈后从轴 O 上脱落. 求此后杆质心的运动轨迹以及杆的角速度 ω.

答　1) 轨迹为抛物线 $y_C = \dfrac{l}{2} - \dfrac{2}{3l}x_C^2$. 2) $\omega = \sqrt{3g/l}$.

43.3　两个均质圆柱 A 和 B 的质量分别为 M_1 和 M_2, 半径分别为 r_1 和 r_2. 圆柱上缠有两条软线, 缠在圆柱上的线圈对称分布于圆柱正中横截面的两侧, 两圆柱的轴都水平, 圆柱的母线都垂直于解开的软线. 圆柱 A 的轴不动, 圆柱 B 在重力作用下从静止开始下落.

求运动开始后的 t 瞬时: 1) 两圆柱的角速度 ω_1 和 ω_2, 2) 圆柱 B 质心所走过的路程, 3) 软线的拉力. 假定此瞬时两圆柱上还有线缠着.

答　1) $\omega_1 = \dfrac{2gM_2}{r_1(3M_1+2M_2)}t$,　$\omega_2 = \dfrac{2gM_1}{r_2(3M_1+2M_2)}t$. 2) $s = \dfrac{g(M_1+M_2)}{3M_1+2M_2}t^2$. 3) $T = \dfrac{M_1M_2g}{3M_1+2M_2}$.

43.4　均质杆 AB 长为 a, 在铅直平面内与水平面成 φ_0 角, 以 A 端靠在光滑的铅直墙上, B 端搁在光滑水平地板上. 杆由静止开始倒下. 求: 1) 杆的角速度和角加速度, 2) 当杆脱离墙时与水平面夹角 φ_1.

答　1) $\dot{\varphi} = \sqrt{\dfrac{3g}{a}(\sin\varphi_0 - \sin\varphi)}$,　$\ddot{\varphi} = -\dfrac{3g}{2a}\cos\varphi$.　2) $\sin\varphi_1 = \dfrac{2}{3}\sin\varphi_0$.

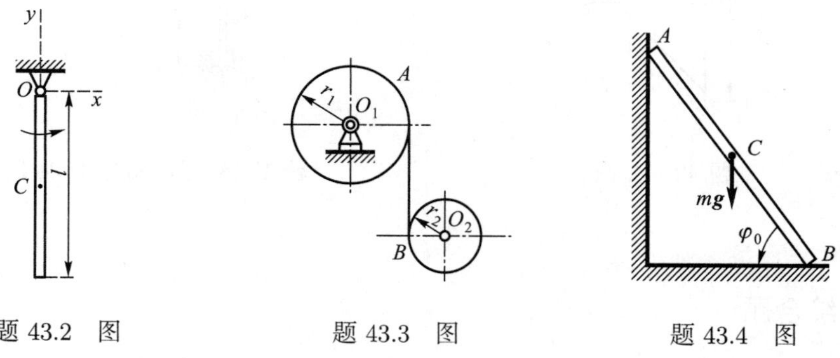

题 43.2　图　　　题 43.3　图　　　题 43.4　图

43.5　试利用上题的条件, 求杆落到地板时的角速度 $\dot{\varphi}$ 及其下端 B 的速度.

答　$\dot{\varphi} = \sqrt{\dfrac{3g}{a}\left(1 - \dfrac{1}{9}\sin^2\varphi_0\right)\sin\varphi_0}$,　$v_B = \dfrac{1}{3}\sin\varphi_0\sqrt{ga\sin\varphi_0}$.

43.6　均质矩形薄板 $ABCD$ 靠在铅垂墙上, 同时用两个无头钉子 E 和 F 支撑, $AD = FE$. 在某瞬时薄板开始以微小的初角速度绕 AD 转动倒下. 排除薄板沿钉子滑动的可能性, 求: 1) 在钉子反力的水平分量改变指向的瞬时, $\angle BAB_1$ 的值 α_1, 2) 在薄板脱离钉子的瞬时, $\angle BAB_1$ 的值 α_2.

答　1) $\alpha_1 = \arccos\dfrac{2}{3} = 48°11'$.　2) $\alpha_2 = \arccos\dfrac{1}{3} = 70°32'$.

43.7　两个圆盘分别以角速度 ω_1 和 ω_2 绕同一轴转动, 两圆盘对此轴的转动惯量分别为 J_1 和 J_2. 将这两圆盘突然用摩擦离合器连接起来, 求动能损失. 离合器的质量忽略不计.

答　$\Delta T = \dfrac{1}{2}\dfrac{J_1J_2}{J_1+J_2}(\omega_1-\omega_2)^2$.

43.8 物体 A 以角速度 ω_A 绕轴 OO' 自由转动. 在物体内的轴 O_1O_1' 上装有一个转子 B, 它朝同一方向以相对角速度 ω_B 转动. OO' 与 O_1O_1' 共线. 物体 A 和转子 B 对转轴的转动惯量分别为 J_A 和 J_B. 安装在物体 A 上的电动机给转子 B 加速, 当转子 B 达到一定的角速度, 就可以使物体 A 停下来. 不计损失, 求转子 B 加速过程中电动机所做的功.

答 $A = \dfrac{1}{2}J_A\left[\omega_A^2\left(1+\dfrac{J_A}{J_B}\right)+2\omega_A\omega_B\right]$.

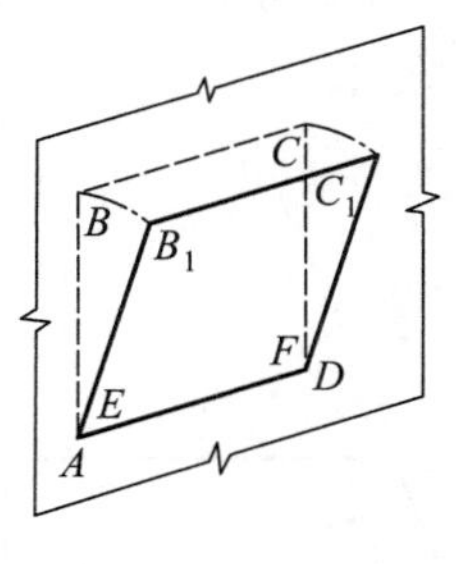

题 43.6　图

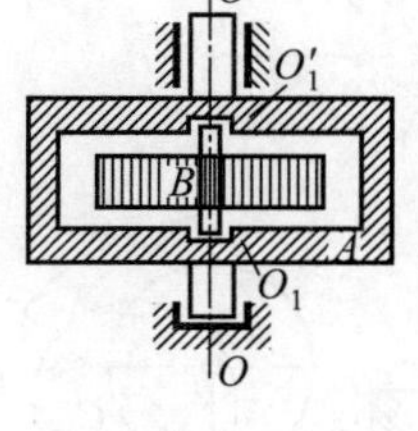

题 43.8　图

43.9 滑轮绕水平轴 O 以角速度 ω_0 自由转动, 两端悬挂重物的皮带跨在滑轮上. 滑轮为均质圆盘, 质量为 m, 半径为 r. 重物的质量均为 $M = 2m$. 假定重物的初始速度为零, 在皮带与滑轮之间的相对滑动消除后, 求两重物运动的速度. 又求皮带与滑轮之间摩擦力的功 A_f.

答 $v = \dfrac{1}{9}\omega_0 r$, $A_f = \dfrac{2}{9}m\omega_0^2 r^2$.

43.10 质量为 M 的刚体绕垂直于图面的水平轴 O 摆动. 从悬挂轴到质心 C 的距离为 a, 刚体对通过质心并垂直于图面之轴的回转半径为 ρ. 在初始瞬时, 刚体偏离平衡位置的角度为 φ_0, 并无初速释放. 求 O 轴反力的两个分量: 沿着悬点 O 与刚体质心连线的 $\boldsymbol{R}$, 垂直于此连线的 $\boldsymbol{N}$. 把这些力表示成刚体与铅垂线夹角 φ 的函数.

答 $R = Mg\cos\varphi + \dfrac{2Mga^2}{\rho^2+a^2}(\cos\varphi-\cos\varphi_0)$,　$N = Mg\dfrac{\rho^2}{\rho^2+a^2}\sin\varphi$.

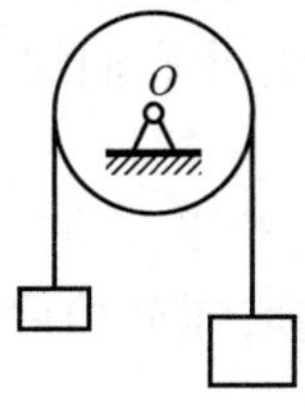

题 43.9　图

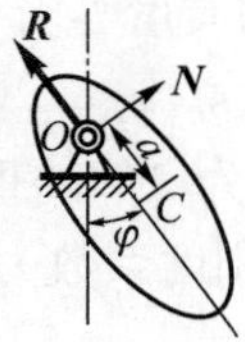

题 43.10　图

43.11 均质圆柱以极小的初速度从水平台阶 AB 上无滑动地滚下, 台阶边缘

B 与圆柱的母线平行. 圆柱的半径为 r. 在圆柱脱离台阶的瞬时, 通过圆柱轴线与台阶边缘 B 的平面偏离铅垂线 $\angle CBC_1 = \alpha$. 求圆柱脱离台阶时的角速度以及角度 α. 滚动摩阻和空气阻力都忽略不计.

答 $\omega = 2\sqrt{\dfrac{g}{7r}}$, $\alpha = \arccos\dfrac{4}{7} = 55.1°$.

43.12 磨冰车沿水平溜冰场作直线运动. 质心 C 的位置如图. 在关掉电动机的瞬时磨冰车具有速度 $\boldsymbol{v}$. 求磨冰车停止前所走过的路程. 已知磨冰车的轮子与冰面之间的滚动摩阻系数为 δ, 磨冰刀 A 与冰面之间的滑动摩擦系数为 f. 半径为 r 的车轮在冰上作纯滚动, 质量忽略不计.

答 $s = \dfrac{v^2}{2g}\dfrac{3r}{2fr+\delta}$.

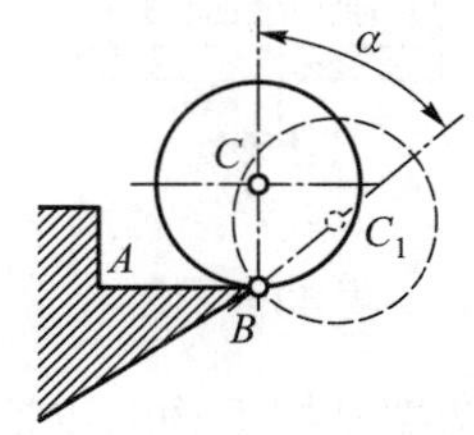

题 43.11 图

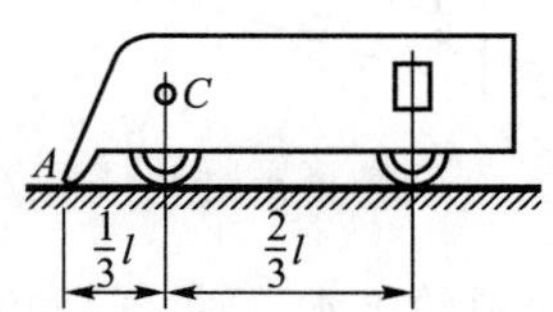

题 43.12 图 (同题 38.12 图)

43.13 圆柱可绕铅垂轴自由转动. 在圆柱的侧面上刻有光滑螺旋槽, 升角为 α. 在初始瞬时圆柱静止, 在螺旋槽内有一个小球无初速度降落, 使圆柱转动起来. 已知: 圆柱的质量为 M, 半径为 R, 小球的质量为 m, 小球到转轴的距离为 R, 圆柱的转动惯量为 $\dfrac{1}{2}MR^2$. 当小球降落了高度 h 时, 求圆柱的角速度 ω.

答 $\omega = \dfrac{2m\cos\alpha}{R}\sqrt{\dfrac{2gh}{(M+2m)(M+2m\sin^2\alpha)}}$.

§44. 碰撞

44.1 打桩锤 A 自高度 4.905 m 落下, 打到安装在弹簧上的砧块上. 锤的质量等于 10 kg, 砧的质量等于 5 kg. 在碰撞后锤和砧一起运动, 求它们的速度.

答 6.54 m/s.

44.2 质量为 M_1 的重物 A 自高度 h 无初速地落下, 打击在质量为 M_2 的平板上, 平板安装在刚度系数为 c 的弹簧上. 设恢复系数等于零, 求碰撞后弹簧被压缩的长度 s.

答 $s = \dfrac{M_1 g}{c} + \sqrt{\dfrac{M_1^2 g^2}{c^2} + 2gh\dfrac{M_1^2}{c(M_1+M_2)}}$.

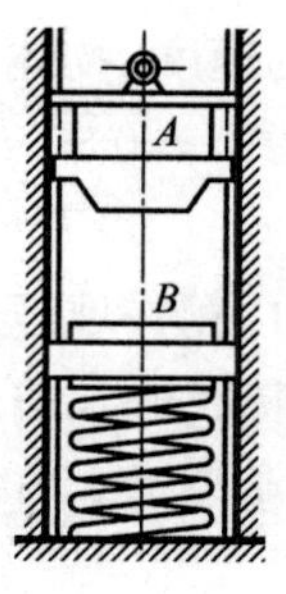

题 44.1　图

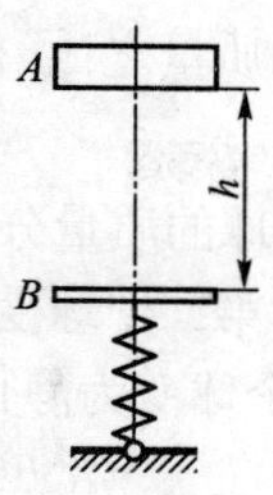

题 44.2　图

44.3　在实验测定恢复系数的仪器中, 由待测材料制成的小球在铅直玻璃管内从高度 $h_1 = 50$ cm 无初速地落下, 打到由同一材料制成的水平固定板上. 设小球在碰撞后回跳的高度为 $h_2 = 45$ cm, 求恢复系数.

答　$k = \sqrt{h_2/h_1} = 0.95$.

44.4　一个弹性球自高度 h 沿铅垂线落到水平板上, 球从板跳起, 又重新落下, 这样持续下去. 设碰撞的恢复系数等于 k, 求小球在停止前走过的路程.

答　$s = \dfrac{1+k^2}{1-k^2}h$.

44.5　两物体的质量分别为 m_1 和 m_2, 恢复系数为 k, 沿着同一方向作平动. 它们在对心正碰撞后, 追赶的物体 m_1 停了下来, 被追赶的物体 m_2 获得了给定的速度 u_2. 求这两物体的碰撞前的速度 v_1 和 v_2.

答　$v_1 = \dfrac{1+k}{k}\dfrac{m_2}{m_1+m_2}u_2,\quad v_2 = \dfrac{m_1 - km_2}{k(m_1+m_2)}u_2$.

44.6　汽锤的质量为 12 t, 以 5 m/s 的速度落到砧块上, 砧块连同锻件的质量为 250 t. 求被锻件吸收的功 A_1, 基础振动的消耗功 A_2, 以及汽锤的效率 η. 设碰撞为纯塑性的.

答　$A_1 = 143\ \text{kN}\cdot\text{m},\ \ A_2 = 6.87\ \text{kN}\cdot\text{m},\ \ \eta = 0.95$.

44.7　当锤的质量 $m_1 = 10$ kg 时, 要用 70 次锤击才能把毛坯锻成所需的尺寸. 如果改用质量 $m_2 = 100$ kg 的锤, 求需要锤击的次数. 假设驱动机构能使 m_2 获得与 m_1 同样的速度, 砧块的质量为 $M = 200$ kg, 碰撞可以认为是纯塑性的.

答　10 次锤击.

44.8　两个相同的球以速度 v_1 和 v_2 相向运动. 设碰撞为纯弹性的, 求碰撞后两球的速度.

答　碰撞后两球的速度互换.

44.9　两个相同的弹性球 A 和 B 相向运动. A 在碰撞后停止. 求两球在碰撞前的速度之比. 设碰撞恢复系数为 k.

答　$\dfrac{v_A}{v_B} = \dfrac{1+k}{1-k}$.

44.10 物体 A 追赶物体 B, A 的速度三倍于 B 的速度. 物体 A 在碰撞后停止. 求两物体的质量之比. 假设碰撞为对心的, 恢复系数为 $k=0.8$.

答 $m_B/m_A=5$.

44.11 两球的质量分别为 m_1 和 m_2. 有两种情况: 1) 第一球静止, 两球进行对心碰撞, 碰撞后第二个球变为静止; 2) 两球以大小相等、方向相反的速度相碰, 在对心碰撞后第二个球变为静止. 求两球的质量之比. 设恢复系数等于 k.

答 1) $\dfrac{m_2}{m_1}=k$. 2) $\dfrac{m_2}{m_1}=1+2k$.

44.12 三个纯弹性球的质量分别为 m_1, m_2 和 m_3, 放在光滑槽中, 相互间保持一定的距离. 现在给第一球初速度, 撞到静止的第二球, 后者运动后又撞到静止的第三球. 欲使第三球获得最大速度, 求第二球的质量.

答 $m_2=\sqrt{m_1m_3}$.

44.13 一个质量为 m_1 的球以速度 $\boldsymbol{v}_1$ 作平动, 碰到另一个质量为 m_2 的静止球, 碰撞时第一球的速度与两球中心连线成夹角 α.

1) 设碰撞为纯塑性的, 求碰撞后第一球的速度.

2) 设碰撞为弹塑性的, 恢复系数为 k, 求碰撞后两个球的速度.

答 1) $u_1=v_1\sqrt{\sin^2\alpha+\left(\dfrac{m_1}{m_1+m_2}\right)^2\cos^2\alpha}$.

2) $u_1=v_1\sqrt{\sin^2\alpha+\left(\dfrac{m_1-km_2}{m_1+m_2}\right)^2\cos^2\alpha}$, $\quad u_2=v_1\dfrac{m_1(1+k)\cos\alpha}{m_1+m_2}$.

44.14 一个纯弹性球以速度 $\boldsymbol{v}$ 沿水平直线运动, 撞到光滑铅直平面上. 求碰撞后球的速度.

答 反射角等于入射角, 碰撞前和碰撞后的速度大小相等.

44.15 一粒钢珠以 45° 角落到水平钢板上, 与铅垂线成 60° 跳起. 求碰撞恢复系数.

答 $k=0.58$.

44.16 小球以速度 $\boldsymbol{v}$ 落到水平固定面上, 又以速度 $v_1=\dfrac{v\sqrt{2}}{2}$ 跳起. 设碰撞恢复系数为 $k=\dfrac{\sqrt{3}}{3}$, 求入射角 α 和反射角 β.

答 $\alpha=\dfrac{\pi}{6}$, $\beta=\dfrac{\pi}{4}$.

44.17 两个相同的纯弹性球作平动, 以大小相等的速度相撞. 在碰撞之前, 左侧球的速度沿着两球的中心连线并且指向右方, 右侧球的速度与中心连线成 α 角 (见图). 求碰撞后这两球的速度.

答 $u_{1n}=-v\cos\alpha$, $u_{1\tau}=0, u_{2n}=v$, $u_{2\tau}=v\sin\alpha$. n 轴沿着中心连线向右, τ 轴向上.

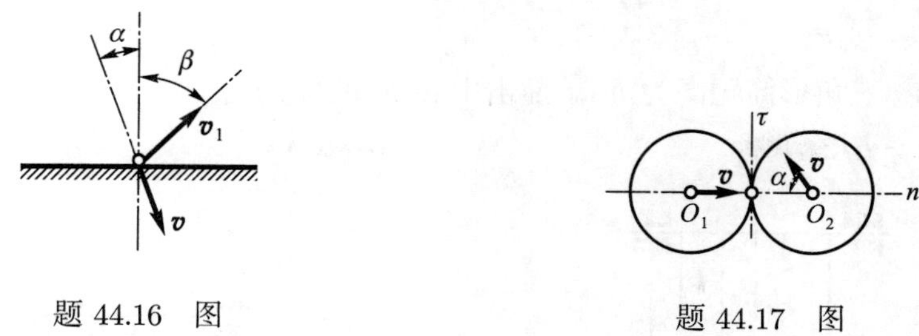

题 44.16　图　　题 44.17　图

44.18　三个相同的球 M_1, M_2, M_3 的半径都为 R, 中心距离 $C_1C_2 = a$. 第三球的中心 C_3 处在 C_1C_2 的垂线 AB 上. 现使第三球获得沿 AB 方向的速度. 欲使第三球在碰到球 M_2 后再与球 M_1 作对心碰撞, 求直线 AB 的位置. 设三个球都为纯弹性的, 并且都作平动.

答　直线 AB 到 C_2 的距离为 $BC_2 = \dfrac{4R^2}{a}$.

44.19　为使房屋基础的土壤紧固, 用打桩机打入质量为 50 kg 的柱桩. 打桩机的锤头质量为 $M_1 = 450$ kg, 由高度 $h = 2$ m 处无初速落下. 在最后十次锤击中, 桩柱陷入 $\delta = 5$ cm. 求桩柱陷入时土壤的平均阻力. 设碰撞为纯塑性的.

答　$S = 159$ kN.

44.20　质量分别为 m_1 和 m_2 的两球用长为 l_1 和 l_2 的两根绳子平行挂起, 两球的中心处于同一高度. 把第一球拉到与铅垂线夹角为 α_1 处, 然后无初速释放. 设恢复系为 k, 求第二球的最大偏角 α_2.

答　$\sin\dfrac{\alpha_2}{2} = \dfrac{m_1(1+k)}{m_1+m_2}\sqrt{\dfrac{l_1}{l_2}}\sin\dfrac{\alpha_1}{2}$.

44.21　半径为 10 cm、厚度为 5 cm 的钢质圆盘 A 与直径为 2 cm、长度为 90 cm 的钢质圆杆 B 构成撞击机的摆. 使轴 O 不感受碰撞, 求撞击试件 C 安放位置到转轴 O 的距离 l. 碰撞冲量在图面内且为水平的.

答　$l = 97.5$ cm.

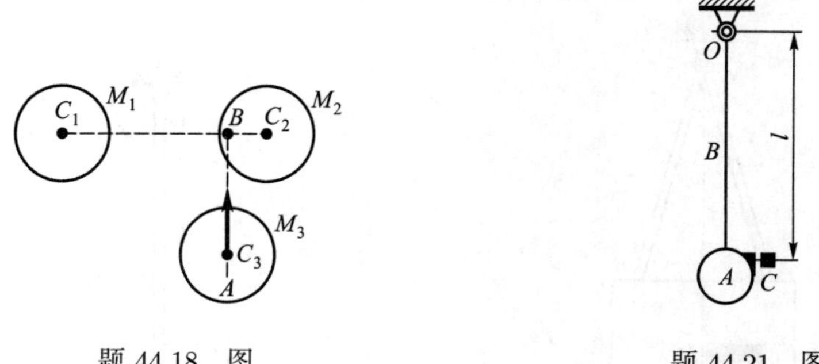

题 44.18　图　　题 44.21　图

44.22　长方形箭靶高为 h, 求撞击中心 K 的位置.

答　$s = 2h/3$.

44.23　三角形箭靶高为 h, 求撞击中心 K 的位置.

答　$s = h/2$.

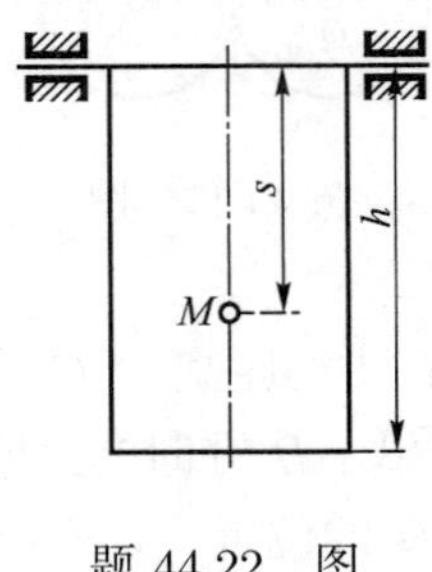

题 44.22　图

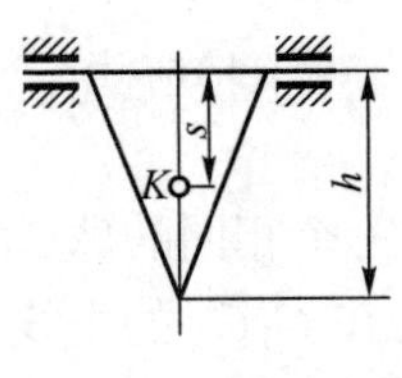

题 44.23　图

44.24　两个皮带轮在同一平面内分别以角速度 ω_{10} 和 ω_{20} 绕自身轴转动. 现用一条皮带套在两轮上, 试求此后两轮的角速度 ω_1 和 ω_2. 皮带轮可看成半径分别为 R_1 和 R_2 的密度相同的均质圆盘, 皮带的质量以及滑动都不计.

答　$\omega_1 = \dfrac{R_1^3\omega_{10} + R_2^3\omega_{20}}{R_1(R_1^2 + R_2^2)}, \quad \omega_2 = \dfrac{R_1^3\omega_{10} + R_2^3\omega_{20}}{R_2(R_1^2 + R_2^2)}$.

44.25　测定子弹速度用的冲击摆由一个悬挂在水平轴 O 的筒 AB 构成. 筒的一端 A 开放, 筒内填满沙土. 飞射入筒的子弹推动这个摆绕 O 轴转过 α 角. 已知摆的质量为 M, 且质心到 O 轴的距离为 $OC = h$, 摆对 O 轴的回转半径为 ρ, 枪弹的质量为 m, 碰撞冲量的作用线到 O 轴的距离为 $OD = a$. 假设摆轴 O 不感受碰撞, 即满足 $ah = \rho^2$, 求子弹的速度.

答　$v = \dfrac{2(Mh + ma)}{m}\sqrt{\dfrac{g}{a}}\sin\dfrac{\alpha}{2}$.

44.26　质量为 M 、长度为 l 的均质杆, 杆的上端为柱铰链 O, 从水平位置无初速落下. 杆在铅垂位置撞到了质量为 m 的重物, 使重物沿着粗糙的水平滑动. 设滑动摩擦系数为 f, 碰撞为纯塑性的, 求重物滑行的路程.

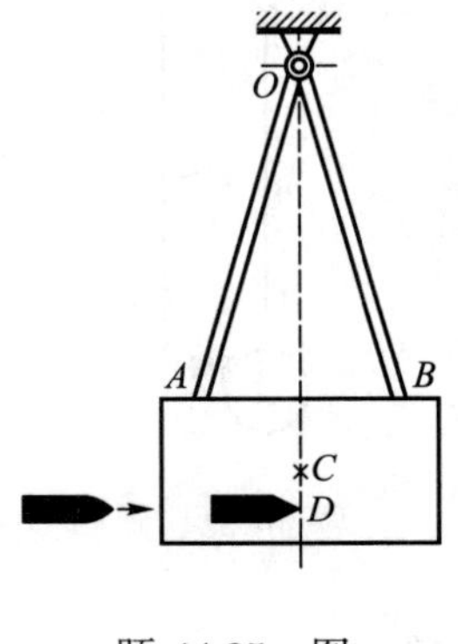

题 44.25　图

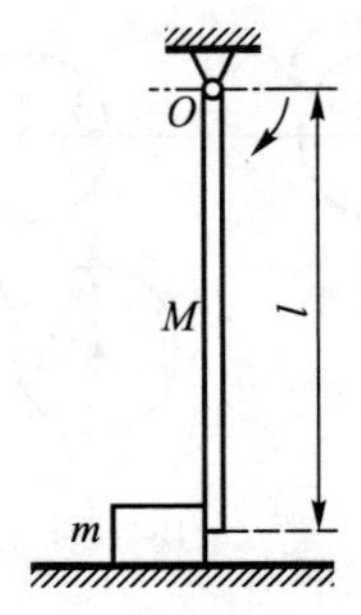

题 44.26　图

答 $s=\dfrac{3l}{2f}\dfrac{M^2}{(M+3m)^2}$.

44.27 具有正方形底面的均质棱柱体竖立在水平面上, 可绕水平面内的棱 AB 转动. 柱体底面边长为 a, 柱高为 $3a$, 质量为 $3m$. 质量为 m 的小球以水平速度 $\boldsymbol{v}$ 打在棱柱侧面中心点 C. C 点所在的侧面与棱 AB 相对, 碰撞为纯塑性的, 小球可看作质点, 碰撞后停留在 C 点. 求能使柱体倾翻的最小速度 v.

答 $v=\dfrac{1}{3}\sqrt{53ga}$.

44.28 平板车以速度 $\boldsymbol{v}$ 携带棱柱体 AB 沿水平路轨运动. 车板上的凸起物抵住棱 B, 防止棱柱沿车板向前滑动, 但不能阻止它绕着棱 B 翻转. 已知重物质心高出车板的距离为 h, 棱柱对棱 B 的回转半径为 ρ. 当平板车突然停下时, 求棱柱翻转的角速度 ω.

答 $\omega=\dfrac{hv}{\rho^2}$.

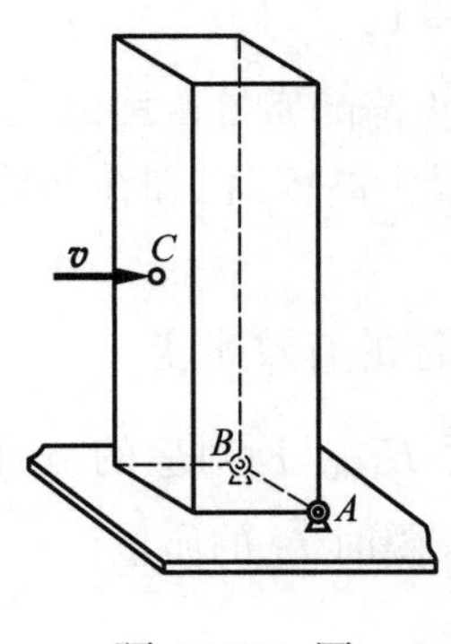

题 44.27 图

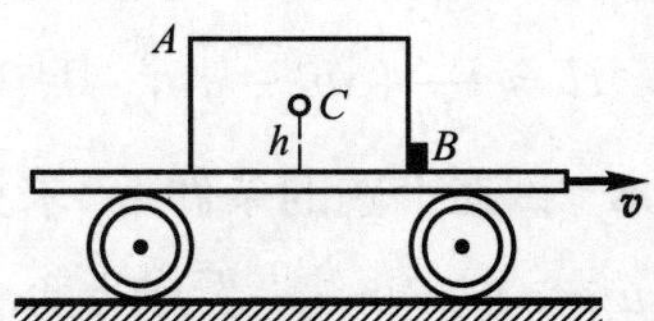

题 44.28 图

44.29 设在上题的条件下, 平板车上是均质长方体, 沿车板的棱长为 4 m, 高度为 3 m, 求能使长方体翻转的速度 v.

答 v =30.7 m/s.

§45. 变质量质点与变质量系统动力学

45.1 试写出变质量单摆在阻尼介质中的运动微分方程, 摆的质量按给定规律 $m=m(t)$ 变化, 质量分离时相对速度等于零. 摆线长度为 l. 摆的阻力与角速度成正比: $R=-\beta\dot{\varphi}$.

答 $\ddot{\varphi}+\dfrac{\beta}{m(t)l}\dot{\varphi}+\dfrac{g}{l}\sin\varphi=0$.

45.2 试写出火箭上升运动的微分方程. 设燃气喷射的有效速度 v_e 不变①. 火

① 反冲发动机的推力由公式 $P=-\dfrac{\mathrm{d}m}{\mathrm{d}t}v_e$ 确定, 式中 v_e 为有效喷射速度.

箭的质量按规律 $m = m_0 f(t)$(燃烧规律) 变化. 空气阻力为火箭的速度和位置的已知函数: $R(x, \dot{x})$.

答 $\ddot{x} = -g - \frac{\dot{f}(t)}{f(t)} v_e - \frac{R(x,\dot{x})}{m_0 f(t)}$.

45.3 试在 $m = m_0(1 - \alpha t)$ 和 $R = 0$ 的条件下求解上题得到的微分方程. 火箭的初速度为零. 在 $v_e = 2000$ m/s 和 $\alpha = 1/100\ \mathrm{s}^{-1}$ 条件下, 求火箭在 $t = 10$ s, 30 s, 50 s 的瞬时的高度.

答 $x(t) = \frac{v_e}{\alpha}[(1-\alpha t)\ln(1-\alpha t) + \alpha t] - \frac{1}{2} g t^2$, $x(10) = 0.54$ km, $x(30) = 5.65$ km, $x(50) = 18.4$ km.

45.4 初始质量为 m_0 的火箭在均匀重力场中以不变加速度 ng (其中 g 为地球重力加速度) 沿铅垂方向上升. 不计空气阻力, 认为燃气喷射的有效速度 v_e 不变. 试确定: 1) 火箭质量的变化规律, 2) 在无引力场情况下火箭质量的变化规律.

答 1) $m = m_0 \exp\left(-\frac{n+1}{v_e} gt\right)$. 2) $m = m_0 \exp\left(-\frac{ng}{v_e} t\right)$.

45.5 假设在题 45.2 中, 在 $t = t_0$ 的瞬时以前, 火箭的质量按规律 $m = m_0 \mathrm{e}^{-\alpha t}$ 变化. 假设在 t_0 瞬时全部燃料烧完, 求火箭上升的最大高度. 已知在初始瞬时火箭速度为零, 且在地面上, 不计空气阻力.

答 $H = \frac{\alpha v_e}{2g}(\alpha v_e - g) t_0^2$, 其中 v_e 为燃气喷出火箭的有效速度.

45.6 试在上题的条件下, 求火箭上升最大高度 $H_{\max}$ 所对应的 α 值, 并算出 $H_{\max}$ $\left(\mu = \alpha t_0 = \ln \frac{m_0}{m_1}\right.$ 看成不变, 其中 m_1 为火箭在瞬时 t_0 的质量).

答 $\alpha = \infty$ (瞬时燃烧), $H_{\max} = \mu^2 v_e^2/(2g)$.

45.7 在题 45.5 和 45.6 的条件下, 令过载系数 $k = \alpha v_e/g$, 求火箭上升的高度 H 与 $H_{\max}$ 的关系.

答 $H = H_{\max}(k-1)/k$.

45.8 火箭自月面铅直发射. 喷射的有效速度为 $v_e = 2000$ m/s. 齐奥尔可夫斯基数①为 $z = 5$. 为使火箭达到速度 $v = 3000$ m/s, 求燃料的燃烧时间. 假设在月球附近引力加速度不变, 等于 1.62 m/s^2.

答 $\approx 2\,\mathrm{min}\,4$ s.

45.9 火箭在均匀重力场中以不变加速度 w 向上运动. 不计空气阻力, 并认为燃气喷射的有效速度不变, 求火箭质量降为二分之一所需的时间 T.

答 $T = \frac{v_e \ln 2}{w + g}$.

45.10 火箭喷射燃气的有效速度 $v_e = 2.4$ km/s. 在没有引力场和没有大气情况下, 为使火箭获得 9 km/s 的速度, 求燃料的重量占火箭起飞重量的百分比.

①齐奥尔可夫斯基数为火箭起飞质量与耗尽燃料后的质量之比值.

答 约占 98%.

45.11 火箭在没有引力和介质阻力的情况下作平动. 燃气喷射的有效速度为 $v_e = 2400$ m/s. 当燃料烧完的瞬时火箭的速度为 4300 m/s, 求齐奥尔可夫斯基数.

答 $z \approx 6$.

45.12 初速度为零的变质量质点以不变的加速度 w 沿水平方向运动. 燃气喷射的有效速度 v_e 为常数. 不计阻力, 求质量减为 $1/k$ 时质点走过的路程.

答 $s = v_e^2(\ln k)^2/(2w)$.

45.13 假定在变质量质点上作用着滑动摩擦力, 试求解上题.

答 $s = \dfrac{wv_e^2}{2(w+fg)^2}(\ln k)^2$, 其中 f 为滑动摩擦系数.

45.14 变质量物体沿着铺设在赤道上的特殊导轨运动, 切向加速度 $w_\tau = a$ 为常量. 不计运动阻力, 假设燃气喷射的有效速度 $v_e =$ 常量, 求物体绕地球环行一周质量减为多少. 为使物体绕地球环行一周后获得第一宇宙速度, 求加速度 a. 地球半径为 R.

答 减少为 $1/\exp(2\sqrt{\pi Ra}/v_e)$, $a = g/(4\pi)$.

45.15 上题中, 物体作用在导轨上的压力变为零之前, 燃掉的燃料质量 m_T 是多少?

答 $m_T = m_0\left[1-\exp\left(-\dfrac{\sqrt{gR}}{v_e}\right)\right]$.

45.16 物体沿水平轨道滑行. 燃气以不变的有效速度 v_e 铅直向下排出. 物体的初速度为 v_0. 设物体的质量按规律 $m = m_0 - at$ 变化, 滑动摩擦系数为 f. 求物体速度以及运动规律.

答 $v = v_0 - f\left[gt - v_e\ln\dfrac{m_0}{m_0-at}\right]$,

$$s = v_0t - \frac{fgt^2}{2} + fv_e\left\{t\ln m_0 + \frac{m_0-at}{a}\left[\ln(m_0-at) - 1 - \frac{m_0}{a}(\ln m_0 - 1)\right]\right\}.$$

45.17 在上题中假设燃料变化规律为 $m = m_0\mathrm{e}^{\alpha t}$, 求物体速度以及运动规律. 为使物体将以不变速度 v_0 运动, 求相应的 α.

答 $v = v_0 - f(g-\alpha v_e)t$, $s = v_0t - f(g-\alpha v_e)\dfrac{t^2}{2}$, $\alpha = \dfrac{g}{v_e}$.

45.18 已知火箭的起始质量 m_0 和每秒消耗率 β, 在真空与无引力的情况下作直线运动, 以零初始速度出发, 速度逐渐增加到与燃气喷射有效速度 v_e 相等. 求火箭在这个主动飞行段的飞行路程.

答 $s = \dfrac{v_em_0}{\beta}\dfrac{\mathrm{e}-2}{\mathrm{e}}$, 其中 e 为自然对数的底.

45.19 火箭在无引力场和无阻力的情况下作直线运动. 求当全部燃料烧完时推力所做的功. 火箭的初始质量为 m_0, 末质量为 m_1. 喷射的有效速度 v_e 不变.

答 $A = m_1v_e^2(z - 1 - \ln z)$, 且 $z = m_0/m_1$.

45.20 火箭在真空和无引力情况下作直线运动, 初始质量为 m_0, 末质量为 m_1. 火箭效率定义为燃料烧完后火箭的动能与所消耗的能量之比. 为使火箭的效率最大, 求相应的齐奥尔可夫斯基数 $z = m_0/m_1$.

答 z 应为方程 $\ln z = 2(z-1)(1+z)^{-1}$ 的根.

45.21 质量为 m_0 的飞机在北极地带的机场以速度 v_0 着陆. 由于结冰, 飞机的质量在着陆后按公式 $m = m_0 + at$ 增加, 式中 $a =$ 常量. 在机场上飞机运动所受的阻力与飞机重量成正比 (比例系数为 f).

1) 考虑飞机质量变化, 求飞机停下所需的时间 T_1.

2) 不考虑飞机质量变化, 求飞机停下所需的时间 T_2, 及速度随时间变化规律.

答 1) $T_1 = \dfrac{m_0}{a}\left(\sqrt{1+\dfrac{2av_0}{fgm_0}}-1\right)$.

2) $T_2 = \dfrac{v_0}{fg}$, $\quad v = \dfrac{2m_0v_0 - fg(2m_0+at)t}{2(m_0+at)}$.

45.22 二级火箭第一级和第二级的喷射有效速度分别为 $v_e^{(1)} = 2400$ m/s 和 $v_e^{(2)} = 2600$ m/s. 设火箭在无引力场和无大气的情况下运动, 为保证第一级的末速度 $v_1 = 2400$ m/s, 第二级的末速度 $v_2 = 5400$ m/s, 求每一级的齐奥尔可夫斯基数.

答 $z_1 = 2.72$, $z_2 = 3.17$.

45.23 假定三级火箭各级的齐奥尔可夫斯基数与喷射有效速度 v_e 都相同. 在 $v_e = 2.4$ km/s 的情况下, 当燃料全部烧完后, 火箭速度等于 9 km/s, 试计算齐奥尔可夫斯基数 (引力场和大气阻力的影响都不计).

答 $z = 3.49$.

45.24 三级火箭在无引力和空气阻力的情况下作平动. 各级的喷射有效速度和齐奥尔可夫斯基数全都相同, 分别为 $v_e = 2500$ m/s 和 $z = 4$. 求第一级、第二级和第三级的燃料依次烧完时火箭的速度.

答 $v_1 = 3465$ m/s, $\quad v_2 = 6930$ m/s, $\quad v_3 = 10395$ m/s.

45.25 当宇宙飞船接近月球时开启反向制动发动机, 此时飞船与月球表面相距为 H, 速度 $\boldsymbol{v}_0$ 指向月心. 已知月球引力与飞船到月心距离的平方成反比, 假定飞船的质量按规律 $m = m_0\mathrm{e}^{-\alpha t}$ 变化 (其中 m_0 为制动发动机开机时飞船的质量, α 为常量), 求飞船软着陆 (即着陆时飞船相对月面的速度为零) 所需的 α. 假设燃气喷射的有效速度 v_e 不变. 月球的半径为 R, 月球上的引力加速度为 g_m.

答 $\alpha = \dfrac{v_0^2}{2v_eH} + \dfrac{g_mR}{v_e(R+H)}$.

45.26 火箭以零初速铅直向上发射, 设火箭加速度 w 不变, 介质阻力与速度平方成正比 (比列系数为 b), 求火箭质量的变化规律. 引力场可认为是均匀的. 燃气喷射速度 v_e 不变.

答 $m = \left(m_0 + \dfrac{2bv_e^2w^2}{(w+g)^3}\right)\mathrm{e}^{-\frac{w+g}{v_e}t} - \dfrac{bw^2}{w+g}t^2 + \dfrac{2v_ebw^2}{(w+g)^2}t - \dfrac{2v_e^2bw^2}{(w+g)^3}$.

45.27 火箭在均匀重力场中以不变的加速度 w 沿直线运动. 此直线与火箭发射点的水平面成仰角 α. 假定燃气喷射的有效速度 $\boldsymbol{v}_e$ 的大小和方向都不变, 燃料烧完时火箭与发射点的水平面相距为 H, 求齐奥尔可夫斯基数.

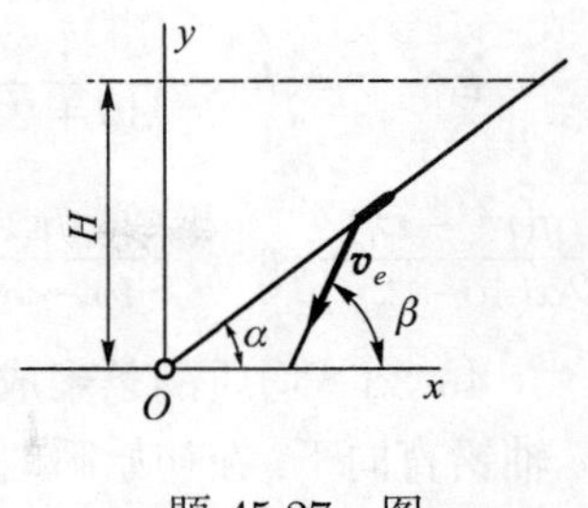

题 45.27 图

答 $z = z\exp\left(\dfrac{\cos\alpha}{v_e\cos\beta}\sqrt{\dfrac{2wH}{\sin\alpha}}\right)$, 其中 β 为速度 $\boldsymbol{v}_e$ 与发射点的水平面的夹角, $\beta = \arctan\dfrac{w\sin\alpha+g}{w\cos\alpha}$.

45.28 变质量体以不变加速度 w 沿粗糙的直线导轨向上运动, 导轨与水平面夹角为 α. 可认为重力场是均匀的, 大气阻力与速度的一次方成正比 (比例系数为 b), 求物体的质量变化规律. 燃气喷射的有效速度 v_e 不变, 物体与导轨间的滑动摩擦系数等于 f.

答 $m = \left(m_0 - \dfrac{bwv_e}{w_1^2}\right)\mathrm{e}^{-\frac{w_1}{v_e}t} - \dfrac{bw}{w_1}\left(t - \dfrac{v_e}{w_1}\right)$, 其中 $w_1 = w + g(\sin\alpha + f\cos\alpha)$, 且 m_0 为物体的初始质量.

45.29 重为 Q 的气球铅直上升, 拖起一条堆放在地面上的绳子. 在气球上作用着升力 $\boldsymbol{P}$、重力以及与速度平方成正比的阻力: $R = -\beta\dot{x}^2$. 单位长度绳子的重量为 γ. 试写出气球的运动微分方程.

答 $\ddot{x} = -g + \dfrac{Pg}{Q+\gamma x} - \dfrac{\beta g+\gamma}{Q+\gamma x}\dot{x}^2$.

45.30 在上题的条件下求气球上升的速度. 气球初速度为零, 且位于高度 H_0 处.

答
$$\dot{x}^2 = \frac{Pg}{(\beta g+\gamma)}\left[1 - \left(\frac{Q+\gamma H_0}{Q+\gamma x}\right)^{2+2\beta\frac{g}{\gamma}}\right] - \frac{2g(Q+\gamma x)}{2\beta g+3\gamma}\left[1 - \left(\frac{Q+\gamma H_0}{Q+\gamma x}\right)^{3+2\beta\frac{g}{\gamma}}\right].$$

45.31 球形雨滴在大气中下落, 沿途有水汽凝聚, 雨滴的质量增加速率与表面积成正比 (比例系数为 α). 在初始瞬时, 雨滴的半径为 r_0, 速度为 v_0, 高度为 h_0. 求雨滴的速度及高度随时间的变化规律 (忽略运动阻力).

提示: 注意 $\mathrm{d}r = \alpha\,\mathrm{d}t$, 再变换到 r.

答 $x = h_0 + \dfrac{v_0 r_0}{2\alpha}\left[1 - \left(\dfrac{r_0}{r}\right)^2\right] - \dfrac{g}{8\alpha^2}\left[r^2 - 2r_0^2 + \dfrac{r_0^4}{r^2}\right], v = v_0\dfrac{r_0^3}{r^3} - \dfrac{g}{4\alpha}\left[r - \dfrac{r_0^4}{r^3}\right]$, 其中 $r = r_0 + \alpha t$.

45.32 假定在雨滴上除重力外还作用着阻力, 且阻力与雨滴的最大横向截面成正比: $R = -4\beta\pi r^2 v$ (其中 β 为比例系数), 求解上题.

答 $x = h_0 - \dfrac{1}{3\beta + 2\alpha}\left[\dfrac{g r_0^{\frac{1}{\alpha}(4\alpha+3\beta)}}{4\alpha + 3\beta} + v_0 r_0^{\frac{3}{\alpha}(\beta+\alpha)}\right]\left[r^{-\frac{1}{\alpha}(3\beta+2\alpha)} - r_0^{-\frac{1}{\alpha}(3\beta+2\alpha)}\right] - \dfrac{g(r^2 - r_0^2)}{2\alpha(4\alpha + 2\beta)}$, $v = -\dfrac{gr}{4\alpha + 3\beta} + \left[\dfrac{g r_0^{\frac{1}{\alpha}(4\alpha+3\beta)}}{4\alpha + 3\beta} + v_0 r_0^{\frac{3}{\alpha}(\alpha+\beta)}\right] r^{-\frac{3}{\alpha}(\alpha+\beta)}$, 其中 $r = r_0 + \alpha t$.

45.33 均质链条聚成一团放在水平桌台的边缘, 有一链节从桌上静止下落. 取 x 轴铅直向下, 在初始瞬时有 $x = 0, \dot{x} = 0$, 求链条的运动.

答 $x = gt^2/6$.

45.34 链条堆放在地面上, 一端系在斜面上的小车上. 斜面的倾角为 α. 链条与地面的摩擦系数为 f. 单位长度链条的重量为 γ, 小车重为 P. 设小车在初瞬时的速度为 v_0, 求小车在任意瞬时的速度, 并说明小车能停下的必要条件.

答
$$\begin{aligned}\frac{\dot{x}^2}{2} = \frac{P^2 v_0^2}{2(P+\gamma x)^2} + \frac{Pg}{3\gamma}\left[1 - \frac{P^2}{(P+\gamma x)^2}\right]\sin\alpha \\ + \frac{1}{3}gx\sin\alpha + \frac{fPg}{6\gamma}\left[1 - \frac{P^2}{(P+\gamma x)^2}\right]\cos\alpha - \frac{1}{3}fgx\cos\alpha.\end{aligned}$$
当满足不等式 $f > \tan\alpha$ 时可能停下.

45.35 质量为 m 的质点按万有引力定律受固定中心引力的作用. 引力中心的质量按规律 $M = \dfrac{M_0}{1 + \alpha t}$ 随时间变化, 求质点的运动.

提示: 利用关系 $\xi = \dfrac{a}{1 + \alpha t}$, $\eta = \dfrac{y}{1 + \alpha t}$ 变换到新坐标, 再变换时间 $\tau = \dfrac{1}{\alpha(1 + \alpha t)}$.

答 运动微分方程形式为

$$\frac{\mathrm{d}^2\xi}{\mathrm{d}\tau^2} + f\frac{M_0\xi}{\rho^2} = 0, \quad \frac{\mathrm{d}^2\eta}{\mathrm{d}\tau^2} + f\frac{M_0\eta}{\rho^2} = 0, \quad \rho = \sqrt{\xi^2 + \eta^2},$$

式中 f 为引力常数. 这组方程和常质量情况相同. 在不同的初始条件下, 运动轨迹可能是椭圆、抛物线或双曲线轨道.

45.36 为了使陀螺转子迅速获得必要的转速, 采用反推力启动. 在陀螺转子内装入几个火药块, 总质量为 M_0. 火药块爆燃的气体通过专门的喷口喷出. 把每个火药块看成质点, 放在与转子轴相距为 r 的地方. 燃气喷射有效速度的切向分量 v_e 为常数.

设火药每秒消耗的质量为 q, 转子受到常值阻力矩 m. 求转子在火药烧完时的角速度 ω. 转子半径为 R. 在初始瞬时转子不动.

答 $\omega = \dfrac{Rqv_e - m}{r^2 q}\ln\dfrac{J_0}{J_p}$, 其中 $J_0 = J_p + M_0 r^2$, J_p 为转子对转轴的转动惯量.

45.37 按照上题给出的数据, 假定转子受到的阻力矩与角速度成正比 (比例系数为 b), 求转子在火药烧完后的角速度.

答 $\omega = \dfrac{Rv_e q}{b}\left[1 - \left(\dfrac{J_p}{J_0}\right)^{\frac{b}{r^2 q}}\right]$.

45.38 多级火箭由有效载荷和各级组成. 每级在耗尽燃料后就分离出去. 所谓子火箭理解为工作级与所有未工作级以及有效载荷的总合体, 而且对这个工作级来说, 所有未工作的各级连同有效载荷一起成为子火箭的 "有效载荷", 也就是说, 每个子火箭都可看成单级火箭. 图中给出了各级的编号以及子火箭.

设 q 为有效载荷的重量, P_i 为第 i 级的燃料重量, Q_i 为第 i 级的干重量 (不带燃料), G_i 为第 i 个子火箭的总重量.

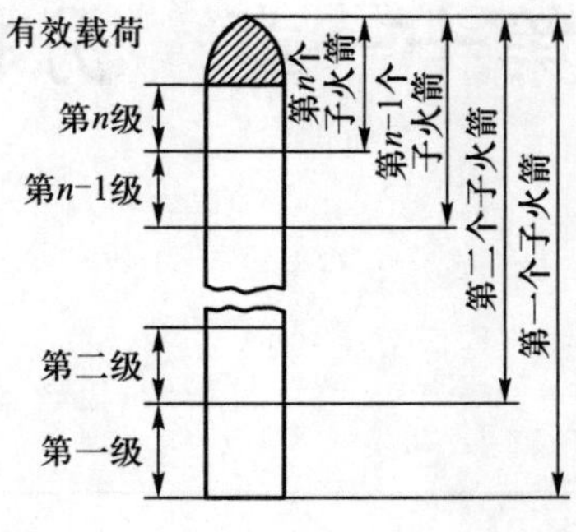

题 45.38 图

对每个子火箭引入齐奥尔可夫斯基数

$$z_i = \frac{G_i}{G_i - P_i},$$

以及每级的结构特征常数 (该级的总质量与干重量之比)

$$s_i = \frac{Q_i + P_i}{Q_i}.$$

求整个火箭的起飞总重量、第 k 个子火箭的重量、第 k 级燃料的重量、第 k 级的干重量.

提示: 解题时可引入第 i 个子火箭的 "相对重量" α_i, 即子火箭初始重量与有效载荷之比, $\alpha_1 = G_1/G_2, \alpha_2 = G_2/G_3, \cdots, \alpha_n = G_n/q$.

答 $G_1 = q\prod_{i=1}^{n} z_i \prod_{i=1}^{n} \frac{s_i - 1}{s_i - z_i}, \quad G_k = q\prod_{i=k}^{n} z_i \prod_{i=k}^{n} \frac{s_i - 1}{s_i - z_k},$

$P_k = \frac{z_k - 1}{z_k} G_k, \quad Q_k = \frac{P_k}{s_k - 1}$(Vertregt 公式).

45.39 两级火箭预定用来给有效载荷 $q = 1$ kN 加速到 $v = 6000$ m/s. 两个级的燃气喷射有效速度相等: $v_e = 2400$ m/s. 第一级和第二级的结构特征参数分别为 $s_1 = 4, s_2 = 5$ (参见题 45.38). 不计地球的引力和大气阻力, 求能使火箭起飞重 G_1 最小的第一和第二子火箭的齐奥尔可夫斯基数.

答 $z_1 = 3.12, \quad z_2 = 3.91, \quad G_1 =$152 kN.

45.40 利用上题的数据, 求每个级燃料重量和干重量.

提示: 利用题 45.38 的答案中公式.

答 $P_1 =$100.4 kN, $P_2 =$10.5 kN, $Q_1 =$33.5 kN, $Q_2 =$2.6 kN.

45.41 四级火箭由四个火箭组成. 这四个火箭的结构特征参数 s 和有效速度 v_e 都相同, 分别为 $s = 4.7$ 和 $v_e = 2.4$ km/s. 为使 10 kN 的有效载荷获得 $v = 9000$ m/s 的速度, 求火箭的起飞重量. (利用题 45.38 的答案中公式.)

答 3720 kN.

第十一章　分析力学

§46. 虚位移原理

46.1　顶起重物 Q 的千斤顶, 由长 $OA = 0.6$ m 的手柄推动. 已知在手柄的末端作用着垂直手柄的水平力 $P = 160$ N. 设千斤顶的螺距 $h = 12$ mm, 求 Q 的重量.

答　$Q = 52.2$ kN.

46.2　连杆式压榨机的手轮上作用着力矩 M. 手轮轴在两头分别有螺距为 h 但旋向相反的螺纹, 两只螺母分别与边长为 a 的菱形杆机构的两个对顶点铰接. 菱形杆的上顶点固定不动, 下顶点连在压榨机的水平压板上. 当菱形顶角等于 2α 时, 求压榨机传给被压物体的压力.

答　$P = \pi\dfrac{M}{h}\cot\alpha$.

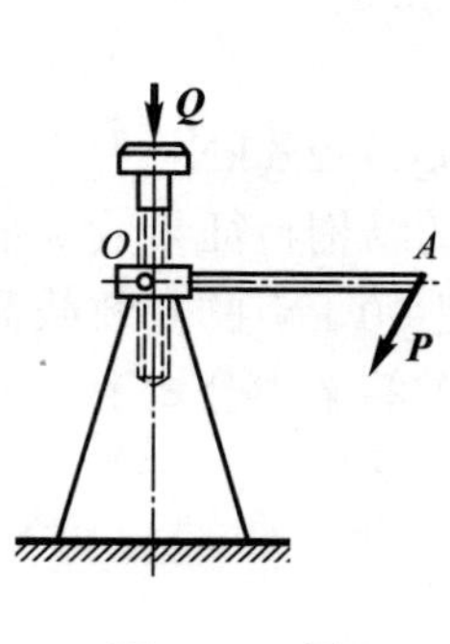

题 46.1　图

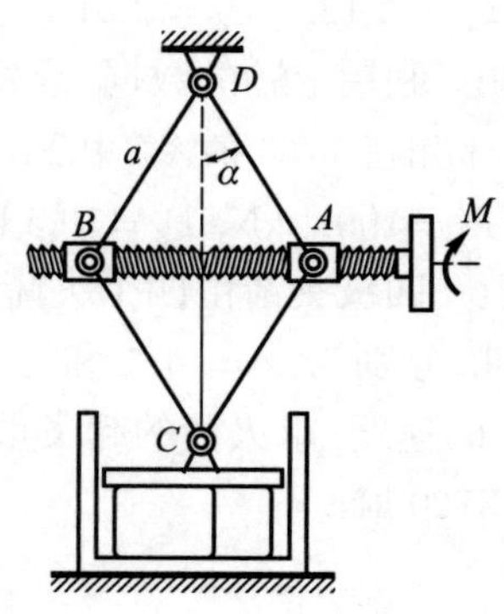

题 46.2　图

46.3 在楔式压榨机中, 作用于手柄末端的力 $\boldsymbol{P}$ 同时垂直于螺纹轴和手柄. 手柄长为 a, 螺距等于 h, 楔块的顶角为 α. 求力 $\boldsymbol{P}$ 和 $\boldsymbol{Q}$ 的大小关系.

答 $Q = P\dfrac{2\pi a}{h\tan\alpha}$.

46.4 拉伸试验机如图所示. 设试件 K 所受的力为 $\boldsymbol{X}$. 重物 P 的质量为 M, 它到零位置 O 的距离为 x. 现在利用重物 Q 来调整机器, 使得重物 P 处于零位置时, 试件 K 不受力, 且所有的杠杆都水平. 已知 l_1, l_2 和 e. 求 X 与 x 之间的关系.

答 $X = Mg\dfrac{xl_1}{el_2}$.

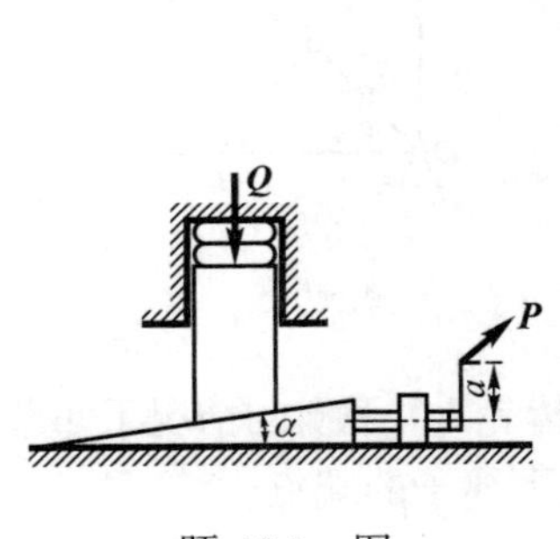

题 46.3 图

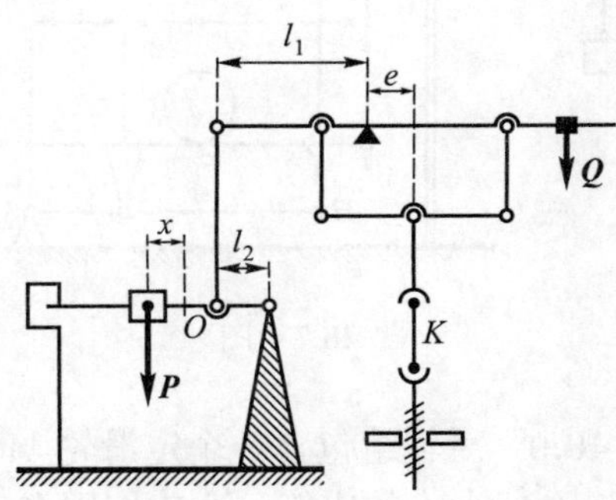

题 46.4 图

46.5 重物 K 和 L 由杠杆机构相连 (如图所示) 并处于平衡. 试求重物 K 和 L 的质量 M_K 和 M_L 之间的关系. 已知: $\dfrac{BC}{AC} = \dfrac{1}{10}$, $\dfrac{ON}{OM} = \dfrac{1}{3}$, $\dfrac{DE}{DF} = \dfrac{1}{10}$.

答 $M_L = \dfrac{BC}{AC} \cdot \dfrac{ON}{OM} \cdot \dfrac{DE}{DF} M_K = \dfrac{1}{300} M_K$.

46.6 求图示杠杆式压榨机给受压试件 A 的力 $\boldsymbol{Q}$ 的大小. 已知: $F = 100$ N, $a = 60$ cm, $b = 10$ cm, $c = 60$ cm, $d = 20$ cm.

答 $Q = 1800$ N.

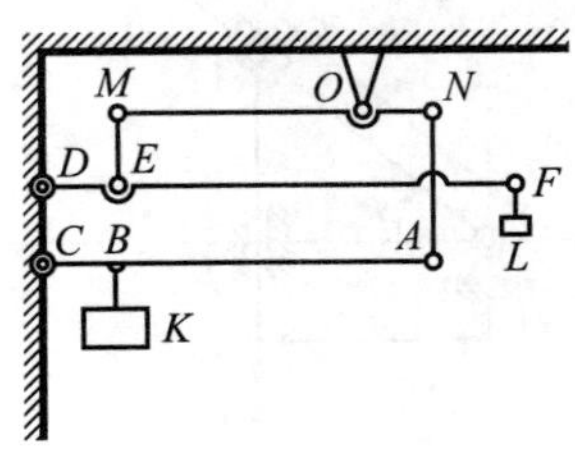

题 46.5 图

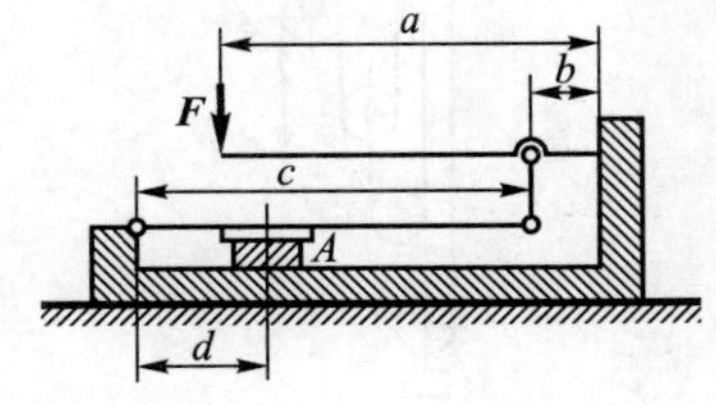

题 46.6 图

46.7 在台秤上的 F 点放质量为 M 的重物. 已知: $AB = a$, $BC = b$, $CD = c$, $IK = d$, 秤台长 $EG = L$. 为使平衡重物用的砝码 m 不依赖于重物在台秤上的位置, 求 b, c, d, L 之间的比例, 并求砝码的质量 m.

答 $\dfrac{b+c}{b}=\dfrac{L}{d},\ m=\dfrac{b}{a}M.$

46.8 在椭圆规机构的滑块 A 上作用的力 $\boldsymbol{P}$, 沿着滑块的滑道, 指向曲柄 OC 的转轴 O. 为使机构在曲柄 OC 与滑块的滑道夹角为 φ 时处于平衡, 求作用在曲柄 OC 上的力矩. 机构在水平面内, 且 $OC=AC=CB=l$.

答 $M=2Pl\cos\varphi.$

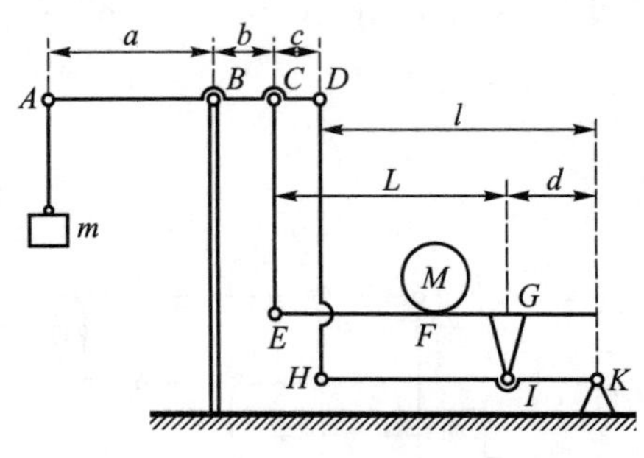

题 46.7 图

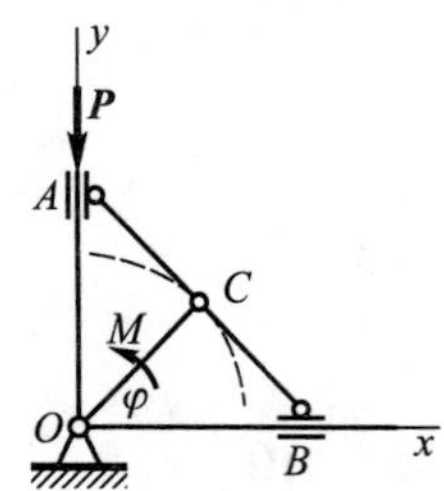

题 46.8 图

46.9 滑轮组包含一个定滑轮 A 和 n 个动滑轮. 求平衡的情况下重物的质量 M 与力 $\boldsymbol{P}$ 大小的比值. 力 $\boldsymbol{P}$ 作用在定滑轮 A 垂下绳子的端点.

答 $\dfrac{Mg}{P}=2^n.$

46.10 在连杆机构中, 当杆 OC 绕水平轴 O 摆动时, 滑块 A 沿 OC 杆移动, 带动 AB 杆在铅直滑道中运动. 已知: $OC=R, OK=l$. 在曲柄 OC 的 C 点, 沿垂直于杆方向作用多大的力 $\boldsymbol{Q}$, 才能平衡沿 AB 杆方向朝上的力 $\boldsymbol{P}$?

答 $Q=\dfrac{Pl}{R\cos^2\varphi}.$

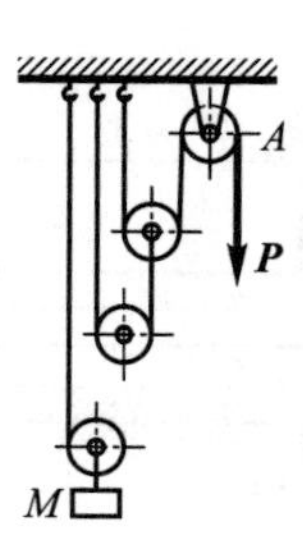

题 46.9 图

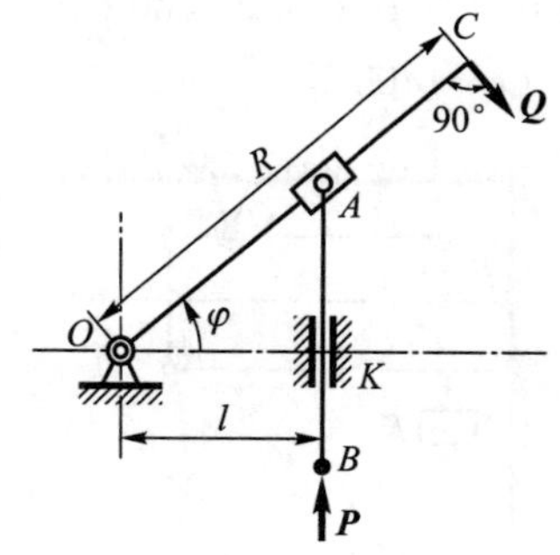

题 46.10 图

46.11 质量为 M_1 的楔块 K 支撑着质量为 M_2 的推杆 AB, 在力 $\boldsymbol{F}$ 的作用下静止在光滑水平面上, 推杆 AB 在铅直滑道内. 力 $\boldsymbol{F}$ 水平向右. 设楔块的斜面倾角为 α, 求力 $\boldsymbol{F}$ 的大小. 又, 假设水平面不光滑, 楔块 K 的底面与水平面之间的滑动

摩擦系数为 f. 求力 $\boldsymbol{F}$ 大小的范围.

答 1) $F=M_2g\tan\alpha$.

2) $M_2g\tan\alpha-f(M_1+M_2)g\leqslant F\leqslant M_2g\tan\alpha+f(M_1+M_2)g$.

46.12 质量为 M_1、半径为 R 的半圆形凸轮 K 位于粗糙水平面上, 并与铅直滑道内质量为 M_2 的推杆 AB 的 A 端相接触. 作用于凸轮的力 $\boldsymbol{F}$ 方向水平向右, 系统静止, $AM=h$. 设凸轮与水平面的滑动摩擦系数为 f, 求力 $\boldsymbol{F}$ 大小的范围

答 $\dfrac{\sqrt{R^2-h^2}}{h}M_2g-f(M_1+M_2)g\leqslant F\leqslant\dfrac{\sqrt{R^2-h^2}}{h}M_2g+f(M_1+M_2)g$.

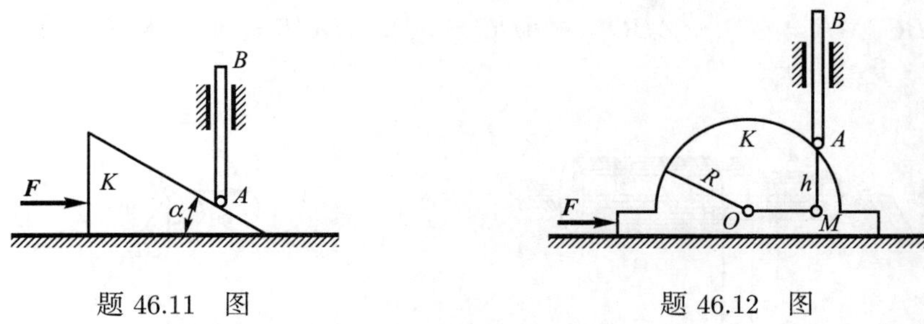

题 46.11 图　　　　题 46.12 图

46.13 质量为 M_1 的偏心轮 A 装在与图面垂直的固定水平轴 O 上. 偏心轮支持着质量为 M_2 并处于铅直滑道内的框架. 摩擦忽略不计. 偏心距 $OC=a$. 当系统静止时, OC 与水平面夹角为 α, 求作用于偏心轮的力矩 m_0.

答 $m_0=(M_1+M_2)ga\cos\alpha$.

46.14 在千斤顶机构中, 长度为 R 的手柄 A 转动时, 齿轮 1, 2, 3, 4 和 5 也开始转动, 齿轮 5 驱动千斤顶的齿条 B. 在手柄的末端沿垂直于手柄的方向作用多大的力, 才能在千斤顶平衡时台盘 C 产生 4.8 kN 的压力? 各齿轮的半径分别等于: $r_1=3$ cm, $r_2=12$ cm, $r_3=4$ cm, $r_4=46$ cm, $r_5=3$ cm, 手柄长为 $R=18$ cm.

答 $P=Q\dfrac{r_1r_3r_5}{r_2r_4R}=50$ N.

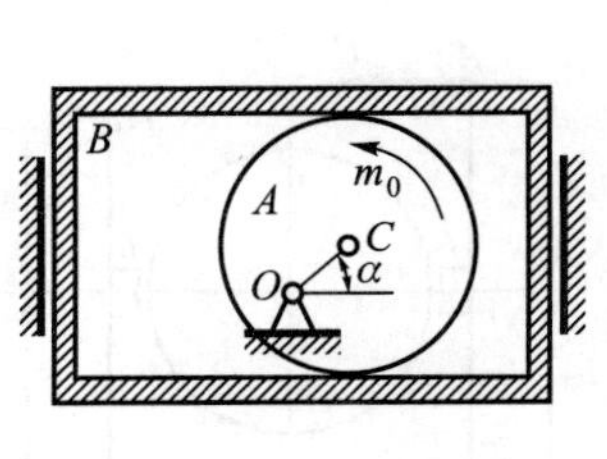

题 46.13 图

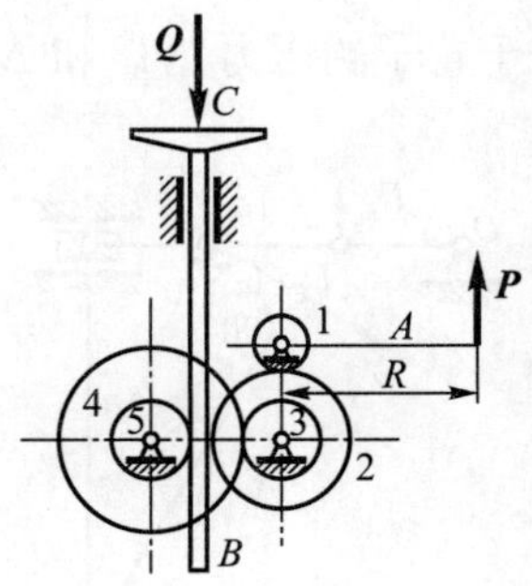

题 46.14 图

46.15 差动绞车由两个固结在一起的轴 A 和 B 构成, 由长度为 R 的手柄 C

驱动. 质量为 M 的重物 D 系在绕有绳子的动滑轮 E 上. 当手柄 C 转动时, 绳子的左分支从半径为 r_1 的轴 A 上解开, 右分支在半径为 r_2 $(r_2 > r_1)$ 的轴 B 上卷起. 在手柄的末端沿垂直于手柄的方向作用多大的力 $\boldsymbol{P}$, 才能平衡重物 D? 已知: $M = 720$ kg, $r_1 = 10$ cm, $r_2 = 12$ cm, $R = 60$ cm.

答 $P = Mg\dfrac{r_2 - r_1}{2R}$ =118 N.

46.16 在反平行四边形机构 $ABCD$ 中, 杆 AB, CD 和 BC 用柱铰链 B 和 C 互相连接, 同时又用柱铰链 A 和 D 连在机架 AD 上. 在杆 CD 的铰链 C 处作用水平力 $\boldsymbol{F}_C$. 在铰链 B 沿垂直于杆 AB 的方向作力 $\boldsymbol{F}_B$, 机构在图示位置处于平衡. 设 $AD = BC$, $AB = CD$, $\angle ABC = \angle ADC = 90°$, $\angle DCB = 30°$. 求 $\boldsymbol{F}_B$ 的大小.

答 $F_B = 2F_C$.

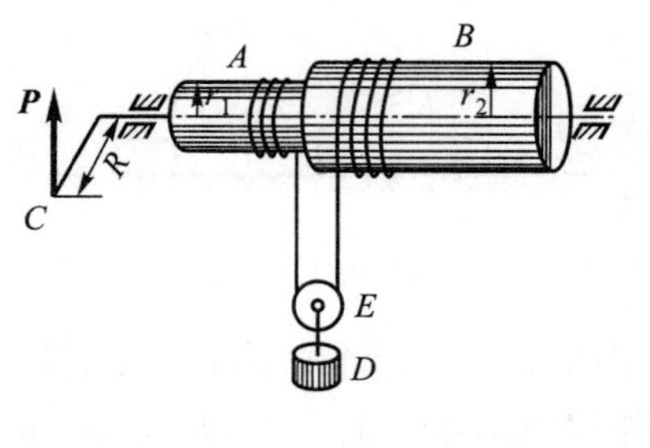

题 46.15 图

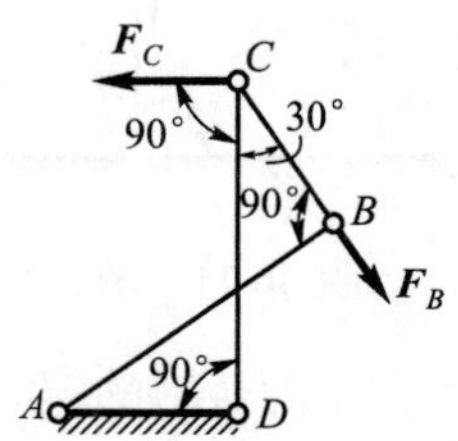

题 46.16 图

46.17 曲柄滑块机构 OAB 中, 连杆 AB 的中点用圆柱铰链 C 与杆 CD 相连, 杆 CD 又用圆柱铰链 D 与杆 DE 相连. 力 $\boldsymbol{F}_A$ 和 $\boldsymbol{F}_D$ 分别垂直于杆 OA 和 DE, 机构在图示位置处于平衡. 已知 $\angle DCB = 150°$, $\angle CDE = 90°$, 求力 $\boldsymbol{F}_A$ 和 $\boldsymbol{F}_D$ 大小间的关系.

答 $F_D = 4F_A$.

46.18 电车车厢的抱闸为三根拉杆 AB, BC, CD 借助于铰链 B 和 C 相连而成. 在水平力 $\boldsymbol{F}$ 作用下, 分别固结在拉杆 AB 和 CD 上的闸块 K 和 L 挤压轮子. 求闸块加于轮子的压力 N_K 和 N_L. 车厢为静止的, 尺寸如图所示.

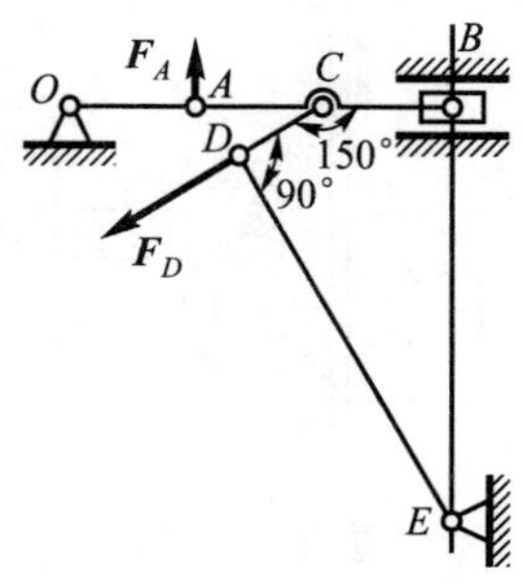

题 46.17 图

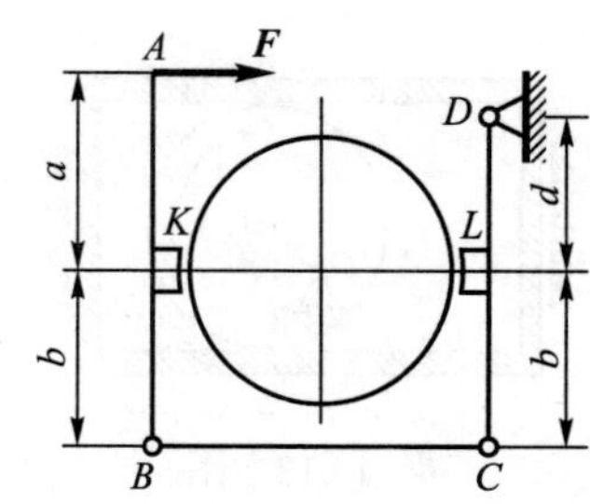

题 46.18 图

答 $N_K = F\dfrac{a+b}{b}$, $N_L = F\dfrac{a}{b}\dfrac{b+d}{d}$.

46.19 电车车厢上的抱闸如图所示. 在力 $\boldsymbol{F}$ 的作用下, 闸块 A 和 B 能以同样大小的压力作用在轮箍 C 和 D 上. 求 a, b 和 c 之间的关系. 又求这个压力的大小. 车轮看成为不动的.

答 $\dfrac{a}{b} = \dfrac{a+b+c}{c}$, $Q = F\dfrac{a+b}{2b}$.

46.20 质量分别为 M_1 和 M_2 的两个重物由另一质量为 M 的重物维持在两斜面上处于平衡. 这两个斜面的倾角分别为 α 和 β. 质量为 M_1 和 M_2 的两重物分别系在同一绳子的两端上, 绳子从质量为 M_1 的重物引出, 先绕过装在水平轴上的定滑轮 O_1, 接着绕过动滑轮 O, 然后再绕过也装在 O_1 轴上的定滑轮 O_2, 最后连接质量为 M_2 的重物. 求质量 M_1 和 M_2. 忽略摩擦, 滑轮和绳子的质量都不计.

答 $M_1 = \dfrac{M}{2\sin\alpha}$, $M_2 = \dfrac{M}{2\sin\beta}$.

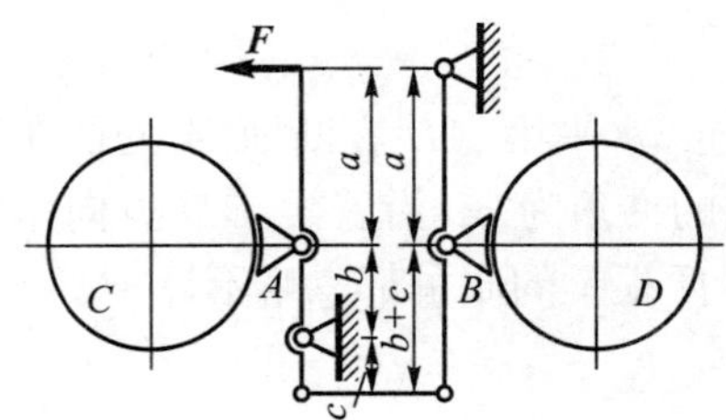

题 46.19 图

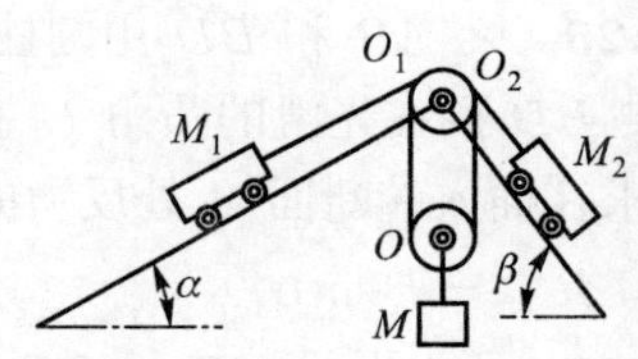

题 46.20 图

46.21 质量相等的两个重物 A 和 B 分别系在不可伸长的绳子两端. 绳子由重物 A 引出, 平行于水平面延伸, 先绕过定滑轮 C, 再围绕动滑轮 D, 最后绕过定滑轮 E. 绳子的另一端挂着重物 B. 在动滑轮 D 的轴上还挂有质量为 M 的重物 K.

设系统静止, 不计绳子质量. 求 A 和 B 的质量 M_1, 以及重物 A 与水平面的滑动摩擦系数 f.

答 $M_1 = \dfrac{M}{2}$, $f = 1$.

46.22 搁在三个支座上的组合梁由两根在 C 点铰接的梁组成. 组合梁受到铅垂力 20 kN, 60 kN, 30 kN 的作用. 尺寸如图所示. 求支座 A, B 和 D 的反力.

答 $R_A = 10$ kN, $R_B = 105$ kN, $R_D = -5$ kN.

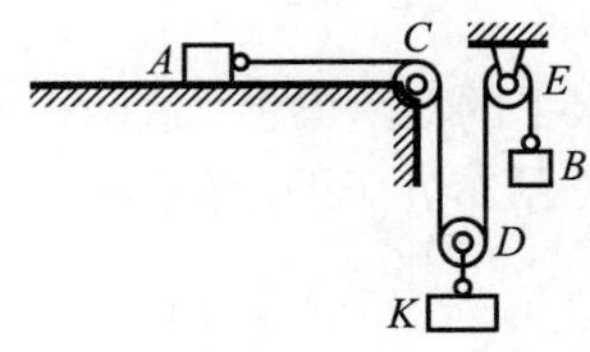

题 46.21 图

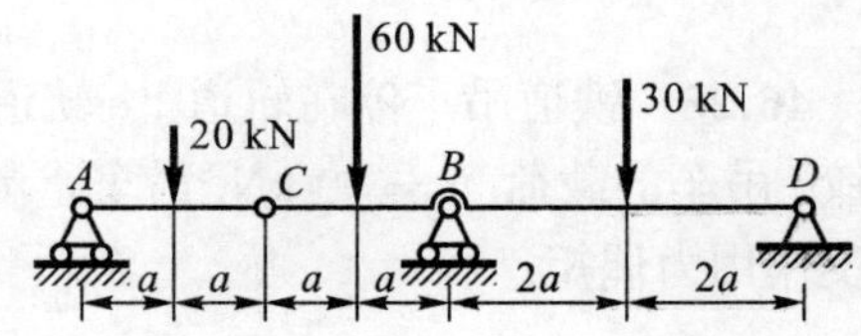

题 46.22 图

46.23 上题中, 在 BD 段上作用力矩 M, 使 D 处的支座反力为零, 求力矩 M.

答 $M = 20\,a$ (单位为 kN·m).

46.24 搁在两个支座 A 和 C 上的组合梁 AE 由三根在 B 和 D 处铰接的梁 AB, BD 和 DE 组成. 在截面 E 处梁 DE 插在墙内. 求截面 E 处反力的垂直分量. 组合梁受到四个大小相等的铅垂力 $\boldsymbol{P}$ 作用. 尺寸如图所示.

答 $R = 0.5P$.

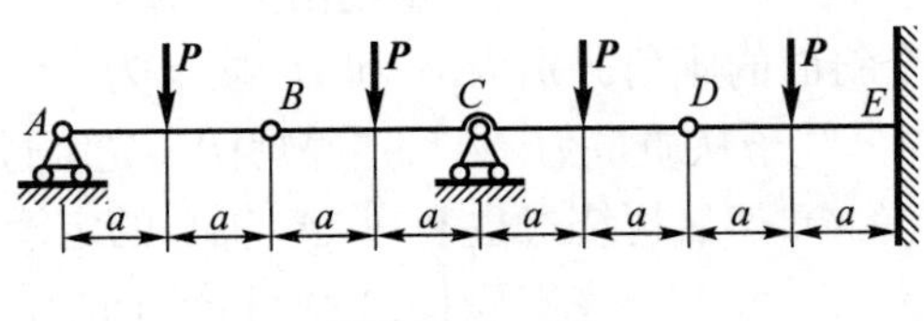

题 46.24　图

46.25 求上题中梁 DE 的插入端产生的力偶矩 m_E.

答 $m_E = 0$.

46.26 梁 AB 和 BD 用圆柱铰链 B 相连. 水平梁 AB 在断面 A 处插在铅直墙内. 梁 BD 搁在光滑的凸角 E 上, 与铅垂线的夹角为 α. 沿着梁 BD 方向作用着力 $\boldsymbol{F}$. 求在插入端断面 A 处反力的水平分量. 两根梁的质量都忽略不计.

答 $R_{Ax} = F\sin\alpha$.

46.27 两水平梁 AB 和 BD 用圆柱铰链 B 相连. 支座 D 搁在滚子上. 断面 A 插在墙内. 在梁 BD 的 K 处作用着集中力 $\boldsymbol{F}$, 与水平面的夹角为 α. 尺寸如图所示. 求插入端 A 处产生反力的各个分量, 以及力偶矩 m_p. 两根梁的质量都忽略不计.

答 $R_{Ax} = F\cos\alpha,\ R_{Ay} = \dfrac{1}{2}F\sin\alpha,\ m_p = Fa\sin\alpha.$

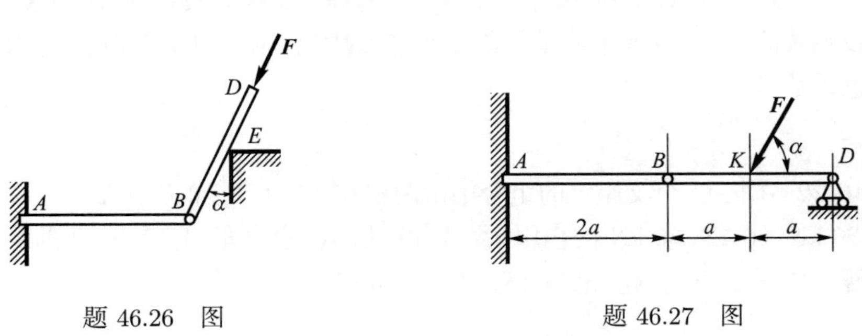

题 46.26　图　　　　题 46.27　图

46.28 铁道吊车停在轨道上, 轨道铺在两根水平的双跨梁上. 这两根梁带有中间铰. 吊车的载荷 $P = 30$ kN, 吊车重 $Q = 160$ kN. 吊车处于图示位置时, 求插入端的反作用力偶矩.

答 $M_A = -\dfrac{1}{2}(1.95Q + 3.60P) = -210$ kN·m.

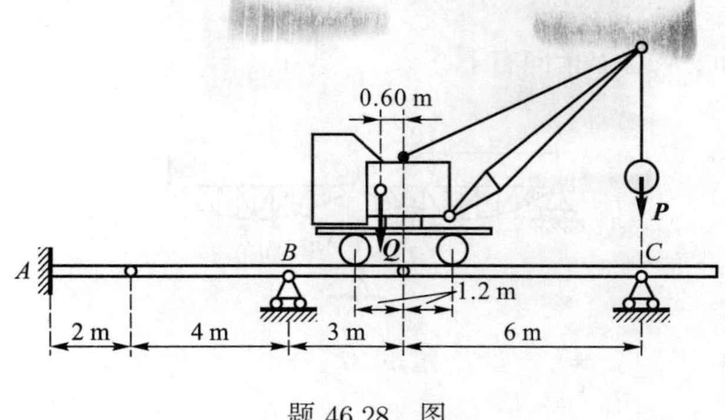

题 46.28 图

46.29 平台钢架由一个 Γ 形框架带中间铰 C 构成. 框架的上端插在混凝土墙内, 下端搁在圆柱滚动支座上. 当 $\boldsymbol{P}_1$ 和 $\boldsymbol{P}_2$ 两个力作用时, 求插入端 A 处的铅垂反力.

答 $Y_A = P_1 - P_2 h/l$.

46.30 两根梁 BC 和 CD 在 C 处铰接, 再用圆柱铰链 B 和立柱 AB 相连. 立柱在断面 A 处固支. 梁 CD 又用圆柱铰链 D 与地板连接. 梁上有水平力 $\boldsymbol{P}_1$ 和 $\boldsymbol{P}_2$ 作用. 求立柱断面 A 处反力的水平分量. 尺寸如图所示.

答 $R = P_1 + \dfrac{1}{2}P_2$.

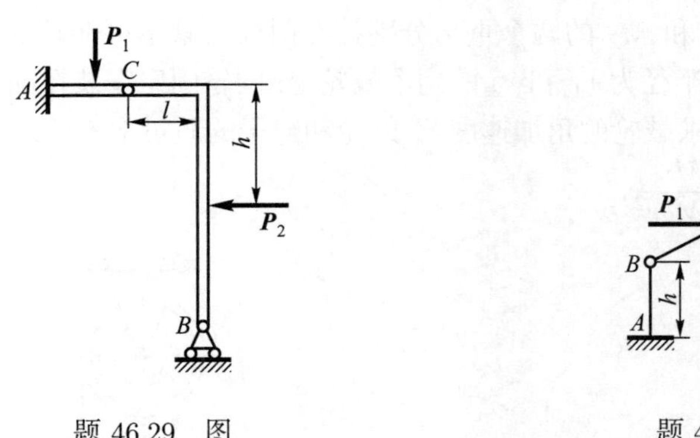

题 46.29 图

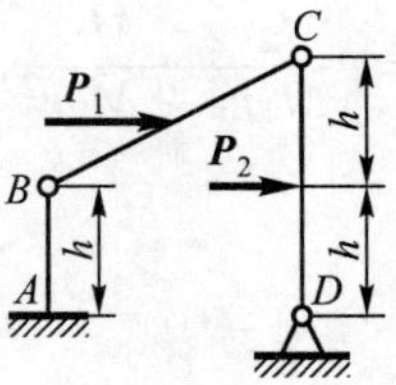

题 46.30 图

46.31 求上题中立柱 AB 的固定端 A 处的力偶矩 m_A.

答 $m_A = \left(P_1 + \dfrac{1}{2}P_2\right) h$.

46.32 两个桁架 I, II 用铰链 D 连接, 并通过杆件 III 和 IV 用铰链 C 连在地上. 桁架在 A 和 B 点分别有滚动支座. 桁架 I 所受的铅垂力 $\boldsymbol{P}$ 和支座 A 相距为 a. 求滚子 B 的反力.

提示: 先确定桁架 I 和 II 瞬时速度中心 C_1 和 C_2 的位置.

答 $R_B = P\dfrac{a}{b}\dfrac{DC_2}{DC_1}$, 其中 b 为反力 $\boldsymbol{R}_B$ 对瞬心 C_2 的力臂. 反力 $\boldsymbol{R}_B$ 垂直于滚

子 B 的滑动平面, 从左上指向右下.

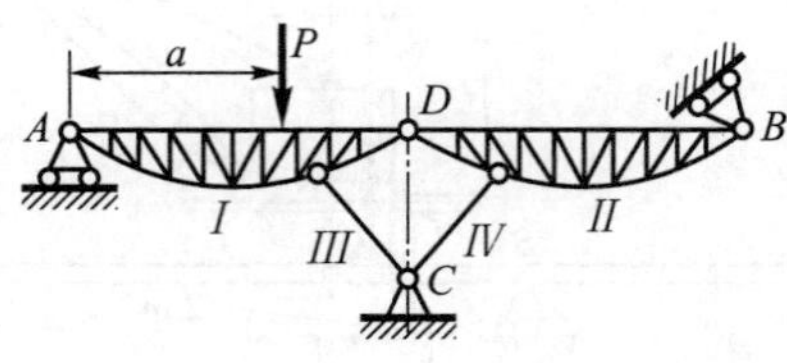

题 46.32 图

§47. 动力学普遍方程

47.1 质量均为 M 的三个重物顺次用不可伸长的绳相连, 绳子跨过定滑轮 A. 两个重物放置在光滑水平面上, 第三个重物铅垂悬挂. 求系统的加速度和绳子断面 ab 处的张力. 绳子和滑轮的质量都不计.

答 $w = \dfrac{1}{3}g,\ T = \dfrac{1}{3}Mg.$

47.2 试在考虑滑轮质量的条件下求解上题. 假定重物运动时, 滑轮 A 绕固定轴转动. 滑轮看成均质圆盘, 质量等于 $2M$.

答 $w = \dfrac{1}{4}g,\ T = \dfrac{1}{4}Mg.$

47.3 质量为 M_1 和 M_2 的两个重物分别挂在两根柔软不可伸长的绳子上, 如图所示. 两绳各自绕在半径为 r_1 和 r_2 的两个鼓轮上, 两轮固定安装在同一轴上. 重物在重力作用下运动. 求鼓轮的角加速度 ε. 鼓轮和绳子的质量都不计.

答 $\varepsilon = g\dfrac{M_2r_2 - M_1r_1}{M_1r_1^2 + M_2r_2^2}.$

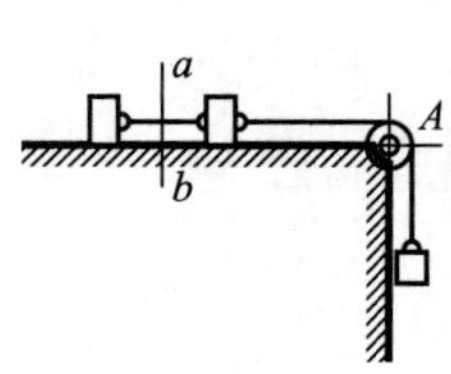

题 47.1 图

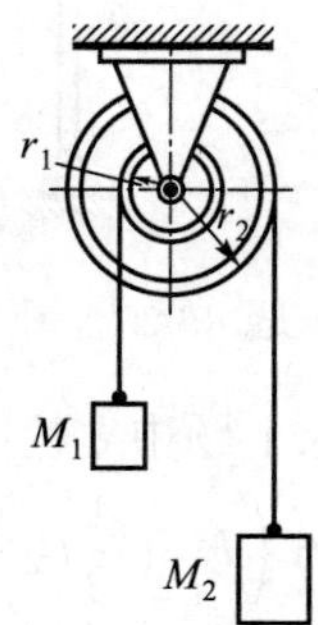

题 47.3 图

47.4 试在上题的条件下考虑两鼓轮的质量, 求角加速度 ε 和两绳的张力 T_1, T_2. 已知: $M_1 = 20$ kg, $M_2 = 34$ kg, $r_1 = 5$ cm, $r_2 = 10$ cm. 鼓轮的质量: 小的为 4 kg, 大的为 8 kg. 鼓轮的质量看成均匀分布在外边缘上.

答 $\varepsilon = 49\ \text{rad/s}^2,\ T_1 = 246$ N, $T_2 = 167$ N.

47.5 在如图所示的滑轮组上挂着两个重物: M_1 的质量为 10 kg, M_2 的质量为 8 kg. 求重物 M_2 的加速度 w_2, 以及绳子的张力. 滑轮的质量都不计.

答 $w_2 = 2.8\ \mathrm{m/s^2}$, $T = 56.1$ N.

47.6 力矩 M 作用在升降机的下滑轮 C 上. 求质量为 M_1 的被提升重物 A 的加速度. 已知平衡锤 B 的质量等于 M_2, 滑轮 C 和 D 的半径都为 r, 质量都为 M_3, 且两轮都为均质圆柱体. 皮带的质量不计.

答 $w = \dfrac{M + (M_2 - M_1)gr}{(M_1 + M_2 + M_3)r}$.

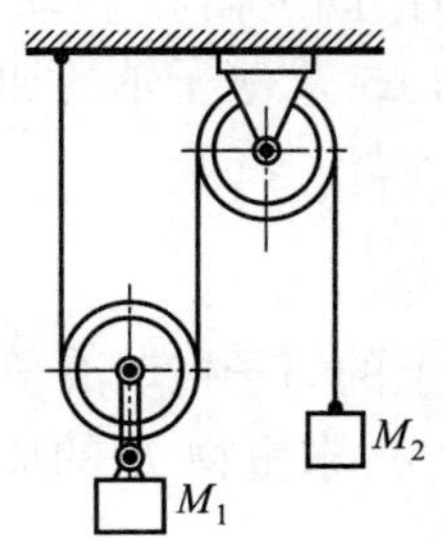

题 47.5 图

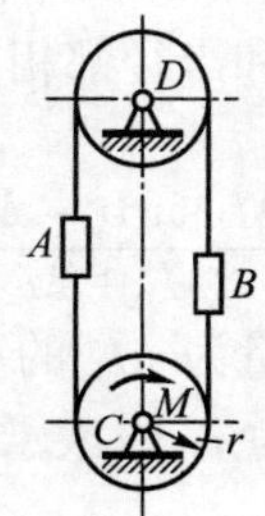

题 47.6 图

47.7 用来搬动重物的绞盘由作用在手柄 AB 上的恒定力矩 M 驱动. 绞盘的半径为 r, 重物和水平面间的滑动摩擦系数为 f, 求质量为 m 的重物 C 的加速度. 缆绳和绞盘的质量都不计.

答 $w = \dfrac{M - fmgr}{mr}$.

47.8 试在考虑绞盘质量的条件下求解上题. 已知绞盘对转动轴的转动惯量等于 J.

答 $w = \dfrac{r(M - fmgr)}{J + mr^2}$.

47.9 质量为 M_1 的重物 A 沿着倾角为 α 光滑斜面下滑, 并借助不可伸长的绳子拖动质量为 M_2、半径为 r 的鼓轮 B. 设鼓轮为均质圆柱体, 求鼓轮的角加速度. 定滑轮 C 和绳子的质量都不计.

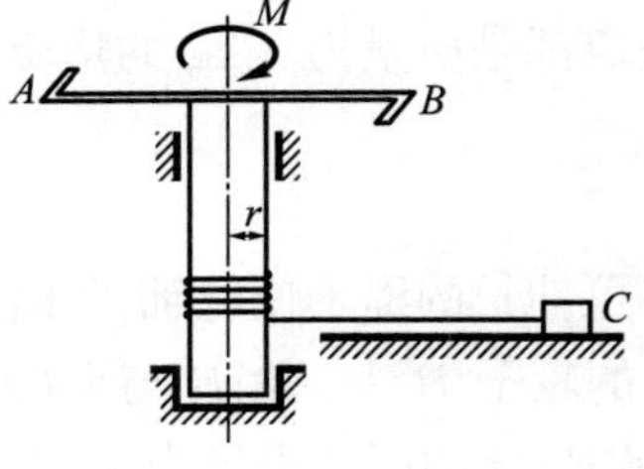

题 47.7 图

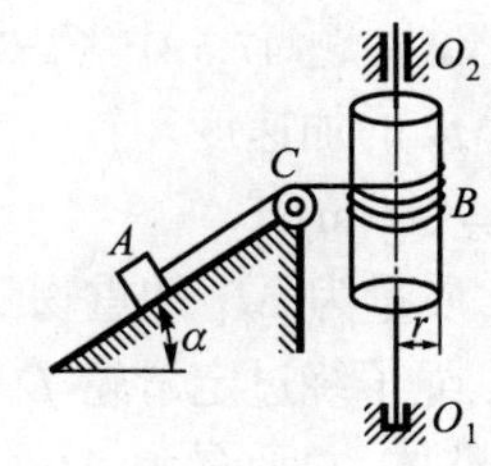

题 47.9 图

答　$\varepsilon=\dfrac{2M_1g\sin\alpha}{r(2M_1+M_2)}$.

47.10　一人用水平力 $\boldsymbol{F}$ 推动小车. 求小车车身的加速度. 已知车身的质量等于 M_1, 四个轮子每个质量都为 M_2, 轮子的半径为 r, 滚动摩阻系数为 δ. 轮子都可看成实心圆盘, 在轨道上纯滚动.

答　$w=\dfrac{F-\dfrac{\delta}{r}(M_1+4M_2)g}{(M_1+6M_2)}$.

47.11　质量为 M_1 的滚子 A 沿斜面无滑动滚下, 并借不可伸长的绳子跨过滑轮 B 来提升质量 M_2 的重物 C. 滑轮 B 绕与图面垂直的固定轴 O 转动. 滚子 A 和滑轮 B 是质量和半径都相同的均质圆盘. 斜面倾角为 α. 求滚子轴的加速度. 绳的质量不计.

答　$w=g\dfrac{M_1\sin\alpha-M_2}{2M_1+M_2}$.

47.12　质量为 M_1 的重物 B 通过缠绕在滚子 A 上的绳子拖动滚子. 滚子的质量为 M_2, 半径为 r. 设滚子只滚不滑, 滚动摩阻系数为 δ. 求重物 B 的加速度. 滑轮 D 的质量不计.

答　$w=8g\dfrac{M_1-\dfrac{\delta}{2r}M_2}{8M_1+3M_2}$.

47.13　质量为 M_1 的杆 DE 放在质量均为 M_2 的三个滚子 A, B, C 上. 在杆上作用着水平向右的力 $\boldsymbol{F}$, 使杆和滚子发生运动. 在杆与滚子之间, 以及滚子与水平面之间, 都无滑动. 求杆 DE 的加速度. 滚子可看成均质圆柱体.

答　$w=\dfrac{8F}{8M_1+9M_2}$.

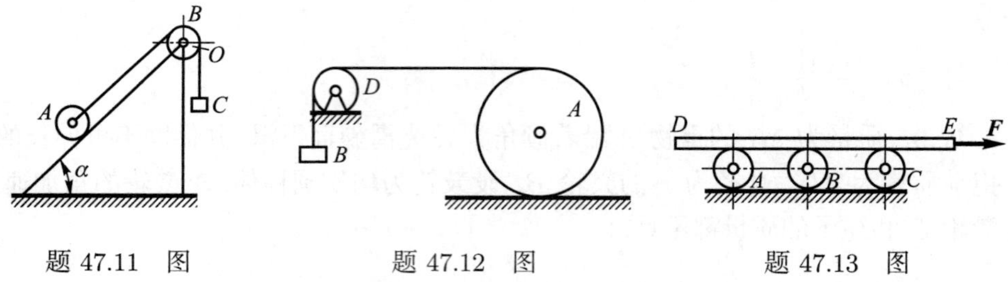

题 47.11　图　　题 47.12　图　　题 47.13　图

47.14　试在题 47.5 中考虑滑轮的质量, 并假定都是质量为 4 kg 的均质实心圆盘, 求重物 M_2 的加速度.

答　$w=0.7\ \mathrm{m/s^2}$.

47.15　质量为 M_1 的重物 A 在下落时, 借不可伸长的绳子使轮轴 C 沿水平轨道作纯滚动. 绳子绕过定滑轮 D 并缠在半径为 R 的轮子 B 上. 轮 B 与半径为 r 的 C 轴固连为整体, 总质量为 M_2, 且对垂直于图面的轴 O 的回转半径为 ρ. 求重物 A 的加速度. 绳子和滑轮的质量都不计.

答 $w=g\dfrac{M_1(R-r)^2}{M_1(R-r)^2+M_2(\rho^2+r^2)}$.

47.16 离心调速器以匀角速度 ω 绕铅直轴转动. 只考虑每个球的质量 M 以及套管 C 的质量 M_1. 各个杆的长度都是 l. 求 OA 和 OB 两臂与铅垂线的夹角.

答 $\cos\varphi=\dfrac{(M+M_1)g}{Ml\omega^2}$.

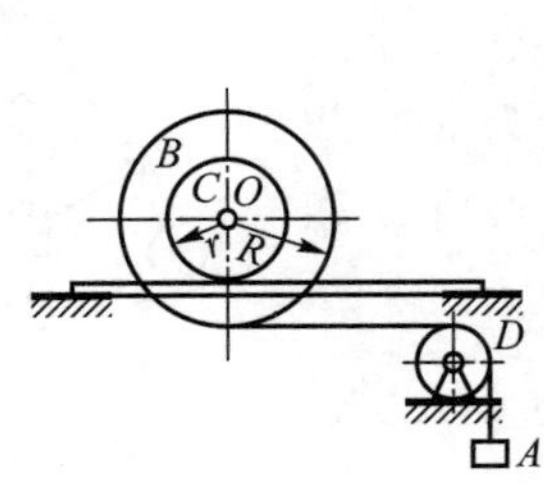

题 47.15 图

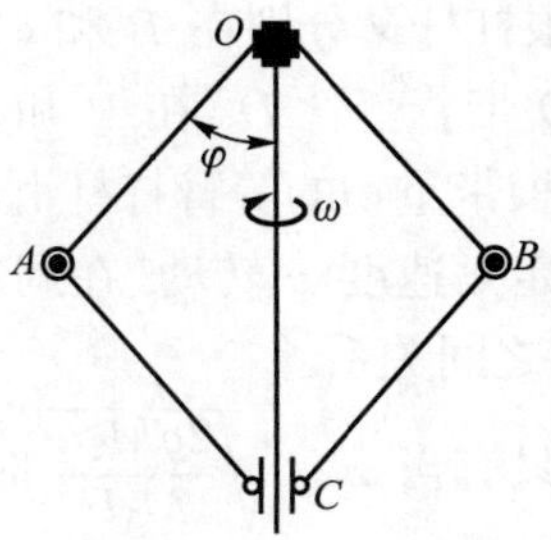

题 47.16 图

47.17 离心调速器以恒定角速度 ω 转动. 套管的质量为 M_1, 它被弹簧压下, 当 $\alpha=0$ 时, 弹簧处于未变形状态. 弹簧的上端固定在调速器的轴上. 两球的质量均为 M_2. 各个杆的长度都等于 l. 各个杆的悬轴到调速器轴的距离都为 a. 杆和弹簧质量都可忽略不计. 弹簧的刚度系数等于 c. 求调速器的角速度 ω 和各个杆偏离铅垂线的角度 α 之间关系.

答 $\omega^2=\dfrac{(M_1+M_2)g+2lc(1-\cos\alpha)}{M_2(a+l\sin\alpha)}\tan\alpha$.

47.18 离心弹簧调速器包含下列零件: 质量均为 M 的重物 A 和 B, 都套在光滑的水平杆上, 水平杆与调速器的主轴固结; 质量为 M_1 的套管 C, 长度均为 l 的两根拉杆, 以及把重物压向调速器主轴的两个弹簧. 两根拉杆的轴销到主轴的距离都为 e, 弹簧的刚度系数均为 c. 求调速器在张角为 α 时的角速度. 设张角为 $\alpha_0(<\alpha)$ 时, 弹簧不受力. 拉杆的质量和摩擦都不计.

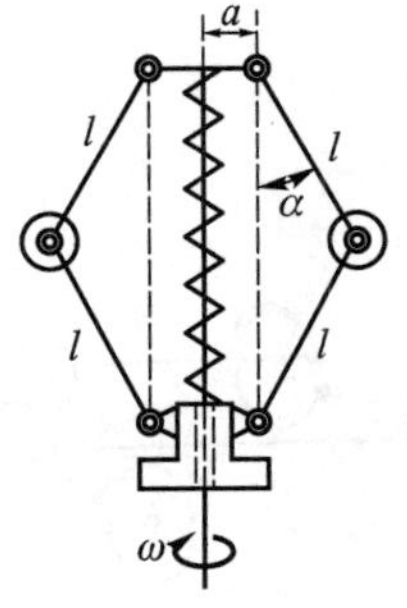

题 47.17 图

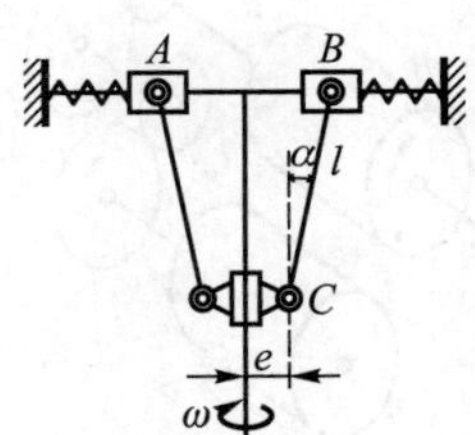

题 47.18 图

答 $\omega=\sqrt{\dfrac{M_1g\tan\alpha+2cl(\sin\alpha-\sin\alpha_0)}{2M(e+l\sin\alpha)}}$.

47.19 调速器上有四个质量都为 M_1 的重物,分别位于长度均为 $2l$ 的两根等臂杠杆的端点. 杠杆可在调速器平面内绕主轴 O 转动,与主轴成可变的角度 φ. 在与主轴端点 O 相距为 $OA=a$ 的 A 点处,有两根长均为 a 的杆 AB 和 AC 与主轴铰接. 这两根杠杆又分别在 B 和 C 两点与长为 a 的杆 BD, CD 铰接, CD 带着套管 D. 在 B 和 C 两点各有一个滑块,每个滑块可沿一根带重物的等臂杠杆滑动. 已知套管的质量为 M_2,调速器以恒定角速度 ω 转动. 在调速器在平衡位置时,求角 φ 和角速度 ω 之间关系.

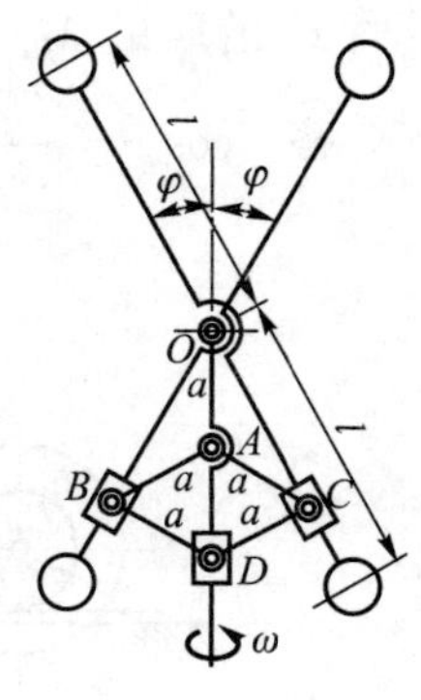

题 47.19 图

答 只有当 $\omega=\sqrt{\dfrac{2gM_2a}{M_1l^2}}$ 时,调速器才平衡,与 φ 无关.

§48. 第二类拉格朗日方程

48.1 用一对齿轮传递两个轴之间转动. 齿轮的齿数分别为 z_1 和 z_2,两个轴及其齿轮的转动惯量分别为 J_1 和 J_2. 设作用于第一根轴上的力矩为 M_1,作用于第二根轴上的阻力矩为 M_2. 不计轴承摩擦,试写出第一根轴的运动方程.

答 $(J_1+i^2J_2)\ddot{\varphi}=M_1-iM_2$,其中 $i=\dfrac{z_1}{z_2}$.

48.2 离心机的鼓轮 B 由电动机 A 通过二级减速器驱动. 已知: 电动机的转动惯量为 J_0,鼓轮的转动惯量为 J_2,减速器中间轴的转动惯量为 J_1,减速器两级的传动比分别为 i_{01} 和 i_{12}. 在电动机转子上作用着驱动力矩 M_0 和阻力矩 M_0',在减速器轴和鼓轮轴上分别作用着阻力矩 M_1' 和 M_2'. 试写出离心机鼓轮的转动微分方程.

答 $(J_0i_{01}^2i_{12}^2+J_1i_{12}^2+J_2)\ddot{\varphi}=(M_0-M_0')i_{10}i_{12}-M_1'i_{12}-M_2'$.

48.3 电动机车的传动部分包括电动机 A 和传动比为 i 的一级减速器. 试写出电动机车的运动微分方程. 设电动机转子的转动惯量为 J_0,四只轮子的转动惯量都

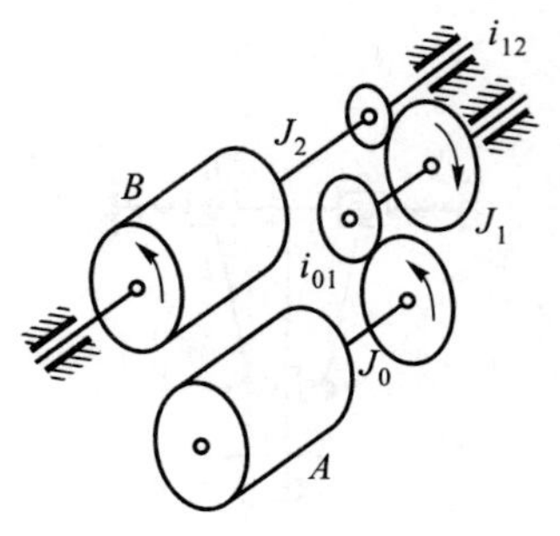

题 48.2 图

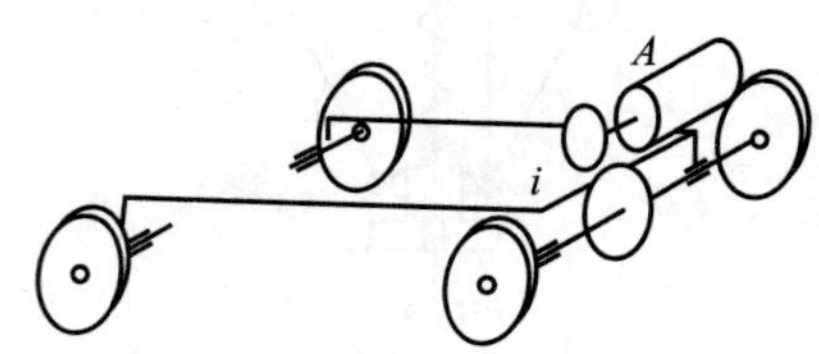

题 48.3 图

为 J_1, 轮子半径为 r, 整个电动机车的质量为 m, 电动机的力矩为 M, 电动机轴所受的阻力矩为 M', 对电动机车运动的总阻力大小为 F.

答 $\left(m+\dfrac{4J_1}{r^2}+\dfrac{J_0}{i^2r^2}\right)\ddot{x}=\dfrac{M-M'}{ir}-F.$

48.4 定常联动式电动机 A 装在旋转的框架上, 框架的位置用 φ 角表示. 电动机轴上的行星齿轮 1 绕固定齿轮 2 滚动. 试写出框架的运动微分方程. 设框架和电动机一起的转动惯量为 J_1, 电机转子的转动惯量为 J_0, 齿轮副的传动比为 i_{12}, 电动机的力矩为 M_0, 电动机轴的阻力矩为 M_0', 作用于框架轴的力矩为 M_1'.

答 $\left[J_0\left(1+\dfrac{1}{i_{12}}\right)^2+J_1\right]\ddot{\varphi}=(M_0-M_0')\left(1+\dfrac{1}{i_{12}}\right)-M_1'.$

48.5 质量为 m 的重物 P 悬挂于均质的钢丝绳上. 绳的质量为 m_1、长 l, 并缠在半径为 a、质量为 m_2 的鼓轮上. 转动轴是水平的, 设鼓轮的质量均匀分布在边缘上. 在初始瞬时系统处于静止, 绳子的悬挂部分长为 l_0. 不计摩擦, 求重物的运动.

提示: 鼓轮的尺寸和绳子下垂部分的长度相比可以不计.

答 $x=-\dfrac{ml}{m_1}+\left(l_0+\dfrac{ml}{m_1}\right)\cosh\sqrt{\dfrac{m_1g}{(m+m_1+m_2)l}}t.$

48.6 在传动机构中, 半径为 r_1 的动齿轮装在带有平衡锤的曲柄上. 曲柄在力矩 M 的作用下绕固定齿轮轴转动. 不计摩擦, 求曲柄转动的角加速度和齿轮接触点处的力 S. 设齿轮轴之间的距离等于 l, 带平衡锤的曲柄对于曲柄转动轴的转动惯量等于 J_0, 动齿轮的质量为 m_1, 对自身轴的转动惯量为 J_1. 齿轮和带平衡锤的曲柄的质心处在曲柄的转动轴上.

答 $\varepsilon=\dfrac{M}{J_0+m_1l^2+J_1\dfrac{l^2}{r_1^2}},\quad S=\dfrac{J_1l}{r_1^2}\varepsilon.$

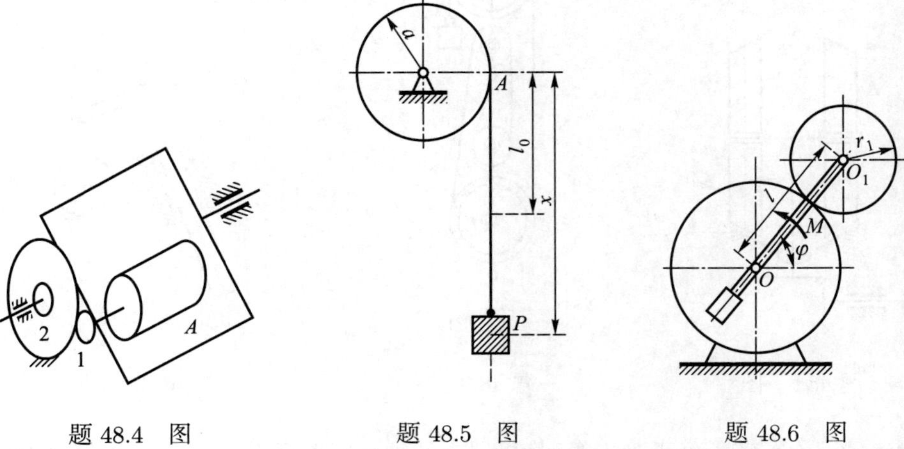

题 48.4 图　　题 48.5 图　　题 48.6 图

48.7 在行星轮机构中, 以 O_1 为轴的齿轮固定不动. 在手柄 O_1O_3 上作用着力

矩 M. 设机构处于水平面内, 各个齿轮都为均质圆盘, 具有相同质量 m 和相同半径 r, 不计手柄的质量, 求手柄的角加速度.

答 $\varepsilon = \dfrac{M}{22mr^2}$.

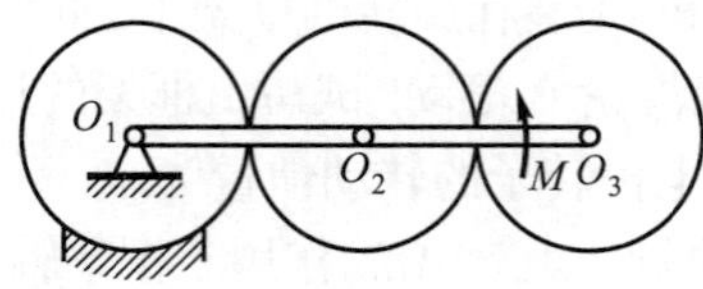

题 48.7 图

48.8 发动机通过传动轮系使碾子 K 运动, 如图所示. 每个碾子的质量为 3 t, 平均半径为 $R = 1$ m, 转动半径为 $r = 0.5$ m. 设碾子的瞬时转动轴通过轮缘的中间点 C. 从发动机转轴到铅垂转轴有两个传动轮, 它们的半径之比为 $\dfrac{2}{3}$. 把碾子看成半径为 R 的均质圆盘, 与碾子质量相比, 可忽略所有其他活动部分的质量. 常值力矩 m 作用在发动机轴上, 阻力不计, 经过 10 s 铅垂轴达到 120 r/min 的角速度, 求力矩 m.

答 $m =$ 3140 N·m.

48.9 质量 101 kg 的重物 M 借助滑轮组提升重物 M_1. 重物 M_1 和活动的部分共重为 320 kg. 在四个滑轮中, 两个大滑轮的质量均为 16 kg, 两个小滑轮的质量均为 8 kg. 大滑轮的半径等于 r, 小滑轮的半径等于 r_1. 求重物 M 的加速度. 在求滑轮的动能时, 可设它们的质量都均匀分布在圆周上.

答 0.1 g.

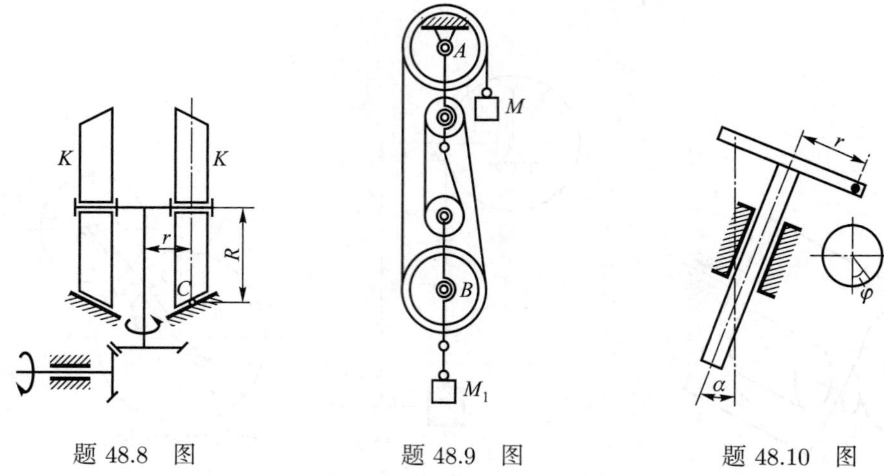

题 48.8 图　　题 48.9 图　　题 48.10 图

48.10 为了转子处于静平衡, 将机器中的轴承偏离铅垂线 α 角. 轴承内的转子对转轴的转动惯量为 J, 转子上有一个非平衡质量 m, 到转轴的距离为 r. 试写出转子的运动微分方程, 并求在平衡位置附近转子作微振动的频率.

答 $(mr^2+J)\ddot{\varphi}+mgr\sin\alpha\sin\varphi=0$, $k=\sqrt{\dfrac{mgr\sin\alpha}{mr^2+J}}$, 其中 φ 为转子的转角.

48.11 均质圆锥体在粗糙斜面上滚动, 斜面倾角为 α. 圆锥体的母线长 l, 顶角为 2β. 试写出圆锥体的运动微分方程.

提示: 取接触母线和斜面最大倾斜线之间的夹角 θ 为广义坐标.

答 $\ddot{\theta}+\dfrac{g\sin\alpha}{l\left(\cos^2\beta+\dfrac{1}{5}\right)}\sin\theta=0$.

48.12 质量为 m 的质点在重力作用下沿旋轮线轨迹运动, 已知旋轮线方程为 $s=4a\sin\varphi$, 其中 s 为弧长, 从 O 算起, 角 φ 为旋轮线上点的切线和水平轴的夹角. 求点的运动方程.

答 $s=A\sin\left(\dfrac{1}{2}\sqrt{\dfrac{g}{a}}t+\varphi_0\right)$, 其中 A 和 φ_0 为积分常数.

48.13 质量为 m 的质点 M 挂在绳子上, 绳子绕在半径为 a 的不动圆柱体上. 试写出此摆的运动方程. 在平衡位置, 绳子下垂部分长 l. 不计绳子质量.

答 $(l+a\theta)\ddot{\theta}+a\dot{\theta}^2+g\sin\theta=0$, 其中 θ 为摆偏离铅直线的角度.

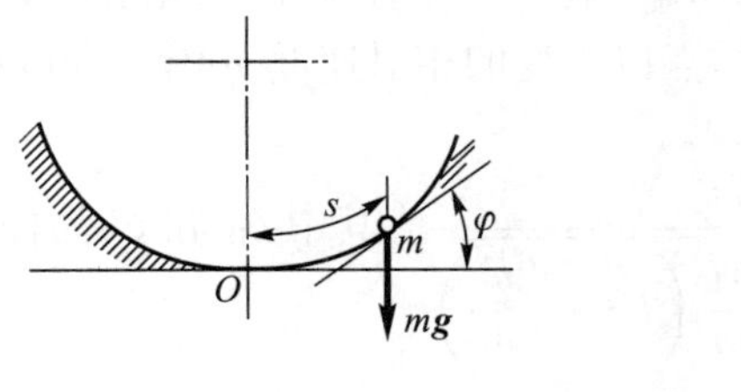

题 48.12 图

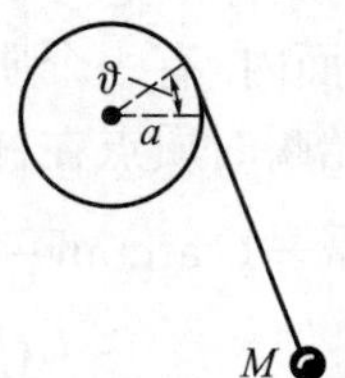

题 48.13 图

48.14 质量为 m 的质点悬挂在长度按已知规律 $l=l(t)$ 变化的绳子上, 试写出摆动微分方程.

答 $\ddot{\varphi}+2\dfrac{\dot{l}}{l}\dot{\varphi}+\dfrac{g}{l}\sin\varphi=0$, 其中 φ 为绳子偏离铅垂线的角度.

48.15 质量为 m 的质点, 系在长为 l 的不可伸长的绳子上, 悬挂点沿倾斜直线按已知规律 $\xi=\xi(t)$ 运动. 倾斜直线与水平面的夹角为 α. 试写出摆动微分方程.

答 $\ddot{\varphi}+\dfrac{g}{l}\sin\varphi+\dfrac{\ddot{\xi}}{l}\cos(\varphi-\alpha)=0$.

48.16 同平面内两根轴之间的夹角为 α, 用卡尔丹铰链将这两根轴连在一起. 两轴的转动惯量分别等于 J_1 和 J_2. 设在第一根轴上作用力矩 M_1, 第二根轴所受的阻力矩为 M_2, 轴承的摩擦不计. 试写出第一根轴的运动方程.

答 以 φ 表示第一根轴的转角, 则有

$$\left[J_1+\frac{J_2\cos^2\alpha}{(1-\sin^2\alpha\cos^2\varphi)^2}\right]\ddot{\varphi}-\frac{J_2\sin^2\alpha\cos^2\alpha\sin2\varphi}{(1-\sin^2\alpha\cos^2\varphi)^3}\dot{\varphi}^2=M_1-\frac{M_2\cos\alpha}{1-\sin^2\alpha\cos^2\varphi}.$$

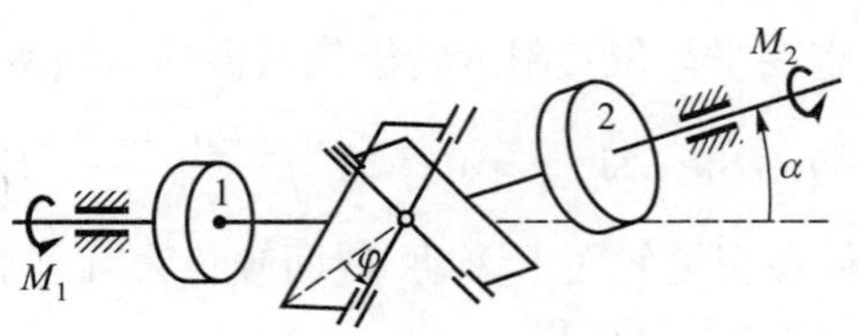

题 48.16　图

48.17　曲柄机构由活塞、连杆 AB、曲柄 OB、转轴以及飞轮构成. 活塞的质量为 m_1, 连杆的质量为 m_2, 连杆对质心 C 的转动惯量为 J_2, 曲柄 OB、转轴以及飞轮在一起对轴 O 的转动惯量为 J_3. 活塞面积为 Ω, 作用在活塞上的压力为 $\boldsymbol{p}$, 连杆长为 l, 连杆质心到点 A 的距离为 s, 曲柄 OB 长为 r, 作用于轴的阻力矩为 M. 设连杆的转角 ψ 很小, 可取 $\sin\psi=\psi$, $\cos\psi=1$. 取曲柄的转角 φ 为广义坐标, 试列出机构的运动方程. 设整个机构处在水平面内.

答　$$\left[(m_1+m_2)r^2\sin^2\varphi+(J_2+m_1s^2)\left(\frac{r}{l}\right)^2\cos^2\varphi+J_3\right]\ddot{\varphi}$$
$$+\left[(m_1+m_2)r^2-(J_2+m_1s^2)\left(\frac{r}{l}\right)^2\right](\cos\varphi\sin\varphi)\dot{\varphi}^2=-M+p\Omega r\sin\varphi.$$

48.18　均质杆质量为 M, 长为 $2a$, 两端可在一个半径为 R 的光滑圆周上运动, 圆周处于水平面内. 有一个质量为 m 的质点以不变的相对速度 $\boldsymbol{v}$ 沿着杆运动. 求杆的运动. 设初始瞬时质点在杆的质心.

答　$\theta-\theta_0=C\arctan\dfrac{vt}{\sqrt{R^2-a^2+\dfrac{M}{m}\left(R^2-\dfrac{2a^2}{3}\right)}}$, 其中 θ_0 和 C 为任意常数.

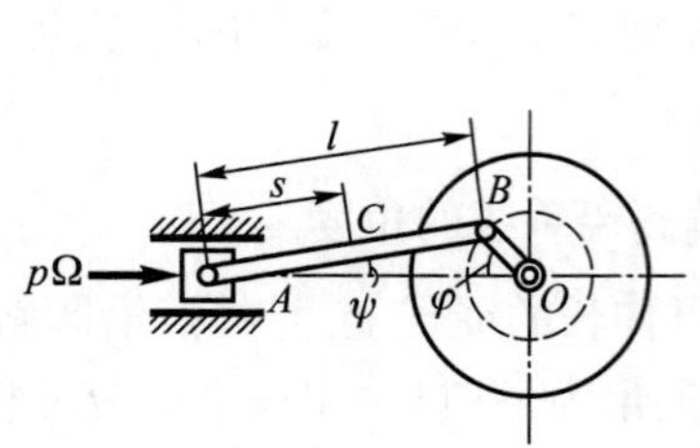

题 48.17　图

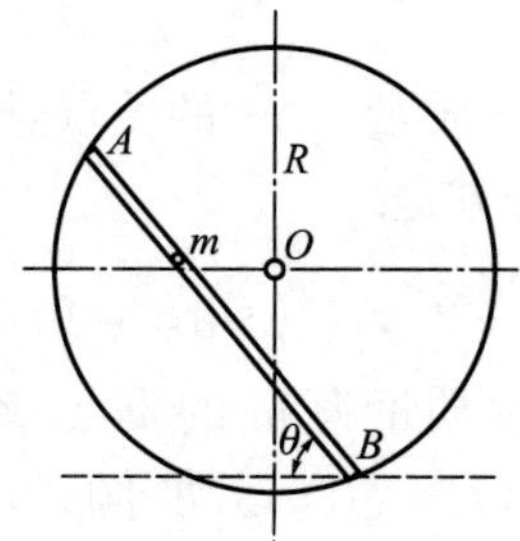

题 48.18　图

48.19　均质重杆 AB 长为 $2a$, 质量为 M, 两端沿框架的水平边和铅垂边无摩擦滑动, 框架绕铅垂轴作匀角速度 ω 转动. 试写出杆的运动方程, 并求相对平衡位置.

答　$\dfrac{4}{3}Ma^2\ddot{\theta}-\dfrac{4}{3}M\omega^2a^2\sin\theta\cos\theta-Mga\sin\theta=0$, 其中 θ 角为杆偏离铅垂线的角度. $\theta=0$ 为相对平衡位置 (不稳定平衡).

48.20　在半径为 R 的圆盘边缘铰接着一根杠杆, 杠杆的两端带有集中质量 m_1

和 m_2. 从铰链到两个集中质量的距离分别等于 l_1 和 l_2. 圆盘以角速度 ω 绕垂直于所在平面的铅垂轴转动. 试写出杠杆的运动方程, 并求杠杆的相对平衡位置. 杠杆的质量不计. 再考虑圆盘在铅垂平面内转动的情况 (即考虑重力的作用), 重新求解此题.

答　绕铅垂轴转动的微分方程:

$$(m_1 l_1^2 + m_2 l_2^2)\ddot{\psi} - R\omega^2(m_1 l_1 - m_2 l_2)\cos(\psi - \omega t) = 0.$$

当 $m_1 l_1 = m_2 l_2$ 时, 杠杆处于随遇相对平衡. 当 $m_1 l_1 \neq m_2 l_2$ 时, 存在两个相对平衡位置: $\psi = \omega t \pm \dfrac{\pi}{2}$, 即杠杆沿半径. 绕水平轴转动的微分方程:

$$(m_1 l_1^2 + m_2 l_2^2)\ddot{\psi} - R\omega^2(m_1 l_1 - m_2 l_2)\cos(\psi - \omega t) + (m_1 l_1 - m_2 l_2) g \sin\psi = 0.$$

当 $m_1 l_1 \neq m_2 l_2$ 时, 不可能有相对平衡位置.

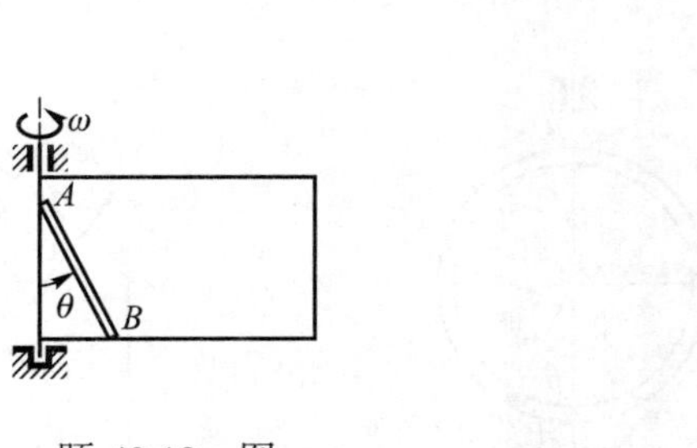

题 48.19　图

题 48.20　图

48.21　质量为 M 的薄圆盘在光滑水平面上滑动. 圆盘的下表面是光滑的, 上表面是不光滑的. 圆盘上面有质量为 m 的运动质点. 质点相对圆盘的运动方程为: $x = x(t)$, $y = y(t)$, 其中 x 和 y 是与圆盘固结的直角坐标, 坐标原点在圆盘的质心. 圆盘对质心的转动惯量为 J. 设圆盘初始静止, 求圆盘角速度的变化规律.

答　$$\left[J + \frac{mM}{m+M}(x^2+y^2)\right]\dot{\varphi} + \frac{mM}{m+M}(x\dot{y} - y\dot{x}) = \frac{mM}{m+M}(x_0\dot{y}_0 - y_0\dot{x}_0).$$

其中 $x_0, y_0, \dot{x}_0, \dot{y}_0$ 为质点的初始坐标和初始速度的分量.

48.22　在上题中, 假设有一个质点以相对速度 $v = \alpha t$ 沿着薄圆盘边缘运动. 圆盘半径为 R. 求圆盘的运动规律.

答　$$\varphi = \frac{\beta}{2R}t^2, \quad \beta = -\frac{mMR^2\alpha}{J(m+M) + mMR^2},$$

$$\xi = -\frac{mR}{m+M}\cos\left(\frac{\alpha+\beta}{2R}t^2\right), \quad \eta = -\frac{mR}{m+M}\sin\left(\frac{\alpha+\beta}{2R}t^2\right),$$

其中, φ 为圆盘的转角, ξ 和 η 为固定坐标系中圆盘质心的坐标. 坐标的原点取为系统的质心.

48.23 质点 M 在重力作用下沿直杆 AB 运动, 直杆又以匀角速度 ω 绕固定铅垂轴转动. 杆 AB 与水平面的夹角为 α. 求质点的运动规律.

答 质点到直线 AB 与铅垂轴的交点的距离为

$$r = C_1 \mathrm{e}^{\omega t \cos\alpha} + C_2 \mathrm{e}^{-\omega t \cos\alpha} + \frac{g}{\omega^2}\frac{\sin\alpha}{\cos^2\alpha},$$

其中 C_1 和 C_2 为积分常数.

48.24 质量为 m 的质点沿半径为 a 的圆框运动, 圆框又以匀角速度 ω 绕铅垂直径 AB 转动. 试列出质点的运动方程, 并求使圆框匀速转动所需的力矩 M.

答 $\ddot{\theta} + \left(\dfrac{g}{a} - \omega^2\cos\theta\right)\sin\theta = 0,\quad M = 2ma^2\omega\dot{\theta}\sin\theta\cos\theta.$

48.25 质量为 m 的物体可绕水平轴 O_1O_2 转动, 该水平轴又以匀角速度 ω 绕铅垂轴 OC 转动. 物体的质心 G 在垂直于 O_1O_2 的直线上, 到点 O_3 的距离为 l. 设 O_1O_2 和 O_3G 这两根轴为物体对 O_3 点的惯性主轴. 试写出物体的运动方程. 已知物体对三个主轴的转动惯量分别为 A, B, C.

答 $A\ddot{\theta} + \omega^2(C-B)\sin\theta\cos\theta = -mgl\sin\theta$, 其中 θ 为绕轴 O_1O_2 转动的转角.

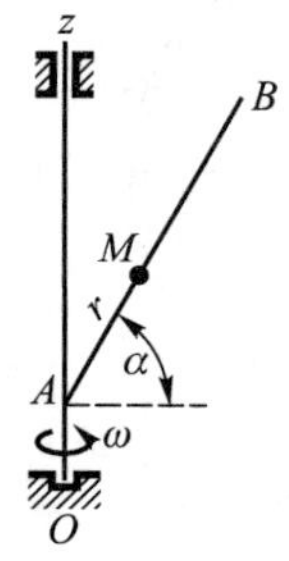

题 48.23 图

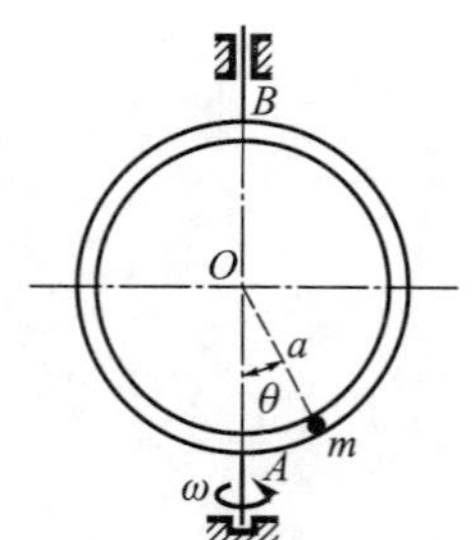

题 48.24 图

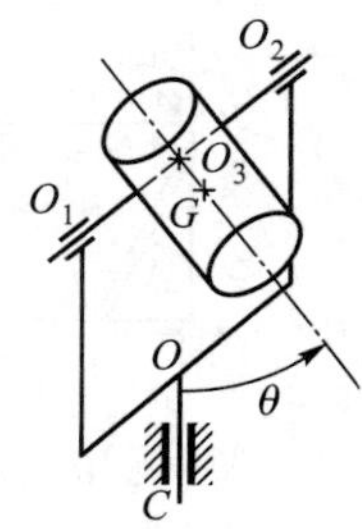

题 48.25 图

48.26 均匀细绳的一端系有质量为 m 的重物 A. 绳绕过定滑轮 B 和动滑轮 C, 再向上绕过定滑轮 D, 然后取平行于水平面的走向, 最后系于质量为 m 的重物 E. 在滑轮 C 的轴上系有质量为 m_1 的重物 K. 重物 E 与水平面的滑动摩擦系数等于 f. 设所有重物的初速度都等于零, 求重物 K 下落的条件, 以及重物 K 的加速度. 滑轮和绳子的质量都不计.

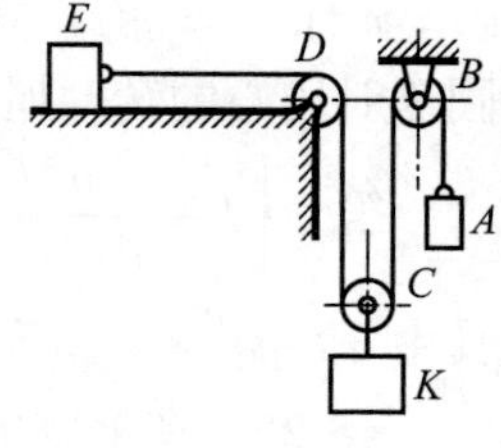

题 48.26 图

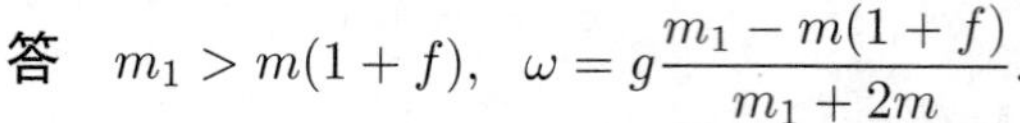

答 $m_1 > m(1+f),\quad \omega = g\dfrac{m_1 - m(1+f)}{m_1 + 2m}.$

48.27 质量均为 m 的重物 D 和 E 分别系在不可伸长绳子的两端, 从重物 E 开始, 绳子绕过定滑轮 A, 然后围绕动滑轮 B, 再回头向上到定滑轮 C, 最后平行于光滑倾斜面连接重物 D. 在动滑轮 B 上系有质量为 m_1 的重物 K. 重物 E 与水平面的滑动摩擦系数等于 f. 滑轮和绳子的质量都不计. 设在初始瞬时所有重物的速度都等于零. 求重物 K 下落的条件, 以及重物 K 的加速度.

答　$m_1 > m(f+\sin\alpha)$, $w = g\dfrac{m_1 - m(f+\sin\alpha)}{m_1+2m}$.

48.28　质量为 m 的棱柱体 A 沿棱柱体 B 的光滑侧面滑动, 此侧面的倾角为 α. 求棱柱体 B 的加速度. 棱柱体 B 和水平面间的摩擦可不计.

答　$w = \dfrac{mg\sin 2\alpha}{2(m_1+m\sin^2\alpha)}$.

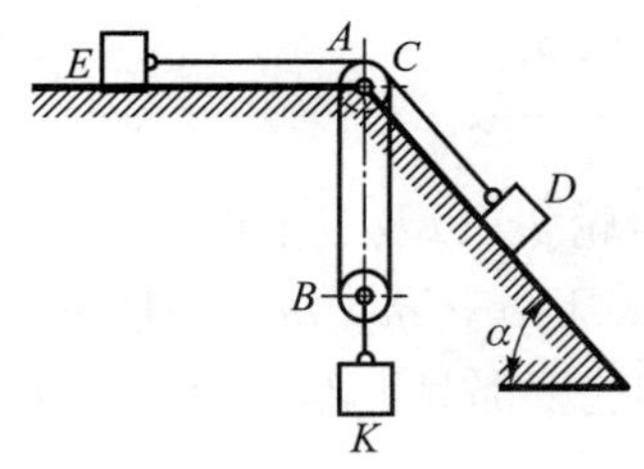

题 48.27　图

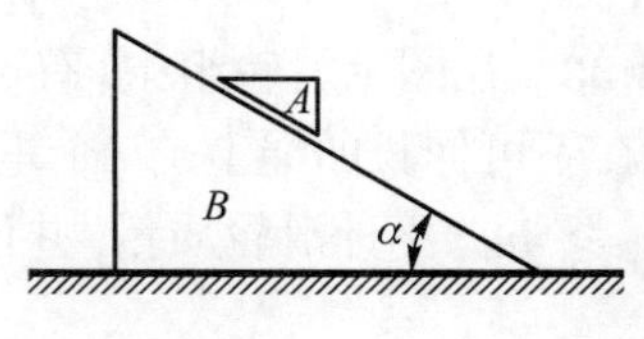

题 48.28　图

48.29　质量为 m 的三棱柱体 ABC 可在光滑水平面上无摩擦地滑动. 沿棱柱体的边 AB 有一质量为 m_1 的均质圆柱体在作滚动 (不滑动). 求三棱柱体的加速度.

答　加速度方向向左, 大小等于 $\dfrac{m_1 g\sin 2\alpha}{3(m+m_1)-2m_1\cos^2\alpha}$.

48.30　绳子跨过定滑轮 A 和 B, 并在中间挂有动滑轮 C, 不在轮上的各段绳子都为铅垂的. 滑轮 C 上挂有质量为 $m = 4$ kg 的砝码. 在绳的两端系有质量分别为 $m_1 = 2$ kg 和 $m_2 = 3$ kg 的重物. 不计各滑轮和绳子的质量以及轴上的摩擦, 求这三个重物的加速度.

答　$w = \dfrac{1}{11}g$ (向上), $w_1 = \dfrac{1}{11}g$ (向上), $w_2 = \dfrac{3}{11}g$ (向下).

48.31　质量都为 m 的两个重物 M_1 和 M_2 分别沿倾角为 α 和 β 的倾斜滑道 OA 和 OB 运动, 两滑道都在铅垂面内. 连接两重物的绳子从 M_1 开始, 绕过一个具有水平轴的滑轮, 再卷上一个带有重物 M 的动滑轮 Q, 然后再绕过与滑轮 O 共轴的滑轮 O_1, 最后系在重物 M_2 上. 重物 M 的质量为 m_1. 求重物 M 的加速度 w. 摩

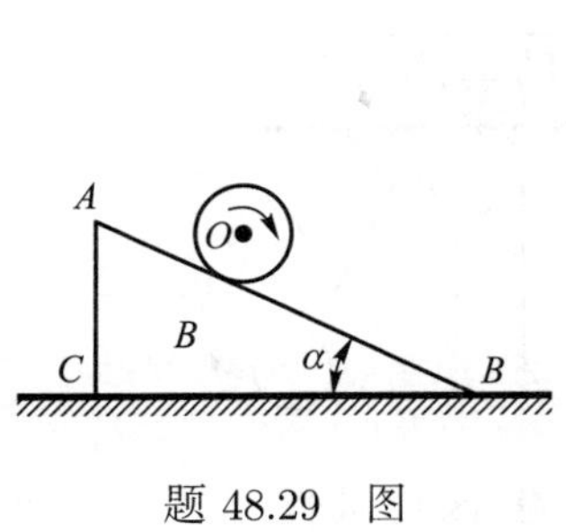

题 48.29　图

题 48.30　图

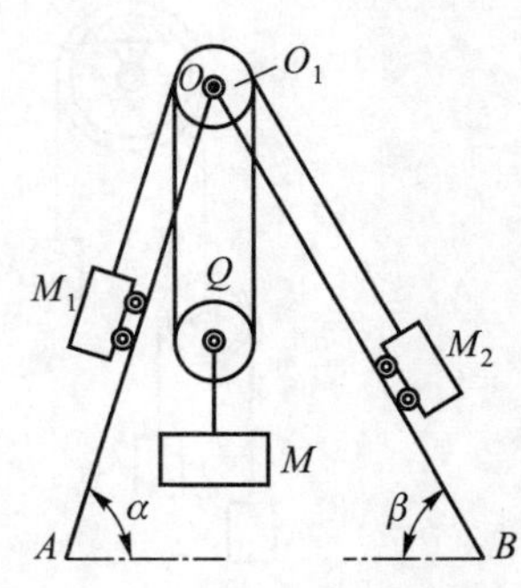

题 48.31　图

擦以及定滑轮、动滑轮和绳子的质量都不计.

答　$w=g\dfrac{m_1-m(\sin\alpha+\sin\beta)}{m_1+2m}.$

48.32　把上题中的重物 M_1 和 M_2 都换成质量为 m、半径为 r 的滚子. 设滚子为均质实心圆柱体, 它和斜面的滚动摩阻系数为 δ. 绳子是系在滚子轴上的. 求滚子中轴线的加速度.

答　$w=g\dfrac{m_1-m\left[\sin\alpha+\sin\beta+\dfrac{\delta}{r}(\cos\alpha+\cos\beta)\right]}{m_1+2m}.$

48.33　在图示滑轮组中, 有定滑轮 A 和动滑轮 B, 以及三个重物 M_1, M_2, M_3. 重物挂在不可伸长的绳上. 三个重物的质量分别等于 m_1, m_2, m_3, 并且 $m_1<m_2+m_3$, $m_2\geqslant m_3$. 不计滑轮质量, 并设各个重物的初速度都等于零. 求重物 M_1 下落的条件.

答　$m_1>\dfrac{4m_2m_3}{m_2+m_3}.$

48.34　圆柱体在小车的平板上作纯滚动. 小车沿着斜面无滑动滚下, 斜面倾角为 α, 并平行于小车的平板. 圆柱体的母线垂直于平板最大斜坡线. 小车不包括轮子时的质量为 M, 全部轮子的总质量为 m, 圆柱体的质量为 M_1, 车轮可看成均质实心圆盘. 求小车的加速度.

答　$w=\dfrac{6M+6m+2M_1}{6M+9m+2M_1}g\sin\alpha.$

48.35　椭圆摆由滑块 M_1 和小球 M_2 构成. 滑块质量为 m_1, 可在水平面上无摩擦地滑动. 小球质量为 m_2, 用长为 l 的杆 AB 与滑块相连. 杆 AB 可绕 A 轴转动. 不计杆的质量, 试列出椭圆摆的运动方程, 并求微摆动的周期.

答　$\dfrac{\mathrm{d}}{\mathrm{d}t}[(m_1+m_2)\dot{y}+m_2l\dot{\varphi}\cos\varphi]=0,\ l\ddot{\varphi}+(\cos\varphi)\ddot{y}+g\sin\varphi=0.$

$T=2\pi\sqrt{\dfrac{m_1l}{(m_1+m_2)g}}.$

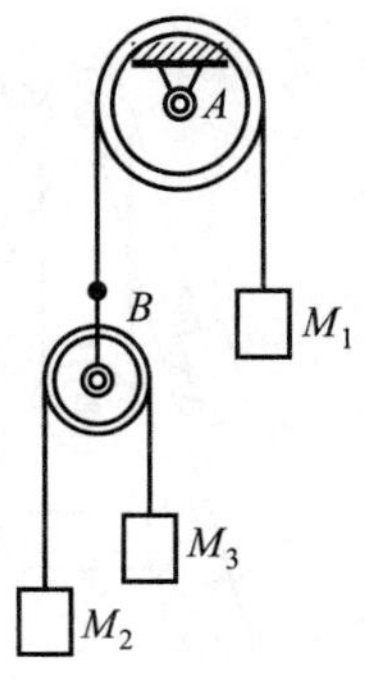

题 48.33　图

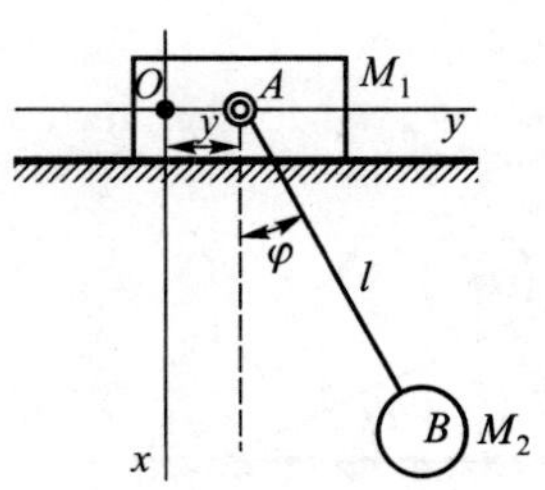

题 48.35　图

48.36 当小车 A 碰上弹性支座 B 时, 挂在杆上的重物 D 将开始振动. 设小车的质量为 m_1, 重物质量为 m_2, 杆长为 l, 支座 B 上弹簧的刚度系数为 c. 不计车轮和杆的质量以及所有的阻力, 试写出系统的运动微分方程. 坐标轴 x 的原点取在未变形弹簧的左端. 并求在无支座 B 的情况下重物微振动的周期.

提示: 求微振动周期时, 可以忽略带有乘子 $\dot{\varphi}^2$ 的项, 并认为 $c=0$, $\sin\varphi\approx\varphi$, $\cos\varphi\approx 1$.

答 $(m_1+m_2)\ddot{x}+m_2 l\ddot{\varphi}\cos\varphi-m_2 l\dot{\varphi}^2\sin\varphi=-cx$, $\ddot{x}\cos\varphi+l\ddot{\varphi}=-g\sin\varphi$.

$$T=2\pi\sqrt{\frac{m_1 l}{(m_1+m_2)g}}.$$

48.37 质量为 m_2 的棱柱体 B 沿固定棱柱体 A 下滑, 棱柱体 A 斜面的倾角为 α. 在棱柱体 B 上, 用圆柱铰链 O 和螺旋弹簧连接一根均质细杆 OD. 杆长为 l, 质量为 m_1. 弹簧的刚度系数为 c. 细杆绕垂直于图示平面的 O 轴摆动. 棱柱体 B 和杆 OD 的位置由坐标 s 和 φ 确定, 试写出系统的运动微分方程. 系统包括棱柱体 B 和杆 OD, 不计摩擦阻力. 又假设 $m_1 gl\cos^2\alpha<2c$, 求杆 OD 微振动的周期.

提示: 求微振动周期时, 可以认为 $\sin\varphi\approx\varphi$, $\cos(\varphi+\alpha)\approx\cos\alpha-\varphi\sin\alpha$, 然后舍掉含 $\dot{\varphi}^2$ 和 $\varphi\ddot{\varphi}$ 的各项.

答 $(m_1+m_2)\ddot{s}+\frac{1}{2}m_1 l\dot{\varphi}^2\sin(\varphi+\alpha)-\frac{1}{2}m_1 l\ddot{\varphi}\cos(\varphi+\alpha)=(m_1+m_2)g\sin\alpha$,

$$\frac{1}{3}m_1 l^2\ddot{\varphi}-\frac{1}{2}m_1 l\ddot{s}\cos(\varphi+\alpha)=\frac{1}{2}m_1 gl\sin\varphi-c\varphi.$$

$$T=2\pi l\sqrt{\frac{m_1[m_1(1+3\sin^2\alpha)+4m_2]}{6(m_1+m_2)(2c-m_1 gl\cos^2\alpha)}}.$$

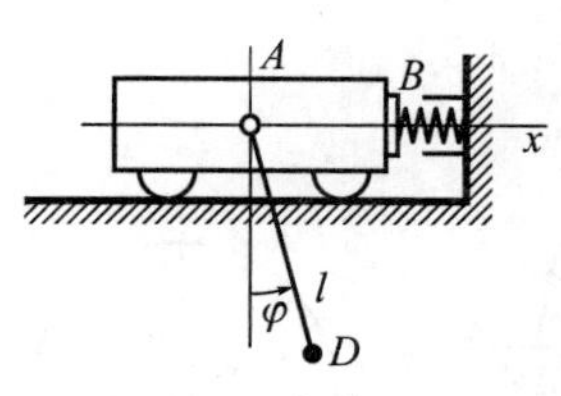

题 48.36 图

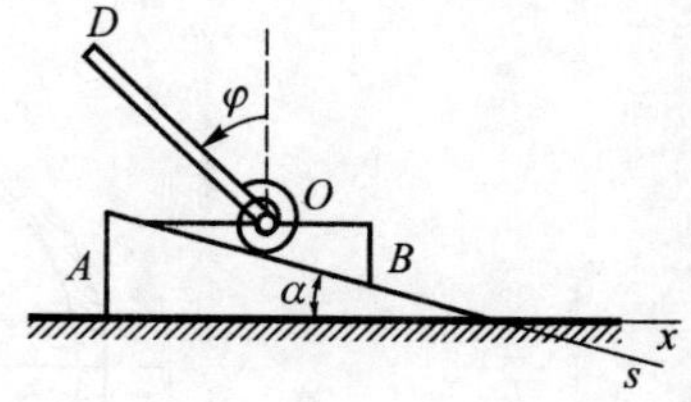

题 48.37 图

48.38 设题 48.37 中的棱柱体 A 沿光滑水平面运动, 棱柱体 A 的质量为 m_3, 它的位置用坐标 x 确定, 试写出系统的运动微分方程.

答 $(m_1+m_2+m_3)\ddot{x}+(m_1+m_2)\ddot{s}\cos\alpha+m_1\frac{l}{2}\dot{\varphi}^2\sin\varphi-m_1\frac{l}{2}\ddot{\varphi}\cos\varphi=0$,

$$(m_1+m_2)\ddot{x}\cos\alpha+(m_1+m_2)\ddot{s}+m_1\frac{l}{2}\dot{\varphi}^2\sin(\varphi+\alpha)-m_1\frac{l}{2}\ddot{\varphi}\cos(\varphi+\alpha)$$
$$=(m_1+m_2)g\sin\alpha,$$
$$\frac{1}{3}m_1 l^2\ddot{\varphi}-\frac{1}{2}m_1 l\ddot{x}\cos\varphi-\frac{1}{2}m_1 l\ddot{s}\cos(\varphi+\alpha)=\frac{1}{2}m_1 gl\sin\varphi-c\varphi.$$

48.39 质量为 m_1 的质点 A 在铅垂平面内沿半径为 l 的固定柱体光滑内表面

运动. 质量为 m_2 的质点 B 用长为 l 的杆子 AB 连接 A 点. 质点 B 可绕垂直于图面的 A 轴振动. 用角度 α 和 φ 确定点 A 和 B 的位置, 这两个角度都是从铅垂线开始测量. 试写出系统的运动微分方程, 并写出系统微振动方程. 杆 AB 的质量不计.

提示: 在写微振动方程时, 将包含 $\dot{\varphi}^2$ 和 $\dot{\alpha}^2$ 的项都舍掉, 并取 $\sin(\varphi-\alpha)\approx\varphi-\alpha$, $\cos(\varphi-\alpha)\approx 1$, $\sin\alpha\approx\alpha$, $\sin\varphi\approx\varphi$.

答 $(m_1+m_2)l\ddot{\alpha}+m_2l\ddot{\varphi}\cos(\varphi-\alpha)-m_2l\dot{\varphi}^2\sin(\varphi-\alpha)=-(m_1+m_2)g\sin\alpha$,

$l\ddot{\varphi}+l\ddot{\alpha}\cos(\varphi-\alpha)+l\dot{\alpha}^2\sin(\varphi-\alpha)=-g\sin\varphi$,

$(m_1+m_2)l\ddot{\alpha}+m_2l\ddot{\varphi}=-(m_1+m_2)g\alpha$, $l\ddot{\varphi}+l\ddot{\alpha}=-g\varphi$.

48.40 粗糙圆柱体的质量为 m、半径为 r, 在空心圆柱体的内表面作纯滚动, 空心圆柱体的质量为 M, 半径为 R, 绕水平轴 O 转动. 两个柱体对各自轴的转动惯量分别为 $\frac{1}{2}mr^2$ 和 MR^2. 试列出系统的运动方程及其第一积分.

答 $MR^2\dot{\theta}-\frac{1}{2}mR[(R-r)\dot{\varphi}-R\dot{\theta}]=C_1$,

$\frac{1}{2}MR^2\dot{\theta}^2+\frac{1}{4}m[(R-r)\dot{\varphi}-R\dot{\theta}]^2+\frac{m}{2}(R-r)^2\dot{\varphi}^2-mg(R-r)\cos\varphi=C_2$,

其中 θ 为外圆柱体的转角, φ 为两个柱体轴心连线与铅垂线的夹角.

48.41 质量为 M、半径为 R 的均质圆盘可绕自己的水平轴 O 转动. 质量为 m 的质点挂在长为 l 的绳子 AB 上, 并与圆盘相连. 试写出系统的运动方程.

答 $\left(m+\frac{M}{2}\right)R^2\ddot{\varphi}+mRl\cos(\varphi-\psi)\ddot{\psi}+mRl\sin(\varphi-\psi)\dot{\psi}^2+mgR\sin\varphi=0$,

$R\cos(\varphi-\psi)\ddot{\varphi}+l\ddot{\psi}-R\sin(\varphi-\psi)\dot{\varphi}^2+g\sin\psi=0$,

其中 φ 为圆盘的转角, ψ 为绳子偏离铅垂线的角度.

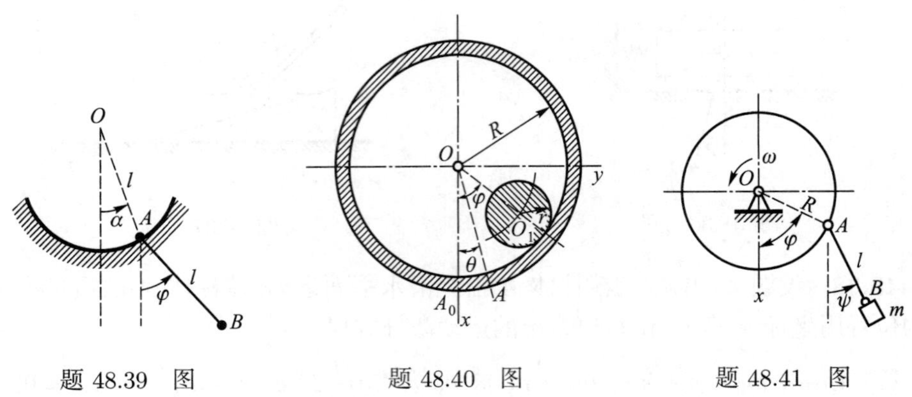

题 48.39 图　　题 48.40 图　　题 48.41 图

48.42 在上题中, 假设圆盘以匀角速度 ω 转动. 试写出质点的运动方程.

答 $\ddot{\psi}-\frac{\omega^2R}{l}\sin(\omega t-\psi)+\frac{g}{l}\sin\psi=0$.

48.43 数学摆质量为 m, 悬挂在弹性绳上. 在平衡位置绳长为 l, 绳子的刚度等于 c. 试写出摆的运动方程, 并求微振动规律. 取摆偏离铅垂线的角度 φ 以及绳子的

相对伸长量 z 为广义坐标.

答 $(1+z)\ddot{\varphi}+2\dot{z}\dot{\varphi}+\dfrac{g}{l}\sin\varphi=0,\ \ddot{z}-(1+z)\dot{\varphi}^2+\dfrac{c}{m}z+\dfrac{g}{l}(1-\cos\varphi)=0$. 微振动规律: $z=A\sin\left(\sqrt{\dfrac{c}{m}}\,t+\alpha\right),\ \varphi=B\sin\left(\sqrt{\dfrac{g}{l}}\,t+\beta\right)$, 其中 A, B, α, β 都为任意常数.

48.44 一根不可伸长的细绳缠在半径为 R 的均质圆柱体上, 上端系于固定点 O. 柱体一边解开绳子下落, 一边还绕着绳子悬挂点的水平轴摆动. 不计绳子的质量, 试列出圆柱体的运动微分方程.

答 $\ddot{\rho}-R\ddot{\varphi}-\dfrac{2}{3}\rho\dot{\varphi}^2=\dfrac{2}{3}g\cos\varphi,\ \dfrac{\mathrm{d}}{\mathrm{d}\,t}(\rho^2\dot{\varphi})-R\rho\dot{\varphi}^2=-g\rho\sin\varphi$.

48.45 试利用上题的答案, 假设运动为从静止开始, 即: 当 $t=0$ 时, $\rho=\rho_0$, $\varphi=\varphi_0\neq 0$, 写出圆柱体微振动的微分方程.

答 $\dfrac{\mathrm{d}}{\mathrm{d}\,t}[F^2(t)\dot{\varphi}]+gF(t)\varphi=0$, 其中 $F(t)=\dfrac{gt^2}{3}+\rho_0-R\varphi_0$.

48.46 质量 m_1 和 m_2 穿在光滑水平杆 (Ox 轴) 上, 可沿杆作平动. 这两质量用刚度系数为 c 的弹簧连在一起. 当弹簧不受力时, 两质心之间的距离等于 l. 系统的初始状态由两个质心的坐标和速度决定: 当 $t=0$ 时, $x_1=0,\ \dot{x}_1=u_0,\ x_2=l,\ \dot{x}_2=0$. 求系统的运动.

答

$$x_1=\frac{1}{m_1+m_2}\left(m_1u_0t+\frac{m_2u_0}{k}\sin kt\right),$$

$$x_2=l+\frac{1}{m_1+m_2}\left(m_1u_0t-\frac{m_1u_0}{k}\sin kt\right),\ k=\sqrt{c\left(\frac{1}{m_1}+\frac{1}{m_2}\right)}.$$

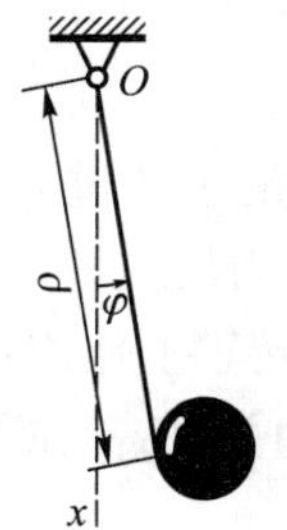

题 48.44 图

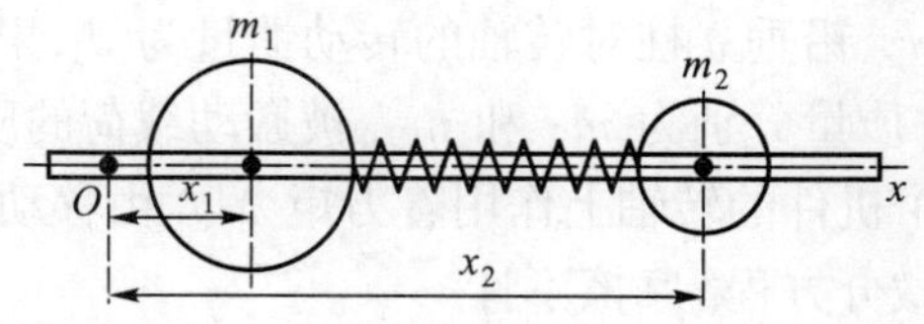

题 48.46 图

48.47 两个相同的轮子构成一个系统, 两轮可独立绕公共轴 O_1O_2 转动, 轮的半径为 a, 轴 O_1O_2 长为 l, 系统沿水平面滚动. 两轮由抗扭刚度为 c 的弹簧相连. 轮子的质量均为 M, 对转轴的转动惯量均为 C, 对直径的转动惯量均为 A. 试写出系统的运动方程. 按初始条件 $\varphi_1=0,\ \dot{\varphi}_1=0,\ \varphi_2=0,\ \dot{\varphi}_2=\omega$ 确定运动规律 (φ_1, φ_2 为两轮的转角). 假设轴 O_1O_2 的质量不计.

答 $\varphi_1=\dfrac{1}{2}\left(\omega t-\dfrac{\omega}{k}\sin kt\right),\quad \varphi_2=\dfrac{1}{2}\left(\omega t+\dfrac{\omega}{k}\sin kt\right),$

$$k=\sqrt{\frac{2c}{Ma^2+C+4A\left(\dfrac{a}{l}\right)^2}}.$$

48.48 机械手操纵器机构由三部分构成: 操纵铅垂位移的立柱, 包括机件 1 和 2 的水平位移装置, 以及带爪钳 3 的水平推进手. 这三部分的质量分别为 m_1, m_2 和 m_3. 由移动副发出的驱动力分别为 F_{01}, F_{12} 和 F_{23}. 试写出机构的运动分方程. 摩擦不计.

答 $m_3\ddot{x}=F_{23}$, $(m_2+m_3)\ddot{y}=F_{12}$, $(m_1+m_2+m_3)\ddot{z}=F_{01}-(m_1+m_2+m_3)g$.

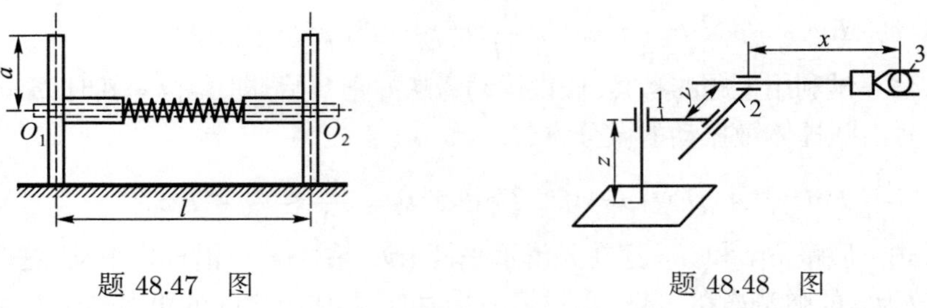

题 48.47 图　　　　题 48.48 图

48.49 机械手操纵器机构由三部分构成: 旋转式立柱 1, 铅垂位移装置 2, 以及带有爪钳 3 的水平推进手. 机件 1 对转轴的转动惯量为 J_1, 机件 2 的质量为 m_2, 对转轴的转动惯量为 J_2, 带爪钳的推进手的质量为 m_3, 其质心到转轴的距离为 ρ, 对质心轴的转动惯量为 J_3. 在转轴上作用着力矩 M, 由移动副发出的驱动力分别为 F_{12} 和 F_{23}, 试写出机构的动微分方程. 摩擦不计.

答 $\dfrac{\mathrm{d}}{\mathrm{d}\,t}[(J_1+J_2+J_3+m_3\rho^2)\dot{\varphi}]=M$, $(m_2+m_3)\ddot{z}=F_{12}-(m_2+m_3)g$,
$m_3(\ddot{\rho}-\rho\dot{\varphi}^2)=F_{23}$.

48.50 带有机械手的铅垂立柱 1 转过 φ 角. 带有爪钳的手转过 θ 角, 推进距离为 r. 铅垂立柱对转轴的转动惯量为 J_1, 机件 2 和 3 可认为均质杆, 长分别为 l_2 和 l_3, 质量分别为 m_2 和 m_3, 被搬动载荷的质量为 m. 铅垂转轴上作用着力矩 M_φ, 第二个机件的转轴上作用着力矩 M_θ, 由移动副发出的驱动力为 F_{23}. 试写出机构的运动微分方程. 摩擦不计.

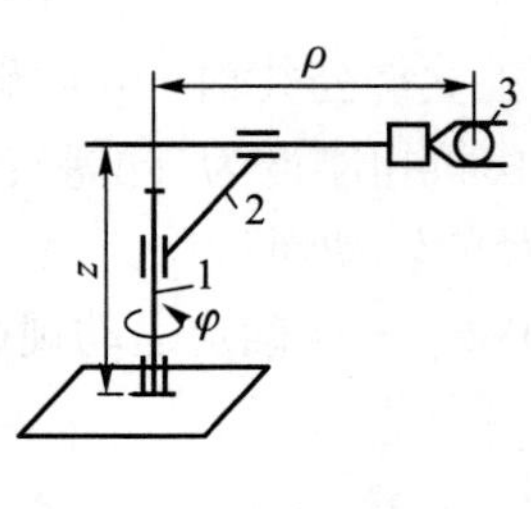

题 48.49 图

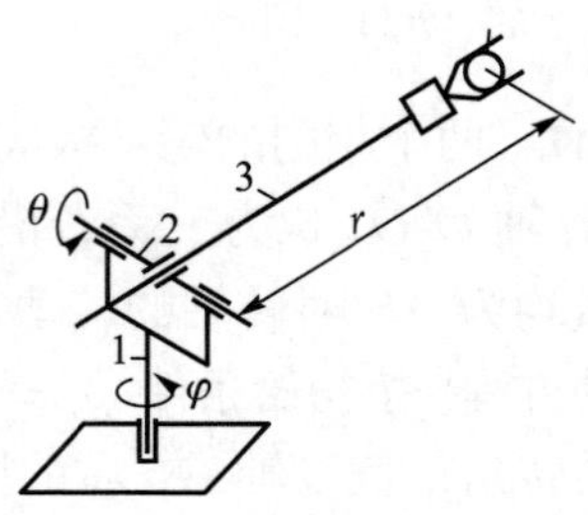

题 48.50 图

答 $\dfrac{\mathrm{d}}{\mathrm{d}\,t}\left[\left(J_1+\dfrac{1}{12}m^2l_2^2+J(r)\sin^2\theta\right)\dot\varphi\right]=M_\varphi,$

$$\frac{\mathrm{d}}{\mathrm{d}\,t}(J(r)\dot\theta)-J(r)\dot\varphi^2\sin\theta\cos\theta=M_0+\left[m_3\left(r-\frac{l_3}{2}\right)+mr\right]g\sin\theta,$$

$$(m_3+m)\ddot r-\left[m_3\left(r-\frac{l_3}{2}\right)+mr\right](\dot\theta^2+\dot\varphi^2\sin^2\theta)=F_{23}-(m_3+m)g\cos\theta,$$

其中，$J(r)=m_3\left(r^2-rl_3+\dfrac{l_3^2}{3}\right)+mr^2.$

48.51 半径为 a、质量为 M 的轮子沿着水平面作纯滚动. 轮子对通过轮心并垂直轮面之轴的转动惯量为 C, 对直径的转动惯量为 A. 试写出轮子的运动方程.

提示: 对非完整系统可应用带乘子的拉格朗日方程.

答 $\dfrac{\mathrm{d}}{\mathrm{d}\,t}(A\dot\psi\sin^2\theta)-C(\dot\varphi+\dot\psi\cos\theta)\dot\theta\sin\theta=0,$

$$(C+ma^2)\frac{\mathrm{d}}{\mathrm{d}\,t}(\dot\varphi+\dot\psi\cos\theta)-ma^2\dot\theta\dot\psi\sin\theta=0,$$

$$(A+ma^2)\ddot\theta-A\dot\psi^2\sin\theta\cos\theta+(C+ma^2)(\dot\varphi+\dot\psi\cos\theta)\dot\psi\sin\theta=-mga\cos\theta,$$

其中 φ 为轮子的转角, θ 是轮面与水平面的夹角, ψ 是含接触点直径的铅垂平面的方位角.

48.52 电容式扩音器由自感线圈 L、电阻 R 和电容串接而成. 电容的板极用总刚度为 c 的两个弹簧相连. 电路上接有恒定的电压源 E, 在电容的板极上作用着变力 $P(t)$. 当系统处于平衡位置时电容为 C_0, 板极之间的距离为 a. 电容活动板极的质量为 m. 试用电学和力学的广义坐标, 写出系统运动的拉格朗日方程.

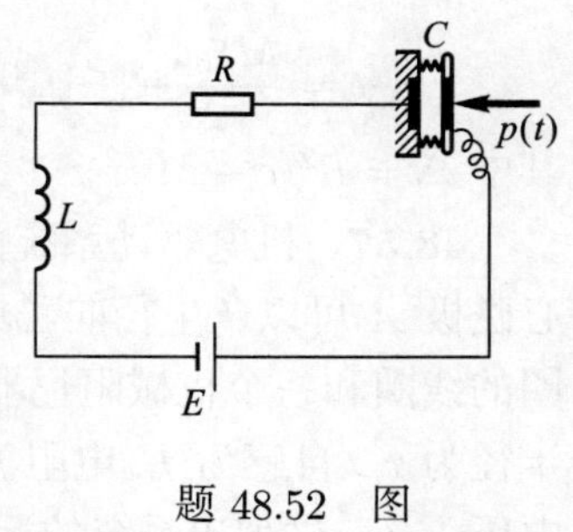

题 48.52 图

提示: 1. 电容的势能等于 $V=\dfrac{q^2}{2C}$ (C 为电容, q 为板极的带电量), 感应电能按公式 $T=\dfrac{1}{2}Li^2$ 计算 (L 为自感系统, $i=\dfrac{\mathrm{d}\,q}{\mathrm{d}\,t}$ 为电路中的电流).

2. 取带电量的变化 q 以及弹簧的位移 x (从平衡位置算起) 为广义坐标. 于是, 总的带电量为 q_0+q, 总的位移为 x_0+x, 这里 q_0 为电容的带电量, x_0 是从弹簧原长到系统平衡位置的位移.

答 $m\ddot x+cx-\dfrac{E}{a}q-\dfrac{q^2}{2C_0a}=P(t),\ L\ddot q+R\dot q-\dfrac{E}{a}x+\dfrac{q}{C_0}-\dfrac{qx}{aC_0}=0.$

48.53 求上题的电容式扩音器自由微振动的频率. 电阻不计.

答 $k_{1,2}=\dfrac{1}{\sqrt2}\sqrt{\dfrac{c}{m}+\dfrac{1}{C_0L}\pm\sqrt{\left(\dfrac{c}{m}-\dfrac{1}{C_0L}\right)^2+\dfrac{4E^2}{a^2mL}}}.$

48.54 图示系统是一种加速度计电磁传感器. 铁芯质量为 M, 弹簧的总刚度为 c, 线圈的自感随磁路中气隙变化, $L=L(x)$ (其中 x 为从弹簧原长开始测量的铁芯铅垂位移). 线圈上连接一个电路, 包括电动势 E 和电阻 R 等元件. 试写出系统的运动方程并求平衡位置.

提示: 取铁芯的位移 x 和电量 q 作为广义坐标. 在电路中, 电量 q 和电流 i 之间有关系 $i=\dfrac{\mathrm{d}q}{\mathrm{d}t}$.

答 运动方程为

$$L\ddot{q}+R\dot{q}+\dot{q}\dot{x}\frac{\partial L}{\partial x}=E,\quad M\ddot{x}-\frac{1}{2}\frac{\partial L}{\partial x}\dot{q}^2+cx=Mg.$$

平衡位置为 $x=x_0$ 和 $i=\dot{q}=i_0$, 其中 $i_0=E/R$, $cx_0=mg+\dfrac{1}{2}\left(\dfrac{\partial L}{\partial x}\right)_0 i_0^2$.

48.55 试写出上题所述电磁传感器在平衡位置附近的微运动方程.

提示: 取电荷 e 的变化量和铁芯铅垂位移 ξ (从平衡位置开始测量) 为广义坐标, 将函数 $L(x)$ 展成级数 $L=L(x_0+\xi)=L_0+L_1\xi+\cdots$, 取级数的前两项.

答 $L_0\ddot{e}+R\dot{e}+L_1i_0\dot{\xi}=0,\quad M\ddot{\xi}+c\xi-L_1i_0\dot{e}=0.$

48.56 设题 48.54 中所述的传感器的底座按规律 $\xi=\xi_0\sin\omega t$ 作铅垂微振动. 求铁芯的运动规律以及传感器电路中的电流.

答 $$i=\frac{M\xi_0\omega^3}{\Delta}L_1i_0\{R(c-M\omega^2)\cos\omega t+[L_1^2i_0^2\omega+L_0\omega(c-M\omega^2)]\sin\omega t\},$$

$$x=\frac{M\xi_0\omega^3}{\Delta}\{-[L_1^2i_0^2L_0\omega^2+(R^2+L_0^2\omega^2)(c-M\omega^2)]\sin\omega t+\omega L_1^2i_0^2R\cos\omega t\},$$

其中 $\Delta=R^2(c-M\omega^2)^2+\omega^2[L_1^2i_0^2+L_0(c-M\omega^2)]^2$.

48.57 机电驱动系统由柱形永久磁铁和质量为 M 的铁芯构成, 永久磁铁的同心磁极 A 可以产生径向磁场, 铁芯搁在刚度系数为 c 的弹簧上. 铁芯上连接一个 n 圈的线圈和一个机械阻尼器, 阻力和铁芯速度成正比 (比例系数为 β). 线圈的平均半径为 r , 自感为 L, 电阻为 R. 在磁铁气隙处的磁感为 B. 在线圈的两端加有交流电压 $V(t)$. 试列出系统的运动方程.

提示: 线圈和磁铁之间相互作用的广义力为 $Q_q=-2\pi rnB\dot{x}$, $Q_x=2\pi rnB\dot{q}$ (其中 Q_q 为电路中由电磁感应产生的电动势, Q_x 为线圈与磁铁的相互作用力).

答 $L\ddot{q}+R\dot{q}+2\pi rnB\dot{x}=V(t),\quad M\ddot{x}+\beta\dot{x}+cx-2\pi rnB\dot{q}=0.$

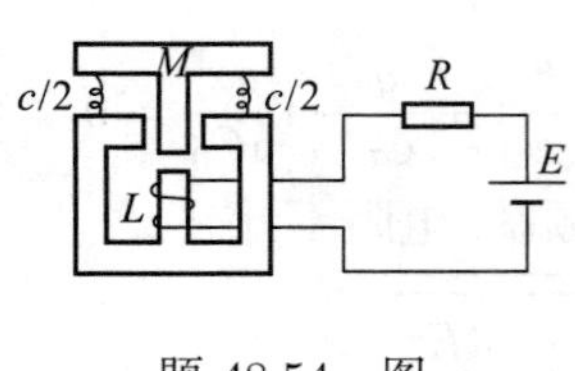

题 48.54 图

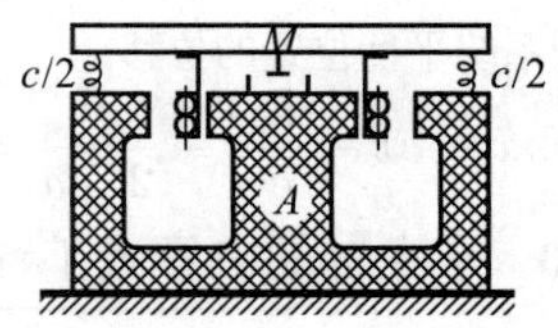

题 48.57 图

48.58 在带电感转换器的地震仪底座上固连着一个半径为 r、圈数为 n 的线圈, 线圈与电动记录系统相连. 记录系统可用一个具有自感 L 和电阻 R 的电路表示.

产生径向磁场的磁铁借助总刚度为 c 的弹簧搁在底座上. 磁场由气隙处的磁感 B 决定. 在磁铁上还作用着与速度成正比的阻力 $\beta\dot{x}$. 地震仪基座按规律 $\xi=\xi_0\sin\omega t$ 作铅垂微振动, 试写出磁铁位移、电路中电流满足的微分方程.

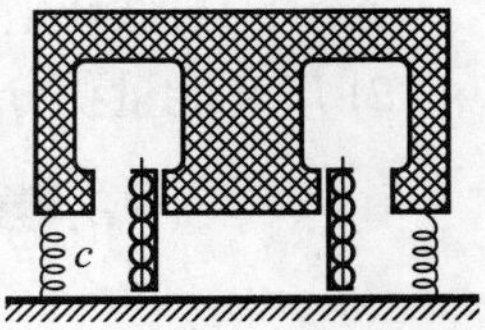

题 48.58 图

提示: 线圈和磁铁相互作用的广义力为 $Q_q=-2\pi rnB\dot{x}$, $Q_x=2\pi rnB\dot{q}$.

答 $M\ddot{x}+\beta\dot{x}+cx-2\pi rnB\dot{q}=M\xi_0\omega^2\sin\omega t$, $L\ddot{q}+R\dot{q}+2\pi rnB\dot{x}=0$.

§49. 运动积分 · 劳斯变换 · 哈密顿正则方程 · 雅可比 – 哈密顿方程 · 哈密顿 – 奥斯特罗格拉茨基原理

49.1 管子 AB 以角速度 ω 绕铅垂轴 CD 匀速转动, 管子与 CD 轴夹角为 α. 管内放有刚度系数为 c 的弹簧. 弹簧的一端固定在 A 点, 另一端系有质量为 m 的物体 M, 物体在管内可无摩擦地滑动. 弹簧的原长为 $OA=l$. 以物体 M 到 O 的距离 x 为广义坐标, 求物体的动能 T 和广义能量积分.

答 $T=\dfrac{1}{2}m[\dot{x}^2+(l+x)^2\omega^2\sin^2\alpha]$,

$$m\dot{x}^2-m(l+x)^2\omega^2\sin^2\alpha+cx^2+2mgx\cos\alpha=h,$$

其中 h 为积分常数.

49.2 求摆长为 l 的球摆运动的第一积分. 摆的位置用角 θ 和 ψ 确定.

答 1) 与循环坐标 ψ 相对应的积分 (即对轴 z 的动量矩积分) 为 $\dot{\psi}\sin^2\theta=n$.

2) 能量积分为 $\dot{\theta}^2+\dot{\psi}^2\sin^2\theta-\dfrac{2g}{l}\cos\theta=h$, 其中 n 和 h 为积分常数.

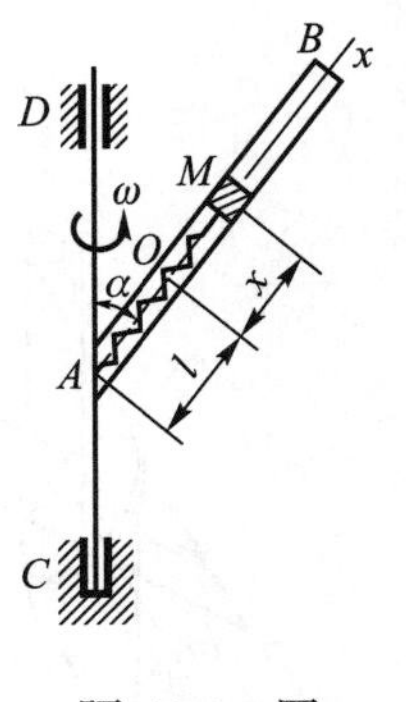

题 49.1 图

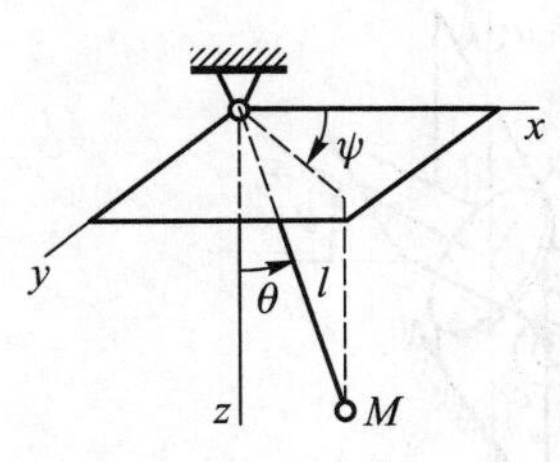

题 49.2 图

49.3 装在平台上的陀螺速度计以角速度 u 绕 ζ 轴匀速转动. 设螺旋弹簧的刚度系数为 c, 陀螺对中心主轴 x, y, z 的转动惯量分别为 A, B, C, 且 $B=A$. 陀螺自转轴 z 上的摩擦力被驱动陀螺仪的力矩抵消, 不计进动轴 y 上的摩擦力矩, 求运动第一积分.

答 1) 与循环坐标 φ 相应的积分 (即对轴 z 的动量矩积分) 为 $\dot{\varphi}+u\sin\theta=n$.
2) 广义能量积分为

$$\frac{1}{2}[(C\dot{\varphi}^2+A\dot{\theta}^2)-(Cu^2\sin^2\theta+Au^2\cos^2\theta)]+\frac{1}{2}c\theta^2=h.$$

49.4 质点 M 借长为 l 的杆 OM 与圆柱铰链 O 相连. 铰链的水平轴以角速度 ω 绕铅垂轴匀速运动. 求摆在垂直向下的位置稳定的条件、摆在此位置附近微振动的周期, 以及系统的广义能量积分. 杆的质量不计.

答 1) $\omega^2<\frac{g}{l}$. 2) $T=\frac{2\pi}{\sqrt{\frac{g}{l}-\omega^2}}$. 3) $\dot{\varphi}^2-\omega^2\sin^2\varphi-\frac{2g}{l}\cos\varphi=h$.

49.5 装在卡尔丹支架上的均质陀螺以惯性运动. 已知: 外环对固定转轴 ξ 的转动惯量为J_ξ, 内环对中心主轴 x, y, z 的转动惯量分别为 J'_x, J'_y, J'_z, 陀螺的相应的转动惯量分别为 J_x, J_y, J_z (且 $J_x=J_y$). 求系统的动能, 以及运动方程的第一积分.

答 1) $T=\frac{1}{2}\{[J_\xi+J'_z+(J'_x+J_x-J'_z)\cos^2\theta]\dot{\psi}^2+(J_y+J'_y)\dot{\theta}^2+J_z(\dot{\varphi}+\dot{\psi}\sin\theta)^2\}$.
2) 与循环坐标 φ 相对应的积分 (陀螺仪对轴 z 的动量矩积分) 为

$$\dot{\varphi}+\dot{\psi}\sin\theta=n.$$

3) 与循环坐标 ψ 相对应的积分 (整个系统对 ξ 轴的动量矩积分)为

$$[J_\xi+J'_z+(J'_x+J_x-J'_z)\cos^2\theta]\dot{\psi}+J_zn\sin\theta=n_1.$$

4) 能量积分为

$$[J_\xi+J'_z+(J'_x+J_x-J'_z)\cos^2\theta]\dot{\psi}^2+(J_y+J'_y)\dot{\theta}^2=h.$$

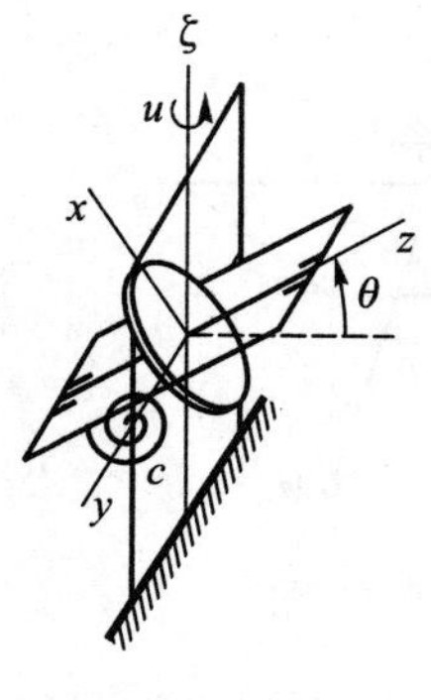

题 49.3 图

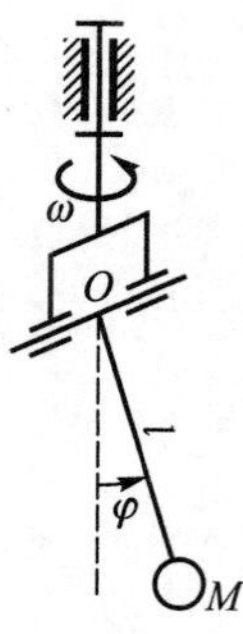

题 49.4 图

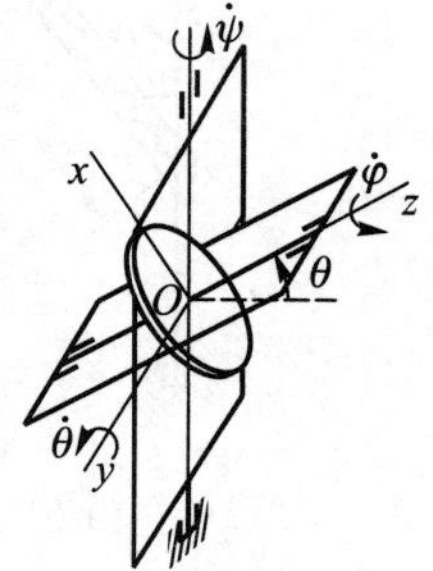

题 49.5 图

49.6 陀螺装在卡尔丹支架上. 在框架轴 ξ 和 y 上作用了外力矩 M_ξ 和 M_y. 不考虑循环坐标 φ, 求: 1) 关于坐标 ψ 和 θ 的运动微分方程, 2) 陀螺项 (参看图 49.5).

答 1)

$$[J_\xi + J_z' + (J_x' + J_x - J_z')\cos^2\theta]\ddot{\psi} - 2(J_x' + J_x - J_z')\cos\theta\sin\theta\dot{\theta}\dot{\psi} + J_z n\cos\theta\dot{\theta} = M_\xi,$$

$$(J_y + J_y')\ddot{\theta} + (J_x' + J_x - J_z')\cos\theta\sin\theta\dot{\psi}^2 - J_z n\cos\theta\dot{\psi} = M_y.$$

2) $J_z n\cos\theta\dot{\theta}, \quad -J_z n\cos\theta\dot{\psi}$.

49.7 试写出数学摆的哈密顿函数和正则方程. 摆的质量为 m , 长度为 l, 摆的位置由偏离铅垂线的角度 φ 来确定. 检验一下所得的方程是否与常见的数学摆运动微分方程等价.

答 1) $H = \dfrac{1}{2}\dfrac{p^2}{ml^2} - mgl\cos\varphi$. 2) $\dot{\varphi} = \dfrac{p}{ml^2}, \quad \dot{p} = -mgl\sin\varphi$.

49.8 质量为 m 的质点, 用长为 l 的杆挂在圆柱铰链上. 铰链的水平轴以角速度 ω 绕铅垂轴匀速转动 (参看题 49.4 图). 试写出哈密顿函数和正则方程. 杆的质量不计.

答 1) $H = \dfrac{1}{2}\dfrac{p^2}{ml^2} - \dfrac{ml^2}{2}\omega^2\sin^2\varphi - mgl\cos\varphi$.

2) $\dot{\varphi} = \dfrac{p}{ml^2}, \quad \dot{p} = ml^2\omega^2\sin\varphi\cos\varphi - mgl\sin\varphi$.

49.9 对称陀螺在重力作用下绕固定点 O 转动, 陀螺的对称轴相对于铅垂线的位置由角 α 和 β 确定. 已知陀螺的质量为 m, 从质心到点 O 的距离为 l, 对于对称轴 z 的转动惯量为 C, 对于 x 轴和 y 轴的转动惯量都为 A. 试消去循环坐标 φ (自转角), 写出关于角 α 和 β 的劳斯函数和哈密顿函数.

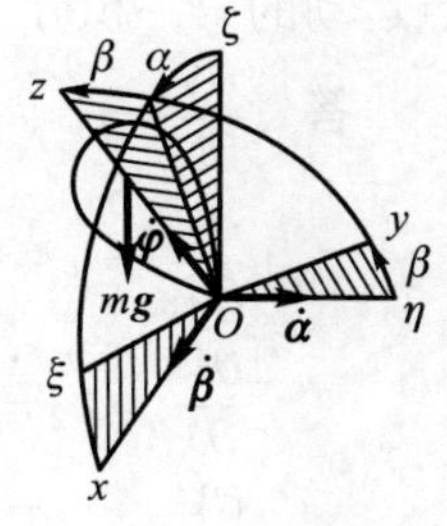

题 49.9 图

答 $R = \dfrac{1}{2}A(\cos^2\beta\dot{\alpha}^2 + \dot{\beta}^2) - Cn\sin\beta\dot{\alpha} + mgl\cos\alpha\cos\beta$,

$$H = \frac{1}{2A}\left[\frac{(p_\alpha + Cn\sin\beta)^2}{\cos^2\beta} + p_\beta^2\right] + mgl\cos\alpha\cos\beta,$$

其中 $n = \dot{\varphi} - \sin\beta\dot{\alpha} =$ 常数 (此处和在以后都用 p_α 和 p_β 等符号表示广义冲量).

49.10 试利用上题所得结果, 按哈密顿正则变量写出陀螺在铅垂位置附近微振动的微分方程.

答 $\dot{\alpha} = \dfrac{1}{A}(p_\alpha + Cn\beta), \quad \dot{p}_\alpha = mgl\alpha, \quad \dot{\beta} = \dfrac{1}{A}p_\beta,$

$$\dot{p}_\beta = -\frac{C_n}{A}(p_\alpha + Cn\beta) + mgl\beta.$$

49.11 陀螺在重力作用下绕固定点 O 运动. 陀螺对称轴 z 的位置由进动角 ψ 和章动角 θ (欧拉角) 来确定. 已知陀螺的质量为 m, 质心到点 O 的距离为 l, 对 z 轴的转动惯量为 C, 对赤道平面内的经过点 O 的任意轴的转动惯量为 A. 试写出关于角 ψ, θ, φ (φ 为自转角) 和相应广义冲量的哈密顿密数.

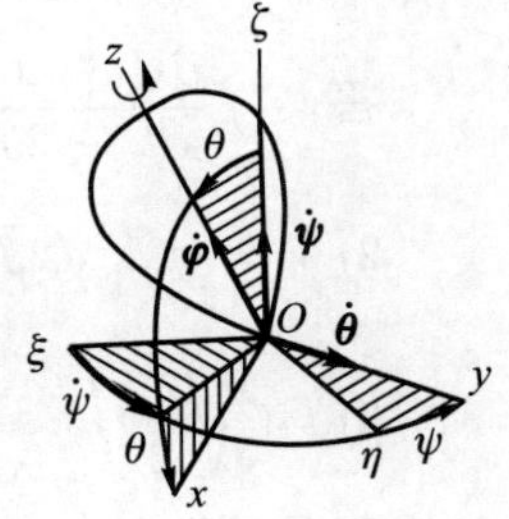

题 49.11 图

答 $H=\dfrac{1}{2A}\left[\dfrac{(p_\psi-p_\varphi\cos\theta)^2}{\sin^2\theta}+p_\theta^2\right]+\dfrac{1}{2C}p_\varphi^2+mgl\cos\theta.$

49.12 试按上题的条件, 写出陀螺运动的正则方程.

答 $$\dot\psi=\frac{p_\psi-p_\varphi\cos\theta}{A\sin^2\theta},\quad \dot p_\psi=0,$$
$$\dot\theta=\frac{p_\theta}{A},$$
$$\dot p_\theta=-\frac{(p_\varphi\cos\theta-p_\psi)(p_\psi\cos\theta-p_\varphi)}{A\sin^3\theta}+mgl\sin\theta,$$
$$\dot\varphi=-\frac{p_\psi-p_\varphi\cos\theta}{A\tan\theta\sin\theta}+\frac{p_\varphi}{C},\quad \dot p_\varphi=0.$$

49.13 单位质量的自由质点在重力作用下在铅垂平面 xy 内运动. 试写出雅可比 – 哈密顿方程, 并求全积分 (y 轴的指向为铅垂向上).

答 $$\frac{\partial V}{\partial t}+\frac12\left(\frac{\partial V}{\partial x}\right)^2+\frac12\left(\frac{\partial V}{\partial y}\right)^2+gy=0,$$
$$V=b_1t+b_2x\pm\frac{1}{3g}\sqrt{(-2gy-2b_1-b_2^2)^3}+C,$$

其中 b_1, b_2 和 C 为任意常数. 在上升时用正号, 在下降时用负号.

49.14 试利用上题所得的结果并考虑雅可比 – 哈密顿方程全积分的性质, 求质点运动的第一积分.

答 $$\frac{\partial V}{\partial b_1}=t+\frac1g\sqrt{-2gy-2b_1-b_2^2}=a_1,$$
$$\frac{\partial V}{\partial b_2}=x+\frac{b_2}{g}\sqrt{-2gy-2b_1-b_2^2}=a_2,$$
$$\frac{\partial V}{\partial x}=b_2=\dot x,$$
$$\frac{\partial V}{\partial y}=\sqrt{-2gy-2b_1-b_2^2}=\dot y,$$

其中 a_1, a_2, b_1 和 b_2 为任意常数.

49.15 质量为 M 的物理摆绕固定水平轴转动. 摆对此轴的转动惯量为 J, 摆的质心到轴的距离为 l. 试写出雅可比 – 哈密顿方程, 并求全积分和摆运动的第一积分 (势能零点取在摆的轴上).

答 1) $\dfrac{\partial V}{\partial t}+\dfrac{1}{2J}\left(\dfrac{\partial V}{\partial\varphi}\right)^2-Mgl\cos\varphi=0.$

2) $V=bt\pm\sqrt{2J}\displaystyle\int_{\varphi_0}^{\varphi}\sqrt{Mgl\cos\varphi-b}\,\mathrm d\varphi.$

3) $t\mp\sqrt{\dfrac J2}\displaystyle\int_{\varphi_0}^{\varphi}\frac{\mathrm d\varphi}{\sqrt{Mgl\cos\varphi-b}}=a,\ \pm\sqrt{2J}\sqrt{Mgl\cos\varphi-b}=J\dot\varphi$, 其中 a 和 b 为任意积分常数.

49.16 有固定点的陀螺的位置由欧拉角 ψ, θ 和 φ 确定. 试利用题 49.11 所得的结果, 写出雅可比 – 哈密顿方程, 并求全积分.

答 1) $$\frac{\partial V}{\partial t}+\frac{1}{2A\sin^2\theta}\left(\frac{\partial V}{\partial \psi}-\frac{\partial V}{\partial \varphi}\cos\theta\right)^2+\frac{1}{2A}\left(\frac{\partial V}{\partial \theta}\right)^2+\frac{1}{2C}\left(\frac{\partial V}{\partial \varphi}\right)^2+mgl\cos\theta=0,$$

2) $$V=b_1t+b_2\psi+b_3\varphi+\int\sqrt{-2Ab_1-\frac{Ab_3^2}{C}-\frac{(b_2-b_3\cos\theta)^2}{\sin^2\theta}-2Amgl\cos\theta}\,\mathrm{d}\theta.$$

49.17 弦的两端固定在点 A 和 B 上, 两点之间的距离为 l. 弦上各点的张力 T 可看成相等, 求弦作微振动时的哈密顿作用量. 设振动只发生在铅垂平面 xy 内, 且在弦上只有拉力. 弦的密度为 ρ.

答 $$S=\frac{1}{2}\int_{t_1}^{t_2}\int_0^l\left[\rho\left(\frac{\partial y}{\partial t}\right)^2-T\left(\frac{\partial y}{\partial x}\right)^2\right]\mathrm{d}x\,\mathrm{d}t,\quad 其中\ y=y(x,t).$$

49.18 试应用哈密顿 – 奥斯特罗格拉茨基原理和上题解得的结果, 写出弦振动的微分方程.

答 $$\frac{\partial^2 y}{\partial t^2}=a^2\frac{\partial^2 y}{\partial x^2},\quad 其中\ a^2=\frac{T}{\rho},\ 边界条件为\ y(0,t)=y(l,t)=0.$$

49.19 绝对柔软的不可伸长的均质绳, 长为 l, 一端系在 O 点. 绳子在重力作用下在铅垂线附近作微振动. 求哈密顿作用量. 绳子单位长度的质量为 ρ.

答 $$S=\frac{\rho}{2}\int_{t_1}^{t_2}\int_0^l\left[\left(\frac{\partial y}{\partial t}\right)^2-g(l-x)\left(\frac{\partial y}{\partial x}\right)^2\right]\mathrm{d}x\,\mathrm{d}t,\quad 其中\ y=y(x,t).$$

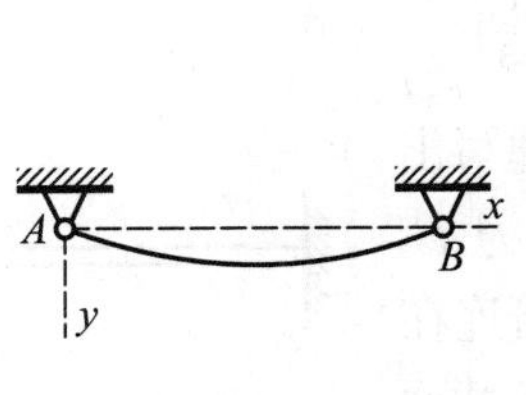

题 49.17 图

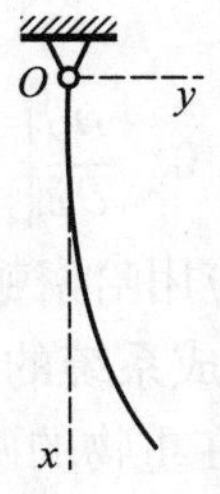

题 49.19 图

49.20 试应用哈密顿 – 奥斯特罗格拉茨基原理和上题解得的结果, 写出悬挂于一端的绳子作微振动的微分方程.

答 $\dfrac{\partial^2 y}{\partial t^2}=g\dfrac{\partial}{\partial x}\left[(l-x)\dfrac{\partial y}{\partial x}\right]$, 边界条件为: 1) $y(0,t)=0$, 2) $y(l,t)$, $\left.\dfrac{\partial y}{\partial x}\right|_{x=l}$, $\left.\dfrac{\partial y}{\partial t}\right|_{x=l}$ 为有限值.

49.21 试应用哈密顿 – 奥斯特罗格拉茨基原理, 写出细杆纵向振动的微分方程. 杆的一端固定, 另一端带有点质量 m. 杆长为 l, 横截面积为 F. 杆的密度为 ρ, 拉伸弹性模量为 E.

答 $\dfrac{\partial^2 u}{\partial t^2}=a^2\dfrac{\partial^2 u}{\partial x^2}$, 其中 $u(x,t)$ 为沿纵轴方向的位移, $a=\sqrt{\dfrac{E}{\rho}}$, 边界条件为:

$$u|_{x=0}=0,\quad m\left.\frac{\partial^2 u}{\partial t^2}\right|_{x=l}=-EF\left.\frac{\partial u}{\partial x}\right|_{x=l}.$$

49.22 试写出杆扭转振动的微分方程. 杆的一端固定, 另一端带有一圆盘. 杆长为 l, 横截面为半径等于 r 的圆, 杆的密度为 ρ, 剪切弹性模量为 G. 圆盘的转动惯量为 J.

答 $\dfrac{\partial^2\theta}{\partial t^2}=a^2\dfrac{\partial^2\theta}{\theta x^2}$, 其中 $\theta(x,t)$ 为截面的转角, $a=\sqrt{\dfrac{G}{\rho}}$, 边界条件为:

$$\theta|_{x=0}=0,\quad J\left.\frac{\partial^2\theta}{\partial t^2}\right|_{x=l}=-GJ_p\left.\frac{\partial\theta}{\partial x}\right|_{x=l},\ \text{其中}\ J_p=\frac{\pi r^4}{2}.$$

49.23 试用哈密顿 – 奥斯特罗格拉茨基原理写出简支梁横向振动的微分方程, 并确定边界条件. 梁的密度为 ρ, 拉伸弹性模量为 E, 横截面积为 F, 横截面的惯性矩为 J, 梁的长度为 l.

答 $\dfrac{\partial^2 v}{\partial t^2}+c^2\dfrac{\partial^4 v}{\partial x^4}=0$, 其中 $v(x,t)$ 为梁的挠度, $c=\sqrt{\dfrac{EJ}{\rho F}}$, 边界条件为:

$$v|_{x=0}=0,\quad \left.\frac{\partial^2 v}{\partial x^2}\right|_{x=0}=0,\quad v|_{x=l}=0,\quad \left.\frac{\partial^2 v}{\partial x^2}\right|_{x=l}=0.$$

49.24 试应用哈密顿 – 奥斯特罗格拉茨基原理, 求长为 l 的悬臂梁横向振动的边界条件.

答 $v|_{x=0}=0,\quad \left.\dfrac{\partial v}{\partial x}\right|_{x=0}=0,\quad \left.\dfrac{\partial^2 v}{\partial x^2}\right|_{x=l}=0,\quad \left.\dfrac{\partial^3 v}{\partial x^3}\right|_{x=l}=0.$

49.25 试应用哈密顿 – 奥斯特罗格拉茨基原理写出悬臂梁、重物构成系统的运动微分方程. 梁的长度为 l, 重物质量为 m, 在重物的两边用刚度系数为 c 的弹簧连在梁上和基础上. 梁的密度为 ρ, 拉伸弹性模量为 E, 横截面积为 F, 截面惯性矩为 J.

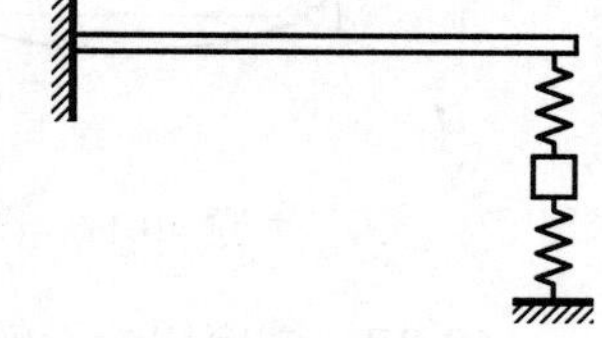

题 49.25 图

答 $\dfrac{\partial^2 v}{\partial t^2}+c^2\dfrac{\partial^4 v}{\partial x^4}=0$, 其中 $c=\sqrt{\dfrac{EJ}{\rho F}}$, $v|_{x=0}=0$, $\left.\dfrac{\partial v}{\partial x}\right|_{x=0}=0$, $\left.\dfrac{\partial^2 v}{\partial x^2}\right|_{x=l}=0$, $EJ\left.\dfrac{\partial^3 v}{\partial x^3}\right|_{x=l}=c(v|_{x=l}-u)$, $m\ddot{u}=c(v|_{x=l}-2u)$.

§50. 滚动系统 · 非完整约束

50.1 请给出圆盘在曲面上沿给定曲线作纯滚动的条件, 可以写成广义坐标间的有限关系形式.

答 $s = r\varphi$, 其中 s 为接触点沿曲线走过的路程, r 为圆盘的半径, φ 为绕垂直于圆盘平面之轴的转角 (当 $s = 0$ 时, $\varphi = 0$).

50.2 求柱面的物体沿平面纯滚动的条件.

提示: 柱面的基线方程认为是已知的, 这条曲线在柱体的横截面上, 用固结于柱体的坐标系表示. 确定柱体横截面方位的参数可用基点 A 的坐标 x, y, 以及固连于柱体的坐标系 $A\xi\eta\zeta$ 的转角 θ.

答 $\dot{x} - (\xi_K \sin\theta + \eta_K \cos\theta)\dot{\theta} = 0,\ \ \dot{y} + (\xi_K \cos\theta - \eta_K \sin\theta)\dot{\theta} = 0$, 其中 ξ_K, η_K 为接触点的坐标.

50.3 在柱面基线为椭圆的情况下求解上题.

答 $\dot{x} + \sqrt{a^2\sin^2\theta + b^2\cos^2\theta}\,\dot{\theta} = 0,\ \ \dot{y} - \dfrac{(a^2 - b^2)\dot{\theta}\sin\theta\cos\theta}{\sqrt{a^2\sin^2\theta + b^2\cos^2\theta}} = 0$, 其中 x, y 为椭圆中心的坐标, a, b 分别为椭圆的半长轴, 半短轴. 在 $b = a$ 的特殊情况下, 可得圆柱体在平面上滚动的条件: $\dot{x} + a\dot{\theta} = 0,\quad \dot{y} = 0$.

50.4 在柱面基线为抛物线的情况下求解 50.2.

答 $2\dot{x} + p\dot{\theta}\sin\theta\tan\theta = 0,\ \ 2\dot{y} - p\dot{\theta}(2 + \tan^2\theta)\sin\theta = 0$, 其中 x, y 为抛物线 $\xi^2 = 2p\eta$ 顶点的坐标.

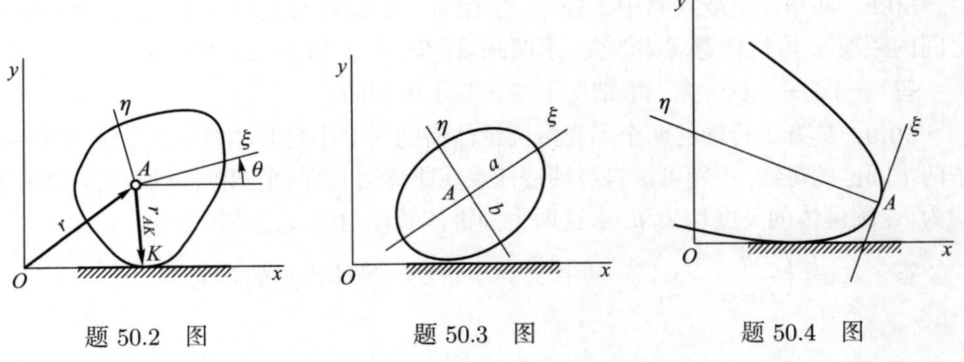

题 50.2 图　　题 50.3 图　　题 50.4 图

50.5 在柱面基线为双曲线一个分支的情况下求解题 50.2.

答 $\dot{x} - \sqrt{a^2\cos^2\theta - b^2\sin^2\theta}\,\dot{\theta} = 0,\ \ \dot{y} - \dfrac{(a^2 + b^2)\dot{\theta}\sin\theta\cos\theta}{\sqrt{a^2\cos^2\theta - b^2\sin^2\theta}} = 0$, 其中 x, y 为双曲线 $\dfrac{\eta^2}{a^2} - \dfrac{\xi^2}{b^2} = 1$ 的渐近线的交点坐标.

50.6 求柱面物体沿另一柱面纯滚动的条件. 确定物体截面在平面内位置的参数可取 s 和 θ, 其中 s 为沿支承面基线的弧长, 从支承面上某点量到两个基线的接触点 K, θ 为固连于物体截面的坐标系 $A\xi\eta$ 的 $A\xi$ 轴与 K 处切线的夹角.

答 $\mathrm{d}s = \left[\left(\dfrac{\mathrm{d}\xi_K}{\mathrm{d}\theta}\right)^2 + \left(\dfrac{\mathrm{d}\eta_K}{\mathrm{d}\theta}\right)^2\right]^{\frac{1}{2}}\mathrm{d}\theta$, 其中 ξ_K, η_K 是坐标系 $A\xi\eta$ 中 K 点的坐标.

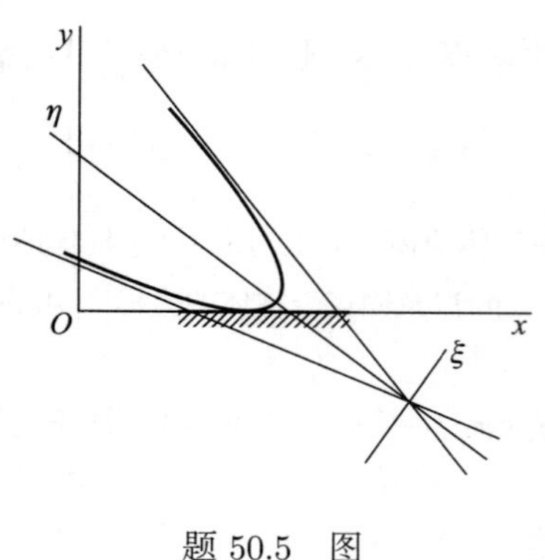

题 50.5　图

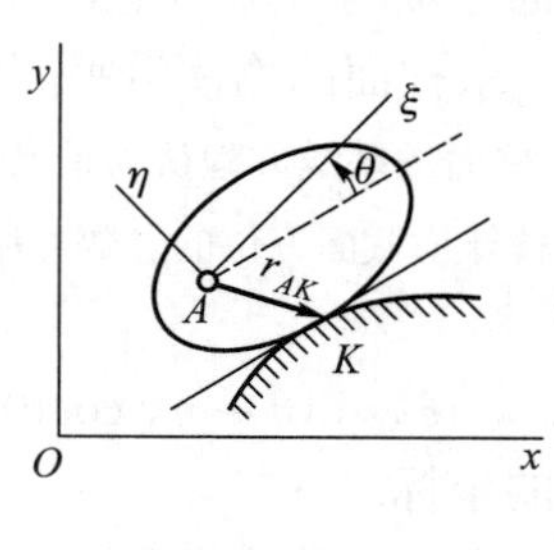

题 50.6　图

50.7　在柱面体的基线为 1) 椭圆, 2) 抛物线, 3) 双曲线一分支的情况下, 求柱面体沿着半径为 r 的圆柱纯滚动的条件.

答　1) $r\,\mathrm{d}\,\psi = a^2b^2(a^2\sin^2\theta + b^2\cos^2\theta)^{-\frac{3}{2}}\,\mathrm{d}\,\theta$.

2) $r\,\mathrm{d}\,\psi = p\cos^{-3}\theta\,\mathrm{d}\,\theta$.

3) $r\,\mathrm{d}\,\psi = a^2b^2(a^2\cos^2\theta - b^2\sin^2\theta)^{-\frac{3}{2}}\,\mathrm{d}\,\theta$.

参数的意义和题 50.3, 50.4, 50.5 中的相同.

50.8　在角速度变换器中 (见图), 半径为 r 的圆盘与绝对粗糙水平圆盘的转轴之间的距离 x 可按任意规律改变. 求两圆盘的转角 φ 和 ψ 之间的关系.

答　$r\,\mathrm{d}\,\psi = x\,\mathrm{d}\,\varphi$. 在一般情况下该式是不可积的.

50.9　具有平行轴的两个不光滑圆锥体借助一个小轮互相接触. 小轮的轴平行于两个圆锥的母线. 小轮可沿自身轴按任意规律移动. 设两个圆锥的轴与母线的夹角均为 α, 圆锥体的高度均为 h, 求这两个圆锥体转动角速度之间的关系.

答　$x\dot{\varphi} = \left(\dfrac{h}{\cos\alpha} - x\right)\dot{\psi}$, 其中 x 为小轮到上锥体顶点的距离.

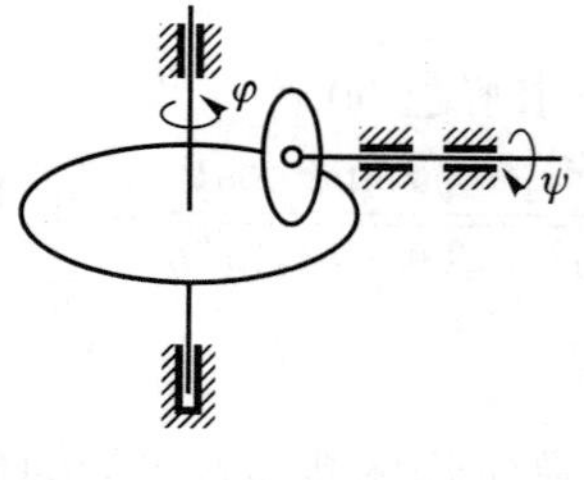

题 50.8　图

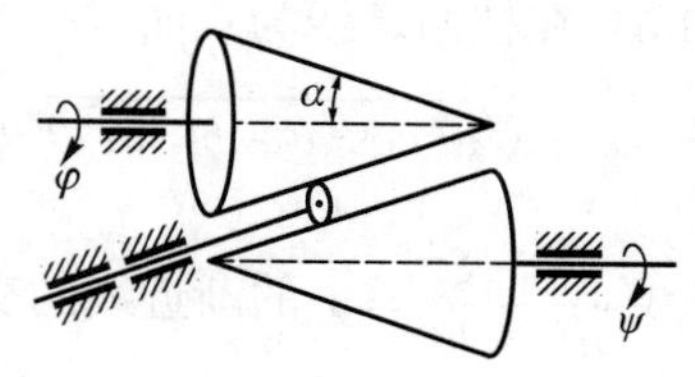

题 50.9　图

50.10　带半圆形刀刃的冰刀在冰上滑行. 试写出冰刀横向无滑动的条件.

答　$\dot{x}\sin\theta - \dot{y}\cos\theta = 0$, 其中 x, y 为冰刀与冰接触点的坐标, θ 为冰刀平面和冰场平面交线与 Ox 轴的交角.

50.11　求半径为 a 的圆盘在不光滑平面上滚动时的运动约束方程. 确定圆盘

位置的参数可取: 1) 圆盘中心的坐标 x_C, y_C, z_C 和欧拉角 θ, ψ, φ, 2) 圆盘与平面接触点的坐标 x, y 和欧拉角 θ, ψ, φ.

答 1) $\dot{x}_C - a\dot{\theta}\cos\theta\sin\psi - a\dot{\psi}\sin\theta\cos\psi - a\dot{\varphi}\cos\psi = 0$, $\dot{y}_C + a\dot{\theta}\cos\theta\cos\psi - a\dot{\psi}\sin\theta\sin\psi - a\dot{\varphi}\sin\psi = 0$, $\dot{z}_C + a\dot{\theta}\sin\theta = 0$. 最后一个方程可化成有限关系式 $z_C = a\cos\theta$.

2) $\dot{x} = a\dot{\varphi}\cos\psi$, $\dot{y} = a\dot{\varphi}\sin\psi$.

50.12 对于带锋利边缘的盘子, 在横向无滑动的情况下, 求解上题.

答 1) $\dot{x}_C\sin\psi - \dot{y}_C\cos\psi - a\dot{\theta}\cos\theta = 0$, $z_C = a\cos\theta$. 2) $\dot{x}\sin\psi - \dot{y}\cos\psi = 0$.

50.13 半径为 a、刻有横向细纹的轮子 (细齿齿轮) 在平面上滚动, 轮轴始终平行于平面. 求运动约束方程.

提示: 横向齿纹不阻止轮子沿自转轴方向的滑动.

答 $\dot{x}\sin\theta - \dot{y}\cos\theta - a\dot{\varphi} = 0$.

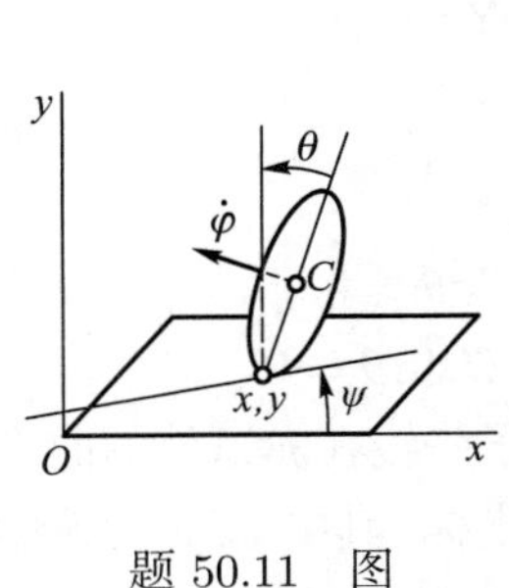

题 50.11 图

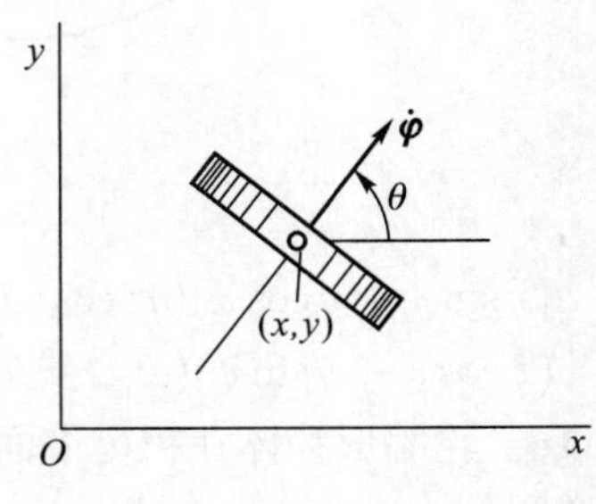

题 50.13 图

50.14 半径为 a 的球在粗糙曲面上滚动. 在下列各情况下求运动约束方程: 支承面为 1) 平面, 2) 半径等于 R 的柱面, 3) 半径等于 R 的球窝面, 4) 轴与母线成 α 角的锥面.

提示: 选取球与支承面接触点的坐标以及欧拉角为广义坐标.

答 1) $\dot{x} - a\dot{\theta}\sin\psi + a\dot{\varphi}\sin\theta\cos\psi = 0$, $\dot{y} + a\dot{\theta}\cos\psi + a\dot{\varphi}\sin\theta\sin\varphi = 0$.

2) $(R-a)\dot{\gamma} + a(\dot{\varphi}\cos\theta + \dot{\psi}) = 0$, $\dot{z} - a\dot{\theta}\cos(\psi-\gamma) - a\dot{\varphi}\sin\theta\sin(\varphi-\gamma) = 0$.

3) $(R-a)\dot{\psi}_1\sin\theta_1 + a\dot{\theta}\cos\theta_1\sin(\psi-\psi_1) + a\dot{\psi}\sin\theta_1$
$+a\dot{\varphi}[\cos\theta\sin\theta_1 - \sin\theta\cos\theta_1\cos(\psi-\psi_1)] = 0$,
$(R-a)\dot{\theta}_1 + a\dot{\theta}\cos(\psi-\psi_1) + a\dot{\varphi}\sin\theta\sin(\psi-\psi_1) = 0$.

4) $\lambda\dot{\sigma}\sin\alpha + a\dot{\theta}\cos\alpha\sin(\psi-\sigma) + a\dot{\psi}\sin\alpha$
$+a\dot{\varphi}[\cos\theta\cos\alpha - \sin\theta\cos\alpha\cos(\psi-\sigma)] = 0$,
$\dot{\lambda} - a\dot{\theta}\cos(\psi-\sigma) + a\dot{\varphi}\sin\theta\sin(\psi-\sigma) = 0$.

50.15 旋转椭球 (半长轴为 a, 半短轴为 b) 在粗糙平面上滚动. 取 $x, y, \theta, \psi, \varphi$ 为广义坐标, 其中 x, y 为椭球与平面接触点的坐标, θ, ψ, φ 为欧拉角. 试写出运动约束方程.

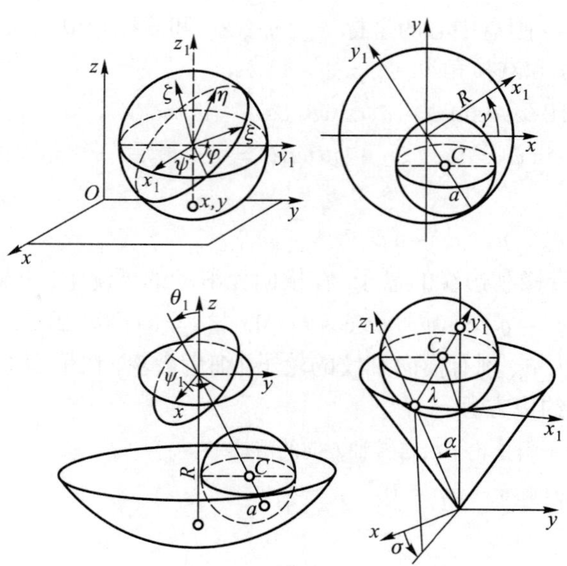

题 50.14 图

答 $(\dot{x}\sin\psi-\dot{y}\cos\psi)(a^2\cos^2\theta+b^2\sin^2\theta)^{\frac{3}{2}}-a^2b^2\dot{\theta}=0$,
$(\dot{x}\cos\psi-\dot{y}\sin\psi)(a^2\cos^2\theta+b^2\sin^2\theta)^{\frac{3}{2}}+b^2\dot{\varphi}\sin\theta=0$.

50.16 轮胎形物体在粗糙平面上滚动. 物体的子午线在赤道处的曲率半径为 b, 轮胎赤道圆的半径为 $a+b$. 取 $x, y, \theta, \psi, \varphi$ 为广义坐标, 其中 x, y 为轮胎与支承平面接触点的坐标, θ 为轮面的倾角, ψ 为轮赤道平面与支承面的交线偏离轴 x 的角度, φ 为轮的自转角. 求运动约束方程.

答 $\dot{x}+\dot{\varphi}(a+b\cos\theta)\cos\psi+b\dot{\theta}\sin\psi=0$,
$\dot{y}+\dot{\varphi}(a+b\cos\theta)\sin\psi-b\dot{\theta}\cos\psi=0$.

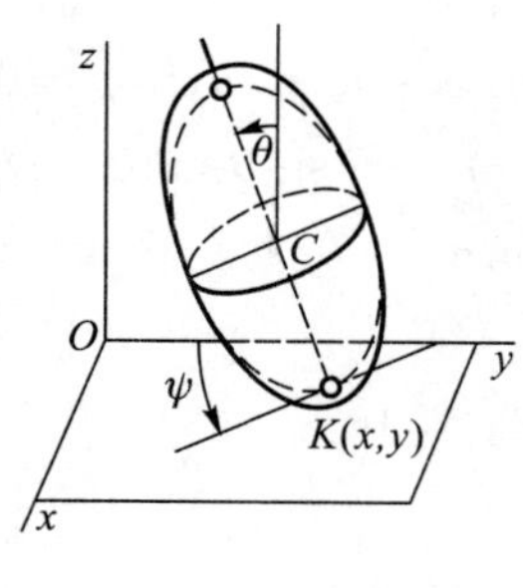

题 50.15 图

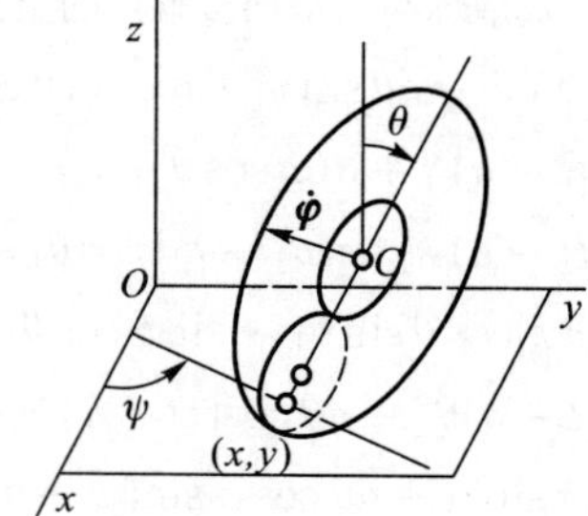

题 50.16 图

50.17 求双轮小车的广义坐标数目和自由度. 小车运动时车架平行于支承平面, 车轮沿平面作纯滚动, 并可绕公共轴自由转动. 车轮的半径都为 r, 轮轴的一半长度为 l.

答 广义坐标有四个: x, y, φ_1, θ, 有两个不可积的关系式

$$\dot{x}\cos\theta+\dot{y}\sin\theta-r\dot{\varphi}_1-l\dot{\theta}=0,\quad \dot{x}\sin\theta-\dot{y}\cos\theta=0.$$

系统有两个自由度.

50.18 求履带式拖拉机的广义坐标数目和自由度. 设履带只保证纵向上无滑动, 履带支撑轮的半径为 r, 轮道宽 $2l$.

答 四个广义坐标 x, y, φ_1, θ, 有一个不可求积的关系式

$$\dot{x}\cos\theta+\dot{y}\sin\theta-r\dot{\varphi}_1-l\dot{\theta}=0.$$

系统有三个自由度.

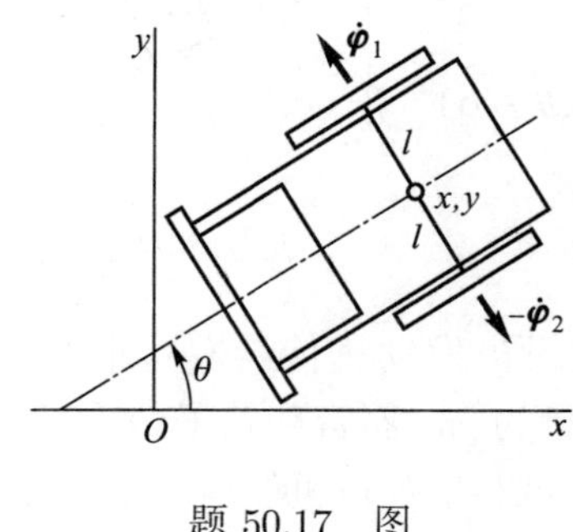

题 50.17 图

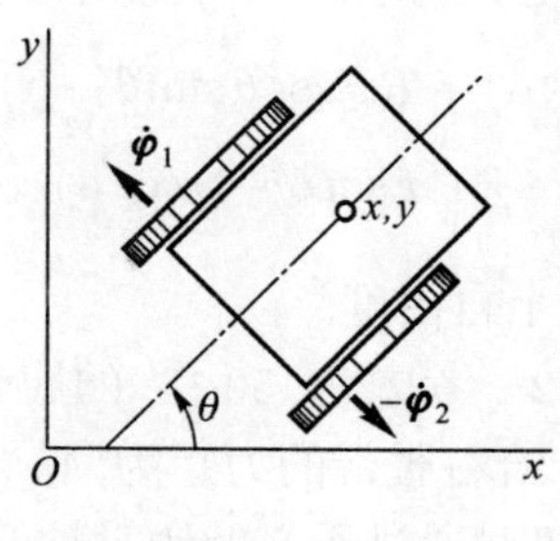

题 50.18 图

50.19 求冰橇的广义坐标数目和自由度.

答 四个广义坐标 x, y, θ, φ, 有两个不可积的关系式

$$(\dot{x}\cos\theta+\dot{y}\sin\theta)\tan\varphi-a\dot{\theta}=0,\quad \dot{x}\sin\theta-\dot{y}\cos\theta=0.$$

系统有两个自由度.

50.20 半径为 r 的绝对粗糙圆盘沿直线滚动, 在圆盘上靠着一根杆子, 杆的下端沿该直线滑动. 求圆盘和杆子组成的系统的广义坐标数目和自由度.

答 一个广义坐标, 可取杆与直线间的夹角 θ. 其余几个确定杆和圆盘位置的参数都可通过 θ 角表达成有限关系式:

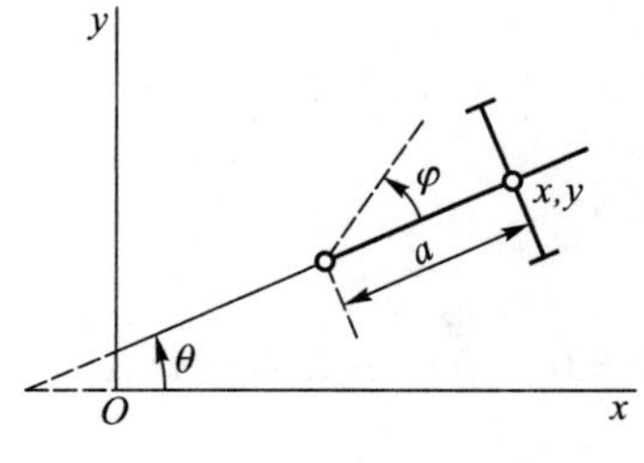

题 50.19 图

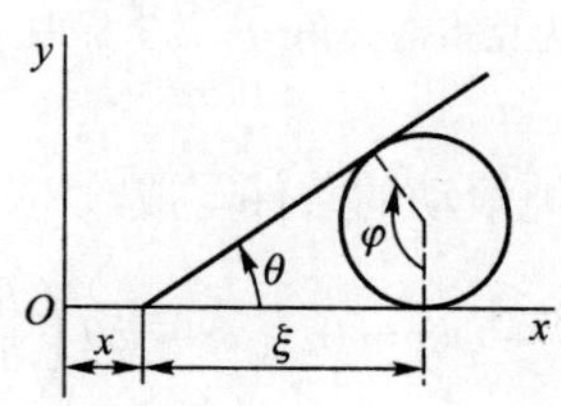

题 50.20 图

$$\xi = r\cot\frac{\theta}{2},\quad x = -2r\left(\cot\frac{\theta}{2}+\frac{\theta}{2}\right)+c_1,\quad \varphi+\cot\frac{\theta}{2}+\theta = c_2.$$

50.21　求三个不光滑圆柱体组成系统的广义坐标数目和自由度, 其中两个是半径等于 r 的相同柱体, 在水平面上滚动. 半径等于 R 的第三个柱体在前两个圆柱上滚动.

答　有六个广义坐标: x, y, θ, φ, φ_1, φ_2, 它们满足四个微分方程:

$$\dot{x} - R\dot{\varphi}\sin\theta - \dot{\theta}(r\varphi_1 - y) = 0,$$

$$\dot{y} + R\dot{\varphi}\cos\theta + \dot{\theta}(r\varphi_1 - y)\cot\theta - 2r\dot{\varphi}_1 = 0,$$

$$\dot{x}\sin(\theta-\alpha) - R\dot{\varphi}\sin\theta\sin(\theta-\alpha) + 2r\dot{\varphi}_2\sin\alpha\sin(\theta-\alpha)$$
$$-\dot{\theta}(r\varphi_2 + x\sin\alpha - y\cos\alpha)\sin\theta = 0,$$

$$\dot{y}\sin(\theta-\alpha) + R\dot{\varphi}\cos\theta\sin(\theta-\alpha) - 2r\dot{\varphi}_2\cos\alpha\sin(\theta-\alpha)$$
$$+\dot{\theta}(r\varphi_2 + x\sin\alpha - y\cos\alpha)\cos\theta = 0.$$

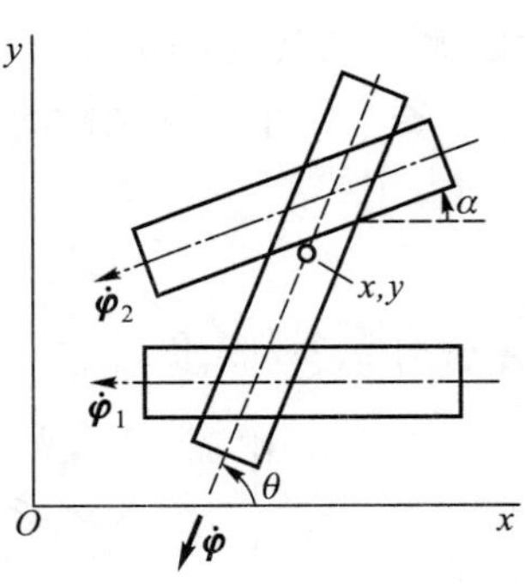

题 50.21　图

系统有两个自由度.

50.22　考虑题 50.18 的履带式拖拉机, 假设由发动机传给左履带的力矩为 $M_1(t)$, 传给右履带的力矩为 $M_2(t)$, 拖拉机的质量为 m, 履带和轮子的质量都可忽略. 拖拉机对通过质心的铅垂轴的转动惯量为 J. 试写出拖拉机的运动微分方程.

答　$mr\ddot{x} = (M_1 + M_2)\cos\theta$,　$mr\ddot{y} = (M_1 + M_2)\sin\theta$,

$Jr\ddot{\theta} = l(M_2 - M_1)$,　$r\dot{\varphi}_1 = \dot{x}\cos\theta + \dot{y}\sin\theta - l\dot{\theta}$.

50.23　证明: 铁路上的轮轴副在沿路轨滚动时只有一个自由度.

提示: 轮轴副的模型可看成两个相同锥体在底部固接而成. 轨道可认为是几何直线. 研究对直线运动有微小偏离的情况. 引入固定坐标系 $Oxyz$ 和两个动坐标系 $Ax'y'z'$, $C\xi\eta\zeta$, 坐标轴之间的方向余弦为

	x'	y'	z'
x	$\cos\theta$	$-\sin\theta$	0
y	$\sin\theta$	$\cos\theta$	0
z	0	0	1

	ξ	η	ζ
x'	$\cos\psi$	0	$-\sin\psi$
y'	0	1	0
z'	$\sin\psi$	0	$\cos\psi$

	ξ	η	ζ
x	$\cos\theta\cos\psi$	$-\sin\theta$	$-\cos\theta\sin\psi$
y	$\sin\theta\cos\psi$	$\cos\theta$	$-\sin\theta\sin\psi$
z	$\sin\psi$	0	$\cos\psi$

其中 θ, ψ 为克雷洛夫角, 广义坐标取 y, θ, ψ, φ, 其中 y 为质心 C 的坐标, φ 为轮轴副绕其轴的转角.

答　纯滚动的条件写成

$$\dot{\theta} - \psi\dot{\varphi} = 0,\quad \dot{\psi} + \dot{\varphi}\theta\left(\frac{R}{l} - \tan\alpha\right)\tan\alpha = 0,\quad \dot{y} = \dot{\varphi}(R - l\tan\alpha),$$

这三式都可积. 车轮副只有一个自由度.

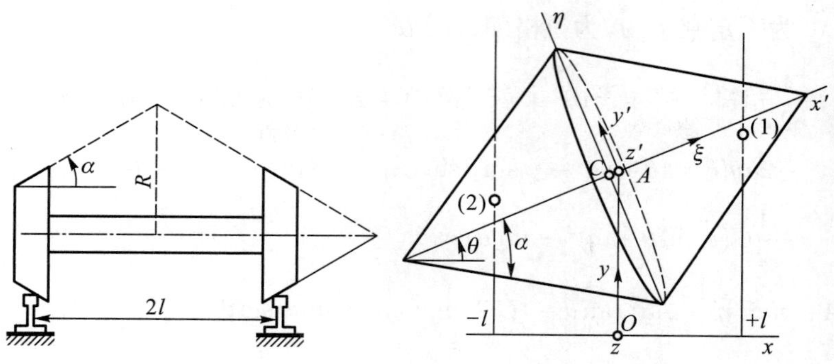

题 50.23　图

50.24　半径为 a、质量为 m 的均质圆盘在水平面上作纯滚动. 试按下列三种情形分别写出圆盘的运动微分方程: 1) 写成坐标 x_C, y_C, θ, ψ, φ 的形式, 其中 x_C, y_C 为圆盘质心的坐标, θ, ψ, φ 为欧拉角; 2) 写成坐标 x, y, θ, ψ, φ 的形式, 其中 x, y 为圆盘和平面接触点的坐标, θ, ψ, φ 为欧拉角 (参见题 50.11 图); 3) 写成准速度 p, q, r 的形式, 它们为圆盘瞬时角速度矢量在中心惯性椭球三个主轴上的投影. 圆盘的主中心转动惯量为 A, C.

答　1) $\dfrac{\mathrm{d}}{\mathrm{d}t}\dfrac{\partial L}{\partial \dot{x}_C}=\lambda_1,\quad \dfrac{\mathrm{d}}{\mathrm{d}t}\dfrac{\partial L}{\partial \dot{y}_C}=\lambda_2,$

$$\frac{\mathrm{d}}{\mathrm{d}t}\frac{\partial L}{\partial \dot{\theta}}-\frac{\partial L}{\partial \theta}=-a(\lambda_1\sin\psi-\lambda_2\cos\psi)\cos\theta,$$

$$\frac{\mathrm{d}}{\mathrm{d}t}\frac{\partial L}{\partial \dot{\psi}}=-a(\lambda_1\cos\psi+\lambda_2\sin\psi)\sin\theta,$$

$$\frac{\mathrm{d}}{\mathrm{d}t}\frac{\partial L}{\partial \dot{\varphi}}=-a(\lambda_1\cos\psi+\lambda_2\sin\psi),$$

$$\dot{x}_C-a\dot{\theta}\cos\theta\sin\psi-a\dot{\psi}\sin\theta\cos\psi-a\dot{\varphi}\cos\psi=0,$$

$$\dot{y}_C+a\dot{\theta}\cos\theta\cos\psi-a\dot{\psi}\sin\theta\sin\psi-a\dot{\varphi}\sin\psi=0,$$

其中 λ_1, λ_2 为不定乘子, L 为拉格朗日函数:

$$L=\frac{1}{2}m(\dot{x}_C^2+\dot{y}_C^2+a^2\dot{\theta}^2\sin^2\theta)+\frac{1}{2}A(\dot{\theta}^2+\dot{\psi}^2\cos^2\theta)+\frac{1}{2}C(\dot{\psi}\sin\theta+\dot{\varphi})^2-mga\cos\theta.$$

2) $\dfrac{\mathrm{d}}{\mathrm{d}t}\dfrac{\partial L}{\partial \dot{x}}=\lambda_1,\quad \dfrac{\mathrm{d}}{\mathrm{d}t}\dfrac{\partial L}{\partial \dot{y}}=\lambda_2,\quad \dfrac{\mathrm{d}}{\mathrm{d}t}\dfrac{\partial L}{\partial \dot{\theta}}-\dfrac{\partial L}{\partial \theta}=0,$

$$\frac{\mathrm{d}}{\mathrm{d}t}\frac{\partial L}{\partial \dot{\psi}}=0,\quad \frac{\mathrm{d}}{\mathrm{d}t}\frac{\partial L}{\partial \dot{\varphi}}=-a(\lambda_1\cos\psi+\lambda_2\sin\psi),$$

$$\dot{x}-a\dot{\varphi}\cos\psi=0,\quad \dot{y}-a\dot{\varphi}\sin\psi=0,$$

其中 λ_1, λ_2 为不定乘子, L 为拉格朗日函数:

$$L=\frac{1}{2}m[\dot{x}^2+\dot{y}^2+a^2(\dot{\theta}^2+\dot{\psi}^2\sin^2\theta)+2a\dot{x}(\dot{\theta}\cos\theta\sin\psi+\dot{\psi}\sin\theta\cos\psi)$$
$$-2a\dot{y}(\dot{\theta}\cos\theta\cos\psi-\dot{\psi}\sin\theta\sin\psi)]+\frac{1}{2}A(\dot{\theta}^2+\dot{\psi}^2\cos^2\theta)$$
$$+\frac{1}{2}C(\dot{\psi}\sin\theta+\dot{\varphi})^2-mga\cos\theta.$$

3) $(A+ma^2)\dot{p}+Aq^2\tan\theta-(C+ma^2)qr=mga\sin\theta,$

$$A\dot{q}+Cpr-Apq\tan\theta=0,\quad (C+ma^2)\dot{r}+pq=0,\quad \dot{\theta}=p.$$

求出这些方程的积分后, 广义坐标 x, y, ψ, φ 可从下列关系式求得:

$$\dot{\psi}\cos\theta=q,\quad \dot{\varphi}=r-q\tan\theta,\quad \dot{x}=a\dot{\varphi}\cos\psi,\quad \dot{y}=a\dot{\varphi}\sin\psi.$$

50.25 试利用上题答案, 求圆盘的所有可能的定常运动.

提示: 圆盘的定常运动表示为空间 (θ,Ω,ω) 中的"平衡状态", 其中 $\Omega=\dot{\psi}, \omega=\dot{\varphi}+\dot{\psi}\sin\theta$.

答 在空间 (θ,Ω,ω) 中, 平衡状态组成一个曲面 Π, 方程为

$$(C+ma^2)\Omega\omega-A\Omega^2\sin\theta+mga\sin\theta=0,$$

这个二维曲面相应于圆盘的定常运动. 在曲面上, 直线 $\theta=\Omega=0$ 上的点相应于圆盘沿直线的滚动, 且在滚动时圆盘面保持铅垂位置; 直线 $\theta=\omega=0$ 上的点相应于圆盘绕固定铅垂直径的转动. 曲面 Π 上其他点相应于圆周运动.

50.26 在下列情形下, 求圆盘运动稳定的条件: 1) 圆盘平面铅垂、圆盘沿直线滚动, 2) 圆盘绕固定铅垂直径转动, 3) 圆盘平面铅垂、圆盘沿圆周滚动.

提示: 利用题 50.24 情形 (3) 的解答和题 50.25 的解答:

答 1) $\omega^2>\omega^2_{\text{临界}}=\dfrac{mgaA}{C(C+ma^2)}.$

2) $\Omega^2>\Omega^2_{\text{临界}}=\dfrac{mga}{A+ma^2}.$

3) $\Omega^2[A(1+2\sin^2\theta)+ma^2\cos^2\theta]$

$$+\Omega\omega(3C+ma^2)\sin\theta+\frac{C}{A}(C+ma^2)\omega^2>mga\cos\theta.$$

不等式中各个量满足下列关系:

$$(C+ma^2)\Omega\omega-A\Omega^2\sin\theta+mga\sin\theta=0.$$

第十二章 宇宙飞行动力学

§51. 开普勒运动

51.1 质量为 m 的质点所受万有引力 $F = m\mu/r^2$, 式中 $\mu = fM$ 为引力中心的引力常数 (M 为引力中心的质量, f 为万有引力常数), 又 r 为质点到引力中心的距离. 已知天体的半径 R 及表面处的引力加速度 g①, 求天体的引力常数 μ, 并求地球的引力常数. 取地球半径为 $R = 6370$ km, $\dot{g} = 9.81$ m/s^2.

答 $\mu = gR^2$, 对于地球 $\mu = 3.98 \times 10^5\,\mathrm{km}^3/\,\mathrm{s}^2$.

51.2 假设已知天体的质量 M_n、半径 R_n 分别与地球的质量 M、半径 R 之比, 求天体的引力常量 μ_n 以及表面处引力加速度 g_n. 月球、金星、火星、木星与地球的质量之比、半径之比由下表给出, 试计算这些天体的 μ_n 以及 g_n.

	$M_n : M$	$R_n : R$		$M_n : M$	$R_n : R$
月球	0.0123	0.273	火星	0.107	0.535
金星	0.814	0.953	木星	317	10.95

答

	μ (km^3/s^2)	g (m/s^2)		μ (km^3/s^2)	g (m/s)
月球	4.9×10^3	1.62	火星	4.28×10^3	3.69
金星	326×10^3	8.75	木星	126×10^3	26.0

①此处以及下文都假定天体的引力指向天体质心. 重力加速度是在不计天体自转的情况下给出的.

51.3 在万有引力作用下质点在半径为 R 的天体上空高度为 H 处沿着圆周作匀速运动, 求质点运动速度 v_1 以及绕行周期 T.①

答 1) $v_1=\sqrt{\dfrac{\mu}{r}}=\sqrt{\dfrac{gR^2}{R+H}}$ (即在天体上空高度为 H 处的第一宇宙速度).

2) $T=2\pi r\sqrt{\dfrac{r}{\mu}}=2\pi\dfrac{(R+H)^{3/2}}{R\sqrt{g}}$, 其中 r 为质点到天体中心的距离, μ 为天体的引力常数, g 为天体表面的引力加速度.

51.4 不计人造卫星在天体上空飞行的高度, 试计算对地球、月球、金星、火星和木星来说的第一宇宙速度 v_1 和绕行周期 T.

答

	v_1 (km/s)	T (min)		v_1 (km/s)	T (min)
地球	7.91	84.3	火星	3.54	101
月球	1.68	108	木星	42.6	172
金星	7.30	87.5			

51.5 在地球赤道平面内绕行的圆轨道卫星应发射到多大的速度, 才能在任何时刻都处在地球上空的同一点?

答 $H=35800$ km.

51.6 人造地球卫星在高度 H 处沿着圆轨道运动, 圆轨道与地球赤道夹角为 α. 求卫星的航迹 (即轨道在地面上的投影) 与地球赤道的夹角 β.

答 $\tan\beta=\dfrac{\sin\alpha}{\cos\alpha+\Omega\sqrt{(R+H)^3/\mu}}$, 其中 Ω 为地球自转角速度, μ 为地球的引力常数.

51.7 质量为 m 的质点受到固定中心的万有引力 $F=m\mu/r^2$ 吸引, 其中 μ 为引力中心的引力常数. 求能量积分.

答 $v^2-2\mu/r=h$.

51.8 卫星圆轨道的高度 H 为多少时, 卫星相对行星表面的势能等于动能? 已知行星半径为 R.

答 $H=R/2$.

51.9 陨石在无穷远处的速度等于 10 km/s, 求它进入地球大气时的速度.

答 $v\approx 15$ km/s.

51.10 航天器在行星表面应具有多大的速度, 才能脱离行星飞到无穷远处?

答 $v_2=\sqrt{2}v_1$, 即第二宇宙速度 (v_1 为第一宇宙速度).

51.11 求地球、月球、金星、火星和木星的第二宇宙速度.

答

①在本章的所有习题中都忽略大气阻力.

	v_2 (km/s)		v_2 (km/s)
地球	11.2	火星	5.0
月球	2.37	木星	60.2
金星	10.3		

51.12 质点受引力中心的作用. 设质点矢径的大小 r 通过辐角 φ 写成时间 t 的复合函数, 求质点的速度和加速度①.

答 $v^2 = c^2\left[u^2 + \left(\dfrac{\mathrm{d}\,u}{\mathrm{d}\,\varphi}\right)^2\right]$, $w_\varphi = 0$, $w_r = \pm c^2u^2\left(\dfrac{\mathrm{d}^2u}{\mathrm{d}\,\varphi^2} + u\right)$, 其中 $u = \dfrac{1}{r}$, $c^2 = r^2\dot{\varphi} = |\boldsymbol{r}\times\boldsymbol{v}|$ (常量) 为面积速度的两倍, 正号对应斥力, 负号对应引力.

51.13 质量为 m 的质点在中心力作用下沿圆锥曲线运动, 曲线的极坐标方程为 $r = \dfrac{p}{1 + e\cos\varphi}$, 式中 p 和 e 分别为轨道的半正焦弦和偏心率. 求作用于质点的力.

答 $F_\varphi = 0$, $F_r = -m\mu/r^2$, 其中 $\mu = c^2/p$, c 为两倍面积速度.

51.14 质量为 m 的质点受到固定中心万有引力 $F = m\mu/r^2$ 吸力. 求质点的运动轨迹.

答 轨迹为二次曲线 (圆锥曲线), 极坐标形式的方程写成 $r = \dfrac{p}{1 + e\cos(\varphi - \varepsilon)}$, 式中 $p = c^2/\mu$, e 和 ε 都为积分常量.

提示: 利用题 51.12 的答案.

51.15 卫星在万有引力作用下沿椭圆轨道运动, 椭圆的偏心率 $e < 1$, 半正焦弦为 p. 已知面积积分为 $c = r^2\dot{\varphi} = |\boldsymbol{r}\times\boldsymbol{v}|$ (常量), 求椭圆的半长、短轴 a, b 以及绕行周期 T.

答 $a = \dfrac{p}{1 - e^2}$, $b = \dfrac{p}{\sqrt{1 - e^2}}$, $T = \dfrac{2\pi p^2}{c(1 - e^2)^{3/2}} = 2\pi\sqrt{\dfrac{a^3}{\mu}}$.

51.16 在上题的条件下, 求质点通过近地点和远地点的加速度.

答 $w_{近} = \dfrac{c^2}{p^3}(1 + e)^2$, $w_{远} = \dfrac{c^2}{p^3}(1 - e)^2$.

51.17 已知沿椭圆轨道的人造地球卫星的绕行周期为 T, 椭圆远地点极径和近地点极径之差为 H, 求椭圆轨道的偏心率.

答 $e = H\sqrt[3]{\dfrac{\pi^2}{2\mu T^2}}$.

51.18 卫星绕半径为 R 的行星, 沿着偏心率为 e 的椭圆轨道运行. 已知近地点与远地点高度的比值等于 $\gamma\ (< 1)$, 求卫星轨道的半长轴.

答 $a = \dfrac{1 - \gamma}{1 - \gamma - e(1 + \gamma)}R$.

①此处以及下文中都假定极坐标系的极点与引力 (斥力) 中心重合.

51.19 质点在万有引力 $F = m\mu/r^2$ 作用下运动, 求能量积分常数 h (参看题 51.7), 用轨道要素与引力常数 μ 来表示.

答 对于椭圆轨道, $h = -\mu/a$ (其中 a 为椭圆的半长轴); 对于抛物线轨道, $h = 0$; 对于双曲线轨道, $h = \mu/a$ (其中 a 为双曲线的半实轴).

51.20 质点受万有引力作用, 在初始位置 M_0 距引力中心为 r_0, 极角等于 φ_0, 初速度为 $\boldsymbol{v}_0$. 速度矢量 $\boldsymbol{v}_0$ 与水平线 (即以引力中心为圆心的圆周在点 M_0 的切线) 的夹角等于 θ_0, 求轨道偏心率 e, 以及极坐标基轴与轨道焦点线间的夹角 ε①.

答 $e = \sqrt{1 + \dfrac{c^2}{\mu^2}h}$, $\tan(\varphi_0 - \varepsilon) = \dfrac{\tan\theta_0}{1 - r_0/p}$, 其中 $c = r_0 v_0 \cos\theta_0$ 为面积积分常数, $h = v^2 - 2\mu/r$ 为能量积分常数.

51.21 应给航天器以多大的初速度 v_0, 在到达行星上空高度 H 处抛掉火箭的最后一级后, 沿椭圆、抛物线或双曲线轨道运行? 已知行星半径为 R.

提示: 利用上题的解答.

答 当 $v_0 < v_2$, 轨道为椭圆; 当 $v_0 = v_2$, 轨道为抛物线; 当 $v_0 > v_2$, 轨道为双曲线. 其中 $v_2 = \sqrt{\dfrac{2gR^2}{R+H}} = \sqrt{2}v_1$ 为高度 H 处的第二宇宙速度 (v_1 为圆周运动速度).

51.22 在地球表面应给予质点多大的速度, 才能使它脱离太阳系?

答 $v_0 = v_3 = \sqrt{v_2^2 + V^2(\sqrt{2}-1)^2} \approx 16.7$ km/s, 其中 $V \approx 30$ km/s 为地球的公转速度 (圆周运动速度), v_2 为第二宇宙速度.

51.23 与火箭的最后一级分离时, 航天器处在离地面高度为 $H = 230$ km 的一点 M_0, 速度为 $v_0 = 8.0$ km/s. 速度矢量 $\boldsymbol{v}_0$ 与水平线 (即半径为 r_0 的圆周上 M_0 的切线) 所成的角度为 $\theta_0 = 0.02$ rad.

求航天器的椭圆轨道的面积速度常数 c、半正焦弦 p、能量积分常数 h、长轴的方向、偏心率 e、远地点高度 ($H_{\max}$)、近地点高度 ($H_{\min}$), 以及卫星运动行周期 T.

答 $c = 52790$ km^2/s, $p = 7002$ km, $k = -56.6$ km^2/s^2, $\varepsilon = \varphi_0 - 0.335$ rad, 其

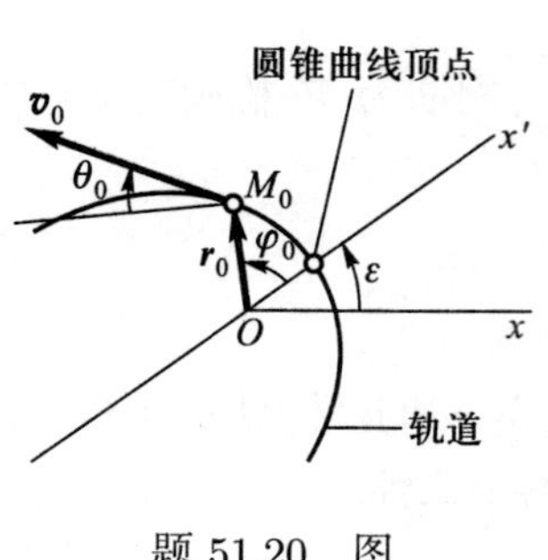

题 51.20 图

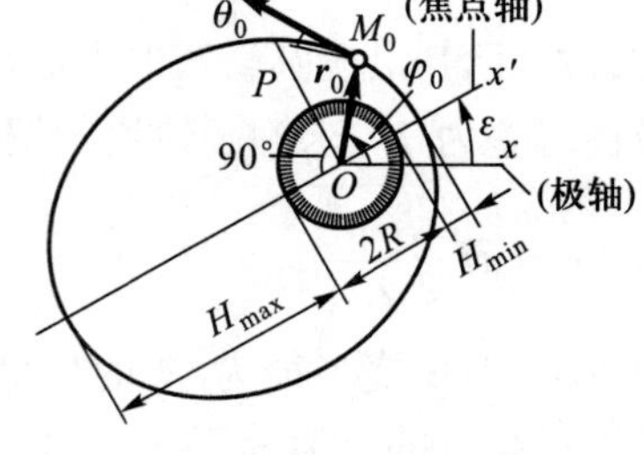

题 51.23 图

①极坐标原点与圆锥曲线的焦点之一重合, 由极坐标原点指向较近拱点的方向取为焦点线的正向.

中 φ_0 为矢径 $\boldsymbol{r}_0$ 的初始极角; $e = 0.649$, $H_{\max} = 1120$ km, $H_{\min} = 210$ km, $T = 98.5$ min.

51.24 航天器的初速度方向满足什么条件, 才能落到半径为 R 的行星表面, 不论初速度多大?

答 初速方向位于由起始点画出围绕行星的圆锥体之内.

51.25 在半径为 R 的行星上空高度 H 处发射航天器, 在什么初始条件下, 航天器轨道不与行星表面相交?

答 1) $v_0^2 > v_1^2 \dfrac{2RH}{(R+H)^2\cos^2\theta_0 - R^2}\cos\theta_0 > \dfrac{R}{R+H}$, 其中 v_1 为在行星高度 H 处的第一宇宙速度.

2) 初速度方向应在由起始点画出围绕行星的圆锥体以外.

51.26 求行星绕行太阳的周期 T_i 与其椭圆轨道半长轴 a_i 之间的关系.

答 $\dfrac{a_1^3}{T_1^2} = \dfrac{a_2^3}{T_2^2}$, 对任何行星都成立 (开普勒第三定律).

51.27 木卫一的轨道周期等于 1.77 天, 轨道半径为木星半径的 5.91 倍. 木星到太阳的平均距离等于 5.20 个地 – 日平均距离 (即等于 5.20×23000 个地球半径), 木星绕行太阳的周期等于 11.8 年. 求木星质量与太阳质量之比 (木星半径等于 11.14 个地球半径).

答 木星质量为太阳质量的千分之一.

51.28 沿椭圆轨道运行质点的平均半径由 $\langle r\rangle = \dfrac{1}{T}\displaystyle\int_0^T r\,\mathrm{d}t$ 确定, 式中 T 为绕行周期.

设行星椭圆轨道的半长轴为 a, 偏心率为 e, 求行星的平均半径.

答 $\langle r\rangle = a(1 + e^2/2)$.

51.29 具有相等质量的两个卫星沿着同平面的轨道、按同一旋转方向、绕同一引力中心运行. 一条轨道为半径等于 r_0 的圆周. 另一条为椭圆轨道, 近地点和远地点的极径分别等于 r_0 和 $8r_0$. 假定这两个卫星在轨道的公切点相遇时, 对接成一体, 以后一起运动, 求新轨道的远地点极径.

答 $r_{远} = \dfrac{49}{23} r_0$.

51.30 求偏心率为 e 的椭圆轨道上质点的真近点角 φ 与偏近点角 E 之间的关系.

答 $\tan\dfrac{E}{2} = \sqrt{\dfrac{1-e}{1+e}}\tan\dfrac{\varphi}{2}$.

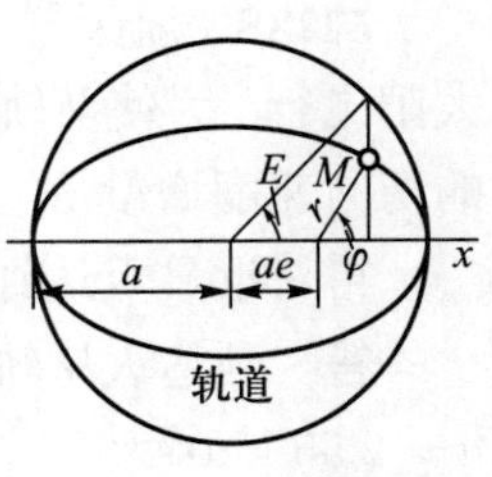

题 51.30 图

51.31 试通过偏近点角 E 来表达在椭圆轨道上任一点的速度.

答 $v = \sqrt{\dfrac{\mu}{a}}\sqrt{\dfrac{1+e\cos E}{1-e\cos E}}$.

51.32 求椭圆轨道上速度等于近地点和远地点速度的几何平均值的那些点.

答 $E = \pm\pi/2$ (即在椭圆短轴两端的点).

51.33 已知绕引力中心并沿椭圆轨道运行之点的矢径表达式:

$$\boldsymbol{r} = \frac{p}{1+e\cos\varphi}\boldsymbol{e}_r, \quad \boldsymbol{r} = a(1-e\cos E)\boldsymbol{e}_r,$$

式中 $\boldsymbol{e}_r$ 为矢径 $\boldsymbol{r}$ 的单位矢量, 原点在引力中心; φ, E 分别为真近点角、偏近点角. 求该点的轨道速度矢量的表达式, 分别用轨道坐标系和惯性坐标系来表示.

答 $$\boldsymbol{v} = \sqrt{\frac{\mu}{p}}[\boldsymbol{e}_r e\sin\varphi + \boldsymbol{e}_\varphi(1+e\cos\varphi)],$$

$$\boldsymbol{v} = \sqrt{\frac{\mu}{p}}\left[-\boldsymbol{e}_1\frac{\sqrt{1-e^2}\sin E}{1-e\cos E} + \boldsymbol{e}_2\frac{(1-e)^2\cos E}{1-e\cos E}\right],$$

式中 $\boldsymbol{e}_1$ 为由极点指向近地点的单位矢量, $\boldsymbol{e}_2$ 为垂直于 $\boldsymbol{e}_1$ 的单位矢量.

51.34 在轨道上哪一点的轨道切线与当地水平面 (垂直于矢径) 的夹角最大?

答 在 $E = \pm\pi/2$ 处.

51.35 卫星沿半径为 r 的圆轨道运行, 每隔时间 T 绕行一周. 由于获得了径向速度增量 u, 卫星转入椭圆轨道, 求椭圆轨道的绕行周期.

答 $$T_1 = \frac{T}{\left[1-\left(\frac{uT}{2\pi r}\right)^2\right]^{3/2}}.$$

51.36 卫星沿半径为 r 的圆轨道运行, 每隔时间 T 绕行一周. 由于获得了切向速度增量 u, 卫星转入椭圆轨道, 求椭圆轨道的绕行周期.

答 $$T_1 = \frac{T}{\left[1-\left(\frac{uT}{2\pi r}\right)^2 - \frac{uT}{\pi r}\right]^{3/2}}.$$

51.37 卫星沿半径为 r 的近地圆轨道运行. 为使卫星转入近地点径距为 r_1 的椭圆轨道, 求径向速度增量.

答 $$u = \sqrt{\frac{\mu}{r_1}}\left(\sqrt{\frac{r}{r_1}} - \sqrt{\frac{r_1}{r}}\right).$$

51.38 航天器以速度 $v = 30$ km/s 沿半径为 $r_1 = 150\times10^6$ km 的地球轨道绕太阳飞行. 为使新轨道的远日点达到火星轨道 ($r_2 = 228\times10^6$ km), 求航天器所需的切向速度增量 u.

再对近日点达到金星轨道 ($r_3 = 108\times10^6$ km) 的情况求解同一问题.

答 到达火星轨道的切向增量为 $u = 2.95$ km/s, 到达金星轨道的切向增量为 $u = 2.55$ km/s.

51.39 卫星沿近地椭圆轨道运行, 轨道的近地点和远地点的极径分别为 r_1 和 r_2. 为使轨道远地点高度增加 H, 求在近地点应增加的切向速度 u.

答 $u=\sqrt{\dfrac{2\mu}{r_1}}\left(\sqrt{\dfrac{r_2+H}{r_1+r_2+H}}-\sqrt{\dfrac{r_2}{r_1+r_2}}\right)$.

51.40 在圆轨道上运行的航天器获得切向速度增量 u 转入双曲线轨道. 航天器在无穷远处具有给定的速度 v_∞. 问: 初始圆轨道的半径 r_0 应为多少, 才能使所需的速度增量 u 最小?

答 $r_0=2\mu/v_\infty^2$.

§52. 其他问题

52.1 质量分别为 m_1 和 m_2 的两个自由质点在引力的作用下运动. 求第一个质点相对于第二个质点的运动规律.

答 相对运动所遵循的规律与绝对运动一样, 引力常数为 $\mu=f(m_1+m_2)$.

52.2 逐一考虑太阳受每个行星的吸引产生的运动, 求各个行星绕太阳的运行周期 T_i 与椭圆轨道半长轴 a_i 之间的关系.

答 $\dfrac{a_1^3}{T_1^2}:\dfrac{a_2^3}{T_2^2}=\dfrac{M+m_1}{M+m_2}$, 其中 m_1, m_2 和 M 分别为行星 1, 2 和太阳的质量 (试与题 51.26 的答案比较).

52.3 半径分别为 R_1 和 R_2 的两个均质圆球相互吸引由静止开始运动. 设这两球心之间的起始距离为 L , 两球的质量分别为 m_1 和 m_2, 求这两球相撞时的相对速度 v_r.

答 $v_r=\sqrt{2\mu\left(\dfrac{1}{R_1+R_2}-\dfrac{1}{L}\right)}$, 其中 $\mu=f(m_1+m_2)$.

52.4 质量分别为 m_1 和 m_2 的两个质点相互吸引由静止开始运动. 设这两质点之间的初始距离为 L, 求两者相撞所需的时间 T.

答 $T=\dfrac{\pi}{2}\sqrt{\dfrac{L^3}{2\mu}}$, 其中 $\mu=f(m_1+m_2)$.

52.5 质量分别为 m_1 和 m_2 的两个自由质点相互吸引. 求这两质点相对于它们共同质心 C 的运动规律.

答 和绝对运动所遵循的规律一样, 这两质点相对质心运动的引力常数分别为 $\mu_1=f\dfrac{m_2^3}{(m_1+m_2)^2}$ 和 $\mu_2=f\dfrac{m_1^3}{(m_1+m_2)^2}$.

52.6 中心力在矢径上的投影等于 $-\left(\dfrac{\mu}{r^2}+\dfrac{\nu}{r^3}\right)$, 其中 μ (>0) 和 ν 为两个常数. 求此力作用下运动质点的轨迹.

答 1) 如 $\nu<c^2$, 则 $r=\dfrac{p}{1+e\cos k(\varphi-\varepsilon)}$, 其中 $c=r^2\dot{\varphi}=$ 常量, $p=\dfrac{c^2-\nu}{\mu}$, $k^2=1-\dfrac{\nu}{c^2}$, 且 e, ε 为任意常数.

2) 如 $\nu=c^2$, 则 $\dfrac{1}{r}=\dfrac{\mu}{c^2}\dfrac{\varphi^2}{2}+C_1\varphi+C_2$, 其中 C_1, C_2 为积分常数.

3) 如 $\nu > c^2$, 则 $r = \dfrac{p}{1 + e\cosh k(\varphi - \varepsilon)}$, 其中 $p = -\dfrac{\nu - c^2}{\mu}, k^2 = \dfrac{\nu}{c^2} - 1$, 且 e, ε 为任意常数.

52.7 质量为 m 的航天器沿着一条通过行星中心的直线接近此行星. 问: 应在离行星表面多高 H 处启动发动机, 以恒定制动力 mT 作用在航天器上, 以便保证一次软着陆 (即着陆速度为零)? 设在启动发动机的瞬时, 航天器的速度等于 v_0, 行星的引力常数为 μ, 行星的半径为 R. 其他天体的引力、大气阻力, 以及发动机质量的变化都忽略不计.

答 $H = \dfrac{1}{2T}\left\{\dfrac{\mu}{R} + TR + \dfrac{v_0^2}{2} \pm \sqrt{\left(\dfrac{\mu}{R} + TR + \dfrac{v_0^2}{2}\right)^2 - 4\mu T}\right\} - R$, 其中正号在 $T > \mu/R^2$ 时适用, 负号在 $T < \mu/R^2$ 时适用.

52.8 求火箭发动机应做的有效功, 以便把航天器送到离行星表面高度为 H 处, 同时在这高度上使航天器获得: 1) 圆周速度, 或 2) 抛物线速度. 已知航天器在行星表面上的质量为 M, 行星的半径为 R, 大气阻力不计.

如果 $M = 5000$ kg, 这个行星就是地球, 试计算第二宇宙速度所需的有效功.

答 1) $A_1 = MgR\dfrac{R + 2H}{2(R + H)}$, 2) $A_2 = MgR$. 对地球的情况 $A_2 = 31.85 \times 10^7\ \text{kN} \cdot \text{m}$.

52.9 航天器以角速度 Ω_0 绕着通过航天器质心的平动轴转动. 飞轮 M 的转轴与航天器的转轴重合. J 和 J_0 分别为飞轮和航天器对公共转轴的转动惯量 (J_0 中已计入 J). 在初始瞬时, 飞轮的角速度等于航天器的角速度. 为使航天器停止转动, 求飞轮的发动机应做的功.

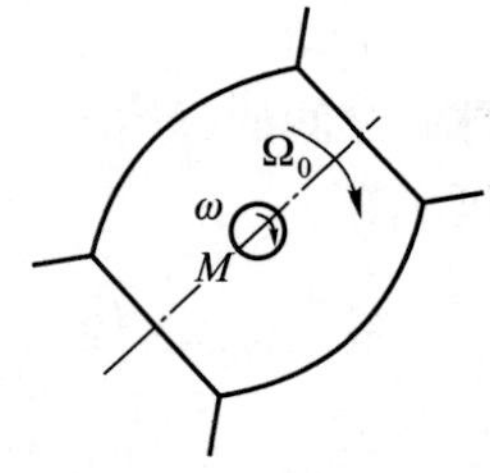

题 52.9　图

答 $A = \dfrac{1}{2}\dfrac{J_0(J_0 - J)}{J}\Omega_0^2$.

52.10 在上题中, 电机定子产生的力矩为 $M_{转} = M_0 - \kappa\omega$, 其中 M_0 和 κ 为两个常量, ω 为飞轮的相对角速度. 求航天器在有限时间内完成消旋的条件. 又设此条件已满足, 求制动的时间 T.

答 $M_0 > \kappa\dfrac{J_0}{J}\Omega_0,\ \ T = \dfrac{J(J_0 - J)}{\kappa J_0}\ln\dfrac{JM_0}{JM_0 - \kappa J_0\Omega_0}$.

52.11 如航天器消旋是用题 52.9 与 52.10 所述的方法实现的, 求在制动时间内航天器转过的角度 ψ.

答 $\psi = \dfrac{J(J_0 - J)}{\kappa J_0}\Omega_0 - \dfrac{J(J_0 - J)}{J_0^2\kappa^2}(M_0 J - \Omega_0\kappa J_0)\ln\dfrac{M_0 J}{M_0 J - \kappa J_0\Omega_0}$.

52.12 用电动飞轮使航天器转动. 飞轮在转动的航天器内的运动方程为 $\dot{\omega} + \omega/T = u$, 式中 ω 为飞轮的相对速度, T 为时间常数, u 为控制电压, 可取正负值 $\pm u_0$. 设初始时刻航天器和飞轮都未转动. 为使让航天器转过一个给定的角度 φ 后停止, 试求驱动 ($u = u_0$) 时间 t_1 和制动 ($u = -u_0$) 时间 t_2. 已知转轴通过航天器的质心,转动可以认为是平面运动. 飞轮与航天器对公共转轴的转动惯量分别等于 J 和 J_0 (在 J_0 中已计入飞轮的转动惯量 J).

答 $t_1 = \tau + T\ln(1+\sqrt{1-e^{-\tau/T}})$, $t_2 = T\ln(1+\sqrt{1-e^{-\tau/T}})$, 其中 $\tau = \dfrac{J_0\varphi}{Ju_0T}$.

第十三章　平衡稳定性 · 振动理论 · 运动稳定性

§53. 系统平衡条件的确定 · 平衡的稳定性

53.1 矩形薄板的转轴 AB 与铅垂线的夹角为 α. 为使此薄板转过角 θ, 求作用在薄板对轴 AB 上的力矩 M. 已知薄板重为 P, 薄板质心 G 到轴 AB 的距离为 a.

答 $M = Pa\sin\alpha\sin\theta$.

53.2 六边形由六根相同的均质杆构成, 处在铅垂平面内, 每根杆重为 p. 六边形的顶边固定在水平位置, 其余各边对通过 AB 中点的铅垂线对称分布. 为使系统随遇平衡, 求在 AB 对面的水平杆中心施加的铅垂力 Q.

答 $Q = 3p$.

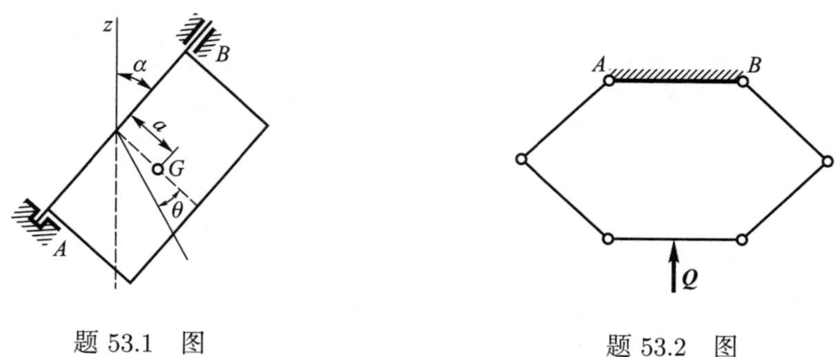

题 53.1　图　　题 53.2　图

53.3 均质杆 AB 长为 $2a$、重为 Q, 挂在长均为 l 的两根绳子上. 杆受力偶的作用, 力偶矩为 M. 两绳的悬挂点在同一水平线上, 两悬点间的距离为 $2b$. 求杆平

衡位置对应的角度 θ.

答 平衡位置对应的角度 θ 由下列方程给出:

$$M\sqrt{l^2-(a-b)^2-4ab\sin^2\left(\frac{\theta}{2}\right)}=Qab\sin\theta.$$

53.4 均质杆 AB 长为 $2l$, 下端 A 支持在铅垂墙面上. 杆与墙面的夹角为 φ. 杆同时还搁在与墙平行的小钉 C 上, 钉和墙的距离为 a. 求杆平衡位置对应的角度 φ.

答 $\sin\varphi=\sqrt[3]{a/l}$.

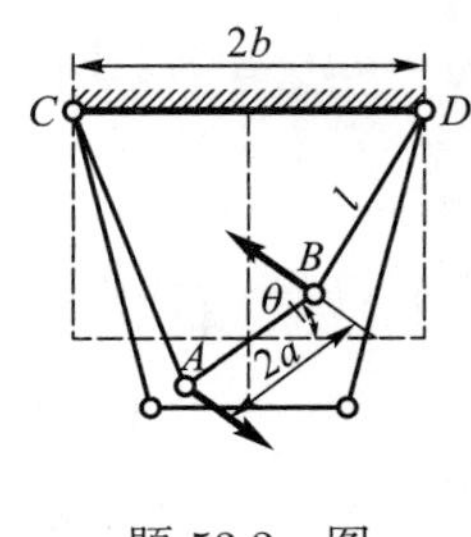

题 53.3 图

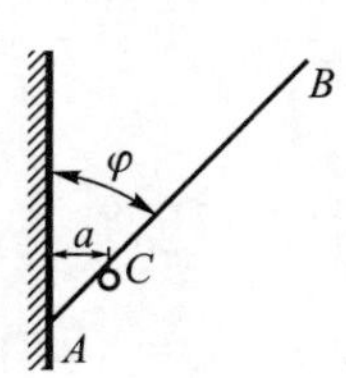

题 53.4 图

53.5 在半径为 r 的光滑圆柱体上放着两根均质杆, 这两杆用铰链 A 连接. 杆长均为 $2a$. 求平衡时两杆的张角 2θ.

答 张角 2θ 由方程 $a\tan^3\theta-r\tan^2\theta-r=0$ 确定.

53.6 两根均质杆 OA 和 AB, 长均为 a, 质量均为 m, 处于铅垂平面内, 在点 A 处铰接, 点 O 为固定铰链. 在杆 AB 上点 B 用铰链与质量为 m_1 的物体 C 相连. 物体 C 可沿通过点 O 的铅垂线移动. 杆 OA 和 AB 的中点用刚度系数为 C 的弹簧连接, 弹簧原长 $l_0<a$. 求系统的平衡位置及其稳定性条件. 摩擦和弹簧质量都不计.

答 当 $2(m+m_1)g>c(a-l_0)$ 时存在一个稳定平衡位置 $\varphi_1=0$.

当 $2(m+m_1)g<c(a-l_0)$ 时存在两个平衡位置, 其中 $\varphi_1=0$ 是不稳定平衡位

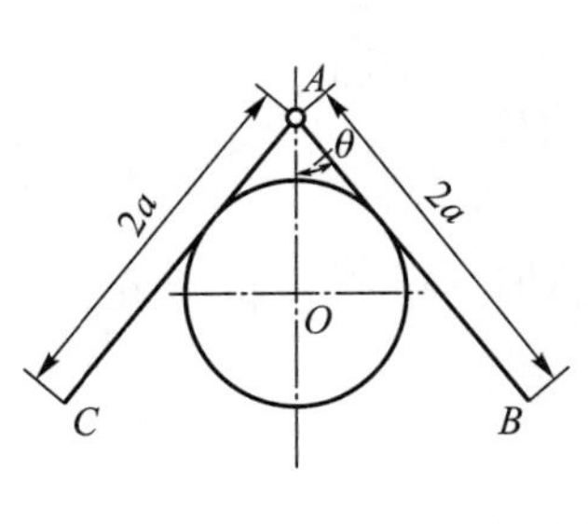

题 53.5 图

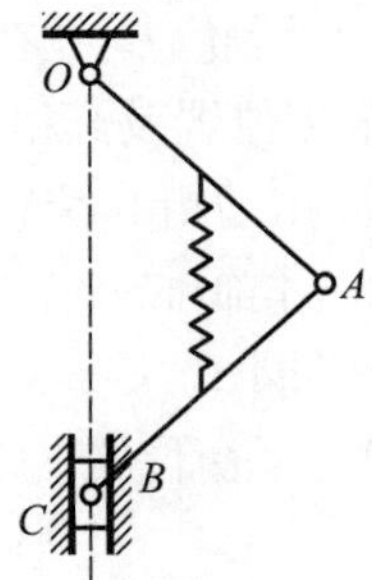

题 53.6 图

置, 稳定平衡位置为

$$\varphi_2 = \arccos \frac{2(m+m_1)g + cl_0}{ca}.$$

53.7 长为 l 的均质杆, 两端可沿已知曲线 $f(x,y)=0$ 无摩擦地滑动. 求杆的平衡位置 (y 轴沿铅垂线向上, x 轴水平向右).

答 平衡位置对应的杆两端坐标的方程组如下:

$$(x_2-x_1)^2+(y_2-y_1)^2-l^2=0,\ f(x_1,y_1)=0,\ f(x_2,y_2)=0,$$

$$2(y_2-y_1)\frac{\partial f}{\partial x_1}\frac{\partial f}{\partial x_2}=(x_2-x_1)\left[\frac{\partial f}{\partial x_1}\frac{\partial f}{\partial y_2}+\frac{\partial f}{\partial y_1}\frac{\partial f}{\partial x_2}\right].$$

53.8 长为 l 的均质杆, 两端可沿抛物线 $y=ax^2$ 无摩擦地滑动. 求杆的可能平衡位置 (y 轴沿铅垂线向上, x 轴水平向右).

答 第一个平衡位置为 $x_2=-x_1=l/2$, $y_1=y_2=al^2/4$. 第二个平衡位置由以下公式给出:

$$x_1=-\frac{1}{2a}\mathrm{e}^{-\xi},\quad y_1=\frac{1}{4a}\mathrm{e}^{-2\xi},\quad x_2=\frac{1}{2a}\mathrm{e}^{\xi},\quad y_2=\frac{1}{4a}\mathrm{e}^{2\xi},$$

其中 ξ 由方程 $\cosh\xi=\sqrt{al}$ 确定.

53.9 设题 53.7 的曲线为椭圆, $f(x,y)=\dfrac{x^2}{a^2}+\dfrac{y^2}{b^2}-1=0$, 且杆的长度满足条件 $l<2a$, 求杆的平衡位置.

提示: 解题时可利用关系式 $x=a\cos\varphi$, $y=b\sin\varphi$ 引入坐标 φ (偏近点角) 代替直角坐标.

答 平衡位置由下列方程确定的偏近点角表示:

a) $\varphi_1=\pi-\varphi_2$, $\cos\varphi_2=\sqrt{l/2a}$ (此解在 $l\leqslant 2a$ 时存在).

b) $\sin\dfrac{\varphi_2-\varphi_1}{2}=\sqrt{l/2b}$, $\cos\dfrac{\varphi_2+\varphi_1}{2}=\sqrt{\dfrac{1-lb/(2a)^2}{1-b^2/a^2}}$ (此解在 $a>b$, $l<2b$ 时存在).

53.10 小环 A 可无摩擦地在铅垂平面内沿半径为 R 的光滑铁丝圈滑动. 在小环上系有两根绳子, 一根在下端挂有质量为 m_1 的重物 P, 另一根跨过一个尺寸可不计的小滑轮 B 后在 C 端挂上质量为 m_2 的另一重物 Q, 小滑轮 B 处在铁丝圈水平直径的一端. 求小环 A 的平衡位置及其稳定性.

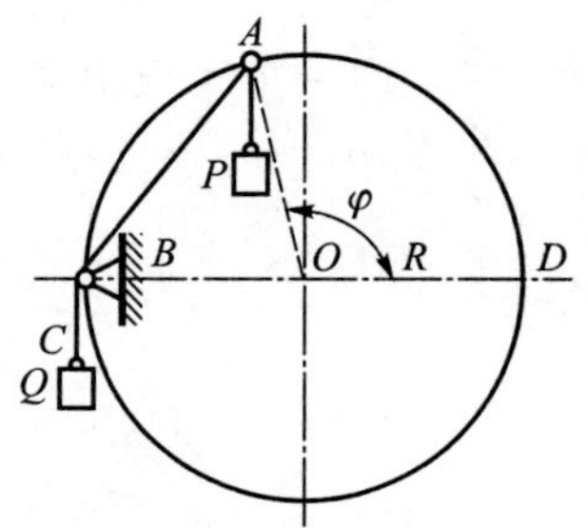

题 53.10 图

提示: 小环的位置用中心角 $\varphi=\angle DOA$ 表示. 分别讨论小环在铁丝线圈上半部和下半部的平衡.

答 对上半圈 ($0<\varphi<\pi$), 当 m_1/m_2 为任意值时都存在不稳定平衡位置:

$$\sin\frac{\varphi_0}{2}=\frac{1}{4}\left(\sqrt{\frac{m_2^2}{m_1^2}+8}-\frac{m_2}{m_1}\right),\ \text{且}\ 0<\varphi_0<\frac{\pi}{2}.$$

对下半圈 ($\pi < \varphi < 2\pi$), 当 $m_2/m_1 \leqslant 1$ 时存在稳定平衡位置:

$$\sin\frac{\varphi_0}{2} = \frac{1}{4}\left(\sqrt{\frac{m_2^2}{m_1^2}+8}+\frac{m_2}{m_1}\right),\ 且\ \pi < \varphi_0 < \frac{3\pi}{2}.$$

53.11 均质正方形薄板在铅垂平面内可绕通过顶角 O 的轴转动. 板的重量为 P, 边长为 a. 在板的顶角 A 系有长为 l 的绳子, 绳子跨过 O 点铅垂上方相距为 a 处的小滑轮 B, 末端挂有重为 $Q = \dfrac{\sqrt{2}}{2}P$ 的重物. 求系统的平衡位置及其稳定性.

答 平衡位置与下列角 ψ 相对应: $\psi_1 = 0$, $\psi_2 = \dfrac{\pi}{6}$, $\psi_3 = \dfrac{\pi}{2}$, $\psi_4 = \dfrac{3\pi}{2}$. 第一、第三位置是稳定的.

53.12 长 $2a$ 的均质杆 AB 搁在半径为 R 的半圆上, 不计摩擦, 求杆的平衡位置及其稳定性.

答 在平衡位置杆与水平面的夹角 φ_0 由下列方程来确定:

$$\cos\varphi_0 = \frac{a+\sqrt{a^2+32R^2}}{8R}\quad (设\ \sqrt{\frac{2}{3}}\,R < a < 2R).$$

这个平衡位置是稳定的.

53.13 吊桥可简化成长为 $2a$、重为 P 的均质薄板, 如图所示. 在板边缘中点系有长 l 的缆索. 缆索跨过 O 点铅垂上方相距为 $2a$ 的小滑轮 B. 缆索的 C 端系在可沿曲线导轨无摩擦滑动的配重上. 为使系统随遇平衡, 试确定导轨的形状以及配重 Q. 已知吊桥处在水平位置时, 配重 C 处在铅垂线 OB 上.

答 $Q = \dfrac{P}{\sqrt{2}}$, 导轨的极坐标 (r,θ) 的方程为

$$r^2 = 2(l-2\sqrt{2}a\cos\theta)r + 4\sqrt{2}al - l^2 - 8a^2.$$

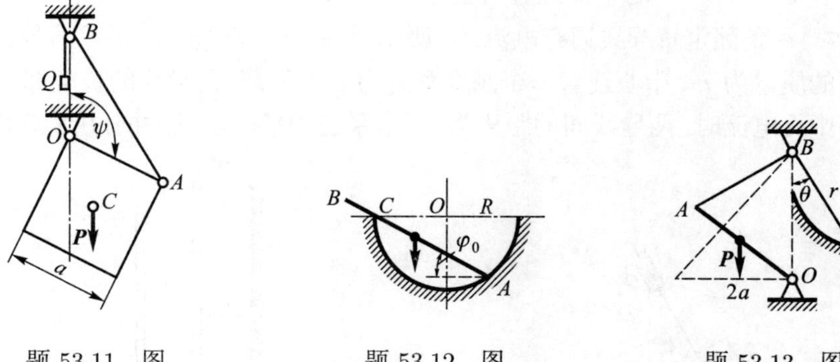

题 53.11　图　　题 53.12　图　　题 53.13　图

53.14 试分析图示 “倒双摆” 的铅垂平衡位置的稳定性. 质量分别为 m_1 和 m_2 的两个质点以长为 l_1, l_2 的两杆相连. 杆在铅垂平衡位置时, 两弹簧 (刚度系数分别为 c_1 和 c_2) 都不受力.

答 稳定条件为 $c_1l_1 > m_1g$, $[(c_1+c_2)l_2-(m_1+m_2)g](c_1l_1-m_1g) > c_1^2l_1l_2$.

53.15 试分析图示倒摆系统铅垂平衡位置的稳定性. 第一个摆长为 $4h$, 第二个长为 $3h$, 第三个长为 $2h$. 三个摆的质量相同, 都等于 m. 弹簧的刚度系数也相同, 都等于 c. 杆的质量可忽略, 质量 m 都可看成质点. 弹簧的联结点到相应质点的距离都等于 h. 当系统处在铅直平衡时, 弹簧都不受力.

答 稳定条件可以写成

$$13h^2c-4mgh>0,\quad 49h^4c^2-59mgh^3c+12m^2g^2h^2>0,$$
$$36h^6c^3-153mgh^5c^2+130m^2g^2h^4c^2-24m^3g^3h^3>0.$$

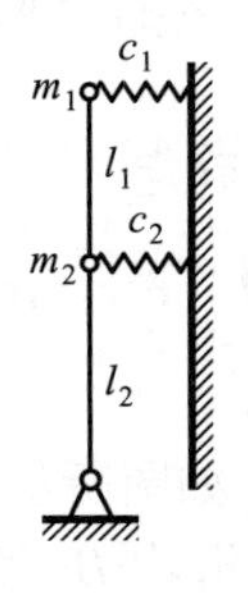

题 53.14 图

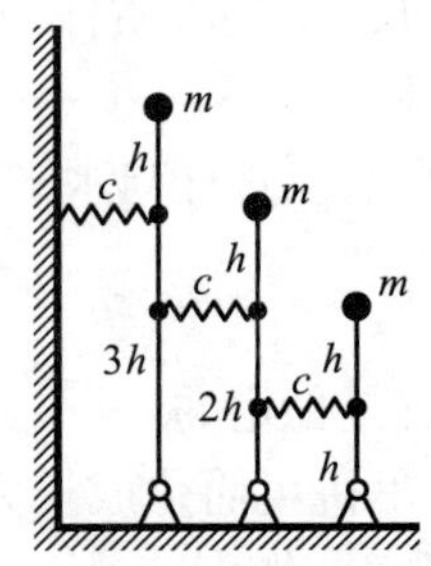

题 53.15 图

53.16 在舰船震动记录仪中, 重物 M 固结在杆 OM 上, 杆穿过可绕 O 点转动的套管, 并在 A 点与绕 O_1 点转动的 AO_1 杆铰接. 杆 AO_1 长为 r, 重物的重心到铰链 A 的距离为 l. 已知 $OO_1=h$, 重物的尺寸和两杆的质量都忽略不计, 试分析杆的铅垂平衡位置的稳定性.

答 当 $\sqrt{rl}>h-r$ 时平衡位置为稳定的, 当 $\sqrt{rl}<h-r$ 时不稳定.

53.17 一条固定直导线通有电流 i_1, 吸引另一条通有电流 i_2 的平行导线 AB. 导线 AB 的质量为 m, 中心连着一个刚度系数为 c 的弹簧. 两导线的长度都为 l. 当导线 AB 中无电流时, 两导线间的距离为 a. 求系统的平衡位置, 并分析稳定性.

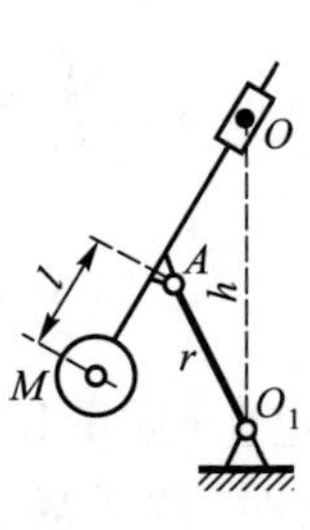

题 53.16 图

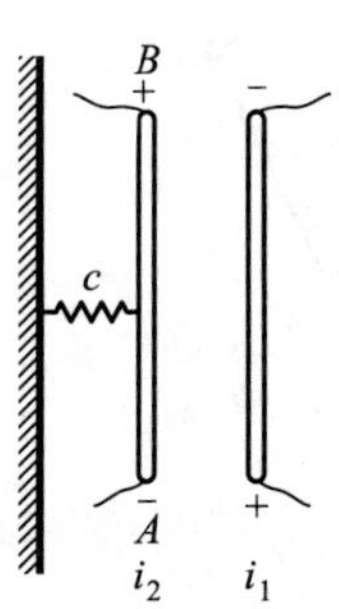

题 53.17 图

提示: 当两条长均为 l 的平行导线相距为 d 且分别通有电流 i_1 和 i_2 时, 两导线间的相互作用力由公式 $F=\dfrac{2i_1i_2}{d}l$ 决定.

答 当 $\alpha=\dfrac{2i_1i_2l}{c}<\dfrac{a^2}{4}$ 时, 有两个平衡位置: $x_1=\dfrac{a}{2}-\sqrt{\dfrac{a^2}{4}-\alpha}$ 和 $x_2=\dfrac{a}{2}+\sqrt{\dfrac{a^2}{4}-\alpha}$. 平衡位置 x_1 是稳定的, x_2 是不稳定的. 当 $\alpha>\dfrac{a^2}{4}$ 时, 无平衡位置. 当 $\alpha=\dfrac{a^2}{4}$ 时, 只有一个不稳定的平衡位置.

53.18 杆 OA 长为 a, 可绕点 O 自由转动. 杆在 A 端铰接有长为 a 的杆 AB, B 为质量为 m 的重物. 点 O 和 B 之间有刚度系数为 c 的弹簧, 弹簧的质量小到可以忽略, 且弹簧原长为 a. 系统处在铅垂平面内, 求系统的平衡位置. 杆 AB 和 OA 的质量都忽略不计.

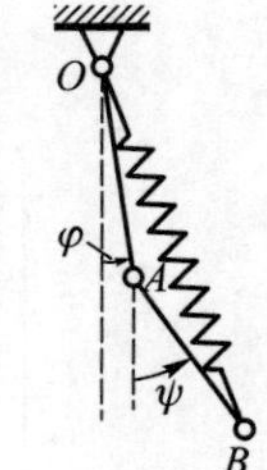

题 53.18 图

答 有四个平衡位置:

$$\varphi_1=0,\ \psi_1=0;\ \ \varphi_2=\pi,\ \psi_2=\pi;\ \ \varphi=\mp\varphi_3,\ \psi=\pm\psi_3,$$

其中 $\cos\varphi_3=\cos\psi_3=\dfrac{mg+ca}{2ca}$. 当 $mg>ca$ 时, 平衡位置 $\varphi_1=0$, $\psi_1=0$ 稳定. 当 $mg<ca$ 时, 平衡位置 $\varphi=\mp\varphi_3$, $\psi=\pm\psi_3$ 稳定. 平衡位置 $\varphi_2=\pi$, $\psi_2=\pi$ 总是不稳定的.

§54. 单自由度系统的微振动

54.1 刚杆 OB 长为 l, 可绕端点的球铰链 O 自由摆动, 杆的另一端带有重为 Q 的球. 不可伸长的铅垂细绳维持刚杆在水平位置. 细绳长为 h, $OA=a$. 将球按垂直于图面的方向推开, 然后释放, 系统开始振动. 不计杆的质量, 求系统的微振动周期.

答 $T=2\pi\sqrt{\dfrac{hl}{ag}}$.

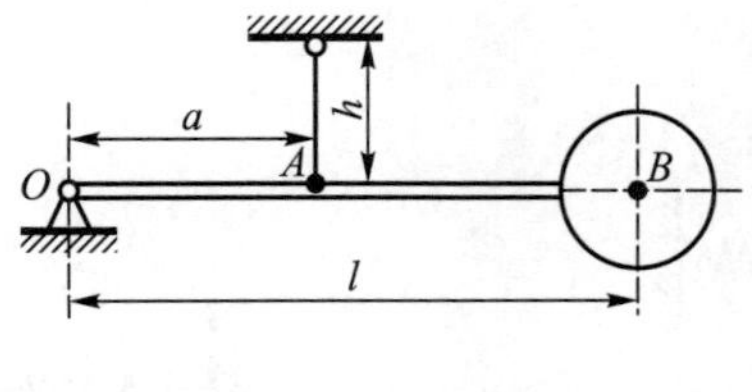

题 54.1 图

54.2 为了记录土壤的振动, 在地震仪中有一个摆: 长为 l 的刚杆在一端固结一个夹在两根水平弹簧之间的质量 m. 两根弹簧的刚度系数均为 c, 且有一端固定. 不计杆的质量, 设杆在平衡位置时弹簧不受力. 求摆的微振动周期.

答　$T = \dfrac{2\pi}{\sqrt{\dfrac{2c}{m} - \dfrac{g}{l}}}$.

54.3　一个摆由长为 l 的刚杆在端点固结质量 m 构成. 杆上连接刚度系数均为 c 的两根弹簧, 联结点与杆端相距为 a. 两弹簧的另外一端都是固定的. 不计杆的质量, 求摆的微振动周期.

答　$T = \dfrac{2\pi}{\sqrt{\dfrac{2ca^2}{ml^2} + \dfrac{g}{l}}}$.

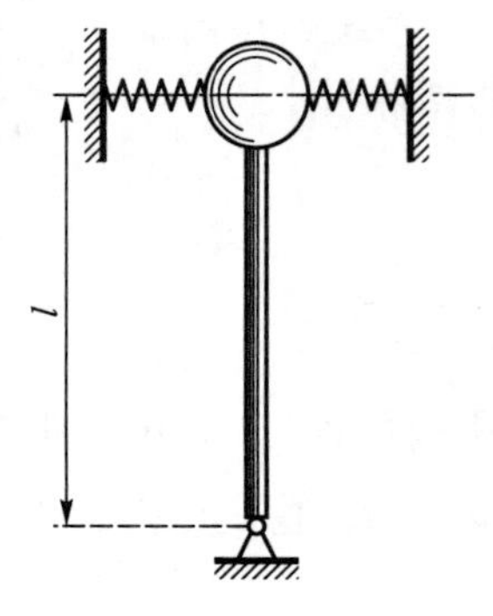

题 54.2　图

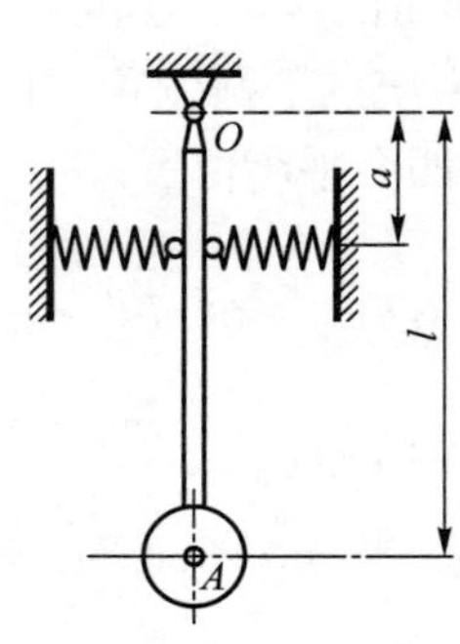

题 54.3　图

54.4　在上题中, 假设质量 m 在支点 O 的正上方. 求摆在铅垂平衡位置稳定的条件, 以及微振动的周期.

答　$a^2 > \dfrac{mgl}{2c}$, $T = \dfrac{2\pi}{\sqrt{\dfrac{2ca^2}{ml^2} - \dfrac{g}{l}}}$.

54.5　圆柱体的直径为 d, 质量为 m, 可在水平面上纯滚动. 在柱体长度的中点系有两根相同的弹簧, 联结点与柱体的轴心相距均为 a. 已知两弹簧的刚度系数都为 c. 求圆柱体的微振动周期.

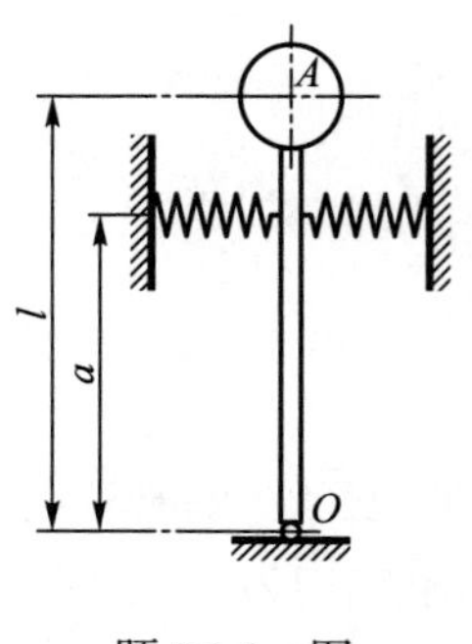

题 54.4　图

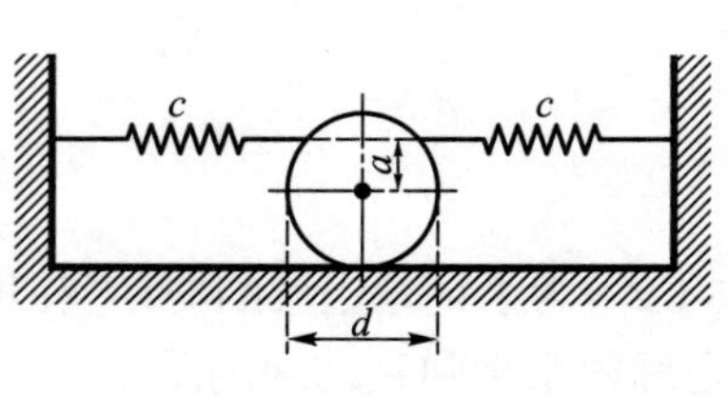

题 54.5　图

答 $T = \dfrac{\sqrt{3}\pi d}{d+2a}\sqrt{\dfrac{m}{c}}.$

54.6 计量器由一个摆上附加质量为 m 的活动重物 G 构成. 整个系统对水平轴的转动惯量可通过移动活动重物来调整. 摆的质量为 M, 质心到转轴 O 的距离为 s_0, 又 $OG = s$. 已知摆对转轴的转动惯量为 J_0, 求计量器的微振动周期.

答 $T = 2\pi\sqrt{\dfrac{J_0 + ms^2}{(Ms_0 - ms)g}}.$

54.7 一个物体挂在相距为 $2a$、长为 l 的两根铅垂细绳上, 可绕两绳之间与它们等距的铅垂轴作扭摆运动. 物体对此转轴的回转半径为 ρ, 求摆的微振动周期.

答 $T = \dfrac{2\pi\rho}{a}\sqrt{\dfrac{l}{g}}.$

54.8 一个圆环用三根长为 l 的不可伸长的相同细绳悬挂在三个固定点上, 环面水平. 圆环平衡时, 三根绳都是铅垂的, 且三等分环面的圆周. 求圆环绕通过质心的铅垂轴作微振动的周期.

答 $T = 2\pi\sqrt{\dfrac{l}{g}}.$

54.9 正方形平台 $ABCD$ 用四根弹性绳挂在固定点 O. 已知绳子的刚度系数均为 c. 当系统平衡时, O 点到平台中心 E 的铅垂距离为 l. 平台对角线长为 a. 求系统铅垂振动的周期.

答 $T = 2\pi\sqrt{\dfrac{M}{c}\cdot\dfrac{(a^2+4l^2)cl}{16cl^3+Mga^2}}.$

54.10 由两根均质细杆固接成的直角尺, 可绕点 O 转动. 两杆长分别为 l 和 $2l$. 求直角尺在平衡位置附近作微振动的周期.

答 $T = 2\pi\dfrac{\sqrt{6}}{\sqrt[4]{17}}\sqrt{\dfrac{l}{g}} = 7.53\sqrt{\dfrac{l}{g}}.$

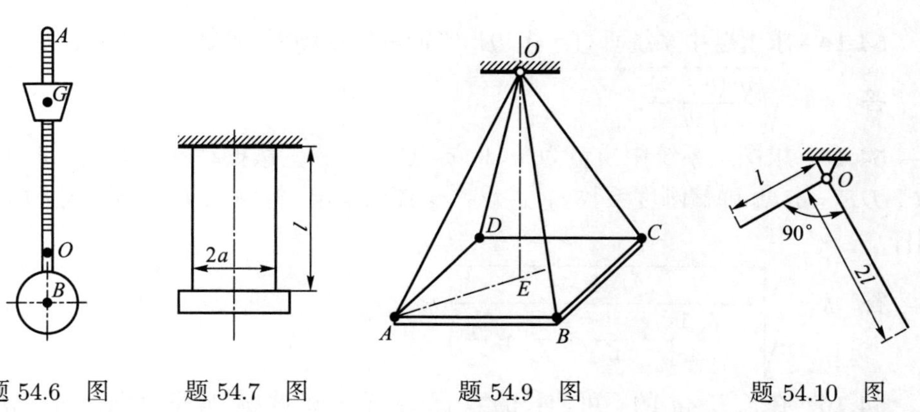

题 54.6 图　　题 54.7 图　　题 54.9 图　　题 54.10 图

54.11 摆的质量为 M, 转轴与水平面成 β 角. 摆对转轴的转动惯量为 J, 质心到转轴的距离为 s. 求摆自由微振动的周期.

答 $T = 2\pi\sqrt{\dfrac{J}{Mgs\cos\beta}}$.

54.12 在记录机器底座铅垂振动的仪器内, 质量为 m 的重物 Q 连在刚度系数为 c_1 的铅垂弹簧上, 并与静平衡的指针铰接. 指针为弯杠杆的形状, 对转轴 O 的转动惯量为 J, 并且被刚度系数为 c_2 的水平弹簧压在平衡位置上. 已知 $OA = a$, $OB = b$. 重物的尺寸以及弹簧的初始张力的影响都不计. 求指针在铅垂平衡位置作自由振动的周期.

答 $T = 2\pi\sqrt{\dfrac{J + ma^2}{c_1a^2 + c_2b^2}}$.

54.13 图示为一种减震装置: 质量为 m 的质点用 n 根刚度系数都为 c 的弹簧连接于正多边各个顶点. 每根弹簧的原长均为 a, 正多边外接圆的半径等于 b. 设系统在水平面内, 求系统水平自由振动的频率.

提示: 为了把势能计算到二阶小量, 弹簧的伸长也要算到同样的精度.

答 $k = \sqrt{\dfrac{nc}{2m}\dfrac{2b-a}{b}}$.

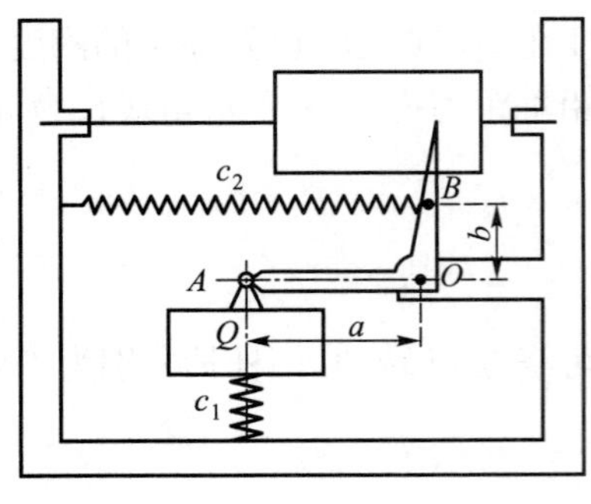

题 54.12 图

题 54.13 图

54.14 求上题中系统垂直于多边形平面的振动频率. 弹簧质量不计.

答 $k = \sqrt{\dfrac{nc(b-a)}{mb}}$.

54.15 求图示系统中质量为 m 的质点 E 作铅垂微振动的频率. 已知 $AB = BC$, $DE = EF$. 弹簧刚度系数 c_1, c_2, c_3, c_4 都已给定. 杆 AC, DF 都看成无质量的刚杆.

答 $k = \sqrt{\dfrac{4}{m\left(\dfrac{1}{4c_1} + \dfrac{1}{4c_2} + \dfrac{1}{c_3} + \dfrac{1}{c_4}\right)}}$.

54.16 在长为 $4a$ 的不可伸长的绳子上系有三个重物, 质量分别为 m, M, m. 绳子对称地悬挂在两端, 最左段、最右段与铅垂线的夹角都为 α, 中间两段与铅垂线夹角都为 β, 重物 M 作铅垂振动, 求重物的自由振动频率.

答　$k=\sqrt{\dfrac{g(\cos^2\beta\sin\beta+\cos^2\alpha\sin\alpha)}{a\cos\beta\cos\alpha\sin(\beta-\alpha)\cos(\beta-\alpha)}}$, 且 $2m=\dfrac{M\sin(\beta-a)}{\sin\alpha\cos\beta}$.

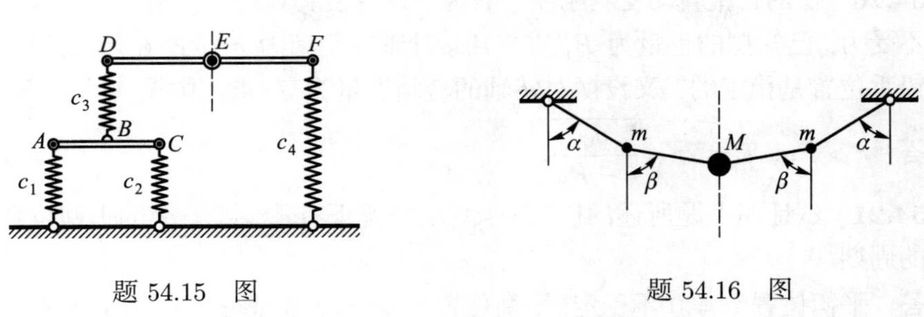

题 54.15　图　　　　题 54.16　图

54.17　Б. Б. 戈里岑铅垂地震仪由框架 AOB 及其固结的重物构成, 重物的重量为 Q, 可绕水平轴 O 转动. 在框架上与 O 相距为 a 的点 B 系有刚度系数为 c 的弹簧. 弹簧在拉伸下工作. 平衡时杆 OA 的位置水平. 框架连带重物对 O 的转动惯量为 J, 框架高为 b. 不计弹簧的质量, 重物和框架的质心在 A 点, 与 O 相距为 l, 求系统的微振动频率.

答　$k=\sqrt{\dfrac{ca^2-F_0b(1-b/L)}{J}}$, 其中 $F_0=\dfrac{Ql}{a}$ 为平衡时弹簧的拉力, L 为平衡时弹簧的长度.

54.18　在记录基础、机器零部件等物体振动的测震仪中, 重为 Q 的摆用刚度系数为 c 的螺旋弹簧维持在与铅垂线成 α 角的位置上. 摆对转轴的转动惯量为 J, 摆的质心到转轴的距离为 s. 求测震仪的自由振动周期.

答　$T=2\pi\sqrt{\dfrac{J}{Qs\sin\alpha+c}}$.

54.19　在记录水平振动的测震仪中, 由杆和重物构成的摆 OA 在重力和螺旋弹簧的作用下在铅垂位置维持稳定平衡, 可在平衡位置附近绕水平轴 O 摆动. 已知摆重的最大静力矩为 $Qa=45\ \mathrm{N\cdot cm}$, 摆对轴 O 的转动惯量为 $J=0.3\ \mathrm{kg\cdot cm^2}$, 弹簧

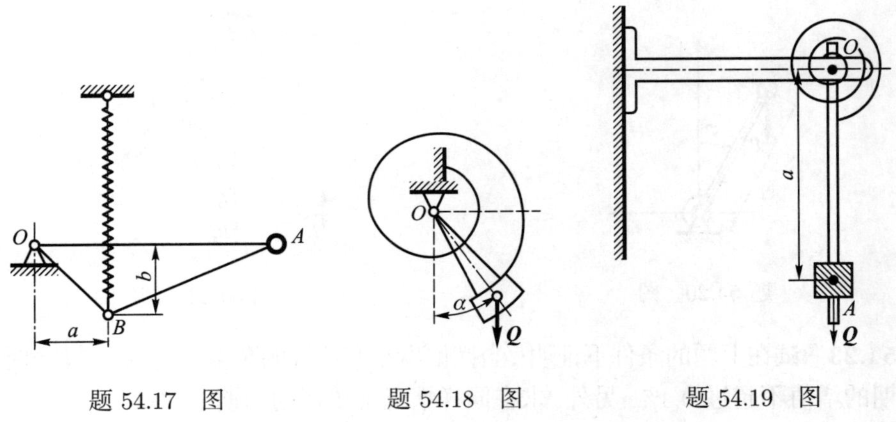

题 54.17　图　　　　题 54.18　图　　　　题 54.19　图

的扭转刚度系数为 $c = 45\ \mathrm{N \cdot cm}$. 求摆在小转角情况下的固有振动周期.

答 $T = 0.364\ \mathrm{s}$.

54.20 摆的自由转动受到刚度系数为 c 的螺旋弹簧抑制, 当摆处于最高位置时弹簧不受力. 已知摆的重量为 P, 质心到悬挂轴的距离为 a. 问: 在什么条件下摆的最高铅垂位置是稳定的? 又设摆对转轴的转动惯量为 J, 求摆微振动的周期.

答 $c > Pa,\ T = 2\pi\sqrt{\dfrac{J_0}{c - Pa}}$.

54.21 试证明上题所述的摆在 $c < Pa$ 情况下有不少于三个的平衡位置. 求微振动的周期.

答 平衡位置 $\varphi = 0$ 不稳定, 平衡位置 $\varphi = \varphi_0 > 0$ 或 $\varphi = \varphi_0 < 0$ 是稳定的, 其中 φ_0 是方程 $\sin\varphi = \dfrac{c}{Pa}\varphi$ 的根.

$$T = 2\pi\sqrt{\frac{J_0\varphi_0}{Pa\cos\varphi_0(\tan\varphi_0 - \varphi_0)}}.$$

54.22 摆杆 OA 借助连杆 AB 与刚度系数为 c 的小钢板簧 EB 相连. 在未受力状态, 板簧的位置在 EB_1. 为了把板簧推到位置 EB_0 (相当于摆的平衡位置), 需要施加沿 OB 方向的力 $\boldsymbol{F}_0$. 又 $OA = AB = a$, 杆的质量可以忽略, 摆的质心到转轴的距离为 $OC = l$, 摆重为 Q. 为了得到最优的等时性 (振动周期与起始偏角无关), 经过调制, 系统的运动方程

$$\ddot{\varphi} = f(\varphi) = -\beta\varphi + \cdots$$

中被舍弃的首项为 φ^5. 求常数 Q, F_0, c, a, l 之间的关系, 以及摆的微振动周期.

答 $Ql - 2aF_0 = 12a^2c,\quad T = 2\pi\sqrt{\dfrac{l}{g}}\dfrac{1}{\sqrt{1 - \dfrac{2aF_0}{Ql}}}$.

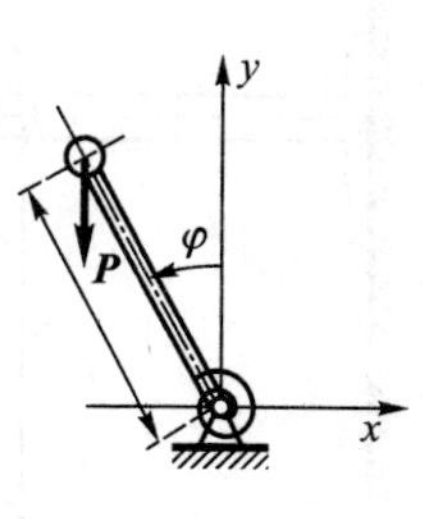

题 54.20 图

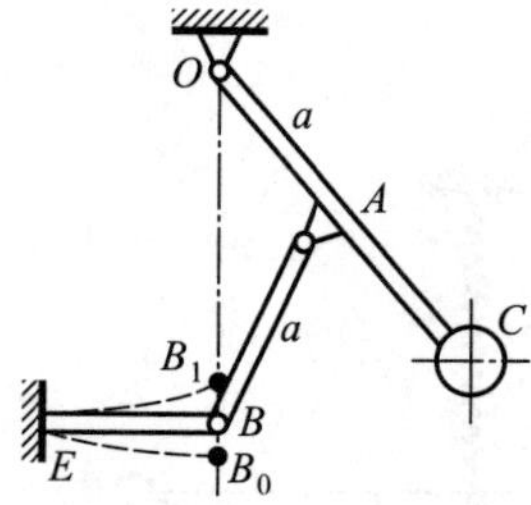

题 54.22 图

54.23 试在上题的条件下证明: 当摆偏离平衡位置的角度到达 $\varphi_0 = 45^\circ$ 时, 摆动周期的增值不超过 0.4%. 另外, 求在同样情况下单摆的周期变化量.

答 在摆的运动方程中保留 φ^5 的项, 可得周期

$$T = 2\pi\sqrt{\frac{l}{g}}\frac{1}{\sqrt{1-2aF_0/Ql}}\left(1+\frac{\varphi_0^4}{96}\right).$$

对于单摆, 当偏角到达 45° 时, 周期的变化为 4%.

54.24 设在题 54.22 的条件下, 摆被调制到满足 $Ql = 2aF_0$. 求偏离平衡位置 φ_0 角时作小幅度摆动的周期.

答 $T = \dfrac{4l}{a\varphi_0}\sqrt{\dfrac{Q}{cg}}\displaystyle\int_0^1 \frac{\mathrm{d}\,x}{\sqrt{1-x^4}} = 5.24\frac{l}{a\varphi_0}\sqrt{\frac{Q}{cg}}.$

54.25 在振动计录仪的摆中, 重物 M 挂在一根自由穿过转动导管 O 的杆上. 杆在点 A 铰接于可绕固定轴 O_1 摆动的摇杆 AO_1 上. 求摆杆 OM 的铅垂位置为稳定平衡位置的条件, 并求摆在此位置附近作微振动的周期. 重物的尺寸和杆的质量都不计. 各杆尺寸如图所示.

答 $h-r<\sqrt{rl},\ T = 2\pi(h-r+l)\sqrt{\dfrac{r}{[rl-(h-r)^2]g}}.$

54.26 求图示摆微振动的周期. 重物的质心位于铰接四连杆机构 $OABO_1$ 的连杆 BA 延长线上的 C 点. 在平衡位置 OA 和 BC 是铅垂的, 杆 O_1B 为水平的. 已知 $OA = AB = a$, $AC = b$. 杆的重量忽略不计.

答 $T = 2\pi\dfrac{s+a}{\sqrt{g(s-a)}}.$

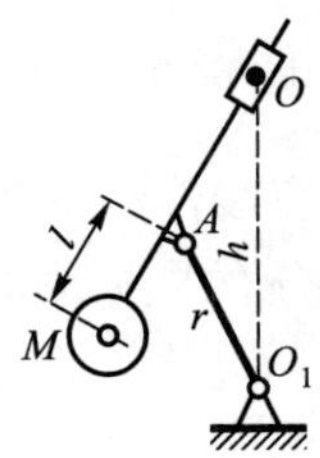

题 54.25 图 (同 53.16 图)

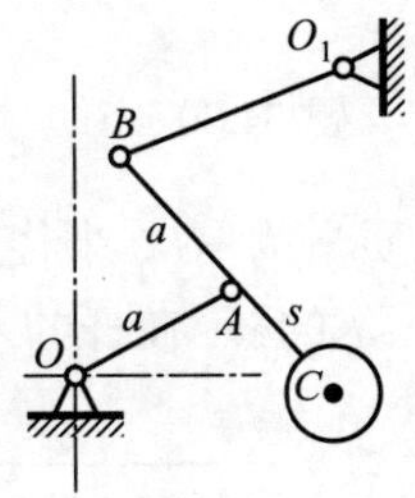

题 54.26 图

54.27 质量为 m 的重物 P 悬挂在顶端固定的弹簧上, 弹簧的刚度系数为 c, 质量为 m_0. 假定弹簧上任意两点偏离平衡位置的大小之比, 恒等于这两点到弹簧固定端的距离之比. 求重物振动的周期.

答 $T = 2\pi\sqrt{\dfrac{m+m_0/3}{c}}.$

54.28 在上端固定的铅垂圆柱形弹性杆的下端, 对心固结一个水平圆盘. 圆盘对中心铅垂轴的转动惯量为 J, 杆对自身轴线的转动惯量为 J_0. 杆的扭转刚度系数 (使它下端扭转 1 弧度所需的扭矩) 等于 c. 求系统扭转振动的周期.

提示: 采取与上题相同的假设, 认为杆振动时每个截面的扭转角正比于它到杆固定端的距离.

答 $T=2\pi\sqrt{\dfrac{J+J_0/3}{c}}$.

54.29 重为 Q 的重物固结在两端简支的梁中点. 梁长为 l, 模截面惯性矩为 J, 材料的弹性模量为 E. 不计梁的质量, 求重物每分钟振动的次数.

答 $n=2080\sqrt{\dfrac{EJ}{Ql^3}}$, 长度单位取 cm.

54.30 长为 $l=4$ m 的工字梁放在两个相同的弹簧支座上, 弹簧的刚度系数为 $c=1.5$ kN/cm. 在梁中点带有重为 $Q=2$ kN 的重物. 工字梁截面惯性矩为 $J=180$ cm^4. 不计梁的重量, 求系统的自由振动周期. 梁材料的弹性模量为 $E=2\times10^4$ kN/cm^2.

答 $T=0.238$ s.

54.31 长为 l 的水平杆 AB, 一端固支, 另一端 B 处有重为 Q 的重物在作周期为 T 的振动. 振动平面与杆横截面垂直. 杆对截面中心线的惯性矩为 J. 求杆材料的弹性模量.

答 $E=\dfrac{4\pi^2Ql^3}{3JgT^2}$.

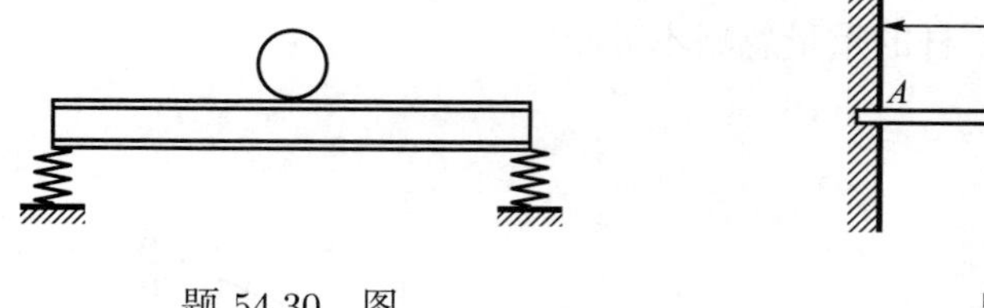

题 54.30 图　　题 54.31 图

54.32 质量为 M、半径为 r 的均质圆盘可沿水平直线作纯滚动. 在圆盘上固连着一根长为 l 的杆, 在杆的末端带有一个质点 m. 求系统的微振动周期. 杆的质量不计.

答 $T=2\pi\sqrt{\dfrac{3Mr^2+2ml^2}{2mg(r+l)}}$.

54.33 在半径为 R 的粗糙半圆柱上, 放着一个质量为 M、横截面呈矩形的长棒, 棒的纵轴与圆柱轴垂直. 棒长为 $2l$, 高为 $2a$. 棒的两端用两根相同的弹簧与地板

题 54.32 图　　题 54.33 图

相连. 弹簧的刚度系数均为 c. 设棒在圆柱上不滑动, 求它的微振动周期. 棒对通过质心的水平横轴的转动惯量为 J.

答 $T=2\pi\sqrt{\dfrac{Ma^2+J_0}{Mg(R-a)+2cl^2}}$.

54.34 在与速度成正比的阻力作用下, 单自由度系统幅频曲线的陡率由曲线的"半宽度"来表示. 幅频曲线的"半宽度"为振幅等于共振振幅之半的两个频率之差. 试以"调频系数" $z=\omega/k$ 和"简化衰减系数" $\delta=n/k$ 表出幅频曲线的"半宽度" Δ, 并给出在 $\delta\ll 1$ 情况下的近似公式 (ω 为干扰力的频率, k 为固有频率, 共振时有 $z\approx 1$).

答 幅频曲线的"半宽度"为

$$\Delta=z_2-z_1=\sqrt{1-2\delta^2+2\delta\sqrt{3+\delta^2}}-\sqrt{1-2\delta^2-2\delta\sqrt{3+\delta^2}},$$

如 $\delta\ll 1$, 则有 $\Delta\approx 2\delta\sqrt{3}$.

54.35 在记录铅垂振动的测震仪中, 杆 OA 可绕水平轴 O 转动. 杆与仪器的记录笔尖相连, A 端带有重物 Q, 并由螺旋弹簧维持在水平的平衡位置. 测震仪安装在按规律 $z=0.2\sin 2st$ (单位为 cm) 作铅垂振动的底座上. 弹簧的扭转刚度系数为 $c=1\ \mathrm{N\cdot cm}$, 杆 OA 连带重物 Q 对 O 点的转动惯量为 $J=4\ \mathrm{kg\cdot cm^2}$, 又 $Qa=100\ \mathrm{N\cdot cm}$. 不计杆的固有振动, 求它的相对运动.

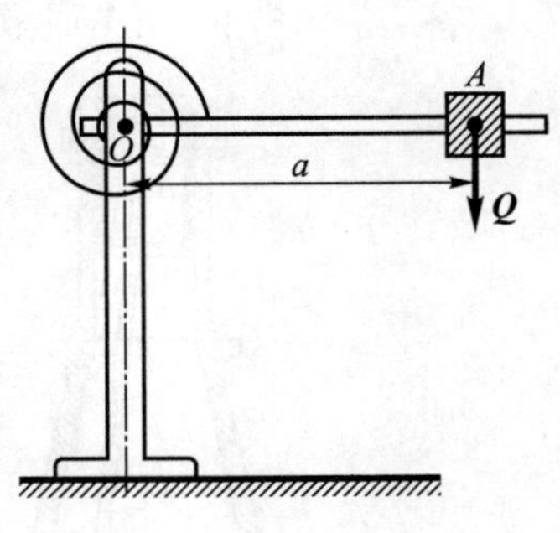

题 54.35 图

答 $\varphi=0.0051\sin 25t$ (式中 φ 以 rad 为单位, t 以 s 为单位).

54.36 在题 54.35 所述的测震仪中, 杆上备有一个铝质薄板型的电磁阻尼器, 铝板在两个固定磁极之间振动. 出现在铝板中的涡电流使它产生和板运动速度成正比、且大小到达非周期运动临界值的阻尼. 设仪器为装在按规律 $z=h\sin pt$ 作铅垂振动的底座上的. 求仪器指针的强迫振动.

答 $x=a\varphi=\dfrac{Qahp^2}{g\,(Jp^2+c)}\sin(pt-\varepsilon),\ \tan\varepsilon=\dfrac{2p\sqrt{Jc}}{c-Jp^2}$.

54.37 质量为 M_1 的立式发动机安装在底座上. 底座的底面积为 S, 土壤的比刚度为 λ. 发动机的曲柄长为 r, 连杆长为 l, 轴的角速度为 ω, 活塞以及往返运动的非均衡部分质量等于 M_2, 底座的质量为 M_3, 曲柄认为是用配重平衡的. 不计连杆质量, 求底座的强迫振动.

提示: 计算时忽略 r/l 二阶以上的项.

答 底座的质心偏离平衡位置的位移为

$$\xi=\frac{M_2r\omega^2}{(M_1+M_3)(k^2-\omega^2)}\cos\omega t+\frac{r}{l}\frac{M_2r\omega^2}{(M_1+M_3)(k^2-4\omega^2)}\cos 2\omega t,$$

其中 $k = \sqrt{\dfrac{\lambda S}{M_1 + M_3}}$.

54.38 立式发动机的质量为 $M = 10^4\,\text{kg}$, 底座的底面积为 $S = 100\ \text{m}^2$, 底座下土壤的比刚度为 $\lambda = 490\ \text{kN/m}^3$. 发动机的曲柄长为 $r = 30\ \text{cm}$, 连杆长为 $l = 180\ \text{cm}$, 轴的角速度为 $\omega = 8\pi\,\text{rad/s}$. 活塞以及作往返运动的非均衡部分的质量为 $m = 250\ \text{kg}$, 曲柄认为是用配重平衡的. 不计连杆质量. 为使底座的铅垂强迫振动的振幅不超过 0.25 mm, 求底座的重量 G.

提示: 应用上题的结果, 舍去含 $\dfrac{r}{l}$ 的项, 取近似解. 再检验一下这个近似解的合理性.

答 $G = 3592.7\ \text{kg}$.

54.39 质量为 $M = 1200\ \text{kg}$ 的电动机装在两根平行的水平梁自由端, 梁的另端都插在墙内. 电动机 (质心) 到墙的距离为 $l = 1.5\ \text{m}$. 电枢转动的角速度为 $n = 50\ \text{rad/s}$, 电枢质量为 $m = 200\ \text{kg}$, 质心偏离轴心的距离为 $r = 0.05\ \text{mm}$. 梁由低碳钢制成, 弹性模量为 $E = 19.6 \times 10^7\,\text{N/cm}^2$. 为使强迫振动的振幅不超过 0.5 mm, 求梁横截面的惯性矩. 两根梁的质量都不计.

答 $J = 8740\ \text{cm}^4$ 或 $J = 8480\ \text{cm}^4$.

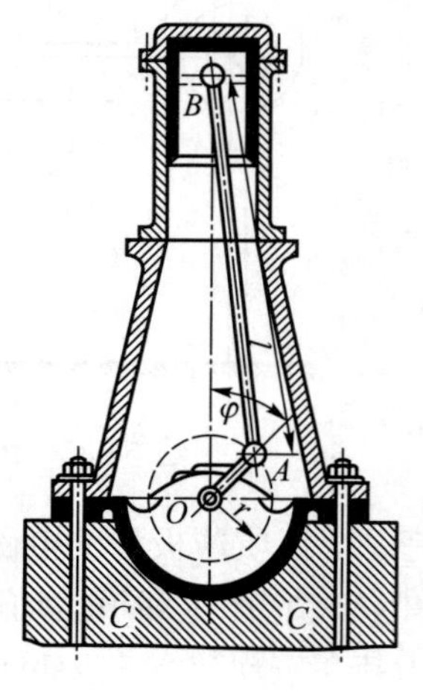

题 54.37 图

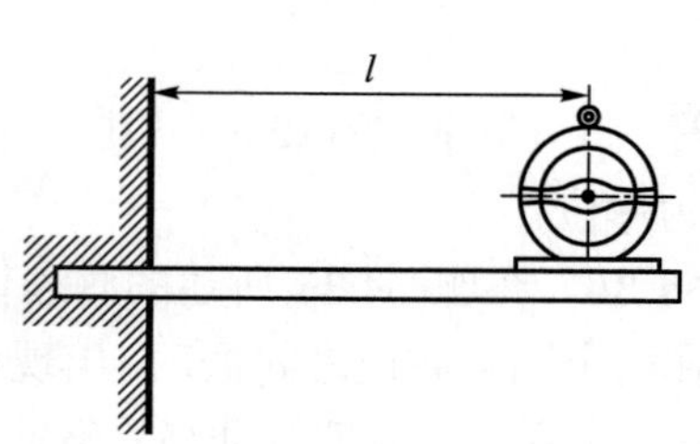

题 54.39 图

54.40 启动阀门的凸轮机构可简化为: 质量 m 的一端用刚度系数为 c 的弹簧联结在固定点上, 另一端通过刚度系数为 c_1 的弹簧连接凸轮. 根据凸轮的廓线, 下面弹簧的下端的铅垂位移由下列公式确定:

$$\text{当 } 0 \leqslant t \leqslant \frac{2\pi}{\omega}, \quad x_1 = a(1 - \cos\omega t),$$
$$\text{当 } t > \frac{2\pi}{\omega}, \qquad x_2 = 0.$$

求质量 m 的运动.

答 当 $0 \leqslant t \leqslant \dfrac{2\pi}{\omega}$,

$$x = \frac{c_1 a}{m(k^2-\omega^2)}(\cos kt - \cos\omega t) + \frac{c_1 a}{mk^2}(1-\cos kt),$$

其中 $k = \sqrt{\dfrac{c+c_1}{m}}$.

当 $t > \dfrac{2\pi}{\omega}$, 质量 m 作自由振动

$$x = \left(\frac{c_1 a}{m(k^2-\omega^2)} - \frac{c_1 a}{mk^2}\right)\left[\cos kt - \cos k\left(t - \frac{2\pi}{\omega}\right)\right].$$

54.41 为了记录扭转振动, 采用一种扭振仪. 它由固装在轴 B 上的轻质铝齿轮 A 和松套在轴 B 上、可自由相对转动的飞轮 D 构成. 轴 B 与飞轮 D 间由刚度系数为 c 的螺旋弹簧相连. 轴 B 的运动规律为

$$\varphi = \omega t + \varphi_0 \sin\omega t$$

(匀速转动带有简谐角振动), 飞轮 D 对转轴的转动惯量为 J. 试研究扭振仪的受迫振动.

答 飞轮的相对转角为 $\psi = \dfrac{\varphi_0\omega^2}{c/J-\omega^2}\sin\omega t$.

54.42 为抑制航空发动机曲轴的振动, 在曲轴的配重中做出一个半径为 r 的圆弧槽, 圆心到转轴的距离为 $AB = l$. 附加的小配重为质点, 可沿圆弧槽自由滑动. 轴的转动角速度等于 ω. 不计重力的影响, 求附加配重的微振动频率.

答 $k = \omega\sqrt{l/r}$.

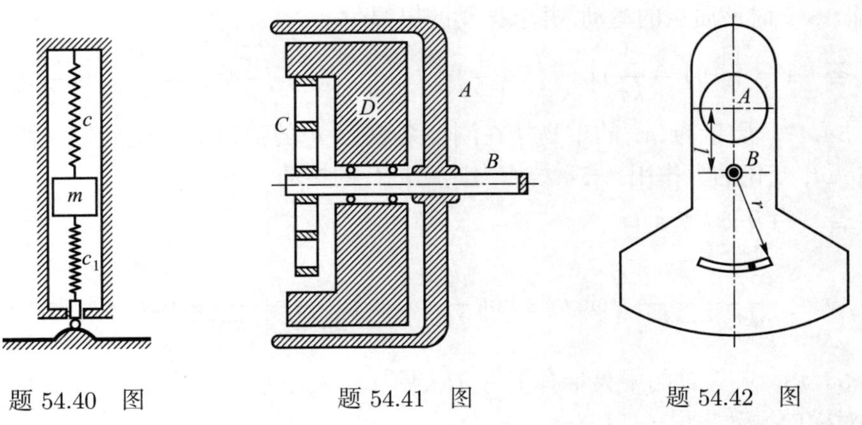

题 54.40 图　　题 54.41 图　　题 54.42 图

54.43 重为 P 的重物, 挂在刚度系数为 c 的弹簧上. 初始瞬时, 在重物上作用了一个不变力 F, 经时间 τ 中止作用. 求重物的运动.

答 当 $0 \leqslant t \leqslant \tau$,

$$x = \frac{F}{c}\left(1 - \cos\sqrt{\frac{cg}{P}}\,t\right).$$

当 $t \geqslant \tau$,

$$x=\frac{F}{c}\left[\cos\sqrt{\frac{cg}{P}}(t-\tau)-\cos\sqrt{\frac{cg}{P}}\,t\right].$$

54.44 试对上题所述系统, 针对作用力的下列几种不同延续时间 τ, 求偏离平衡位置的最大值:

1) $\tau \to 0, \lim\limits_{\tau\to 0} F\tau = S$ (碰撞). 2) $\tau=\dfrac{T}{4}$. 3) $\tau=\dfrac{T}{2}$, 其中 T 为系统的自由振动周期.

答 1) $x_{\max}=\sqrt{\dfrac{g}{cP}}S$. 2) $x_{\max}=\sqrt{2}\dfrac{F}{c}=\sqrt{2}x_{静}$. 3) $x_{\max}=2\dfrac{F}{c}=2x_{静}$.

54.45 一个质点挂在长为 l 的不可伸长的绳上. 绳的悬挂点按规律 $\xi=\xi(t)$ 作水平直线运动. 求此单摆的运动规律.

答 摆与铅垂线的夹角 φ 按下列规律变化.

$$\varphi=c_1\sin kt+c_2\cos kt-\frac{\xi(t)}{l}+\frac{k}{l}\int_0^t \xi(\tau)\sin k(t-\tau)\,\mathrm{d}\,\tau,$$

其中 $k=\sqrt{g/l}$.

54.46 质量为 m 的质点挂在刚度系数为 c 的弹簧上, 质点受到下列力的作用:

$$\begin{aligned}
&当\ t<0, && F=0,\\
&当\ 0\leqslant t\leqslant \tau, && F=\frac{t}{\tau}F_0,\\
&当\ t>\tau, && F=F_0.
\end{aligned}$$

求当 $t>\tau$ 时该质点的运动, 并求振动的振幅.

答 $x=\dfrac{F_0}{c}\left[1-\dfrac{2}{k\tau}\cos k\left(t-\dfrac{\tau}{2}\right)\sin\dfrac{k\tau}{2}\right]$, $k=\sqrt{\dfrac{c}{m}}$, $A=\dfrac{2F_0}{kc\tau}\sin\dfrac{kt}{2}$.

54.47 质量为 m 的重物挂在刚度系数为 c 的弹簧上. 受到按规律 $Q(t)=F|\sin\omega t|$ 变化的力作用. 求系统以力频率进行的振动.

答 当 $0\leqslant t\leqslant \pi/\omega$,

$$x=\frac{F\omega}{mk(\omega^2-k^2)}\left(\sin kt+\cot\frac{k\pi}{2\omega}\cos kt\right)\frac{F}{m(\omega^2-k^2)}\sin\omega t,\ k=\sqrt{c/m}.$$

54.48 一轻轴的中央带有重为 P 的圆盘. 在下列几种情况下求此轴的临界转速 (对横向振动来说):

1) 轴的两端都插在长轴承中 (两端都可看成插入端).

2) 轴的一端插在长轴承中 (插入端), 另一端搁在短轴承中 (端点简支).

轴的弯曲刚度为 EJ, 长度为 l.

答 1) $\omega_{临界}=\sqrt{\dfrac{192EJg}{Pl^3}}$. 2) $\omega_{临界}=\sqrt{\dfrac{768EJg}{7Pl^3}}$.

54.49 长为 l 的轻轴放在两个短轴承中. 在轴的外伸端带有重为 P 的圆盘. 外伸臂长为 a. 求此轴的临界转速. 设轴的弯曲刚度为 EJ.

答 $\omega_{临界}=\sqrt{\dfrac{3EJg}{Pla^2}}$.

54.50 重轴的一端搁在短轴承中, 另一端插在长轴承中. 轴的长度为 l, 弯曲刚度为 EJ, 单位长度的重量为 q. 求此轴的临界转速.

答 $\omega_{临界}=15.4\sqrt{\dfrac{EJg}{ql^4}}$.

§55. 多自由度系统的微振动

55.1 为了对涡轮的调节过程做实验研究, 设计了一种由涡轮、飞轮和弹性轴 C 构成的装置. 涡轮转子对轴的转动惯量为 $J_1=50\ \text{kg}\cdot\text{cm}^2$, 飞轮的转动惯量为 $J_2=1500\ \text{kg}\cdot\text{cm}^2$. 弹性轴把涡轮转子和飞轮连在一起, 轴长为 $l=1552$ mm, 直径为 $d=25.4$ mm, 轴的剪切模量 $G=8800\ \text{kN/cm}^2$.

不计轴的质量, 不考虑它两端较粗段的扭转, 求系统自由振动时轴上保持不动的截面 mm (节截面), 并计算系统的自由振动周期.

答 $a=50$ mm, $T=0.09$ s.

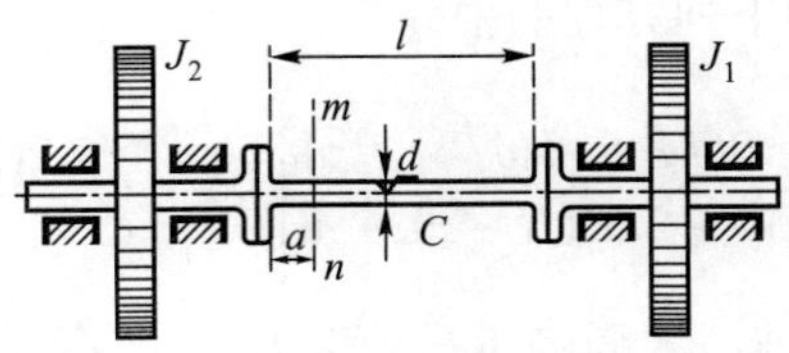

题 55.1 图

55.2 轴的一端固定, 在轴中央以及另一端都固装有均质圆盘. 每个圆盘对轴的转动惯量都为 J. 两段轴的抗扭刚度为 $c_1=c_2=c$. 不计轴的质量, 求系统自由扭转振动频率.

答 $k_1=0.62\sqrt{\dfrac{c}{J}}$, $k_2=1.62\sqrt{\dfrac{c}{J}}$.

55.3 设轴上固装着相同的三个圆盘: 轴两端各装一个, 第三个装在中央. 每个圆盘对轴的转动惯量都为 J, 两段轴的抗扭刚度为 $c_1=c_2=c$. 不计轴的质量, 求系统的主扭转振动频率.

答 $k_1=\sqrt{\dfrac{c}{J}}$, $k_2=\sqrt{\dfrac{3c}{J}}$.

55.4 在长为 l、质量为 m 的两个相同摆之间, 在摆杆的等高点 (h) 系着刚度系数为 c 的弹簧. 现使两摆之一偏离平衡位置 α 角, 但两摆的初始角速度都等于零, 求系统在铅垂平面内的微振动. 不计摆杆和弹簧的质量.

答　$\varphi_1 = \alpha\cos\dfrac{k_1+k_2}{2}t\cos\dfrac{k_2-k_1}{2}t,\quad \varphi_2 = \alpha\sin\dfrac{k_1+k_2}{2}t\sin\dfrac{k_2-k_1}{2}t$, 其中 φ_1 和 φ_2 分别为两摆与铅垂线的夹角, $k_1 = \sqrt{\dfrac{g}{l}}$, $k_2 = \sqrt{\dfrac{g}{l}+\dfrac{2ch^2}{ml^2}}$.

55.5　质量为 M 的均质圆盘可沿水平直线轨道作纯滚动. 在圆盘的中心铰接着一根长为 l 的杆, 杆末端连有质量为 m 的质点. 求摆的微振动周期. 杆的质量不计.

答　$T = 2\pi\sqrt{\dfrac{3Ml}{(3M+2m)g}}$.

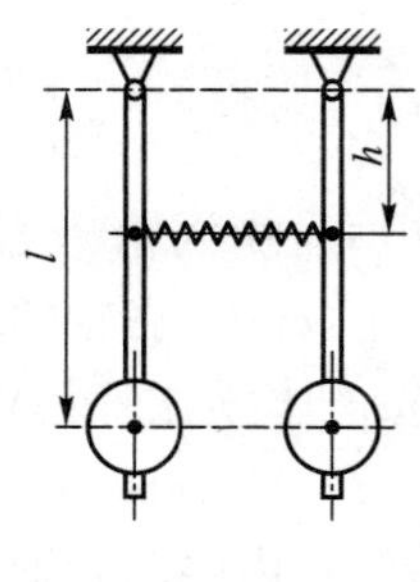

题 55.4　图

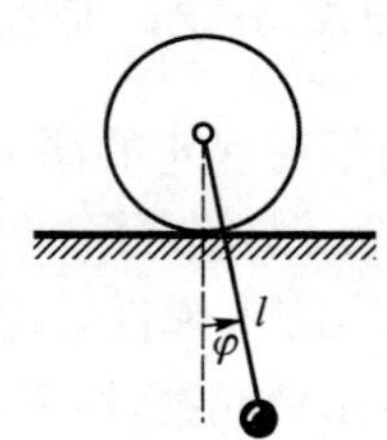

题 55.5　图

55.6　如将上题中的直线轨道换成半径为 R 的圆弧, 求系统的微振动频率.

答　主振动的频率为下列方程的根:

$$\frac{3M}{3M+2m}k^4 - \left[\frac{2(M+m)g}{(3M+2m)(R-r)}+\frac{g}{l}\right]k^2 + \frac{2(M+m)g^2}{(3M+2m)(R-r)l} = 0.$$

55.7　一个摆由质量为 M 的滑块和质量为 m 的小球构成: 滑块可沿水平面无摩擦地滑动, 小球借助长为 l 的杆连接滑块, 杆可绕连在滑块上的轴转动. 在滑块上还连接刚度系数为 c 的弹簧, 弹簧的另一端固定. 求系统的微振动频率.

答　所求频率为下列方程的根:

$$k^4 - \left[\frac{c}{M}+\frac{(M+m)g}{Ml}\right]k^2 + \frac{gc}{Ml} = 0.$$

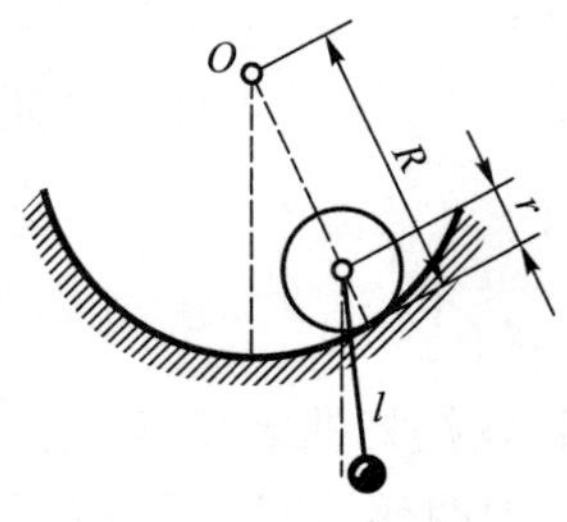

题 55.6　图

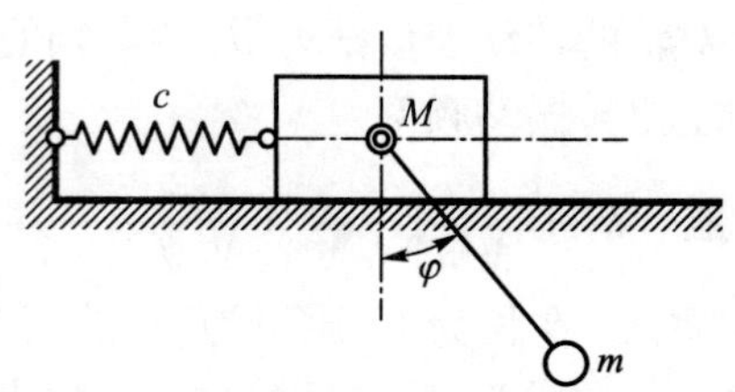

题 55.7　图

55.8 相同的两个物理摆挂在同一水平面内的平行轴上并用一个弹簧相连, 弹簧的原长等于两摆轴之间的距离. 每个摆重均为 P, 对通过质心并平行悬挂轴之轴的回转半径为 ρ. 弹簧的刚度系数为 c. 摆的质心和弹簧在摆上的联结点到悬挂轴的距离分别为 l 和 h (参见题 55.4 图). 不计运动阻力和弹簧质量, 求系统在偏离平衡位置不大时的主振动频率和振幅比.

答 $k_1^2 = \dfrac{gl}{\rho^2 + l^2}$, $k_2^2 = \dfrac{(Pl + 2ch^2)g}{P(\rho^2 + l^2)}$, $\dfrac{A_1^{(1)}}{A_2^{(1)}} = 1$, $\dfrac{A_1^{(2)}}{A_2^{(2)}} = -1$.

55.9 长为 L 的均质杆借助长为 l 的绳子挂在固定点. 不计绳的质量, 试求系统的主振动频率, 以及在第一和第二主振动中杆和绳偏离铅垂线的角度之比.

答 $k_1 = 0.677\sqrt{\dfrac{g}{l}}$, $k_2 = 2.558\sqrt{\dfrac{g}{l}}$. 在第一主振动中, $\varphi_1 = 0.847\varphi_2$, 在第二主振动中, $\varphi_1 = -1.180\varphi_2$, 其中 φ_1 和 φ_2 分别为杆和绳偏离铅垂线的角度.

55.10 设上题中的绳子比杆长得多. 略去比值 L/l 的平方项, 求系统自由振动的最低频率与长为 l 的数学摆的频率之比.

答 $1 - \dfrac{1}{4}\dfrac{L}{l}$.

55.11 设在题 55.9 中的绳子比杆短得多. 略去比值 l/L 的平方项, 求系统自由振动的最低频率与转动轴在杆端的物理摆的频率之比.

答 $1 - \dfrac{9}{16}\dfrac{l}{L}$.

55.12 求数学双摆在下述条件下的主振动频率: 重物 M_1 和 M_2 的质量分别为 m_1 和 m_2, 且 $OM_1 = l_1, M_1M_2 = l_2$, 在重物 M_1 上还连有质量可以忽略的弹簧, 弹簧原长为 l_0, 刚度系数为 c.

答 $k_{1,2}^2 = \dfrac{n_1^2 + n_2^2 \mp \sqrt{(n_1^2 - n_2^2)^2 + 4n_1^2 n_2^2 \gamma_{12}^2}}{2(1 - \gamma_{12}^2)}$, 其中 $n_1^2 = \dfrac{(m_1 + m_2)g + cl_1}{(m_1 + m_2)l_1}$, $n_2^2 = \dfrac{g}{l_2}$, $\gamma_{12}^2 = \dfrac{m_2}{m_1 + m_2}$.

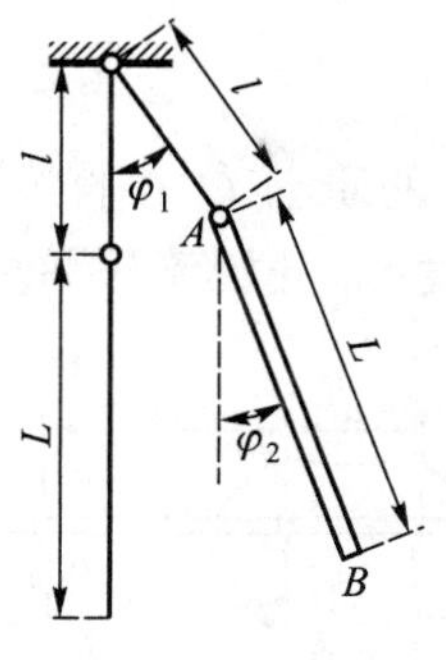

题 55.9 图

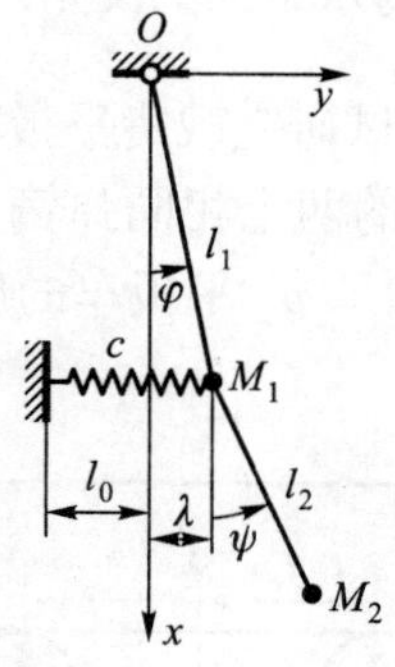

题 55.12 图

55.13 物理双摆由长为 $2a$、重为 P_1 的均质直杆 O_1O_2 和重为 P_2 的均质直杆

AB 构成. 第一杆可绕固定水平轴 O_1 转动, 第二杆在质心处铰接于第一杆的末端 O_2. 设在初始瞬时杆 O_1O_2 偏离铅垂线的角度为 φ_0, 杆 AB 处在铅垂位置但有初始角速度 ω_0. 求系统的运动.

答 $\varphi = \varphi_0 \cos\sqrt{\dfrac{3(P_1+2P_2)g}{4(P_1+3P_2)a}}t$, $\psi = \omega_0 t$, 其中 ψ 为杆 AB 偏离铅垂线的角度.

55.14 重为 P 的杆 AB 两端 A, B 分别由两根不可伸长的相同绳子悬挂于天花板, 每根绳长均为 a. 在杆下又有两根不可伸长的相同绳子悬挂重为 Q 的杆 CD, 这两绳长均为 b. 设在铅垂平面发生振动, 求主振动频率. 不计各绳的质量.

答 $k_{1,2}^2 = \dfrac{n_1^2+n_2^2 \mp \sqrt{(n_1^2-n_2^2)^2+4n_1^2n_2^2\gamma_{12}^2}}{2(1-\gamma_{12}^2)}$ 其中 $n_1^2 = \dfrac{g}{a}$, $n_2^2 = \dfrac{g}{b}$, $\gamma_{12}^2 = \dfrac{Q}{P+Q}$.

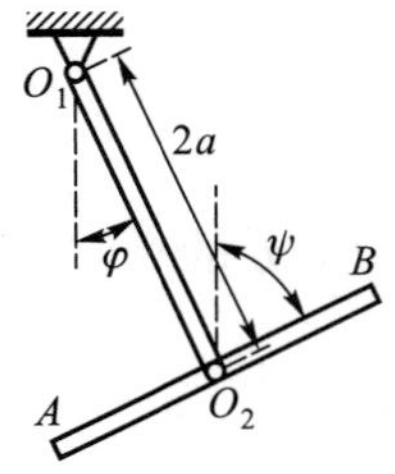

题 55.13 图

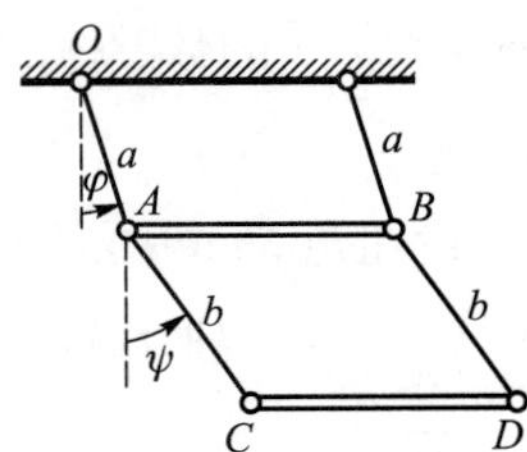

题 55.14 图

55.15 试研究铁路车厢在铅垂平面内的振动. 已知: 车厢在弹簧上的部分重为 Q, 质心与前后轮轴的铅垂平面相距 $l_1 = l_2 = l$, 车厢对平行于轮轴的中心水平轴的回转半径为 ρ. 前后轮轴上弹簧的刚度系数相同: $c_1 = c_2 = c$.

答 $x = A\sin(k_1t+\alpha)$, $\psi = B\sin(k_2t+\beta)$, 其中 x 为车厢质心的铅垂位移, ψ 为车厢地板与水平面的夹角, A, B, α, β 都为积分常数. $k_1 = \sqrt{\dfrac{2cg}{Q}}$, $k_2 = \sqrt{\dfrac{2cgl^2}{Q\rho^2}}$.

55.16 试研究载货平板车的微振动. 平板车重为 P, 以 A, B 两点支撑在刚度系数都为 c 的两个相同弹簧上. 平板车 (连带货物) 的质心 C 在直线 AB 上, 且 $AC = a$, $CB = b$. 平板车的质心以铅垂向下的初速度 $\boldsymbol{v}_0$ 开始离开平衡位置. 弹簧

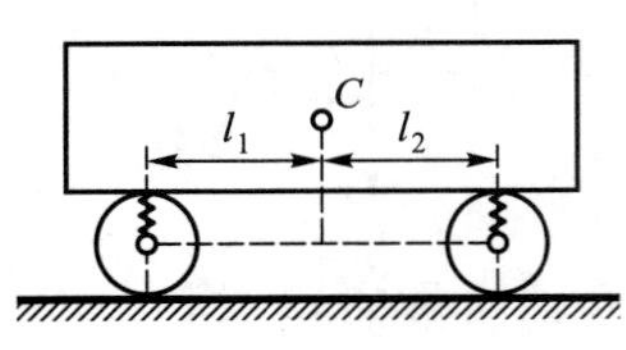

题 55.15 图

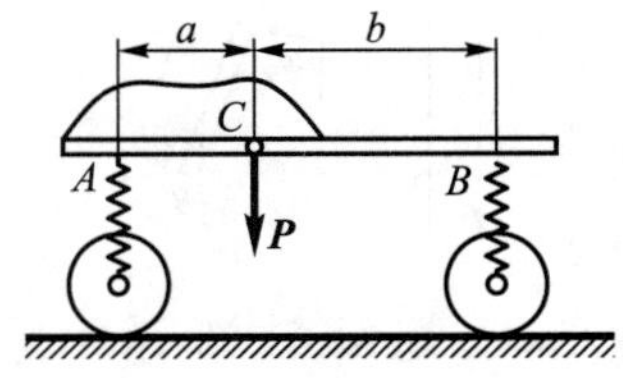

题 55.16 图

质量和摩擦都可忽略, 平板车对质心处水平横轴的转动惯量为 $J_C = 0.1\dfrac{(a^2+b^2)P}{g}$. 振动发生在铅垂平面内. 广义坐标取 y, φ, 其中 y 为质心相对平衡位置的偏移量, 以向下为正, φ 为平板车绕质心的转角.

答
$$y = \frac{v_0}{1-\dfrac{\alpha_1}{\alpha_2}}\left(\frac{1}{k_1}\sin k_1 t - \frac{\alpha_1}{\alpha_2 k_2}\sin k_2 t\right),$$
$$\varphi = \frac{v_0\alpha_1}{1-\dfrac{\alpha_1}{\alpha_2}}\left(\frac{1}{k_1}\sin k_1 t - \frac{1}{k_2}\sin k_2 t\right),$$
$$k_{1,2}^2 = \frac{6cg}{P}\left(1 \mp \sqrt{1-0.278\frac{(a+b)^2}{a^2+b^2}}\right),\quad \alpha_1 = \frac{2c-\dfrac{P}{g}k_1^2}{c(b-a)},\quad \alpha_2 = \frac{2c-\dfrac{P}{g}k_2^2}{c(b-a)}.$$

55.17 小车的底板以 A, B 两点支撑在刚度均为 c 的两个相同的板弹簧上. 两弹簧的轴线之间距离为 $AB = l$, 底板的质心 C 在直线 AB 上, 此直线是底板的对称轴, 与点 A 相距 $AC = a = l/3$ (参见题 55.16 图). 底板对质心处垂直于 AB 的轴的回转半径可取 $0.2l$ (该轴在底板平面内). 底板重为 Q.

假设在底板质心处沿垂直底板的方向发生碰撞, 引起了振动. 求微振动. 碰撞冲量等于 S.

答 设 z 为底板质心的铅垂位移, φ 为底板的转角 (这两个坐标都由底板质心的平衡位置开始测量), 则

$$z = \sqrt{\frac{g}{cQ}}S\left(0.738\sin 1.330\sqrt{\frac{cg}{Q}}t + 0.00496\sin 3.758\sqrt{\frac{cg}{Q}}t\right),$$
$$l\varphi = \sqrt{\frac{g}{cQ}}S\left(0.509\sin 1.330\sqrt{\frac{cg}{Q}}t - 0.180\sin 3.758\sqrt{\frac{cg}{Q}}t\right).$$

55.18 质量均为 m 的两个相同质点 M_1, M_2 对称系在一根拉紧的绳子上, 到绳的两端距离相等. 绳长为 $2(a+b)$, 绳中拉力等于 p. 求主振动的频率, 并找出主坐标.

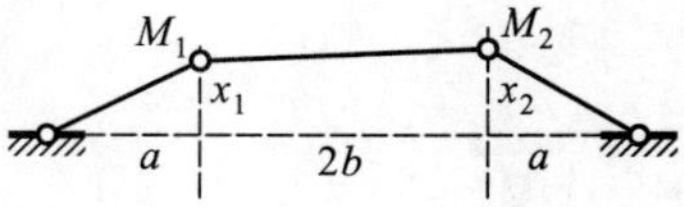

题 55.18 图

答 $k_1 = \sqrt{\dfrac{p}{ma}}$, $k_2 = \sqrt{\dfrac{p}{m}\left(\dfrac{1}{a}+\dfrac{1}{b}\right)}$. 主坐标为: $\theta_1 = \dfrac{1}{2}(x_1+x_2)$, $\theta_2 = \dfrac{1}{2}(x_2-x_1)$.

55.19 在凹面朝上的光滑曲面内, 质点在平衡位置附近振动, 曲面在质点平衡位置的主曲率半径为 ρ_1 和 ρ_2. 求质点的微振动频率.

答 $k_1 = \sqrt{\dfrac{g}{\rho_1}}$, $\quad k_2 = \sqrt{\dfrac{g}{\rho_2}}$.

55.20 质点的平衡位置位于曲面的最低点, 曲面以角速度 ω 绕通过该点的铅垂轴匀速转动. 曲面在最低点的主曲率半径为 ρ_1 和 ρ_2. 求质点的微振动频率.

答 微振动频率为下列方程的根:

$$k^4 - \left(2\omega^2 + \frac{g}{\rho_1} + \frac{g}{\rho_2}\right)k^2 + \left(\omega^2 - \frac{g}{\rho_1}\right)\left(\omega^2 - \frac{g}{\rho_2}\right) = 0.$$

55.21 半径为 r、质量为 M 的均质圆盘铰接于长为 l、可绕水平固定轴转动的杆 OA. 在圆盘的边缘上固结着质量为 m 的质点 B. 求系统自由振动的频率. 杆的质量不计. 圆盘可在杆的振动平面内转动.

答 自由振动的频率为下列方程的根:

$$k^4 - \frac{M+m}{M+3m}\left(1 + 2\frac{m}{M}\frac{r+l}{r}\right)\frac{g}{l}k^2 + \frac{2m(M+m)}{M(M+3m)}\frac{g^2}{lr} = 0.$$

55.22 在半径为 R 的钢丝圈上套有相同的两个小环, 这两环由刚度系数为 c 的弹簧相连. 弹簧原长为 l_0. 钢丝圈的平面是水平的. 两小环可看成质量都等于 m 的质点. 设初始瞬时 $\varphi_1 = 0$, 小环 B 偏离平衡位置的弧长等于 $2R\beta$, 且两小环的初速度都为零. 求这两小环的运动.

答 $\varphi_1 = \beta(1-\cos kt)$, $\varphi_2 = 2\alpha + \beta(1+\cos kt)$, $\alpha = \arcsin\dfrac{l_0}{2R}$, $\quad k = \sqrt{\dfrac{2c}{m}}\cos\alpha$.

55.23 长为 l、重为 P_2 的数学摆悬挂在作铅垂运动的滑块 A 上. 滑块重为 P_1, 连在刚度系数为 c 的弹簧上. 滑块的运动受到与速度成正比的阻力作用 (比例系数为 b). 求数学摆的微振动, 并求在 $b=0$ 的情况下系统的两个主频率相等的条件.

答 1) $x = A_1\mathrm{e}^{-ht}\sin(\sqrt{k_1^2 - h^2}t + \varepsilon_1)$, $\varphi = A_2\sin(k_2 t + \varepsilon_2)$, 其中 $A_1, A_2, \varepsilon_1, \varepsilon_2$ 都为积分常数, $h = \dfrac{bg}{2(P_1+P_2)}$, $k_1 = \sqrt{\dfrac{cg}{P_1+P_2}}$, $k_2 = \sqrt{\dfrac{g}{l}}$.

2) 如 $b=0$, 则当 $c = \dfrac{P_1+P_2}{l}$ 时两个主频率相等.

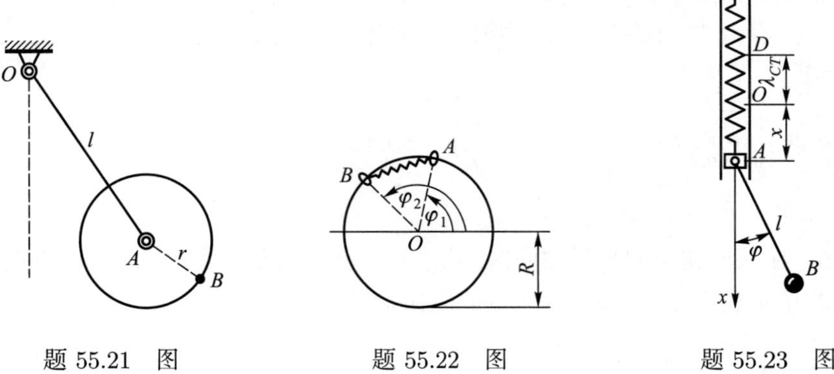

题 55.21 图　　题 55.22 图　　题 55.23 图

55.24 两根长为 R 的相同刚杆具有公共支点 O, 可在铅垂平面内彼此独立转动. 在两杆的末端系有质量等于 m 的相同重物 A, B, 并由刚度系数为 c 的弹簧相连. 弹簧在系统的稳定平衡状态下长为 l. 不计杆的质量, 求这两个重物在稳定平衡位置附近振动的主振动频率.

答 $k_1 = \sqrt{\dfrac{g}{R}\cos\alpha}$, $k_2 = \sqrt{\dfrac{2c}{m}\cos^2\alpha + \dfrac{g}{R}\cos\alpha}$, 其中 $\alpha = \arcsin\dfrac{l}{2R}$.

55.25 在按给定规律 $\xi = \xi(t)$ 运动的平台上借助刚度系数为 c_1 的弹簧连接一个机械装置: 质量 m_1 在点 B 处与阻尼器的活塞连接, 阻尼器的质量为 m_2, 被搁在刚度系数为 c_2 的弹簧上, 弹簧的下端固结于活塞. 阻尼器的黏性阻力与活塞对外套的相对速度成正比, 阻力系数为 ρ. 求系统的运动方程.

答 $m_1\ddot{x}_1 + \beta\dot{x}_1 - \beta\dot{x}_2 + (c_1 + c_2)x_1 - c_2x_2 = c_1\xi(t)$,

$m_2\ddot{x}_2 - \beta\dot{x}_1 + \beta\dot{x}_2 - c_2x_1 + c_2x_2 = 0$.

55.26 长为 l、质量为 m_1 的均质杆的下端支持在铰链上, 借助刚度系数为 c 的弹簧维持在铅垂位置. 在杆上距离铰链为 a 处, 借助长为 r 的绳悬挂一个质量为 m_2 的重物 M. 当杆处在铅垂位置时, 弹簧不受力, 并且是水平的. 为使杆和重物在铅垂位置附近作微振动, 求弹簧的刚度系数 c, 并列出振动的频率方程. 绳子的质量不计.

答 $c > \dfrac{(m_1l + 2m_2a)g}{2l^2}$, $(a_{11}a_{12} - a_{12}^2)k^4 - (a_{11}a_{22} + a_{22}a_{11})k^2 + c_{11}c_{22} = 0$, 其中 $a_{11} = \dfrac{m_1l^2 + 3m_2a^2}{3}$, $a_{12} = m_2ar$, $a_{22} = m_2r^2$, $c_{11} = cl^2 - \dfrac{(m_1l + 2m_2a)}{2}g$, $c_{22} = m_2gr$.

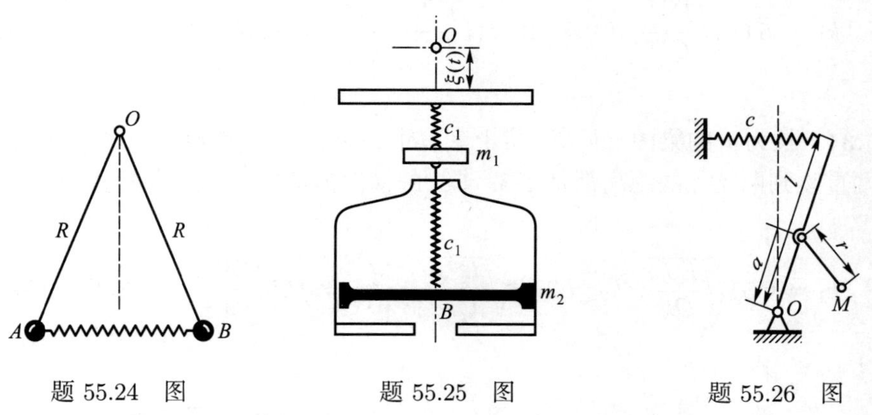

题 55.24 图 题 55.25 图 题 55.26 图

55.27 长为 l、质量为 m_1 的均质梁 AB 以点 B 支撑在刚度系数为 c 的弹簧上, 又以点 A 支撑在圆柱铰链上. 在梁上与铰支端相距为 a 的点 E 处, 借助铰链并通过长为 r 的杆挂有一个质量为 m_2 的重物 M. 梁在平衡位置是水平的. 求梁和重物的微振动方程. 杆的质量不计.

答 $\varphi = a_1\sin(k_1t + \varepsilon_1)$, $\psi = a_2\sin(k_2t + \varepsilon_2)$, 其中 $k_1 = \sqrt{\dfrac{3cl^2}{m_1l^2 + 3m_2a^2}}$,

$k_2 = \sqrt{\dfrac{g}{l}}$, 且 a_1, a_2, ε_1, ε_2 都为积分常数.

55.28　两根轴通过齿轮传动联系. 已知固装在两轴上的质量以及齿轮对相应轴的转动惯量分别为 $J_1 = 875 \times 10^3\,\text{kg} \cdot \text{cm}^2$, $J_2 = 560 \times 10^3\,\text{kg} \cdot \text{cm}^2$, $i_1 = 3020\ \text{kg} \cdot \text{cm}^2$, $i_2 = 105\ \text{kg} \cdot \text{cm}^2$, 传动比为 $k = \dfrac{z_1}{z_2} = 5$, 两轴的抗扭刚度分别为 $c_1 = 316 \times 10^7\ \text{N} \cdot \text{cm}$, $c_2 = 115 \times 10^7\ \text{N} \cdot \text{cm}$. 两轴的质量都不计. 求系统作自由扭转振动的频率.

答　$k_1 = 54.8\ \text{s}^{-1}$,　$k_2 = 2.88 \times 10^3\ \text{s}^{-1}$.

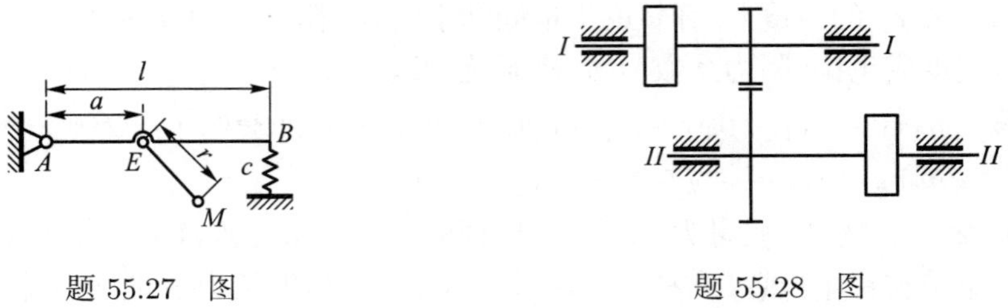

题 55.27　图　　　　题 55.28　图

55.29　设在上题中不计两齿轮的质量, 求系统的自由扭转振动的频率.

答　$k = 58.7\ \text{s}^{-1}$.

55.30　长为 l 的梁自由地搁在两个支点上, 并在 $x = \dfrac{1}{3}l$ 和 $x = \dfrac{2}{3}l$ 两点承受重为 Q 的相同载荷. 梁的横截面惯性矩为 J, 弹性模量为 E. 不计梁的质量, 求梁的横向振动的频率和主振型.

答　$k_1 = 5.69\sqrt{\dfrac{EJg}{Ql^3}}$, $k_2 = 22.04\sqrt{\dfrac{EJg}{Ql^3}}$, $\dfrac{A_1^{(1)}}{A_2^{(1)}} = 1$, $\dfrac{A_1^{(2)}}{A_2^{(2)}} = -1$, 主振型如图所示.

55.31　长为 l 的梁两端简支, 梁上带有重为 $Q_1 = Q$ 和 $Q_2 = 0.5Q$ 的两个重物. 这两重物到两支点的距离都是 $l/3$. 求梁的横向振动的频率和主振型. 梁的质量不计.

答　$k_1 = 6.55\sqrt{\dfrac{EJg}{Ql^3}}$, $k_2 = 27.2\sqrt{\dfrac{EJg}{Ql^3}}$, $\dfrac{A_2^{(1)}}{A_1^{(1)}} = 0.95$, $\dfrac{A_2^{(2)}}{A_1^{(2)}} = -2.09$, 主振型如图所示.

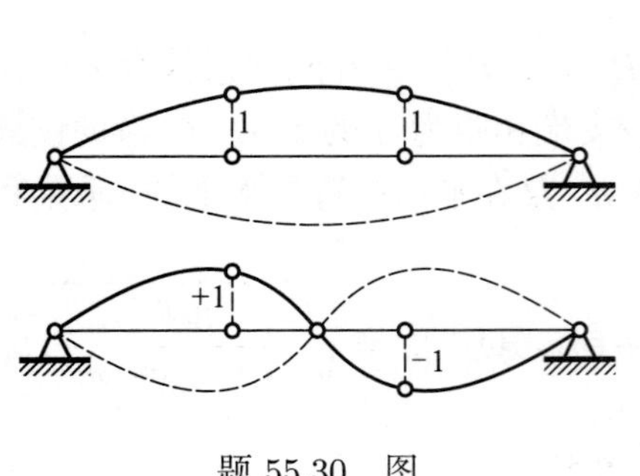

题 55.30　图

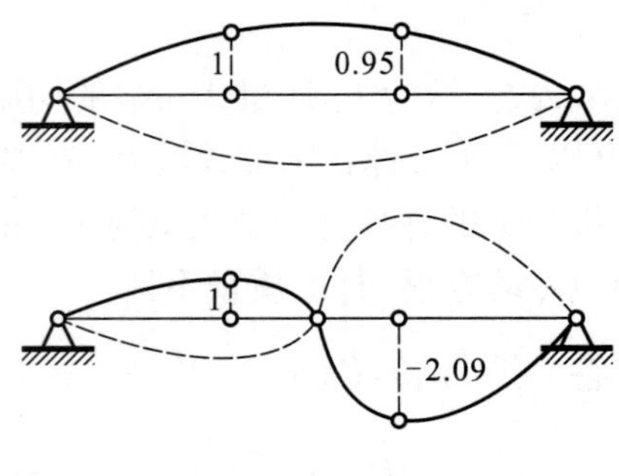

题 55.31　图

55.32 两个相同重物 Q 固结在水平外伸梁的两端, 到两支点的距离均为 l. 梁长 $3l$, 自由地搁在相距为 l 的两个支点上. 梁的横截面惯性矩为 J, 弹性模量为 E. 不计梁的质量, 求主振动频率.

答 $k_1=\sqrt{\dfrac{6}{5}\dfrac{EJg}{Ql^3}}$, $k_2=\sqrt{2\dfrac{EJg}{Ql^3}}$.

55.33 质量为 m 的均质矩形薄板固连在长为 l 的梁自由端 A, 梁的另端固支. 系统在水平平面内, 并在平衡位置附近振动. 已知 $a=0.2l, b=0.1l$. 不计梁的质量, 求振动的频率和振型.

提示: 设在梁端 A 的作用力 Q 和力矩 M 在该点引起的挠度 f, 以及使梁轴弯曲线在该点的切线偏转角 φ, 它们的关系为 $f=pQ+sM, \varphi=sQ+qM$. 对于一端固支的均质梁, $p=\dfrac{l^3}{3EJ}$, $q=\dfrac{l}{EJ}$, $s=\dfrac{l^2}{2EJ}$.

答 两个主振动频率分别为

$$0.804\sqrt{\frac{3EJ}{ml^3}} \quad 和 \quad 20.7\sqrt{\frac{3EJ}{ml^3}},$$

第一主振动是绕点 O_1 的转动, 该点 O_1 处于梁轴 A 端左边, $O_1A=0.612l$; 第二主振动是绕点 O_2 的转动, 该点在梁轴 A 端的右边, $O_2A=0.106l$.

题 55.32 图　　题 55.33 图

55.34 两个圆盘借助刚度系数为 c 的弹性轴连在一起. 最初两个圆盘都不动. 对第一个圆盘突然施加力矩 M, 求此后系统的运动. 两个圆盘的转动惯量都为 J, 轴的质量不计.

答 $\varphi_1=\dfrac{M}{4J}t^2+\dfrac{M}{4c}\left(1-\cos\sqrt{\dfrac{2c}{J}}t\right)$, $\varphi_2=\dfrac{M}{4J}t^2-\dfrac{M}{4c}\left(1-\cos\sqrt{\dfrac{2c}{J}}t\right)$.

55.35 双层铰接杆系统借助三根弹簧维持在铅垂平面内, 如图所示. 各个杆都绝对刚性且均质, 长度为 l 的杆重为 Q. 弹簧的刚度系数分别为 $c_1=c_2=10\ G/l$, 求系统平衡的稳定性, 并求主振动频率和振型 f_1, f_2. 弹簧的质量都不计. $l_1=l_2=l$.

答 平衡是稳定的. $k_1=0.412\sqrt{\dfrac{g}{l}}$, $k_2=1.673\sqrt{\dfrac{g}{l}}$, $f_1=-1.455$, $f_2=3.495$.

55.36 质量为 M 的重物固结在竖杆的顶端, 竖杆与梁 AB 刚接. 梁的两端简支. 已知梁和竖杆的横截面具有相同惯性矩 J 和弹性模量 E. 求系统的主弯曲振动频率. 梁和竖杆的质量都不计.

答 $k_1=0.497\sqrt{\dfrac{EJ}{Ma^3}}$, $k_2=1.602\sqrt{\dfrac{EJ}{Ma^3}}$.

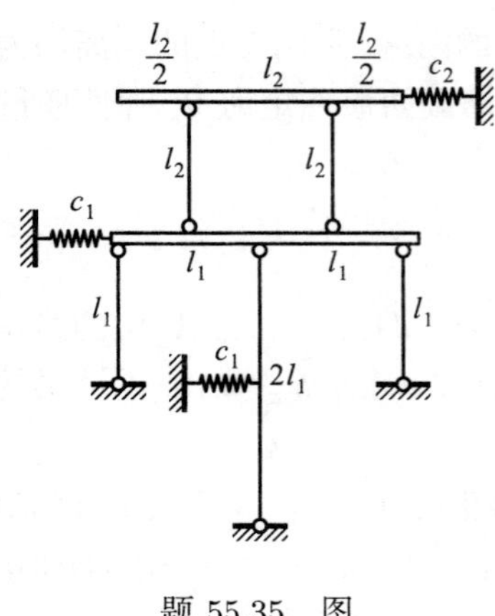

题 55.35　图

题 55.36　图

55.37　质量为 $m_1 = 102 \times 10^2\,\mathrm{kg}$ 的机器底座建立在弹性土壤上. 底座在铅垂干扰力作用下作铅垂强迫振动, 干扰力的变化规律为 $F = 98\sin\omega t$ (单位为 kN). 当机器转速为 $\omega = 100\ \mathrm{rad/s}$ 时发现有共振. 为消除共振, 在底座上借助弹簧安装了一个重力框架式消振器. 试选择消振器框架的质量 m 和支承弹簧的总刚度 c^2, 使底座的强迫振动振幅减为零, 且消振器振动的振幅不超过 $A = 2\ \mathrm{mm}$.

答　$m = 4.9 \times 10^3\,\mathrm{kg}$,　$c_2 = 49 \times 10^3\ \mathrm{kN/m}$.

55.38　设在题 55.2 所述的中间圆盘上作用干扰力矩 $M = M_0 \sin pt$, 求圆盘系统的强迫振动方程.

答　$\varphi_1 = \dfrac{M_0(c - Jp^2)}{J^2(p^2 - k_1^2)(p^2 - k_2^2)}\sin pt$, $\varphi_2 = \dfrac{M_0 c}{J^2(p^2 - k_1^2)(p^2 - k_2^2)}\sin pt$, 其中 k_1 和 k_2 为系统的主振动频率.

55.39　重为 Q_1 的电动机固连在重为 Q_2、刚度为 c_2 的弹性混凝土底座 (实心平行六面体形状) 上, 底座建立在硬质土壤上. 重为 P 的转子装在抗弯刚度为 c_1 的弹性水平轴上, 轴的角速度为 ω. 求电动机定子的铅垂强迫振动. 为计入底座质量的影响, 可取其三分之一加在定子质量上.

答　$$y = \frac{c_1 P g r \omega^2 \sin\omega t}{c_1 c_2 g^2 - \left[(c_1 + c_2)P + c_1\left(Q_1 + \dfrac{1}{3}Q_2\right)\right] g\omega^2 + P\left(Q_1 + \dfrac{1}{3}Q_2\right)\omega^4},$$ 其中 y 为定子偏离平衡位置的量.

55.40　在梁 AB 的点 A (参见题 55.14 图) 作用着力 $F = F_0 \sin pt$ (F_0 和 p 都为常量), 该力恒垂直于绳 OA 并在梁的运动平面内. 为使梁的强迫振动振幅为零, 求悬挂梁 CD 的绳子长度 b.

答　$b = g/p^2$.

55.41　为了平息扭转振动, 在系统的两个振动质量之一固连一个摆. 图为这个系统的概略图, 由质量 I 和 II 构成, 两者以角速度 ω 作匀速转动. 摆连在第 II 个质量上. 质量 I 和 II 对转轴的转动惯量分别为 J_1 和 J_2. 摆对通过质心且平行于系统转轴之轴的转动惯量为 J_3. 系统的转轴与摆悬挂轴之间的距离为 $OA = l$, 悬挂轴与通过摆质心的平行轴之间的距离为 $AC = a$, 摆的质量为 m. 两质量之间一段轴的 (抗扭) 刚度系数为 c_1. 在第 II 个质量上作用着外力矩 $M = M_0 \sin \omega t$. 试写出系统中两个质量以及摆的运动微分方程. 在写系统势能表达式时忽略摆在重力场中的势能.

答 $J_1\ddot{\varphi}_1 + c_1(\varphi_1 - \varphi_2) = 0$,

$(J_2+ml^2)\ddot{\varphi}_2+mal\ddot{\varphi}_3\cos(\varphi_2-\varphi_3)+mal\dot{\varphi}_3^2\sin(\varphi_2-\varphi_3)+c_1(\varphi_2-\varphi_1) = M_0\sin\omega t$,

$(J_3 + ma^2)\ddot{\varphi}_3 + mal\ddot{\varphi}_2\cos(\varphi_2 - \varphi_3) - mal\dot{\varphi}_2^2\sin(\varphi_2 - \varphi_3) = 0$.

55.42 水箱呈立方体形状, 四个下角分别支撑在相同的四根弹簧上. 立方体的棱长为 $2a$. 在平行立方体棱的方向上, 弹簧的刚度系数分别为 c_x, c_y, c_z. 立方体对中心主轴的转动惯量为 J. 试写出微振动方程, 并求在 $c_x = c_y$ 情况下的振动频率. 水箱的质量等于 M.

答 $M\ddot{x} + c_x x - c_x a\varphi_2 = 0,\quad M\ddot{y} + c_y y + c_y a\varphi_1 = 0$,

$M\ddot{z} + c_z z = 0,\quad J\ddot{\varphi}_1 + c_y ay + c_y a^2\varphi_1 + c_z a^2\varphi_1 = 0$,

$J\ddot{\varphi}_2 + c_x a^2\varphi_2 - c_x ax + c_z a^2\varphi_2 = 0,\quad J\ddot{\varphi}_3 + c_x a^2\varphi_3 + c_y a^2\varphi_3 = 0$,

其中 x, y, z 为水箱中心的坐标, φ_1, φ_2, φ_3 为水箱绕各坐标轴的转角. 如 $c_x = c_y$, 则有

$$k_z = \sqrt{\frac{c_z}{M}},\quad k_{\varphi_3} = \sqrt{\frac{2c_x a^2}{J}},$$

$$k^4 - \frac{M(c_x + c_z)a^2 + c_z J}{MJ}k^2 + c_x c_z\frac{a^2}{MJ} = 0.$$

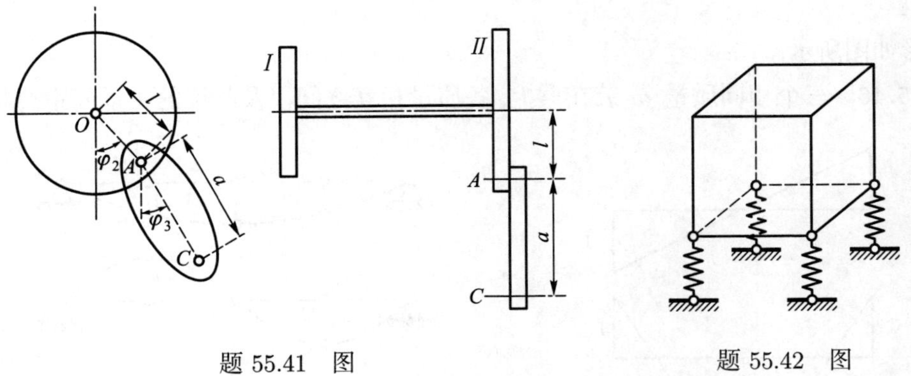

题 55.41 图　　　　题 55.42 图

55.43 边长为 a, b 的矩形均质平板水平放置, 以四角支撑在刚度系数都为 c 的四根相同弹簧上. 板的质量为 M. 求自由振动的频率.

答 $k_1 = \sqrt{\frac{4c}{M}}$, $k_2 = k_3 = \sqrt{\frac{12c}{M}}$.

55.44 重量分别为 Q_1, Q_2 和 Q_3 的三辆车厢连在一起, 车钩的刚度系数等于 c_1 和 c_2. 求系统的主振动频率.

答 $k_1 = 0$, 而 k_2 和 k_3 为下列方程的根:

$$k^4 - g\left(\frac{c_1}{Q_1} + \frac{c_1 + c_2}{Q_2} + \frac{c_2}{Q_3}\right)k^2 + g^2\left(\frac{c_1 c_2}{Q_1 Q_2} + \frac{c_2 c_1}{Q_2 Q_3} + \frac{c_1 c_2}{Q_3 Q_1}\right) = 0.$$

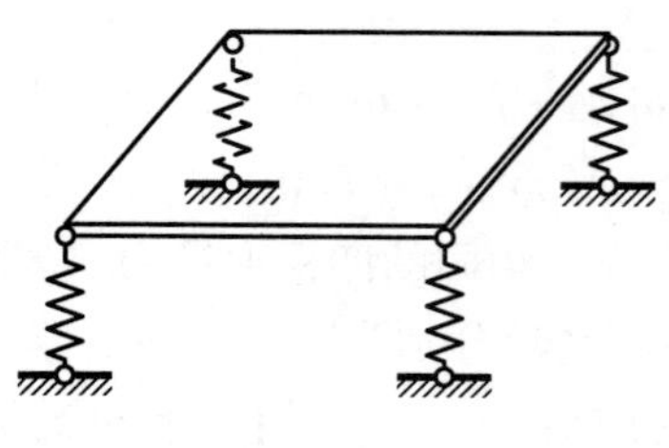

题 55.43 图

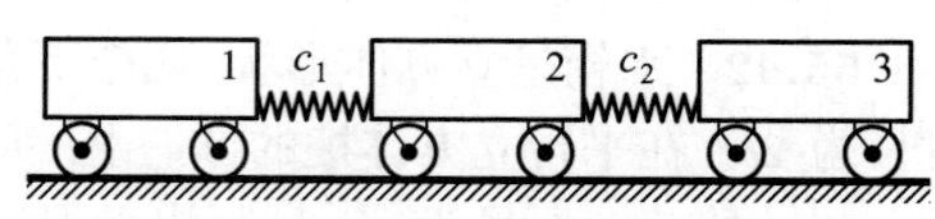

题 55.44 图

55.45 试在上题的条件下, 对等重车厢 $Q_1 = Q_2 = Q_3 = Q$ 以等刚度 $c_1 = c_2 = c$ 车钩连接的情况, 写出各车厢的运动方程, 并画出主振型. 在初始瞬时左边两个车厢处在平衡位置, 最右边车厢偏离平衡位置为 x_0.

答

$$\begin{aligned} x_1 &= \frac{x_0}{3} - \frac{x_0}{2}\cos k_2 t + \frac{x_0}{6}\cos k_3 t, \\ x_2 &= \frac{x_0}{3} - \frac{x_0}{3}\cos k_3 t, \\ x_3 &= \frac{x_0}{3} + \frac{x_0}{2}\cos k_2 t + \frac{x_0}{6}\cos k_3 t, \\ k_2 &= \sqrt{\frac{cg}{Q}},\ k_3 = \sqrt{\frac{3cg}{Q}}. \end{aligned}$$

主振形如图所示.

55.46 三个相同质量 m 装在梁上, 各质量相互之间以及与梁的支承间距离相

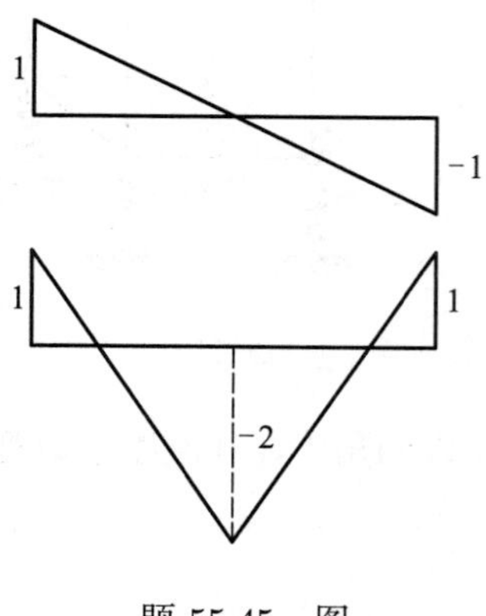

题 55.45 图

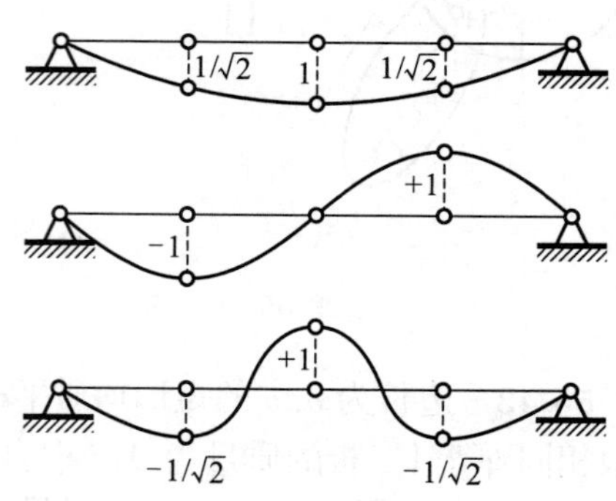

题 55.46 图

等. 梁可认为自由地搁在支承上, 梁长 l, 横截面惯性矩为 J, 弹性模量为 E. 求系统的频率和主振型.

答 $k_1 = 4.93\sqrt{\dfrac{EJ}{ml^3}}$, $k_2 = 19.6\sqrt{\dfrac{EJ}{ml^3}}$, $k_3 = 41.8\sqrt{\dfrac{EJ}{ml^3}}$. 主振形如图所示.

55.47 由 n 个相同质量 m 用一些刚度系数都为 c 的弹簧串接起来的系统, 构成一个纵向振动滤波器. 设左端质量的运动规律为 $x = x_0 \sin \omega t$. 试证明系统是一个低频滤波器, 当频率 ω 超过一定的界限后, 各个质量的强迫振动幅度将随质点 (自左向右) 编号按指数规律变化, 而当 ω 在界限以下时, 各个质量的强迫振动幅度将随质点编号按简谐规律变化.

答 滤波器允许频率为 $0 < \omega < 2\sqrt{c/m}$ 的振动通过.

55.48 扭转振动滤波器可概略地表示为一根装有许多圆盘的轴. 设左端圆盘的运动规律为 $\theta = \theta_0 \sin \omega t$. 求系统的强迫振动, 并计算各个圆盘的振幅. 设圆盘的转动惯量均为 J, 每对圆盘之间的轴段具有相同的刚度 c. 分析所得结果并证明系统为低频滤波器.

答 $\theta_k = (\theta_0 \cos \mu k + c_1 \sin \mu k) \sin \omega t$, $\sin(\mu/2) = (\omega/2)\sqrt{c/J}$, 其中 θ_k 为第 k 个圆盘的转角, c_1 是由轴的右端边界条件确定的常量. 左端圆盘的编号为零. 系统允许通过的频率 ω 应在范围 $0 < \omega < 2\sqrt{c/J}$ 内.

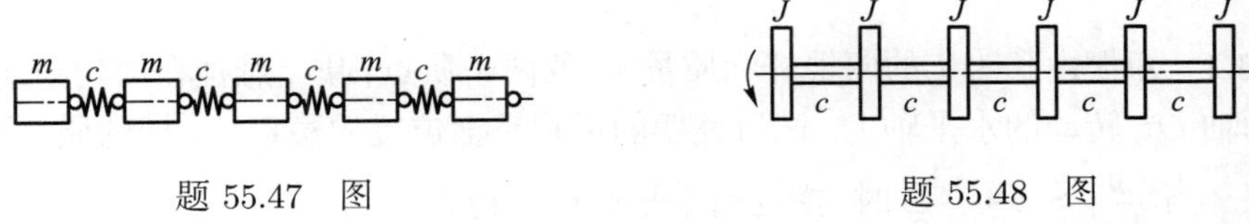

题 55.47 图　　题 55.48 图

55.49 组成纵向振动带通滤波器的机械系统中包含若干元件. 每个元件的质量为 m, 并用刚度系数为 c 的弹簧与下一个质量元件相连. 与弹簧并联的刚度系数为 c_1 的弹簧把质量 m 系在固定点. 试证明振动频率 ω 在一定范围内时, 各个质量振动的振幅将随着距离按简谐规律变化, 并求相应的界限频率.

答 可通频带为 $\sqrt{c_1/m} < \omega < \sqrt{(c_1 + 4c)/m}$.

55.50 很多个质量 m, 以等相隔 a 系在弦 AB 上, AB 被拉力 T 拉紧, 每个质量又用刚度系数为 c 的弹簧支撑, 这个系统组成了横向振动带通滤波器. 试计算可通频带的界限.

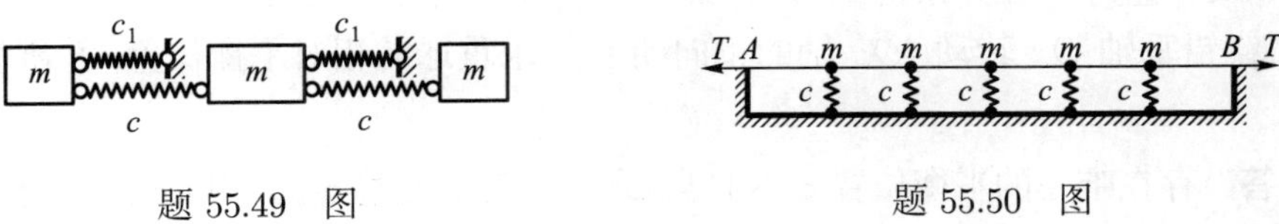

题 55.49 图　　题 55.50 图

答 可通频带由下列不等式决定:

$$\sqrt{\frac{c}{M}} < \omega < \sqrt{\frac{c}{M} + \frac{4T}{ma}}.$$

55.51 长为 nl 的绳子铅垂悬挂在一端, n 个质量为 m 的质点以等距离 a 系在绳上. 试写出运动方程. 请在 $n = 3$ 的情况下求绳的横向振动频率.

答 运动方程具有如下形式:

$$\ddot{x}_k = \frac{g}{l}[(n-k)x_{k-1} - (2n-2k+1)x_k + (n-k+1)x_{k+1}],$$

其中 x_k 为第 k 个质点的横向偏移 (编号从上至下计算),

$$k_1 = 0.646\sqrt{\frac{g}{l}}, \quad k_2 = 1.515\sqrt{\frac{g}{l}}, \quad k_3 = 2.505\sqrt{\frac{g}{l}}.$$

55.52 两端固定并拉紧的绳上系有 n 个质量为 m 的质点, 质点之间的距离均为 l, 绳的拉力为 T. 求绳的横向自由振动的频率.

答 $k = 2\sqrt{\dfrac{T}{ml}}\sin\dfrac{\pi s}{2n}$, $1 \leqslant s \leqslant n-1$.

§56. 运动的稳定性

56.1 双摆由长为 l 的两根杆和质量 m 的两个质点构成, 悬挂在以匀角速度 ω 绕铅垂轴 Oz 转动的水平轴上. 试研究摆的铅垂平衡位置的稳定性. 杆的质量不计.

答 当 $\dfrac{g}{l\omega^2} > 1 + \dfrac{1}{\sqrt{2}}$ 时, 摆的铅垂平衡位置稳定.

56.2 重球放在光滑的细管内. 细管弯成椭圆 $\dfrac{x^2}{a^2} + \dfrac{z^2}{c^2} = 1$ 的形状, 并以匀角速度 ω 绕铅垂轴 Oz 转动 (z 轴的正向朝下). 求重球的相对平衡位置, 并研究其稳定性.

答 当 $\omega^2 \leqslant \dfrac{gc}{a^2}$ 时, 有两个平衡位置: a) $x = 0$, $z = 0$ (稳定). b) $x = 0$, $z = -c$ (不稳定).

当 $\omega^2 > \dfrac{gc}{a^2}$ 时, 存在三个平衡位置: a) $x = 0$, $z = 0$ (不稳定), b) $x = 0$, $z = -c$ (不稳定), c) $z = \dfrac{gc^2}{\omega^2 a^2}$ (稳定).

56.3 重球放在光滑的细管内. 细管弯成抛物线 $x^2 = 2pz$ 的形状, 并以匀角速度 ω 绕铅垂轴 Oz 转动 (Oz 轴的正向朝上). 求重球的相对平衡位置, 并研究其稳定性.

答 存在唯一的平衡位置 $z = 0$, 当 $\omega^2 < \dfrac{g}{p}$ 时它是稳定的, 当 $\omega^2 > \dfrac{g}{p}$ 时它是不

稳定的. 当 $\omega^2 = \dfrac{g}{p}$ 时是随遇平衡.

56.4 质点可沿光滑的平面曲线运动, 曲线又以匀角速度 ω 绕铅垂轴转动. 质点的势能 $\Pi(s)$ 已知, 仅与点的位置有关, 且位置由沿曲线的弧长 s 来确定. 质点到转轴的距离为 $r(s)$, 求质点相对平衡位置稳定的条件.

答

$$\left[\frac{\mathrm{d}^2\Pi}{\mathrm{d}s^2} - \frac{\mathrm{d}}{\mathrm{d}s}\left(mr\frac{\mathrm{d}r}{\mathrm{d}s}\right)\omega^2\right]_{s=s_0} > 0,$$

其中 s_0 由方程 $\left(\dfrac{\mathrm{d}\Pi}{\mathrm{d}s}\right)_{s=s_0} = \omega^2\left(mr\dfrac{\mathrm{d}r}{\mathrm{d}s}\right)_{s=s_0}$ 确定.

56.5 质量为 m 的质点在中心引力 $F = ar^n$ ($a =$ 常数, r 为质点到引力中心的距离, n 为整数) 的作用下运动, 试证明质点可以沿圆周作匀速运动. 求圆周运动中关于坐标 r 稳定的条件.

答 当 $n < -3$ 时, 圆周运动不稳定, 当 $n > -3$ 时, 圆周运动稳定.

56.6 刚体可绕水平轴 NT 自由摆动, 水平轴又以匀速角速度 ω 绕铅垂轴 Oz 转动. 刚体的质心为 G, 平面 NTG 为对称平面, OG 为惯性主轴, KL 平行于 NT, ED 轴通过点 O 并垂直于 NT 和 OG. 刚体对轴 OG, KL 和 ED 的转动惯量分别等于 C, A 和 B, 线段 OG 的长为 h, 刚体的质量为 M. 求可能的相对平衡位置, 并研究其稳定性.

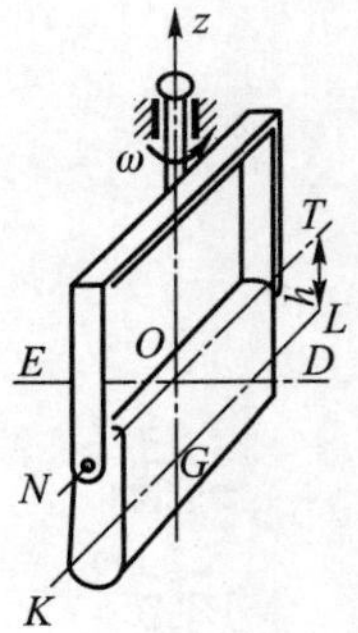

题 56.6 图

答 可能的相对平衡位置对应的 OG 与 Oz 之间的夹角如下:

a) $\varphi = 0$ (如 $B < C$, 稳定; 如 $B > C$ 且 $\omega^2 < \dfrac{Mgh}{B-C}$, 稳定; 如 $B > C$ 且 $\omega^2 > \dfrac{Mgh}{B-C}$, 不稳定).

b) $\varphi = \pi$ (如 $B > C$, 不稳定; 如 $B < C$ 且 $\omega^2 > \dfrac{Mgh}{C-B}$, 稳定; 如 $B < C$ 且 $\omega^2 < \dfrac{Mgh}{C-B}$, 不稳定).

c) $\varphi = \arccos\left[\dfrac{Mgh}{(B-C)\omega^2}\right]$ (此式的存在条件为 $\omega^2 > \dfrac{Mgh}{|B-C|}$, 如 $B > C$, 相对平衡位置稳定; 如 $B > C$, 相对平衡位置不稳定).

56.7 一个摆借助万向铰链 O 悬挂在以常角速度 ω 转动的铅垂轴上. 摆是轴对称的, 对中心主惯性轴 $\xi(\eta)$ 和 ξ 的转惯量为 A 和 C, 摆的重心到铰链 O 的距离为 h. 求摆的相对平衡位置, 研究其稳定性, 并求出在平衡位置附近振动的周期.

答 平衡位置和稳定性可由题 56.6 的答案给出的公式来确定 (令 $B = A + Mh^2$). 振动的周期为

$$T = 2\pi\omega\sqrt{\frac{(A+Mh^2)(A+Mh^2-C)}{(A+Mh^2-C)^2\omega^4 - M^2g^2h^2}}.$$

56.8 半径为 r、重为 Q 的均质薄圆盘具有铅垂对称轴, 可绕点 A 自由转动. 轴在点 B 处借助两根弹簧支持, 两弹簧的轴线水平且相互垂直, 刚度系数分别为 c_1 和 c_2, 且 $c_2 > c_1$. 两根弹簧与圆盘轴的联结点到下支点的距离为 L, 圆盘到下支点的距离为 l. 求保证转动稳定所需的圆盘角速度 ω.

答 当 $Ql < c_1L^2$ 时, 在任意角速度条件下, 转动都稳定. 当 $Ql > c_2L^2$ 时, 如果 $\omega > \omega^*$, 则转动稳定, 其中 $\omega^* = \sqrt{\dfrac{gl(r^2+4l^2)}{r^2}}\left\{\sqrt{1-\dfrac{c_1L^2}{Ql}}+\sqrt{1-\dfrac{c_2L^2}{Ql}}\right\}$. 当 $c_1L^2 < Ql < c_2L^2$ 时, 在任意角速度条件下, 转动都不稳定.

56.9 质点 M 在重力作用下在半径为 a 的圆柱内表面上运动, 圆柱的轴偏离铅垂线的角度为 α. 试研究质点沿圆柱下母线 $(\varphi = 0)$ 和沿上母线 $(\varphi = \pi)$ 运动的稳定性, 并确定沿下母线运动中振动周期.

答 沿上母线的运动不稳定. 在沿下母线的受扰运动中振动周期为

$$T = 2\pi\sqrt{\frac{a}{g\sin\alpha}}.$$

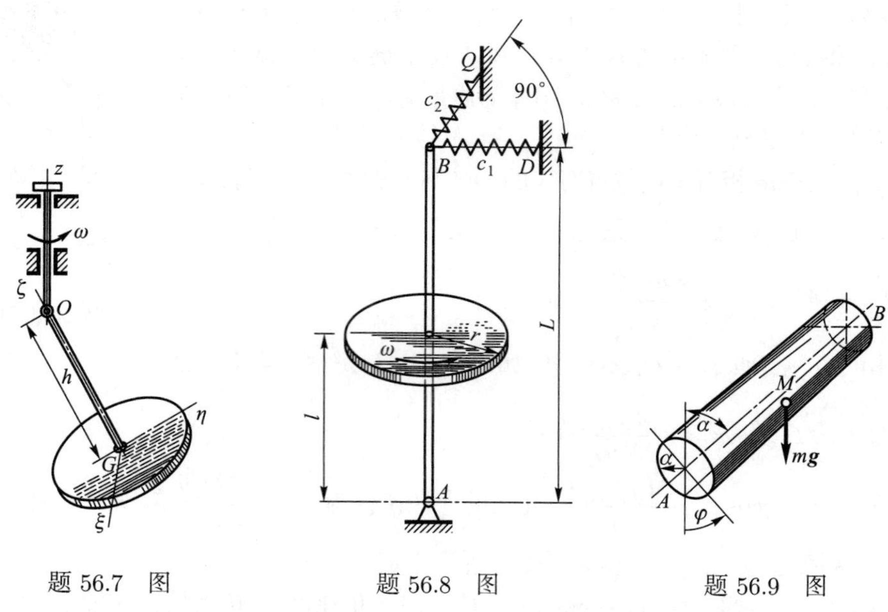

题 56.7 图　　题 56.8 图　　题 56.9 图

56.10 质点被强制在光滑环形管内壁运动, 环形管的参数方程为 $x = \rho\cos\psi$, $y = \rho\sin\psi$, $z = b\sin\theta$, $\rho = \alpha + b\cos\theta$ (Oz 轴铅垂向上). 求质点保持 θ 角不变的可能运动, 并研究运动的稳定性.

答 角 $\theta = \theta_i =$ 常数 满足方程

$$(1+\alpha\cos\theta_i) = -\beta\cot\theta_i,$$

其中 $\alpha = b/a, \beta = g/(a\omega^2)$, 且 $\dot{\psi} = \omega =$ 常数. 此方程有两个不同的解:

$$-\frac{\pi}{2} < \theta_1 < 0 \quad 和 \quad \frac{\pi}{2} < \theta_2 < \pi.$$

对应于第一解的运动是稳定的, 对应于第二解的运动不稳定.

56.11 试研究圆环在水平面上以角速度 ω 匀速滚动的稳定性. 环的平面为铅垂的, 半径为 a.

答 当 $\omega^2 > \dfrac{g}{4a}$ 时, 运动稳定.

56.12 车轮具有四根对称分布的辐条, 在粗糙水平面上滚动. 车轮平面为铅垂的. 轮箍和辐条都用细金属丝做成. 车轮的半径为 a, 运动开始时轮心的速度为 v. 试研究车轮运动的稳定性.

答 当 $v^2 > \dfrac{\pi + 2}{4\left(\pi + \dfrac{4}{3}\right)} ag$ 时, 运动稳定.

56.13 试研究半径为 a 的均质圆环以匀角速度 ω 绕铅垂直径旋转的稳定性. 圆环以最低点与水平面相接触.

答 当 $\omega^2 > \dfrac{2g}{3a}$ 时, 运动稳定.

56.14 质量为 m 的质点在偏离其平衡位置时受到两个力的作用: 力 $\boldsymbol{F}_r$ 的大小与偏离量 $OM = r = \sqrt{x^2 + y^2}$ 成正比, 方向指向平衡位置; 另一个力 $\boldsymbol{F}_\varphi$ (侧向力) 垂直于第一个力, 大小也正比于偏离量 r. 假设 $|\boldsymbol{F}_r| = c_{11}r$, $|\boldsymbol{F}_\varphi| = c_{12}r$. 试应用微振动方法研究质点平衡位置的稳定性.

提示: 质点固结在受弯压杆的自由端 (杆的两个抗弯主刚度相等), 杆下端固支, 就是这种情况. 杆的直线状态相当于平衡状态. 系数 c_{11}, c_{12} 依赖于杆的长度、压力、扭矩, 以及抗弯和抗扭刚度.

答 这个平衡位置不稳定.

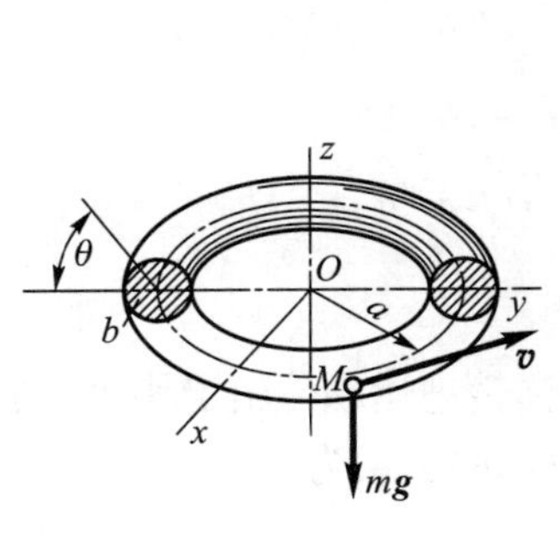

题 56.10 图

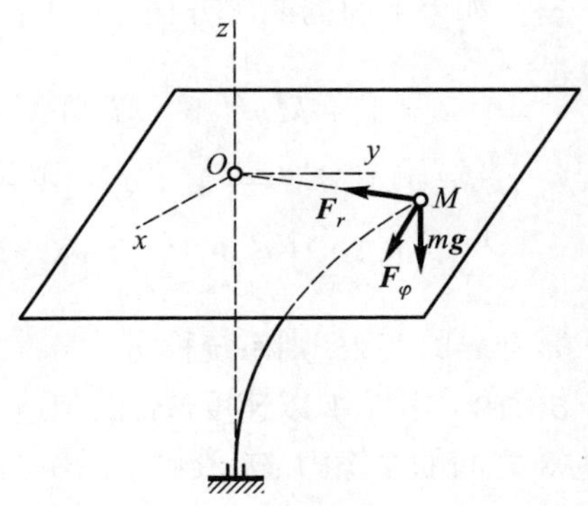

题 56.14 图

56.15 在上题中考虑与速度成正比的阻力 $R_x = -\beta\dot{x}$, $R_y = -\beta\dot{y}$ (其中 β 为阻力系数), 研究质点运动的稳定性.

答 当 $\beta^2 c_{11} > mc_{12}^2$ 时, 平衡位置稳定.

56.16 在题 56.14 中, 假设杆的两个抗弯主刚度不相等, 杆作用于质量 m 的力由下式确定

$$F_x = -c_{11}x + c_{12}y, \quad F_y = c_{21}x - c_{22}y.$$

试应用微振动方法给出平衡位置稳定的条件.

答 平衡位置在 $(c_{11} - c_{22})^2 + 4c_{21}c_{21} > 0$ 时稳定.

56.17 发动机离心调速器的套管运动方程写成

$$m\ddot{x} + \beta\dot{x} + cx = A(\omega - \omega_0),$$

其中 x 为调速器套管的位移, m 为系统的惯性系数, β 为阻力系数, c 为调速器的弹簧刚度, ω 为机器的瞬时角速度, ω_0 为机器的平均角速度, A 为常数. 机器的运动方程写成

$$J\frac{\mathrm{d}\omega}{\mathrm{d}t} = -Bx,$$

其中 B 的常数, J 为发动机转动部分的折合转动惯量.

试给出发动机与调速器组成系统的稳定性条件.

答 当 $AB < \dfrac{Jc\beta}{m}$ 时, 系统是稳定的 (c, β, J, A, B 都设为正值).

56.18 对称陀螺以尖端支在固定球窝内, 绕位于铅垂位置的对称轴转动. 在陀螺上还装有第二个对称陀螺, 它同样绕对称铅垂轴转动. 第二陀螺的尖端在第一陀螺对称轴上的球窝内. 两个陀螺的质量分别为 M 和 M', 对各自对称轴的转动惯量分别为 C 和 C', 对通过自己尖端的横轴的转动惯量分别为 A 和 A'. 两个陀螺质心到尖端的距离分别为 c 和 c', 两个尖端之间的距离为 h, 两个陀螺的角速度分别为 Ω 和 Ω'. 试导出系统的稳定性条件.

答 如果下面的四次方程

$$\begin{aligned}&[AA' + Mh^2(A - Mc^2)]\lambda^4 + [A'C'\Omega' + C\Omega(A' + Mh^2)]\lambda^3\\&+[A(M'c' + Mh)g + (A' + Mh^2)Mcg + CC'\Omega\Omega']\lambda^2\\&+[C\Omega(M'c' + Mh)g + C'\Omega' Mcg]\lambda + MC(M'c' + Mh)g^2 = 0\end{aligned}$$

的根是互异的实数, 则系统稳定.

56.19 零件 1 以速度 $\boldsymbol{v}_0$ 的匀速平动, 借助弹簧把运动传给滑块 2. 滑块 2 与滑轨 3 之间的摩擦力 $\boldsymbol{H}$ 依赖于滑块的速度 $\boldsymbol{v}$, 它们的关系为

$$H = H_0 \mathrm{sign}\, v - \alpha v + \beta v^3,$$

且 H_0, α, β 都是正数. 为使滑块匀速运动稳定, 试求 $\boldsymbol{v}_0$ 应满足的条件.

答 $v_0^2 > \dfrac{\alpha}{3\beta}$.

56.20 发动机 1 和机器 2 借助刚度系数为 c 的弹性离合器 3 连在一起, 构成一个机组. 机组可看成双质量系统. 发动机的转子的转动惯量为 J_1, 在转子上作用的力矩 M_1, 与转子角速度 $\dot{\varphi}$ 有关:

$$M_1 = M_0 - \mu_1(\dot{\varphi} - \omega_0).$$

机器的转动惯量为 J_2, 在轴上作用着与轴的角速度 $\dot{\psi}$ 有关的力矩:

$$M_2 = M_0 - \mu_2(\dot{\psi} - \omega_0).$$

系数 μ_1 和 μ_2 都是正的. 求系统以匀角速度 ω_0 转动稳定的条件.

答 $\mu_1 > \mu_2,\ \dfrac{J_2}{J_1} > \dfrac{\mu_2}{\mu_1},\ c > \dfrac{\mu_1\mu_2(\mu_1 J_2 - \mu_2 J_1)}{\mu_1 J_2^2 - \mu_2 J_1^2}$.

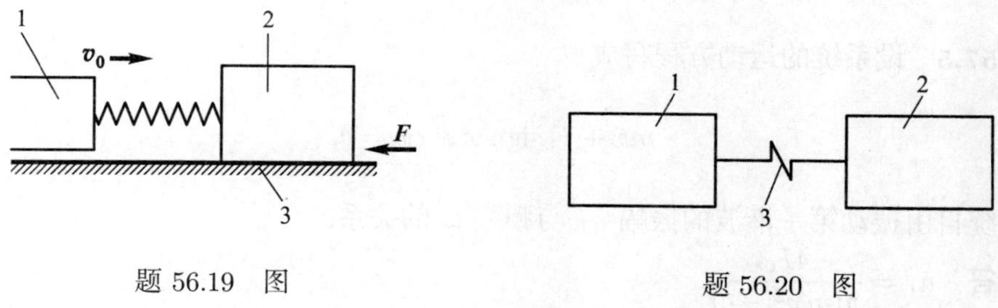

题 56.19 图　　题 56.20 图

§57. 非线性振动

57.1 在板簧试验中得到了"三角形"弹性力变化特征曲线. 当板簧偏离静平衡位置时, 特征曲线的上分支 (c_1) 起作用; 当板簧返回时, 曲线的下分支 (c_2) 起作用. 设初始瞬时板簧偏离静平衡位置 x_0, 初速度为零. 板簧上物体的质量为 m. 板簧的质量可以忽略, 板簧的刚度系数为 c_1 和 c_2. 试写出第一个半周期内板簧自由振动的方程, 并求出振动的全周期 T.

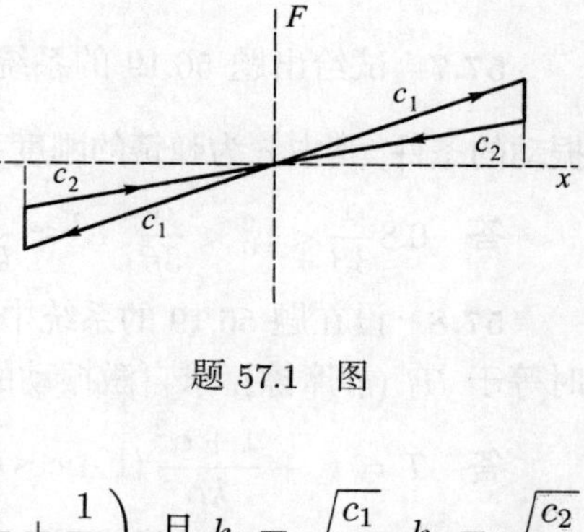

题 57.1 图

答 当板簧返回静平衡位置时, 振动方程为 $x = x_0 \cos k_2 t$, 而它离开静平衡位置时为 $x = -x_0 \dfrac{k_2}{k_1} \sin\left(k_1 t - \dfrac{\pi}{2}\dfrac{k_1}{k_2}\right)$. 全周期为 $T = \pi\left(\dfrac{1}{k_1} + \dfrac{1}{k_2}\right)$, 且 $k_1 = \sqrt{\dfrac{c_1}{m}},\ k_2 = \sqrt{\dfrac{c_2}{m}}$.

57.2 求上题所述板簧自由振动的振幅衰减规律. 已知记录自由振动时得到的振幅衰减序列为 13.0 mm, 7.05 mm, 3.80 mm, 2.05 mm, $\cdots$. 根据已知的振动图线, 求刚度系数比值 c_1/c_2, 这里 c_1 和 c_2 对应于 "三角形" 刚度特征曲线的上、下分支.

答 每经过半个振动周期, 振幅的值按几何级数衰减, 公比为 k_2/k_1. 刚度比为 c_1/c_2=3.4.

57.3 质量 m 在刚度系数为 c 的弹簧上振动. 在与平衡位置两边成等距的两处 (距离为 Δ) 各设立一个刚性挡板. 假定挡板的碰撞恢复系数为 1, 求系统作频率为 ω 的周期振动时的运动规律, 并求 ω 的可能值.

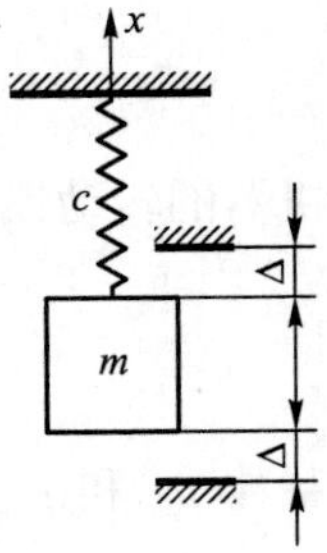

答 当 $0 \leqslant t \leqslant \dfrac{\pi}{\omega}$ 时, $x = \dfrac{\Delta}{\sin\dfrac{\pi k}{2\omega}} \sin k\left(t - \dfrac{\pi}{2\omega}\right)$, 其中 $k^2 = \dfrac{c}{M}$. $\omega \geqslant k$.

题 57.3 图

57.4 在只有下挡板的情况下, 试求解上题.

答 当 $0 \leqslant t \leqslant \dfrac{2\pi}{\omega}$ 时, $x = -\dfrac{\Delta}{\cos\dfrac{\pi k}{\omega}} \cos\left(\dfrac{\pi}{\omega} - t\right)$, $k \leqslant \omega \leqslant 2k$.

57.5 设系统的运动方程写成

$$m\ddot{x} + F_0 \mathrm{sign}\, x + cx = 0,$$

求系统自由振动第一谐波的振幅 a_1 与频率 ω 的关系.

答 $a_1 = \dfrac{4F_0}{\pi(m\omega^2 - c)}$.

57.6 设系统的运动方程写成

$$\ddot{x} + (\dot{x}^2 + k^2x^2 - \alpha^2)\dot{x} + k^2x = 0,$$

求系统产生自激振动的振幅 a, 并研究其稳定性.

答 $a = \alpha/k$, 自激振动在大范围内稳定.

57.7 试给出题 56.19 的系统发生与频率为 $k = \sqrt{\dfrac{c}{m}}$ 的简谐振动接近的自激振动的条件, 其中 c 为弹簧的刚度系数, m 为滑块的质量, 又求激振动的振幅近似值.

答 $0.8\dfrac{\alpha}{3\beta} < v_0^2 < \dfrac{\alpha}{3\beta}$, $a^2 \approx \dfrac{4}{k^2}\left(\dfrac{\alpha}{3\beta} - v_0^2\right)$.

57.8 设在题 56.19 的系统中, 摩擦力 H 为常量: 当 $v \gtrless 0$ 时等于 H_2, 当 $v = 0$ 时等于 H_1 (静摩擦). 求自激振动的周期. 滑块的质量为 m, 弹簧的刚度系数为 c.

答 $T = t_1 + \dfrac{1+\alpha^2}{k\alpha}(1 - \cos kt_1)$, 其中 $\alpha = \dfrac{(H_1 - H_2)k}{cv_0}$, $k = \sqrt{\dfrac{c}{m}}$, t_1 为方程 $\alpha \sin kt_1 = \cos kt_1 - 1$ 的最小根.

57.9 质量为 m 的物体借助刚度系数为 c 的弹簧和干摩擦阻尼器连在固定基础上. 阻尼器的阻力大小与速度无关并等于 H. 在与平衡位置两旁成等距的两处 (距离为 Δ) 各设立一个刚性挡板. 假定挡板的碰撞恢复系数等于 1. 问: H 值多大时, 干扰力 $F\cos\omega t$ 才不会引起频率等于 ω/s 的亚谐共振 (s 为正整数)?

提示: 求出与频率为 $\dfrac{\omega}{s}$ 的自由振动相近的振动状态的存在条件.

答 对于偶数的 s, 条件为 $H>0$; 对于奇数的 s, 条件为

$$H > F\frac{\omega k}{|k^2-\omega^2|}\cot\frac{\pi sk}{2\omega}, \quad \frac{\omega}{s} > k.$$

57.10 在水平面上纯滚动的均质圆柱中心用一根弹簧连在固定点 O. 当圆柱处于平衡位置时, 圆柱中心和 O 点在同一铅垂线上. 已知圆柱的质量为 m, 弹簧的刚度系数为 c, 且弹簧在平衡位置不受力, 长度为 l.

求圆柱在平衡位置附近作微振动的周期与振幅 a 之间关系. 在运动方程中应保留位移的三次幂.

答 $T = 4l\sqrt{\dfrac{6m}{c}}\displaystyle\int_0^a \frac{\mathrm{d}\,x}{\sqrt{a^4-x^4}} = 4\sqrt{3}\sqrt{\frac{m}{c}}\frac{l}{a}K\left(\frac{1}{\sqrt{2}}\right)$, 其中 K 为第一类完全椭圆积分.

57.11 系统的运动方程写成

$$\ddot{x}+k^2x=\mu[(\alpha^2-x^2)\dot{x}-\gamma x^3],$$

试用小参数法求系统发生自激振动的振幅 a 和周期.

答 $a=2\alpha,\ T=\dfrac{2\pi}{k}\left(1-\dfrac{3\mu\gamma\alpha^2}{2k^2}\right)$.

57.12 在介质中运动的摆受阻力和单向、恒定力矩的作用, 运动方程写成

$$\ddot{\varphi}+2h\dot{\varphi}+k^2\varphi=M_0, \quad \text{当 } \dot{\varphi}>0,$$
$$\ddot{\varphi}+2h\dot{\varphi}+k^2\varphi=0, \quad \text{当 } \dot{\varphi}<0,$$

其中 h, k 和 M_0 都为常数.

设 $2h/k\ll 1,\ M_0/k^2\ll 1$, 试用慢变系数法求摆的定常运动.

答 定常运动为平面 $(\varphi,\dot{\varphi})$ 上的稳定自激振动, 极限环的半径 $\rho=\dfrac{M_0}{hTk^2}$, 其中 $T=\dfrac{\pi}{k}$.

57.13 试在上题中用点变换法求不动点.

答 $\varphi_0=\dfrac{M_0}{k^2}\dfrac{1}{1-\mathrm{e}^{-kT}}, \quad \dot{\varphi}_0=0.$

第十四章 理论力学的概率问题

求解本章给出的静力学和运动力学的概率习题, 是以应用下述几个关系式为基础的. 这些关系式把满足不等式的概率同不等式中包含的参数联系起来. 设 u 为随机变量, 已知它的数学期望 (均值) m_u 和均方差 σ_u, 于是 u 处在区间 $(-\infty, a)$ 以内的概率, 即 u 满足不等式 $u < a$ 的概率 α 便可由下式确定:

$$\alpha = p\{u < a\} = F(\xi), \quad \xi = \frac{a - m_u}{\sigma_u},$$

且 $F(\xi)$ 是一个特定的分布函数, 对于高斯分布, $F(\xi)$ 的数值列在表 1 中.

表 1

ξ	–4.0	–3.5	–3.0	–2.5	–2.0	–1.5	–1.0	–0.5	0.0
$F(\xi)$	3×10^{-5}	2×10^{-4}	0.001	0.006	0.023	0.067	0.159	0.309	0.500

ξ	0.5	1.0	1.5	2.0	2.5	3.0	3.5	4.0
$F(\xi)$	0.691	0.841	0.933	0.977	0.994	0.999	0.9998	0.99997

满足不等式 $u > a$ 的概率 β 由下式确定:

$$\beta = p\{u > a\} = 1 - F(\xi).$$

在高斯分布情况下, 如需求出和给定概率值 α 相对应的参数值 ξ, 使用表 2 较为方便.

表 2

$F(\xi)$	0.0005	0.001	0.005	0.010	0.050	0.100	0.500
ξ	–3.4	–3.1	–2.6	–2.3	–1.6	–1.3	0.0

$F(\xi)$	0.900	0.950	0.990	0.995	0.999	0.9995
ξ	1.3	1.6	2.3	2.6	3.1	3.4

变量 u 处在区间 (a,b) 以内的概率由下式确定:

$$p(a<u<b)=F(\xi_2)-F(\xi_1),\quad \xi_1=\frac{a-m_u}{\sigma_u},\quad \xi_2=\frac{b-m_u}{\sigma_u}.$$

变量 u 处在区间 (a,b) 以外的概率等于

$$p(u<a)+p(u>b)=1+F(\xi_1)-F(\xi_2).$$

如有关系式

$$p(u<a)=p(u>b)=\frac{1-\alpha}{2}=\beta,$$

则区间 (a,b) 称为对称的.

如随机量 u 为若干个相互统计独立的随机量 u_i 的线性组合, 即有

$$u=\sum_{i=1}^{n}c_iu_i,$$

且设 u_i 的数学期望 m_{ui} 和均方差 σ_{ui} 都是已知的, 则随机量 u 的数学期望 m_u 和均方差 σ_u 由下式确定:

$$m_u=\sum_{i=1}^{n}c_im_{ui},\quad \sigma_u^2=\sum_{i=1}^{n}c_i^2\sigma_{ui}^2.$$

如 u 与 u_i 之间的关系是非线性的, 即有

$$u=\varphi(u_1,u_2,\cdots,u_n),$$

但 u_i 与其数学期望 m_{ui} 的偏差都比较小, 则上述关系可以线性化, 于是有

$$m_u\approx\varphi(m_{u1},\cdots,m_{un}),\quad \sigma_u^2\approx\sum_{i=1}^{n}\left(\frac{\partial\varphi}{\partial u_i}\right)_0^2\sigma_{ui}^2.$$

当解决有关随机干扰系统的振动问题时, 要用到随机过程理论的一些基本关系式. 如果在由广义坐标 $q(t)$ 确定位形的线性力学系统上作用平稳随机干扰力 $Q(t)$, 则受迫振动的平稳状态将由广义坐标 $q(t)$ 的谱密度 $S_q(\omega)$ 来表征. 谱密度 $S_q(\omega)$ 由下式定义:

$$S_q(\omega)=[A(\omega)]^2S_Q(\omega).$$

式中的 $S_Q(\omega)$ 为干扰力 $Q(t)$ 的谱密度, $A(\omega)$ 为系统的幅频 (共振) 特征值. 广义坐标的平稳均方差的平方由如下积分定义:

$$\sigma_q^2=\frac{1}{2\pi}\int_{-\infty}^{+\infty}S_q(\omega)\,\mathrm{d}\,\omega.$$

如谱密度 $S_q(\omega)$ 为分式有理函数

$$S_q(\omega)=\frac{b_0^2\omega^2+b_1^2}{c_0^2\omega^4+c_1^2\omega^2+c_2^2},\tag{1}$$

则有

$$\sigma_q^2=\frac{b_0^2c_2+b_1^2c_0}{2c_0c_2\sqrt{c_1^2+2c_0c_2}}.\tag{2}$$

在干扰力呈高斯分布的情况下, 在时段 $(0,T)$ 内的随机过程 $q(t)$ 落到基准 b 以外的平均数由下式确定

$$m_T = \frac{T}{2\pi}\cdot\frac{\sigma_v}{\sigma_q}\exp\left\{-\frac{(b-m_q)^2}{2\sigma_q^2}\right\},$$

式中 m_q 为过程 $q(t)$ 的数学期望 (均值), 而 σ_v 为过程 $q(t)$ 导数的均方差, 由下列积分定义:

$$\sigma_v^2 = \frac{1}{2\pi}\int_{-\infty}^{+\infty}\omega^2 S_q(\omega)\,\mathrm{d}\omega.$$

当积分号下的表达式为 (1) 时, σ_v^2 的值可按式 (2) 求出.

§58. 静力学的概率问题

58.1 半径为 $R=0.5$ m、质量为 $m=800$ kg 的滚子顶在坚硬的障碍物上. 障碍物的高度 h 可以不相同. 现在假设 h 是按高斯分布的随机变量, 而且它的数学期望为 $m_h=0.1$ m, 均方差为 $\sigma_h=0.02$ m. 求水平力 $Q=4900$ N 能克服障碍物的概率 α_1. 又, 为使克服障碍物的概率达到 $\alpha_2=0.999$, 求水平力 $Q=Q_2$.

答 $\alpha_1=0.16,\quad Q_2=8300$ N.

58.2 高 $h=5$ m 的铅垂挡墙的断面厚度为 $a=1.1$ m. 挡墙承受静水压力的作用, 水位高度可以不相同. 墙材料的密度为 2.2 t/m^3. 假设水位离墙基的高度 H 是呈高斯分布的随机量, 它的数学期望为 $m_H=3.0$ m, 均方差为 $\sigma_H=0.5$ m. 求墙翻倒的概率. 又, 如要使墙翻倒的概率不超过 3×10^{-5}, 试求墙的最小许可宽度.

答 0.001, 1.5 m.

58.3 用螺栓连接的两个零件承受拉力 $\boldsymbol{P}$ 的作用, 两者滑动的概率应为 5×10^{-4}. 求夹紧螺栓所必需的力 $\boldsymbol{Q}$. 力 $\boldsymbol{P}$ 以及零件间的摩擦系数 f 都可以取各种不同的值. 假设它们都是按高斯规律分布的随机量, 它们的数学期望分别为 $m_p=2000$ N, $m_f=0.1$, 均方差为 $\sigma_p=200$ N, $\sigma_f=0.02$.

答 $Q=63000$ N.

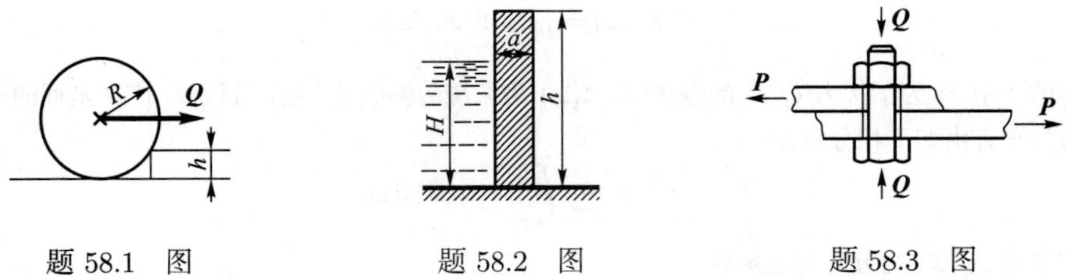

题 58.1 图　　题 58.2 图　　题 58.3 图

58.4 质量为 $m=200$ kg 的重物放在粗糙斜面上. 斜面倾角和滑动摩擦系数都可以取不同的值. 现在假定斜面倾角 γ 和摩擦系数 f 都是按高斯分布的独立随机量, 数学期望分别为 $m_\gamma=0$ 和 $m_f=0.2$, 均方差分别为 $\sigma_\gamma=3^\circ$ 和 $\sigma_f=0.04$. 求足以使重物沿斜面开始滑动的概率到达 0.999 的水平力 Q.

提示: $\cos\gamma$ 取近似值为 1.

答 $Q = 780$ N.

58.5 在半径为 $R = 1$ m 的均质圆盘内, 与圆心相距 l 处开了一个半径为 r 的圆孔. l 和 r 都可以取各种不同的值. 把它们看成服从高斯分布的独立随机量, 并假定它们的数学期望分别为 $m_l = 0.1$ m 和 $m_r = 0.05$ m, 均方差分别为 $\sigma_l = 0.01$ m 和 $\sigma_r = 0.005$ m. 问: 圆盘的质心偏离圆盘中心多少时, 方能使偏差超过它的概率达到 0.001? 在质心偏移值的计算中, l 和 r 偏离数学期望的值的乘积项都略去不计.

答 4.2×10^{-4} m.

58.6 质量为 1000 kg 的转子上与轴对称地固连两个同一类型的零件 A_1, A_2, 它们的质量 M_1, M_2 对名义值 (数学期望) 有随机偏差 $\Delta M_1, \Delta M_2$. 又, 对于同一直径两边与转轴相距为 $l = 1$ m 的两点来说, M_1 和 M_2 的质心分别有随机偏差 $\Delta x_1, \Delta y_1$ 和 $\Delta x_2, \Delta y_2$. 所有这些偏差使得转子与零件一起的质心 C 偏离转轴. 假设随机量 M_1, $M_2, \Delta x_1$, Δy_1, Δx_2, Δy_2 都是独立的并按高斯规律分布, 它们的数学期望分别为 $m_{M_1} = m_{M_2} = 100$ kg, $m_{\Delta x_1} = m_{\Delta y_1} = m_{\Delta x_2} = m_{\Delta y_2} = 0$, 均方差分别为 $\sigma_{\Delta M_1} = \sigma_{\Delta M_2} = 0.5$ kg, $\sigma_{\Delta x_1} = \sigma_{\Delta y_1} = \sigma_{\Delta x_2} = \sigma_{\Delta y_2} = 3$ mm. 转子与零件一起的质心坐标为 x_C 和 y_C. 求质心坐标的对称区间的边界, 使得它们处在这个区间内的概率为 $\alpha = 0.99$.

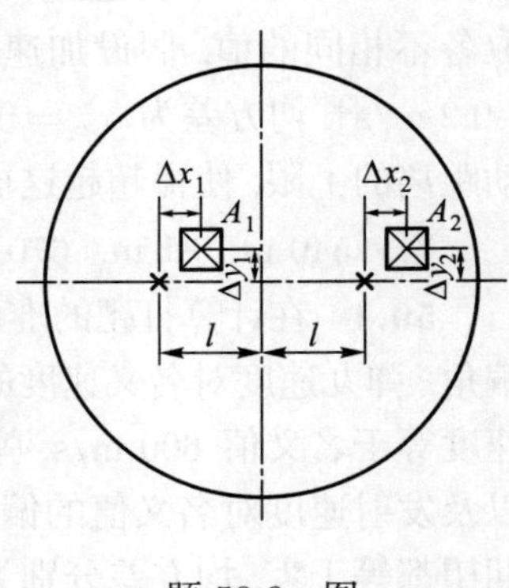

题 58.6 图

答 $(-0.91, +0.91)$ mm.

58.7 质量为 1000 kg 的均质正方形平台用四根等长并汇交于一点的绳子悬挂在支点上. 平台到悬挂点的距离为 $h = 2$ m. 平台上放着四个小重物, 重物的质量以及所放置的地方都是随机的. 假设重物的质量以及从平台中心开始计算的直角坐标 x_i 和 y_i 都是彼此独立的, 而且都按高斯分布. 四个重物质量的数学期望相同, 都为 $m_M = 100$ kg, 均方差也相同, 都为 $\sigma_M = 20$ kg. 又重物坐标都具有零值数学期望, 坐标的均方差分别为 $\sigma_x = 0.5$ m 和 $\sigma_y = 0.7$ m. 平台处于平衡时, 求对应于平台偏角 θ_x 和 θ_y 的对称区间的边界, 使得这两个偏角处在这个区间内的概率等于 0.99. 角度可以认为较小.

答 $(-11°, +11°)$, $(-15°, +15°)$.

§59. 运动学和动力学的概率问题

59.1 飞机从起点飞到终点, 两点间的距离为 1500 km. 每次飞行的飞行速度 v 为常量, 但不同次飞行的速度却可以取各不相同的值. 假定速度是按高斯分布的随机量, 数学期望为 $m_v = 250$ m/s, 均方差为 $\sigma_v = 10$ m/s. 求相应于 0.999 概率飞行时间的对称区间.

答 (5180, 6820) s.

59.2 飞机从起点沿直线飞行, 这直线对给定的直线航道有偏角 ψ, 而对于不同次飞行, 角 ψ 可以取各不相同的值. 假设角 ψ 是按高斯分布的随机量, 它的数学期望等于零, 均方差为 $\sigma_\psi = 2°$. 求在 $L = 50, 100, 200$ km 的三种航程上飞机对给定航道的侧向偏离不超过 5 km 的概率.

答 0.997, 0.86, 0.52.

59.3 火车以初速度 15 m/s 行驶. 制动时的加速度不随时间变化, 但可以取各不相同的值. 假设加速度 w 是按高斯分布的随机量, 它的数学期望为 $m_w = -0.2\ \text{m/s}^2$, 均方差为 $\sigma_w = 0.03\ \text{m/s}^2$. 求火车制动距离的数学期望和均方差, 并求制动距离的上限, 使得超越这段距离的概率为 0.05.

答 540 m, 81 m, 670 m.

59.4 在计算打靶的准确度时, 把弹丸发射速度看作常量, 考虑枪管轴线的随机偏角、弹丸速度对名义速度的随机偏差. 设只要准确地给定枪管轴线的方向, 且发射速度等于名义值 600 m/s, 弹丸就能正中靶心. 枪管轴线对给定方向的偏角 φ 和 ψ, 以及发射速度对名义值的偏差 Δv 认为都是按高斯分布的独立随机量, 它们的数学期望都等于零, 均方差分别为 $\sigma_\varphi = \sigma_\psi = 0.5 \times 10^{-3}$ rad 和 $\sigma_{\Delta v} = 75$ m/s. 已知打靶的距离为 $l = 50$ m. 求弹丸落靶点对靶心的水平和铅垂偏差相当于 0.99 概率的对称区间.

答 $(-65, +65)$ mm, $(-69, +69)$ mm.

59.5 大炮从地面发射炮弹. 发射角 φ 和初速度大小 v_0 都可以和计算值有差异, 可以认为它们都是按高斯分布的独立随机量, 数学期望分别为 $m_\varphi = 10°$ 和 $m_{v_0} = 1000$ m/s, 均方差为 $\sigma_\varphi = 0.1°$ 和 $\sigma_{v_0} = 10$ m/s. 不计空气阻力, 求相当于 0.90 概率的炮弹可能落地点的射程区间. 在射程增量的表达式中, 只要保留角度偏差和速度偏差的一阶项就可以.

答 (31.0, 37.4) km.

59.6 车厢在曲率半径 $\rho = 800$ m 的弯道上行驶. 车厢的质心处在高出铁路路基 2.5 m 的水平面上, 轨距为 1.5 m. 需要确定外轨相对内轨的超高, 以便速度达到 $v = 20$ m/s 时车轮给两条轨道的压力相等. 在实际情况下, 车厢的速度可以各不相同. 假设车速是按高斯分布的随机量, 它的数学期望为 $m_v = 15$ m/s, 均方差为 $\sigma_v = 4$ m/s. 考虑按 $\alpha = 0.99$ 的概率确定速度区间, 当速度与区间的上界相当时, 求车轮对外轨和内轨的压力之比.

答 1.17.

59.7 汽车以速度 15 m/s 沿无坡度的道路行驶. 制动的摩擦力不随时间变化, 但可以取各种不同的值. 假定制动时单位质量的摩擦力是按高斯分布的随机量, 设每吨质量上摩擦力的数学期望为 3000 N/t, 均方差为 700 N/t. 求能使制动距离分别超过 40 m 和 80 m 的概率.

答 0.45, 0.02.

59.8 质量为 M 的转子是一个均匀圆柱体, 半径为 R, 长度为 l. 转子装在轴上时稍有偏斜和偏移, 使得转子的对称轴相对于转轴中心有微小的随机偏角 γ, 转子位于两个轴承正中间, 转子中心相对转轴中心有随机偏移 h. 两轴承间的距离等于 $2L$. 假设 γ 和 h 都是独立的随机量, 角 γ 的数学期望等于零, 偏移 h 的数学期望为 m_h, 它们的均方差分别为 σ_γ 和 σ_h. 转子绕铅垂轴转动的角速度 ω 也认为是随机量, 它的数学期望为 m_ω, 均方差为 σ_ω. 求轴承反力 R_1 和 R_2 的均方差 σ_1 和 σ_2.

答 $\sigma_{R_1}^2=\sigma_{R_2}^2\approx\dfrac{1}{2}M^2m_\omega^2\left\{m_\omega^2\left[\sigma_h^2+\dfrac{1}{8}\dfrac{(R^2-l^2)^2}{L^2}\sigma_\gamma^2\right]+4m_h^2\sigma_\omega^2\right\}.$

59.9 质量为 1 kg 的重物挂在 1 m 长的绳子上. 初始瞬时重物处于静止状态, 与悬挂点在同一铅垂线上. 重物在短时间内受到水平力 $\boldsymbol{F}$ 的作用. 在作用期间该力不变. 力 $\boldsymbol{F}$ 和它的作用时间间隔 τ 都是按高斯分布的独立随机量, 它们的数学期望分别为 $m_F=300$ N 和 $m_\tau=0.01$ s, 均方差分别为 $\sigma_F=5\,\text{N}$ 和 $\sigma_\tau=0.002$ s. 求绳上重物在碰撞后发生的自由振动振幅超过 60° 和 90° 的概率.

答 0.46, 0.04.

59.10 重物自高度 H 处落到弹簧上. 与重物的质量相比, 弹簧的质量可以不计. 弹簧在重物作用下的静位移等于 2 mm. 假设高度 H 是按高斯分布的随机量, 它的数学期望等于 1 m, 均方差等于 0.3 m. 求碰撞时加速度最大值变化区间的上界, 以使加速度处在此区间内的概率等于 0.95.

答 380 m/s^2.

59.11 数学摆的长度 l 测定得不精确. 假设 l 是按高斯分布的随机量, 它的数学期望为 $m_l=0.25$ m, 但均方差 σ_l 未知. 假定自由振动周期的相对误差不超过 0.1% 的概率为 0.99, 试求 σ_l 的许可值.

答 0.19 mm.

59.12 物理摆可绕水平轴转动, 质量 m, 转动惯量 J 和质心到转轴的距离 l 都是给定的. 阻力与速度成比例, 自由摆动时每一个最大摆角与下一个最大摆角之比等于 q. 摆的悬挂点作水平随机振动. 悬挂点的加速度 w 可看成具有恒定强度 B^2 的白噪声. 求强迫振动时摆角的平稳均方值, 并求在时间间隔 T 内摆角超过均方值两倍的平均次数 n.

答 $\sigma_\varphi^2=\dfrac{B^2}{4q}\sqrt{\dfrac{ml(q^2+\pi^2)}{Jq^3}},\ n=\dfrac{T}{2\pi}\sqrt{\dfrac{mgl}{J}}\ \mathrm{e}^{-2}.$

59.13 物理摆的自由振动频率为 $k=15$ rad/s. 当自由摆动时, 每一个最大摆角和前一个最大摆角之比为 $m=1.2$. 现在摆的悬挂点作水平随机振动. 悬挂点的振动速度可以看作强度 $D^2=1000\ \text{m}^2/\text{s}$ 的白噪声. 求摆角的均方值.

答 23°.

59.14 仪器装在具有活动底座的线弹性减震器上, 底座作铅垂随机振动. 仪器相对底座振动时承受阻力. 自由振动状态下每个最大偏移与下一个最大偏移之比为 $m = 1.5$. 当底座振动时, 可认为铅垂随机加速度 w 是强度 $B^2 = 100$ 的白噪声. 为使仪器作强迫振动时的绝对加速度 w 的均方值为 $\sigma_w = 50\ \mathrm{m/s^2}$, 求减震器上这个仪器的自由振动频率和重力作用下的静偏移.

答 $\omega_0 = 30\ \mathrm{rad/s}$, $\Delta = 1\ \mathrm{cm}$.

59.15 加速度计的主要元件是一个惯性质量, 用线性弹簧连在壳体上, 并且处于黏性液体中. 加速度计幅频曲线有共振峰, 共振峰的相应频率为 $\omega_0 = 100\ \mathrm{rad/s}$, 共振峰的相对高度 (即共振峰与幅频曲线在 $\omega = 0$ 处的幅值之比) 等于 1.4. 当校正加速度计时发现, 如果把加速度计的测量轴装成铅垂的, 然后将后它倒转 180°, 则与惯性质量位移成比例的输出信号将改变 $5B$. 现在将加速度计装在沿某轴作随机振动的活动底座上, 并使加速度计的测量轴顺着此轴的方向. 假设底座振动的随机加速度可以看成是白噪声. 求加速度计输出信号的交流分量均方值达到 $100B^2$ 时白噪声的强度.

答 $B^2 = 53\ \mathrm{m^2/s^3}$.

59.16 三个线性加速度计水平安装在作水平随机振动的同一底座上. 这些加速度计具有相同的静态特征, 但有不同的动态特征. 第一个的固有频率为 ω_0, 共振峰的相对高度为 1.2; 第二个的固有频率也是 ω_0, 共振峰的相对高度为 1.6; 第三个的固有频率为 $2\omega_0$, 但共振峰的相对高度与第一个加速度计的相同. 假设底座振动的随机加速度可以看作白噪声. 求这些加速度计输出信号的均方值之间的差异.

答 $\sigma_1^2 : \sigma_2^2 : \sigma_3^2 = 1 : 1.33 : 8$.

相关图书清单

序号	书号	书名	作者
1	9787040183030	微积分学教程（第一卷）（第 8 版）	[俄] Г. М. 菲赫金哥尔茨
2	9787040183047	微积分学教程（第二卷）（第 8 版）	[俄] Г. М. 菲赫金哥尔茨
3	9787040183054	微积分学教程（第三卷）（第 8 版）	[俄] Г. М. 菲赫金哥尔茨
4	9787040345261	数学分析原理（第一卷）（第 9 版）	[俄] Г. М. 菲赫金哥尔茨
5	9787040351859	数学分析原理（第二卷）（第 9 版）	[俄] Г. М. 菲赫金哥尔茨
6	9787040287554	数学分析（第一卷）（第 7 版）	[俄] В. А. 卓里奇
7	9787040287561	数学分析（第二卷）（第 7 版）	[俄] В. А. 卓里奇
8	9787040183023	数学分析（第一卷）（第 4 版）	[俄] В. А. 卓里奇
9	9787040202571	数学分析（第二卷）（第 4 版）	[俄] В. А. 卓里奇
10	9787040345247	自然科学问题的数学分析	[俄] В. А. 卓里奇
11	9787040183061	数学分析讲义（第 3 版）	[俄] Г. И. 阿黑波夫 等
12	9787040254396	数学分析习题集（根据 2010 年俄文版翻译）	[俄] Б. П. 吉米多维奇
13	9787040310047	工科数学分析习题集（根据 2006 年俄文版翻译）	[俄] Б. П. 吉米多维奇
14	9787040295313	吉米多维奇数学分析习题集学习指引（第一册）	沐定夷、谢惠民 编著
15	9787040323566	吉米多维奇数学分析习题集学习指引（第二册）	谢惠民、沐定夷 编著
16	9787040322934	吉米多维奇数学分析习题集学习指引（第三册）	谢惠民、沐定夷 编著
17	9787040305784	复分析导论（第一卷）（第 4 版）	[俄] Б. В. 沙巴特
18	9787040223606	复分析导论（第二卷）（第 4 版）	[俄] Б. В. 沙巴特
19	9787040184075	函数论与泛函分析初步（第 7 版）	[俄] А. Н. 柯尔莫戈洛夫 等
20	9787040292213	实变函数论（第 5 版）	[俄] И. П. 那汤松
21	9787040183986	复变函数论方法（第 6 版）	[俄] М. А. 拉夫连季耶夫 等
22	9787040183993	常微分方程（第 6 版）	[俄] Л. С. 庞特里亚金
23	9787040225211	偏微分方程讲义（第 2 版）	[俄] О. А. 奥列尼克
24	9787040257663	偏微分方程习题集（第 2 版）	[俄] А. С. 沙玛耶夫
25	9787040230635	奇异摄动方程解的渐近展开	[俄] А. Б. 瓦西里亚娃 等
26	9787040272499	数值方法（第 5 版）	[俄] Н. С. 巴赫瓦洛夫 等
27	9787040373417	线性空间引论（第 2 版）	[俄] Г. Е. 希洛夫
28	9787040205251	代数学引论（第一卷）基础代数（第 2 版）	[俄] А. И. 柯斯特利金
29	9787040214918	代数学引论（第二卷）线性代数（第 3 版）	[俄] А. И. 柯斯特利金
30	9787040225068	代数学引论（第三卷）基本结构（第 2 版）	[俄] А. И. 柯斯特利金
31	9787040502343	代数学习题集（第 4 版）	[俄] А. И. 柯斯特利金
32	9787040189469	现代几何学（第一卷）曲面几何、变换群与场（第5版）	[俄] Б. А. 杜布洛文 等

（续表）

序号	书号	书名	作者
33	9787040214925	现代几何学（第二卷）流形上的几何与拓扑（第5版）	[俄] Б. А. 杜布洛文 等
34	9787040214345	现代几何学（第三卷）同调论引论（第 2 版）	[俄] Б. А. 杜布洛文 等
35	9787040184051	微分几何与拓扑学简明教程	[俄] А. С. 米先柯 等
36	9787040288889	微分几何与拓扑学习题集（第 2 版）	[俄] А. С. 米先柯 等
37	9787040220599	概率（第一卷）（第 3 版）	[俄] А. Н. 施利亚耶夫
38	9787040225556	概率（第二卷）（第 3 版）	[俄] А. Н. 施利亚耶夫
39	9787040225549	概率论习题集	[俄] А. Н. 施利亚耶夫
40	9787040223590	随机过程论	[俄] А. В. 布林斯基 等
41	9787040370980	随机金融数学基础（第一卷）事实 • 模型	[俄] А. Н. 施利亚耶夫
42	9787040370973	随机金融数学基础（第二卷）理论	[俄] А. Н. 施利亚耶夫
43	9787040184037	经典力学的数学方法（第 4 版）	[俄] В. И. 阿诺尔德
44	9787040185300	理论力学（第 3 版）	[俄] А. П. 马尔契夫
45	9787040348200	理论力学习题集（第 50 版）	[俄] И. В. 密歇尔斯基
46	9787040221558	连续介质力学（第一卷）（第 6 版）	[俄] Л. И. 谢多夫
47	9787040226331	连续介质力学（第二卷）（第 6 版）	[俄] Л. И. 谢多夫
48	9787040292237	非线性动力学定性理论方法（第一卷）	[俄] L. P. Shilnikov 等
49	9787040294644	非线性动力学定性理论方法（第二卷）	[俄] L. P. Shilnikov 等
50	9787040355338	苏联中学生数学奥林匹克试题汇编 (1961—1992)	苏淳 编著
51	9787040498707	图说几何（第二版）	[俄] Arseniy Akopyan

网上购书： www.hepmall.com.cn, gdjycbs.tmall.com, academic.hep.com.cn, www.jd.com, www.amazon.cn, www.dangdang.com

其他订购办法：

各使用单位可向高等教育出版社电子商务部汇款订购。书款通过银行转账，支付成功后请将购买信息发邮件或传真，以便及时发货。购书免邮费，发票随书寄出（大批量订购图书，发票随后寄出）。

通过银行转账：

户　　名： 高等教育出版社有限公司
开 户 行： 交通银行北京马甸支行
银行账号： 110060437018010037603

单位地址： 北京西城区德外大街 4 号
电　　话： 010-58581118
传　　真： 010-58581113
电子邮箱： gjdzfwb@pub.hep.cn